Soziale Bewegungen

Moderne Sozialbewegungen sind Ausdruck und Motor sozialen Wandels. Als Indikatoren informieren sie über zentrale gesellschaftliche Widersprüche und Konflikte. Als politische Akteure drängen sie durch politische Intervention und Selbsthilfe auf strukturelle Veränderungen.
Wie muß ein analytischer Bezugsrahmen aussehen, in dem soziale Bewegungen adäquat thematisiert werden können? Welche Theorien stehen zur Verfügung, um Ursachen, Ziele, Mobilisierung, Aktion der Bewegung und die Strategien der entgegenstehenden Kontrollmächte zu beschreiben und zu erklären? Wie läßt sich die Geschichte sozialer Bewegungen in Deutschland seit 1789 strukturieren? Welche Zusammenhänge bestehen zwischen Bewegungstypen und der Gesellschaft in der vorindustriellen, industriellen und nachindustriellen Phase? Welche Besonderheiten zeigen die neuen sozialen Bewegungen im Vergleich zu den älteren Sozialbewegungen, wieweit signalisieren sie den Übergang zur (industriellen) Dienstleistungsgesellschaft und eine Verschiebung von der Macht- zur Kulturorientierung?
Der bekannte Hamburger Politikwissenschaftler integriert die Strukturgeschichte sozialer Bewegungen in Deutschland und die kritische Rezeption amerikanischer Bewegungsforschung zu einem historisch-systematischen Grundriß. Damit gibt er einen umfassenden Anstoß zu einer Bewegungsanalyse, die in der Bundesrepublik gerade erst beginnt. Der historische Vergleich wirft neues Licht auf die aktuellen Sozialbewegungen und läßt deren Eigenart und Grenzen deutlicher hervortreten.

Jochaim Raschke ist Professor für Politische Wissenschaft an der Universität Hamburg. Buch-Veröffentlichungen: Innerparteiliche Opposition, Hamburg 1974; Organisierter Konflikt in westeuropäischen Parteien, Opladen 1977; Die politischen Parteien in Westeuropa, (Hg.), Reinbek 1978; Protest. Grüne, Bunte und Steuerrebellen, (mit D. Murphy u.a.), Reinbek 1979; Bürger und Parteien, (Hg.), Opladen 1982.

Joachim Raschke

Soziale Bewegungen

Ein historisch-systematischer Grundriß

Campus Verlag
Frankfurt/New York

CIP-Titelaufnahme der Deutschen Bibliothek

Raschke, Joachim:
Soziale Bewegungen : e. histor.-systemat. Grundriss / Joachim
Raschke. – 2. Aufl. d. Studienausg. – Frankfurt/Main ; New
York : Campus Verlag, 1988
ISBN 3-593-33857-2

2. Auflage der Studienausgabe 1988

Umschlaggestaltung: Atelier Warminski, Büdingen
Satz: VPA, Landshut
Druck und Bindung: Fuldaer Verlagsanstalt, Fulda
Printed in Germany

Inhalt

Vorwort

Ein Grundriß kann ein ausuferndes, unübersichtlich gewordenes Forschungsfeld zusammenfassen. Er kann aber auch versuchen, ein Feld abzustecken, das durch Forschung überhaupt erst zu bearbeiten ist. Diese Arbeit gehört zum zweiten Typ – allerdings in einem spezifischen Sinne und nicht mit der abwegigen Behauptung, daß mit ihr die Bewegungsanalyse erst begänne.

Es soll geklärt werden, was von der umfangreichen, systematisch intendierten, in der Bundesrepublik aber noch kaum rezipierten amerikanischen Bewegungsforschung sich auch bei der Analyse deutscher (und darauf aufbauend: westeuropäischer) Bewegungen als tragfähig erweist. Eine zweite Grundlage bietet die überwiegend historisch-deskriptive Aufarbeitung sozialer Bewegungen in Deutschland. Die vorliegende Arbeit soll diese beiden Stränge zusammenführen und in einem eigenständigen Problemaufriß integrieren.

Die hier verfolgte Perspektive ist historisch-systematisch. Ausgehend von den deutschen Sozialbewegungen seit der Französischen Revolution, wird nach Möglichkeiten historischer Strukturanalyse, nach Erklärung und Vergleich und nach der Vermittelbarkeit mit der häufig ahistorisch verfahrenden systematischen Bewegungsanalyse gefragt. Als historisch-systematischer Grundriß hat diese Arbeit explorativen Charakter.

Soziale Bewegung ist ein Themenbereich, in dem sich Soziologen, Historiker, Politologen und Sozial- bzw. Politische Psychologen treffen können, ohne sich Terrain streitig machen zu müssen. Der interdisziplinäre Gewinn mag – wie stets – am größten sein, wenn jeder die Sichtweisen seines Faches einbringt, aber offen für die Thematisierungstendenzen der anderen Disziplinen bleibt. Diese Arbeit ist von einem Politologen geschrieben, für den soziale Bewegungen einen relevanten Faktor des politischen Prozesses darstellen. Trotz der großen Reichweite des Gegenstandes mit seiner Verankerung in Gesellschaftsstruktur, politischem Prozeß und sozialem

Wandel bleibt soziale Bewegung ein begrenztes Thema. Angesichts des Gewichts etablierter Institutionen und der Grenzen eines von unten bewirkten Wandels besteht keine Notwendigkeit, den von Touraine für die Soziologie unternommenen Versuch zu wiederholen und Politologie als Bewegungswissenschaft zu definieren oder gar neu zu konstituieren.

Die neuen sozialen Bewegungen waren gerade durch den Traditionsbruch (zur Arbeiterbewegung), den sie repräsentieren, ein Anstoß, die heute durch sie erweiterten Möglichkeiten übergreifender historischer Systematisierung für 200 Jahre Bewegungsgeschichte in Angriff zu nehmen. Andererseits erhöht sich dadurch das Risiko der Analyse – wie immer bei der Einmischung in einen offenen gesellschaftlich-politischen Prozeß. Mindestens die Zäsur zur Arbeiterbewegung erscheint aber als historisch »gesichert«. Außerdem ist dies nicht das einzige Risiko, das ein historisch-systematischer Grundriß beim gegenwärtigen Forschungsstand zu tragen hat.

Die Unwägbarkeiten aufgrund der Anlage dieser Untersuchung bleiben, sie können und sollen auch nicht von denen abgenommen werden, für deren Hilfe ich mich hier sehr herzlich bedanken möchte. Anregungen gaben mir Detlef Murphy, Claudia Ritter und Frauke Rubart. Peter Raschke hat mit seiner intensiven, kritischen Durchsicht des Manuskripts erheblich zu dessen Verbesserung beigetragen. Viel verdanke ich der engagierten Mithilfe von Frank Nullmeier und Thomas Saretzki, der auch das Register erarbeitet hat.

Kapitel 1

Einleitung

Soziale Bewegung als Produkt und als Produzent sozialen Wandels ist die weiteste Fassung des Themas dieser Arbeit. »Bewegung« ist eine der zentralen Metaphern, mit denen Geschichte vorgestellt wird (Demandt 1978). »Sozial« fügt dem hinzu, daß gesellschaftliche Kräfte intervenieren, wie ihre Bedürfnisse und Interessen blockiert sind.

Soziale Bewegungen sind Produkt und Produzent der Moderne. In unserem heutigen Verständnis sind »moderne« Bewegungen eine Erscheinung, die seit der Französischen Revolution durch veränderte gesellschaftliche Bedingungen hervorgebracht wird und Einfluß auf den Gang der Geschichte hat. Sie sind ein Produkt moderner Gesellschaft, deren zunehmende Mobilisierung und Rationalisierung sich auch auf der Ebene politischen Handelns niederschlagen. Die durch Industrialisierung, Urbanisierung, Alphabetisierung veränderten Rahmenbedingungen erfordern und ermöglichen neue Formen politischen Handelns. Die durch die Entwicklung der kapitalistischen Industriegesellschaft auf die Tagesordnung gebrachten inhaltlichen Probleme wie die des National-, Rechts- und Sozialstaats oder der Demokratie sind in traditionellen, rein obrigkeitsstaatlichen Politikformen nicht mehr zu lösen.

Soziale Bewegungen sind aber auch Produzent der politischen Moderne. Geschichte der Neuzeit im 19., mehr noch im 20. Jahrhundert ist auch immer Geschichte von sozialen Bewegungen. Massenaktivitäten für zielbewußten Gesellschaftswandel haben der Politik ein neues Gesicht gegeben. Davor wurde Geschichte von Feudalherren, von Höfen, Monarchen und Kirchenfürsten, von Heeren, Heerführern und auch von Bauern und plebejischen Aufständen gemacht. Danach sind säkulare historische Prozesse wie Nationalisierung oder Demokratisierung eng mit sozialen Bewegungen verbunden.

Gewiß waren technische Erfindungen oder ökonomisches Wachstum große Beweger der Geschichte in den vergangenen zweihundert Jahren. Die Politiker hatten nie soviel Kontrolle über den politischen Prozeß, wie sie vorgaben. Soweit aber Massen eigenständige Träger des sozialen Wandels sind, sind sie es in Form von sozialen Bewegungen. Soziale Bewegung ist zwar nicht per se demokratisch, aber ohne sie wäre das Volk nur Objekt von ihm nicht beeinflußter gesellschaftlicher Prozesse und Resonanzboden der Staatsaktionen von Politikern.

Soziale Bewegungen sind nicht identisch mit den »Kräften des Fortschritts«. Nicht selten wollen sie einen »Fortschritt« aufhalten, für den die Betroffenen zu zahlen hätten. Bewegungen können Kräfte der Vergangenheit sein, die »zurück« wollen. Soziale Bewegungen zeigen nicht den ehernen Gang der Geschichte – diesen Glauben der Arbeiterbewegung hat spätestens der Faschismus zerstört. Dennoch führt das Studium der sozialen Bewegungen immer auch über sie hinaus.

Soziale Bewegungen sind Indikatoren des Wandels. Wandel als Ursache: sie zeigen Widerspruchs- und Konfliktpotentiale einer Gesellschaft (objektive Dimension) und die Relevanzstrukturen erfahrener Widersprüche (subjektive Dimension). Aber auch als Wirkung: sie verweisen auf Wandlungstendenzen oder doch Wandlungsmöglichkeiten einer Gesellschaft. In einer »aktiven Gesellschaft« interessieren sie aber weniger als passive Funktionsträger, so informativ sie auch in dieser Rolle sein mögen, soziale Bewegungen sind vor allem Handlungsträger. Auf strukturellen Voraussetzungen aufbauend, strukturieren sie selbst autonomes politisches Handeln von Massen mit dem Ziel, die Richtung sozialen Wandels zu bestimmen. Ob Indikatoren oder Handlungsträger: erst eine Gesellschaft, die in Bewegung ist und die ihre Bewegungen studiert, weiß über sich Bescheid.

Dennoch gibt es in der Bundesrepublik keine systematisch generalisierende Analyse sozialer Bewegungen. Zwar hat die Geschichtswissenschaft die einzelnen sozialen Bewegungen beschrieben, die großen (wie Arbeiter- oder NS-Bewegung) zunächst mehr, inzwischen aber auch – jedenfalls in ersten Monographien – viele der kleineren Bewegungen. Es gibt aber keinen systematisierenden Abriß der Geschichte sozialer Bewegungen in Deutschland oder der deutschen Geschichte als Geschichte sozialer Bewegungen aus der Hand eines Historikers. Und die Monographien der einzelnen Bewegungen sind in aller Regel nicht oder eher zufällig mit systematischer Bewegungsforschung vermittelt. Das begrenzt ihren Nutzen für eine historisch orientierte Sozialwissenschaft, die sich Ergebnisse dieser Forschungen eher umständlich adaptieren muß.

Dieser Zustand ist der Geschichtswissenschaft nicht vorzuwerfen, bleibt sie doch in ihren theoretischen Ambitionen von Soziologie und Politologie im Stich gelassen. Selbst ein an Fragen des Wandels orientierter Überblick über die »Politische Soziologie« wie der von Stammer/Weingart (1972) hat keinen systematischen Stellenwert für soziale Bewegungen und gibt sich skeptisch gegenüber dem Phänomen. Politologen zeigen in ihren Einführungen, Überblicken und Gesamtdarstellungen, daß ihre Sichtweise durch Organisationsstabilität und Staatsorientierung bestimmt ist; Parteien und Interessenverbände finden ihr bevorzugtes Interesse, soziale Bewegung als systematischer Gegenstand erscheint dagegen nicht.

Dieses theoretische Defizit ist erstaunlich in einem Land, das die ersten Theoretiker sozialer Bewegung hervorgebracht hat (von Stein, Marx, Engels) und dessen Geschichte durch machtvolle Bewegungen beeinflußt wurde (sozialdemokratische und kommunistische Arbeiterbewegung, Jugendbewegung, nationalsozialistische Bewegung oder neue soziale Bewegungen als die größten ihrer Art in Europa).

Die Erklärung liegt in – vor allem durch den Faschismus bedingten – wissenschaftlichen Traditionsabbrüchen. Zum anderen aber auch in einer inneren Unsicherheit gegenüber dem Phänomen sozialer Bewegung. So sehr die Deutschen »in Bewegung« waren, so sehr fürchteten sie sich vor ihr und wünschten sich Stabilität, Ruhe und Ordnung. Mindestens 92 der 196 Jahre seit 1789 waren in Deutschland durch tiefgreifende Repression des Staates gegenüber sozialen Bewegungen bestimmt. Die starken Bewegungen haben die gleiche Ursache wie die ausgeprägte Repression: das Harmonie- und Sicherheitsbedürfnis vieler Deutscher auf der Suche nach konfliktfreier Gesellschaft. Die NS-Bewegung als Bewegung zur Beendigung aller sozialer Bewegungen und zur Schaffung eines 1000jährigen Reichs ist hierfür das eindrücklichste Symbol.

Nach 1945 blieb soziale Bewegung ein Tabu, das auch später durch Studentenbewegung und die heutigen neuen sozialen Bewegungen nicht beseitigt werden konnte. Die politische Kultur spaltete sich auch über das Bewegungsthema. Die meisten Älteren blieben bei ihrer Ablehnung, bestenfalls Ambivalenz gegenüber sozialer Bewegung; »Nie wieder Bewegung« war eine ihrer Lehren der Nazizeit. Die sich engagierenden Jüngeren entwickelten eine neue Unbefangenheit gegenüber dieser Handlungsform.

Generationserfahrung wie intellektuelle Einsicht können zu dem Ergebnis führen, daß es zwar verständlich, aber falsch ist, die Irrationalität der NS-Bewegung zu identifizieren mit dem Wesen sozialer Bewegung schlechthin. Unbestreitbar: Auschwitz war auch durch soziale Bewegung möglich. Die Vernichtung der Juden war im Programm der Bewegung angelegt und die SS – eine aus der Bewegung hervorgegangene Organisation – hat exekutiert. Nur: wenn alle Barbarei, die durch Bewegungen, Parlamente, Administrationen und Kabinette vorbereitet oder begangen worden ist, auf diese Politikformen ursächlich zurückgeführt und damit erledigt würde, wäre die Demokratie ihrer institutionellen Mittel beraubt.

Man darf sich durch eine einzelne Bewegung – welche auch immer – nicht den Blick verstellen lassen. Lange Zeit galt die Arbeiterbewegung als Prototyp jeder sozialen Bewegung. Für die nachfaschistische Gesellschaft war die NS-Bewegung die Inkarnation der eigentlichen Merkmale sozialer Bewegung. Heute, konfrontiert mit den ganz anders gearteten neuen sozialen Bewegungen, müßte es möglich sein, praktisch und wissenschaftlich einen notwendigen Differenzierungsschritt zu tun. Es gibt keinen ahistorischen Prototyp sozialer Bewegung. Es gibt Typen sozialer Bewegung, die ganze Gesellschaftsperioden prägen können, aber auch sie ruhen auf spezifischen gesellschaftlichen und historischen Voraussetzungen. Die Variation ist das Bleibende, der einzelne Bewegungstyp das Vergängliche.

Auf diesem spezifischen historischen Hintergrund liegt es zwar nahe, an die vor allem in den Vereinigten Staaten seit den 60er Jahren vorangetriebene theoretische Differenzierung durch Rezeption Anschluß zu gewinnen. Dabei müssen wir aber nicht zum zweiten Mal die deutsche Geschichte verlassen. Holzwege ahistorischer Generalisierung sollten uns nicht locken. Diese Arbeit bemüht sich deshalb, durch die historische Vergegenwärtigung von Theorie und Praxis sozialer Bewegungen in Deutschland Anknüpfungs-, Bezugs- und Vergleichspunkte für eine aktuelle, theoriegeleitete Analyse herzustellen.

Zwei Aufgaben werden mit dieser Arbeit verfolgt, eine theoretische und eine damit verbundene historische. Ziel der Theoriebildung ist es, zu generalisierenden, systematisch beschreibenden und erklärenden Aussagen über soziale Bewegungen zu kommen. Da eine »allgemeine« Bewegungstheorie informationsarm ist, bedarf es der Differenzierung in sachlicher, räumlicher und zeitlicher Hinsicht. Dabei kommt Geschichte zum Zuge.

Sachlich: Soziale Bewegung ist analytisch in einzelne Elemente zu zerlegen. Deren Zusammenwirken wird in einem Modell oder Bezugsrahmen aufgezeigt. Theorie sozialer Bewegung ist ausdifferenziert für die einzelnen Elemente bzw. Bereiche. So gibt es Bereichstheorien der Mobilisierung, sozialpsychologische Ursachenerklärung etc.

Bleibt das Grundmodell noch auf einer eher allgemeinen Aussageebene, so sind die Bereichstheorien räumlich und zeitlich weiter zu differenzieren. In sachlicher Hinsicht erfordern sie die Vermittlung mit Typologien sozialer Bewegung, die erfaßbar und erklärbar machen, daß z. B. Mobilisierung für unterschiedliche Bewegungstypen sehr unterschiedliches bedeuten kann und warum. Die in dieser Arbeit vorzugsweise zugrundegelegte Typologie baut teils auf systematischen (macht- vs. kulturorientiert), teils auf historisch variablen sozialstrukturellen Merkmalen auf.

Räumlich: In räumlicher Hinsicht erschiene die Generalisierung auf westeuropäische Bewegungen und – zur Erweiterung des Geltungsbereichs – ein Vergleich mit den US-amerikanischen Bewegungen denkbar. Bei allen Unterschieden gibt es eine grundlegende Ähnlichkeit im gesellschaftlich-politischen Kontext westeuropäischer Gesellschaften, in den Rahmenbedingungen wie im Problemhaushalt. So verwundert nicht, daß alle westeuropäischen Bewegungen transnational sind, d. h. in mehr als einem Land auftauchen, wenn auch in einzelnen Strukturmerkmalen z. T. erheblich variierend.

Die westeuropäischen Bewegungen sind untereinander ähnlicher als im Vergleich mit den US-amerikanischen Sozialbewegungen. Eine Theoretisierung, die die westeuropäische und die nordamerikanische Region einschlösse, müßte deshalb bereits auf sehr hohem Abstraktionsniveau angesiedelt werden – von darüberhinausgehenden Regionalerweiterungen ganz abgesehen. Weder der westeuropäische noch der nordamerikanische Vergleich sind in dieser Arbeit möglich. Vor allem für Westeuropa mangelt es an vorbereitenden, integrierenden Studien. So konzentriert sich diese Arbeit auf den deutschen Bereich. Natürlich gibt es auch eine Reihe deduktiver Überlegungen, wo aber induktive Theoriebildung verfolgt wurde – und sie ist für eine angemessene Bewegungsanalyse unerläßlich –, waren die sozialen Bewegungen in Deutschland seit Ende des 18. Jahrhunderts das »Material«.

Die deutschen Sozialbewegungen dienen der Gewinnung spezifischer Hypothesen. Daneben sollen sie auch einen ersten Plausibilitätstest von Hypothesen ermöglichen. Kein Ziel war die Individualisierung und Illustrierung einzelner Bewegungen als solchen. Es sollen also auch nicht die meist aus dem eigenen Land gegriffenen Beispiele der amerikanischen Bewegungsliteratur durch deutsche Namen und Beispiele ersetzt werden. Die deutschen Sozialbewegungen sollen erste Schritte differenzierterer Generalisierung ermöglichen, die durch weitere komparative Untersuchungen zu erweitern bzw. zu vertiefen wären.

Zeitlich: Das Thema »moderner« sozialer Bewegungen steckt einen Zeitraum seit der großen Französischen Revolution ab. Die beschleunigte Modernisierung gesellschaftlicher Rahmenbedingungen und der korrespondierende Strukturwandel der Sozialbewegungen erlauben, die sich seit dieser Zeit herausbildenden »modernen« von den »vormodernen« Bewegungen abzugrenzen. Einbezogen werden die aktuellen sogenannten neuen sozialen Bewegungen. Sicherlich ist dies riskant, weil in vielerlei Hinsicht bislang nur ungesicherte Erkenntnisse vorliegen. Zum einen interessiert aber, ob durch den historischen Vergleich neue Aspekte an diesen aktuellen Sozialbewegungen zutage treten (vielleicht auch solche, die das »Neue« als weniger spektakulär erscheinen lassen). Zum anderen läßt sich so beobachtbaren Tendenzen einer Hypostasierung der neuen sozialen Bewegungen als *der* endlich gefundenen Form sozialer Bewegung historisch relativierend entgegentreten. Und schließlich sind qualitative Veränderungen gegenüber den Vorgängerbewegungen so unverkennbar, daß ihre Einbeziehung zur Verstärkung der historischen Tiefendimension beitragen mag.

Theorie sozialer Bewegung in einem Rahmen, der durch sachliche, räumliche und zeitliche Differenzierung begrenzt und variiert wird – so das gewiß anspruchsvolle Programm. Natürlich ist das nicht alles in einem Durchgang zu schaffen. Dies ist aber kein Grund, nicht damit zu beginnen.

Nicht als Theorie, aber als Perspektive der Untersuchung sozialer Bewegungen lassen sich fünf übergreifende Gesichtspunkte formulieren:

1. Soziale Bewegung ist ein *historisches Phänomen*. Das Aufkommen moderner Sozialbewegung mit der Entwicklung geeigneter gesellschaftlicher Rahmenbedingungen, die Bewegungsvariationen je Sozialbasis und Problemtyp, die Abgrenzung von Entwicklungsphasen und Typenbildung – eine nicht auch historisch verfahrende Bewegungsanalyse ist eine schlechte Abstraktion von der Wirklichkeit. Dies bedeutet nicht die prinzipielle Einzigartigkeit jeder einzelnen sozialen Bewegung. Die vergleichende historische Analyse kann Beziehungen aufdecken, die sonst nicht unbedingt sichtbar werden. So frappiert manche Ähnlichkeit zwischen vorindustriellen und nachindustriellen Bewegungen. Stößt man dabei auf sozialstrukturelle Analogien, ist das Feld empirischer Generalisierung erweitert.

Historisierung verhilft auch zur Skepsis gegenüber allen behaupteten Gesetzmäßigkeiten in der Entwicklung sozialer Bewegung. Die Arbeiterbewegung war zwar »die als endgültig intendierte Freiheitsbewegung« (Bloch 1962:21), aber keineswegs die historisch letzte Bewegung, nach der kein großes Konfliktthema mehr möglich wäre. Selbst unter politischen Formaspekten gibt es keine lineare Entwicklung von sozialer Bewegung, z. B. als zunehmende »Rationalisierung« in der Mittelwahl. Wenn Max Weber gewissermaßen die Partei als rationalisierte Form von sozialer Bewegung verstand (und deshalb soziale Bewegung nicht zu einem systematischen Gegenstand machte), so stellt dies lediglich die Generalisierung der zu seiner Zeit vorherrschenden Rationalitätsform, nicht aber die endgültig gefundene Hauptform sozialer Bewegung dar.

2. Soziale Bewegung ist ein *strukturiertes Phänomen.* Verankert in strukturellen Ursachen, in ihren Zielen auf deren Beseitigung gerichtet, gibt sich soziale Bewegung auch als Handlungszusammenhang eine bestimmte Struktur. Soziale Bewegung ist weder ein relativ amorphes ad hoc-Kollektiv noch eine hochformalisierte, weitgehend berechenbare Organisation. Die Definition sozialer Bewegung wird diese Zwischenstellung zwischen fluktuierenden Volksmassen und stabilisierter Organisation ausdrücken müssen.

Konsequent ist eine Strukturierung sozialer Bewegung, die ihr – auf Zeit – einen Platz im gesellschaftlichen Konfliktfeld einräumt, ihrer Selbstaufklärung und Selbstorganisierung einen festeren Wirkungszusammenhang verschafft und sie – gewissermaßen nach dem Rotationsprinzip – für eine Weile die Kärrnerarbeit struktureller Veränderung übernehmen läßt.

3. Soziale Bewegung ist ein *rationales Phänomen.* Dies heißt nicht, daß jede Bewegung die denkbar zweckmäßigste (etwa nach striktem Zweck-Mittel-Kalkül verfahrende) Anstrengung zur Beseitigung struktureller Unzufriedenheit ist. Es bedeutet auch nicht, daß soziale Bewegung frei wäre von nicht-instrumentellen, z. B. expressiven Elementen des Handelns. Es heißt nur, daß – mehr oder weniger – in allen Bewegungen Ursachen, Ziele, Mobilisierung und Aktion so miteinander verknüpft sind, daß die globale Rationalitätsannahme am meisten bestätigt wird.

Das grenzt die Bewegungsanalyse ab von vorgängigen Irrationalitätsannahmen z. B. im Rahmen der älteren Massenpsychologie oder von Teilen des kollektiven Verhaltens-Ansatzes. Was immer eine Sozialpsychologie sozialer Bewegung an zusätzlichen Erkenntnissen erbringen mag, die Ergebnisse der Soziologie und Politologie sozialer Bewegung zeigen deutlich in Richtung hoher Erklärungskraft der Rationalitätsannahme.

Rationalität oder Irrationalität von Sozialbewegung ist aber nicht nur ein Erkenntnisproblem, sondern auch eine Frage praktischer Ausgrenzung. Normales wird dabei gegen abweichendes, institutionalisiertes gegen nicht-institutionalisiertes, rationales gegen irrationales Handeln gesetzt. Demgegenüber muß der Unterschied zwischen abweichendem und nonkonformistischem Verhalten betont werden. Soziale Bewegungen sind nonkonformistisch in Bezug auf bestimmte gesellschaftliche Normen oder Werte (bzw. daraus abgeleitete Institutionen), die sie durch ihre Aktivitäten ändern wollen. Institutionalisiertes und nicht-instutionalisiertes Kollektivverhalten unterscheiden sich nicht in ihren grundlegenden Qualitäten. Sie können auf einem Kontinuum gedacht und mit ähnlichen Konzepten und Grundannahmen untersucht werden. Auch wenn emotionale Bindungen und Ausdrucksbedürfnisse in vielen Bewegungen deutlich ausgeprägt sind, sie können für sich weder Entstehung noch Dynamik der Bewegungen erklären.

4. Soziale Bewegung ist ein Phänomen *sozialen Wandels*. Sozialer Wandel ist Ursache und Funktion sozialer Bewegung. Zwar ereignet sich viel Wandel, der sich nicht in Bewegung niederschlägt, und haben andere Agenturen meist mehr Einfluß auf Wandel, dennoch muß, wer über Wandel spricht, auch über soziale Bewegung sprechen.

Insofern ist die Bewegungsforschung konstitutiver Bestandteil einer Analyse sozialen Wandels. Sie darf aber nicht bloßes Hilfsmittel einer Analyse sozialen Wandels sein: als Indikator struktureller Widersprüche und als ein Faktor in der Ursachenanalyse aktiv bewirkten Wandels. Soziale Bewegung ist ein Bewußtseins-, Ziel- und Handlungszusammenhang eigenen Gewichts. Soziale Bewegung ist bewußtes und gezieltes Handeln zur Abhilfe von Mißständen – eine neuzeitliche Gestaltungsform der Vergesellschaftung sozialen Wandels, die für sich Interesse verdient. Sie ist also mehr als nur abhängige oder unabhängige Variable sozialen Wandels. Sie ist nicht zuletzt ein selbst dem Wandel unterworfenes Gebilde, das – meist schon in sich konflikthaft – von Menschen in Auseinandersetzung mit Ursachen und einer feindlichen Umwelt vorangetrieben wird.

Bewegung mit diesem »großen« Thema der Sozialwissenschaft zu verknüpfen, heißt nicht, Bewegung »groß« zu machen. So sehr Bewegungsakteure und sympathisierende Intellektuelle zu einem Mythos sozialer Bewegung neigen, so notwendig ist es, sich an die Realität zu halten. Während in der Mythologie der Bewegung die Zielallmacht und ihre Mobilisierungsstärke typischerweise überschätzt werden, werden die Stärke der Kontrollmächte oder die Absorptions- bzw. Integrationskraft der Vermittlungsträger ebenso typischerweise unterschätzt.

5. Soziale Bewegung ist ein *Phänomen der gesellschaftlichen Differenzierung*. Zwar beinhalten die Ankündigungen der Sozialbewegung und die an sie geknüpften Erwartungen häufig einen auf Totalität drängenden Wesenszug sozialer Bewegung. In Wirklichkeit folgt die Bewegung der gesellschaftlichen Differenzierung. Das gilt vor allem für ihre Zuordnung zu gesellschaftlichen Teilbereichen, wie sie hier unterschieden werden: zur sozioökonomischen, politischen und soziokulturellen Sphäre. Die typologische Unterscheidung nach macht- und kulturorientierter Bewegung folgt dieser Differenzierung. Was immer die Bewegungen auch alles ändern wollen – ihr »heimliches Zielprogramm« enthält eine praktische Selektivität. Daran wird deutlich, daß Handeln nur in Form von Priorisierung und Sequenzbildung möglich und daß Gesellschaft nicht aus einem Prinzip heraus änderbar ist.

Es geht dabei aber nicht einfach um die Enttäuschung überzogener Erwartungen. Die praktische Selektivität, das heimliche Zielprogramm haben prägende Wirkung für die soziale Bewegung. Die drei Sphären haben ihre je eigene Gesetzmäßigkeiten, denen sich die soziale Bewegung anpaßt, um erfolgreich zu sein. Mobilisierung, Aktion, Strategiebildung folgen solchen Bedingungen mehr oder weniger bewußt. Natürlich sind sie auch frei, sie zu negieren – aber um den Preis ihres Scheiterns. In jedem Fall begrenzen die Konzentration der Kräfte und die Anpassung an die spezifischen Handlungsbereiche die Möglichkeiten sozialen Wandels durch soziale Bewegung.

Wie läßt sich die Gliederung der Arbeit ein wenig transparent machen? Die Grobstruktur sieht so aus: Dem historischen Überblick (2.) folgen drei Kapitel (3.–5.), die einige Voraussetzungen der systematischen, historisch vermittelten Bewegungsanalyse (6.–16.) klären. Aus aktuellem Interesse und gewissermaßen zur Bewährungsprobe des analytischen Instrumentariums werden ausgewählte Aspekte der neuen sozialen Bewegungen in einem eigenen Kapitel untersucht (17.). Der Schluß (18.) reflektiert noch einmal die drei charakteristischen Beiträge dieser Arbeit.

Zur Feinstruktur: In Kapitel 2 wird ein Überblick über die Geschichte sozialer Bewegungen in Deutschland seit der Französischen Revolution gegeben. Eingebaut sind Kurzporträts der kleineren, weniger bekannten Sozialbewegungen. Dieser strukturgeschichtliche Aufriß bietet eine Grundlage für Systematisierungen und Hypothesenbildung in späteren Teilen der Arbeit.

Zu den Voraussetzungen der Analyse gehören die Definition des Gegenstandes (3.), seine typologische Differenzierung (5.) und die Untersuchung der Rahmenbedingungen, die moderne Sozialbewegungen überhaupt erst möglich machen (4.). Dabei werden die Bewegungen auf den Gesamtprozeß sozialer und politischer Modernisierung bezogen und drei Phasen gesamtgesellschaftlicher Entwicklung zugeordnet (vorindustriell-modernisierend, industriell, nachindustriell).

Der analytische Bezugsrahmen (6.) entwirft das der Bewegungsanalyse zugrundeliegende Untersuchungsmodell. Die Hauptkategorien werden eingeführt und in ihren grundlegenden Beziehungen zueinander skizziert.

Die Kapitel über Ursachen (7.) und Ziele (8.) klären konzeptionelle und methodische Fragen, diskutieren in diesem Zusammenhang relevante Theorien und versuchen eine Historisierung verschiedener Aspekte, ohne dem Weg der Fallstudie zu folgen. Die Ursachenanalyse bemüht sich um eine

Integration struktureller, sozialpsychologischer und interaktionistischer Ansätze. Die Zielanalyse wendet sich vernachlässigten strukturellen und funktionalen Gesichtspunkten bewegungsrelevanter Ideologieproduktion zu und thematisiert den Prozeß der Zielinterpretation nicht zuletzt als Machtkampf konkurrierender Gruppen.

Entsprechend ihrer inhaltlichen Bedeutung sind die Kapitel über Mobilisierung (9.) und Aktion (10.) sehr umfangreich. Damit werden die Gesichtspunkte der Machtakkumulation durch Aktivierung von Ressourcen (Mobilisierung) und ihr Einsatz in Konflikten mit den Herrschaftsträgern (Aktion) betont. Beide Kapitel umfassen einen systematisch-theoretischen Teil und eine breit angelegte Strukturgeschichte von Mobilisierung bzw. Aktion. Bei diesem historischen Abriß werden idealtypisch die Mobilisierungs- bzw. Aktionsformen skizziert, die in den drei gesamtgesellschaftlichen Entwicklungsphasen für die Hauptbewegungen charakteristisch und in der jeweiligen Epoche prägend sind. Außerdem wird versucht, die typischen Mobilisierungs- und Aktionsmuster durch eine Anwendung des analytischen Bezugsrahmens zu erklären.

Vermittlung (11.) und Kontrolle (12.) sind zwei außerhalb der Bewegung liegende, ihre Wirkungsmöglichkeiten und ihren Erfolg entscheidend beeinflussende Faktoren. Deren Strategien gegenüber sozialen Bewegungen und ihr Beitrag zur Förderung oder Hemmung der Bewegungen stehen im Mittelpunkt des Interesses. Einen eigenständigen Einfluß auf die Entfaltung sozialer Bewegungen haben situative Faktoren (13.), die hier vor allem als Stabilität und Krise generalisiert werden.

Der Versuch, Grundelemente und Determinanten der Bewegungsstrategien zu untersuchen (14.), muß – soll er übergreifend für die Vielzahl ihrer Bezugspunkte und die verschiedenen Bewegungstypen sein – notwendig zunächst abstrakt bleiben. Das Gleiche gilt für die interne Transformation bzw. Dynamik (15.), die Bewegungen – als nicht-institutionalisierte Handlungsformen – in besonderer Weise prägen.

Schließlich ist nach dem durch die Bewegung bewirkten sozialen Wandel zu fragen (16.). Dabei werden u. a. Formen struktureller Veränderung unterschieden und die methodisch schwierigen Zusammenhänge zwischen Bewegungshandeln und sozialem Wandel diskutiert. Das durchgängig angesprochene Problem einer spezifischen Reichweite von macht- bzw. kulturorientierten Bewegungen wird auch hier aufgegriffen. Historisch vertieft wird die Frage: Wieweit hat die machtorientierte Arbeiterbewegung soziokulturelle Innovation hervorgebracht?

Die neuen sozialen Bewegungen werden nicht erst im Kapitel 17., das sich nur mit ihnen beschäftigt, angesprochen. Auch sie durchziehen die gesamte Arbeit; ihr Mobilisierungstyp (9.4.3) und ihr Aktionsmuster (10.3.3) wurden bereits eingehender analysiert. In diesem Kapitel stehen die Ursachen der Bewegungen und ihre Widersprüche und Wirkungsmöglichkeiten im Mittelpunkt. Der Übergang zur nachindustriellen Gesellschaft und die Spannung zwischen Macht- und Kulturorientierung bilden die Folie der Interpretation.

Da Zusammenfassungen sich am Ende der meisten Kapitel finden, soll der Schluß (18.) nicht noch einmal resümieren. Vielmehr reflektiert er drei zentrale Beiträge der Arbeit: den analytischen Bezugsrahmen, den Wandel moderner Sozialbewegungen von der vorindustriell-modernisierenden bis zur nachindustriellen Phase und das Spannungsverhältnis zwischen Macht- und Kulturorientierung.

Kapitel 2

Zur Geschichte sozialer Bewegung in Deutschland. Ein Überblick

2.1 Vorindustriell-modernisierende Phase[1]

Beginn moderner Sozialbewegungen

In der demokratischen Bewegung der großen Französischen Revolution entsteht die erste soziale Bewegung in einem modernen Sinne. Wie immer man das Verhältnis von Gesamt- und Teilbewegungen definiert (Girondisten, Jakobiner, Sansculotten etc.), wird im Verlauf der Revolutionsjahre soziale Bewegung zu einem eigenständigen, spezifischen Handlungsfaktor. Zwar schränkte Heterogenität die Entwicklung eines übergreifenden Gruppenbewußtseins ein, zwar fehlte es noch an einer langjährigen Kontinuität, zwar war vieles noch unfertig und wie beim ersten Mal versucht, aber die Komplexität hinsichtlich Zielbestimmung, Mobilisations- und Aktionsformen erlaubt doch, von einer neuen politischen Form zu sprechen. Differenzierte, mit Ursachen, Strategie und utopischen Elementen vermittelte Zieldebatte; Mobilisierung durch Organisationen und Institutionen (Klubs, Parlament, Nationalgarde, Presse etc.) und einsetzende überregionale Kommunikation, bei einem charakteristischen Spannungsverhältnis zwischen organisierten und nicht-organisierten Teilen der Bewegung; Vielfalt direkter und indirekter Aktionsformen und Nachdruck auf der Aktion als Bedingung für Veränderungen – Anregungen genug für die Gehversuche sozialer Bewegung in Deutschland und anderswo während der ersten Hälfte des 19. Jahrhunderts.

Die Französische Revolution veränderte auch die politische Sprache. War »Bewegung« zuvor ein Begriff, mit dem die Unruhe, der Aufruhr bezeichnet werden konnte, durch den die ständische Ordnung – vorübergehend – gestört wurde, so wächst der Bewegungsbegriff danach in Bedeutungsdimensionen hinein, die zwar lange Zeit nicht einheitlich sind, immer aber etwas Zielgerichtetes, Dauerhaftes, gesellschaftlich Verankertes, jedenfalls Nicht-Zufälliges ansprechen.

Der Krisen- und Übergangszeit von ständisch-absolutistischer zu industriekapitalistisch-demokratischer Gesellschaft entspricht einerseits die häufigere Verwendung von Bewegungsmetaphern, andererseits die Unsicherheit bei der Präzisierung des Begriffs. Der Bewegungsbegriff wurde »zu einer Schlüsselkategorie des Selbstverständnisses im 'Revolutionszeitalter'« (Pankoke 1970:21). Bewegung wurde als Metapher für gesamtgesellschaftlichen Wandel benutzt. Der Bewegungsbegriff diente auch der Entschlüsselung der inneren Zusammenhänge gesellschaftlicher Entwicklung (»Bewegungsgesetze«). In Verbindung mit dem liberalen und dem sozialistischen Fortschrittsdenken hat der Begriff eine stark teleologische Komponente, so als stünden Erfolg und Ende der Bewegung – auch unabhängig vom Eingreifen politischer Kollektive – schon fest.

Bezogen auf eine Teilkraft der Gesellschaft und abstrahierend von der sozialstrukturellen Basis sprachen die Frühliberalen seit den 1830er Jahren von sich selbst als Bewegung im Sinne der einzigen politischen Richtung, die den Kräften der Beharrung entgegenträte: der »Partei der Bewegung« oder Bewegungspartei. Partei im Sinne einer praktisch werdenden Ideenströmung, nicht einer organisatorischen Einheit war der analoge Begriff – der Unterschied zwischen dem Partei- und dem Bewegungsbegriff war in dieser frühen Entwicklungsphase also noch gering. Die Identifikation der bürgerlich-liberalen Kräfte mit dem durch sie repräsentierten Fortschritt meinte im Bewegungsbegriff angemessenen semantischen Ausdruck zu finden. Politische Bewegung und Richtung der gesamtgesellschaftlichen Entwicklung fielen in der ideologischen Perspektive der Liberalen zusammen.

Die »soziale Bewegung« wird zuerst als Arbeiterbewegung entdeckt; die Begriffe soziale Bewegung und Arbeiterbewegung setzten sich im Laufe der 1840er Jahre durch. Der Begriff wird also zuerst auf eine Bewegung mit »sozialen« Zielen angewandt, d. h. auf ein Kollektiv mit sozialistischer Antwort auf die »soziale Frage«. Die zeitlich vorausgehende liberale, demokratische und nationale Bewegung wurde noch nicht mit dem Begriff der *sozialen* Bewegung erfaßt; dies wird erst mit fortschreitender inhaltlicher Neutralisierung des Terminus soziale Bewegung möglich.

Es ist nicht überraschend, daß das Phänomen sozialer Bewegung nicht in der gesellschaftlichen Praxis in Deutschland, sondern anhand der gesellschaftlich und politisch fortgeschritteneren Verhältnisse in Frankreich entdeckt wurde. Soziale Bewegungen kündigten sich in Deutschland seit den

1790er Jahren an, aber sie waren vor 1848 als machtpolitische Faktoren kaum wirksam.

Rahmenbedingungen in Deutschland

Die Rahmenbedingungen standen ihrer Entfaltung entgegen – zunächst und vor allem die staatliche Repression, die im Zeitraum von 1789 bis 1860 vorherrschend war. Dabei handelte es sich um ein Muster polizeistaatlicher Repression, das allerdings nicht so lückenlos war, daß durch seine Fugen nicht auch die Bewegung sichtbar geworden wäre, in der die Gesellschaft sich trotz der Unterdrückung befand. Üblich waren die Einschränkungen der politischen Meinungsfreiheit, vor allem aber das Verbot politischer Vereine und Versammlungen oder doch weitgehende Restriktionen für solche Tätigkeiten. In Preußen z. B. gab es seit 1798 ein generelles Verbot politischer Vereinigungen.

Auch die institutionelle Beteiligung war aufs Äußerste beschränkt. In den beiden größten Staaten, Preußen und Österreich, gab es kein Parlament, der süddeutsche Parlamentarismus gewährte nur geringe Partizipationsmöglichkeiten. Die Repression gegenüber sozialer Bewegung wurde nur von kurzen Lockerungsphasen unterbrochen: nach 1790, 1813, 1830, 1848 – d. h. nach dem Übergreifen der jeweiligen Revolution in Frankreich und in den Befreiungskriegen.

Nicht zufällig sind einige bemerkenswerte Aktionen der frühbürgerlichen Bewegungen mit Festen verbunden. Da offene politische Versammlungen nicht erlaubt waren bzw. nicht genehmigt wurden, mußten Feste politisch umfunktioniert werden. Die Verbissenheit der Repression und die Angst vor dem Volk kamen darin zum Ausdsruck, daß 1832 – nach dem Hambacher Fest – u. a. »Volksfeste, nämlich solche, welche bisher hinsichtlich der Zeit und des Ortes weder üblich noch gestattet waren«, verboten wurden.

Die Karlsbader Beschlüsse, die allerdings in den verschiedenen Ländern des Deutschen Bundes unterschiedlich angewandt wurden, schufen ein umfassendes Repressionsinstrumentarium (Vereins-, Versammlungs-, Berufsverbot etc.). Erst in der Paulskirchenverfassung wurden die Grundsätze der Vereins- und Versammlungsfreiheit verankert. Wie bekannt, trat sie nicht in Kraft, vielmehr haben Preußen und die Einzelstaaten seit 1850 mehr oder weniger restriktive Rechtsgrundlagen geschaffen und die durch die Revolution weitgehend unterbrochene repressive Praxis wieder aufgenommen. Richtete sich die Repression vor 1848 in ähnlicher Weise gegen die frühbürgerliche und die Arbeiterbewegung, so verlagerte sich die Abwehrstrategie des Staates danach auf die Arbeiterbewegung.

Aber auch die gesellschaftlichen Rahmenbedingungen haben die Entfaltung von Sozialbewegungen im modernen Sinne behindert. Deutschland war in dieser Phase eine Agrargesellschaft mit ökonomischer, gesellschaftlicher und politischer Vormachtstellung des Adels und mit einem sich allmählich ausdehnenden modernisierenden Sektor (Industrialisierung, Ausbau des Bildungswesens, Wandel des Wertsystems etc.). Dieser Sektor wird in der frühindustriellen Phase wesentlich bestimmt durch das Bürgertum (mit seinen traditionellen, stadtbürgerlichen und neuen Elementen) als der aufsteigenden sozialen Klasse. Ihre zu kurz gekommenen Interessen werden in den frühbürgerlichen Bewegungen artikuliert. Aber die Kommunikationsbedingungen für diese Beschwerden waren durch Partikularisierung und Segmentierung und natürlich auch in technischer Hinsicht noch unzureichend.

Die Rahmenbedingungen waren also gekennzeichnet durch ökonomische und soziale Modernisierung bei staatlicher Verhinderung politischer Modernisierung. Die frühbürgerlichen Bewegungen wurden unterdrückt, konnten sich aber dennoch im Schoße der Gesellschaft so weit vorbereiten, daß sie 1848 sehr rasch als ein zentraler politischer Handlungsfaktor in Erscheinung traten. Die Arbeiterbewegung stand in dieser Phase noch im Schatten der bürgerlichen Bewegungen.

Frühbürgerliche Bewegungen

Aus späterer Sicht lassen sich liberale, demokratische und nationale Teilbewegungen unterscheiden. Für die Zeitgenossen waren die Grenzlinien eher undeutlich. Das gilt vor allem für die richtungspolitischen Bewegungen im Verhältnis zur Nationalbewegung, die in bzw. nach den Befreiungskriegen zwar eigenständig auftrat, im weiteren Verlauf aber mit dem Thema des Nationalstaats in die liberale und demokratische Bewegung verwoben blieb. Auch die spätere Unterscheidung in groß- oder kleindeutsche Lösung hat keine eigenständige Spaltungsqualität innerhalb der gesamtbürgerlichen Bewegung. Die manifeste Ausdifferenzierung von liberaler und demokratischer Bewegung ist vor allem ein Ereignis der 48er Revolution, dennoch sind divergierende programmatische Grundlinien über einen längeren Zeitraum feststellbar.

Das Ziel der bürgerlichen Bewegungen war auf Veränderungen im politischen Bereich konzentriert. Verfassungs- und Rechtsstaat, Nationalstaat und bürgerliche Beteiligung waren die zentralen Themen. Der sozioökonomische Bereich, so wichtig er auch im Revolutionsjahr 1848/49 wurde und so sehr hier die egalisierende Gesellschaftspolitik der Demokraten von der stärker differenzierenden und ökonomische Selbständigkeit prämierenden Konzeption der Liberalen unterschieden ist, der sozioökonomische Bereich nimmt aufs Ganze gesehen nur den zweiten Rang in der Thematisierungsintensität ein. Der soziokulturelle Bereich hat sich in dieser Entwicklungsphase durch die Ausbildung einer spezifisch bürgerlichen Kultur und eines bürgerlichen Wertsystems stark verändert. Dieser Wandel war aber nicht Thema und Ziel der bürgerlichen Bewegungen. Er vollzog sich über andere Kanäle wie Verein, Presse, öffentliche Kultureinrichtungen, Familie etc.

Der politische Dissens zwischen der demokratischen und der liberalen Bewegung lag im Bereich der Legitimitätsvorstellungen, wo sich die Forderungen nach Republik und konstitutioneller Monarchie gegenüberstanden, im Partizipationsbereich, zugespitzt auf die Forderungen nach allgemeinem, gleichem vs. Zensuswahlrecht, und im Bereich politischer Strategie, wo tendenziell Verhandlungs- und Konfrontationsstrategie den Gegensatz bildeten. Diese Forderungen drücken unterschiedliche Grade der Identifizierung mit dem bestehenden System und unterschiedliche Vorstellungen von der Richtung und Geschwindigkeit sozialen Wandels aus. Die Liberalen waren in Übereinstimmmung mit einer gemäßigt modernisierenden Monarchie und einer »vorindustriellen, berufsständisch organisierten Mittelstandsgesellschaft auf patriarchalischer Grundlage« (Gall 1980 b: 176). Sie suchten eine »klassenlose Bürgergesellschaft 'mittlerer' Existenzen« (ebda.), in die die – als bedrohlich erlebten – Unterschichten allmählich hineinwachsen sollten. Die Demokraten sahen im monarchischen Absolutismus mehr die Repressionsgewalt, betonten den Gleichheitswert und wollten »durch sofortige, volle politische Partizipation zur längerfristigen sozialen Integration« (Langewiesche 1978: 359) gelangen.

Die sozialstrukturelle Basis der frühbürgerlichen Bewegungen war das städtische Bürgertum. Die Bauern, obwohl die Masse der Bevölkerung, waren durch diese Bewegungen nicht tangiert. Die liberale Bewegung hatte ihren Schwerpunkt im Besitz- und Bildungsbürgertum, also dem eher großbürgerlichen Bereich. Zu ihr zählten aber auch durchaus Teile des Kleinbürgertums aus Handwerkern und kleinen Kaufleuten und – Übergang zum konservativen Reservoir – kleinere Teile des Adels. Die demokratische Bewegung stützte sich vor allem auf das Kleinbürgertum kleiner und mittlerer selbständiger Existenzen, auf nicht-etablierte Intelligenz bürgerlicher Herkunft, mit Ausläufern in den Bereich der unselbständigen städtischen Unterschichten hinein. Wie im programmatischen Bereich wäre dies durch die starke regionale Differenzierung zu filtern, in der Grundstruktur korrespondiert es aber den angedeuteten politischen Grundperspektiven.

Die frühbürgerlichen Bewegungen waren durch die repressiven Rahmenbedingungen in ihrer Mobilisierung stark eingeschränkt. Soweit es die Verhältnisse zuließen und dann vor allem im Revolutionsjahr 1848/49 trat ein Typ bürgerlicher Mobilisierungsweise in Erscheinung, der in dieser Form historisch neu war. Er stützte sich auf politische Vereine, Parlamentsfraktionen und Presse.

Politische Vereine wie die Burschenschaften nach 1815 oder der Preß- und Vaterlandsverein von 1832/33 waren Ausnahmen einer organisationsvermittelten Mobilisierung im Vormärz. Solange die politische Organisation durch staatliche Repression verhindert wurde, übernahmen andere Träger eingeschränkte Funktionen politischer Mobilisierung. Zum Beispiel weithin bekannte Wortführer, die dann 1848/49 als politische Führer fungierten, oder die kryptopolitischen Vereine wie Turner und Sänger mit ihrer politischen Hintergrundideologie.

Das Hauptmerkmal des Verlaufs sozialer Bewegung in dieser Phase war Diskontinuität. Die Demokraten traten als erste – wenn auch rudimentär – auf der Handlungsebene in Erscheinung. Als Fernwirkung der Französischen Revolution bildeten sich an verschiedenen Orten (vor allem im Rheinland) Jakobinerklubs. Als Teil der größeren bürgerlichen Emanzipationsbewegung machte sich die demokratische Bewegung erst wieder nach 1830 bemerkbar. Das Hambacher Fest von 1832, das herausragende öffentliche Bewegungsereignis der ersten Jahrhunderthälfte bis zur 48er Revolution, kann zwar einerseits die starke Verflechtung der drei bürgerlichen Teilbewegungen dokumentieren, gewann aber doch sein Profil am stärksten aus dem nationalen und demokratischen Protest.

Bevor der Liberalismus als soziale Bewegung auftritt, wird er handlungswirksam als bürokratischer Liberalismus der Reformzeit. Dessen Scheitern und die verschärft nach 1819 einsetzende Repression führen ihn tiefer auf die gesellschaftliche Ebene hinunter. Dennoch bleibt der Liberalismus soziale Bewegung von eher bürgerlich-elitärem Zuschnitt, mehr auf die parlamentarische Ebene (in den süddeutschen Landtagen beginnend) und pressevermittelte Öffentlichkeit, denn auf politische Vereine oder gar direkte Aktionsformen sich stützend. Ideell ist in den 1840er Jahren eine stärkere Ausdifferenzierung von liberalen und demokratischen Tendenzen zu beobachten, die 1848 sehr bald handlungswirksam wurden.

Die nationale Bewegung entstand in Deutschland aus dem Widerstand gegen die Napoleonische Expansionspolitik, vor allem im Zuge bzw. als Folge der Befreiungskriege. Sie war – bei einer gewissen Ambibalenz aufgrund politisch-romantischer Einflüsse – aufs Ganze gesehen mit den anderen bürgerlichen Bewegungen eng verknüpft und ein progressiver Faktor gegenüber den alten Gewalten, gegen Absolutismus, Feudalismus, Partikularismus. Nur im unmittelbaren Protest gegen die französische Fremdherrschaft bildeten sich Gruppen und Organisationen heraus, die die Nationalfrage zum Schwerpunktthema machten. Die Jahnschen Turnvereine und die studentischen Burschenschaften gehörten dazu. Ihre Mobilisierungskraft war begrenzt (zum Wartburgfest von 1817 kamen etwa 500 Burschenschafter). Sieht man von den späteren kryptopolitischen Turner-, Sänger- und Schützenvereinen ab, die durch öffentliche Feiern mit nationaler Symbolik einen gewissen Beitrag leisteten, war in der weiteren Entwicklung das Nationale integraler Bestandteil der liberalen und demokratischen Bewegung.

Frühe Arbeiterbewegung

Die frühe Arbeiterbewegung war – wie die bürgerliche Bewegung – durch die repressiven Rahmenbedingungen in Deutschland behindert. Aber auch der frühindustrielle Entwicklungsstand mit einem schmalen gewerblichen Sektor prägte das Bild der frühen Arbeiterbewegung.

Die frühen »Proletarier« waren Heimarbeiter (z. B. schlesische Weber) und ungelernte Arbeiter (z. B. Eisenbahnbau), die zu sporadischem Protest, aber nicht zu dauerhafter Strukturierung eines Kollektivs durch Zielsetzung und Organisation in der Lage waren. Bei extremen Arbeitszeiten (14–16 Stunden), Hungerlöhnen und geringer Qualifikation bestätigt sich auch hier die Regel, daß soziale Bewegung nicht das Produkt der Ärmsten der Armen ist.

Gestützt auf ein Zusammengehen von sich als Arbeiter verstehenden Handwerkergesellen und radikalisierter Intelligenz bürgerlicher Herkunft bildeten sich erste Organisationsansätze der deutschen Arbeiterbewegung seit 1832 im westlichen Ausland. Die Auslandsvereine praktizierten zunächst vor allem in Paris, was strukturell bei anderen Rahmenbedingungen in Deutschland nicht anders ausgesehen hätte: ein politisches Vereinswesen, das Bildung, Geselligkeit und kollektive Selbsthilfe noch integriert mit einer politisch-ideologischen Zielsetzung. Der Bundcharakter verweist einerseits auf ältere Solidargemeinschaften (Gesellenbruderschaften

z. B.), andererseits, soweit konspirativ-zentralistische Formen praktiziert wurden, auf den Schutz gegenüber staatlicher Kontrolle. In ihrer Außenbeziehung Agitationsvereine; vom Selbstverständnis her revolutionär, aber nicht Revolution machend; geheimbündlerisch aus Notwendigkeit, nicht aus Prinzip (Schieder, W. 1963) – nicht so sehr in der Organisation, sondern in der utopisch-egalitären Ideologie lagen die Unterschiede zur bürgerlich-demokratischen Bewegung. Deutscher Volksverein (1832), Bund der Geächteten (1834), Bund der Gerechten (1836), Bund der Kommunisten (1847) bilden die sich durch Spaltungen verlängernde Organisationskette, wobei meist nicht mehr als jeweils 100 Mitglieder zusammenkamen.

Die radikale Intelligenz ging, von der Mitwirkung in diesen Bünden abgesehen, auch eigene, im wesentlichen publizistische Wege. Einem Muster ideeller Mobilisierung folgend, das auch die bürgerliche Bewegung kennzeichnete, unterstützten vor allem Marx und Engels zunächst die bürgerlich-demokratische Bewegung, weil sie deren Revolution als Voraussetzung der späteren proletarischen Revolution betrachteten. Organisationspolitisch kam von dieser Gruppe kein eigenständiger Anstoß. »Schon Lenin hielt es .. für eine 'ungeheuerliche und unglaubliche Tatsache', daß Marx und Engels in der deutschen Revolution bis zum Frühjahr 1849 eine rein journalistische Tätigkeit ausgeübt hätten ohne 'organisatorische Bande mit einer selbständigen Arbeiterpartei'« (Schieder 1966:901).

Die einzige Massenorganisation der Arbeiterbewegung bis in die 1860er Jahre, die erste deutsche Massenorganisation überhaupt, war die 1848 gegründete »Allgemeine Deutsche Arbeiterverbrüderung« mit ihren 15–20 000 Mitgliedern.

Da die Arbeiterverbrüderung sich relativ frei von äußerer Repression konstituierte und die Intelligenz hier nur eine marginale Rolle spielte, läßt sich an ihr ablesen, wozu eine von Gesellen-Arbeitern geprägte Organisation drängte: zu einer Betonung unmittelbar ökonomischer bzw. sozialpolitischer gegenüber fernerliegenden politisch-ideologischen Fragen, d. h. zu gewerkschaftsähnlichem Zusammenschluß und genossenschaftlicher Selbstorganisation; demokratischer Organisationsstruktur; Praktizismus. Politisch stand die Arbeiterverbrüderung der demokratischen Bewegung nahe, ohne eine eigenständige politische Rolle zu übernehmen. Qualifizierte Arbeitskräfte umfassend und noch weithin vorindustriellen Lebens- und Arbeitsverhältnissen verhaftet, drückt sich – diese Begrenzung überschreitend – in dieser Organisation der Versuch aus, Gleichheit und Freiheit in einem durch Brüderlichkeit integrierten und lebensweltlich verankerten Ansatz zu verfolgen, bevor der sich voll ausbildende Konflikt zwischen Arbeit und

Kapital und die Aufspaltung der Sphären von Ökonomie, Politik und Kultur die Arbeiterbewegung zu anderen Ideologien, Strategien und Organisationsformen drängten.

1848/49 und die Folgen

Die Revolution von 1848/49 war ein Kristallisationspunkt in der Entwicklung der sozialen Bewegung. Zum ersten Mal erschienen die sozialen Bewegungen, die trotz Unterdrückung in der Restaurationszeit gesellschaftlich vorbereitet worden waren, als Hauptakteure auf der politischen Bühne. Dabei zeigt sich in einem raschen, äußerst dynamischen Prozeß, was Bewegung sein kann. Es werden aber auch die Grenzen frei operierender Bewegungen aufgedeckt.

1. Die jahrzehntelange Unterdrückung sozialer Bewegung hat natürlich negative, überraschenderweise hat sie aber auch positive Konsequenzen. Negativ ist ihre Mobilisierungsschwäche, die Unangemessenheit lockerer Organisation für weitreichende machtpolitische Ziele vor allem bei den Demokraten. Ein Nachteil war das Fehlen vorgängiger Verständigung in den Reihen der Opposition über Ziele, Strategien, Aktionsformen.

So kam es zu Überraschungen und Enttäuschungen: der demokratischen über die liberale Bewegung und der Arbeiterbewegung über beide. Das heißt natürlich nicht, daß die Interessenunterschiede zwischen Liberalen und Demokraten durch Kommunikation auszuräumen gewesen wären, es heißt nur, daß die Strategien aller anders ausgesehen hätten, hätten sie mehr sichere Kenntnis voneinander gehabt.

Positiv waren der Überraschungs- und der Vergrößerungseffekt, die die raschen Erfolge im März ermöglichten. Die Repression brachte die Kontrollinstanzen um ihren Vorteil, bei offenen Artikulationsbedingungen die Stärke der Opposition durchzurechnen. Sie werden durch die so nicht erwartete Präsenz eines Handlungskollektivs überrascht. Da sich aus einem Nichts heraus die Straßen und Plätze füllen, erscheint die Bewegung größer als sie tatsächlich ist. Offene Artikulationsbedingungen sind immer ambivalent: sie erlauben Entfaltung, aber sie führen auch zu größerer Berechenbarkeit, zu Gegenmobilisierung und Gegenstrategien.

2. Die frühbürgerlichen Bewegungen scheiden als Motor der Geschichte aus. Die Liberalen, bei denen die besitzbürgerlichen Interessen auf dem Vormarsch sind, begnügen sich mit geringen Konzessionen des absolutistischen Staates. Übrig gebliebene Teile des demokratischen Flügels tragen Bewegungselemente bis in die 1860er Jahre hinein (z. B. Arbeiterbildungs-

vereine). Aber insgesamt läßt sich das Selbstverständnis der bürgerlichen Kräfte zunehmend weniger mit Begriff und Konzept der Bewegung fassen (Rammstedt 1978). Die der bürgerlichen Bewegung gestellten Aufgaben des Nationalstaats und des demokratischen Verfassungsstaates werden von anderen Akteuren gelöst. Der Nationalstaat wird vom preußischen Obrigkeitsstaat auf seine Weise geschaffen, der demokratische Verfassungsstaat bleibt als Aufgabe für längere Zeit an die Arbeiterbewegung »delegiert«.

3. In der 48er Revolution werden die Weichen für die Verselbständigung der Arbeiterbewegung gestellt. Das Scheitern der demokratischen Bewegung hat die Grundlage geschaffen für die im Laufe der 1860er Jahre sich vollziehende »Trennung der proletarischen von der bürgerlichen Demokratie« (Mayer, G. 1969). Das durch eigene Organisationen gewonnene Selbstbewußtsein hat dabei fortgewirkt. Für lange Zeit wird – in der Wahrnehmung der Öffentlichkeit und in der Selbstwahrnehmung – soziale Bewegung identisch mit Arbeiterbewegung, der aufsteigenden gesellschaftlichen Kraft der kommenden Jahrzehnte.

4. Der Gedanke festerer und effizienterer Organisierung sozialer Bewegung ist durch die Erfahrung der 48er Revolution bestärkt worden. Bei Lassalle, dem ersten Parteigründer der Arbeiterbewegung, ist dies als biographische Kontinuität bzw. Lernergebnis nachweisbar. Zwar ist »Organisation« auch durch unmittelbare Arbeitserfahrungen der Arbeiter nahegelegt, aber es gibt auch den Anstoß durch die 48er Erfahrung. Das Modell der Revolution begann sich zu ändern. Hielt man bis 1848 bei Demokraten, Sozialisten und Kommunisten eine rasche Änderung der Gesellschaft durch Revolution nach dem Muster der Französischen Revolution von 1789 für möglich, wurden nach der Spontanrevolution von 1848 mehr die Langfristigkeit, Geplantheit, Organisation der Aktivitäten als Voraussetzung grundlegenden Wandels betont.

5. Auch die staatlichen Kontrollinstanzen zogen Konsequenzen aus der Schwäche des Staates in der Anfangsphase: Sie bauten auf den starken Staat (obwohl sich im Verlauf der Revolution das große Ausmaß der Macht-, aber auch der Legitimitätsressourcen des Staates gezeigt hatte). Repressive Vereins- und Versammlungsgesetze, Polizei und Militär sollten Bewegungen verhindern oder eben wirksam unter Kontrolle halten. Die alternative Reformstrategie war von geringerer Bedeutung. Der Konflikt des Staates mit der Arbeiterbewegung wurde Machtkampf, die wichtigste Waffe des Staates Repression.

2.2 Industrielle Phase

2.2.1 Entfaltung eines Bewegungssystems (1860–1918)[2]

Rahmenbedingungen

Die sich entfaltende kapitalistische Industriegesellschaft führt zu einem Aufschwung sozialer Bewegungen. Ob akzeptiert oder nicht, ob unterdrückt und ins Ausland getrieben: soziale Bewegungen werden endgültig zu einer Begleitmelodie moderner Gesellschaftsentwicklung. Soziale und politische Modernisierung sind in Deutschland nicht synchronisiert, in ihrem Widerspruchsfeld agieren die Sozialbewegungen.

Soziale Modernisierung verändert die Kommunikationsbedingungen und die Konfliktstrukturen. Die Kommunikation wird nachhaltig beeinflußt durch den Prozeß der Urbanisierung, der in größerem Stil erst nach 1870 einsetzt. Die Massierung der Menschen in großen Siedlungen erleichtert ihre Austauschmöglichkeiten und die raschere Koordination ihres Handelns. Arbeiter-, Frauen-, Lebensreform- und Jugendbewegung sind alles städtische, meist großstädtische Bewegungen. Die Alphabetisierung ist weitgehend abgeschlossen und schafft Grundkompetenzen des Bewegungshandelns. Bildung bleibt in der klassengespaltenen Gesellschaft ein Mittel, mit dem Aufklärung und Handlungskompetenz kontrolliert, d. h. beschränkt oder ausgeweitet werden können. Die Kommunikation verändert sich vor allem auch durch den Ausbau der Massenkommunikationsmittel. Seit den 1880er Jahren beginnt in Deutschland der Aufbau einer Massenpresse, für die nun ein großer Markt Lesefähiger bestand und die aufgrund wirtschaftlich-technischer Gegebenheiten nun billiger produziert werden konnte. Massenpresse trägt bei zur Entstehung eines Massenpublikums, das auch auf anderen Ebenen zur Vergesellschaftung drängt. Darüberhinaus bedienen sich Bewegungen des Mittels der Massenpresse zur Mobilisierung von Anhängern. Im Rahmen der sozialdemokratischen Arbeiterbewegung erschienen z. B. 1914 täglich 91 Parteizeitungen. Ingesamt führt die soziale Modernisierung zugleich zu erhöhten Fähigkeiten und Ansprüchen politischer Partizipation.

Die Entwicklung der kapitalistischen Industriegesellschaft verändert auch die Konfliktstruktur. Dominierend wird der Klassenkonflikt, der durch private Aneignung kollektiv geschaffener Werte entsteht. Z. T. überlagert, z. T. verdrängt er ältere Konfliktlagen (zwischen Kirche und Staat, Stadt und Land etc.). Er schafft den Stoff, an dem sich für längere Zeit soziale

Bewegungen abarbeiten. Er bringt die aufsteigende Klasse der Arbeiter hervor, die durch quantitative Ausweitung und zunehmenden Erwerb industrieller Qualifikationen für das Funktionieren des Systems unerläßlich werden. Gleichzeitig geht vom dominierenden Klassenkonflikt eine mobilisierende Wirkung auf alle gesellschaftlichen Bereiche aus. Nicht zuletzt entsteht eine Reihe gesellschaftlicher Probleme, die nicht durch materielle Überlebensinteressen diktiert sind und von bürgerlichen Bewegungen bearbeitet werden.

Die politische Modernisierung bleibt hinter der gesellschaftlichen Modernisierung zurück. Zwar lockern sich seit 1859 die Bedingungen zur Entfaltung sozialer Bewegungen, die in der Reaktionszeit nach der 48er Revolution vollständig verhindert wurde. Das Grundmuster stark eingeschränkter politischer Modernisierung bleibt aber für die Zeit des Kaiserreichs erhalten. Beteiligungschancen waren rechtlich nicht verbürgt (Fehlen von Grundrechten in der Verfassung), durch Vereins- und Versammlungsrecht stark beschnitten (z. B. Verbot politischer Betätigung von Frauen bis 1908) und durch Zusammenwirken von Verwaltung, Polizei und Justiz zusätzlich vereitelt. In längeren Phasen (1878–1890 Sozialistengesetz, 1914–1918 Ausnahmezustand) waren wesentliche Bewegungsaktivitäten prinzipiell unterdrückt.

Das allgemeine und gleiche Reichstagswahlrecht für Männer legte eine Schneise in dieses repressive System. Das Wahlgesetz, das die Parteien legitimierte, wirkte dann positiv auf die Polizei- und Verwaltungspraxis zurück. Arbeiterpartei und Gewerkschaften erfüllten Pionierfunktionen in der Erkämpfung von politischen Bewegungsfreiheiten, vor allem soweit sie durch Organisation vermittelt sind. Allgemeines Wahl- und gewerkschaftliches Koalitionsrecht leisteten Schrittmacherdienste.

Die partielle Modernisierung infolge eines raschen ökonomisch-technischen Wandels bei einem mit freiheitlichen Normen verflochtenen dominanten Klassenkonflikt und das gleichzeitige Zurückbleiben politischer Demokratisierung kennzeichnen die Rahmenbedingungen im Kaiserreich. Die gesellschaftliche Entwicklung erzeugt neuartige Konflikte wie die materiellen, normativen und organisatorischen Mittel zur Überwindung. Es wachsen aber nicht nur die befreienden, sondern auch die unterdrückenden Kräfte und es ist schwer, in einer Gesamtbilanz zu entscheiden, was stärker wächst. Obwohl der Obrigkeitsstaat eine politisch passive Rollenvorstellung vom Bürger verfolgt, genügen die Lücken der Repression, um soziale Bewegungen ins Leben zu rufen und sie bis zu einem gewissen Umfang sich entfalten zu lassen.

Polarisierung, Organisierung, Differenzierung

Erlebte Deutschland 1848 einen ersten Frühling sozialer Bewegung und nach 1850 mit der politischen Reaktion eine zweite Eiszeit, so ist der Zeitraum von den 1860er Jahren bis zum 1. Weltkrieg durch eine – trotz starker Widerstände – breite Entfaltung sozialer Bewegungen gekennzeichnet. Die Beziehungen zwischen den Bewegungen erhalten allmählich den Charakter eines (Sub-)Systems. Das heißt, daß die Interaktionen und systematischen Bezugnahmen zwischen den verschiedenen Bewegungen zunehmend wichtiger werden. Die Erklärung des Verhaltens sozialer Bewegungen muß nun Bedingungen einbeziehen, die durch Konkurrenz und Kooperation im Bewegungssystem gegeben sind. Hervorstechende Merkmale dieses Systems sind Polarisierung, Organisierung und Differenzierung.

Die *Polarisierung* zwischen den Sozialbewegungen ist verwoben mit der inneren Spaltung des Kaiserreichs, die weit über den Bereich der sozialen Bewegungen hinausführt. Klar umrissene Gegner- bzw. Feindschaft und scharfe Grenzziehung bilden den Kern der Polarisierung. Das polare Konfliktmuster ist von »Feindbildern« begleitet (»Ausbeuter«, »rote Gefahr« etc.), die bestehende Unterschiede zu Stereotypen verfestigen. Homogenität ist nicht notwendiges Merkmal der beiden Blöcke, interne Differenzierung wird aber der äußeren Kampfstellung untergeordnet. Historisch neu ist politische Polarisierung als Element eines Massenprozesses, der zwar von Eliten manipuliert, aber nicht vollständig kontrolliert werden kann. Die Dynamik von – u.a. über Feindbilder mobilisierten – Massen hat die Geschichte in der industriellen Phase nachhaltig beeinflußt.

Die dominanten Gruppen im Kaiserreich stützten ihre reformfeindliche Status quo-Politik durch Stigmatisierung von »Reichsfeinden« ab. Dazu gehörten nationale Minderheiten (Elsaß-Lothringer, Polen, Dänen, Welfen), freisinnige Juden, politischer Katholizismus, (Links-)Liberalismus und Sozialdemokratie. Für Bismarck war gesamtpolitisch die Frontstellung zur liberalen Bewegung (nach deren Spaltung zu den Linksliberalen) bestimmend, deren Bedeutung aber angesichts der Schwäche und parlamentarischen Begrenzung der Bewegung zunehmend zurücktrat. Dafür rückte die sozialdemokratische Bewegung ins Zentrum der Ausgrenzungsstrategien der etablierten Kräfte.

Die Arbeiterbewegung wurde in eine Frontstellung zu den feudalistischen Kräften gezwungen, noch bevor sich der industriekapitalistische Klassenkonflikt voll hatte entfalten können. Restaurations- und Reaktionszeit forcierten durch staatliche Repression den Konflikt, wobei die Begrenzung der Mobilisierung auf staatliche Mittel (Justiz, Militär, Schule etc.) angesichts des geringen Mobilisierungsgrades der Arbeiterbewegung noch ausreichte.

Diese frühe Frontstellung der Arbeiterbewegung gegen einen starken Staat und die ihn tragende konservative Aristokratie zwingt das mit der Industrialisierung sich verstärkende Bürgertum in eine Entscheidungssituation. Im preußischen Verfassungskonflikt (seit 1862) wird das liberale Bürgertum durch die unnachgiebige Position der parlamentarisierungsfeindlichen Krone einerseits, der auf Parlamentarisierung und Demokratisierung drängenden Arbeiterbewegung (Lassalle) andererseits zur Parteinahme gezwungen. Die Mehrheit entscheidet sich für den militärisch siegreichen preußisch-deutschen Machtstaat. Die linke Minderheit hat weder die Kraft noch den Willen zu einer eigenständigen Vermittlung, die die Tendenz zur Polarisierung hätte abschwächen können. Diese Veränderungen vollziehen sich nicht ruckartig, sondern im Verlauf mehrerer Jahre, da die mit dem liberalen Bürgertum liierten Teile der Arbeiterbewegung für ihre Loslösung und die Erweiterung ihres Feindbildes auf den bürgerlich-konservativen Block eines Umlernens bedürfen (das trotz der zweiten Parteigründung 1869 erst in den 1870er Jahren abgeschlossen wird) und da auch die liberalen Kräfte erst allmählich begreifen, daß sie als eigenständiger Machtfaktor gescheitert sind. Seit Ende der 1870er Jahre (Schutzzollpolitik, Sozialistengesetz) ist der Nationalliberalismus Teil des herrschenden Blocks, der seine Frontstellung zu der trotz Repression anwachsenden Arbeiterbewegung ausbaut.

Der Linksliberalismus bleibt in den Grenzen, die der deutsche Liberalismus insgesamt nicht zu überwinden vermag. Seine Angst vor Volk und Demokratie (Politik der Wahlrechtsschranken) korrespondiert seinen nur begrenzten Forderungen gegenüber dem feudalistischen Staat (Verzicht auf parlamentarische Demokratie). In den verfassungspolitischen Fragen gemäßigt, ohne Konzept und Engagement für die soziale Frage, verliert die linksliberale Bewegung auf der Ebene der Ziele ebenso an Dynamik wie im Bereich der Mobilisierung und Aktion. Gegen die Mobilisierung anderer sozialer Milieus (katholisch, konservativ, sozialistisch) vermag sie kein Gegengewicht zu schaffen. Im Bereich der Aktion reduziert sie sich immer stärker auf Parlaments- und Wahlpolitik. Obwohl sie in ihren Zielen nicht zum Zuge kommt, wird die linksliberale Bewegung ein berechenbarer und leicht kontrollierbarer Bestandteil des Kaiserreichs, eine institutionalisierte Minorität. Das kollektive Selbstbewußtsein als Bewegung befindet sich spätestens seit den 1880er Jahren in unaufhaltsamer Erosion. Die

Gegnerschaft zur Sozialdemokratie (die bedeutsamer ist als die zum politischen Katholizismus) reicht als Kohäsionsmittel nicht aus.

Nachdem die demokratische Bewegung 1848/49 ihren Höhepunkt überschritten hat und nur noch in Ausläufern bzw. am Rande des Liberalismus nach 1860 Gewicht erhält, aber als Einflußfaktor für den Liberalismus irrelevant wird, nachdem die Liberalen in der Zangenbewegung der 1860er Jahre mehr zum Staat als zum Volk tendieren, scheidet nun auch die linksliberale Tendenz der Bewegung, die länger als der rechts- bzw. nationalliberale Zweig Bewegungselemente wach hält, als eigenständig handelnder Faktor aus der deutschen Politik aus. Das Scheitern der liberalen Bewegung forciert nicht nur die politische Polarisierung, sondern setzt die (protestantischen) kleinbürgerlichen Massen politisch frei, die seit den 1890er Jahren die Verstetigung und Intensivierung der Polarisierung überhaupt erst ermöglichen.

Ist die Sozialdemokratie als Objekt der Repression staatlicher Instanzen in die Konfrontation hineingezogen und betreibt sie diese auch ihrerseits aktiv (Klassenkampfkonzept), so gewinnt die Polarisierung eine neue Dimension, als sich das bürgerlich-konservative Lager auf der Ebene sozialer Bewegung mobilisiert. Vorläufer dieser rechten Massenmobilisierung ist der noch begrenzte mittelständische Antisemitismus seit Ende der 1870er Jahre, volle Entfaltung findet sie im Bund der Landwirte und in den Massenagitationsvereinen der 1890er Jahre. Erst damit wird den großindustriellen und großagrarischen Interessen eine mittelständische und bäuerliche Massenbasis geschaffen, die industriegesellschaftlichen Anforderungen an Massenpolitik (Wahlkämpfe, Massenkampagnen) entspricht.[3] Zur Verteidigung des Status quo reichen die traditionellen Mittel des Staates und der Sozialisation (Familie, Kirche, Schule) nicht mehr aus.

Hatte der Staat mit der Polarisierung gegenüber der Arbeiterbewegung begonnen, die Bewegung durch Generalisierung und Vertiefung des Konflikts geantwortet (Übernahme marxistischer Interpretationen), so wird der herrschende Block, um seine Interessen zu sichern, zur Mobilisierung der ihm zugänglichen kleinbürgerlichen und bäuerlichen Massen gezwungen. Seit den 1890er Jahren bis 1933 ist die Politik nicht zuletzt durch polarisierte Massenmobilisierung gekennzeichnet, wobei die an Feindbildern orientierte Mobilisierung und Gegenmobilisierung eine Dynamik freisetzen, die in den totalitären Bewegungen der 1920er Jahre eine neue Dimension erreichen wird.

Damit sind schon wesentliche Funktionen der Polarisierung angesprochen. Sie trägt zur Ideologisierung der zugrundeliegenden sozioökonomischen Konflikte bei. In der Arbeiterbewegung kann der Marxismus Fuß fassen, der wichtigen Erfahrungen der sich ausbreitenden Industriearbeiterschaft entspricht und einen Klassendualismus in das Zentrum der Analyse rückt. Im bürgerlich-konservativen Bereich entfalten sich die nun massenwirksam werdenden Ideologien negativer Integration, d.h. der Integration über Ausgrenzung und Feindbestimmung: der vom liberalen zum »antagonistischen« gewandelte Nationalismus (Wehler), Antisemitismus, sozialer Militarismus und der militante, anti-egalitäre Antisozialismus.

Eine zweite Konsequenz der Polarisierung ist die verstärkte Mobilisierung sozialer Bewegung. Die Arbeiterbewegung intensiviert die Organisationsarbeit, um mit diesem Mittel die Überlegenheit der Gegner an Ressourcen zu kompensieren. Sie mobilisiert Anhänger nicht nur im ökonomischen und politischen, sondern auch im soziokulturellen Bereich; diese Subkulturbildung ist in erster Linie eine Funktion der Polarisierung und der damit verbundenen Ausschließung der Arbeiter aus Staat und Gesellschaft. Der weitgehend als ideelle Strömung und gesellschaftliche bzw. staatliche Machtposition manifestierte Konservatismus begibt sich – unter Einbeziehung (klein-)bürgerlicher und bäuerlicher Elemente – auf die Ebene der mobilisierenden Sozialbewegung.

Eine dritte Wirkung der Polarisierung besteht in einer Blockierung neuer Problemzusammenhänge. Neue Erfahrungen, Probleme, Themen werden dem dominanten, polarisierten Konflikt untergeordnet. Entweder die neue Bewegung spaltet sich unter dem Polarisierungsdruck (wie z. B. die Frauenbewegung, die einen bürgerlichen und einen sozialistischen Zweig entwickelt) oder ihre Ausweitung wird durch Etikettierung und Zuweisung an eines der Lager, aber auch durch eine der Polarisierung folgende Rekrutierung begrenzt (wie z. B. die dem bürgerlichen Lager zugeordneten Lebensreform- oder Jugendbewegung).

Die wesentliche Ursache der Polarisierung ist im Dualismus des kapitalistischen Klassenkonflikts unter den Rahmenbedingungen sozialer und kultureller Mobilisierung in der Industriegesellschaft zu sehen. In dem Maße, wie sich dieser Konflikt als der dominante Klassenkonflikt durchsetzt, ist eine – in der Intensität variierende – politische Polarisierung in allen westlichen Industriegesellschaften zu beobachten. Die Verschärfung der Polarisierung in Deutschland wird vor allem durch zwei Faktoren gefördert. Zum einen durch die in die Industriegesellschaft verlängerte Herrschaft feudalistischer Kräfte, die durch das Scheitern einer bürgerlichen Revolution, die verspätete Industrialisierung und den Anteil von Monarchie und Militär an der Nationsbildung zu erklären ist. Das Fortbestehen eines zentralen feudalistischen Einflusses ist Ursache einer Kumulation von Gegnerschaften, die keinen Raum läßt für starke vermittelnde Kräfte und Kompromißstrategien schwächt. Zum andern – und damit zusammenhängend – ist die verschärfte Polarisierung zu erklären durch die weitgehende Parteilichkeit des Staates, der in hohem Maße zu einem einseitigen Instrument der Interessendurchsetzung durch den bürgerlich-konservativen Block wird.

Der zweite Grundzug des sich ausbildenden Bewegungssystems besteht in der *Organisierung* sozialer Bewegung. Die Mobilisierungsweise der sozialen Bewegung in der industriellen Phase ist ganz wesentlich durch tendenziell bürokratische Organisationsbildung geprägt. Die Arbeiterbewegung, die in den 1860er Jahren mit der Bildung von Gewerkschaft und Mitgliederpartei beginnt, welche sich in den 1890er Jahren zu Massenorganisationen ausweiten, die Arbeiterbewegung ist Initiator einer auf Organisation aufbauenden Mobilisierungsweise, die klassenspezifischen Bedürfnissen und Machtstrategien entspricht. Das Organisationsprinzip bleibt aber nicht auf die Arbeiterbewegung beschränkt. Dieser Mobilisationsmodus strahlt auf die anderen, mindestens die machtorientierten Bewegungen aus. Das gilt nicht nur für dic »großen« historischen Bewegungen (z. B. konservative), sondern auch für thematisch begrenzte Bewegungen wie die Frauen- oder Friedensbewegung.

Die Wirkung der Organisation ist ambivalent. Einerseits steigert Organisation die Möglichkeiten kontinuierlicher Massenmobilisierung in nicht gekanntem Ausmaß und erweitert so das Machtpotential sozialer Bewegung. Auf der anderen Seite führt Organisation zu Bürokratisierung, die einen Verlust an Eigenständigkeit und Initiative bei den Aktiven nach sich zieht und die Institutionalisierung der Bewegung fördert.

So bemerkenswert neu die dauerhafte freiwillige Organisierung von Massen ist, dürfen doch die Grenzen der Organisierung nicht übersehen werden. 1910 waren 21 % der Industriearbeiter in Gewerkschaften und 7 % in der SPD organisiert, dabei waren 36 % der Gewerkschaftsmitglieder gleichzeitig Mitglieder der Sozialdemokratie (Osterroth/Schuster, Bd. I, 1975:152). Nur eine Minderheit der in Frage kommenden Basis war also in den zentralen Organisationen der Arbeiterbewegung organisiert.

Aus diesen beiden Tatsachen, der Bürokratisierung als Konsequenz der Massenorganisation und der Grenzen der Organisation, werden in der Revolutionsperiode nach dem 1. Weltkrieg weitreichende Probleme erwachsen: die organisierte Basis wird sich – jedenfalls in Teilen – selbständig machen und die Unorganisierten intervenieren eigenständig in den Prozeß sozialer Bewegung.

Da Organisation im Mittelpunkt des industriellen Mobilisierungstyps stehen wird (vgl. 9.4.2), können hier zwei abschließende Hinweise genügen. Politische Vermittlungsprozesse, auch wo sie nicht in Form sozialer Bewegung ablaufen, organisieren sich zunehmend (Interessenverbände, Parteien, Massenmedien), die Organisation sozialer Bewegung korrespondiert also gesamtgesellschaftlichen Tendenzen. Zum anderen steht die Organisationstendenz im Zusammenhang mit Trends industriegesellschaftlicher Entwicklung wie Bevölkerungsexplosion, allgemeiner Bürokratisierung (bei Staat und Wirtschaft), Institutionalisierung von Partizipationschancen, bei denen die Organisationsform Vorteile gewährt (Wahlrecht, Lobbying etc.).

Nur auf den ersten Blick im Widerspruch zur Polarisierung ist die weitere Entwicklung auch durch eine Tendenz zur *Differenzierung* bestimmt. Neben den ideologischen Blöcken der um Eigentums- und Herrschaftsfragen kreisenden sozialen Großbewegungen entstehen Bewegungen, die sich um begrenztere Bedürfnisse und Interessenlagen konstituieren.

Frauen- und Lebensreformbewegung seit den 1860er, Friedensbewegung seit den 1890er Jahren und Jugendbewegung seit der Jahrhundertwende sind kleinere Bewegungen, die von der vorherrschenden Tendenz zur Polarisierung beeinflußt, aber nicht determiniert werden. Die Frauenbewegung beginnt zunächst als allgemeine Bewegung, die sich im Zuge der Polarisierung in den 1890er Jahren in eine bürgerliche und eine proletarische Richtung spaltet. Die Friedensbewegung ist im Kaiserreich (im Unterschied zur Weimarer Republik) eine homogen bürgerliche Bewegung; die Arbeiterbewegung griff erst später das Friedensthema auf. Die kulturorientierten Bewegungen sind zwar nach Herkunft und ideologischer Grundorientierung ihrer primären Trägergruppen als bürgerlich zu klassifizieren. Tatsächlich durchziehen sie auch konservative und sozialistische Orientierungen, vor allem sind sie aber nicht im Rahmen des Polarisierungsprozesses instrumentalisierbar und stehen in mancher Hinsicht quer zu den politischen Lagern.

Insgesamt spiegelt die Ausdifferenzierung neuer Bewegungen mit eigenständigen Themen die zunehmende sozialstrukturelle und soziokulturelle Differenzierung im Industrialisierungs- und Modernisierungsprozeß wider. Ideologische Differenzierung mit mehr oder weniger ausgeprägter sozialstruktureller Infrastruktur ist auch ein Merkmal des Entwicklungsprozesses der großen Bewegungen (liberale, sozialistische, konservative). Das dualistische Polarisierungsmuster, so wirksam es in dieser Periode politisch ist, verdeckt die längerfristige Tendenz zur Ausdifferenzierung der Gesellschaft, die im Bewegungssystem einen Niederschlag findet.

Frauenbewegung[4]

Die Frauenbewegung steht in der Traditionslinie der demokratischen Bewegung. Als Gleichberechtigungsbewegung setzt sie deren liegengebliebene Aufgaben fort, da die in den bürgerlichen Revolutionen proklamierten allgemeinen Menschenrechte in der politischen und gesellschaftlichen Realität zunächst nur Rechte der Männer sind. In der 1848er Revolution bildeten sich in Deutschland zahlreiche politische Frauenclubs und Frauenvereine, die sich aber – u.a. infolge der einsetzenden staatlichen Repression – bald wieder auflösten. Durch die Vereinsgesetzgebung war die Mitgliedschaft in politischen Vereinen und die Teilnahme an politischen Veranstaltungen von 1850 bis 1908 für Frauen in den meisten deutschen Ländern verboten.

Die erste kontinuierlich arbeitende Organisation der bürgerlichen Frauenbewegung, der Allgemeine Deutsche Frauenverein, wurde 1865 gegründet. Ihm gehörten bis 1890 ca. 12.000 Mitglieder an. Für die bürgerliche Frauenbewegung stellte sich die Frauenfrage bis 1890 im wesentlichen als Bildungs- und Erwerbsfrage. Die Anzahl der ledigen, auf eigene Erwerbsarbeit angewiesenen Frauen nahm zu – Folge eines im Verlaufe der demographischen Entwicklung entstandenen »Frauenüberschusses« und des im Zuge der Industrialisierung eingetretenen Funktionsverlustes der Familie auf ökonomischem Gebiet. Die Ziele der Frauenbewegung richteten sich deshalb primär auf die Verbesserung der Erwerbsfähigkeiten und der Erwerbsmöglichkeiten für Frauen. Fragen der höheren Mädchenschule, der Lehrerinnenausbildung und des Zugangs zu einem Studium (vornehmlich der Medizin) standen im Vordergrund. Ab 1890 bildete sich innerhalb der bürgerlichen Frauenbewegung ein radikaler Flügel, der Fragen der »Sittlichkeit« (Prostitution, Abtreibung, Liberalisierung der Sexualmoral) und des Frauenstimmrechtes akzentuierte. Trotz zwischenzeitlicher Erfolge konnten sich die progressiven Liberalen in diesen Fragen aber nicht auf Dauer durchsetzen. Seit 1910 dominierte wieder eine gemäßigte Richtung, die sich als »Bewegung der organisierten Mütterlichkeit« vorwiegend auf Probleme der Sozialarbeit konzentrierte.

Die soziale Basis der bürgerlichen Frauenbewegung lag in den Mittelschichten. Die führenden Frauen kamen aus dem gehobenen Bürgertum. Unter den berufstätigen Mitgliedern dominierten die Lehrerinnen.

In der zweiten Hälfte der 1890er Jahre zeigten sich auch innerhalb der bürgerlichen Frauenbewegung deutliche politische Spaltungslinien. Während der radikale Flügel linksliberale Positionen vertrat, orientierte sich die gemäßigte Mehrheit an den Konservativen. Wenige Jahre nach der Aufhebung der Sozialistengesetze löste sich die sozialistische Frauenbewegung von der bürgerlichen. Dem 1894 gegründeten Dachverband der bürgerlichen Bewegung, dem Bund Deutscher Frauenvereine (BDF), gehörten die Arbeiterinnenvereine nicht mehr an. Die SPD war zwar 1891 die erste Partei, die das Stimmrecht für Frauen forderte, zu einem Verbündeten der bürgerlichen Frauenbewegung wurde die als revolutionär abgelehnte Organisation der Arbeiterbewegung dadurch aber nicht, zumal die Forderung nach dem gleichen Wahlrecht auch innerhalb der Frauenbewegung umstritten blieb.

In ihrer Organisation folgte die Frauenbewegung dem Modell des bürgerlichen Vereins mit seinen formalisierten Beteiligungsstrukturen. In ihren Aktionsformen war sie konventionell, lediglich während der Stimmrechtskampagne fand eine breitere Mobilisierung statt. Demonstrationen blieben grundsätzlich umstritten.

In der Weimarer Republik gehörten bis zu 1 Million Frauen dem BDF an. Vor allem die Frauenberufsorganisationen und die Hausfrauenvereine verzeichneten einen großen Zulauf an Mitgliedern. Hingegen wurde der radikale Flügel nahezu bedeutungslos. Insgesamt ging der Bewegungscharakter verloren. Kurz nach der nationalsozialistischen Machtergreifung 1933 löste sich der BDF selbst auf.

In der patriarchalischen Gesellschaft des Kaiserreiches hatte es die erste Frauenbewegung schwer, aus eigener Kraft unmittelbare Erfolge zu erzielen. Am ehesten scheint ihr dies noch in der Bildungspolitik gelungen zu sein.

Friedensbewegung[5]

Während in den angelsächsischen Ländern bereits zu Beginn des 19. Jahrhunderts Friedensgesellschaften gegründet wurden und in den 1840er Jahren mehrere internationale Friedenskongresse – ohne nennenswerte deutsche Beteiligung – stattfanden, entstanden in Deutschland erst durch die relative politische Liberalisierung nach der Ablösung Bismarcks die Rahmenbedingungen, unter denen 1892 in Berlin die »Deutsche Friedensgesellschaft« (DFG) als wichtigste Organisation der bürgerlichen Friedensbewegung gegründet wurde.

Obwohl der Zusammenhang mit internationalen pazifistischen Aktivitäten u.a. darin zum Ausdruck kommt, daß die Initiative zu dieser Gründung von zwei Österreichern, den späteren Friedensnobelpreisträgern Bertha von

Suttner und Alfred H. Fried ausging, so bedeutete diese Organisierung für die deutschen Gründungsmitglieder doch keineswegs eine Abkehr vom dominierenden »nationalen Gedanken« des Kaiserreiches oder gar eine Hinwendung zum Internationalismus der Arbeiterbewegung, im Gegenteil: die deutschen »Friedensfreunde« wollten auf dem Gebiet der Völkerverständigung nicht länger hinter den aktiveren Organisationen des Auslandes zurückstehen. Man war national gesinnt, aber nicht imperialistisch, für ein starkes Deutschland, aber gegen nationalistische Expansionsbestrebungen. Die Entstehung der bürgerlichen Friedensbewegung ist damit auch ein Ausdruck der politisch-ideologischen Differenzierung im deutschen Bürgertum, die Organisierung der »Friedensfreunde« richtete sich auch gegen den 1891 gegründeten Alldeutschen Verband und seine nationalimperialistische Weltmachtpropaganda.

Freilich blieb die Friedensbewegung schon rein zahlenmäßig hinter den »vaterländischen« Verbänden zurück: 1900 hatte die DFG 5 000, 1914 ca. 10 000 Mitglieder, von denen vermutlich nur 200–300 zu den Aktiven gezählt werden können (Chickering 1975: 66 f.). Die soziale Basis der Friedensbewegung war auf die unteren Mittelschichten beschränkt, wobei neben kleinen Angestellten und Beamten, Kaufleuten und freiberuflich Selbständigen insbesondere die Volksschullehrer stark vertreten waren (hingegen fehlen Gymnasiallehrer und Professoren). Arbeiter und Bauern finden sich nur selten unter den Mitgliedern dieser Bewegung mit Honoratiorencharakter, während der Anteil der Frauen relativ hoch ist.

Politisch waren die Anhänger der Friedensbewegung ganz überwiegend linksliberal und bürgerlich-demokratisch orientiert, wobei eine besondere Affinität zum »Freisinn« und zur »Deutschen Volkspartei« bestand. Während intensive Verbindungen und personelle Verflechtungen zur Frauenbewegung und zu anderen kulturorientierten Strömungen des Bürgertums bestanden, distanzierte sich die Arbeiterbewegung deutlich von den »bürgerlichen Friedensschwärmern« (Scheer 1983: 114 ff., Grünewald 1979: 181 ff.).

Die Ziele der Friedensbewegung richteten sich auf das politische System und zwar zunächst nur auf die Außenpolitik. Dabei standen die Forderungen nach einer internationalen Schiedsgerichtsbarkeit, nach Bildung eines Staatenbundes und nach gleichgewichtiger Abrüstung im Zentrum des ideologisch dominanten »organisatorischen Pazifismus«. Das Recht auf einen nationalen Verteidigungskrieg wurde betont, der Gedanke der Kriegsdienstverweigerung hingegen abgelehnt.

Um die Verwirklichung ihrer Ziele zu erreichen, verfolgte die Friedensbewegung eine Art Doppelstrategie der Bewußtseinsveränderung: Aufklärung der breiten Öffentlichkeit über die Irrationalität und moralische Verwerflichkeit eines Krieges und einer militaristischen bzw. expansionistischen Außenpolitik einerseits, direkte Appelle an die politischen Entscheidungsträger, sich für die Sicherung des Friedens einzusetzen, andererseits. Entsprechend konventionell waren die Aktionsformen, die sich auf Propaganda durch Publikationen, Unterschriftensammlungen, Vorträge, Kongresse und Kundgebungen beschränkten. Zu einer breiteren, über die DFG hinausgehenden Mobilisierung kam es offenbar erst im Zusammenhang mit der Ersten Haager Friedenskonferenz von 1898, in deren Verlauf zahlreiche unabhängige Friedenskomitees gegründet wurden (Scheer 1983: 88 f.).

Das Scheitern der bürgerlichen Friedensbewegung angesichts der bestehenden nationalistischen, imperialistischen und militaristischen Strukturen und Orientierungen wurde mit dem Ausbruch des 1. Weltkrieges offensichtlich. Die »Friedensfreunde« hatten es schwer in einem Land, in dem Moltke für viele sagen konnte: Der ewige Friede sei ein Traum, und nicht einmal ein schöner.

Nach dem Kriegsende schienen die Auffassungen der Friedensbewegung zum Gemeingut einer breiten Mehrheit der gesamten Bevölkerung geworden zu sein. So schlossen sich einige ehemalige Generale, prominente (Links-)Intellektuelle, vor allem aber viele Sozialdemokraten der Friedensbewegung an. Die Stärke der Bewegung und ihre Aktivitäten nahmen zu. Mitte der 20er Jahre hatte die DFG ca. 30 000 Mitglieder, an den größeren Friedensdemonstrationen beteiligten sich mehrere hunderttausend Menschen.

Kennzeichnend für die Entwicklung der Friedensbewegung in der Weimarer Republik ist aber nicht nur ein quantitatives Wachstum, sondern auch eine stärkere sozialstrukturelle, politisch-ideologische und organisatorische Differenzierung. Neben der DFG entstanden zahlreiche weitere Friedensorganisationen, die sich bald zu einem Dachverband, dem Deutschen Friedenskartell, zusammenschlossen. Der Anteil der Arbeiter an der Mitgliedschaft der Bewegungsorganisationen nahm erheblich zu, ohne daß die Mittelschichten als primärer sozialer Träger abgelöst wurden. Von der parteipolitischen Orientierung her neigten die Anhänger der Friedensbewegung nun allerdings überwiegend der SPD zu, obwohl auch die Linksliberalen weiterhin stark vertreten waren (Scheer 1983: 420 ff., Grünewald 1979: 187 ff.).

Hinsichtlich der Ziele und Aktionsformen setzte ein Radikalisierungsprozeß ein, der zu einem schrittweisen Rückzug der nach wie vor primär außenpolitisch orientierten gemäßigten Pazifisten führte. Eine Mehrheit forderte jetzt die Abschaffung der Wehrpflicht und der Reichswehr sowie eine einseitige Abrüstung, trat für die Kriegsdienstverweigerung ein und befürwortete direkte Aktionen wie Arbeitsverweigerungen in Rüstungsbetrieben bis hin zum Generalstreik. Nicht mehr »Friede durch Recht«, sondern »Friede durch Tat« lautete das Motto der zunehmend dominanten »radikalen« Pazifisten (Scheer 1983: 385 ff.). Die interne Polarisierung und Fraktionierung sowie der zunehmende äußere Druck und die allgemeinen ökonomischen und sozialen Bedingungen hatten die Friedensbewegung gegen Ende der Weimarer Republik dann bereits so weit geschwächt, daß die Nationalsozialisten nach Erringung der Staatsmacht nicht mehr allzuviel zu zerschlagen hatten.

Lebensreformbewegung[6]

Die Lebensreformbewegung setzte sich aus kleineren Teilbewegungen wie insbesondere der vegetarischen, der nudistischen und der Naturheilkundebewegung zusammen, deren gemeinsames Ziel – bei aller Heterogenität – in der Wiederherstellung einer die Einheit von Natur und Mensch sichernden »natürlichen« Lebensweise über den Weg individueller Verhaltensänderung bestand. Gesunde Ernährung, Wohnen in natürlicher Umwelt, Heilung durch Naturkräfte, körperlicher Kontakt mit den Naturelementen Licht, Luft, Wasser und ein Leben in Gemeinschaft waren die Orientierungspunkte dieser spezifischen Lebensauffassung.

Aus vereinzelten Vorläufern, die bis in die 30er Jahre des 19. Jahrhunderts zurückreichen, bildete die Lebensreformbewegung sich Ende der 60er Jahre, bekam in den 80/90er Jahren größeren Zulauf und erreichte ihren Höhepunkt kurz nach der Jahrhundertwende, um sich nach dem Ersten Weltkrieg aufzulösen, in anderen Bewegungen aufzugehen oder als vereinzelte Vereine weiterzuexistieren. Vegetarische Bewegung und Naturheilkunde bildeten den Kern der auf die 60er Jahre zurückgehenden Bewegungsteile, während die der Lebensreform nur peripher zuzurechnenden Antialkohol- und Bodenreformbewegungen ihre Wurzeln in den 80er Jahren hatten.

Zur Begriffsbildung »Lebensreformbewegung« kam es erst in den 90er Jahren, als mit Gartenstadt- und Siedlungsbewegung sowie Nacktkultur sich die Kritik auf alle Bereiche des urbanen Lebens ausdehnte (Krabbe

1974:12). Getragen von einer kulturpessimistischen Strömung des Bürgertums und in Nähe zur und auch oft in Personalunion mit der Jugendbewegung kam es um die Jahrhundertwende zu umfassenden Reformvorschlägen für Kultur und Lebensstil, die aber nicht politisch durchgesetzt, sondern durch Aufklärung und beispielgebende Institutionen (wie Siedlung, aber auch Naturheilbad) unter den Bürgern verbreitet werden sollten.

Die Lebensreformbewegung entstand in der Phase der Hochindustrialisierung Deutschlands, deren Folgeerscheinungen (wie insbesondere Urbanisierung und Verwissenschaftlichung) traditionelle Wertvorstellungen und auch traditionelle Lebensweisen zerstörten. Ernährungsprobleme, Wohnungsnot, Alkoholismus, Gesundheitsverfall, Anonymität und Umweltschäden prägten die industriellen Zentren. Träger dieser Kritik an den Auswirkungen einer forcierten Industrialisierung wurden die unteren und akademischen Teile des Bürgertums.

Nach der ebenfalls aus Industrialisierung und Modernisierung resultierenden Aufspaltung der bürgerlichen Mittelschicht in industrielles Großbürgertum und Finanzkapital einerseits, Bildungsbürgertum und kleine Gewerbetreibende (alter Mittelstand) andererseits sahen die über keine oder nur geringe Produktionsmittel verfügenden Teile für sich weniger Handlungsmöglichkeiten auf ökonomischem und politischem Gebiet und betrachteten die Industrialisierung zunehmend als Gefahrdung ihrer eigenen Position. In den Organisationen der Lebensreformbewegung waren meist Akademiker und Kaufleute/Handwerker in der Überzahl, auch Volksschullehrer und Beamte bildeten größere Kontingente, während Arbeiter und Frauen seltener vertreten waren. Als Teil der Gebildeten-Revolte um die Jahrhundertwende war die Lebensreformbewegung Träger der »Sinnsuche« eines unzufrieden gewordenen Bürgertums. Je nach Organisation und Teilbewegung waren Sozialstruktur und Stärke jedoch recht unterschiedlich.

Die oberen Spitzen des Bildungsbürgertums waren in der 1913 1500 Mitglieder starken »Gartenstadt-Gesellschaft« vertreten, im ebenso kleinen Verband der Vegetarier teilten sie sich mit den Kaufleuten und Handwerkern den Einfluß. Im Vergleich dazu waren die Naturheilkundebestrebungen mit dem »Deutschen Bund der Vereine für naturgemäße Lebens- und Heilweise« mit 150 000 Mitgliedern ebenso wie die Antialkoholbewegung, der auch ein stark von Arbeitern und Handwerkern geprägter Teil zugehörte (Guttempler-Orden), Massenbewegungen. Der »Bund deutscher Bodenreformer« mit ebenfalls über 100 000 Mitgliedern entwickelte sich aber bald zu einem mittelständischen Interessenverband, der sich dann auf traditionellen Lobbyismus verlegte. Nur in der nudistischen Bewegung fand eine

Annäherung an die Arbeiterbewegung statt: in den zwanziger Jahren war die proletarische Nudistenbewegung sogar stärker als die bürgerliche.

Zur Gründung einer Dachorganisation aller Lebensreformbestrebungen oder zu gemeinsamen Veranstaltungen kam es nicht, die Ziele und Motive waren zu unterschiedlich. Religiöse und mystische Denkweisen standen neben Rationalismus und Darwinismus, aber Antidarwinismus war ebenso vertreten wie antisemitische und völkisch-rassistische Ideologien. Eklektizismus herrschte vor, Verbindung zwischen den Versatzstücken ergab sich durch einen emotionalen Antikapitalismus, oder eher: Antiindustrialismus. Selbst in den einzelnen Bewegungen reichte die Spannweite von Anarchisten bis zu völkischen Ideen (so bei der Siedlungsbewegung). Utopisches Denken schwankte zwischen rückwärtsgewandter Naturidylle und revolutionär-anarchistischem Gesellschaftsbild (Frecot 1976:139).

Emanzipatorisches Potential ist in vielen Bestrebungen sichtbar, auch wenn Natur als Gegenbegriff zur als chaotisch erlebten Großstadt liberales Gedankengut ersetzte. Natur als Integrationspunkt der Lebensreformbewegung war auch Ausdruck einer Orientierungslosigkeit im Bürgertum, der freilich noch die Weltkriegserfahrung und die soziale Verelendung durch Inflation fehlte, um nach einer Radikalisierung der Aktionsformen im Faschismus zu enden. Gerade in Mobilisierungs- und Aktionsformen blieb die Lebensreformbewegung den traditionell-liberalen Wegen treu. Vereine und Logen (oft sektenhaft nach außen abgeschirmt), Verbreitung von Büchern, Zeitschriften und Flugschriften, öffentliche Vorträge, selbstorganisierte Einrichtungen (Reformhaus und Naturheilbad) und ganze Siedlungen (Linse 1983) bildeten das Instrumentarium. Bei Prozessen gegen Naturheilkundler und Nacktbader wurden staatliche Institutionen recht erfolgreich zur Beförderung der Bewegung instrumentalisiert.

Die in der Lebensreformbewegung zur Geltung kommende Ablehnung von Industrialismus und auch von Parteipolitik schuf einerseits Raum für kulturelle Neuerungen in der erstarrten und sich militarisierenden Szenerie des Kaiserreiches, Innovationen, deren emanzipatorischer Gehalt z. B. für den Städtebau und die Sexualreform deutlich ist. In der Weimarer Republik kam aber die andere Seite der Lebensreformbewegung stärker zum Tragen. Eklektizismus und Kulturpessimismus ebenso wie der Naturmythos boten kein Widerstandspotential gegen die nationalsozialistische Politisierung des antiindustrialistischen und antipolitischen Trends im Bürgertum. Die kulturellen Neuerungen der Lebensreformbewegung wurden abgedrängt in Subkulturen, die erst nach 1970 wieder zu größerer öffentlicher Bedeutung gelangen.

Die Jugendbewegung[7]

Die Jugendbewegung ist eine im wesentlichen von Gymnasiasten getragene Bewegung zwischen der Jahrhundertwende und dem Faschismus, die – gegen einengende, konventionelle Autoritäten und eine mechanische Großstadtkultur gerichtet – im Jugendlichsein selbst den Ausdruck positiv besetzter Werte wie Gemeinschaft, Einfachheit, Emotionalität und Vitalität sah und diese im gemeinsamen Wandern bzw. auf größeren Fahrten mit Lagerleben, Spielen und Musik zum Ausdruck brachte.

Der von einer bildungsbürgerlichen Identitätskrise um die Jahrhundertwende ausgelöste Antimodernismus der Jugendbewegung war die Suche nach einer Verwirklichung jugendlicher Verkehrsformen neben und in Abschließung von den industriellen und politischen Entwicklungen.

1901 als Verein zur Organisation von Wanderfahrten an einem Steglitzer Gymnasium entstanden, wuchs der »Wandervogel« über etliche Vereinsspaltungen hinweg und bildete um 1910 eine reichsweite Bewegung. Mit der Gründung der »Freideutschen Jugend«, die die Ehemaligen und über 20jährigen erfaßte, mit dem Zusammenschluß fast aller Wandervogelvereine, dem Treffen auf dem Hohen Meißner und der Verkündung der Meißnerformel (die die Selbstbestimmung der Jugend vor eigener Verantwortung verlangte), erreichte die Jugendbewegung 1913 ihren Höhepunkt. Gegen Ende des 1. Weltkrieges waren Linkstendenzen bis hin zur offenen Parteinahme für das Proletariat zu verzeichnen, die jedoch seit 1920 von einer neuen Entwicklung der Jugendbewegung, der Phase der bündischen Jugend mit deutlich völkischer, nationalistischer, antisemitischer und rassistischer Orientierung, abgelöst wurden. Schon um 1930 ist die in verschiedenen Bünden organisierte Bewegung weitgehend erschöpft und hat 1933 weder personell noch ideologisch der Auflösung bzw. Integration in die Hitlerjugend etwas entgegenzusetzen (Laqueur 1978).

Zu keinem Zeitpunkt eine Massenbewegung (bis zu 60 000 Anhänger; die christlichen Jugendvereine dagegen umfaßten vor dem Ersten Weltkrieg ungefähr 1 Million Mitglieder), rekrutierte die Jugendbewegung einen Großteil der städtischen protestantischen Intelligenz. Gymnasialschüler und Studenten bildeten die Basis des relativ homogenen sozialen Milieus der Jugendbewegung, was sich auch an der sozialen Herkunft der Schüler feststellen läßt: zu ca. 40 % entstammten die Jugendbewegten dem höheren und mittleren Beamtentum, ansonsten den Gruppen der Kaufleute und kleinen Gewerbetreibenden sowie der Freiberufler und der mittleren und höheren Angestellten. Arbeiter, Handwerker und technische Berufe sowie

Großindustrielle fehlten fast völlig (Aufmuth 1979). Die Ferne zur industriellen Arbeitswelt war diesem Milieu ebenso gemeinsam wie der bildungsbürgerliche Hintergrund (80 % der Väter hatten ein Gymnasium besucht). In katholischen Gebieten konnte die Bewegung kaum Fuß fassen, so daß auch hinsichtlich der Religionszugehörigkeit ein hoher Grad an Homogenität bestand. Außerdem setzte sich die Jugendbewegung zum überwiegenden Teil aus Jungen zusammen; die »Mädchenfrage« war bis 1911 Streitpunkt zwischen den Wandervogelgruppen, gemeinsames Wandern von Jungen und Mädchen wurde auch danach nicht überall zugelassen.

Als Entstehungsursache der Jugendbewegung kann eine Identitätskrise des Bildungsbürgertums mit dem Hintergrund eines kaum mehr ideologischen Halt bietenden Protestantismus gesehen werden. Auf die enormen Modernisierungstendenzen seit 1890 und auf den politischen Statusverlust der Akademiker hatte das Bildungsbürgertum mit dem Rückzug aus der Politik reagiert. Politik als Machtspiel und Parteienhader ebenso wie Industrie und Technik lagen jenseits der Interessen der Akademikerschaft und der Jugendbewegung (Nipperdey 1976).

Der Ablehnung von Politik und Wirtschaft entsprach jedoch kein Gegenentwurf oder gar ein politisches Programm; selbst Kontakte zu Parteien und Verbänden fehlten. Stattdessen wollte man den »integrierten Menschen« in einer harmonischen Gemeinschaft schaffen, was nur in selbstbestimmten Lebensformen und -räumen möglich war: deshalb die Zuwendung zur Natur. Das Gruppenerlebnis beim Wandern auf großer Fahrt, ursprünglich inspiriert von mittelalterlichen Bildern des Ritters und Scholaren, schuf diesen Eigenbereich und all die positiven Werte, die von Autoritäten und Industriesystem zerstört wurden. Die Abkehr von den Konventionen vollzog sich aber als Auszug, nicht als Konfrontation. Außerdem blieben viele moralische Schranken (z. B. im sexuellen Bereich) unangetastet. Die Partikularisierung und Verabsolutierung einzelner Verhaltensbereiche (wie in der Lebensreformbewegung) widersprach – trotz unübersehbarer Affinitäten zwischen beiden Bewegungen – letztlich dem Ideal einer jugendlichen Kultur (Neuloh/Zilius 1982). Beiden Bewegungen gemeinsam war die Abkehr von einem liberalen Weltverständnis, wenn auch die Jugendbewegung bis 1914 noch patriotischen Abstand gegenüber dem schon weit verbreiteten Nationalismus und Alldeutschentum wahren konnte.

Die Kriegserfahrung führte in der Jugendbewegung zur Verhärtung und politischen Polarisierung. Die schon nach 1910 deutlicher werdenden völkischen Tendenzen wurden im Krieg zu einer bedeutenden Minderheitsposition und nach der Spaltung 1919/20 (und dem Übertritt der linksorientierten Gruppen zur Arbeiterjugend) als bündische Jugend zum Nachfolger der Jugendbewegung. Die politische Abstinenz wurde in der bündischen Jugend ersetzt durch die Forderung nach Umgestaltung der Nation entsprechend den Organisationsformen der Jugend. Aus der Gemeinschaft der Wandergruppe wurde auf diesem Wege die Volksgemeinschaft, aus dem Gruppenführer der Führer des Volkes. Kameradschaft, Treue und Gefolgschaft wurden militärisch überhöht und zu allgemeinverbindlichen politischen Tugenden erhoben.

Der Politisierung entsprach nach innen eine organisatorische Straffung, ein stärkerer Einfluß der Erwachsenen als Gruppenführern und ein entsprechend akzentuiertes Führer-Gefolgschafts-Verhältnis. Das gemeinsame Wandern von Jungen und Mädchen verschwand gänzlich, ebenso die lockere, dezentrale Organisationsstruktur der Wandervogelzeit (Giesecke 1981). Auf dem Boden antidemokratischen Gedankenguts keimten verstärkt Antisemitismus, Rassismus und militanter Nationalismus. Die neue Härte der bündischen Jugend wird auch in den Namen wie »Adler« und »Falken« deutlich sowie in dem 1926 erfolgten Zusammenschluß mit den schon ursprünglich paramilitärisch organisierten Pfadfindern in der »Deutschen Freischar«. Politisch standen die Bünde lange der DNVP nahe, wurden aber nach einer letzten Rettungsaktion (Zusammenschluß aller Bünde am 30.3.1933) am 17.6.1933 verboten – ohne Widerstand und nachdem es bereits aus den eigenen Reihen zu Eingliederungsbestrebungen in die Hitlerjugend gekommen war.

Die fortdauernde Wirkung der Jugendbewegung kann vor allem in der Anerkennung der Jugend als spezieller Lebensphase und der Jugendkultur als dieser Phase entsprechender Lebensweise gesehen werden. Jugend bildete seitdem ein eigenständiges soziales Subsystem. Die Jugendbewegung kann hier aber nur als »Thematisierungs-Speerspitze« in einem allgemeinen Prozeß der Organisierung der Jugend nach 1900 eingeschätzt werden, denn erste Erfolge erzielten bereits die christlichen Jugendvereinigungen. Die Arbeiterjugendbewegung entstand nach 1904 in völliger Unabhängigkeit und dürfte bereits 1914 größer als die Jugendbewegung gewesen sein (Nipperdey 1976). Nach 1918 wird die Jugend stärker als Rekrutierungsfeld für die einzelnen Parteien angesehen und entsprechend von oben her organisiert und zusätzlich zum Objekt öffentlich organisierter Jugendarbeit gemacht (Giesecke 1981). Die Jugend, zuerst noch Eigenwert, wird den einzelnen politischen Strömungen zunehmend subsumiert, ohne allerdings die formelle Autonomie als Jugendorganisation zu verlieren.

Entsprechend ihrer soziokulturellen Orientierung sind von der Jugendbewegung in Kultur und Pädagogik wesentliche Anregungen ausgegangen: Volkslied, Kunstgewerbe, Jugendmusik und Laienspiel verdanken der Jugendbewegung ebensoviel wie musische Pädagogik, das Jugendherbergswesen und zum Teil auch der Naturschutz. Hier wie in anderen Feldern dürfte aber entscheidend gewesen sein, daß fast eine ganze Generation des protestantischen Bildungsbürgertums in der Jugendbewegung oder durch sie sozialisiert wurde und deren Ideale in gewandelter Form in die verschiedensten Berufs- und Lebensbereiche einbrachte.

2.2.2 Revolution 1918/19[8]

Es kann in diesem Abschnitt nur darum gehen, einige wenige strukturelle Aspekte sozialer Bewegung im Kontext der Revolution von 1918/19 anzusprechen. Dies ist schon deshalb notwendig, weil – wie im nächsten Abschnitt zu zeigen sein wird – die Entwicklung sozialer Bewegung in den folgenden Jahren wesentlich durch die Erfahrungen des Krieges und der Revolution bestimmt wird.

1. *Krise der Bewegungsform.* Wie die demokratische Bewegung ihren Kulminationspunkt 1848/49 hatte, so die sozialdemokratische Bewegung 1918/19. Späteres Verhalten (1933 und nach 1945) bestätigt nur noch, daß sie als dynamischer Bewegungsfaktor ausgespielt hat – während die besten Zeiten als Partei (außerhalb sozialer Bewegung) noch vor ihr stehen!

Was 1918/19 scheitert, ist nicht das Prinzip der Organisation, sondern eine Bewegungsform, die auf Organisationswachstum baut, Organisation aber lediglich innerhalb institutionalisierter Kanäle einsetzt. Bei einer Störung dieser Einflußkanäle fehlen Fähigkeit und Bereitschaft, sich unkonventioneller Aktionsformen zu bedienen. Der grundlegende Widerspruch besteht darin, daß das Kollektiv als Bewegung weitreichende Veränderungsziele (sozialistische Gesellschaft) aufrechterhalten und entsprechende Erwartungen genährt hat, das Mittel der angepaßten Organisation aber ungeeignet ist zur Erreichung dieses Ziels.

Nicht jede Organisation führt zu Mäßigung (wie Michels meinte), aber die in ihrem Verhalten angepaßte Organisation scheint diese Konsequenz zu haben. Bei der Führung entsteht organisationsorientiertes, bürokratisches Verhalten, das die Zusammenarbeit mit anderen Apparaten der Unberechenbarkeit des Massenhandelns vorzieht. Sicherlich spielen bei einer

Unterschichtenbewegung Momente des mit Organisation erreichten und mit ihr verteidigten sozialen Aufstiegs der Führer eine Rolle, mindestens so wichtig wie die Statussicherung ist aber die Organisationsroutine der Bewegungsführer, die ganz auf die institutionelle Strategie gesetzt haben. Die Probleme der Aktiven entstehen aus dem Versagen der Führung. Den ursprünglichen Bewegungszielen stärker verbunden, durch Gewohnheiten und Prämien der reinen Organisationspolitik weniger beeinflußt, stellen die Aktiven die authentischeren Elemente der sozialen Bewegung dar, sind aber aufgrund der Hierarchie und Arbeitsteilung in der Organisation unvorbereitet und ungeübt im strategischen Handeln.

Wie stark die restriktiven Bedingungen auch immer sind, diese immanenten Tendenzen der angepaßten Organisation mit radikalen Zielen programmieren das Scheitern der Organisation als Bewegung.

Das organisationsorientierte, bürokratische Verhalten kennzeichnet die sozialdemokratischen Bewegungsführer schon während der Zeit der Burgfriedenspolitik. Angst und Abwehr von Basisaktivitäten, die im Rahmen der Bewegung entstehen, sind das Korrelat der Organisationsorientierung, sie prägen die Vorkriegsgeschichte der SPD und Gewerkschaften und sind verstärkt seit 1917 beobachtbar. In der revolutionären Situation seit November 1918 setzt sich dieses Verhaltensmuster fort. Einerseits Zusammenarbeit mit den etablierten Apparaten als erste Priorität (Militär: Ebert-Groener-Pakt, Verwaltung: Rat der Volksbeauftragten, Unternehmer: Stinnes-Legien-Pakt), andererseits verstärkte Abwehr von Basisaktivitäten, für die nun militärische Repressionsmittel zur Verfügung standen, seit Dezember 1918.

2. *Relevanz spontaner Aktivitäten.* Zwischen November 1918 und dem Frühjahr 1919 kommt es zu den bis dahin umfangreichsten Massenmobilisierungen in Deutschland. Sie entstanden spontan und entwickelten eigene Organisations- bzw. Aktionsmittel: die Arbeiter- und Soldatenräte. Sie formulierten rasch – bis Dezember 1918 – ein Programm demokratischer Strukturreform. Die Räte mobilisierten ein großes Handlungspotential für durchgreifende Reformen, aber sie verließen sich auf die Institution, bei der sie die Handlungskompetenz vermuteten, den Rat der Volksbeauftragten.

Woher kommen die spontanen Aktivitäten außerhalb der etablierten Bewegungsorganisationen, aber innerhalb der Bewegung? Als Trägergruppe sind vor allem bedeutsam die Unorganisierten und das heißt, die nicht durch die Organisation Sozialisierten. Sozialstrukturell treten dabei neue Segmente hervor: Un- und Angelernte, Frauen, Jugendliche. Besonders ausgeprägt sind diese Tendenzen, wo es zu einem Zusammenspiel mit radikalen Traditionen im lokalen Bereich kommt, aber auch das Auseinandertreten eines organisationszentrierten und eines eher spontanen Radikalismus (Lucas 1976) ist möglich. Inhaltlich liegen die Ursachen in einer Kritik der unzureichenden Interessenvertretung durch die etablierten Organisationen der Arbeiterbewegung im Zusammenhang mit einer Kritik traditioneller Organisationsformen (Bürokratisierung, Oligarchisierung etc.).

Die Mäßigung und das Verlassen auf die Regierung, die charakteristisch sind für die erste Phase im November und Dezember 1918, können dadurch erklärt werden, daß die Führung bei den Arbeiter- und Soldatenräten ausgeübt wurde durch lokale Funktionäre von MSPD, USPD und Gewerkschaften. Anfangs stellten also die Basisaktivitäten keine Gegenmobilisierung innerhalb der Bewegung dar, sondern waren auch nach dem Bewußtsein der Akteure auf korrespondierendes Handeln der zentralen Führung angewiesen. Darüberhinaus repräsentierten die Basisaktivitäten die Einheit der Bewegung gegen die Spaltung der Apparate. Ungewollt leisteten die Arbeiter- und Soldatenräte einen Beitrag zur »'bürokratischen Sabotage' der Revolution« (Feldmann et al. 1972: 91), da sie durch ihre praktischen Leistungen bei der Demobilmachung, Lebensmittelversorung etc. zur Stabilisierung der Ordnung beitrugen.

In der zweiten Phase der Revolution, die durch Enttäuschung bzw. Desillusionierung über das Versagen der MSPD-Führer und durch Radikalisierung gekennzeichnet war, macht sich dann die inhärente Schwäche überwiegend oder ausschließlich spontaner Aktion bemerkbar: der Mangel an Klarheit und Koordination hinsichtlich Zielen, Strategie und Taktik. Das Spannungsverhältnis zwischen Führern und Aktiven kann – in der sozialen Bewegung mehr noch als in der formalen Organisation – nur dann produktiv werden, wenn beide Funktionsgruppen ihren spezifischen Beitrag leisten.

3. Die Revolution setzt das Thema *Organisation und Spontaneität* auf die Tagesordnung. Die MSPD war unfähig, eine produktive Beziehung zu der von ihr nicht kontrollierten aktiven Basis aufzubauen. Dies mißlingt schon in der ersten Phase, obwohl hier eine indirekte Kontrolle durch die Dominanz sozialdemokratisch-gewerkschaftlicher Funktionsträger bei der Leitung der Arbeiter- und Soldatenräte gegeben war. In der zweiten, radikaleren Phase wird der Bruch vollständig.

Die USPD öffnet sich wesentlich stärker nach unten. Sie war eine locker strukturierte, dezentrale, unbürokratische Bewegungspartei, was eine größere Nähe zu Interessen und Stimmungen an der Basis erlaubte, aber verbunden war mit Schwächen bei der Formulierung und Durchsetzung einer angemessenen strategischen Orientierung. Sie war mehr heterogener Ausdruck der Unzufriedenheit und des Protests als eigenständiger Akteur mit einer kritischen Wechselbeziehung zu den spontanen Basisaktivitäten. Diese internen Schwierigkeiten werden verschärft durch die historisch neue Tatsache, daß das von unten kommende Bewegungshandeln sich nicht nur mit gegnerischen Apparaten auseinandersetzen muß, sondern – in der Periode einer durch Organisation geprägten Mobilisierung – auch innerhalb der Bewegung auf bürokratisierte Organisationsapparate stößt, die – was immer ihnen sonst abgeht – zentralisiertes Führungshandeln ermöglichen.

Die KPD war, obwohl in den Massenaktivitäten stark engagiert, zu schwach (Anfang 1919 wahrscheinlich 1 % der Wähler), um für eine Leitungsfunktion innerhalb einer Massenbewegung überhaupt in Frage zu kommen; Radikalisierung als Prinzip war wohl auch keine hinreichende Strategie für eine solche Bewegung. Die Syndikalisten, die am weitesten gingen in der Kritik der traditionellen Organisationsformen (Trennung von Gewerkschaft und Partei etc.), besaßen nur an regionalen Schwerpunkten Bedeutung (z. B. Ruhrgebiet).

Eine wirksame, überzeugende Vermittlung von Organisations- und Massenhandeln im Rahmen einer sozialen Bewegung gelang keiner der Richtungen.

4. Horizontale und vertikale Spaltung der Arbeiterbewegung, d. h. zwischen verschiedenen Richtungen und zwischen Führern und Aktiven, dazu die unzureichende Vermittlung von Organisation und spontanen Basisaktivitäten genügten als Ursachen für das *Scheitern der Bewegung*, das bereits im Dezember 1918 feststand. Die Massenaktionen seit Januar 1919 lassen sich als Reaktion auf das Scheitern der Revolution interpretieren, die aber nichts an Boden gewinnen konnten. So richtig es also ist, daß die Bewegung an sich selbst scheiterte, so ungewiß bleibt, wie sie abgeschnitten hätte, wenn sie halbwegs geeint gewesen wäre und über eine aussichtsreiche Strategie verfügt hätte.

Das Machtvakuum nach dem verlorenen Weltkrieg und dem raschen Fall der Monarchie darf nicht zu der Annahme verführen, in besonderen Situationen könne sich die Oppositionsbewegung in kapitalistischen Industriegesellschaften auch ohne Gegenwehr der Kontrollmächte und ohne Gegenmobilisierung entgegenstehender Sozialschichten durchsetzen. In Deutschland sind die Kontroll- und Gegenmächte anfangs nur deshalb nicht in Erscheinung getreten, weil die Mäßigung der MSPD, ihre Zusammenarbeit mit den alten Mächten und ihre rasche Kanalisierung der Revolution (Wahl zur Nationalversammlung) dies überflüssig machten. In der zweiten Phase hat die MSPD dann zusammen mit regulärem Militär und Freikorps die radikaleren Teile der Bewegung niedergeschlagen, also selbst bewegungsfeindliche Kontrollarbeit übernommen.

Ob eine entschlossene sozialistische Revolutionspolitik ohne den organisierten Widerstand der alten militärischen und bürokratischen Apparate (möglicherweise zusätzlich verstärkt durch das Eingreifen der Entente-Mächte) und ohne eine ausgedehnte gesellschaftliche Gegenmobilisierung von Kapitalgruppen, Mittelschichten und Bauern, d.h. ohne Bürgerkrieg möglich gewesen wäre, ist sehr fraglich. Daß die Arbeiterbewegung einen solchen Bürgerkrieg gegen die nicht nur mehrheitlichen, sondern vor allem ressourcenstarken Gruppen hätte gewinnen können, ist unwahrscheinlich. Die strukturelle Überlegenheit der bürgerlich-konservativen Kräfte – die nur durch eine kurze Schwächeperiode verdeckt war – hätte wohl kaum überwunden werden können. Dennoch: auch unter den gegebenen Bedingungen wäre mit einer geschickten Strategie eine Politik ausgewählter struktureller Reformen möglich gewesen.

5. Das *Aufkommen totalitärer Bewegungen,* das uns im nächsten Abschnitt beschäftigen wird, hat seinen Ursprung in Weltkrieg und Revolution. Die totalitären Bewegungen können auch als Lösungsversuch für das Dilemma der Revolution interpretiert werden, effiziente Organisation mit dynamischen, direkten Massenaktionen zu verbinden. Die totalitären Bewegungen verfügten über stabile bürokratische Apparate, kamen aber zugleich dem Handlungsbedürfnis entgegen, das sich in direkten, nicht-institutionalisierten Aktionsformen ausdrückte. Der Aktivismus bleibt so in Organisationsstrategien eingebunden. Spontaneität wird im Rahmen der totalitären Bewegung stark eingeschränkt, läßt sich aber – wie z. B. die Geschichte der SA oder des Rotfrontkämpferbundes bzw. der Nachfolgeorganisationen zeigt – bei prinzipieller Bejahung direkten Massenhandelns nicht ganz aufheben.

2.2.3 Totalitäre Bewegungen (1919–1945)[9]

Die allgemeinen Rahmenbedingungen für die Entfaltung sozialer Bewegungen sind in sozioökonomischer Hinsicht günstig. Die entwickelte Industriegesellschaft schafft durch das Fortschreiten sozialer und kultureller Mobilisierung und durch die Verbesserung und Verbreitung der Kommunikationsmedien günstige Voraussetzungen für das Wirksamwerden von Bewegungen. Das rapide Bevölkerungswachstum unterstützt den seit 1890 einsetzenden Trend zur Massenbewegung.

Variabel und folgenreich sind die rechtlich-politischen Rahmenbedingungen. Die liberale Verfassung der Weimarer Republik gewährt Freiheiten, die ein kontrollschwacher Staat auch gegenüber demokratiebedrohenden Bewegungen nicht durchgreifend und dauerhaft einschränkt. Der totale Staat des Dritten Reichs ist nicht zuletzt durch die Unterdrückung sämtlicher konkurrierender Bewegungen gekennzeichnet, wodurch sie in Untergrund, Widerstand und Exil abgedrängt werden.

Das Neue im System der Sozialbewegungen ist das Aufkommen totalitärer Bewegungen. In den letzten freien Wahlen der Weimarer Republik, im November 1932 entschieden sich genau 50 % der Wähler für die Parteien totalitärer Bewegungen, für NSDAP und KPD. Diese neuen Bewegungen repräsentierten zugleich das dynamische Element im System der Bewegungen, u.a. daran ablesbar, daß sie bei der Jugend breite Unterstützung fanden, wohingegen z. B. die sozialdemokratische Arbeiterbewegung durch Überalterungsprozesse gekennzeichnet war.

Totalitäre Bewegungen entstehen in einem Prozeß der Radikalisierung traditioneller Bewegungen. Die nationalsozialistische Bewegung kristallisiert sich aus dem Bereich völkisch-nationalistischer Strömungen und Organisationen heraus und gewinnt hier erst seit Mitte der 20er Jahre eine Vormachtstellung. Der kommunistische Zweig der Arbeiterbewegung sammelt zunächst die radikale Linke der sozialdemokratischen Arbeiterbewegung, die sowohl 1919 wie 1920 (nach dem Zuzug der 300 000 Mitglieder vom linken Flügel der USPD) über eine erhebliche Heterogenität verfügte. Daß 1919 KPD wie NSDAP gegründet wurden, heißt nicht, daß damit in ihrer Struktur entfaltete totalitäre Bewegungen ins Leben getreten wären. Es waren lediglich Organisationen, die das Potential zu totalitären Bewegungen in sich hatten. Sie waren in sich heterogen, ohne etablierte Führung, ohne gefestigte Ideologie, ohne Militarisierung des Organisationslebens etc. Sie befanden sich allenfalls in einer vortotalitären Phase.

Die eigentliche Formationsphase der linken wie der rechten totalitären Bewegung in Deutschland liegt in der zweiten Hälfte der 20er Jahre. Für die kommunistische Bewegung ist sie durch den Prozeß der Stalinisierung seit 1924 gekennzeichnet. In der nationalsozialistischen Bewegung setzen sich die Institutionalisierung des Führerprinzips, die Führerschaft Hitlers, die Unterdrückung innerparteilicher Faktionen, das Verbot der Programmdiskussion und die Militarisierung der Bewegung auch erst seit 1924 durch, ohne selbst gegen Ende der 20er Jahre voll gesichert zu sein. Dennoch läßt sich sagen, daß etwa seit 1929 entwickelte totalitäre Bewegungen politisch intervenieren und Schlußphase bzw. Ende der Weimarer Repulik wesentlich bestimmen.

Aus diesem Ablauf ergibt sich bereits zweierlei. Zum einen stehen auch die totalitären Bewegungen in einer Traditionslinie zu älteren Bewegungen, Traditionen, die sie – um die Attraktivität des Neuen zu sichern – vielfach leugnen und z. T. bekämpfen werden. Zum anderen sind die totalitären Bewegungen in Grundzügen ausgebildet, bevor die Weltwirtschaftskrise seit 1929 ihre Massenanhängerschaft explodieren läßt, bei den Nationalsozialisten wie bei den Kommunisten. Daraus ergeben sich die zwei Grundfragen in diesem Abschnitt. Welches sind die Ursachen der Wende zu den totalitären Bewegungen, wenn die Wirtschaftskrise ihre Ausbreitung, aber nicht ihre Entstehung erklärt? Und die andere Frage: Was ist das Wesen der totalitären Bewegungen, worin steckt die Rationalität dieses nur scheinbar irrationalen Bewegungstyps?

Die Ursachen der totalitären Bewegungen liegen in der Krise der Zielrealisation der Ausgangsbewegungen, in Ausstrahlung bzw. Folgewirkungen des Ersten Weltkriegs, im Lernen aus »positiven« Beispielen und in den Freiheiten, die der liberal-demokratische Staat gewährt.

a) *Krise der Zielrealisation.* Was übergreifend als Realisationskrise beschrieben werden kann, tritt als konkrete Erfahrung natürlich auseinander, weil jede Bewegung ein Scheitern in ihrem Bezugsfeld und Interpretationsrahmen erlebt. Für die Kommunisten ist es das Versagen der sozialdemokratischen Arbeiterbewegung gegenüber dem imperialistischen Krieg 1914 und in der revolutionären Situation 1918/19, verschärft durch die konsequente Unterdrückung der revolutionären Bewegung mit Hilfe des Staatsapparats und der Freikorps. Für die Nationalsozialisten stehen im Vordergrund das Scheitern einer traditionell organisierten Obrigkeit im – voll unterstützten – imperialistischen Krieg und, gegen Ende des Kriegs, gegenüber einem stark mobilisierten innenpolitischen Gegner aus dem Bereich der Arbeiterbewegung. In der Sichtweise beider Bewegungen handelt es sich nicht um ein Versagen aufgrund kontingenter, sondern strukturell verfestigter Faktoren in Fragen, die das Herrschaftssystem im ganzen betrifft. Die Antworten mußten deshalb grundsätzlich ausfallen.

War man bereit, aus dem Versagen zu lernen, gab es strategisch gesehen zwei Alternativen. Entweder die Mäßigung der Ziele (weil sie mit den vorhandenen Mitteln nicht erreichbar waren) oder die Radikalisierung der Mittel. Revolution, Krise, Bürgerkrieg sprachen nicht für die Mäßigung der Ziele, sondern für die Steigerung der Mobilisierung und Aktionsformen.

b) *Folgewirkungen des 1. Weltkriegs.* Auch die Geschichte sozialer Bewegungen in der Weimarer Republik ist ohne die mobilisierende und radikalisierende Wirkung des 1. Weltkriegs nicht zu verstehen. Als erster totaler Krieg war er durch umfassende Mobilisierungsprozesse gekennzeichnet. Nie war die Zahl der Soldaten so groß; 13 Millionen Männer wurden ingesamt während des Krieges eingezogen. Durch Rekrutierung neuer, un- bzw. angelernter und Umgruppierung alter Arbeitskräfte werden tradierte Strukturen der Arbeiterbewegung aufgeweicht. Das Ende des Krieges streut breit Ressourcen, die für die Militarisierung der Politik unerläßliche Voraussetzungen sind: Waffen (außerhalb militärischer Kontrolle). Ganz generell hat der Krieg das Gewaltpotential erhöht, d. h. die Bereitschaft zur gewaltsamen Austragung von Konflikten.

Aber auch in diesem Bereich muß die Wirkung mehr gruppenspezifisch bestimmt werden. Auf der Rechten ist eine unmittelbare Militarisierung deutlich nachweisbar, während auf der radikalen Linken die Bereitschaft zur Anwendung revolutionärer Gewalt einhergeht mit Antimilitarismus.

Der Krieg hat zu Deklassierung vor allem im Bereich der Mittelschichten geführt. Soweit das Herausfallen aus den bürgerlichen Bahnen mit rechten politischen Interpretationen einherging, hat es zur Ausbildung eines antibürgerlichen Syndroms beigetragen. Dabei verband sich soziale Entwurzelung mit dem Haß sowohl gegen den Lebenszuschnitt des Bürgertums wie gegen die Arbeiterbewegung. Der Weg ging gewissermaßen vom Bürger über den Krieger zum Bürgerkrieger. Hier liegen Wurzeln sowohl für die Freikorps wie für die NS-Bewegung.

Auf der Rechten spielte das »positive« Kriegserlebnis eine große Rolle. Disziplin, Führerschaft und Unterordnung, Opfermut, Kampf- und Gemeinschaftsgeist sind Elemente einer Idealisierung der Kriegsgemeinschaft. Sie fließen in das nationalsozialistische Konzept der Volksgemeinschaft mit ein.

Ist auf der Rechten die Wirkung des Krieges mit Deklassierung, positivem Kriegserlebnis und aktiver Fortführung des Krieges im Bürgerkrieg vor allem durch die Freikorps klar zu benennen, liegen bei der kommunistischen Linken die Dinge komplizierter. Anders als für die Rechten haben Krieg und Gewalt nicht eigenständigen positiven Wert, sondern erscheinen in ihrer instrumentellen Bedeutung, bezogen auf die damit verfolgten Zwecke. Die Gewaltlosigkeit der ersten beiden Revolutionsmonate 1918 und die militärische Harmlosigkeit von Spartakus bzw. Kommunisten in den Massenbewegungen von 1919 (wie auch den späteren Jahren) unterstreichen die Annahme, daß es nicht der Krieg selbst war, der die Kommunisten zur Gewaltpolitik geführt hat, sondern ideologisch-strategische Überzeugungen von der Notwendigkeit revolutionärer Gewalt (durch die Oktoberrevolution bekräftigt) und die Organisierung einer Gegengewalt in der sich militarisierenden innenpolitischen Auseinandersetzung mit der Rechten seit 1919 (Freikorps, Wehr- und Kriegerverbände, SA etc.). Durch den Krieg erheblich forciert wurde die schon angesprochene politische Polarisierung innerhalb der Arbeiterbewegung aufgrund der sozialdemokratischen Integrationspolitik und der von ihr betriebenen Repression gegenüber der radikalen Linken seit August 1914 auf dem Hintergrund zunehmender Klassenpolarisierung. Damit wurden die emotionale Grundlage für den Haß auf die SPD und das Bedürfnis geschaffen, in der Verfolgung der sozialistischen Ziele konsequenter zu sein.

c) *Lernen aus »positiven« Beispielen.* Neue politische Strukturen entstehen nicht im Laboratorium, Erfahrungen über die positive Bewährung einzelner Elemente spielen eine große Rolle. Nichts überzeugt mehr als eine erfolgreiche Praxis. Was sich in Deutschland allmählich zu einem totalitären Syndrom verdichtet, wird unterstützt durch soziales Lernen auf zwei Ebenen: durch Lernen von verwandten ausländischen Systemen und von gegnerischen Sozialbewegungen in der innenpolitischen Auseinandersetzung.

Für die Kommunisten ist die Sowjetunion das große Vorbild. Disziplinierte, zentralistisch geführte Organisation, Gewalt, klares Feindbild sind u. a. Elemente des revolutionären Erfolgs und notwendig zur Sicherung der sozialistischen Gesellschaft gegen innere und äußere Feinde. Leninismus gewissermaßen als erste Stufe totalitärer Radikalisierung, die sich – z. B. durch das noch bestehende Ausmaß von Demokratie in der Bewegung – deutlich vom darauffolgenden Stalinismus unterscheidet, für diesen aber doch auch Weichen stellt. Nach 1924 wurde die KPD dem Stalinschen totalitären Herrschaftsmodell angeglichen, eine Gleichschaltung, die sowohl über die Komintern wie durch eigene Unterwerfung zustande kam. Die Tabuisierung der Vorbildfunktion der Sowjetunion führte in letzter Konsequenz zu einem straff geleiteten Filialbetrieb.

Für die Nationalsozialisten war der in Italien 1922 siegreiche Faschismus ein Beweis dafür, mit Zeittendenzen in Einklang zu stehen, auch wenn die Umwandlung des Herrschaftsapparats in Italien etwa sechs Jahre brauchte (in Deutschland ein paar Monate nach dem 30. Januar 1933) und nie den Grad totalitärer Durchdringung erreichte, der für das nationalsozialistische Regime charakteristisch werden sollte.

Die zunehmend totalitärer werdenden Bewegungen haben voneinander gelernt. Das straff geführte, effizienzorientierte leninistische Parteimodell hatte Ausstrahlung bis in die nationalsozialistische Bewegung hinein. Führerprinzip und Personenkult der Nationalsozialisten beeinflußten die kommunistische Bewegung (Thälmann-, Stalinkult). Die Militarisierung der Politik und Gewaltausübung durch die Parteiarmeen in der Endphase der Weimarer Republik ist ein schwer durchdringbarer Prozeß wechselseitiger Anpassung (übrigens bis hin zum sozialdemokratischen Reichsbanner). Auch Feindbilder radikalisierten und verfestigten sich durch verbale Aggression in beiden Richtungen.

d) *Liberale Demokratie.* Die Wirkung der liberalen Demokratie auf die totalitären Bewegungen ist ambivalent. Einerseits erlaubt die relative Toleranz dieses Staates überhaupt erst, die totalitäre Bewegung als Massenbewegung zu entwickeln. Dies gilt aufs Ganze gesehen besonders für die Weimarer Republik mit ihren schwachen Kontrollinstanzen, wenngleich die kommunistische Bewegung von den Staatsorganen stärker verfolgt wurde als die NS-Bewegung. Auch Zersplitterung und Lähmung der Weimarer Demokratie konnten als Argument für den geschlossenen, handlungsstarken Staat eingesetzt werden.

Daneben wirkte die liberale Demokratie aber auch erschwerend für den Totalisierungsprozeß. Die Freiwilligkeit der Teilnahme erforderte das Eingehen auch einer nach den Statuten absolutistischen Führung auf Motive der Aktiven, die die wichtigste Ressource der Bewegung darstellten. Die Konkurrenz zwischen den Bewegungen setzte der Indoktrination und Instrumentalisierung von Sympathisanten und Aktiven Grenzen. Trotz dieser Ambivalenz läßt sich sagen, daß der schwache demokratische Staat gewissermaßen als Rahmenbedingung die Entstehung totalitärer Bewegungen ermöglicht.

Sind so vier strukturell relevante Erklärungsfaktoren für die Entstehung totalitärer Bewegungen unterschieden, kann auch die vergleichsweise erhebliche Stärke dieser Bewegungen in Deutschland damit in Zusammenhang gebracht werden. Deren Stärke ist allgemein zurückzuführen auf

- eine starke Mobilisierung der Vorläufer-Bewegungen auf der Rechten und Linken im Kaiserreich,
- eine starke Ausprägung der beschriebenen vier Faktoren besonders in Deutschland (aktive Kriegspolitik und militärische Niederlage, gescheiterte Revolution, hohe Kriegs- und anschließende Bürgerkriegsmobilisierung, wechselseitige Verstärkung totalitärer Bewegungen, besondere Schwäche des demokratischen Staates),
- starke Mobilisierungschancen, allerdings aufbauend auf diesen beiden Komplexen, in der Weltwirtschaftskrise.

Die zweite Frage richtete sich auf das für die totalitären Bewegungen Wesentliche, damit zugleich auf die Frage, was ihre neue Qualität ausmacht. Obwohl eine zur Ideologie verdichtete gesellschaftliche Alternativkonzeption zur totalitären Bewegung gehört, liegt darin nicht das wesentlich Neue. Ideologieorientiertes Massenhandeln hat im 18. Jahrhundert begonnen und sich im 19. Jahrhundert entfaltet, es löst die eher spontanen bzw. ad hoc orientierten Formen des älteren Massenhandelns ab und ist Voraussetzung totalitärer Bewegung, aber nicht das Merkmal, das sie wesensmäßig konstituiert. Die ideologischen Grundaussagen in Bezug auf die Elemente einer neuen Ordnung sind bei Kommunisten wie bei Nationalsozialisten überwiegend nicht originell. Sie stehen in Kontinuität zu den Vorstellungen der marxistischen Arbeiterbewegung einerseits, der nationalistischen, imperialistischen und völkischen Elemente der neokonservativen Bewegung zu Ende des 19. Jahrhunderts andererseits. In diesem Sinne wäre die Aussage von Tucker (1974: 390) zu interpretieren: »Die Geschichte der Politik im zwanzigsten Jahrhundert könnte im Sinne der Realisierung der Träume des neunzehnten geschrieben werden – und der Diskrepanz zwischen Traum und Realität.«

Das Wesen dieser Bewegungen liegt in der Totalisierung von Mobilisierung und Aktion, d. h. in der äußersten Steigerung aller Mittel zur Erreichung der absolut gesetzten Ziele. Dies darf nicht nur oder primär technisch verstanden werden. Grundlegender als die Mittel im einzelnen ist eine Art »totalitäre Mentalität« (H. Arendt), die Orientierung auf einen Kampf mit allen Mitteln zur Verfolgung ideologischer Zwecke, die der empirischen Erfahrung und damit möglicher Revision entzogen werden.

Das Festhalten, geradezu der Konservatismus der Grundziele steht im Gegensatz zur Revolutionierung der Mittel. Entstanden aus einer Realisierungskrise der im Bewegungszusammenhang überlieferten Ziele, angeregt und forciert durch die totale Mobilmachung des 1. Weltkriegs, erleichtert durch die Freiheitsräume des demokratischen Staates und sich – trotz fundamentaler inhaltlicher Zielunterschiede – wechselseitig bestätigend und vorantreibend, stellen die totalitären Bewegungen den Versuch dar, was durch Überzeugung und Konsens auf der Grundlage demokratischer Machtanwendung nicht erreichbar ist, durch eine von moralischen Maßstäben losgelöste Instrumentalisierung aller Handlungselemente zum Zwecke der Machteroberung dennoch zu realisieren. Dabei werden die grundlegenden Ziele »stillgestellt«. Das bedeutet, daß sie sowohl aus ihrer dialektischen Beziehung zu den Mitteln gelöst, als auch empirischer Erfahrung, die zu ihrer Veränderung führen könnte, entzogen werden. Die Radikalisierung der Mittel läßt sich auf die in dieser Arbeit unterschiedenen Elemente sozialer Bewegung beziehen. Da totalitäre Bewegungen in der Machteroberungs- und in der Regime-Phase stark voneinander unterschieden sind, wird hier zunächst auf die Machteroberungsphase abgestellt, in der sie mit den anderen Bewegungen vergleichbar sind.

Ziele: Bleiben auch die Inhalte im Grundlegenden identisch, so verändern sich doch Form und Funktion. Die Ziele werden zu einer geschlossenen Ideologie verdichtet, deren Grundelemente kontroverser Diskussion entzogen bleiben. An der Ideologisierung tritt der instrumentelle Mobilisierungsaspekt so sehr hervor, daß die innere Aneignung durch Überzeugung, Debatte, Erfahrung ganz dahinter verschwindet.

Die Funktion der Ideologie ändert sich dadurch, daß für sie ein ausschließender Wahrheitsanspruch erhoben wird. Durch den Monopolanspruch für die eigene Ideologie wird einerseits eine Rechtfertigungsgrundlage für die Anwendung aller Mittel geschaffen, andererseits der Gegenmobilisierung die Legitimation entzogen.

Es sind weniger die Grundziele, die sich verändern (obwohl auch sie z. T. radikalisiert werden), vielmehr soll durch deren Systematisierung, Instrumentalisierung und Monopolisierung die Durchsetzungschance der Bewegung vergrößert werden.

Mobilisierung: Entsprechend den Vorgängerbewegungen und dem zentralen Mobilisierungsmodus der industriellen Gesellschaft baut die Mobilisierung auch der totalitären Bewegungen auf formaler Organsisation auf. Die Organisationsstruktur wird so verändert, daß sie ein Maximum an Ressourcengewinnung gewähren soll. Innerparteiliche Demokratie und demokratische Verfahren in der weiteren Bewegung werden als Ressourcenverschwendung gesehen. Hierarchie bzw. Führerprinzip, Verbot pluralistischer Gruppenbildung, Eindämmung, wenn nicht Unterbindung kontroverser Debatte sollen – einem bürokratisch-militärischen Effizienzmaßstab folgend – die Reibungsverluste innerhalb der Bewegung vermindern. Auch die höheren Anforderungen an die Aktiven sollen zur Steigerung der Ressourcen beitragen. Nicht Apathie, aber die »Aktivität des Gehorsams und der Unterordnung« (Neumann 1965: 107) ist das Ziel.

Extern soll der Monopolanspruch für die eigene Organisation die Organisationsgrundlage für die Gegenmobilisierung ausschalten. Dies ist unter demokratischen Bedingungen allerdings nur begrenzt möglich, z. B. durch Drohung oder Einschüchterung. In der Kampfphase steht die totale Eigenmobilisierung, in der Regimephase die Ausschaltung der Gegenmobilisierung im Vordergrund.

Aktion: Für die Aktionsformen gilt das Prinzip der Unbedenklichkeit aller Mittel, wenn sie nur zur Zielrealisierung beitragen. Das kann angepaßte Aktionsformen wie Wahl- und Parlamentsaktivitäten ebenso umfassen wie Gewalt, Terror, Lüge, Betrug etc. Charakteristisch ist für die totalitären Bewegungen gerade die Breite der angewandten Aktionsformen mit ihren je spezifischen Ressourcen und Wirkungen.

Vermittlung/Kontrolle: Zwei Punkte sollen hier hervorgehoben werden. Die totalitären Bewegungen kennen keine »Gegner«, sondern nur »Feinde«. Diese Radikalisierung der Kampfbeziehung ergibt sich aus dem ideologischen Monopolanspruch, durchzieht alle Elemente der Bewegung und bestimmt ihre Beziehungen zu den anderen gesellschaftlichen Gruppen und zum Staat. Damit im Zusammenhang steht, daß Bündnisse bzw. Koalitionen dieser Bewegungen jederzeit nur taktische Funktion haben und dem Interesse an der alleinigen Eroberung der Macht untergeordnet bleiben.

Liegt das Wesen totalitärer Bewegungen in der Steigerung aller Mittel zur Durchsetzung absolut gesetzter Ziele, so wären charakteristische Unterschiede zwischen totalitären Bewegungen in der Kampf- und in der Regimephase noch herauszuarbeiten. Die Totalitarismusforschung war zu sehr mit der Diskussion von Systemeigenschaften befaßt, als daß sie diesem Unterschied systematische Aufmerksamkeit gewidmet hätte. Hier nur wenige Hinweise.

Die Unterschiede beziehen sich vor allem auf die politische Konkurrenz und das Verhältnis zum Staat. Die Kampfphase steht unter den Bedingungen der politischen Konkurrenz in einer pluralistischen Gesellschaft, während das Bewegungsregime sich selbst die Bedingungen des Monopols schafft. Die taktischen Rücksichtnahmen und die durch die Legalität liberaler Demokratie bedingten Einschränkungen totalitärer Bewegungen in der Kampfphase weichen der institutionalisierten Konkurrenzlosigkeit im Bewegungsregime, die der Bewegung freie Bahn zur Exekution ihres Monopolanspruchs zu geben scheint. Hat z. B. die Gewalt in der

Kampfphase überwiegend symbolische Funktion, so kann im Regime mittels Geheimpolizei und Konzentrationslagern die Eliminierung von »Feinden« systematisch betrieben werden. Setzt die pluralistische Praxis permanent Fragezeichen hinter den ideologischen Monopolanspruch der Bewegung, so läßt sich diese Einschränkung durch den Aufbau eines Propagandamonopols beseitigen.

Aber der Erfolg der Bewegung durch die Gründung eines Bewegungsregimes ist für sie kein totaler Sieg. Zum einen ziehen ihr die staatlichen Apparate der Bürokratie und des Militärs Grenzen. Sie sind, zumal wenn die Bewegung ihrer spezifischen Dynamik beraubt ist, der totalitären Bewegung an Effizienz weit überlegen. Die Durchdringung des Staatsapparats seitens der Bewegung variiert in den Bewegungsregimes, der Staatsapparat hat aber die Tendenz, die Dynamik der Bewegung stillzulegen, durch Bürokratisierung der Bewegung, Absorbtion sich loslösender Bewegungsrepräsentanten, Reduktion der Bewegungsfunktionen (z. B. Beschränkung auf organisierte Akklamation) etc.

Es kommt auf verschiedenen (und in den Bewegungsregimen unterschiedlichen) Wegen zu weitgehender Ausdünnung der spezifischen Machtfunktionen der Bewegung. Die vereinigte Bürokratie von Staat und Partei definiert die im Unterschied zum Kerndogma offeneren und dynamischen Elemente der Ideologie selbst, der Staat monopolisiert die Gewalt und variiert sie je nach Vorhandensein und Wirksamkeit anderer materieller und normativer Sanktionsmittel, er reduziert die Aktionsformen auf die im System dafür geschaffenen Kanäle etc.

Ist der Staat als Apparat eine Schranke für die dynamische Bewegung, so ist er es auch von seinen Funktionen her. Allgemein gesprochen wächst die Komplexität der Aufgaben im Vergleich zu der auf Machteroberung spezialisierten Bewegung. Die Steuerung eines gesamtgesellschaftlichen Kontextes erfordert ganz andere Mittel als die bloße Mobilisierung sozialer Segmente. Die spezifischen Mittel der totalitären Bewegung wie die Verbreitung eines globalen ideologischen Entwurfs, (symbolischer) Terror und Massenaktivierung reichen dafür nicht aus. Industrialisierung, sachverständige Steuerung gesellschaftlicher Komplexität, materielle Motivierung sind Stichworte für Erfordernisse, die – soweit überhaupt – einen ganz anderen Typ von Bewegung als in der Kampfphase erfordern.

Die Charakterisierung des Wandels der Sozialbewegungen in Deutschland seit den 1920er Jahren als Wende zur totalitären Bewegung ist ein heuristischer Vorschlag, der von der Veränderung einiger Formelemente sozialer Bewegung ausgeht. Er hat analytisch wie politisch-ideologisch mit der Schwierigkeit zu tun, daß mit einer tendenziell ähnlichen Form völlig konträre Gestaltungsziele linker und rechter Bewegungen verbunden werden. Differenzierung, die bis zur Infragestellung des Konzepts gehen könnte, wäre auf verschiedenen Wegen zu suchen.

Zum einen durch Charakterisierung von Mobilisierungstypen unterhalb des global gefaßten Idealtypus totalitäre Bewegung. So kann z. B. ein bürokratisch-aktivistischer Mobilisierungsmodus der Kommunisten von einem militaristisch-aktivistischen der Nationalsozialisten unterschieden werden (vgl. 9.4.2). Zum anderen könnte differenziert werden durch Herausarbeitung der Wechselbeziehung zwischen den Inhalten bzw. Zielen der Bewegung und der totalitären Politikform. So ist Gewalt in der nationalsozialistischen Ideologie positiv begründeter, inhärenter Bestandteil, während sie in der marxistisch-leninistischen Ideologie instrumentell bleibt. Das Gleiche gilt für das Führerprinzip, weshalb die kommunistische Bewegung auch mit kollektiver Führung arbeiten kann. Schließlich kann das Totalitäre der Bewegung nur als Syndrom bzw. als Prozeß verstanden werden. Als Syndrom kommt es auf das variierende Zusammenspiel einzelner Elemente an. Unter dem Gesichtspunkt des Prozesses sind Umfang und Intensität der Totalisierung zu ermitteln, die jeweils erreichte Stufe zwischen vor-, halb- und voll entwickelter totalitärer Bewegung und das Mischungsverhältnis, das z. B. in der kommunistischen Bewegung auch während der Phase der Stalinisierung humanistische neben den dominanten totalitären Strömungen bestehen läßt.

2.2.4 Nachrevolutionäre Übergangszeit (1945–1960) [10]

Diese Phase bringt keine neuen Strukturmerkmale hervor. Sie ist gekennzeichnet durch die fortdauernde Auseinandersetzung mit den totalitären Bewegungen und durch das Ende der Arbeiterbewegung.

Der Zusammenbruch des nationalsozialistischen Bewegungsregimes 1945 löste in Deutschland – unter dem Bewegungsaspekt – unterschiedliche Reaktionen aus. Wogegen sollte sich die Ablehnung richten: gegen den Faschismus, gegen den Totalitarismus, gegen das Prinzip Bewegung? Die zunächst vorherrschende Reaktion der nach 1945 politisch aktiven Kräfte war antifaschistisch. Bis in den bürgerlichen Bereich hinein wurden dabei auch die gesellschaftliche Grundlage des Nationalsozialismus, der Kapitalismus, mindestens aber dessen monopolistische Form, in Frage gestellt. Der für die deutsche Geschichte verhängnisvolle Militarismus schien sowieso ausgespielt zu haben.

Der von einem großen Teil der offiziellen politischen Kräfte getragene antifaschistische, antimonopolistische und demokratische Grundkonsens verschob sich in dem Maße, wie sich der Ost-West-Konflikt als beherrschendes Konfliktmuster durchsetzte und auf deutschem Boden das zweite, diesmal kommunistische Bewegungsregime gegründet wurde. Der Antifaschismus verschob sich zum Antitotalitarismus, der die Gemeinsamkeiten zwischen Faschisten und Kommunisten betonte.

Die doppelte Frontstellung zu Nationalsozialismus und Kommunismus war charakteristisch für die Verfassungsgebung der Bundesrepublik. Sie war aber nicht nur als Abwehr von Verfassungsfeinden, sondern auch als Mißtrauen gegenüber dem Volk generalisiert. Das Grundgesetz sah ein institutionalisiertes Verbotsverfahren für demokratiefeindliche Parteien vor und beschränkte die direkten Einflußmöglichkeiten von unten durch ein strikt repräsentatives System mit einer starken Position der Exekutive. Der demokratische Staat hatte sich gegen totalitäre Bewegungen stark gemacht, zur Sicherheit hatte er aber auch Einfallstore zugemauert, die sowohl von totalitären wie von demokratischen Bewegungen benutzt werden konnten (Ablehnung der Volksgesetzgebung, 5 %-Klausel etc.). Mit der Wendung gegen den Totalitarismus hatte die Demokratie selbst stark kontrollierte Formen angenommen.

Die weitere Entwicklung brachte eine Verschiebung vom Antitotalitarismus zum Antikommunismus. Dieser war durch den fließenden Übergang von Antisozialismus zum Antikommunismus und durch dessen Steigerung im Nationalsozialismus in der deutschen Gesellschaft historisch tief verwurzelt. Er wurde durch den Stalinismus, das Herrschaftssystem in der sowjetisch besetzten Zone und die unglaubwürdige Politik der Kommunisten in den Westzonen verstärkt. Nicht zuletzt wurde er vom konservativen Teil der Gesellschaft, der politisch an die Macht kam, zur Bekämpfung der sozialdemokratischen Opposition instrumentalisiert.

Die strukturelle Asymmetrie zwischen bürgerlich-konservativem und linkem Bereich blieb auch in dieser Phase deutscher Geschichte bestimmend. Neu war, daß sich die größten Teile des rechten Spektrums demokratisch integrierten, zumindest keine eigenständige bzw. einflußreiche Rolle mehr spielten. Die demokratiefeindliche konservative Bewegung lebte nicht wieder auf, der Rechtsradikalismus rekrutierte sich zunächst aus ehemaligen Nationalsozialisten, blieb relativ klein und entwickelte später Formen des »angepaßten Faschismus« (Niethammer).

Die sozialdemokratische Arbeiterbewegung war in ihren objektiven Entfaltungsmöglichkeiten eingeschränkt. Die Bewegung und ihre Sozialisierungsbemühungen bremsende Besatzungsherrschaft, Spaltung der Arbeiterschaft und Ost-West-Konflikt, gegen sie instrumentalisierter Antikommunismus, langanhaltendes Wirtschaftswachstum bezeichnen in Stichworten von außen kommende Einschränkungen. Ihre Wirkung wird verstärkt durch die in der Bewegung fortwirkenden älteren Orientierungsmuster wie Bürokratisierung, Parlamentsfixierung, Furcht vor der Unberechenbarkeit der Massen und den bei Anwendung direkter Aktionsformen überlegenen Kommunisten. Die beiden Elemente, die in der Weimarer Republik noch am stärksten zum Bewegungscharakter der Sozialdemokratie beitrugen, der Kampfbund (Reichsbanner) und die sub- bzw. gegenkulturellen Vereine, leben nach 1945 nicht fort. Auch der gewerkschaftliche Zweig verliert an Bewegungsqualität; dazu tragen die neue Struktur der Einheitsgewerkschaft und die Institutionalisierung durch Verankerung der Mitbestimmung bei. Nachdem die paritätische Mitbestimmung in der Montanindustrie auch auf den Einfluß einer kampfbereiten Bewegung zurückzuführen ist, markieren die kampflose Hinnahme des restriktiven Betriebsverfassungsgesetzes 1952 und die Verabschiedung des Godesberger Programms 1959 entscheidende Etappen auf dem Weg zu einer vollständigen Institutionalisierung der Bewegung als Partei und Interessenverband.

Autoritäre Demokratie (Adenauers »Kanzlerdemokratie«), in Verfassung bzw. Gesellschaft eingebaute Bewegungsfeindlichkeit und definitive Institutionalisierung der sozialdemokratischen Arbeiterbewegung korrespondieren und stützen sich wechselseitig. Frühere Bewegungen hatten sich aufgelöst oder waren institutionalisiert. Nur eine Ausnahme ist zu vermerken: die Anti-Atomwaffen-Bewegung am Ende der 50er Jahre, die allerdings ebensogut als Ausnahme wie als Bestätigung der Grundtendenzen interpretiert werden kann.

Die Protestaktionen gegen die Wiederbewaffnung zwischen 1951 und 1955 waren zu zersplittert und diskontinuierlich, als daß von einem kohärenten Bewegungszusammenhang gesprochen werden könnte. Die Anti-Atomwaffen-Bewegung hatte zwar nur eine kurze Lebensdauer (etwa ein Jahr, 1957/58), verfügte aber über eine relativ breite Basis.

In ihrem Zuschnitt war sie traditionalistisch, auf SPD und Gewerkschaften bezogen und erlangte ihnen gegenüber einen nur geringen Grad an Autonomie. Die Organisation der Bewegung, die Ausschüsse des »Kampf dem Atomtod« gingen nicht aus Basisinitiativen hervor, sondern wurden von oben gegründet und von SPD- und Gewerkschafts-Mitgliedern wesentlich getragen. Die Organisationsstruktur war zentralistisch; die Mobilisierung wurde weitgehend von der Organisation gesteuert.

Die Sozialstruktur der Bewegung spiegelte die Herkunft aus den beiden Arbeitnehmerorganisationen. Darüberhinaus waren eine kleinere Gruppe progressiver Intelligenz und Teile der protestantischen Christen repräsentiert.

Die Aktionsformen waren eher konventionell: zentrale Großkundgebungen; Petitionen; Appelle; Versuche, Volksabstimmungen zu initiieren; Parlamentsdebatten etc. Legalität der Aktionen galt als selbstverständlich. Die Gewerkschaftsorganisationen waren zum Einsatz von Arbeitskampfmitteln für politische Zwecke nicht bereit, weder zu einer 5minütigen Arbeitspause noch zu einem Generalstreik.

In der Bewegung verband sich eine moralische Motivation (die grundsätzliche Ablehnung von Massenvernichtungswaffen) mit einer politischen Motivation (Nicht-Festschreibung der Blockkonfrontation, die eine Wiedervereinigung unmöglich machen würde). In ihrer Hauptforderung (zugleich Minimalkonsens), der Nicht-Stationierung taktischer Atomwaffen in der Bundesrepublik, war es eine klassische Ein-Punkt-Bewegung.

Das rasche Ende der Bewegung läßt sich auf drei Faktorenkomplexe zurückführen: zum einen die enge Anbindung an die SPD, die zusammen mit der zentralistischen Organisationsstruktur eine abrupte Beendigung der Bewegung von oben ermöglichte, als die SPD ihren innenpolitischen Anpassungskurs forcierte; zweitens der geringe Politisierungsgrad der Bevölkerung auf dem Hintergrund von Wirtschaftswunder und Antikommunismus, wodurch die – wie Befragungen zeigen – stark verbreitete Ablehnung von Atomwaffen verdrängt werden konnte. In diesem Zusammenhang steht der dritte Faktor: das Fehlen einer autonomen, durch allgemeinen Wertwandel stabilisierten politischen Subkultur, die sich dann gerade als Folge sozialdemokratischer Anpassungspolitik in den 60er Jahren herauszubilden beginnt.

2.3 Nachindustrielle Phase[11]

Der 1960 angesetzte Einschnitt ist relativ willkürlich. An den politischen Rahmenbedingungen für soziale Bewegung änderte sich unmittelbar wenig. Bewegung war rechtlich möglich, aber durch den politisch-kulturellen Kontext abgewehrt. Die deutlicheren Veränderungen lagen im gesellschaftlich-strukturellen Bereich. Es gibt nur gleitende Übergänge zwischen den Phasen gesellschaftlicher Gesamtentwicklung (vgl. 4.2). Seit den 60er Jahren haben sich aber die Indikatoren sozialstrukturellen Wandels beschleunigt verändert, seither hat sich – in Etappen von der Ostermarsch- über die Studentenbewegung zu den neuen sozialen Bewegungen – in relevanten Strukturmerkmalen auch ein neuer Typ sozialer Bewegung herausgebildet.

Im Rahmen der Industriegesellschaft, aber über sie hinausweisend, breitet sich ein neuer Typ von Arbeit aus, der durch das Anwachsen der im tertiären Sektor Beschäftigten sowie durch eine höhere Qualifikation der Arbeitskraft charakterisiert ist. Wissenschaftlich-technischer Fortschritt verändert massenhaft Ausbildungs- und Arbeitsprozesse und bahnt – durch Produktivitätsfortschritte – den Weg zur Konsum- und Freizeitgesellschaft. Zunehmend größere Teile der Gesellschaft werden nicht mehr (oder zunehmend weniger) durch die Rationalität industrieller Fertigungsprozesse und darauf bezogener Orientierungen geprägt: sie verbringen wegen Ausbildung, Freizeit etc. mehr Zeit außerhalb der Arbeit und sie sind in ihren Arbeitsfunktionen nicht mehr durch die »Rationalität der industriellen Warenproduktion«, sondern durch die »eigenständige Rationalität von Dienstleistungsarbeit« (Offe 1984:24) bestimmt. Arbeit bleibt und wird sogar in noch steigendem Umfang Lohnarbeit, aber in diesem Rahmen verändert sich der Charakter von Arbeit.

Damit sind langfristige Prozesse und keine einsinnigen linearen Tendenzen von Wertwandel angesprochen. Aber der Bereich politischer Vermittlung, der am schnellsten auf sozialstrukturellen Wandel reagiert, zeigt zunehmend deutlichere Spuren. Auch soziale Bewegung wandelt sich. Neue Trägergruppen treten hervor: global fällt auf, daß der Dienstleistungs- gegenüber dem Produktionsbereich in den Vordergrund tritt und daß die Gruppe der Intelligenz ihren Umfang in einem historisch nicht bekannten Maße vergrößert. Auch das Großthema der Bewegungen ändert sich: Fragen des sozioökonomischen Bereichs und der sozialen Ungleichheit bleiben auf der Tagesordnung, verlieren aber an Dynamik im Vergleich zu Fragen nicht- materieller Art, die auf einen Bedeutungsgewinn der soziokulturellen Sphäre verweisen. Veränderte Trägerschaft und Themen allein schon erfordern neue Organisations- und Aktionsformen: unbürokratische Organisations- und direkte Aktionsformen erhalten ein neues Gewicht.

Die *Ostermarschbewegung* war noch keine Attacke auf die herrschende Bewegungsaversion. Sie war von ihrer Größe her marginal, punktuell in ihren Aktivitäten. Daß sie einen Übergang darstellte zu einem sich allmählich herausschälenden Muster nachindustrieller Bewegung, legt die ex post-Betrachtung naturgemäß eher nahe als es die teilnehmende Beobachtung tat. Bemerkenswert sind in dieser Perspektive ihr starker Mittelschicht- und Intelligenzanteil (nur ca. 10 % Arbeiter), ihre lockere, antibürokratische Organisationsstruktur, die vielfältigen Demonstrationsformen (z. B. Sitzstreik vor einem Atomwaffendepot) und die Lösung von der etablierten Opposition der SPD- und Gewerkschafts-Apparate.

Früher und deutlicher als an sozialen Bewegungen war am Wandel der SPD ablesbar, daß es zu grundlegenden Veränderungen der Sozialstruktur kam, auf die die politischen Vermittlungsorganisationen reagieren mußten. Die SPD behielt zwar ihren traditionellen Schwerpunkt im sekundären Bereich, ging aber durch ihren Volksparteiwandel offensiv werbend auf den wachsenden Dienstleistungsbereich zu und relativierte dadurch in ihrer Organisation und Politik die Bedeutung der Arbeiterschaft, deren Produktionsinteressen ihren klassischen Ausdruck in der sozialistischen Zielvorstellung gefunden hatten. Im Inneren Modernisierung von Staat, Wirtschaft und Gesellschaft, im Äußeren Entspannungspolitik bildeten das für die neuen Erwerbsschichten attraktive Angebot der SPD. Den Zugewinnen in diesen Bereichen verdankte die SPD ihren Aufstieg in den 60er Jahren. Interessen der sozial aufsteigenden Dienstleister und das Interesse am Ausbau öffentlicher Dienstleistungen (Bildung, Gesundheit, Soziales) gewannen hier einen neuen Rang gegenüber den enger definierten Produktionsinteressen.

Es sind diese Tendenzen zu einem allmählichen Umbau der Gesellschaft in eine industrielle Dienstleistungsgesellschaft, die mit ihren sozialstrukturellen Vermittlungen auch das Gesicht der Sozialbewegungen zu verändern beginnen. Es wird sich zeigen, daß bestimmte Sektoren des Dienstleistungsbereichs durch das sozialliberale, volksparteiliche Politikmodell nicht integrierbar sind und autonomen Ausdruck suchen. Der Dienstleistungsbereich insgesamt ist politisch mindestens dreifach gespalten: in einen Staats- und Status quo-orientierten Sektor, der zur CDU/CSU tendiert; in einen modernistisch-reformistischen Flügel, den die SPD in gemeinsamer Erwartung wirtschaftlichen Wachstums ihrer traditionellen Arbeiterbasis hinzufügt; schließlich in ein gegenüber Traditionalismus und Modernismus kritisches Segment, das um Autonomie gegenüber dem linksmonopolistischen Anspruch der SPD bemüht ist. Diese dritte Gruppe, die erst allmählich ihr übergreifendes Thema herausarbeitet, ist die eigentlich interessante Trägergruppe der seit den 60er Jahren entstehenden Bewegungen.

Das Scharnier zwischen der institutionalisierten sozialdemokratischen Arbeiterbewegung und den neuen Bewegungen war der Sozialistische

Deutsche Studentenbund (SDS), der von der SPD im Zuge ihrer volksparteilichen Wende 1961 durch Unvereinbarkeitsbeschluß abgestoßen wurde und den Kern der Mitte der 60er Jahre beginnenden *Studentenbewegung* bildete. Intelligenz als eine gesamtgesellschaftlich aufsteigende und sich ausweitende Gruppe entwickelte hier ein nonkonformistisches Selbstverständnis, das auf ihren spezifischen Interessen und Möglichkeiten beruhte. Grundannahme war, daß die durch Qualifikation wachsenden emanzipatorischen und partizipatorischen Ansprüche dieser Gruppe in den Fesseln, die kapitalistische Wirtschaft, technokratischer Staat und repräsentative Demokratie ihr auferlegt, prinzipiell unerfüllbar seien und sie deshalb über diesen Rahmen hinausdrängen müsse. Anders als in der sozial heterogenen, zudem bürokratisch angepaßten SPD konnten die Ansprüche der Intelligenz in einer eigenen Bewegung unverfälscht ausgedrückt und zur Basis einer eigenen Politik gemacht werden.

Und doch darf die sozialstrukturelle Avantgardefunktion nicht überzeichnet werden. Die Studentenbewegung repräsentiert den allmählichen Übergang zur nachindustriellen Gesellschaft. Sie ist zugleich ein früher Vorbote der nachindustriellen wie ein später Nachgesandter der industriellen Gesellschaft. Was heißt das?

Die leitenden »informellen Kader« (Negt) der Studentenbewegung verstanden sich als Sozialisten. Sie hatten sich aus den nicht-orthodoxen Strömungen der sozialistischen und kommunistischen Tradition von R. Luxemburg über O. Rühle bis zu K. Korsch Theorieelemente angeeignet, die die verschütteten Möglichkeiten der Arbeiterbewegung zum Tragen bringen sollten. Dabei spielten aktiv-revolutionäre und anti-autoritäre Elemente ebenso eine bevorzugte Rolle wie kulturell umfassende statt ökonomistisch reduzierter Interpretationen.

Ziel war die Neubegründung der Arbeiterbewegung aus dem Geist eines radikal-emanzipatorischen und revolutionären (nicht attentistischen) Marxismus, unter Vermeidung der Fehler, die sowohl die sozialdemokratische wie die kommunistische Arbeiterbewegung gemacht hatte. Da für einen solchen Theorieansatz ein aus der Arbeiterbewegung kommender Träger nicht vorhanden war, setzte sich die Intelligenz mit ihrer sozialistischen Überzeugung an die Stelle des revolutionären Proletariats. Dieser »Substitutionalismus« (Bock 1976) trug unwirkliche Züge, da eine Stellvertretung ja allenfalls auf Zeit denkbar war und eine positive Resonanz in der Arbeiterschaft ausblieb. Die seit 1969 agierenden kommunistischen Organisationen verstärkten den Eindruck einer Revolte, die in den Kostümen der 20er Jahre auftrat. Auch Organisation brachte die Arbeiterbasis nicht näher, die spontan nicht hatte kommen wollen. So sehr die Führer der Studentenbewegung glaubten, auf diesem Feld einer Revitalisierung der Arbeiterbewegung durch die Intelligenz ihre eigentliche Bewährungsprobe ablegen zu müssen, verkannten sie dabei doch, was an ihrer Bewegung wirklich neuartige Qualität hatte.

Neu war in sozialstruktureller Hinsicht, daß erstmals eine zahlenmäßig relevante Studentenschaft als eigenständiger politischer Akteur mit eigenständiger Thematik auftrat. Im Vormärz war die (angehende) Intelligenz Teil der nationalen und demokratischen Bewegung, noch nie hatte sie eine derartige quantitative Ausdehnung angenommen. Intelligenz war nicht mehr nur (potentielle) Führungsgruppe, sondern eigenständige Basis einer sozialen Bewegung.

Entsprechend dem Sozialismusziel kursierten im SDS bzw. in der Studentenbewegung Vorstellungen von der besonderen Bedeutung technischer Intelligenz. Technische Intelligenz wurde gewissermaßen als die in den Intelligenzbereich hinein erweiterte Arbeiterklasse verstanden. Die tatsächliche Basis der Studentenbewegung sah ganz anders aus. Nimmt man die von der angehenden Intelligenz studierten Fächer als Indikator für spätere berufliche Tätigkeitsfelder, läßt sich das Feld eingrenzen, aus dem die Bewegung sich rekrutierte. Option für das Fach, Sozialisation durch die Disziplin und durch antizipierte Berufserwartungen wirken dabei vielfältig zusammen.

Nicht oder kaum relevant waren für die Studentenbewegung die administrative Intelligenz (Juristen), die kommerzielle Intelligenz (Ökonomen) und die technische Intelligenz (Ingenieure und Naturwissenschaftler). Sie repräsentieren die Bereiche Wirtschaft, Technik und Staat (Administration und Justiz). Der Großteil der Aktiven kam aus den Sozial- und Geisteswissenschaften, aus Disziplinen, die auf berufliche Wirkungsbereiche der Humanintelligenz vorbereitet (Lehrer, Psychologen, Sozialarbeiter etc.). Mediziner, obwohl ein Sektor des Humandienstleistungsbereichs, gehörten nicht zu den Aktivgruppen. Eine Unterscheidung nach system-orientierten und human-orientierten Disziplinen und Tätigkeitsbereichen ist, obwohl sie ein wesentliches Moment einzufangen scheint, jedenfalls nicht vollständig. Ohne diese Fragen hier vertiefen zu können, fällt ins Auge, daß die Disposition der Trägergruppen – soweit sie nicht durch Ideologien anderer Großgruppen (wie z. B. der sozialistischen der Arbeiterklasse) gefangen genommen werden – eine Affinität zu soziokulturellen, nicht zu ökonomischen, technischen oder politisch-administrativen Fragen aufweisen.

Inhaltlich neu ist das verschiedenartigen Issues zugrunde liegende Generalthema der soziokulturellen Identität. Neu daran ist – genauer gesagt – nicht das Thema als solches, da ja schon die kulturorientierten bürgerlichen Bewegungen sich auf diesen Nenner bringen lassen, sondern die Politisierung kultureller Identität und deren Chancen, zum Massenthema zu avancieren.

Studentenbewegung war – und das bestimmt ihre Wirkungsgeschichte mehr noch als ihr unmittelbares Erscheinungsbild – an allen Dimensionen soziokultureller Selbstverwirklichung interessiert. Dies bedeutet immer ein Doppeltes: Partizipation als Form, Bewußtsein und Lebenspraxis als Inhalt.

Partizipation war ein Zentralthema der Bewegung. Sie wurde nicht nur und vielleicht nicht einmal primär instrumentell verstanden, d. h. als Mittel zur Durchsetzung von Interessen. Die expressive Dimension von Partizipation erhielt in der Studentenbewegung ein ganz neues und nicht selten ausschlaggebendes Gewicht. Partizipation wurde Mittel der Selbstverwirklichung. Eine Aktion kann auch dann »erfolgreich« sein, wenn nichts »erreicht« wird.

Demokratisierung aller gesellschaftlichen Bereiche, wie die einflußreiche Zielvorstellung lautete, bedeutet die gesamtgesellschaftliche Durchsetzung einer aktiven Bürgerrolle. Außerhalb der ökonomischen Sphäre agierend, gab es für die Studentenbewegung allenfalls indirekte, stark vermittelte Einwirkungen auf diesen Bereich (»wilde« Streiks, wiederbelebte Mitbestimmungsdiskussion, insbesondere Mitbestimmung am Arbeitsplatz). Das politische System verfügt über keine Kanäle folgenreicher Partizipation von unten. Schon von daher fördert es expressive Partizipationsformen bei Gruppen mit politischem Interesse und Kompetenz. Von der Hochschule ausgehend, bahnte sich die damals beginnende »partizipatorische Revolution« ihren Weg durch die verschiedenen Teileinheiten des soziokulturellen Bereichs. Hochschule, Schule, Kindergarten, Redaktion, Kirche, Familie etc. wurden die eigentlichen Felder partizipatorischer Selbstverwirklichung. Selbstverwirklichung und Interessendurchsetzung waren hier weniger zu trennen als im ökonomischen und politisch-administrativen Bereich.

Bewußtseinsfragen engagierten stärker als Fragen, die die materielle Existenz betreffen. Wissenschaftskritik als Kritik bestimmter Inhalte und Orientierungen von Wissenschaft ebenso wie inhaltliche Medienkritik oder die Kritik von Werbung als umstandsloser Manipulation. Ideologiekritik galt der Kritik und Hinterfragung eines Systems, das als »formierte«, »eindimensionale«, technokratisch gesteuerte Gesellschaft seine Grundlage in einem scheinbar alternativlosen Einheitsbewußtsein hatte. Revolutionierung des Bewußtseins war Anfangs- und Endpunkt gesellschaftlicher Veränderung.

Thematisierung alternativer Lebenspraxis gehörte zu den folgenreichsten Ansätzen der Studentenbewegung. In ihrer kurzen Lebensdauer (Kernphase 1966–1969) lag zwar der Akzent auf einer Kritik der soziokulturellen Dimensionen des kapitalistischen und produktivistischen Wachstumsmodells, der autoritären Leistungs- und Konsumgesellschaft mit ihrer Dominanz bedürfnisaufschiebender und -unterdrückender Erwerbstugenden und warenverschwendender Konsumtugenden. Die experimentellen Ansätze alternativer Lebensformen reichen aber in die Frühphase zurück: mit veränderten Lebens- und Wohngemeinschaften (Kommune/Wohngemeinschaft/Großfamilie), Kindererziehung (Kinderläden), Konsumgewohnheiten (Kritischer Konsum) und beginnendem Rollenwandel der Frau. Hier fungierten die Studenten als Avantgarde des Wert- und Verhaltenswandels, der in den 70er Jahren durch Abschwächung und Ausbreitung Massenrelevanz erhielt (Kmieciak 1976).

Neue Elemente enthielten auch die Mobilisierungs- und Aktionsformen. Grundlegend waren Ablehnung und Kritik des bürokratischen Politikmodells, wie es – als Kader- oder Massenpartei – die Arbeiterbewegung bestimmt hat und die repräsentativ-bürokratisch erstarrte Demokratie kennzeichnete. Mit Rätemodellen als institutioneller Alternative zum parlamentarischen System gedanklich experimentierend, sich – jedenfalls im dominanten, anti-autoritären Zweig – von Formen parteimäßiger Organisation fernhaltend, trat vor allem das Defizit hervor, eigene, tragfähige Mobilisierungsstrukturen zu schaffen. Diese selbsterlebte Schwäche erklärt die Rückwendung zu bürokratisch-zentralistischen Organisationsversuchen nach 1969.

Seltener wurde gesehen, daß im Rahmen der Bewegung in nuce bereits Formen projektorientierter Mobilisierung entstanden waren, die sich seit Anfang der 70er Jahre in den Bürgerinitiativen weiterentwickelten und ausbreiteten. Innerhalb des SDS hatte sich eine »Kultur autonomer Arbeitsgruppen« (Fichter/Lönnendonker 1977: 113) entwickelt. Organisation der Anti-Springer-Kampagne, Kritische Universität, Teach-ins enthalten offene, thematisch begrenzte Mobilisierungsansätze, der Republikanische Club eine lockere, flexible Organisationsform.

Die Aktionsformen entsprachen den Bedingungen nicht organisatorisch erfaßter Aktiver: vielfältige Demonstrationsformen (»Spaziergangs-Demonstration«, Happenings, Aktivierung von Demonstrationsteilnehmern durch rhythmische Sprechchöre, Laufeinlagen etc.) und Formen zivilen Ungehorsams (Sitzstreik, Besetzung, Durchführung verbotener oder nicht erlaubter Demonstrationen, Blockade z. B. der Auslieferung von Springer-Zeitungen etc.). Solche Formen korrespondierten dem Fehlen planender bzw. Ordnung verbürgender Organisation und den expressiven Bedürfnissen der Akteure. Sie erzielten vor allem in der frühen Phase, als Staats- bzw. Polizeiapparat sich noch nicht darauf eingestellt hatten, überproportionale Wirkung. Wie sich zeigen sollte, entsprachen solche Aktionsformen nicht nur einer Augenblickslaune, sondern fortwirkenden Bedürfnissen, Bewegungsstrukturen und Rahmenbedingungen nachindustrieller Gesellschaft.

Die *neuen sozialen Bewegungen* sind zu nah und unabgeschlossen, als daß sie fugenlos in einen historischen Überblick eingereiht werden könnten. Sie sollen in einem eigenen Kapitel (17.) analysiert werden. Hier können drei vorläufige Charakterisierungen festgehalten werden:

1. Trotz schillernder Gruppenvielfalt und hochgradiger Dezentralisierung besteht eine übergreifende Einheit, die – wenn auch im Plural – die zusammenfügende Bezeichnung »neue soziale Bewegungen« rechtfertigt. Nicht die Addition disparater, unverbundener Einzelbewegungen, sondern die hohe Autonomie vielfältiger Teilbewegungen im lockeren Rahmen einer Gesamtbewegung kennzeichnet die Grundstruktur. Das Übergreifende läßt sich in mindestens drei Dimensionen festmachen:

– Der gemeinsame Nenner der breit streuenden Einzelthemen liegt in der Kategorie der Lebensweise, welche die wert- und identitätsbezogene Lebensgestaltung im soziokulturellen Bereich in den Mittelpunkt des Interesses rückt.

– Die Akteure der Teilbewegungen verbindet ein gemeinsamer Werthorizont, der empirisch durch die Postmaterialismus-Hypothese eingefangen werden soll. Der Bereich jenseits materieller und physischer Sicherheiten bietet von ökologischen über partizipatorische bis zu ästhetischen Werten viele Ansatzpunkte soziokulturell motivierter Alternativpraxis.

– Die starke, häufig spontan zustandekommende Vernetzung der Teilbewegungen ist ein Indikator für deren inhaltliche und personelle Affinität.

2. Die soziale Rekrutierungsbasis der neuen Bewegungen liegt wesentlich in nicht-industriellen Sektoren, wobei die spezifischen Schwerpunkte innerhalb des Dienstleistungsbereichs noch zu ermitteln wären. Damit sind die Bewegungen in den Kontext einer Entwicklung zu nachindustrieller Gesellschaftsstruktur gestellt. Soweit die neuen Bewegungen Ausdruck eines solchen gesellschaftlichen Strukturwandels sind, informieren sie über sozialstrukturelle Verschiebungen und Themenschwerpunkte postindustrieller Gesellschaft. Zugleich sind sie auf die in diesem Rahmen gegebenen

Wirkungsbedingungen verwiesen, zu denen beispielsweise ein hoher Grad massenmedialer Durchdringung gehört, der wiederum auf Mobilisierungs- und Aktionsformen zurückwirkt.

3. Die neuen sozialen Bewegungen gehen intentional aufs Ganze, machen mit Kritik und Wünschen eines besseren Lebens an keinen Ressortgrenzen Halt. Der ganzheitliche Impetus stößt aber auf Schranken, die aus den Machtverhältnissen (starke Gegenkräfte und eigene Mobilisierungsschwäche) und der funktionalen Differenzierung des Gesamtsystems resultieren. Dabei wird insbesondere das Lavieren zwischen Macht- und Kulturorientierung zu einem Grundproblem der Bewegung.

Kapitel 3

Definition

In den Sozialwissenschaften weiß – bei allen Definitionsschwierigkeiten im einzelnen –, wer von Parteien oder Verbänden spricht, wovon er redet. Nicht so bei sozialen Bewegungen. Dabei gibt es Unterschiede. Bei den Historikern inflationiert der Bewegungsbegriff: Jede kollektive Handlungstendenz heißt Bewegung. Politologen sehen mehr auf die historisch einflußreichen Bewegungen und neigen dazu, die Sache von ihrer Wirkung her zu verstehen.

Auch wo sich nicht viel tut: ist erst einmal der Bewegungs-Titel erworben, besitzt man fast schon eine Anwartschaft auf historischen Wandel. Die Arbeiterbewegung ist soziale Bewegung gewissermaßen unabhängig von der Definition, wie aber steht es mit einer »Kunsterziehungsbewegung« (zu Ausgang des 19. Jahrhunderts), einer »Heimatbewegung« (der Jahrhundertwende), einer »Europabewegung« (der Nachkriegszeit) oder einer »Trimm-dich-Bewegung«? Sind Popper und Punker Bewegungen, auch wenn sie nicht so genannt werden? Vereine werden auf Amtsgerichten, Interessenverbände beim Bundestag, Parteien bei Wahlkommissionen registriert – dies verschafft zumindest pragmatische Sicherheit. Soziale Bewegungen können nur von der Wissenschaft registriert und definiert werden.

Die Definition grenzt ab und Abgrenzung ist notwendig, soll soziale Bewegung nicht zu einem Allerweltsbegriff verkümmern. Eine erste Annäherung lautet: Soziale Bewegung ist *kollektiver Akteur, der in den Prozeß sozialen bzw. politischen Wandels eingreift.* Darin sind erste Abgrenzungen enthalten:

- Kollektiver Akteur: Bewegungen sind ein die Individuen einbindender kollektiver Handlungszusammenhang. Sie sind nicht bloßes »Medium« sozialen Wandels, nicht passiver Ausdruck gesellschaftlicher Wandlungstendenzen, vielmehr Akteur, der aktiv in den Lauf der Dinge eingreift,

mit dem Ziel, Einfluß darauf zu bekommen. Der Akteur ist nicht durch eine spezifische Organisationsform zu charakterisieren. Mit dem Begriff des »Akteurs« soll auch keine Einheitlichkeit unterstellt werden, vielmehr ist in der Regel eine Vielfalt von Tendenzen, Organisationen und Aktionsansätzen innerhalb einer Bewegung zu erwarten.
Wichtiger: Die Organisation definiert nicht die Bewegung, sondern die soziale Bewegung ist immer viel mehr als die Organisationen, die sie umfaßt.

- Weitreichende Ziele: Diese müssen keineswegs »revolutionär« im Sinne eines kompletten Umsturzes des bestehenden Gesellschaftssystems sein. Das Handeln ist aber immer darauf gerichtet, mehr oder minder relevante Strukturen der Gesellschaft zu verändern oder – im Falle von Gegenbewegungen – deren Veränderung zu verhindern.

Die Definition sozialer Bewegung muß also mindestens Aussagen über zwei Elemente umfassen:

a) Die besondere *Struktur* der sozialen Gruppe, die die Bewegung bildet,
b) die von dieser Gruppe verfolgten *Ziele.*

Ein Überblick über Definitionen wäre identisch mit einem Überblick über alle bisherigen Arbeiten. Als Orientierung kann eine Begrenzung auf die beiden grundlegenden Elemente (Gruppenstruktur und Ziele) und die Unterscheidung zwischen inklusiven und exklusiven Definitionen dienen. Je mehr und je spezifischer gefaßte Elemente einbezogen werden, desto exklusiver die Definition. Die Definition hängt mit dem Erkenntnisinteresse zusammen. In dieser Arbeit, die die Frage sozialen Wandels betont, wird eine vor allem in den Zielen exklusivere Definition bevorzugt. Auch der politisch-kulturelle Kontext spielt eine Rolle. Amerikanische Autoren neigen zu inklusiven, deutsche zu exklusiven Definitionen. Die Vereinigten Staaten hatten wenige geschichtsmächtige soziale Bewegungen, dafür mehr Bewegungen mit begrenzteren und auch politisch nicht unmittelbar relevanten Zielen (z. B. viele religiöse Bewegungen).

Soziale Bewegung ist ein mobilisierender kollektiver Akteur, der mit einer gewissen Kontinuität auf der Grundlage hoher symbolischer Integration und geringer Rollenspezifikation mittels variabler Organisations- und Aktionsformen das Ziel verfolgt, grundlegenderen sozialen Wandel herbeizuführen, zu verhindern oder rückgängig zu machen.

Einige Erläuterungen zu dieser Definition.

- *Mobilisierung:* Die Machtgrundlage jeder sozialen Bewegung ist prekär, nicht durch Institutionalisierung gesichert. Deshalb wird Mobilisierung von Unterstützung mehr noch als bei anderen Vermittlungsformen zur Existenzbedingung sozialer Bewegung. Die aktive, permanente Suche nach Unterstützung, das In-Bewegung-Bleiben ist deshalb ein Merkmal sozialer Bewegung.

- *Gewisse Kontinuität:* Ein gewisser Grad an Kontinuität (sagen wir mehrere Jahre) erscheint sinnvoll, um soziale Bewegungen von kollektiven Episoden abgrenzbar zu machen. (Übrigens korreliert die Reichweite der Ziele mit der Dauerhaftigkeit der Bewegung.) Andererseits zeigen nur kontinuierlichere Aktivitäten, daß die Bewegung noch in Bewegung ist.
- *Hohe symbolische Integration:* Die Gruppe, die sich als soziale Bewegung konstituiert, ist durch ein ausgeprägtes Wir-Gefühl charakterisiert. Dies Bewußtsein der Zusammengehörigkeit entwickelt sich auf der Grundlage einer Unterscheidung zwischen denen, die »dafür«, und denen, die »dagegen« sind. Es manifestiert sich u. a. in Mode (von Sansculotte bis Jeans), Umgangsformen, Sprache.
- *Geringe Rollenspezifikation:* Die soziale Bewegung als ganzes, das immer viel mehr ist als die Organisation, die einen Teil der Bewegung bildet, weist nur eine geringe Ausdifferenzierung und Festschreibung von Rollen auf. Ohne oder außerhalb formeller Mitgliedschaft sind vielfältige und wechselnde Partizipationsformen möglich.
- *Variable Organisations- und Aktionsformen:* Soziale Bewegungen sind nicht durch eine bestimmte Organisationsform definiert. Es variieren sowohl Umfang und Bedeutung der Organisation wie auch die Wahl formaler Organisationen (Verein, Verband, Partei). In jedem Fall ist die Bewegung umfassender als die in ihr agierenden Organisationen. Ebensowenig ist soziale Bewegung prinzipiell auf eine bestimmte Aktionsform festgelegt, sei es der Typ institutionalisierter oder der Typ direkter Aktion.
- *Ziele:* Die Eingrenzung der Ziele auf grundlegenderen sozialen Wandel (selbstverständlich der Interpretation bedürftig!) soll angestrebte strukturelle Veränderungen von Staat und/oder Gesellschaft als für soziale Bewegung charakteristisch herausheben. Notwendig ist nicht das Ziel einer Veränderung des gesamten Systems, aber zumindest wichtiger einzelner Elemente davon. Die größere Reichweite führt im Laufe der Zeit zu einer Systematisierung der Ziele, zu einer wie immer rudimentären Ideologie. Das Unfertige, der Suchcharakter ist Kennzeichen der meisten Bewegungen.

Eine solche Definition erlaubt bereits einige Ausklammerungen, z. B. der oben erwähnten Popper und Punker, der Trimm-dich- und der Kunsterziehungsbewegung. In einer Reihe von Fällen wird Unsicherheit bleiben. Vor allem in zwei Richtungen muß die Abgrenzung noch präzisiert werden: Zur kollektiven Episode und zu organisiertem Verhalten.

Im Rahmen des Ansatzes »Kollektives Verhalten« werden soziale Bewegungen als dauerhaftere und strukturiertere Handlungsformen unterschieden von den kurzfristigen *»kollektiven Episoden«*. Dazu rechnet Smelser (1972) Panik, Manie, feindseliger Ausbruch. Soziale Bewegungen unterscheiden sich von solchem spontanen Massenverhalten u. a. durch größere Dauer, festere Kommunikations- und Rollenstrukturen und die stärkere Strukturierung von Zielen.

Die Typologie kollektiven Verhaltens von Smelser erfaßt nicht alle auftretenden Formen, gerade die normalen nicht. Es gibt in Gesellschaft und Politik »Strömungen«, d. h. Meinungs- und z. T. Handlungstendenzen, die zwar durch Übereinstimmung, aber nicht durch hohe Integration und Mobilisierung gekennzeichnet sind. Vor allem gibt es in jeder Gesellschaft eine Vielzahl von Initiativgruppen: Gesprächskreise, Foren, Komitees, Unterschriftenaktionen, Ausschüsse, Bürgerinitiativen etc. Auch sie sind schwächer strukturiert als soziale Bewegungen, abgesehen von der oft geringen Dauer und Zielreichweite.

Die neuerdings im Rahmen der Sozialgeschichte verwendete Kategorie des »sozialen Protests« entspricht – vernachlässigt man die unterschiedlichen Definitionen – am ehesten dem »feindseligen Ausbruch« in der Systematik von Smelser. Die Kategorie ist für die Bewegungsforschung nicht sehr hilfreich. Sie verwischt den hier wichtigen Unterschied zwischen Aktivitäten stärker strukturierter Kollektive, mit denen wir es bei sozialen Bewegungen zu tun haben, und schwach strukturierter Kollektive, die sich bei ad hoc-Aktivitäten zusammenfinden. Da nicht-institutionalisierte Aktivitäten in den vergangenen 130 Jahren (etwa seit dem Wendepunkt der 48er-Revolution) zunehmend stärker von sozialen Bewegungen kontrolliert werden, ist die Kategorie auch besser geeignet zur Erfassung von Massenaktivitäten in der Frühphase moderner Bewegung (etwa zwischen der Französischen Revolution von 1789 und der 48er-Revolution), die – wie u. a. von Rudé (1979) und Hobsbawm (1979) herausgearbeitet – in manchem auch eine Übergangszeit zwischen vormodernen und modernen Aktionsformen darstellt.

Auf der anderen Seite sind Bewegungen von primär *organisiertem Verhalten* abzugrenzen. Soziale Bewegung ist keineswegs durch Nicht-Organisation zu kennzeichnen. Wie z. B. die Arbeiterbewegung zeigt, auch nicht notwendig durch schwache bzw. lose Organisationsformen.

Soziale Bewegungen existieren in der Regel nicht ohne Organisation, Organisation ist aber nicht das Entscheidende an der Bewegung. Sie vermittelt u. a. Kontinuität, Koordination, auch Initiative, aber ohne die spontane und unregelmäßige Aktion der Aktiven außerhalb der Organisation wäre sie wenig – und jedenfalls keine soziale Bewegung. Das Besondere der sozialen Bewegung liegt gerade in der Dialektik zwischen den (Bewegungs-)Organisationen und den fluiden Teilen der Bewegung.

Soziale Bewegungen nehmen also eine Mittelposition ein zwischen schwach strukturierten Gruppen auf der einen und den stark strukturierten, organisatorisch verdichteten Gruppen auf der anderen Seite. Insofern formale Organisationen wie Parteien, Verbände und Vereine Teile einer sozialen Bewegung sind, haben sie einen Doppelcharakter, der sich auch wissenschaftlich niederschlägt. Als Parteien, Verbände und Vereine sind sie Gegenstand der Organisations- oder spezieller: Parteien-, Verbands- und Vereinssoziologie bzw. -politologie, als Bewegungsorganisationen, die z. T. anderen Gesetzmäßigkeiten gehorchen, sind sie Teil der Bewegungsanalyse.

Historisch kann von sozialer Bewegung in der hier definierten modernen Bedeutung seit der Französischen Revolution von 1789 in Deutschland seit der ersten Hälfte des 19. Jahrhunderts gesprochen werden. Allerdings gibt es keine fertige, abgeschlossene Form moderner Bewegung. Wie bei der Typologie und der Unterscheidung von Mobilisierungstypen zu zeigen sein wird, bestehen beträchtliche historische Variationen innerhalb eines modernen Typs von sozialer Bewegung. Daneben gibt es säkulare Trends, die die Erscheinungsform moderner Bewegung verändern. Sie bestehen u. a. in einer zunehmenden Ausprägung der Komplexität von Zielbestimmung und Mobilisierung und der Erweiterung des Aktionsrepertoirs.

Sicherlich ist es problematisch, einen Punkt zu fixieren, von dem an die moderne Form sozialer Bewegung existieren soll. Die Französische Revolution stellt aber einen qualitativen Sprung dar und zeigt die Möglichkeiten und Richtung moderner Bewegung auf. Die genauere historische Analyse müßte die Entfaltung moderner Bewegung als Prozeß mit dem Ausgangspunkt der Französischen Revolution darstellen.

Was moderne von vormoderner Bewegung unterscheidet, ist das Ausmaß an Ziel- und Handlungsrationalität. Zielrationalität bedeutet u. a., daß Ziele auf Ursachen bezogen und in einem umfassenderen ideologischen Kontext definiert werden, daß Strategien sie mit der bestehenden Gesellschaft vermitteln, daß lang- und kurzfristige Elemente unterschieden werden. Handlungsrationalität zielt im Zusammenhang mit bewußter Mobilisierung auf die Akkumulation von Macht, die zielbezogen eingesetzt werden kann, und auf die Einflußnahme durch gezielte Aktion, deren Form variabel gewählt wird.

Die Arbeiterbewegung ist zwar die erste Bewegung des Industriezeitalters, sie ist aber nicht die erste moderne Bewegung. Zwar erscheint sie mit ihren hohen Kommunikations- und Organisationsleistungen als besonders modern, sie ist aber nicht die Erfinderin der Form moderner sozialer Bewegung. Allerdings kann sie als erste moderne Massenbewegung bezeichnet werden, da die bürgerlichen Bewegungen der ersten Hälfte des 19. Jahrhunderts – zumal in Deutschland – nur über eine sehr begrenzte (vorwiegend kleinbürgerliche) Massenbasis verfügten.

Ein Beispiel für vormoderne Bewegungen sind die chiliastischen Bewegungen des Mittelalters (vgl. Cohn 1972). Zwar kann dabei von einer »recht einheitlichen 'Ideologie' des chiliastischen Typs« gesprochen werden, wie sie zuvor nur im jüdisch-christlichen Messianismus gegeben war (Hobsbawm 1979: 84). Es fehlt aber weitgehend an einer im modernen Sinne rationalen Vermittlung mit der bestehenden Gesellschaft, innerweltliche Ursachen werden nur vage auf Ziele bezogen, Programme kaum spezifiziert, vor allem kommt es nicht zu strategischen Überlegungen, wie der bestehenden Welt die Utopie abgerungen werden kann.

Die Anhänger der millenarischen Bewegung »machen keine Revolution. Sie erwarten, daß diese von selbst geschieht, durch göttliche Offenbarung, durch Verkündung von oben, durch ein Wunder – sie wird eben irgendwie passieren. Die Sache des Volkes ist es, sich vor der großen Wandlung zu versammeln, sich miteinander vorzubereiten, die Zeichen des kommenden Untergangs zu beobachten, den Propheten zu lauschen, die die Heraufkunft des großen Geschickes weissagen, bestimmte rituelle Vorkehrungen für den Moment der Entscheidung und des Wandels zu treffen, oder sich zu läutern, die Schlacke dieser schlechten Welt abzustreifen, um die neue in strahlender Reinheit betreten zu können.« (Hobsbawm 1979: 85) Auch die Mobilisations- und Organisationsrationalität bleibt rudimentär, allenfalls zu kurzfristigen, lokal begrenzten Aufstandsversuchen führend. Niederlagen bedeuten das rasche Ende dieser Bewegungen.

Eine Übergangsform zur modernen sozialen Bewegung hat Hobsbawm (1979) mit den »Archaische(n) Sozialbewegungen im 19. und 20. Jahrhundert« analysiert. Diese Bewegungen vor allem der europäischen Peripherie »wachsen noch nicht in oder mit der modernen Gesellschaft auf: sie werden vielmehr hineingezwungen . . . Ihr Problem ist, sich dem Leben und Kampf der modernen Gesellschaft anzupassen, und das Thema dieses Buches ist der

Prozeß dieser Anpassung (oder dessen Mißlingen) wie er sich in ihren archaischen Sozialbewegungen ausdrückt.« (S. 15) In dieser Perspektive ist dann auch das Fortwirken vormoderner Elemente sozialer Bewegung im Rahmen moderner Bewegungen zu diskutieren, mit dem sich die Arbeit von Hobsbawm ebenfalls befaßt.

Bei allen Definitions- und Abgrenzungsbemühungen[12] bleibt soziale Bewegung ein »weicher« Gegenstand mit fließenden Grenzen sowohl zur Seite der festen Organisation wie zur Seite der kollektiven Episode und nicht zuletzt auch zu den historischen Vorläufern vormoderner Bewegungen. Entscheidend ist, daß ein über die genannten Phänomene überschießendes Besonderes besteht, für das sich der Begriff der modernen sozialen Bewegung nicht nur durchgesetzt hat, sondern auch eignet.

Eine eher definitorische Frage bleibt noch zu klären: Wann soll von *einer* Bewegung (möglicherweise mit mehreren Teilbewegungen), wann von *mehreren* selbständigen Bewegungen gesprochen werden? Die naheliegende Antwort heißt: es kommt auf den Grad an, in dem eine eigene, besondere Identität ausgeprägt ist. Über den Grad freilich läßt sich – mangels brauchbarer Meßmöglichkeiten – streiten. Außerdem variieren die Bereiche, auf die sich die Identität vor allem erstreckt. Bewegungen können hinsichtlich Richtung und Themen mehr oder weniger deutlich differenziert sein.

Gesamtbewegung	*Teilbewegungen*	
	Richtungs-differenzierung	Themen-differenzierung
Frühbürgerliche Bewegungen	liberale vs. demokratische Bewegung	nationale Bewegung
Arbeiter-bewegung	*dominant* katholische vs. sozialdemokratische vs. kommunistische vs. anarchistische Bewegung	proletarische Frauen-, Jugend-, Kulturbewegung etc.
Neue soziale Bewegungen	zwar linke und rechte Positionen, aber nicht als Grundlage der Differenzierung in Teilbewegungen	*dominant* Differenzierung der Bewegung nach Themen: Ökologie, Atomenergie, Frauen, Frieden etc.

Es ist sicher nicht frei von Willkür, wäre aber doch auch mit empirischen Hinweisen zu begründen, die drei genannten Bewegungen jeweils als Gesamtbewegung einzustufen. Dabei wird auf die sprachliche Vereinheitlichung (Singular!) nach dem Muster der Arbeiterbewegung bewußt verzichtet, weil es ja oft störend ist, sprachliche Konventionen – auch wenn sie nicht konsistent sind – umzustoßen.

Kapitel 4

Rahmenbedingungen

4.1 Soziale und politische Modernisierung[13]

Versteht man soziale Bewegung als kontinuierlich wirkenden Agenten sozialen Wandels mit allen dafür notwendigen strukturellen Elementen, so ist sie eine Politikform, die unter den besonderen gesellschaftlichen Bedingungen der vergangenen zweihundert Jahre entstanden ist. Wie bei Parteien gibt es verwandte Phänomene schon zu früheren Zeiten, ein spezifischer, entfalteter, moderner Typ sozialer Bewegung kommt aber erst seit Ende des 18. Jahrhunderts auf, die große Französische Revolution stellt hier, wie gesagt, einen Wende- und Ausgangspunkt dar.

Unter Rahmenbedingungen werden allgemeine Voraussetzungen sozialer Bewegungen verstanden, unabhängig von deren jeweils spezifischen Ursachen. Ist der hier definierte Begriff sozialer Bewegung eine moderne Politikform, so sind es Rahmenbedingungen moderner Gesellschaft, die die Entfaltung der Bewegungen ermöglichen. Die hier zu behandelnden Entstehungsbedingungen sind allgemeiner als die Ursachen (vgl. Kap. 7), die die je besonderen strukturellen Motivwurzeln einzelner Bewegungen zum Thema haben. Allerdings – und diese Überschneidung ist nicht zu vermeiden – wird sich zeigen, daß der Modernisierungsprozeß nicht nur Bedingungen für die Form moderner Sozialbewegung schafft, sondern auch spezifische Ursachen für eine Vielzahl von Bewegungen bereithält.

Da soziale Bewegungen im modernen Sinne also ein Phänomen der vergangenen zweihundert Jahre sind, müssen sie als Folge im Prozeß konflikthafter Dynamisierung gesellschaftlicher Entwicklung verstanden werden. Es kann im folgenden nur um Stichworte gehen zu einigen soziologisch und sozialpsychologisch faßbaren Elementen des Modernisierungsprozesses seit dem 18., in Deutschland vor allem seit dem 19. Jahrhundert, soweit ihnen Bedeutung beizumessen ist für die Entfaltung von sozialen Bewegungen als Teil einer dynamischen Gesellschaft.

4.1.1 Soziale Modernisierung

Der Modernisierungsprozeß ist sehr komplex und erstreckt sich in einzelnen Elementen über einen langen Zeitraum mit Wurzeln in den mittelalterlichen Stadtkulturen. Im engeren Problemzusammenhang dieser Arbeit genügt es, davon auszugehen, daß dieser Modernisierungsprozeß im 18. und 19. Jahrhundert eine Verdichtung erfährt, die ihn zu einer neuen Gesellschaftsstruktur werden läßt. Zum anderen erscheint es vertretbar, sich auf die zwischen ökonomischen Faktoren (Kapitalakkumulation, technischer Fortschrit etc.) und dem hier zu erklärenden politischen Formwandel intervenierenden soziologischen Variablen zu konzentrieren, die näher an die Bildung sozialer Bewegung heranführen.

Die Dimension, in der Modernisierung vom einzelnen in vielerlei Hinsicht erfahren wird, heißt *soziale Mobilisierung.* Sie ist ein Kernstück des Modernisierungsprozesses, der allerdings darüber hinausreicht. Das Voranschreiten sozialer Mobilisierung ist eine Rahmenbedingung für die Entfaltung sozialer Bewegung. Erst muß die Gesellschaft im ganzen in einem gewissen Maße mobilisiert sein, damit die politische Mobilisierungsform der Bewegung möglich ist.

Soziale Mobilisierung kann mit Deutsch (1971: 330) als ein Prozeß definiert werden, »bei dem größere Ballungen alter sozialer, wirtschaftlicher und psychologischer Bindungen ausgerissen und zerbrochen werden und wo die Menschen für neue Formen der Vergesellschaftung und des Verhaltens aufgeschlossen werden.« Bei dem Prozeß des »Hineinführens mobilisierter Bevölkerungsteile in relativ stabile neue Formen der Gruppierung, Organisation und Verpflichtung«, bei der Neustrukturierung der Gesellschaft, haben – neben anderen Akteuren – die sozialen Bewegungen eine wichtige Funktion.

Mit sozialer Mobilisierung eng verflochten, wenn auch unterscheidbar von ihr, sind kulturelle Modernisierungsprozesse, die sich im komplexen Begriff der *Rationalisierung* zusammenfassen lassen. Soziale Mobilisierung und kulturelle Rationalisierung führen zu einer Veränderung der modalen Persönlichkeit, die unterschiedliche Charakterisierungen erfahren hat, immer aber auf Varianten einer »mobilen Persönlichkeit« hinausläuft (Lerner 1964: 47 ff.). So bedeutsam sie für die Entwicklung auch sozialer Bewegung ist, sind doch die sozialen und kulturellen Prozesse der Mobilisierung und Rationalisierung eher überprüfbar.

Soziale Mobilisierung bedeutet u. a. Veränderung in den Bereichen Kommunikation, Qualifikation und Organisation. Durch Modernisierung der Kommunikation entstehen große und dichte Kommunikationsräume, in denen Menschen mit ähnlicher Unzufriedenheit bzw. Überzeugung zueinander finden können; Urbanisierung und Medialisierung (verbreitete Mediennutzung) sind Elemente dieses Prozesses. Modernisierung der Qualifikation bedeutet eine Verbreitung von Bildung weit über die sakralen und bürokratischen, später bürgerlichen Eliten hinaus: Bedingung für rationale Formen der Verständigung und Vermittlung; Alphabetisierung ist ein Mindestindikator für diesen Prozeß. Modernisierung sozialer Organisation drückt sich in der Fähigkeit aus, eigene Bedürfnisse und Interessen in autonomen Formen zu organisieren, häufig zunächst auf sozialer und dann erst auf politischer Ebene, auf der sie auch in Bewegung münden; als Indikator für den Zuwachs an Organisationsfähigkeit kann die Bildung von Vereinen und Presseredaktionen dienen.

Wandel der Kommunikationsbedingungen bedeutet Verbreiterung und Verdichtung des Austauschs von Informationen. Durch die Verbreiterung der Kommunikation wird die Isolierung kleiner Gruppen (Familien, Dörfer) der Agrargesellschaft überwunden. Große Kommunikationsräume bilden sich durch Urbanisierung, die die Menschen in großen Städten zusammenführt und durch Verbindungen zwischen diesen Städten mittels Massenmedien und modernen Transportmitteln. Verdichtung der Kommunikation meint, daß sie rasch herzustellen und damit auch häufig wiederholbar ist. Sie bezieht sich auf die Erleichterung direkter Kommunikation mit vielen in den großen Städten, vor allem aber auch auf die indirekte Kommunikation mit Hilfe von Massenmedien, die ganz entscheidend zur Überwindung räumlicher und zeitlicher Distanz beiträgt.

Urbanisierung und Mediatisierung führen also zu einer erheblichen Steigerung der direkten und indirekten Kontaktnahme zwischen Menschen. Diese Steigerung von Austauschprozessen schafft Voraussetzungen für den modernen Typ sozialer Bewegung, für den längerfristige, hohe Kommunikationsleistungen charakteristisch sind. Menschen, die vorher nichts miteinander zu tun hatten, können sich in Beziehung zueinander setzen, sich über Ursachen ihrer Unzufriedenheit austauschen (oder durch Argumente unzufrieden machen), Ziele können durch öffentliche Beratung zugleich angeeignet und verfeinert werden, Aktive können rekrutiert, Anhänger motiviert, Aktion kann koordiniert werden usw.

Moderne soziale Bewegungen haben ihre Zentren in großen Städten. Stadt ist die Lebensform, die für die Ökonomie von Handwerk, Handel und später Industrie unerläßlich ist. Ruht sie auf veränderten ökonomischen Funktionen, wird sie von einer neuen Sozialstruktur begleitet, so ist damit eine Stufe im Vergesellschaftungsprozeß erreicht, die zur selbstorganisierten Politisierung drängt. In Deutschland hat z. B. Berlin von der Arbeiter- bis zur heutigen Alternativbewegung eine herausgehobene Rolle gespielt. Auch München war wenigstens einmal Hauptstadt der Bewegung.

Die Modernisierung der Qualifikation läßt sich festmachen am Indikator der Alphabetisierung. Deren Ausbreitung ist ein wesentliches Element des Prozesses sozialer Mobilisierung. Ist sie für die fortschreitend arbeitsteilige Ökonomie und den Verkehr der Menschen unter städtischen Bedingungen unerläßlich, so stellt sie auch eine notwendige Bedingung für die Entfaltung sozialer Bewegungen in ihrer modernen Form dar.

Diese sind in hohem Maße theorievermittelt und durch Information bzw. »Aufklärung« wirksam. Ohne Mitwirkung wenigstens eines Teils der Aktiven an der Zieldefinition, ohne Aneignung und Weitervermittlung definierter Ziele durch alle, ohne einen gewissen Grad rationaler Mobilisationspraxis ist moderne Bewegung nicht funktionsfähig. Schon in den Bewegungen der Französischen Revolution war der Anteil derer, die wenigstens des Lesens und Schreibens kundig waren, besonders hoch.

Zur sozialen Mobilisierung gehört auch die Fähigkeit zur Selbstorganisation auf nicht vorgegebener Grundlage. Die ständegesellschaftlichen Organisationen z. B. der Zünfte sind Ausführungen eines gesellschaftlichen Bauplans, der dem einzelnen seinen Platz zuweist. Der modernen Organisationsfähigkeit wird abverlangt, ihre Basis nach Kriterien von Interesse und Ideologie zu definieren und die jeweils spezifischen Mittel der Organisation zu erfinden. In beiden Dimensionen handelt es sich um einen Vorgang der Selbstorganisierung, der – gesellschaftlich eingeübt – rasch auch in die politische Sphäre übertragen werden kann. Verein und Zeitung(sredaktion) sind Beispiele bürgerlicher Erfindungen, die in ihrer politisierten Form im Rahmen sozialer Bewegung große Bedeutung erlangten. Sie sind auch Beispiele für Organisationsformen, die sich auf andere Klassen und Bewegungen ausgeweitet haben, wenngleich viele Bewegungen dem neue Organisationsformen hinzufügten. Die Organisationsfähigkeit muß sich auch bei der Erfindung von Organisationsformen bewähren, die auf die spezifischen Interessen der einzelnen Bewegungen zugeschnitten sind. Wir haben es in den vergangenen zweihundert Jahren mit einem Wachstum in der Zahl verschiedenartiger sozialer und politischer Organisationsformen zu tun. Doch davon später.

Auch auf den mit der Modernisierung einhergehenden Orientierungswandel kann hier nur global verwiesen werden. Rationalisierung mag als Chiffre dienen für einen komplexen und grundlegenden Wandel des Denkstils, mit Auswirkungen auf weitere Grundorientierungen.

Rationalisierung kann zunächst Veränderungen in der Anwendung von Vernunft bezeichnen. Diese Diskurs-Rationalität schafft Distanz zu den durch Überlieferung und Gewohnheit legitimierten traditionalen Sozialmustern. Soziale Herrschaft und die überlieferten Glaubensmächte werden vor dem Forum der Vernunft begründungs- und beweispflichtig gemacht. Selbst der Wunsch, die Dinge so zu belassen, wie sie sind, muß Vernunftgründe entwickeln. Traditionalismus wird zu Konservatismus und damit – wie jede Position – prinzipiell kritisierbar. Diese Diskurs-Rationalität impliziert den Bruch mit der Vergangenheit bzw. die Notwendigkeit, das Handeln auf eine rational begründbare Basis zu stellen. Soziale Bewegung ist eine Form, dies zu tun.

Rationalisierung bedeutet nicht nur Anwendung von, sie kann auch Orientierung auf Vernunft bedeuten. Zwar kann sich substanzielle bzw. Zielrationalität auch z. B. auf religiöse Werte beziehen (und es bilden sich auch religiös motivierte soziale Bewegungen), charakteristischer wird für modernes Sozialhandeln und entsprechende Bewegungen eine Selbstauslegung durch Bezugnahme auf säkularisierte Werte und Interessen. Das Handeln findet Neuorientierung in der Gesellschaft, im Menschen, in der Vernunft selber. Das Naturrecht ist eine seiner Ausdrucksformen. Vorstellungen substanzieller Rationalität verlieren mit zunehmendem Relativismus und Skeptizismus an Überzeugungskraft, sie waren und sind vielleicht noch heute wichtig, um gerade soziale Bewegungen auf den Weg zu bringen.

Werte sind zunehmend auf innerweltliche Begründungen angewiesen und suchen ihren Wirkungsraum in der Gesellschaft. Durch ihre universalistische Form dienen die sich ausdifferenzierenden, unterschiedlichen Interessenlagen zur normativen und legitimatorischen Stütze des Handelns. Die Interessenorientierung des Handelns selbst ist historisch an das Aufkommen des Bürgertums und dessen utilitaristische Orientierung gebunden. Soziale Bewegungen sind also eine Form autonomen Handelns, die Verfolgung meist innerweltlich begründeter Werte und gesellschaftlicher Interessen durch eigenes systematisches Handeln.

Schließlich meint Rationalisierung auch Instrumentalisierung von Vernunft. Das bedeutet – im Weberschen Sinne der Zweckrationalität – die rationale Prüfung von Mitteln und Folgen zielbezogenen Handelns. Soziale Bewegung ist ein Mittel zum Zweck der Verfolgung nicht berücksichtigter Werte. Ihre Rationalisierung im Sinne einer Steigerung instrumentell einsetzbarer Macht und Kompetenz, die einen Niederschlag in der

Organisierung und Bürokratisierung sozialer Bewegung während der industriegesellschaftlichen Entwicklungsphase findet, stellt ein wichtiges Thema der Bewegungsanalyse dar. Die Auseinanderentwicklung von Zwecken und Mitteln ist nicht nur ein permanentes Dilemma von Organisationen, das sich mit der technischen Perfektionierung der Organisationsmittel steigert, es beschäftigt noch mehr die soziale Bewegung, die sich um eine authentische Beziehung zwischen Mittel und Zweck bemüht.

Soziale Mobilisierung und Rationalisierung sind zwei Elemente des gesamtgesellschaftlichen Modernisierungsprozesses, die hier für die Entfaltung moderner Bewegung als besonders bedeutsam herausgehoben werden. Beide Prozesse haben vor der Industrialisierung begonnen, wurden aber durch sie (und auch durch technische Innovationen im Bereich der Massenkommunikation und des Transportwesens) außerordentlich beschleunigt. Nur die vergleichende empirische Analyse könnte zeigen, welches Gewicht den verschiedenen Indikatoren zukommt und wieweit sie in zeitlicher Reihenfolge und Ausprägung mit der Entfaltung von modernen Sozialbewegungen variieren.

Die sozialen Mobilisierungsfaktoren dürfen nicht im Sinne eines soziologischen Determinismus als von politischen Entscheidungen unbeeinflußt gedacht werden (z. B. der Ausbau des Bildungswesens). Noch stärker wird die Abhängigkeit sozialer Bewegung von politischer Entscheidung aber beim Komplex politischer Freiheiten, durch den die Wirkung gesellschaftlicher Modernisierung – wie gerade das deutsche Beispiel zeigt – mindestens auf längere Zeit konterkariert und aufgehalten werden kann.

4.1.2 Politische Modernisierung

In der Modernisierungsliteratur wird soziale und politische Mobilisierung oft als Einheit gesehen, wobei unter politischer Modernität die Freiheits- bzw. demokratischen Beteiligungsrechte verstanden werden. Dies spiegelt das vorherrschende Entwicklungsmodell westlicher Demokratien, erfaßt aber nicht die Kombinationsmöglichkeiten zwischen sich modernisierender Gesellschaft und anders gearteten politischen Herrschaftsformen: zum einen den Fall einer länger anhaltenden Resistenz des traditional geprägten politischen Systems gegenüber sich modernisierender Gesellschaft (Deutschland z. B.); zum anderen wäre zu prüfen, wieweit bestimmte illiberale politische Systeme nicht als andere Ausprägung politischer Modernität angesehen werden müssen.

Es gibt gute Gründe für die Annahme, daß die »participant society« (Lerner 1968: 393), als die sich die moderne Gesellschaft definieren läßt, auf der politischen Ebene ebenfalls ausgedehnter Partizipationschancen bedarf. Nun ist die Partizipation auch Bestandteil in Gesellschaften mit einem System nichtliberaler Demokratie, wie sie z. B. Macpherson (1967) für die kommunistische und die Variante vieler unterentwickelter Länder unterscheidet. Soziale Bewegungen sind Träger des kommunistischen Entwicklungsmodells und – als Unabhängigkeitsbewegungen – häufig auch Träger des politischen Systems von Entwicklungsländern. Nichtliberal sind beide Typen u. a., weil sie die Partizipationsrechte in einem vorgegebenen ideologischen Rahmen einschränken.

Optimale politische Rahmenbedingungen für die Entfaltung nicht nur vorgesehener, sondern auch nicht vorgesehener (und nicht gewünschter) Bewegungen bestehen nur dort, wo die Möglichkeiten zur Artikulation und Organisation von Unzufriedenheit institutionalisiert, d. h., wo die klassischen Freiheits- und Beteiligungsrechte relativ gesichert sind (Meinungs-, Versammlungs-, Vereinigungs-, Wahlfreiheit). Eingeschränkt ist die Entfaltung sozialer Bewegung, wo die gesellschaftliche Modernisierung von traditionalen oder illiberal-modernen Herrschaftsformen begleitet wird, aber auch dort, wo das politische System einen Modernisierungsvorsprung vor dem sozioökonomischen besitzt (vor allem relevant in Entwicklungsländern).

Voranschreitende soziale Modernisierung übt einen Druck aus in Richtung auf die Modernisierung politischer Institutionen. Dies ist eine Erfahrung, die z. B. verschiedene sozialistische Staaten seit den 50er Jahren gemacht haben (z. B. Polen, CSSR), wobei soziale Bewegung als Versuch interpretiert werden kann, eine Synchronisation zwischen sozialer und (unzureichender) politischer Modernisierung herzustellen.

Hinsichtlich der politischen Rahmenbedingungen interessieren also vor allem zwei Fragestellungen: zum einen die Frage nach spezifischen Formen politischer Modernität, die die Entfaltung sozialer Bewegung fördern, zum anderen die Frage, wie stark das Auseinanderfallen von sozialer und politischer Modernisierung die Entfaltung von Bewegungen behindern kann.

4.2 Drei Entwicklungsphasen[14]

Die traditionale Gesellschaft brachte vormoderne (z. B. chiliastische) Bewegungen hervor. Der (rasch) modernisierenden bzw. modernen Gesellschaft entspricht die moderne Sozialbewegung mit ihrem höheren Grad an Ziel- und Handlungsrationalität. Soziale und politische Modernisierung sind Rahmenbedingungen, die fortdauernd Bewegungen ermöglichen. Aber der Typ moderner Bewegung wandelt sich mit der immanenten Veränderung moderner Gesellschaft. Setzt man 1789 als Beginn der Moderne an, so lassen sich unterscheiden: vorindustriell-modernisierende, industrielle und nachindustrielle Bewegungen, korrespondierend zur jeweiligen Gesellschaftsphase.

Die zeitliche Abgrenzung ist insgesamt leichter von der Bewegungsseite her vorzunehmen als von der sozioökonomischen. 1789 ist natürlich ein rein politisches Datum, das den Beginn der Ausstrahlung der Französischen Revolution auf die liberale und demokratische Bewegung in Deutschland markieren soll. Rostow (1971: 55) datiert den Beginn der den take off vorbereitenden Phase im langen Zeitraum auf 1713, den prägnanter ausgeprägten kurzen Zeitraum auf 1815 zurück. Der take off wird von ihm und anderen für die 1850er Jahre angesetzt, die in Deutschland den späten und akzentuierten Beginn forcierter Industrialisierung bringen. Hier liegen also die sozioökonomischen Veränderungen und der Beginn des Formwandels sozialer Bewegung dicht beeinander, bilden doch vor allem die 1860er Jahre den Auftakt einer im weiteren Verlauf stark zunehmenden Organisierung sozialer Bewegung. Auch die 1960er/1970er Jahre stellen auf der Ebene sozialer Bewegung einen deutlichen Einschnitt dar, der in diesem Zeitraum von einer gravierenden Veränderung sozioökonomischer Indikatoren begleitet wird.

Obwohl solche Schnittpunkte in gewisser Weise markant sind, beansprucht die Ausbildung eines Gesellschaftstyps selbstverständlich einen längeren Zeitraum. So läßt sich z. B. sagen, wann die Merkmale einer ausgebildeten industriellen Gesellschaft vorliegen, schwieriger und sicherlich auch willkürlicher sind aber die zeitlichen Abgrenzungen zwischen den Gesellschaftstypen. Jedenfalls erreicht innerhalb der hier abgegrenzten Entwicklungsphasen der entsprechende Gesellschaftstyp jeweils seine volle Ausprägung.

In diesem Zusammenhang geht es, das muß betont werden, nur um einen sehr lockeren Bezugsrahmen, mit dem die historisch unterschiedlichen

Ausprägungen von Bewegungen vermittelt werden können. Es kann und muß deshalb hier auch nicht zum Thema gemacht werden, welche charakteristischen Veränderungen im sozioökonomischen, soziokulturellen und politischen System und im internationalen Kontext Teil eines komplexen Strukturwandels darstellen (vgl.z. B. Rostow 1966 und 1971 und seine Diskussion bei Flora 1974).

Die historischen Typenbegriffe für komplexe Gesellschaftsstrukturen akzentuieren ein Merkmal, ohne die Komplexität abbilden zu können. So umfaßt die »vorindustrielle« Gesellschaft Gewerbelandschaften, deren Industrie schon vor dem 19. Jahrhundert beträchtlich entwickelt war (Rheinland, Sachsen etc.) (Conze 1976 a: 447). Zur industriellen Gesellschaft gehört schon ein beträchtlicher Dienstleistungssektor (der allerdings anders zusammengesetzt ist als in der nachindustriellen Gesellschaft), vor allem aber ist die nachindustrielle Gesellschaft nach wie vor durch einen starken industriellen Sektor bestimmt (nur dessen relatives Gewicht und damit die Sozialstruktur der Beschäftigten haben sich deutlich verändert).

Die Gesellschaftstypen sind durch die Veränderung der Ökonomie charakterisiert. Dabei lassen sich vereinfachend zwei Dimensionen unterscheiden: die Produktionsverhältnisse und die Produktivkräfte. Beide können unabhängig voneinander variieren. So kommt es im Übergang von der vorindustriell-modernisierenden zur industriellen Gesellschaft zu einem Wandel von feudalistisch-ständischen zu kapitalistischen Produktionsverhältnissen, die aber im Übergang zur nachindustriellen Gesellschaft im Prinzip unverändert bleiben. Die Produktivkräfte weisen in den drei Phasen sehr unterschiedliche Strukturen auf. Auch bei gleichbleibenden Produktionsverhältnissen kann grundlegender technologischer Wandel zu einer ganz anderen Struktur von Arbeit, Qualifikation, Orientierung etc. führen, wie das für den Übergang zur nachindustriellen Gesellschaft zu beobachten ist.

Die hier vorgenommene Einteilung in drei Gesellschaftstypen betont den Faktor der Sozialstruktur, vor allem im Bereich der Arbeit. Welche ökonomischen, politischen, soziokulturellen Merkmale sonst auch immer mit einem Gesellschaftstyp verbunden sein mögen, wieweit solche Merkmale charakteristisch für einen oder übergreifend wenigstens für zwei dieser Typen sind – hier kommt es darauf an, daß die Sozialstruktur sich wesentlich verändert hat. Aus dem Arbeits- und Lebensbereich der Menschen resultieren Veränderungen u. a. in der Trägerschaft sozialer Bewegungen, deren Thematik und Mobilisierungsformen.

So ist moderne Gesellschaft durch einen anhaltenden Trend zur Rationalisierung oder Differenzierung zu kennzeichnen. So ist der Typ industrieller Gesellschaft verbunden mit sehr unterschiedlichen Formen und Funktionen der Staatsintervention, die der eigenen Binnentypologisierung bedürften. Entscheidend ist für die historische Typisierung sozialer Bewegungen, Gesellschaftstypen herauszuarbeiten, die in jener Variable charakteristisch unterschieden sind, die zwischen Ökonomie und politische Vermittlung tritt: die Sozialstruktur. Sie ist begrenzter in ihrer Komplexität als Aussagen über den Gesamtbereich der Ökonomie oder gar die Gesamtgesellschaft und sie ist die dem politischen Vermittlungskomplex unmittelbar vorgelagerte Variable, die selbst nicht vielfältig vermittelt ist, sondern möglichst direkte Wirkung ausübt.

Die Gesellschaftstypen werden durch drei sozialstrukturelle Indikatoren charakterisiert: Beschäftigungs-, Berufs- und Bildungsstruktur.

Unter *Beschäftigungsstruktur* wird die Verteilung der Beschäftigten auf die drei Wirtschaftssektoren verstanden. Die Veränderungen in der Beschäftigungsstruktur zeigen an, wie die Verteilung der Erwerbsbevölkerung sich

Beschäftigungsstruktur

	Landwirtschaft	Industrie/ Handwerk	Dienstleistungen
1800	62	21	17
1849	56	24	20
1907	35	40	25
1980	6	44	50

Quellen: Fischer et al. 1982: 52; Statistisches Bundesamt 1972: 142; Statistisches Jahrbuch 1981.

Berufsstruktur

	Selbständige	Arbeiter	Angestellte/Beamte
1846*)	ca. 83	ca. 17	
1907	35	55	10
1980	13	42	45

Quellen: Conze 1976 a: 437; Statistisches Bundesamt 1972: 142; Statistisches Jahrbuch 1981.

* Conze schätzt den Anteil der »nicht selbständigen Lohn- und Gehaltsempfänger« auf »etwa ein Sechstel der Gesamtbevölkerung«. Darunter befindet sich eine »geringe Zahl von Beamten und Angestellten.«

so entwickelt, daß in jeder der drei Gesellschaftstypen jeweils einer der drei Sektoren im Mittelpunkt steht: vom primären über den sekundären zum tertiären Sektor. Die *Berufsstruktur* (Stellung im Beruf) bildet diese Verlagerung auf der Ebene des jeweils charakteristischen bzw. dominierenden Berufsverhältnisses ab: vom Selbständigen (einschließlich mithelfenden Familienangehörigen) über den Arbeiter zum Angstellten/Beamten. Die *Bildungsstruktur* zeigt – wichtiges Element der Modernisierung in der vorindustriellen Gesellschaft – schon früh eine hohe Alphabetisierung durch den Ausbau des Primärschulbereichs. Die Steigerung im Sekundar- und Tertiärbereich drückt auf der Ebene der Bildung das zunehmende Erfordernis steigender Qualifikation einer sich entfaltenden modernen Gesellschaft aus. Die nachindustrielle Gesellschaft erhält gerade durch den Umfang der im tertiären Bildungsbereich erworbenen Qualifikation eine neue Qualität.

Bildungsstruktur

Vorindustriell-modernisierende Gesellschaft: »Der Analphabetismus war entsprechend der Altersgliederung noch nicht ganz überwunden, lief aber nach der Mitte des Jahrhunderts rasch aus ... « (Conze 1976 a: 490). Dagegen war der Sekundarbereich nur schwach ausgebaut. (Vgl. Fischer et al. 1982: 195 ff.; Flora 1974: 147 ff.) Die Studentenzahl im späteren Reichsgebiet lag 1817 bei 7 700, Anfang der 1850er Jahre bei 12 400 – das waren etwa 1 % der entsprechenden Altersjahrgänge (Conze 1976 a: 486).

Industrielle Gesellschaft: Der Analphabetismus war Mitte der 1890er Jahre »so gut wie verschwunden.« (Hohorst et al. 1978: 165). Verstärkter Ausbau des Sekundar- und Hochschulbereichs seit dem Kaiserreich. (Vgl. Conze 1976 b: 674 ff.; Flora 1974: 152 ff.)

Nachindustrielle Gesellschaft: Dramatischer Ausbau des Sekundarschul- und Hochschulbereichs seit den 1960er Jahren. Anfang der 1980er Jahre besuchten ca. 20 % der entsprechenden Jahrgänge die Hochschulen.

Der Gesellschaftstyp beeinflußt Sozialstruktur und Problemtyp. Diese werden später bei der Frage nach den Ursachen sozialer Bewegung als wichtigste strukturelle Komponenten herausgearbeitet. Sozialstruktur und Problemtyp bzw. Ziele wirken auch nachhaltig auf den jeweiligen Mobilisierungstyp der Sozialbewegung. Die Erklärungszusammenhänge werden also später enger gefaßt. Hier geht es zunächst nur darum, den Gesellschaftstyp mit der jeweils »charakteristischen« Sozialbewegung in Beziehung zu setzen.

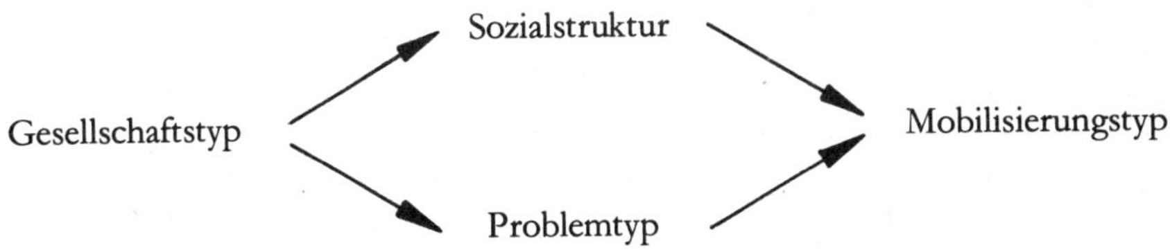

Im folgenden werden die drei Gesellschaftstypen kurz skizziert. Neben wenigen allgemeinen Merkmalen werden vor allem die Sozialstruktur bzw. Gruppenkonflikte einer Phase angesprochen und auf ihren Zusammenhang mit der Trägerschaft der dominanten Bewegung bzw. deren Mobilisierungstyp verwiesen. Die aufsteigenden Großgruppen schaffen sich Bewegungen und erweisen sich im Vermittlungssystem als dynamische Faktoren, deren Themen und Mobilisierungsformen z. B. auch auf andere Bewegungen ausstrahlen.

Vorindustriell-modernisierende Gesellschaft

Bei diesem Gesellschaftstyp handelt es sich um einen überwiegend vorindustriellen, der vor allem agrarisch und z. T. handwerklich geprägt ist und in dem feudalistisch-ständische Produktionsverhältnisse dominieren. In der ersten Hälfte des 19. Jahrhunderts war Deutschland noch problemlos als Agrargesellschaft zu charakterisieren. Die Grundeinheit des sozialen Lebens war die Hausgemeinschaft.

Neben diesen traditionellen Strukturen bilden sich – wie sich herausstellen wird – zukunftsweisende, modernisierende Elemente heraus. Diese verstärken sich im Laufe der Entwicklung und bereiten den Übergang zur industriellen Gesellschaft vor. Die wichtigsten Motoren der Modernisierung waren der kapitalistisch-industrielle Sektor und der Staat, der vor allem in Deutschland wesentliche Voraussetzungen für den Durchbruch der kapitalistischen Industriegesellschaft schuf. Lohnarbeit, Märkte für Güter und Arbeitskräfte, industrielle Produktionsmittel und Unternehmertum waren noch gesellschaftlich marginale Faktoren. Der Modernisierungsprozeß wurde gerade in Deutschland in starkem Maße vom Staat getragen. Der Staat wirkte in verschiedenen Bereichen als Modernisierungsagent: beim Aufbau eines effizienten Staatsapparats; beim Ausbau des Bildungswesens, das vor allem den Primärbereich umfaßte; Durchsetzung von Freiheitsrechten gegen feudalistische Strukturen (Recht auf Freizügigkeit, freie Berufswahl etc.); Entwicklung im Kommunikationsbereich (z. B. Eisenbahn), der aber insgesamt – bei geringer Bevölkerungsdichte und niedrigem Verstädterungsgrad – noch wenig Verbund aufweist. Die Institutionalisierung politischer Beteiligungsrechte dagegen hinkte hinter der sozioökonomischen und bildungsmäßigen Modernisierung hinterher.

Die Sozialstruktur war dadurch charakterisiert, daß die Mehrheit der Bevölkerung noch im primären Sektor tätig war, aber relevante Teile bereits in den beiden anderen Sektoren arbeiteten. Ein Viertel der Erwerbstätigen war im produzierenden Gewerbe tätig. Das Verhältnis zwischen Handwerkern und Fabrikarbeitern betrug etwa 2 : 1. Es gab fast nur Klein- und Mittelbetriebe. Die Industrie war in einzelnen Regionen (z. B. Rheinland, Sachsen) stark konzentriert, dagegen in anderen Regionen (z. B. Süddeutschland) nur schwach entwickelt. Der Dienstleistungsbereich umfaßte zu jener Zeit in erster Linie persönliche Dienste im häuslichen Bereich, hatte also einen traditionalistischen Zuschnitt.

Die Mehrheit der Beschäftigten bestand noch aus Selbständigen bzw. mithelfenden Familienangehörigen, aber die Bildung eines nicht völlig marginalen Sektors lohn- und gehaltsabhängiger Arbeit hatte begonnen. Gesellschaftlich herrschend war die kleine Gruppe des Adels, durch landwirtschaftlichen Grundbesitz, Privilegien und starke Verankerung in Staat (Militär, Verwaltung). Die Bauern waren – von der ersten Phase der 48er-Revolution abgesehen – politisch apathisch (im Paulskirchenparlament war 1 Kleinbauer vertreten). Die bürgerlichen Mittelschichten waren zwar ein heterogener, aber dynamischer Faktor, Träger von gleichheits- und leistungsbezogenen Werten, die auf Aufhebung der feudalistischen Gesellschaft und des absolutistischen Staates drängten. Sie setzten sich zusammen aus den Trägern von »Besitz und Bildung«: einem noch relativ kleinformatig zu denkenden Großbürgertum, den privilegierten und auch politisch einflußreichen Beamten (Verwaltungsbeamten und Professoren), den Angehörigen akademisierter freier Berufe. Diese drei Gruppen bildeten den aufsteigenden Faktor des »Bürgertums«. Dazu kamen die vorindustriellen bürgerlichen Schichten der kleinen Händler und Handwerker.

Die in Deutschland gemäßigt modernen bürgerlichen Schichten von Besitz und Bildung, in denen Beamte und freie Berufe aktiver waren als die Unternehmer, bahnten u. a. mit den bürgerlichen Bewegungen der Moderne einen Weg. So widersprüchlich sie selbst vielfach noch zwischen traditionellen und modernen Werten waren, galt dies ebenso für die Gesellen als der sozialen Übergangsfigur zwischen der vorindustriellen und der industriellen Gesellschaft, die den bürgerlichen Bewegungen in der 48er- Revolution ihre Massenbasis gaben.

Die Bildungsstruktur war gerade in Deutschland durch einen relativ frühen Ausbau des Bildungssystems bestimmt. Es umfaßte allerdings vor allem den Primärbereich und nur einen sehr kleinen Ausschnitt weiterführender Bildung.

Der im Vordergrund stehende Typ sozialer Bewegung waren die frühbürgerlichen Bewegungen mit ihren nationalen, liberalen und demokratischen Teilbewegungen. Sie waren bestimmt von den Schichten von Besitz und Bildung, mit einer Basis im vorindustriellen Kleinbürgertum. In diesem Bündnis von Professoren und Gesellen hatte sich die Bewegung von traditionellen Formen vorindustriellen Protestes schon entfernt, d. h. von situativen, spontanen, lokalen, diskontinuierlichen, ideologisch unausgearbeiteten Protestformen. Die Modernisierung des politischen Protestes hatte begonnen.

Die Bewegungen umfaßten Aktive mit einer Gruppenidentifikation, wenn auch der Formalisierungsgrad z. B. in bezug auf Mitgliedschaft und kodifizierte interne Arbeitsteilung gering war. Die durch den repressiven Staat aufgezwungene Diskontinuität wurde durch Ausbildung eines Gruppenbewußtseins konterkariert, aber die Verbindungen blieben informell. Die Bewegungen waren stark dezentral orientiert und ohne Ansätze zu bürokratischer Organisation. Zwar wurde die Notwendigkeit zur Programmbildung gesehen, aber es gab keine Tendenz zur Massenmobilisierung mit Hilfe einer verbindlichen Ideologie. Insgesamt also ein locker und offen strukturierter Typ sozialer Bewegung. Er wird später unter dem Stichwort »ideelle Mobilisierung« genauer zu charakterisieren sein (vgl. 9.4.1).

Industrielle Gesellschaft

Absichtlich wird hier von industrieller Gesellschaft gesprochen, um deutlich zu machen, daß es sich hier um eine bestimmte Phase in der Entwicklung moderner Gesellschaft handelt, nicht um den Idealtyp »Industriegesellschaft«, der häufig mit moderner Gesellschaft gleichgesetzt wird. Hinsichtlich der Produktionsverhältnisse wird der Kapitalismus zur bestimmenden gesamtgesellschaftlichen Struktur. Dabei werden die verbliebenen – und gerade in Deutschland nachwirkenden – feudalistischen bzw. ständischen Privilegien abgelöst. Besitz oder Ausschließung von Produktionsmitteln und Stellung auf dem Markt bestimmen zunehmend die sozioökonomische Position des einzelnen bzw. der sozialen Klassen.

In technologischer Hinsicht setzen sich industrielle Fertigungsmethoden durch. Dabei wird unter hohem Einsatz von Energie und Maschinen eine historisch beispiellose und sich beschleunigende Produktivität der Gütererzeugung erzielt. Die Fabrik (mit der Tendenz zur Großfabrik) ist die typische soziale Institution dieser Epoche. Nach dem mit der Industrialisierung verbundenen Massenelend, allmählichen, wenn auch diskontinuierlichen Verbesserungen der Lebensverhältnisse mündet die Entwicklung in den 1950er Jahren in den Massenkonsum, der zusammen mit der wohlfahrtsstaatlichen Entfaltung tendenziell zu einer Stillegung des industriellen Klassenkonflikts führt. Der Industrialisierungsprozeß forciert die Ausbildung von Merkmalen, wie sie für die moderne Gesellschaft charakteristisch sind, so die Verstädterung, die Trennung von Arbeitsstätte und sonstigen Lebensbereichen, die leistungsbezogene Arbeitsorientierung etc.

Die fortschreitende Arbeitsteilung und Differenzierung in und zwischen sozioökonomischem, politischem und soziokulturellem Bereich erfordert auch verstärkte staatliche Koordination und Steuerungsleistungen. Der Staat weitet zum Teil qualitativ, wesentlich aber auch quantitativ seine Funktionen aus. In der kapitalistischen Industriegesellschaft beschränkt der Staat sich auf Rahmensteuerung, deren Intensität mit nationalem Kontext und historischen Phasen (z. B. deutliche Zunahme seit der Weltwirtschaftskrise Ende der 20er Jahre) variiert, insgesamt aber sich mit der Entwicklung industrieller Gesellschaft – zum Teil auch unabhängig von der gleichzeitig praktizierten Rhetorik – stabilisiert und ausweitet.

Die Sozialstruktur zeigt deutliche Veränderungen. Die Mehrheit der Erwerbstätigen ist nun im sekundären Sektor beschäftigt. Der Anteil der im primären Sektor Tätigen schrumpft langfristig. Die Berufsstruktur wird durch die abhängig Beschäftigten bestimmt. Dabei dominiert die Gruppe der Industriearbeiter eindeutig gegenüber der Gruppe der Angestellten/Beamten.

Die gesellschaftliche Dynamik auf der Ebene sozialer Gruppenkonflikte wird durch die Arbeiterschaft bestimmt. Ihre quantitative Ausdehnung und ihr Kompetenzzuwachs (Facharbeiterschaft) machen sie im Kampf um die Verbesserung ihrer Lage in Auseinandersetzung mit den Unternehmern bzw. Managern zum Protagonisten des massenrelevanten Sozialkonflikts. Überlagert wird dieser industrielle Klassenkonflikt durch die Auseinandersetzungen mit dem Adel, der in dieser Phase zwar der Geltung des Marktes und des (gleichen) Rechts unterworfen wird, aber – zumal in Deutschland – noch genügend ökonomische und staatlich-politische (Verwaltung, Militär) Ressourcen zur Verfügung hat, um relevanten Einfluß auszuüben. Intervenierend ist auch der Einfluß großer Teile der bürgerlichen Mittelschichten, die in ständischer Schutz- und Privilegierungsabsicht

Sicherheit gegenüber dem Markt und der Gefahr der Proletarisierung im Klassenkampf suchen. Insgesamt kommt es also zu Überlagerungen des »modernen« Klassenkonflikts zwischen Arbeit und Kapital durch ältere feudalistisch-ständische Strukturen, die erst in der Entwicklung nach 1945 bedeutungslos werden.

Für lange Zeit sind kennzeichnend Tendenzen der Polarisierung zwischen Arbeit und Kapital bei Aufrechterhaltung eines relevanten Bereichs alter und neuer Mittelschichten. Wirksam und von zunehmender Bedeutung sind aber auch Differenzierungen innerhalb der beiden großen Klassen, die im Bereich der Arbeit zu folgenreichen Spaltungen führen: zwischen an- bzw. ungelernten und gelernten Arbeitern, zwischen Arbeitern und Angestellten/Beamten und später auch innerhalb der neuen Mittelschichten.

Die Bildungsstruktur verbleibt in den Fesseln kapitalistischer Klassengesellschaft. Das spezifisch deutsche dreigliedrige Schulsystem reproduziert und verstärkt die soziale Ungleichheit. Zwar kommt es zu einem Ausbau des Sekundar- und Hochschulbereichs, der Gesamtanteil ist aber immer noch sehr gering. Höhere Bildung bleibt ein bürgerliches Privileg. So waren 1902 im Deutschen Reich nur 53 000 Studenten eingeschrieben.

Die über 100jährige Zeitspanne industrieller Gesellschaft ist charakterisiert durch eine große Vielfalt von Bewegungen. Wenn in der Arbeiterbewegung der Prototyp sozialer Bewegung während dieser langen Entwicklungsphase gesehen wird, dann deshalb, weil sie die Bewegung der sozial aufsteigenden und massenpolitisch wirksam werdenden Klasse der Arbeiter darstellt. Ihr Mobilisierungstyp strahlt positiv weit aus, in negativer Hinsicht (z. B. Bürokratie) wirft sie Probleme auf, deren Bearbeitung auch andere Bewegungen (z. B. die totalitären) beschäftigt. Der Ausbau formalisierter, bürokratisierter, zentralisierter Organisation wird zu einem wesentlichen Merkmal der Massenbewegung in dieser Zeit. Die Erfahrung ihrer Möglichkeiten und ihrer Grenzen stellt unter politischen Formaspekten das Thema dieser Epoche dar.

Nachindustrielle Gesellschaft

»Nachindustrielle Gesellschaft« ist ein umstrittenes Konzept. Die Kontroversen sind zu reduzieren, wenn man sich an den harten sozialstrukturellen Kern des neuen Gesellschaftstyps hält. Am strittigsten sind die Folgen sozialstrukturellen Wandels (Fragen nach möglichem Bewußtsein, politischer Machtchance etc.) und die Strukturveränderungen in den anderen Teilsystemen (Staat, Werte etc.).

Das Konzept aufzugreifen bedeutet nicht, die ideologischen Implikationen mit zu übernehmen, die er in unterschiedlichen gesamtgesellschaftlichen Theorieentwürfen (Bell 1975, Touraine 1972 etc.) zu tragen hat. Nachindustrielle Gesellschaft wird hier als sozialstruktureller Kernbegriff benutzt, dessen weitere Elemente noch zu erarbeiten wären – ein Begriff übrigens, dem wie allen zeitnahen Begriffen in besonderer Weise heuristische Funktion zukommt.

Jeder Gesellschaftstyp ist nicht erst dann politisch bestimmend, wenn seine Merkmale in der Realität vollständig ausgeprägt sind, sondern schon in Übergangszeiten. Deutschland war 1860 keine industrielle und 1960 keine nachindustrielle Gesellschaft, aber es war jeweils auf dem Wege dazu. Den Beginn der nachindustriellen Gesellschaft festzusetzen ist – ohne Kenntnis des langfristigen Verlaufs – relativ willkürlich. Für die USA wird meist die Zeit nach 1945 als Beginn des neuen Gesellschaftstyps angesetzt, die Bundesrepublik hat frühestens in den 1960er Jahren, deutlich aber in den 1970er Jahren auf sozialstruktureller Ebene wichtige Schritte zur Veränderung getan. Es ist unklar, ob generell von kurzen (Huntington 1974) oder von langen Übergangszeiten (Bühl 1983) auszugehen ist, auch schon, ob es hier überhaupt ein einheitliches Muster für die verschiedenen Staaten gibt.

Die Antwort auf diese Fragen hängt einerseits von der genauen Definition der sozialstrukturellen Kernelemente der nachindustriellen Gesellschaft, andererseits natürlich von der weiteren Realentwicklung ab. Ist die Mehrheit der Erwerbstätigen im tertiären Bereich der Beschäftigungs- und Berufsstruktur ein hinreichendes Kriterium? Wieviel Prozent eines Altersjahrgangs müssen den tertiären Bildungssektor durchlaufen, um das Kriterium zu erfüllen: 20 % (wie in der BRD) oder 40 % (wie in den USA) oder wieviel? Die zukünftige Entwicklung liegt schon deshalb im Dunkeln, weil nicht von linear fortzuschreibenden Trends ausgegangen werden kann. So ist für die BRD die These vertreten worden, die *große* Umschichtung zwischen den Sektoren sei weitgehend abgeschlossen (weitere Umschichtungen seien vor allem innerhalb der Sektoren zu erwarten) und deshalb sei »auf absehbare Zeit« vom »Quasi-Ende der Expansion tertiärer Berufe« auszugehen (Müller 1983: 153 f.). Es ist möglich, daß man von einer späteren Betrachtungsperspektive, nach stärkerer konzeptioneller Klärung und besserer Kenntnis der Realentwicklung über einen langen Zeitraum, zu einer anderen Periodisierung kommt. Wichtig ist in diesem Zusammenhang der Bewegungsanalyse, daß seit den 1960er Jahren sozialstrukturelle Veränderungen von Gewicht eingetreten sind, die auf der Ebene sozialer Bewegungen, ihrer Trägergruppen, Themen, Mobilisierungsformen deutlichen Wandel hervorgerufen haben.

Es geht bei der nachindustriellen Gesellschaft nicht um eine Ersetzung der industriellen Gesellschaft, ebensowenig wie die industrielle Gesellschaft einen starken Agrarsektor obsolet gemacht hätte. Es geht um Gewichtsverlagerungen innerhalb der Erwerbsstruktur, deren veränderte quantitative Relationen eine neue Qualität bedeuten. Der Übergang zur nachindustriellen Gesellschaft findet nur in einer Dimension statt. Es bleibt eine kapitalistische Gesellschaft mit privatem Produktionsmittelbesitz und Marktorientierung als Grundelementen, die durch Tendenzen z. B. der Managerialisierung und Monopolisierung modifiziert, aber nicht aufgehoben werden. Es verändert sich zunächst und vor allem die Art der Arbeit und der angewandten Technologie.

Die Arbeit wird durch die gesteigerte Anwendung theoretischen Wissens in ihrer Qualität verändert. Das gilt für Planung und Vorbereitung des Produktionsprozesses, für komplexe ökonomische Vermittlungsberufe (Handel, Banken etc.) wie für Steuerungs-, Sicherungs- und – im engeren Sinne – Dienstleistungsaufgaben des Staates, die zur Bestandserhaltung eines auf widersprüchlichen Grundlagen operierenden Gesamtsystems erforderlich sind (Verwaltung, Sicherheit, Bildung, Gesundheit etc.). Das erheblich gestiegene Gewicht der Dienstleistungs- gegenüber der Produktionsarbeit ist das hervorstechendste Merkmal der Sozialstruktur nachindustrieller Gesellschaft. Bestand hier im Bereich der BRD (Anteil der Erwerbstätigen) 1950 ein Verhältnis von ca. 1:1, so hat sich dies bis 1980 zu einer Relation von ca. 2:1 verschoben.

Wie es in der Agrargesellschaft Industriearbeit gab, so in der industriellen Gesellschaft Dienstleistungsarbeit. Das jeweils qualitativ Neue sind die Quantitäten. Die Elemente selbst sind auch schon im vorhergehenden Gesellschaftstyp vorhanden. Es ist auch nicht die Steigerungsrate als solche, die eine neue Qualität schüfe. So erreichte z. B. die Steigerung des gesamten Dienstleistungsanteils zwischen 1950 und 1960 einen hohen Wert. Worauf es anzukommen scheint, ist das Überschreiten eines kritischen Schwellenwertes, über den hinaus die absolute und relative Größe einer Gruppe eine wirksame Veränderung des Sozialgefüges ausmacht.

Ob die Grundlage für die Relevanz der großen Zahl auf wachsender Handlungs- bzw. Konfliktfähigkeit beruht oder auf dem gestiegenen Aufmerksamkeitswert für politische Vermittlungsorganisationen, die unter demokratischen Bedingungen nicht zuletzt von Quantitäten (Mehrheit) abhängen, mag dabei zunächst auf sich beruhen. Unter beiden Aspekten ist mit zu bedenken, daß eine neue Sozialgruppe bzw. die rasche Expansion einer bestehenden Gruppe nachlassend von den Herkunftsbedingungen geprägt wird und so Machtprämien für die erfolgreiche politische Neukonstituierung bietet – gleichviel ob von außen oder von innen.

Betrachten wir kurz die drei zur Unterscheidung von Gesellschaftstypen angewandten Indikatoren und fügen eine erste Interpretation an. Hinsichtlich der Erwerbsstruktur arbeitet die Mehrheit der Erwerbstätigen nun im tertiären Sektor. Bei rascher Schrumpfung der landwirtschaftlichen und relativen Kontinuität des produzierenden Sektors liegt der deutlichste Anstieg seit Ende der 1950er Jahre bei den Dienstleistungen, vor allem, wenn man Handel und Verkehr ausklammert. Noch deutlicher als in der Sektorenstatistik tritt der Wandel hervor, wenn man die spezifischen Arbeitsfunktionen bzw. die beruflichen Tätigkeitsfelder zugrunde legt:

Berufsfelder der Erwerbstätigen in der Bundesrepublik Deutschland

	1950	1961	1970	1980	Veränderungen 1961–1980
Landwirtschaftlicher Sektor	24,6	16,2	8,5	5,0	–69 %
Güterherstellung	37,0	37,1	36,1	32,5	–12 %
Dienstleistungsarbeit insgesamt	38,2	46,8	55,2	61,8	32 %
davon:					
Humandienstleistungen[a)]	4,2	4,5	6,1	9,3	107 %
Administrative Dienste[b)]	4,8	5,2	7,9	9,6	85 %
Dienste für Produzenten[c)]	9,7	14,0	16,8	18,4	31 %
Verkehr, Handel, Banken, Versicherungen u.a.[d)]	13,9	18,1	20,0	20,1	11 %
Hauswirtschaftliche Dienste[e)]	5,6	5,0	4,4	4,4	–12 %

Eigene Berechnungen nach Müller 1983

Die Kategorien umfassen: a) 5.2 und VI; b) V minus 5.2; c) III; d) IV; e) VII.

Diese Daten legen unter sozialstrukturellem Aspekt die Charakterisierung als »industrielle Dienstleistungsgesellschaft« nahe. Während 1980 eine starke Mehrheit mit Dienstleistungsfunktionen befaßt ist, steht etwa ein Drittel der Erwerbstätigen im unmittelbaren Produktionsprozeß, während nur noch eine marginale Gruppe landwirtschaftlich geprägter Tätigkeit nachgeht.

Aus der Zusammenstellung wird auch sichtbar, wie die Teilgruppen am Dienstleistungsbereich partizipieren und welche sich besonders stark verändert haben. Von ihrem Anteil her an der Spitze stehen die im weiteren Sinne auf den Produktionsprozeß bezogenen, die Güterherstellung ermöglichenden und vermittelnden Gruppen: »Dienste für Produzenten« und »Verkehr, Handel, Banken, Versicherungen«. Sie umfaßten noch 1980 fast zwei Drittel der überhaupt im Dienstleistungsbereich Tätigen. Ihre Zuwachsrate war insgesamt unterproportional. Bei deutlich geringerem Gesamtanteil war dagegen die Zuwachsrate vor allem des Humandienstleistungsbereichs überproportional.

Hinsichtlich der Berufsstruktur kommt es zu einer starken und kontinuierlichen Ausdehnung der Gruppe der Angestellten/Beamten. Mitte der 1970er Jahre überrunden sie mit ihrem Anteil an der Erwerbsbevölkerung die Gruppe der Arbeiter. Dieser Prozeß ist begleitet von einem Rückgang des Arbeiteranteils, vor allem aber einem Schrumpfen der Gruppe der Selbständigen, die in erster Linie auf eine drastische Reduktion der mithelfenden Familienangehörigen im Bereich der Landwirtschaft zurückzuführen ist.

	Selbständige (einschl. mithelfende Familienangehörige)	Arbeiter	Angestellte/ Beamte
1950	28	51	21
1970	16	46	38
1980	13	42	45

Der Aufstieg als Gruppe ist verbunden z. T. mit Nivellierungsprozessen hinsichtlich Einkommen, Lebensverhältnissen etc. in bezug auf die Arbeiter, zum anderen aber auch begleitet von starker sozioökonomischer Differenzierung innerhalb der Gruppe der Angestellten/Beamten. Traditionelle soziokulturelle und politische Einflußfaktoren verlieren relativ an Bedeutung bei der schnellen Expansion dieser Gruppe seit den 50er Jahren. Die Gruppe bleibt sowohl in objektiver wie in subjektiver Dimension stark differenziert. Aus dem Bereich der neuen Mittelschichten kommen auch die Protagonisten eines postmaterialistischen Wertwandels.

Hinsichtlich der Bildungsstruktur kam es seit Mitte der 1960er Jahre zu einschneidenden Veränderungen. Studierten 1960 269 000 Deutsche an den Hochschulen ihres Landes, so waren es 1980 986 000. Dies machte 1960 bei den Studienanfängern ca. 8 % der jeweiligen Altersgruppe aus. 1980 aber ca. 20 %. Diese dramatischen Steigerungen im Sekundar- und Hochschulbereich bedeuten – zumal wenn man eine Multiplikatorenfunktion unterstellt –, daß relevante Teile eines Altersjahrgangs durch Einflüsse weiterführender Bildung mit geprägt sind.

Bei den Bewegungen der nachindustriellen Gesellschaft fällt auf, daß sie informelle, unbürokratische, dezentrale Strukturen ausbilden – ein dem industriellen Bewegungstyp entgegengesetztes Muster. Was in der industriellen Gesellschaft wie die Überwindung eines »vorindustriell-modernisierenden« Bewegungsstils aussah, die Rationalisierung eines noch nicht hinreichend rationalisierten Bewegungstyps, ist nun selbst – so scheint es – historisch überlebt. Jedenfalls bei erster flüchtiger Betrachtung bestehen mehr Ähnlichkeit zwischen den nachindustriellen und den vorindustriell-modernisierenden Bewegungen als zwischen beiden und den industriellen Massenbewegungen. Wie auch immer die historische Analogie zu bewerten sein wird, es bleibt festzuhalten, daß die sozialen Trägergruppen und die Mobilisierungsformen (wie wir sehen werden: auch die Thematik) der neuen Bewegungen mit den Entwicklungstendenzen nachindustrieller Gesellschaft mindestens auf sozialstruktureller Ebene eng verknüpft sind.

Dabei verfügen Intelligenz und Humandienstleistungsbeschäftigte als bevorzugte Trägergruppen der seit der Studentenrevolte hervortretenden Bewegungen über einen relativ kleinen Anteil an der gesamten Erwerbsbevölkerung und auch noch des Dienstleistungssektors. Es muß also die später zu prüfende Möglichkeit ins Auge gefaßt werden, daß Teilgruppen aus z. T. spezifischen Bedürfnislagen heraus sich zum Sprecher von Interessen machen, die in weiteren Teilen des Dienstleistungsbereichs auf besondere Resonanz stoßen und darüberhinaus auch von den produktivistisch orientierten Teilen der Gesellschaft als Problem nicht geleugnet werden können.

Kapitel 5

Typologie

Typologien haben eine instrumentelle Funktion. Sie strukturieren ein Untersuchungsfeld und ordnen eine verwirrende Vielzahl von Phänomenen in überschaubaren Gruppen, die auf einige wenige Dimensionen gestützt werden. Die heuristische Funktion von Typologien besteht darin, Forschungsfragen zu erschließen (oder zumindest deren Ausdruck zu sein). Insofern sind sie eine wichtige Voraussetzung für fruchtbare Hypothesenbildung. Typologien, eines der wichtigsten nicht-quantifizierenden Erkenntnismittel der Sozialwissenschaften, haben eine komparative Funktion. Sie zeigen die Merkmalsgruppen auf, innerhalb deren oder zwischen denen sinnvoll verglichen werden kann. Schließlich sollen sie einen Beitrag zur Erklärung von Zusammenhängen leisten, die durch die in den Typen erfaßten Strukturen mitbeeinflußt sind.

5.1 Diskussionsstand

Der geringe Entwicklungsstand der Bewegungsforschung zeigt sich nicht zuletzt daran, daß eine auch nur halbwegs akzeptierte Typologie sozialer Bewegungen nicht vorliegt. In der Parteien- und Verbandsanalyse z. B. sind differenzierende Typenbegriffe schon selbstverständlicher als beim Gegenstandsbereich soziale Bewegungen.

Welche Kriterien kommen zur Typologisierung von sozialen Bewegungen vor allem in Betracht? Sozialstruktur, Gruppenstruktur und Ziele erscheinen als relevant.

Es ist interessant, daß es keine systematische Typologie von Bewegungen gibt, die auf sozialstrukturellen Merkmalen aufbaut. Dagegen drückt sich in öffentlichen und Selbstbezeichnungen verschiedentlich die sozialstrukturelle Basis aus: z. B. Arbeiter-, Bauern-, Studentenbewegung, oder – nach askriptiven Merkmalen – Frauen- und Jugendbewegung. Sozialstruktur scheint als tragendes Kriterium für eine Typologie wenig geeignet zu sein. Vor allem wohl deshalb, weil sozialstrukturell definierbare Bewegungen häufig nur einmal in einer Gesellschaft existieren (jedes Land hat z. B. nur eine Arbeiterbewegung, wenn auch mit Teilbewegungen).

Auch die Gruppenstruktur spielt bei den Typologisierungsversuchen eine untergeordnete Rolle. Gelegentlich werden totalitäre Bewegungen ausgesondert (z. B. Arendt 1958); zusammen mit dem Gegenbegriff nichttotalitärer Bewegungen sind sie aber als Grundlage nicht differenziert genug. Heberle (1967: 80 ff.) unterscheidet nach der Motivation der Mitglieder einer Bewegung: wert-rational, affektuell-emotional, traditional, zweckrational – Merkmale, die auf der Individualebene festgestellt werden müßten.

Eindeutiges Übergewicht haben Typologien, die an Zielen orientiert sind. Möglicherweise ist dies – jedenfalls in einer allgemeinen Form – das am besten erfaßbare Merkmal sozialer Bewegungen. (Bei Parteien sind Typologien, die auf Zielen aufbauen, selten.) Der Vorteil der Ziel-Dominanz besteht darin, daß diese am stärksten auf sozialen Wandel und damit auf einen der wesentlichen Aspekte bei der Analyse sozialer Bewegungen bezogen sind.

Dabei werden die Ziele unterschieden nach

- *Bereichen:* z. B. religiöse, humanitäre, politische, ökonomische (so Rammstedt 1973),
- *Art der Ziele:* z. B. Blumers Unterscheidung zwischen generellen und spezifischen Zielen bzw. Bewegungen oder Smelsers schwierig anzuwendende Unterscheidung zwischen wert- und normorientierten Bewegungen.

Turner/Killian (1972: 256 ff.) differenzieren zwischen macht-, wert- und partizipations-orientierten Bewegungen. Bei macht-orientierten Bewegungen (vor allem kommunistische und faschistische) wird die Wert- der Machtorientierung untergeordnet, so daß sie die angewandte Strategie nicht begrenzt (z. B. Gewalt) und Ideologie bzw. Ziele entsprechend taktisch-strategischen Erfordernissen manipuliert werden. Wert-orientierte Bewegungen (z. B. demokratische Arbeiterbewegung oder religiöse Bewegungen) sind durch die bei ihnen vorherrschende Wertorientierung charakterisiert.

In den partizipations-orientierten Bewegungen hat die aus der Partizipation resultierende Befriedigung der Mitglieder den höchsten Stellenwert.

Turner/Killian nehmen selbst an, daß die Orientierungen einer Bewegung im Zeitverlauf wechseln, d. h. es handelt sich um eine sehr instabile Klassifikation. Darüberhinaus ist das Verhältnis zwischen den drei Orientierungen empirisch nur schwer festzustellen. Während die machtorientierte Bewegung den Sonderfall totalitärer Bewegung herausgreift, ist die Kategorie der wert-orientierten Bewegung so breit gefaßt, daß sie z. B. die größten Teile der Arbeiterbewegung und die religiösen Bewegungen umfaßt. Aufzugreifen wäre der Gesichtspunkt, daß sich in einer Bewegung das Ziel der Machteroberung so steigern und vereinseitigen kann, daß von einem besonderen Typ zu sprechen ist, den man Machteroberungsbewegung nennen kann.

- *Reichweite der Ziele:* so schon Blumers häufig aufgenommene Unterscheidung zwischen reformerischen, revolutionären und expressiven Bewegungen.
- *Ansatzpunkt der Ziele:* Zald/Ash (1973) beispielsweise machen die Unterscheidung zwischen Bewegungen, die das Individuum, und solchen, die die Gesellschaft ändern.

Um die Begrenzung solcher spezifischen Typologisierungsansätze zu überwinden, kann man versuchen, komplexere Kombinationen zu entwerfen. Der prominenteste Versuch ist der von Aberle (1966), der im Zusammenhang einer Untersuchung über einen Kult der Navaho Indianer eine zweidimensionale Typologie vorschlug:

- Wo liegt der Ansatzpunkt des gewünschten Wandels: beim Individuum oder der Sozialstruktur?
- Welches ist das Ausmaß des angestrebten Wandels: partiell oder total?

Kombiniert man diese beiden Dimensionen, kommt man zu vier Typen sozialer Bewegung:

- Transformative Bewegung (totaler Wandel in der Sozialstruktur),
- reformative Bewegung (Teilwandel in der Sozialstruktur),
- Erlösungsbewegung (totaler Wandel in den Individuen),
- alternative Bewegung (Teilwandel in den Individuen).

Die Kritik an dieser wie an vielen anderen in der angelsächsischen Literatur vorgeschlagenen Typologien richtet sich gegen eine zu starke analytische Formalisierung, die komplexe historische Zusammenhänge zerreißt. Interessanter – gerade auch für den europäischen Kontext – sind Typologien, die die gesellschaftlichen Zusammenhänge erhalten und in ihren charakteristischen Unterschieden zur Grundlage der Klassifikation machen. Ob Ziele partiell oder total, ob sie reformerisch oder revolutionär sind etc., könnte als sekundäre Merkmale in stärker ganzheitliche Typologisierungsversuche zur weiteren Differenzierung mit eingefügt werden.

Soziale Bewegungen können im Rahmen einer Entwicklungstypologie verortet werden. Dabei geht es um historische Systematisierungen von Großthemen oder Problemlagen, die bewegungstypologische Elemente mit einschließen, ohne daß sie explizit als Typologie formuliert wurden.

Der amerikanische Soziologe Ralph Turner (1973 b) hat soziale Bewegungen gruppiert nach den Großthemen einer Epoche, durch die sie bestimmt seien bzw. die sie selbst bestimmten. Er grenzt drei Epochen ab nach der jeweils vorherrschenden Definition von Unrecht.

a) *Liberal-humanitäre Ära.* Ihr Hauptthema: Politische Freiheit und Mitbestimmung. Hauptbewegungen sind die liberale und demokratische Bewegung, sekundäre Bewegungen (in den USA): Frauenstimmrechtsbewegung und Sklavenbefreiungsbewegung.
b) *Sozialistische Ära* (in Europa seit Mitte des 19. Jahrhunderts). Ihr Hauptthema: Materielle Gleichberechtigung und Sicherheit. Hauptbewegung ist die Arbeiterbewegung in ihren verschiedenen ideologischen Richtungen.
c) *Entfremdungs-Ära* (zweite Hälfte des 20. Jahrhunderts). Entfremdung ist das »Hauptsymbol dieser neuen Epoche« (S. 112). Ihre Hauptthemen sind: Die Suche nach Sinn, nach Identität, nach Selbstwertgefühl. Hauptbewegungen sind die vor allem von Jugend getragenen neuen sozialen Bewegungen seit der Studentenbewegung.

Eine solche Systematisierung kann durchaus größere Zusammenhänge aufschließen und soziale Bewegungen in ihrem Wirkungskontext abbilden.

Eine andere Typologie sozialer Bewegungen läßt sich aus den Untersuchungen von Berger u. a. über »Das Unbehagen in der Modernität« (1975) ableiten: eine Modernisierungs-Typologie. Danach wären soziale Bewegungen zu beziehen auf den Prozeß der Modernisierung, d. h. der Durchsetzung eines industriegesellschaftlichen (technisierten und bürokratisierten) Systems mit universalistischer Wertsetzung. Drei Typen von Bewegungen können unterschieden werden:

a) *Modernisierungsbewegungen.* Sie bejahen und legitimieren den Prozeß der Modernisierung – welche Unterschiede sie sonst auch noch aufzuweisen haben. Liberale, demokratische, nationale, Arbeiter- und Frauenbewegung wären dazu zu rechnen.

b) *Gegenmodernisierungsbewegungen.* Dies sind Bewegungen, die sich im Widerstand gegen den Modernisierungsprozeß herausbilden. Konservative, faschistische oder Regionalbewegungen gehören dazu.

c) *Entmodernisierungsbewegungen.* Damit werden Bewegungen angesprochen, die – in welcher Form und unter Berufung auf welche Werte auch immer – einen Ausstieg aus der definitiv etablierten modernen Gesellschaft im Auge haben. Dazu gehören historische Jugend- und Lebensreformbewegung ebenso wie die Studentenbewegung der 60er und die sozialen Bewegungen der 70er und 80er Jahre.

Es ist schwierig, Gegen- und Entmodernisierung präzise zu trennen, weil wohl kaum ein Zeitpunkt bestimmt werden kann, zu dem Modernisierung definitiv etabliert ist (damit werden diese beiden Typen voneinander abgegrenzt) und weil soziale Bewegungen häufig gleichzeitig modernisierende und gegenmodernisierende Tendenzen umfassen (z. B. NS-Bewegung). Inhaltlich ist kritisierbar, daß die neuen Bewegungen primär negativ zur Modernisierung charakterisiert werden (»Entmodernisierung«), und zwar so, als wollten sie – als ganze – Modernität insgesamt revidieren. Eine solche Typologie kann dennoch fruchtbar sein, insofern sie Bewegungen auf einen sehr komplexen Begriff sozialen Wandels bezieht.

5.2 Typologisierungsvorschlag

Im strikten Sinne analytische Typologien vermögen bei den historisch oft mit großen Zeitabständen in Erscheinung tretenden Bewegungen nicht recht zu überzeugen, da sie sehr stark in die Zeit- und Gesellschaftsgebundenheit der realen Bewegungen einschneiden. Bei dem in dieser Arbeit verfolgten historisch-systematischen Ansatz wird die Kontextabhängigkeit sozialer Bewegungen besonders sichtbar. Es ist auffallend, daß die Bewegungen in bestimmten Entwicklungsphasen stark interdependente Merkmalskonstellationen ausbilden. Dies gilt vor allem für die Dimensionen Mobilisierung und Problembezug. Von daher die Überlegung, ein solches historisches Beziehungsgeflecht nicht zu zerschneiden und in isolierten Einzelmerkmalen beliebig zu kombinieren, vielmehr die hier unterschiedenen drei Entwicklungsphasen zum Ausgangspunkt einer zunächst freilich noch recht groben Systematisierung zu machen.

Innerhalb der drei Entwicklungsphasen gibt es jeweils dominante Bewegungen, die am prägnantesten zentrale gesellschaftliche Widersprüche auf der Ebene sozialer Bewegung ausdrücken. Wo nebeneinander verschiedene selbständige Bewegungen existieren (wie während der industriellen Phase), strahlt die dominante Bewegung auf die anderen Bewegungen vor allem hinsichtlich der Mobilisierungsformen und des epochalen Großthemas aus. Dadurch werden sie – auch bei unterschiedlicher sozialer Basis – im Rahmen einer Entwicklungsphase einander nähergerückt. So beeinflußt die Arbeiterbewegung in der industriellen Phase die Organisationsorientiertheit der anderen Bewegungen und deren Aufmerksamkeit für soziale Gleichheitsfragen (z. B. auch in der bürgerlichen Frauenbewegung). Wo dominante Bewegungen aus mehreren Teilbewegungen bestehen – und das war bisher stets der Fall – ist die Interdependenz innerhalb der Bewegungen stark ausgeprägt. Die historisch komplexen Beziehungsmuster werden in den folgenden Kapiteln unter einzelnen Gesichtspunkten (Problemstruktur, Mobilisierung etc.) eingehender dargelegt, so daß sie hier nicht vertieft werden müssen.

Bewegungen sind aber nicht nur durch ihren historischen Ort, sie sind auch durch strategische Grundintentionen charakterisiert, die in einem engeren Zusammenhang mit ihren Mobilisierungs- und Aktionsformen stehen. Querliegend zum historischen Ansatz wird deshalb die Dimension des primär angestrebten Zielbereichs eingeführt (vgl. Abb. S. 111). Dabei werden die Bewegungen nach dem zentralen Medium ihrer Zielverfolgung unterschieden: Macht- oder Kulturorientierung. Dazu im folgenden einige einleitende Gesichtspunkte.

Der primäre Zielbereich machtorientierter Bewegungen ist das politische und/oder das sozioökonomische Subsystem, deren Veränderung vor allem durch Erringung staatlich-politischer Macht bzw. durch Konzessionen seitens politischer Machthaber verfolgt wird. Insofern ist Macht nicht nur das Medium, das das politische Subsystem steuert, sondern zugleich das Medium, durch das soziale Bewegung wirksam wird.

Es gibt keine Bewegung, die ökonomischen Strukturwandel durch Anpassung an das ökonomische Steuerungsmedium (Geld) herbeizuführen versuchte. Sicherlich ist Sozialismus nicht durch das Aufkaufen der Produktionsmittel einzuführen. Syndikalismus und Anarchismus setzen unmittelbar am ökonomischen System an, gehen also nicht den Weg über den Staat. Dabei verfolgen sie eine Strategie (ökonomischer) Gegenmachtbildung, die durch Generalstreik, Betriebsbesetzung etc. vollendete Tatsachen zu schaffen sucht. Änderungsversuche sozialer Bewegungen sowohl im

Soziale Bewegungen in Deutschland

Entwicklungsphase \ Bereichsorientierung	Machtorientierung: Gegenbewegungen	Machtorientierung: Progressive Bewegungen	Kulturorientierung
Vorindustriell-modernisierend	(Frühe Konservative Bewegung)	Liberale Bewegung Demokratische Bewegung Nationalbewegung (Frühe Arbeiterbewegung)	
Industriell	Neokonservative Bewegung Nationalsozialistische Bewegung	Arbeiterbewegung Frauenbewegung Friedensbewegung Anti-Atomtod-Bewegung	Lebensreformbewegung Jugendbewegung
Nachindustriell		Ostermarschbewegung	
		Studentenbewegung	
		Friedensbewegung Ökologiebewegung ← Neue soziale Bewegungen	→ Alternativbewegung Frauenbewegung

politischen wie im ökonomischen Bereich können deshalb – unter dem Gesichtspunkt des Durchsetzungsmediums der Bewegung – als Machtorientierung zusammengefaßt werden.

Der Zielschwerpunkt kulturorientierter Bewegungen liegt im soziokulturellen Bereich. An die Stelle eines Einwirkens auf Staat und Wirtschaft tritt hier der Versuch einer Änderung des Individuums und der sozialen Beziehungen, von denen häufig angenommen wird, daß sie auf Staat und Wirtschaft ausstrahlen könnten. Dieser Typ umfaßt religiöse Bewegungen ebenso wie solche, die Lebensstil und innerweltliche Sinngebung zum Thema ihrer Aktivitäten machen (Lebensreform- und Jugendbewegung als Beispiele).

Das Handeln im soziokulturellen Bereich ist primär wertbestimmt. Darauf bezogene Bewegungen sind erfolgreich, insofern es ihnen gelingt, Wertwandel und darauf gründende veränderte Lebenspraxis herbeizuführen. Im strengen Sinne müßten solche Bewegungen »wertorientiert« genannt werden. Da dieser Begriff in die Bewegungstypologie mit anderer Bedeutung eingeführt ist und »Kulturorientierung« einen komplexen Bedeutungszusammenhang anzusprechen vermag, wird im folgenden der Begriff »kulturorientierte Bewegung« verwendet.

Moderne Gesellschaft ist von traditionaler Gesellschaft nicht zuletzt durch die Ausdifferenzierung gesellschaftlicher Teilbereiche unterschieden. Der Prozeß der Ausdifferenzierung ist ein zentrales Thema in der Entwicklung zur modernen Gesellschaft. In Deutschland begleitete eine forcierte Tendenz zur Bereichsdifferenzierung (und weitergehend: deren Binnendifferenzierung) die beschleunigte Industrialisierung seit Mitte des 19. Jahrhunderts. Die moderne Gesellschaftstheorie muß spätestens seit Max Weber bei generalisierenden Aussagen die Tatsache der gesellschaftlichen Differenzierung nicht nur auf der Ebene der Sozialstruktur, sondern auch auf der Ebene der Subsystembildung berücksichtigen.

»Wirtschaft« und »Politik« bedürfen zu ihrer Abgrenzung keiner besonderen Erläuterungen. Das sozioökonomische Subsystem ist mit der Produktion und Verteilung von Gütern und Dienstleistungen befaßt. Zentrales Prinzip des kapitalistischen Marktsystems ist die Vermehrung von Tauschwerten. »Wirtschaftlichkeit« als Effizienzsteigerung ist regulierende Verhaltensregel. Die Sozialstruktur, verstanden als Verteilung materieller und qualifikatorischer Ressourcen, ist Bestandteil dieses Bereichs. Sie reproduziert die sozioökonomische Schichtungsstruktur und schafft Grundlagen für politische Machtprozesse und kulturelle Selbstverwirklichung.

Das politische Subsystem hat die primäre Funktion der Erarbeitung,

Durchsetzung und Legitimierung verbindlicher gesamtgesellschaftlicher Entscheidungen. »Politik« regelt Konflikte auf der Grundlage von Macht und Recht. Machterwerb ist Grundbedingung für ein Wirksamwerden in diesem Bereich. »Die Politik« ist institutionell abgrenzbar durch die auf den politischen Prozeß spezialisierten Institutionen. »Das Politische« bezieht sich auf prinzipiell alle gesellschaftlichen Einrichtungen, insofern sie durch die Politik beeinflußt werden und auf diese zurückwirken, ohne daß ihre primäre Funktion in der Hervorbringung politischer Entscheidungen läge.

Der soziokulturelle Teilbereich umfaßt als heterogenster Sektor im dreigliedrigen Differenzierungsschema zunächst einmal alles, was nicht Bestandteil des sozioökonomischen und politischen Subsystems ist. Die soziokulturelle Sphäre ist negativ bestimmt durch die Ausgrenzung aus den durch Geld und Macht funktional gesteuerten ökonomischen und politischen Subsystemen. Sie läßt sich abgrenzen sowohl von einem totalen Kulturbegriff (meist der Anthropologie, gelegentlich dort auch mit »Lebensweise« identifiziert) wie von einem traditionellen, engen Kulturbegriff (der sich auf Wissenschaft, Kunst etc. bezieht). Positiv ist der soziokulturelle Bereich vor allem bestimmt durch die Verbindung von Alltagskultur und »höherer« Kultur. Er umschließt die wert- und normorientierte Lebensgestaltung und Sinngebung auf einer bestimmten materiellen Reproduktionsgrundlage.

Die drei Teilbereiche sind jeweils durch spezifische Funktionen und Grundstrukturen (Institutionen und Rollen) gekennzeichnet. Sie sind interdependent, stehen aber nicht in einem Determinationsverhältnis. Auch ihre Strukturen können relativ unabhängig voneinander variieren. Dominanz eines Sektors über die anderen ist nur eine neben anderen Möglichkeiten. Aufgrund der Eigengesetzlichkeit jedes Bereichs besteht eine relative Autonomie gegenüber den anderen Bereichen, eine Autonomie, die empirisch in Graden variieren kann.

Die Teilbereiche können sich unabhängig voneinander verändern, sie können auch die Anstöße zum Wandel aus einem anderen Teilbereich eigenständig verarbeiten. Versuche zur Angleichung der Teilbereiche aneinander stoßen auf Grenzen: »Ökonomisierung« des politischen und »Politisierung« des sozioökonomischen Systems z. B. sind nur eingeschränkt möglich. Spannungen und Konflikte zwischen den z. T. entgegengesetzt strukturierten Teilbereichen sind selbst Ursache von sozialem Wandel. Dabei spielt die sich auf der Ebene der Persönlichkeit reproduzierende gesellschaftliche Spaltung und die Sehnsucht nach übergreifender Wertorientierung eine wichtige Rolle.

Soziale Bewegungen bearbeiten Widersprüche, die zwischen den verschiedenen, sich verselbständigenden Teilbereichen bestehen. So setzt sich die Arbeiterbewegung auseinander mit den Widersprüchen zwischen der Geltungskraft von Freiheit/Gleichheit im politischen, nicht aber im ökonomischen Bereich. Es gibt Bewegungen, die vor allem in ihrer Frühzeit den Impuls zur Änderung des Ganzen haben, die in diesem Sinne totale Bewegungen sind. Ihre Utopien als Träume oder entfaltete Gesamtentwürfe beziehen sich auf die Umstrukturierung aller gesellschaftlichen Teilbereiche. Charakteristischerweise sollen zentrale regulative Ideen wie Gleichheit oder Brüderlichkeit alle Sphären gleichmäßig durchdringen.

Die Realität sieht anders aus:

1. Es gibt auf Dauer keine »totale Bewegung«. In der Praxis entwickelt jede Bewegung – gewollt oder ungewollt – eine sie charakterisierende Selektivität aus: sie wird macht- oder kulturorientierte Bewegung. Machtorientierte Bewegungen sind im soziokulturellen Bereich wenig innovativ. Kulturorientierte Bewegungen haben Schwierigkeiten, ihre kulturellen Änderungsziele mit politischen Mitteln zu verallgemeinern. Häufig besteht bei einer einzelnen Bewegung ein Mischungsverhältnis zwischen macht- und kulturorientierten Elementen. Die Zuordnung zu einem »reinen« Typ bezeichnet dann nur die Dominanz eines dieser beiden Merkmale. So hatte die deutsche Frauenbewegung um die Jahrhundertwende einen starken Minderheitsflügel mit kulturorientierter Zielsetzung. Einige der Widersprüche der neuen sozialen Bewegungen (als Gesamtheit betrachtet) lassen sich auf dem Hintergrund interpretieren, daß sie mehr als irgendeine der bisherigen Bewegungen eine Balance zwischen macht- und kulturorientierten Elementen zu halten versuchen. (Teilbewegungen im Rahmen der neuen Bewegungen lassen sich eher dem macht- oder kulturorientierten Pol zuordnen und aus solchen Typusmerkmalen in einigen ihrer Handlungsproblemen erklären.)

   Die Selektivität sozialer Bewegung kann auch im Sinne einer Prioritätenbildung verstanden werden. Das Simultanmodell sozialer Bewegung, das gleichzeitig Innovationen in der ökonomischen, politischen und kulturellen Sphäre anstrebt und realisiert, ist ein schöner Traum. Real ist ein Sequenzmodell mit Priorisierung von Änderungen in einem der Teilbereiche. Dabei absorbiert in der Regel die erste Stufe soviel Kapazität, daß weitreichende Innovationen auf folgenden Stufen ausbleiben.

2. Es gibt zwei Erklärungen für die Selektivität sozialer Bewegungen:
   a) Die allgemeine Ressourcenknappheit sozialer Bewegungen zwingt sie zur Schwerpunktbildung.
   b) Die Eigengesetzlichkeit der Teilbereiche erschwert oder verwehrt »übergreifende« Problemlösung. Die Eigengesetzlichkeit wird – an Max Weber (u. a. 1920, 1967) anknüpfend – in aktuellen gesellschaftstheoretischen Analysen betont, z. B. von Bell (1975, 1976) und Habermas (1981). Bell spricht von axialen Prinzipien und Strukturen der drei Teilsysteme. Er sieht vor allem Gegensätze zwischen Ökonomie einerseits, Politik und Kultur als je besonderen Bereichen andererseits. Dynamik und Wandel resultieren aus Widersprüchen zwischen Teilbereichen. Habermas unterscheidet zwischen den mediengesteuerten Subsystemen Wirtschaft und Staat auf der einen, der Lebenswelt auf der anderen Seite. Letztere erschließt sich nur über die Eigengesetzlichkeit kommunikativen Handelns. Die Hauptspaltungslinie verläuft zwischen dem ökonomisch-politischen Komplex und der Lebenswelt. Auch hier wird Wandel aus den Konflikten zwischen unterschiedlich strukturierten Teilbereichen abgeleitet. Bei beiden fehlt die Thematisierung von Konsequenzen für Handlungsträger bzw. Organisationen, die in diesen Spannungsfeldern aktiv werden.
3. Die Widersprüche zwischen den Teilbereichen ziehen einer übergreifenden Zielsetzung und Wertorientierung Grenzen. Gesellschaft ist angesichts des erreichten Entwicklungsstandes nicht mehr aus einem Prinzip zu organisieren, sie ist auch nicht durch ein Prinzip und auf ein Prinzip hin zu verändern.

   Die Widersprüchlichkeit von Bewegungen ist also nicht nur aus ihrer sozialstrukturellen Heterogenität zu erschließen. Zum Teil ist die Widersprüchlichkeit von Bewegungen aus der »Unangemessenheit« ihrer Änderungsziele und Strategien zu erklären. Machtorientierte Bewegung folgt einer anderen Logik als kulturorientierte Bewegung.

   Bewegungen erheben vielfach ganzheitliche Ansprüche. So täuschen sie sich über die Handlungsgrenzen, die durch die Systemdifferenzierung gesetzt werden. Andererseits gehört es zu den Funktionen gerade auch von sozialen Bewegungen, die Grenzziehungen zwischen den Teilbereichen kritisch zu überprüfen.

   Kulturorientierte Bewegungen könnten weiter unterschieden werden in religiöse, lebensreformerische etc. Da in Deutschland nur wenig von kulturorientierter Bewegung in Erscheinung trat, bedarf es hier zunächst keiner weiteren Bemühung. Bei machtorientierten Bewegungen sind aber gelegentlich Differenzierungen hilfreich. Dabei kann nach Intensitätsgraden der Machtorientierung unterschieden werden. In einem Kontinuum ist von einer Spannweite der Machtorientierung auszugehen, die reicht von

a) einem ambivalenten Bewegungstyp, der widersprüchlich macht- und kulturorientierte Elemente in sich vereinigt (Beispiel: die neuen sozialen Bewegungen), über
b) den Normaltyp machtorientierter Bewegung, die zwar bestimmt wird von der machtpolitischen Orientierung, dieser aber nicht alle kultur- bzw. wertbezogenen Elemente opfert (Beispiel: die sozialdemokratische Arbeiterbewegung), bis zur
c) Machteroberungsbewegung (auch: totalitäre Bewegung), die – teilweise bis zur Selbstverleugnung – ihre Ziele dem alles überragenden Zweck unterordnet, die politische Herrschaft zu erobern (Beispiele: kommunistische und faschistische Bewegungen).

Entwicklungsphasen und strategische Bereichsorientierung der Bewegungen ermöglichen also eine erste Unterscheidung der in Deutschland aufgetretenen, relevanten modernen Sozialbewegungen. In diesen Rahmen können dann weitere Differenzierungen eingefügt werden. Damit ist keine Gewichtung nach primären und sekundären Merkmalen impliziert.

Das ist besonders deutlich bei der sozialstrukturellen Dimension, der bei der Analyse der einzelnen Bewegung zentrale Bedeutung zukommt. Für die übergreifende Systematisierung ist sie allerdings schwierig zu handhaben. Das erklärt sich – neben der oben angesprochenen »Einzigartigkeit« – u. a. durch die Heterogenität mancher Bewegungen sowie durch die Schwierigkeit, mit abstrakten sozialstrukturellen Kategorien bei historisch weit auseinanderliegenden Phänomenen zu operieren (Kleinbürgertum zur Zeit der frühbürgerlichen Bewegungen ist eben etwas anderes als zur Zeit der NS-Bewegung). Die sozialstrukturelle Differenzierung ist der wichtigste Ansatz, sonst gleich charakterisierte Bewegungen zu unterscheiden.

Weitere Differenzierungen sind möglich. So z. B. die nach der ideologischen Grundrichtung: je nachdem, ob die Bewegungen an einer schrittweisen und zunehmend mehr Bereiche erschließenden Verfolgung der Wertetrias Freiheit, Gleichheit, Brüderlichkeit arbeiten (progressive Bewegungen) oder sich einer solchen Grundrichtung entgegenstellen bzw. das Rad zurückdrehen wollen (Gegenbewegungen).

Kapitel 6

Analytischer Bezugsrahmen

Soziale Bewegungen gründen und sie münden in Wandel. Sie sind Produkt und Produzent von sozialem Wandel. Insofern bedürfen sie zu ihrer Erklärung immer auch eines makroanalytischen Ansatzes. Entstanden aus gesellschaftlichen Widersprüchen, wirken sie auf die gesellschaftlichen Teilsysteme und das gesellschaftliche Ganze zurück. Ihre Wirkung ist dabei nicht notwendig auf das politische Subsystem begrenzt. Die Bewegungsanalyse wird sowohl von einem deterministischen wie von einem voluntaristischen Ansatz verfehlt. Der deterministische Ansatz vernachlässigt nichtdeterminierte Faktoren der Mobilisierung sowie die Offenheit der Prozesse der Zielfindung und Strategiebildung. Der voluntaristische Ansatz unterschätzt die Widerstandskraft der vielfältigen eingebauten Filterstationen. Beide Einseitigkeiten können vermieden werden.

Soziale Bewegungen sind bewußte kollektive Anstrengungen zur strukturellen Veränderung gesellschaftlicher Verhältnisse. Sie umfassen einen Prozeß, der von strukturell verursachter Unzufriedenheit von Großgruppen zu kollektiven Aktionen führt, mit denen die Bewegung einer tendenziell feindlichen Umwelt gegenübertritt. Um in dieser Außenbeziehung handlungsfähig zu sein, muß das Kollektiv Ziele definieren, die dem Handeln eine Richtung geben, und Ressourcen mobilisieren, weil Ziele sich nicht ohne Macht durchsetzen. Im folgenden werden die Grundelemente sozialer Bewegung kurz skizziert. Jedes dieser Elemente wird sodann in einem eigenen Kapitel expliziert.

Zunächst ist der Entstehungs- vom Entfaltungsprozeß sozialer Bewegung zu unterscheiden. Der Entstehungsprozeß wird hier über die Ursachen als notwendiger und hinreichender Bedingung für soziale Bewegung erfaßt. (Bei der Deskription einzelner Bewegungen wären zusätzlich die »Anlässe« darzustellen.) Ursachen werden in die strukturanalytische, sozialpsychologische und interaktionistische Komponente zerlegt. Sind sie gegeben, ist eine

Bewegung konstituiert. Im Entfaltungsprozeß kommt es dann zur Ausdifferenzierung verschiedener Bewegungselemente (z. B. der Interaktionskomponente in komplexen Mobilisierungs- und Aktionsprozessen).

Der Unterschied zwischen Entstehung und Entfaltung ist analytisch; empirisch ist es häufig schwierig, Konstituierung von Formierung abzugrenzen. Die Ursachen erschöpfen sich nicht in ihrem Beitrag zur Entstehung sozialer Bewegung. Grundlegende Elemente wie vor allem Gruppenbasis und Affinität zu einem bestimmten Problemtypus wirken dauerhaft in die sich entfaltende Bewegung hinein. Aber auch die sich entfaltende Bewegung wirkt auf die Ursachen sozialer Bewegung zurück; so kann z. B. die Bedeutung sozialpsychologischer Faktoren dadurch abnehmen, daß die erlebte Unzufriedenheit mindestens teilweise durch Organisation ersetzt wird. Ein Scheitern der Bewegung kann sogar dazu führen, daß ein wichtiger Teil der Ursachen (die ungelösten Probleme) fortwirken, die Bewegung aber am Ende ist.

Ursachen und Ziele sozialer Bewegung stehen in einem engen Zusammenhang. Die von der Bewegung aktivierbare Unzufriedenheit basiert auf strukturellen Widersprüchen der Gesellschaft, die Ziele der Bewegung sind an strukturelle Unzufriedenheit zurückgebunden – beide Beziehungen sind aber nichts weniger als deterministisch vorzustellen. Die Unzufriedenheit »entsteht« nicht nur, sondern wird auch »hergestellt«. Die Art der Zieldefinition und der Mobilisierung haben Einfluß darauf.

Die Ziele sind nicht ohne zugrundeliegende strukturelle Unzufriedenheit zu erklären, aber auch nicht ohne die Faktoren situationsspezifischer Mobilisierung und Aktionswahl, die Zielpräferenzen in sich tragen. Auch Mobilisierung ist nicht als rein voluntaristischer Akt zu interpretieren. Ihre Möglichkeiten sind nicht nur durch die Gruppenbasis, Art bzw. Ausmaß der Unzufriedenheit und durch die Ziele festgelegt, sondern auch durch die über Aktionen vermittelte Auseinandersetzung der Bewegung mit Vermittlungs- und Kontrollinstanzen.

Zieldefinition und Mobilisierung gehören analytisch zu den Binnenprozessen sozialer Bewegung, sind aber häufig schon eine Form, durch die die weitere Öffentlichkeit tangiert wird. Vor allem auf die Mobilisierung, die über die Stärke und Formen der Aktionen entscheidet, nehmen Kontrollinstanzen Einfluß. Es ist für diese einfacher, eine Bewegung schon hier zu stoppen, nicht erst im Aktionsstadium.

Aktionen, die auf der Schnittstelle zwischen Bewegungen und Außenwelt liegen, sind Versuche der Zielrealisation durch mobilisierte Macht in bestimmten Situationen mittels spezifischer Formen (direkt, gewaltsam etc.).

Aus der Langfristigkeit und bewußten Zielverfolgung sozialer Bewegungen ergibt sich, daß die Aktionen nicht nur durch Spontaneität inspiriert sind, sondern auch einer bestimmten Strategie folgen, bei deren Analyse letztlich alle internen und externen Faktoren des Bewegungsprozesses miteinander vermittelt werden müssen.

Bezugsrahmen zur Analyse sozialer Bewegung

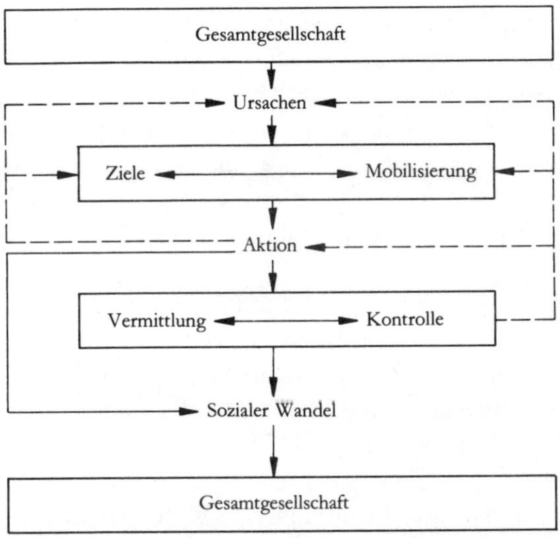

Der Außenprozeß sozialer Bewegung richtet sich in den Massendemokratien – anders als zu Lebzeiten von Karl Marx beispielsweise – nicht nur auf die Kontrollinstanzen, sondern ebensosehr auf den Bereich von Vermittlungsinstitutionen. Die Vermittlungsinstitutionen stehen in Austauschprozessen mit Großgruppen und Kontrollinstanzen. Sie filtern und transferieren Interessen gesellschaftlicher Großgruppen in ihrem Bemühen, die Kontrollinstanzen zu beeinflussen. Sie versuchen, die Kontrollinstanzen an den gesellschaftlichen Konsens anzubinden. Soweit sie mit den Kontrollinstanzen enger liiert sind (z. B. Regierungsparteien) fungieren sie gleichzeitig gezielt als Mittel der Beeinflussung des Konsens von oben. Aber auch »unabhängige« oder oppositionelle Vermittlungsinstitutionen wirken allein durch ihre Teilnahme am Willensbildungsprozeß konsensfördernd. In den Massendemokratien führt für soziale Bewegungen kein Weg an den Vermittlungsinstitutionen vorbei.

Die Funktion der Vermittlungsinstitutionen gegenüber sozialen Bewegungen ist ambivalent. Sind sie stabil, integriert und konformistisch, scheitern soziale Bewegungen schon an ihnen, ohne die Kontrollinstanzen übermäßig zu beschäftigen. In dem Maße, wie sie labil, desintegriert und oppositionell sind, öffnen soziale Bewegungen das Vermittlungssystem, verankern sich selbst in ihm oder schaffen Bündnisse, ohne die nachhaltiger Einfluß in der Regel nicht erzielt werden kann.

Werden die sozialen Bewegungen nicht schon durch die Vermittlungsinstitutionen neutralisiert, sind die Kontrollinstanzen mit ihrem hohen Sanktionspotential und ihren vielfältigen Einwirkungschancen die eigentlichen Gegenspieler der Bewegungen. Die Kontrollinstanzen können von sich aus auf die Widersprüche und die Unzufriedenheit einwirken. Dies kann zum einen durch Konsensmobilisierung geschehen. Dabei können sie versuchen, nur die Anschauungen über die Widersprüche zu verändern, um die fortbestehenden Widersprüche erträglich zu machen. Sie können aber auch die Unterstützung für eine Politik der Beseitigung bzw. Milderung der Widersprüche suchen, wobei u. U. sogar die Bewegung zu einem Verbündeten werden kann.

Die zweite Einwirkungsmöglichkeit besteht in der Beeinflussung der Widersprüche durch Policy-Maßnahmen. Dieser Policy-Eingriff erfolgt durch die – kostenintensive und deshalb seltene – Ursachenbekämpfung, oder – häufiger – durch Krisen- und Symptombekämpfung. Die Stärke einer sozialen Bewegung bildet eine wichtige Variable für die Intensität der Krise und beeinflußt die Wahl der Strategien seitens der Kontrollmacht.

Sie kann zwischen Strategien wählen, die entweder a) Reform mit Tolerierung oder Repression verbindet oder b) Status quo-Politik einhergehen läßt mit Repression oder Tolerierung. Häufig fluktuiert die Politik der Kontrollinstanzen zwischen diesen Polen: Tolerierung, wo sie überhaupt praktiziert wird, droht immer in Repression umzuschlagen, Reformpolitik auf die Erhaltung des Status quo zurückzufallen. Meist erfahren soziale Bewegungen die Kontrollinstanzen als Faktoren der Eindämmung. Die Mobilisierung der Bewegung wird erschwert, Aktionen werden in Richtung konventioneller Muster gedrängt, verboten, kriminalisiert etc. Unterstützung finden die Kontrollinstanzen bei einem Teil der Vermittlungsinstitutionen. Da hier aber auch die Bewegung bei ihrer Suche nach Verbündeten einen mehr oder weniger großen Erfolg hat, bleibt die tatsächlich verfolgte Regierungspolitik in beiden Wirkungsrichtungen das Ergebnis fluider Machtbeziehungen und darauf aufbauender strategischer Kalküle.

Die Kontrolle kann sowohl gesellschaftliche Instanzen (Unternehmer, Eltern etc.) wie staatlich-politische Instanzen (Regierung, Polizei etc.) umfassen. Deshalb eignet sich das Modell zur Analyse sowohl machtorientierter wie kulturorientierter Bewegungen. Allenfalls das Subsystem der Vermittlung hat größere Affinität zur staatlich-politischen Kontrolle, ohne etwa beim heutigen Vergesellschaftungsgrad vollständig darauf spezialisiert zu sein.

Vor allem die kulturorientierten Bewegungen beschränken sich nicht auf den Weg staatlich-politischer Einflußnahme. Ihre Aktion richtet sich auf die direkte Ursachenbekämpfung mittels Selbsthilfe. Die meisten Bewegungen wenden sich aber zur Realisierung ihrer Ziele an die politischen Machtträger oder versuchen diese zu ersetzen.

Sozialer Wandel erfaßt den an ihren Zielen gemessenen Erfolg von Bewegungen. Kollektive Selbstregulierung bzw. Selbsthilfe ist gewissermaßen sozialer Wandel »am Staat vorbei«. Soweit Bewegungen den Weg über den Staat suchen (oder aufgrund ihrer Ziele auch gehen müssen), ist an realer struktureller Veränderung nur möglich, was den Filter staatlicher Kontrolle passiert. Sozialer Wandel schafft strukturelle Veränderungen der Gesellschaft, die auf neuem Niveau Ursachen weiterer sozialer Bewegungen sein können. Die Abgrenzung des Bewegungseinflusses bei komplex verursachtem sozialem Wandel ist eine der schwierigsten Aufgaben der Bewegungsforschung.

Ein solcher Bezugsrahmen umfaßt Elemente, die inzwischen in den meisten systematischen Bewegungsanlaysen – in der einen oder anderen Benennung – auftauchen. Kriterium für seinen heuristischen Nutzen ist, daß mit ihm gelingt, jedes relevante Problem sozialer Bewegung im Rahmen eines dieser Elemente zu identifizieren. Zugleich kann es als grundlegendes Modell sozialer Bewegung dienen, sofern die Grundbeziehungen zwischen den Elementen und die Positionen der einzelnen Elemente in diesen Beziehungen richtig angegeben sind.

Unterschiede zu anderen Systematisierungsversuchen finden sich unter anderem in den Fragen,

- ob Mobilisierung und Aktion analytisch getrennt werden,
- ob das Vermittlungssystem ausdifferenziert wird (in der Regel nicht),
- wie sonstige Umweltbedingungen gefaßt werden (»beschleunigende Faktoren«, »opportunity structure«, »Situation« etc.).

Weitere Ausdifferenzierungen sind bei spezifischen Untersuchungsfragen selbstverständlich sinnvoll und notwendig.

Die verschiedenen Approaches lassen sich danach unterscheiden, ob sie – implizit oder explizit – einen stärkeren Akzent auf die internen oder auf die externen Prozesse legen. Die Vermittlung sozialer Bewegungen mit der Umwelt über ihre Aktionen ist wissenschaftlich schwächer untersucht. Die hohe Komplexität der Umweltbedingungen und der Interaktionsprozesse erschweren hier generalisierende Aussagen. Die tatsächliche Entwicklung sozialer Bewegung ist aber sehr entscheidend von den Interaktionen der Bewegung mit Vermittlungs- und Kontrollinstanzen in spezifischen Situationen abhängig. Die Vermutung spricht für die größere Relevanz der externen im Vergleich zu den internen Prozessen.

Die Zeitdimension ist bei der Analyse von sozialen Bewegungen von besonderer Bedeutung. Bewegung ist als nicht-routinisiertes Verhalten charakterisiert. Entstehung und Wachstum, Erfolg und Verfall der Bewegung, ja die Bewegung selbst hängen in hohem Maße von Faktoren ab, die sich im Zeitverlauf ändern. Wie läßt sich »Zeit« in dieses Modell einbringen?

Zum einen durch Historisierung der Elemente, sei es durch historische Aufschließung einzelner Fälle mit Hilfe des Bezugsrahmens, sei es durch historische Generalisierung z. B. von Mobilisierungs- oder Aktionsmustern. Zweitens durch die permanente wechselseitige Beeinflussung der Faktoren im Rückkoppelungsprozeß. Das Lernmodell sozialer Bewegung ist der anspruchsvollste Versuch einer dynamischen Verknüpfung aller Faktoren aus der »Lernperspektive« der Akteure (vgl. 15.4). Drittens durch die Einbeziehung des Elements »Situative Faktoren« (vgl. Kap. 13), womit situationsspezifische, z. T. generalisierbare zeitliche Ablaufmuster im Gesamtsystem gemeint sind, die auf die Entfaltung der Bewegung einwirken.

Die Möglichkeit des Lernens aus eigener Geschichte und aus der Geschichte sozialer Bewegung darf durch Ablaufmodelle mit ihrem notwendig deterministischen Gehalt nicht verbaut, das Interesse daran nicht durch sie abgelenkt werden.

Ist es schon schwierig, empirisch exakt zu bestimmen, von welchem Zeitpunkt an eine soziale Bewegung besteht, so ist eine Aussage über das Ende einer Bewegung mit noch mehr Risiken verbunden. Drei Formen des Endes sozialer Bewegung sind zu unterscheiden:

a) *Auflösung der Bewegung.* Dies bedeutet die weitgehende Auflösung von Bewegungsorganisationen und das Ausbleiben nicht-organisierten Bewegungsverhaltens. »Auflösung« kann durch Unterdrückung verursacht sein, sie kann aber auch die Form der Selbstauflösung annehmen, z. B.

wegen Erfolgs, Mißerfolgs oder nachlassenden Interesses. Es ist schwer, in der deutschen Geschichte Beispiele zu finden, die sich unzweideutig von den beiden folgenden Formen unterscheiden lassen (die demokratische Bewegung 1849, die Anti-Atomwaffen-Bewegung 1959, die Ostermarsch-Bewegung 1970, die Studentenbewegung 1969 oder – weiter gefaßt – in den frühen 70er Jahren). Am eindeutigsten ist wohl das Beispiel der Nationalbewegung, für die spätestens nach der Reichsgründung kein Bedarf mehr bestand.

b) *Transformation in eine Nachfolgebewegung.* Dabei wird das Organisations- bzw. Aktivitätspotential in bzw. nach einer Krise in eine Bewegung mit neuer Identität überführt. Dies trifft jedenfalls für die Teile der Ostermarschbewegung zu, die aus der Anti-Atomwaffen-Bewegung hervorgegangen sind.

c) *Institutionalisierung der Bewegung.* Sie ist charakterisiert durch die Begrenzung des Handelns auf organisatorisches und geregelt interorganisatorisches Verhalten. Es ist empirisch schwer, festzulegen, welches Mischungsverhältnis zwischen organisierter und nicht-organisierter, spontaner und geregelter Aktivität gegeben sein muß, um noch von Bewegung sprechen zu können.

   Die Institutionalisierung ist jedenfalls nicht damit erreicht, daß die Bewegung Organisationen (z. B. Partei, Interessenverband) gründet, sondern erst damit, daß sich ihre Aktivität in Organisationshandeln erschöpft. Die Frauenbewegung in den 20er und die Arbeiterbewegung in den 60er Jahren sind Beispiele hochgradiger Institutionalisierung.

Diese Überlegungen werden noch dadurch kompliziert, daß Bewegungen in längere Ruhephasen eintreten können. Dabei wirken die Organisationen fort, die nicht-institutionalisierten Tätigkeiten schlafen aber ein, bis sie – im Rahmen derselben Bewegung – wieder aufleben. Empirisch läßt sich nur in längeren Zeiträumen und durch ex post-Aussage feststellen, ob eine Bewegung »ruht« oder definitiv institutionalisiert ist.

Auflösung und Institutionalisierung sind nur zwei Seiten derselben Medaille: der Instabilität sozialer Bewegung. Vom Auseinanderfallen bedroht, sucht sich die Bewegung durch Organisation – das Kernelement der Institutionalisierung – Dauer zu verleihen. Dabei läuft sie Gefahr, ihren Bewegungscharakter zu verlieren. Organisation ist zwar nicht mit Institutionalisierung identisch, wo aber starke Organisationskerne bestehen, ist auch die Wahrscheinlichkeit der Institutionalisierung am größten.

Kapitel 7

Ursachen

7.1 Einführung

Die erste Frage ist auch hier die schwerste Frage: Warum entsteht eine bestimmte soziale Bewegung? Darüber kann auch nicht die hohe Plausibilität hinwegtäuschen, mit der in Monographien einzelner Bewegungen nicht selten »bewiesen« wird, daß diese Bewegung unvermeidbar war. Es gibt viel mehr Gründe für soziale Bewegungen als es Bewegungen gibt. Und: Jede Bewegung hat viele Gründe, die zu ihrer Entstehung führten oder die zumindest als Ursache gedacht werden können.

Kein Wunder, daß es bisher noch nie gelungen ist, eine soziale Bewegung vorherzusagen (auch Marx und die Marxisten haben nur Projektionen für die bereits auf dem Weg befindliche Arbeiterbewegung vorgenommen). Über die Fähigkeit »nachherzusagen« (Ch. Tilly) ist die Bewegungsforschung noch nicht hinaus – und auch die Rekonstruktion von Gründen ist nur durch eine von Komplexität überforderte Plausibilität überprüfbar.

Warum diese Schwierigkeiten? Zwei Gründe seien hervorgehoben. Zum einen ist die Kenntnis über objektive Widersprüche und Konflikte weiter entwickelt als die Analyse der Bedeutsamkeit dieser Problemlagen für Menschen und Gruppen. Nur mit Hilfe einer solchen subjektiven Vermittlung ist aber zu klären, was die Menschen in Bewegung setzt. Der andere Grund liegt in der Schwierigkeit, Ursachen als Faktoren zu isolieren. Die ersten Aktivitäten, die den Beginn einer Bewegung markieren, tragen bereits zur Heraushebung einer Ursache gegenüber anderen bei.

Entweder sind Widersprüche bzw. Konflikte bereits sozial definiert, dann ist Bewegung schon in sie eingeflossen und die Erklärung bleibt tautologisch. Oder die Widersprüche bzw. Konflikte haben (noch) nicht zu Bewegungen geführt, dann kennen wir zu wenig von ihrer Mobilisierungsqualität, um sie von anderen in ihren potentiellen Wirkungen auf soziale Bewegungen unterscheiden zu können (warum wird z. B. Frieden zum Thema von Massenbewegungen, nicht aber Hunger in der Dritten Welt?).

Nun gäbe es zwei methodische Wege, die Ursachenfrage zu vereinfachen. Man könnte die Ursachen entweder durch die von der Bewegung verfolgten Ziele oder durch ihre Trägergruppen, d. h. ihre Sozialstruktur, erklären (so die implizite Vorgehensweise von Heberle 1967). Sind diese Wege gangbar?

Die Ziele einer sozialen Bewegung sind immer verbunden mit einer Ursachenanalyse aus der Sicht der Bewegung. Die Aufmerksamkeit wird auf bestimmte Mißstände gelenkt, die Motiv für die Bewegung und Bezugspunkt für die positiven Zielprojektionen sein sollen. Es ist sicherlich problematisch, wenn die bewegungsinterne Ziel- und Ursachen-Analyse sozialwissenschaftlich ausgeklammert wird. Sie ist eine wichtige heuristische Hilfe und eine wichtige Kontrollinstanz für die Fremdanalyse. Es sind aber weder Ziele mit Ursachen noch Selbst- mit Fremdanalyse deckungsgleich. Ziele werden im Kontext eines Mobilisierungsprozesses definiert und verändert und unterliegen dem Einfluß autonomer Mobilisierungs- und Strategiefaktoren. Die Gründe der Anhänger einer Bewegung können andere sein als die der Wortführer einer Bewegung. Die Ursachenrationalität wird in der Selbstanalyse stärker betont sein als es der Wirklichkeit entspricht. Es führt nichts an einer ideologiekritischen Zielanalyse vorbei, dies ist jedenfalls kein bequemer Ausweg des Ursachendilemmas.

Auch der sozialstrukturelle Approach bleibt für sich genommen unzureichend. Soziale Heterogenität vieler Bewegungen und die Mechanismen sozialstruktureller Selektivität können in die Irre führen, ganz abgesehen von den schwierigen Zuordnungsproblemen bei partikularer sozialer Basis und universalistischer Zielsetzung (und entsprechender Ursachenbestimmung).

Es bleibt also die Aufgabe, Ursachen sozialer Bewegungen soweit von diesen unabhängig als möglich und soweit mit ihnen verflochten als nötig darzustellen. Drei Ansatzpunkte lassen sich unterscheiden, die in Wirklichkeit Elemente eines komplexen Ansatzes sind:

- *Strukturanalytischer Ansatz:* Strukturelle Widersprüche gesamtgesellschaftlicher Entwicklung, mit denen Teile der Gesellschaft nicht bereit sind zu leben, werden als Ursache sozialer Bewegungen identifiziert. Großgruppen als Bearbeiter strukturell verursachter Problemfelder stehen im Mittelpunkt des Interesses.
- *Sozialpsychologischer Ansatz:* Im Mittelpunkt dieses Ansatzes steht die Unzufriedenheit von einzelnen und Gruppen. Ist sie mit den strukturellen

Ursachen vermittelt, verliert die Unzufriedenheit ihren freischwebenden Charakter.
- *Interaktionistischer Ansatz:* Schon bei der Interpretation der Ursachen spielt ein Handlungselement der Bewegung selbst in den Vorgang der Ursachenbestimmung hinein. Keine Bewegung entsteht ohne ein gewisses Maß an Kommunikation, die eine gemeinsame Grundlage bekräftigt, und ohne Überprüfung von Handlungsalternativen.

Die Grundfrage lautet: Welche Gruppe entwickelt in Bezug auf welche Probleme Unzufriedenheit, über die sie sich verständigt und für die sie keine andere Abhilfe sieht als eine soziale Bewegung?

7.2 Strukturanalytischer Ansatz

Allen Varianten des strukturanalytischen Approaches sind gemeinsam die Annahmen, es gebe keine Unzufriedenheit ohne strukturelle Gründe, und: die strukturellen Ursachen seien das Ausschlaggebende, deren subjektive Relevanz sei mehr oder weniger zu unterstellen (weshalb sie meist keiner vertieften Analyse unterzogen werden). Während der Strukturvermutung zuzustimmen ist, erfordert die Untersuchung der subjektiven Relevanz objektiv gegebener Strukturelemente einen eigenen, den sozialpsychologischen Ansatz (s. u.).

Der strukturanalytische Ansatz ist auf zwei Ebenen interessant:

- Verankerung einer Trägergruppe in der Sozialstruktur,
- Bezug auf Problemkomplexe, die in der Struktur moderner westeuropäischer Gesellschaften angelegt sind.

Probleme sind nicht freischwebend. Sie entstehen durch Entwicklung eines bestimmten Gesellschaftstyps, sie entstehen aber auch immer in besonderer Weise *für* eine bestimmte Sozialgruppe. Geht man von der Gruppe aus, kann sie als ein erster, aber möglicherweise nicht hinreichender Indikator für Problemlagen dienen. Nicht selten bearbeitet eine Bewegung Probleme, die über die Trägergruppe hinausreichen und auch für andere soziale Gruppen von Bedeutung sind. Die Trägergruppe zeigt aber gleichzeitig die Verankerung in partikularen Interessen, die auch dann in der Bewegung wirksam bleiben, wenn sie universalistische Ziele verfolgt.

7.2.1 Sozialstruktur

Die Sozialstruktur kann als durch Großgruppen bestimmt angesehen werden. Großgruppen sind nach Etzioni makroskopische Einheiten mit potentieller Handlungsfähigkeit (1975: 120 ff.). Etzioni betont, daß soziale Klassen nur ein Fall von Großgruppen sind. Großgruppen sind nicht nur durch Interessen, sondern auch durch Werte integriert. Das Gewicht von Interessen und Werten ist variabel. Allerdings müssen Großgruppen morphologisch, d. h. nach ihrer Position in der Sozialstruktur, charakterisiert sein.

Die Identifizierung der sozialen Trägergruppe einer Bewegung ist eine grundlegend wichtige Aufgabe der Bewegungsforschung. Sie vermittelt die soziale Grundeinheit, innerhalb derer die weiteren Elemente des Ursachenzusammenhangs, aber auch die Grundelemente der sozialen Bewegung selbst (Ziele, Mobilisation etc.) zu interpretieren sind.

Die Trägergruppe einer sozialen Bewegung ist charakterisiert durch die sozialstrukturellen Merkmale der Aktiven. Besondere Bedeutung haben dabei die Aktiven der Konstituierungsphase, die die Grundorientierung der Bewegung festlegen (primäre Trägergruppe). Zumal bei länger andauernden Bewegungen sind Umorientierungen möglich (vgl. Kap. 15), deren soziale Trägergruppen eigener Aufmerksamkeit bedürfen. Die Weichenstellung der Konstituierungsphase ist dadurch kaum revidierbar.

Die primäre Trägergruppe bildet sich aus einem Kreis von Akteuren, der in der Konstituierungsphase die Führungsgruppe und den besonders einflußreichen Teil der Aktiven stellt. Die Führungsgruppe ist ohne oder bei nur schwacher Formalisierung der Bewegung schwierig zu ermitteln, sollte aber – mit variierendem methodischem Instrumentarium – prinzipiell identifizierbar sein. Sie ist aber zumal in der Konstituierungsphase (noch) nicht so funktional spezialisiert und machtpolitisch privilegiert und in ihrer Wirksamkeit auf das Zusammenwirken mit der anfangs ja stets begrenzten Zahl von Aktiven angewiesen, als daß allein die Führungsgruppe als sozialstrukturelle Erklärungsvariable ausreichte. Der Begriff der primären Trägergruppe faßt sie deshalb mit dem besonders aktiven und einflußreichen Teil der Aktiven zusammen.

Eine umfassendere Gruppe, die auf den Gründungsprozeß geringeren Einfluß hat, ihn aber stützt, ist die Resonanzgruppe. Sie umfaßt die Sympathisanten einer Bewegung. Primäre Trägergruppe und Resonanzgruppe können, müssen aber nicht hinsichtlich sozialstruktureller Merkmale deutlicher differieren.

In der Konstituierungsphase werden wesentliche Strukturen einer Bewegung in Bezug auf Grundthematik, Programm bzw. Ideologie, Organisation etc. fixiert, die über einen längeren Zeitraum die Bewegung bestimmen. Die Konstituierungsphase muß aus der Kenntnis der jeweils besonderen Entwicklungsgeschichte einer Bewegung ex post und in Abgrenzung von der »Vorgeschichte« der Bewegung festgestellt werden. So lag z. B. die Konstituierungsphase der Arbeiterbewegung in den 1860er, die der NS-Bewegung in den 1920er Jahren.

Gibt es soziale Bewegungen ohne ein enger umgrenztes sozialstrukturelles Profil? Die Beantwortung dieser Frage hängt auch vom Zeitpunkt ab, für den eine Aussage gemacht wird. Die soziale Heterogenität erhöht sich im Verlauf einer Bewegung. Vor allem zu Beginn ist keine Bewegung so heterogen, daß sie nicht schwerpunktmäßig einer sozialen Trägergruppe zuzuordnen wäre. Spätere, z. T. interklassistische Ausweitungen (zum Beispiel und vor allem die NS-Bewegung) dürfen nicht darüber hinwegtäuschen, daß die Bewegungen – freie Entwicklungsmöglichkeiten vorausgesetzt – im frühen Entwicklungsstadium durch die in zeitlicher und sachlicher Hinsicht primäre Trägergruppe nachhaltig geprägt werden.

Für soziale Bewegungen sind verschiedene Großgruppen von Bedeutung: Soziale Klassen, sprachlich-ethnische Gemeinschaften, Religionsgemeinschaften, Jugend, Frauen.

Soziale Klassen

Dies ist der älteste und einflußreichste Erklärungsansatz. Da die große historische Bewegung, die Arbeiterbewegung, eindeutig auf Klassenkonflikte zurückgeht und Marx diesen Ansatz generalisiert hat, traten andere Verursachungsfaktoren – zu Unrecht – in den Hintergrund. Auch wo die Gesamtanalyse aller sozialen Bewegungen eines Landes mit dem marxistischen Ansatz verbunden wird (wie im Falle der USA z. B. durch Roberta Ash 1972), ist es notwendig, nach einem Bekenntnis zur Dominanz der sozioökonomischen Konflikte weitere Dimensionen miteinzuführen.

Klassen und Schichten sind – wenn auch im einzelnen auf sehr unterschiedliche Art (worauf hier nicht einzugehen ist; für die jüngere Diskussion vgl. Giddens 1979 und Wehler 1979) – definiert durch ihre Position in der Hierarchie sozioökonomischer Ressourcenverteilung.

Verschiedene Bewegungen traten mit einer dominanten Klassenbasis und einer offenkundigen Verursachung durch Klassenkonflikte hervor. So standen das liberale, demokratisch und national orientierte Bürgertum in den frühbürgerlichen Bewegungen gegen Feudalismus und Absolutismus, die Arbeiterklasse gegen die Bourgeoisie (und Teile der älteren Klassen), der Adel in der konservativen Bewegung und später altes und neues Kleinbürgertum in der nationalsozialistischen Bewegung vor allem gegen die Arbeiterklasse, aber auch gegen Teile des liberalen Bürgertums. Dies waren Bewegungen mit einer klaren Verankerung in Klassenkonflikten, die sich selbst aus dem weiteren Einzugsfeld einer sozialen Klasse rekrutierten; wo die Basis der primären Trägergruppe strukturell klein war, bedurfte sie der Unterstützung aus nahestehenden Sozialgruppen (so vor allem der Adel, der sich erst durch die Mobilisierung kleinbäuerlicher und kleinbürgerlicher Schichten voll zur Bewegung konstituierte). Diese Klassenkonflikte führten zur Ausbildung machtorientierter Bewegungen, die sich auf Fragen mit sozioökonomischem und politischem Inhalt konzentrierten.

Anders liegen die Dinge, wenn sich die Träger sozialer Bewegungen aus Teilgruppen sozialer Klassen bilden. So können macht-, aber auch – anders als bei Gesamtklassen – kulturorientierte Bewegungen entstehen. Frauen-, Friedens-, Lebensreform- und Jugendbewegung wurden von sozialstrukturell eingrenzbaren Segmenten des Bürgertums getragen. Ihre autonome Interessenartikulation war von der marxistisch inspirierten Klassenanalyse nicht vorausgesagt worden und bereitete ihr selbst nachträglich erhebliche Interpretationsschwierigkeiten. Es bedarf einer Klassenanalyse, die einen Schwerpunkt auf die Untersuchung der internen Differenzierung der Klassen legt, um hier weiterzuführen. Die Unterschiede innerhalb der Klassen sind zur Erklärung solcher Bewegungen offenbar wichtiger als die (bekannteren) Unterschiede zwischen den Klassen. Dennoch ist auch ein Rückbezug der Teilgruppe auf die Gesamtklasse für eine umfassende Interpretation sinnvoll, ja unerläßlich.

Da Bewegungen auf Wandel in Strukturen antworten, ist zu fragen, welcher Wandel (Klassen-)Bewegungen auslöst: Auf- oder Abstieg sozialer Klassen bzw. Schichten? Entgegen der Ansicht von Turner (1973 b: 114 ff.), der sich auf die Aufstiegs-These festlegt (»Keine der großen Bewegungen ist das Produkt von Gruppen gewesen, die abstiegen«.), können Bewegungen sowohl auf Aufstiegs- wie auf Abstiegsprozesse zurückgeführt werden.

Auf- und Abstieg von Großgruppen lassen sich beziehen

a) ökonomisch: auf die zunehmende bzw. abnehmende Bedeutung der ökonomischen Leistung einer Großgruppe;

b) politisch: auf das zunehmende bzw. abnehmende Einflußpotential einer Großgruppe, das – neben der ökonomischen Grundlage – bestimmt ist durch Zahl, Kompetenz, Handlungsfähigkeit etc. (potentiell) politisch Aktiver.

Beide Bedeutungsausprägungen können auch unabhängig voneinander variieren. Da Bewegungen aus Großgruppen erwachsende Handlungskollektive sind, erscheint es sinnvoll, sich auf solche Großgruppen»schicksale« zu stützen und nicht auf individuelle Auf- und Abstiegsprozesse, gemessen in Veränderungen zwischen Herkunft und erreichter sozioökonomischer Position des einzelnen.

Den Klassenbewegungen des Bürgertums und der Arbeiterschaft liegen kollektive ökonomische und politische Aufstiegsprozesse zugrunde. Konservative und nationalsozialistische Bewegung verweisen dagegen auf soziale Abstiegsprozesse. Die Jugendbewegung ist auf den sozialen Abstieg bildungsbürgerlicher Teile des Bürgertums zurückgeführt worden (vgl. Aufmuth 1979).

Ökonomisch-politischer Machtverlust kann ebenso zu sozialer Bewegung führen wie Machtgewinn, der auf ökonomischer und politischer Ebene nicht durch Gegenleistungen anerkannt wird.

Das Ablaufmuster der Klassenentwicklung stellt sich so dar, daß zunächst die Klasse einer neuen Produktionsweise der die alte Produktionsweise tragenden Klasse gegenübertritt (Konflikt zwischen Bürgertum und Adel). Innerhalb der neuen (kapitalistischen) Produktionsweise bildet sich sodann der Antagonismus zwischen den beiden Hauptklassen der neuen Gesellschaftsformation heraus (Bürgertum vs. Arbeiterklasse). Die absteigende »Übergangsklasse« (Giddens 1979) und die beiden Hauptklassen bilden Bewegungen aus, die versuchen, ein ideologisches Gesamtinteresse zu formulieren. Tatsächlich differenzieren sie sich bald nach primär ideologischen Kriterien (liberales und demokratisches Bürgertum, verschiedene politische Fraktionen der Arbeiterklasse).

Im weiteren Verlauf kommt es statt zu einer Überwindung des Klassengegensatzes durch die Arbeiterbewegung zunächst zu einer Binnendifferenzierung im bürgerlichen Bereich – Antwort auf die fortschreitende gesellschaftliche Arbeitsteilung unter der Bedingung relativer materieller Sicherheit, die eingrenzbaren Sozialgruppen die Verfolgung differenzierterer Bedürfnislagen möglich macht. Die objektive sozialstrukturelle Binnendifferenzierung der Arbeiterklasse blieb durch die übergreifende Polarisierung gegenüber den bürgerlich-konservativen Kontrahenten politisch weitgehend latent (die ideologische Differenzierung der Arbeiterklasse läßt sich nicht auf die sozialstrukturelle Differenzierung reduzieren).

Mit der Entpolarisierung bzw. der Ausdehnung von »Mittellagen« (hinsichtlich Einkommen, Qualifikation, Disposition etc.) vor allem nach dem Zweiten Weltkrieg zerfällt auch die Plausibilität einer Subsumtion unter – wenn auch hypothetische – Gesamtinteressen eines dualistischen Klassenkonflikts. So schwierig diese Wandlungen interpretierbar sind, läßt sich doch sagen, daß sie den Pol abhängiger Arbeit betreffen. Zum einen expandieren die Berufsgruppen der Angestellten und Beamten, wobei umstritten ist, ob es sich um die Herausbildung einer »neuen Mittelklasse« (Giddens) oder um die Ausdifferenzierung einer – breiter definierten – Arbeiterklasse handelt.

Zum anderen bereitet die Intelligenz Schwierigkeiten analytischer Einordnung. Im Marxschen Klassenschema nicht vorgesehen, in der Weberschen Klassenanalyse noch mit Angestellten und Beamten zusammengefaßt, erlangt sie eine derartige quantitative Bedeutung und spielt politisch eine zunehmend eigenständige Rolle, daß auch sie das dualistische Interpretationsschema sprengt. Bestimmt man Intelligenz durch die akademische Qualifikation und – funktional – durch die Einbringung wissenschaftlichen Sachwissens in hochspezialisierte Kompetenzbereiche, so stand sie lange quer zu den nach dem Besitzmerkmal definierten Klassen, insofern sie »Selbständige« und »Abhängige« umfaßte. Das gilt zwar heute noch, nur daß die Gewichte sich eindeutig zur Seite abhängiger Beschäftigung verschoben haben, was ihr – zusammen mit der quantitativen Explosion – eine neue Qualität verleiht. Dieser reale Wandel ist unabhängig von der analytischen Entscheidung, Intelligenz als eigene Klasse oder als Schicht in einem Klassensystem oder als Kategorie im Rahmen einer Klasse zu verstehen.

Historisch und politisch-soziologisch ist wichtig, daß Intelligenz im 19. Jahrhundert eine sehr kleine und dem Bürgertum in Lebensverhältnissen, Werten und Herkunft eng verbundene Sozialgruppe darstellte. So wundert nicht, daß sie in den frühbürgerlichen Bewegungen mit dem Bürgertum ein festes Bündnis eingeht, wobei es primär (aber nicht ausschließlich) dessen Interessen artikuliert. Erst im Zuge zunehmender Differenzierung zwischen »Bildungs«- und »Wirtschaftsbürgertum« im späten 19. und frühen 20. Jahrhundert lösen sich Teile der Intelligenz stärker vom gesamtbürgerlichen Interessenzusammenhang und artikulieren in Lebensreform- und Jugendbewegung Bedürfnisse, die zwar ganz überwiegend dem bürgerlichen Kontext verbunden bleiben, z. T. aber auch darüber hinausweisen und auch als erste eigenständige Selbstdeutung spezifischer Intelligenzinteressen interpretiert werden können. Erst in den postindustriellen Bewegungen seit den 60er Jahren gewinnt die Intelligenz eine eigene Autonomie, ihre Resonanzgruppe sind nun nicht mehr Teile des Bürgertums, sondern vor allem die neuen Mittelschichten bzw. Mittelklassen.

Ob Binnen- oder Zusatzdifferenzierung – in jedem Falle handelt es sich um die Grundtatsache fortschreitender Differenzierung der Sozialstruktur im Ganzen. Dieser Prozeß sozialstruktureller Differenzierung im kapitalistischen Gesamtsystem läßt sich generalisieren als Basis für die Herausbildung von Trägergruppen sozialer Bewegungen.

Sprachlich-ethnische Gemeinschaften

Quer zum sozioökonomischen Klassenkonflikt verläuft eine sozialstrukturelle Spaltungslinie, die Minderheiten mit sprachlich-ethnischen Merkmalen, regionaler Konzentration und peripherer Lage zum nationalen Entwicklungszentrum zur Grundlage sozialer Bewegungen macht. Sie haben als »Regionalbewegungen« Aufmerksamkeit gefunden (vgl. Blaschke 1980, Gerdes 1980).

Entstanden aus der Unterwerfung im Nationsbildungsprozeß (in den USA aufgrund multi-ethnischer Einwanderung), hat diese Konfliktursache eine dreifache Dimension:

- Eine soziokulturelle Dimension aufgrund sprachlicher und kultureller Dominanz des Zentrums. Sprachlich-ethnische Faktoren haben allerdings keinen »objektiven« Charakter und sie wirken nicht als vollständig unabhängige Variablen. Sprachliche, kulturelle u. ä. Grenzen sind sozial konstruiert, ihnen liegt ein Prozeß der Selbstzuweisung zugrunde, der aus materiellen und ideellen Interessen erwächst.
- Eine sozioökonomische Dimension aufgrund der Ungleichgewichte einer zentrumsorientierten Ökonomie. Dabei führen regionale Disparitäten und Diskontinuitäten des Modernisierungs- und Industrialisierungsprozesses zu Unzufriedenheit und Protest.
- Eine politisch-herrschaftliche Dimension, insofern die innerstaatliche Peripherie politisch nur unzureichend auf der zentralen Ebene repräsentiert ist und das Zentrum gegenüber der Peripherie Formen des »internen Kolonialismus« praktiziert.

Insgesamt verbinden sich in den Regionalbewegungen in besonderem Maße soziokulturelle, sozioökonomische und politische Motive, wobei der jeweilige Anteil macht- bzw. kulturorientierter Komponenten eine empirische Frage für jede einzelne Bewegung ist. Die soziokulturellen Elemente in diesem Konglomerat sind allerdings überwiegend traditionalistisch, nicht innovativ orientiert.

Grob sind zwei Phasen für das Aufkommen von Regionalbewegungen zu unterscheiden. Die älteren Regionalbewegungen entstehen primär in Reaktion auf die übergreifende Nationsbildung; sie vertreten die Forderung nach eigenständiger Nationalität oder nach Wahrung von Autonomie innerhalb der entstehenden Nation. Die neueren Regionalbewegungen nach dem 2. Weltkrieg, insbesondere in den 60er und 70er Jahren, können verstanden werden als Reaktion auf die Folgekosten einer forcierten Modernisierung und verstärkter industrieller Arbeitsteilung, als Folge nachlassender materieller und symbolischer Integrationsfähigkeit zentralstaatlicher Institutionen sowie als Reaktion auf die vielleicht definitive Bedrohung traditioneller Identitäten. Dabei gehen z. T. alte regionalistische Kräfte (zum Beispiel regionale Honoratioren-Eliten) mit Teilgruppen der neuen sozialen Bewegungen Bündnisse ein, die zu neuen Formen regionalistischer Identität führen.

Die Ursachen solcher Bewegungen können in gewissem Umfang durch wirtschaftliche Erfolge bzw. staatliche Regionalpolitik überspielt werden, auch staatliche Dezentralisation und kulturelle Konzessionen (z. B. Sprachen- und Schulpolitik) sind Gegenmittel. Die Multidimensionalität dieser Spaltungslinien bietet zwar eine Reihe von Ansatzpunkten zur Ursachenbekämpfung, schafft aber gleichzeitig auch sich gegenseitig verstärkende Gründe für soziale Bewegungen.

Für Deutschland ist auffallend das Fehlen relevanter Regionalbewegungen. Zwar gab es im Zuge der Staats- und Nationsbildung politisch virulente Minderheiten z. B. der Polen, Elsässer oder Dänen. Aber sie waren auf angrenzende Staaten bzw. nationale Gemeinschaften orientiert und unterlagen starker Repression. Die anderen Regionalkulturen waren mehr oder weniger positiv in den Prozeß der internen Nationsbildung einbezogen, konnten regionale Interessen z. B. parteipolitisch organisieren und hatten im Rahmen des föderativen Systems Partizipationschancen.

Durch die neuen Grenzziehungen nach dem 1. und 2. Weltkrieg entfielen ältere Gelegenheiten für Regionalbewegungen oder – wie im Falle der dänischen Minderheit – eine gelungene Integrationspolitik machte sie überflüssig. Auch andere regionale Teilinteressen erwiesen sich nicht als bis zur Ebene sozialer Bewegung politisierungsfähig.

Religionsgemeinschaften

Die Zeit der Glaubenskämpfe in Europa liegt weit zurück. Unter heutigen gesellschaftlichen Bedingungen würden diese in der Form moderner sozialer Bewegung ausgetragen. Bereits der protestantische Dissens des 16. Jahrhunderts umfaßte einige Elemente vormoderner Bewegung. Während z. B. der Islam in einigen arabischen Staaten durchaus Bewegungscharakter aufweist und in den USA religiöse Bewegungen von größerer Bedeutung waren, ist in Europa und der Bundesrepublik das Bild durch zweierlei gekennzeichnet: zum einen durch die hohe Institutionalisierung und Organisierung der Konfessionen und ein traditionalistisch vermitteltes religiöses und z. T. noch darauf aufbauendes politisches Verhaltensmuster; zum anderen durch die tiefgreifende Tendenz der Säkularisierung, die religiösen Themen die Massenbasis entzieht.

Die kleinen Glaubensgemeinschaften (einschließlich der neuen Sekten) zeigen – wenn auch in z. T. modifizierter Form – den gleichen Charakter hochorganisierter Religiosität. Die seit Jahrhunderten festgeschriebenen großen Glaubensspaltungen machen die Konfessionen zu Traditions-, nicht zu Innovationsfaktoren. Mehr als im besten Falle innerkirchliche Bewegung kommt nicht zustande – es sei denn als ein organisatorischer Träger für nicht-religiöse Themen wie z. B. Frieden (wenn auch Antworten religiös begründbar sind).

Frauen und Jugend

Neben der historisch-gesellschaftlich gewissermaßen unterlegenen Ethnizität und der Religionszugehörigkeit haben zwei andere askriptive Rollenstrukturen Bedeutung bei der Hervorbringung sozialer Bewegungen: Geschlecht und Alter, genauer: Frauen und Jugend (heute auch Ansätze von Altenbewegung). In ihrer Entfaltung durch die dominanten Strukturen Männer- bzw. Erwachsenengesellschaft behindert, haben Frauen und Jugend – überwiegend innerhalb des Rahmens von und nicht »quer« zu den sozialen Hauptklassen – Großgruppen als Unzufriedenheits- und Mobilisierungsbasis sozialer Bewegung gebildet.

Auch hier erschließt erst die Zuordnung zu einem Problemkomplex die wirkliche Bedeutung der sozialstrukturellen Grundlage. So gab es eine Reihe von Bewegungen, in denen Jugendliche eine wichtige Rolle spielten, aber erst die bürgerliche Jugendbewegung war auf jugendspezifische Bedürfnisse zugeschnitten und hat Probleme kultureller Identität bearbeitet.

Meist war also Jugend gewissermaßen nicht als solche, sondern als Medium gesamtgesellschaftlicher Konflikt- und Problemlagen Trägergruppe sozialer Bewegung. Jugend, die sich Gesellschaft neu aneignen muß, ist sensibel für Widersprüche und offen für neue Einflüsse in den formativen Jahren. Nur in diesem Sinne waren z. B. Arbeiter- oder NS-Bewegung in ihren frühen Jahren auch »Jugendbewegungen«.

Von der Wirkung her gesehen waren die jeweils dynamischen Bewegungen meist auch diejenigen, denen es gelang, relevante Teile der Jugend zu mobilisieren (z. B. die kommunistische Bewegung oder die neuen sozialen Bewegungen), »Vergreisung« dagegen war identisch mit einem Verlust an Dynamik (so z. B. die sozialdemokratische Arbeiterbewegung in der Weimarer Republik).

7.2.2 Problemstruktur

Soziale Bewegungen sind nicht zufällig hinsichtlich der sozialstrukturellen Interessen, die sich in ihnen ausdrücken, sie sind es auch nicht hinsichtlich der Probleme, auf die sie bezogen sind. Der strukturelle Charakter der modernen sozialen Bewegungen wird unterstrichen, wenn die relevanten sozialen Bewegungen sich möglichst vollständig Problemkomplexen zuordnen lassen, die für die Entwicklung moderner Gesellschaften charakteristisch sind. Nachdem soziale und politische Modernisierung als Rahmenbedingung bzw. Voraussetzung moderner Sozialbewegung skizziert wurde, ist hier von zentralen inhaltlichen Problemen die Rede, die sich im Verlauf des (unabgeschlossenen) Modernisierungsprozesses gestellt haben.

Es handelt sich dabei um systematische Deskription, die nicht erklären kann, warum diese Problemkomplexe im Rahmen der Modernisierung notwendig sind, warum sie in einer bestimmten Sequenz aufgetreten sind, und die deshalb auch nicht angeben kann, welche Problemkomplexe die moderne Gesellschaft noch bereithält. Die Problemtypologie, die hier als unabhängige Variable eingeführt wird, kann beitragen zur Erklärung sozialer Bewegungen. Soziale Bewegungen bilden sich, weil die politischen Steuerungs- und Vermittlungsinstanzen bei der Thematisierung und Bearbeitung von jeweils anstehenden Fundamentalproblemen versagt haben.

Der problemtypologische Ansatz ist ein Approach im Rahmen der Modernisierungsforschung (vgl. Flora 1974: 78 ff.). Dabei gibt es in der

Literatur nur sporadische Hinweise auf die Verknüpfung mit sozialen Bewegungen.[15] Die Formulierung von Problemkatalogen variiert, dennoch ist es möglich, einen festen Bestand auszusondern. Nur politische Streitfragen, die von größeren Teilen der Bevölkerung als Problem gesehen werden und die umstritten sind, können mit einem objektivierenden Problemkonzept berücksichtigt werden. Häufig wird die Formulierung solcher Probleme aus der Perspektive staatlicher Eliten vorgenommen (z. B. Rostow oder die Almond/Pye-Schule). Zum Beispiel wird Nationsbildung als von oben zu leistende Integrationsaufgabe gesehen, der dadurch ausgelöste Widerstand sozialer Bewegungen kommt so nicht in den Blick. Im Rahmen der Bewegungsforschung muß versucht werden, die Probleme so zu formulieren, daß sie sowohl für eine gouvernementale wie für eine Basis-Perspektive offen sind. Die hier in der Regel gewählte positive Benennung des Problemkomplexes (Demokratie, Wohlfahrtsstaat) soll nicht vergessen lassen, daß der allgemeine Zielbegriff meist sehr unterschiedlich interpretiert und von Gegenbewegungen auch direkt bekämpft wird; er fungiert als Kürzel für einen Problemzusammenhang, dem keine bestimmte Lösung unterschoben werden soll. Gesagt wird allerdings, daß soziale Bewegungen und andere politische Kräfte positiv oder negativ darauf Bezug nehmen müssen.

Die Probleme überlagern sich zum Teil und sie sind niemals »gelöst«, auch wenn die Aufmerksamkeit sich anderen Problemen zuwendet. Mit Ausnahme von Rostow erfassen die vorliegenden Problemkataloge nicht den seit den 60er und 70er Jahren eingetretenen Problemwandel, hier ist eine Fortschreibung vorzunehmen. Ebenso fehlt ein Problemfeld, das den internationalen Kontext erfaßt.

Ein Problemfeld wird meist von mehreren Bewegungen bearbeitet. Ebenso kann eine Bewegung mit ihren primären Interessen auf mehr als ein Problemfeld bezogen sein. Die Möglichkeiten interner Transformation, das heißt der vorrangigen Bearbeitung mehrerer zeitlich aufeinanderfolgender Problemkomplexe ist begrenzt, meist hat jede Bewegung »ihr« Thema. Die diskontinuierlich arbeitende Bewegung, die nach Unterbrechungen neu ansetzt (wie z .B. Friedens- und Frauenbewegung) hat größere Chancen, sich mit neuen Schwerpunkten auf die gewandelten Problemlagen einzustellen als die organisatorisch kontinuierlichen Bewegungen.

Im folgenden kann es nur um Stichworte zu einer Problemtypologie gehen, die in fünf Punkten zusammengefaßt wird:

Außenbezug

1. Staats- und Nationsbildung (National-, Regionalbewegung, Bewegungen konfessioneller Minderheiten).
2. Internationaler Konfliktbereich (Friedensbewegung).

Binnenstruktur

3. Rechtsstaat und Demokratie (liberale und demokratische Bewegung, Arbeiter- und Frauenbewegung).
4. Wohlfahrtsstaat (Arbeiter-, Frauenbewegung).
5. Kulturelle Identität (Lebensreform-, Jugendbewegung, neue soziale Bewegungen).

Staats- und Nationsbildung sind Prozesse der äußeren Grenzziehung, die allerdings zugleich eine innere Struktur festlegt. Im internationalen Bereich tragen die Nationalstaaten ihre Konflikte aus, worauf innerstaatliche Kräfte einschließlich sozialer Bewegungen einwirken und von deren Konsequenzen die Gesellschaft im Ganzen nachhaltig berührt wird. Insofern hat die Unterscheidung zwischen Außen- und Innenbezug nur einen begrenzten analytischen Wert.

Die Problemtypen sind so allgemein, daß sie auf die westeuropäische Geschichte seit Ende des 18. Jahrhunderts anwendbar sind, die darauf bezogenen Bewegungen werden im folgenden mit Blick auf das deutsche Beispiel genannt. Im Anschluß an die Problemskizze sollen in Form von Hypothesen einige Generalisierungen vorgeschlagen werden, die sich auf zwei Fragen beziehen:

- Welchen Problemen moderner Gesellschaft korrespondieren soziale Bewegungen, welchen nicht?
- Wie variiert die Ausprägung von Bewegungen mit Strukturvariationen der Probleme?

1. *Staats- und Nationsbildung.* Der Prozeß der Staatsbildung in Westeuropa erstreckt sich über einen längeren Zeitraum seit dem 16. Jahrhundert. Da hier moderne soziale Bewegungen diskutiert werden, wie sie seit Ende des 18. Jahrhunderts auf der politischen Bühne erschienen sind, kommen Nationalbewegungen als Motoren verspäteter Staatsbildung und der seit der Französischen Revolution und den Napoleonischen Kriegen auf der europäischen Tagesordnung stehenden Nationsbildung in Betracht. Im 19. und 20. Jahrhundert fallen – wo der Staat erst gegründet werden muß – Staats- und Nationsbildung in eins.

Bei der Staatsbildung geht es um die »Errichtung eines Zentrums, administrative Penetration eines Territoriums, Bildung eindeutiger und zu verteidigender Grenzen« (Flora 1981: 408). In einer Situation, die durch bereits vorhandene intakte Territorialstaaten gekennzeichnet ist, erfordert Staatsbildung immer die Anwendung einer Kombination militärischer und diplomatischer Mittel. Nationalbewegungen können im Prozeß dieser späten Staatsgründung eine vorbereitende und unterstützende Funktion wahrnehmen, die entscheidende und realisierende Aktivität wird von der Machtstruktur eines Kernstaates (Preußen, Savoyen-Piemont) getragen. Nach dem 1. und 2. Weltkrieg übernahmen Großmächte auf internationalen Konferenzen Aufgaben der Staatsbildung bzw. Grenzziehung.

Nationsbildung ist ein Prozeß, bei dem die äußere Grenzziehung durch interne Bewußtseinsbildung abgesichert und verfestigt wird. Der »Prozeß kultureller Grenzbildung nach außen und kultureller Standardisierung nach innen« (Flora 1981: 415) stößt auf die tradierte kulturelle Identität sprachlich-ethnischer oder religiöser Gemeinschaften. Auch wo das Zentrum in einem gewissen Umfang zur Anerkennung kultureller Identitäten bereit ist, bemüht es sich, eine überwölbende nationale Identität zu schaffen. Vor allem dort, wo eine rigorose Strategie der Vereinheitlichung betrieben wird, können sich auf der Grundlage angegriffener und zu verteidigender sprachlich-ethnischer oder religiöser Identitäten soziale Bewegungen bilden.

In Deutschland hatte sich die sprachliche Homogenisierung schon lange vor der Staatsgründung hergestellt. Die durch den Einigungsprozeß tangierten relevanten sprachlich-ethnischen Minderheiten (Polen, Dänen, Franzosen in Elsaß-Lothringen) haben keine Bewegungen ausgebildet. Dies erklärt sich wahrscheinlich nicht nur durch rigorose Repressions- und Germanisierungspolitik, sondern auch dadurch, daß sich diese Minoritäten als Teil einer angrenzenden Nation, nicht als autonome sprachlich-ethnische Einheiten erlebten. In anderen europäischen Nationalstaaten bildete sich eine Reihe sprachlich-ethnischer Regionalbewegungen mit kultureller Überformung und ökonomischer Fundierung, die lange nach Staats- und Nationsbildung die Grenzen interner Standardisierung aufzeigen (vgl. Blaschke 1980, Gerdes 1980).

Die religiöse Minderheit der Katholiken war zwar im Deutschen Reich einem starken Anpassungsdruck unterworfen (»Kulturkampf«), zur Wehr gesetzt hat sich aber vor allem der organisatorische Apparat der katholischen Kirche (der auch dort dominierte, wo er sich durch Vereine und Verbände gesellschaftlich verlängerte), nicht eine halbwegs autonome Bewegung.

Die vom politisch-administrativen Zentrum aus betriebene Nationsbildung bedarf nicht sozialer Bewegung. Soziale Bewegung kann relevant werden bei der Abwehr der vom administrativen Zentrum ausgehenden Vereinheitlichungsprozesse. Häufig nicht deshalb, weil die Annahme nationaler Identität verweigert würde, sondern weil die gleichzeitige Aufrechterhaltung der tradierten Identität gewünscht wird.

2. *Internationaler Konfliktbereich.* Im Verlaufe des Modernisierungsprozesses werden die europäischen Staaten in eine immer raschere gesellschaftliche Dynamik versetzt, die bald in vielerlei Hinsicht über die »äußere Grenzziehung«, wie sie im Staats- und Nationsbildungsprozeß erfolgte, hinaustreibt. Die Regelung der Beziehungen zwischen den entstandenen machtungleichen souveränen Nationalstaaten wird dadurch zu einem besonders komplexen Problem.

Die verschärfte internationale Konkurrenz der entwickelten europäischen Staaten in der Phase des sogenannten klassischen Imperialismus führt zu einer politischen Auseinandersetzung über Fragen der internationalen Politik, auf die gegen Ende des 19. Jahrhunderts erstmals auch eigenständige soziale Bewegungen bezogen sind. Dabei steht die zunächst vor allem vom Bildungsbürgertum getragene und später von Teilen der Arbeiterbewegung unterstützte Friedensbewegung den auf nationale Expansion drängenden Kräften gegenüber. Die expansionsorientierten Kräfte wollen die territoriale Integrität und die darüber hinausgehenden »nationalen Interessen« gegenüber der – vermeintlichen oder realen – Bedrohung seitens der etablierten Großmächte durch eine Strategie des Auf- und Überholens sichern und die angestrebte Machtposition notfalls auch mit militärischen Mitteln behaupten. Die Regelung internationaler Konflikte unter Einsatz von Gewalt sowie die einseitige nationale Machterweiterung stoßen bei der Friedensbewegung auf Ablehnung: die »nationale Sicherheit« soll vielmehr durch internationale Verständigung und Kooperation sowie durch Integration in transnationalen Organisationen gewährleistet werden.

Die Instrumentalisierung außenpolitischer Strategie zu innenpolitischen Zwecken, insbesondere zur Erhaltung überkommener Gesellschaftsstrukturen, ist am deutschen Beispiel wiederholt herausgearbeitet worden. Nach dem 2. Weltkrieg erhielt diese Verklammerung von Innen- und Außenpolitik in Europa eine neue Dimension, als das System von konkurrierenden kapitalistischen Industriestaaten durch die Blockkonfrontation von kapitalistischen und sozialistischen Staaten mit der eindeutigen Dominanz von zwei Supermächten abgelöst wurde. Diese Ausbildung der außenpolitischen Blockkonfrontation als Systemkonfrontation bot u. a. neue Möglichkeiten für eine Strategie der »negativen Integration« seitens der staatlichen Kontrollinstanzen.

Durch die Entwicklung der Atombombe erhielten die vom bipolaren Ost-West-Gegensatz bestimmten internationalen Beziehungen aber auch im Hinblick auf das Zerstörungspotential eine völlig neuartige Dimension – und in der Tat spielen Fragen der Nuklearbewaffnung seit 1945 eine ganz zentrale Rolle bei der Mobilisierung bzw. Wiederbelebung von Friedensbewegungen.

Andere Probleme der internationalen Politik, wie etwa die Integration in transnationale Bündnisse (NATO, EG), der Nord-Süd-Gegensatz oder der Vietnamkrieg, wurden zwar von einigen sozialen Bewegungen thematisiert (z. B. Internationalismus der Arbeiter- und Studentenbewegung), sie haben aber nicht – wie die Probleme der Friedenssicherung und atomaren Rüstung – zur Herausbildung eigenständiger sozialer Bewegungen geführt.

Obwohl es noch keine generalisierende Ursachenanalyse für Friedensbewegungen gibt, ist doch eine bestimmte Faktorenkonstellation erkennbar. Immer geht es um das Zusammentreffen objektiv-struktureller mit symbolischen Veränderungen. Die quantitative Ausweitung von Rüstung für sich genommen löst noch keine Bewegung aus.

Im objektiven Bereich ist von einer Erhöhung internationaler Labilität als Grundbedingung auszugehen. Dazu gehören Auflösung oder Destabilisierung von Bündnissen, Einführung einer neuen Qualität von Waffen (u. U. verbunden mit Strategiewechsel), sonstige dramatische Machtverschiebungen zwischen Konfliktparteien. Mindestens so wichtig sind aber symbolische Interaktionen: wie Gegner miteinander reden (oder daß sie es nicht mehr tun), der planmäßige Aufbau von Feindbildern, dem sich Teile der Bevölkerung widersetzen, vor allem aber eine aggressive Rhetorik bis hin zur Befürwortung von Gewalt als Mittel der Konfliktlösung. Das Zusammentreffen objektiver Labilisierung und einer Konfliktverschärfung auf der symbolischen Ebene läßt sich bei der Entstehung von Friedensbewegungen zu verschiedenen Zeiten beobachten.

Solche Konstellationen sind nicht an ein bestimmtes Entwicklungsstadium gebunden (z. B. Imperialismus), sondern mit dem Fortbestehen von Herrschaftsbeziehungen im internationalen Bereich historisch kontingent. Von daher kann dieses Problemfeld nur sehr abstrakt mit »internationalem Konfliktbereich« umschrieben werden. Immerhin ist deutlich, daß die autonomen Bewegungen in diesem Bereich von ihrem Selbstverständnis her Bewegungen für den Frieden sind. »Kriegsbewegungen« gab es bisher nicht. Selbst eine so aggressive Bewegung wie die NS-Bewegung hat mit dem Kriegsziel nicht geworben, sondern dieses Ziel eher kaschiert.

»Frieden« ist ein Thema ohne geborene soziale Trägergruppe. Das erklärt einerseits die starke »Konjunkturabhängigkeit« von Friedensbewegungen und ihre Instabilität. Andererseits wird daraus verständlich, warum dieser Themenkomplex auch von anderen Bewegungen bzw. Organisationen mit aufgenommen wird (vor allem von der Arbeiterbewegung).

3. *Rechtsstaat und Demokratie.* Auf der politischen Tagesordnung des 18. und vor allem des 19. Jahrhunderts stand der Kampf um rechtliche und politische Gleichheit der Staatsbürger. Dabei besteht ein enger Zusammenhang zwischen der Verankerung der Menschenrechte und der Entwicklung des demokratischen Verfassungsstaates. Der Schutz des Individuums und die Institutionalisierung von Bürgerrechten (Meinungs-, Versammlungs-, Vereinigungsfreiheit etc.) sind durch spezifische institutionelle Vorkehrungen wie Unabhängigkeit der Gerichte und Gewaltenteilung zu sichern. Auf solcher Grundlage ist die politische Entfaltung der Bürger möglich, affirmativ oder oppositionell, individuell oder kollektiv.

Zwei fundamental wichtige Beteiligungsrechte waren besonders umkämpft: das Recht zur Bildung politischer Organisationen (von politisch tätigen Vereinen über Parteien bis zu Gewerkschaften) und das allgemeine, gleiche, direkte und geheime Wahlrecht, mit dem der Einfluß der Bürger auf die staatliche Willensbildung institutionalisiert werden soll. Durch Einführung des Prinzips parlamentarischer Verantwortlichkeit der Regierung und die Verknüpfung von Parlamentsmehrheit und Regierung soll es möglich werden, die Exekutive durch die Volksvertretung politisch zu binden und mit Hilfe von Sanktionen zu kontrollieren.

Die durch den ökonomischen Wandel ausgelöste soziale Mobilisierung läßt Teilnahmeansprüche auch im politischen Bereich entstehen. Sozialer Träger der Beteiligungsansprüche ist in einer ersten Phase das Bürgertum, seit der zweiten Hälfte des 19. Jahrhunderts zunehmend stärker die Arbeiterklasse. Liberale und demokratische Bewegung waren zwei bürgerliche Bewegungen, die – mit unterschiedlicher Reichweite – in ihren Forderungen vor allem auf den Komplex Rechtsstaat und Demokratie zielten. Die Arbeiterbewegung kämpfte für die Ausweitung der Beteiligungsrechte auf die unteren Sozialschichten und – wo, wie in Deutschland, die bürgerlichen Bewegungen versagt hatten – um die Einführung des parlamentarischen Regierungssystems. Ein anderes Defizit der bürgerlichen Verfassungsbewegungen, die rechtliche und politische Benachteiligung der Frauen, wurde zu einem wichtigen Thema der Frauenbewegung.

4. *Wohlfahrtsstaat.* Die kapitalistische Industriegesellschaft fällt in dem, was sie im 19. Jahrhundert an sozialer Sicherheit gewährt, hinter die Verhältnisse vor der kapitalistischen Industrialisierung zurück. Soziale

Sicherung der abhängig Beschäftigten und Sicherung sozialer Teilhaberechte (z. B. Bildung oder Verfügung über die Produktionsmittel) werden zu zentralen Forderungen und politischen Streitpunkten, seit die Industrialisierung in größerem Stil begann.

Mit Ausnahme spezifischer sozialer Interessen bürgerlicher Frauen, die von der Frauenbewegung vertreten wurden, monopolisierte die Arbeiterbewegung in hohem Maße die soziale Vertretung der Unterschichten, so daß sich nicht – wie z. B. in den USA – jeweils besondere Bewegungen für spezifische Unterthemen wie Arbeitslosigkeit oder Sozialversicherung bildeten. Außer von der ökonomischen Entwicklung eines Landes war der Ausbau des Wohlfahrtsstaates vor allem abhängig von der politischen Stärke der Arbeiterbewegung, vermittelt über den Entwicklungsstand der Wahlrechtsausweitung und der Arbeiterparteien. Die Programmstrategien der Arbeiterbewegung variieren in diesem Bereich von Vorstellungen sozialistischer Transformation bis zu Konzepten eines sozialen Kapitalismus.

Der moderne Wohlfahrtsstaat ist zugleich Steuer- und Verwaltungsstaat. Steuerprotest und antibürokratischer Protest sind mit dem Ausbau des Wohlfahrtsstaates verbundene mögliche Ursachen für Bewegungsbildung, die in Deutschland aber im wesentlichen über die bürgerlichen Parteien und Interessenverbände kanalisiert wurden.

5. *Soziokulturelle Identität.* Dieser Themenkomplex begleitet als Unterströmung die Entwicklungsgeschichte der kapitalistischen Industriegesellschaft. Die Durchdringung der Gesellschaft mit der Logik der Kapitalverwertung und der Logik instrumenteller Rationalität stellt vor allem die Gruppen, die mit dem technisch-ökonomischen Fortschritt nicht oder schwach identifiziert sind bzw. vergleichsweise geringen Nutzen von ihm haben, vor Probleme kultureller Identitätsfindung.

In Deutschland ist dies im konservativen Bereich relevant, wo die harten politischen und wirtschaftlichen Forderungen von kulturellen Untertönen begleitet wurden, resultierend aus der Gefährdung tradierter kultureller Identität. Auch in den frühen Entwicklungsphasen der Arbeiterbewegung haben – zunächst vergangenheitsorientierte – utopische Entwürfe eines neuen Lebens in einem anderen Gesellschaftssystem eine Begleitmelodie dargestellt zu dem immer mehr in den Vordergrund rückenden harten Kern ökonomisch-politischer Forderungen. In sozial absteigenden Teilgruppen des Bürgertums entstanden die ersten primär kulturkritischen Bewegungen in Gestalt der verschiedenen Zweige der Lebensreform- und der Jugendbewegung.

Erst durch die Studentenbewegung der 60er Jahre, vor allem aber die neuen sozialen Bewegungen seit den 70er Jahren wurde das Thema einer nun in der Regel nicht mehr zu tradierenden, sondern einer neu zu schaffenden kulturellen Identität in den Mittelpunkt vieler politischer Auseinandersetzungen gerückt. Dabei ist mit der Verbreiterung des Kulturverständnisses auch eine prinzipiell unbegrenzte Reichweite dieses Ansatzpunktes gesellschaftlich-politischer Kritik erreicht. Da die Systeme von Technik, Wissenschaft, Bürokratie und Markt weit in den unmittelbaren Lebensbereich des einzelnen hineingreifen und in wichtigen Punkten quer zu seinen Bedürfnissen stehen, bedeutet die Suche nach kultureller Identität notwendig eine Politisierung nicht nur des Alltags, sondern tragender Prinzipien des gesellschaftlichen Gesamtsystems. Entsprechend breit sind die Themenfelder, die sich hinter dem vereinheitlichenden Begriff der »neuen sozialen Bewegungen« verbergen.

Soweit ein kurzer Überblick über die Problemtypen und die korrespondierenden Bewegungen. Es gab bzw. gibt darüber hinaus Bewegungen, die ambivalent sind hinsichtlich des Industrialisierungsprozesses, entschieden aber den Prozeß politischer und gesellschaftlicher Egalisierung und Demokratisierung bekämpfen. Die gemäßigtere dieser Anti-Emanzipationsbewegungen ist die konservative, die radikalisierte die faschistische Bewegung. Sie blieben in zentralen Forderungen negativ auf den von anderen sozialen Bewegungen vorangetriebenen Modernisierungsprozeß bezogen. Insofern sind sie einem problemtypologischen Ansatz integrierbar. Eine andere Definition von Nation (d. h. Nationsbildung durch Ausgrenzung); imperialistische, andere nationale Identitäten negierenden Ziele; ein gespanntes bis feindliches Verhältnis zu Rechtsstaat, Demokratie und sozialer Egalisierung (nicht notwendig zu sozialer Sicherheit) lassen sich als Gegenpol zum emanzipatorischen Modernisierungsprogramm charakterisieren, das vom liberalen bzw. demokratischen Bürgertum und der Arbeiterbewegung (um nur die Hauptbewegungen zu nennen) getragen wurde. Daß konservative und NS-Bewegung dabei – jedenfalls zeitweise – untereinander und mit dem imperialistischen Bürgertum Bündnisse eingehen konnten, verdeutlicht die Schwäche einer emanzipatorisch verstandenen Modernisierung und die innere Affinität der Anti-Emanzipationsbewegungen in Deutschland.

Die Problemtypen im Binnenbereich sind auf die Gestaltung der drei gesellschaftlichen Subsysteme bezogen. Sie haben unterschiedliche zeitliche Schwerpunkte.

Die fünf skizzierten Problemkomplexe umfassen die Probleme, die in Deutschland zur Bildung der relevanten Bewegungen geführt haben. Die

Subsystem	Politisches System	Sozioökonomisches System	Soziokulturelles System
Problem-komplex	Rechtsstaat und Demokratie	Wohlfahrts-staat	Kulturelle Identität
Zeitlicher Schwerpunkt	18./19. Jh.	19./20. Jh.	20./21. (?) Jh.

ersten beiden der folgenden Thesen beziehen sich auf die Frage: Welche Probleme wurden nicht, welche Aspekte der genannten Probleme wurden durch soziale Bewegungen thematisiert? Die Thesen 3.–5. fragen nach Ausprägungen von Bewegungen aufgrund variierender Problemkonstellationen.

1. Die Durchsetzung von Imperativen funktioneller Rationalität im Rahmen kapitalistischer Industriegesellschaft wie Technisierung, Verwissenschaftlichung, Bürokratisierung, Kapitalisierung, ökonomisches Wachstum werden durch etablierte ökonomische, wissenschaftlich-technische und administrative Eliten vorangetrieben. Sie bedürfen zu ihrer *Durchsetzung* keiner sozialen Bewegungen.

2. Soziale Bewegungen sind auf die Bearbeitung von Norm- und Wertfragen spezialisiert. Sie entstehen
   a) zur Durchsetzung bzw. Abwehr von Vorstellungen substanzieller Rationalität,
   b) zur Abwehr überzogener Funktionalisierungsprozesse (Über-Industrialisierung, Über-Bürokratisierung etc.) unter Berufung auf verletzte Werte (Gemeinschaft, Frieden etc.).

3. Der deutsche Fall ist das bekannte Beispiel für eine Bearbeitung mehrerer Entwicklungsprobleme (Staats- und Nationsbildung, Rechtsstaat und Demokratie, Wohlfahrtsstaat) nach dem Muster der Kumulation, nicht der Sequenz. Solche Problemhäufung belastet nicht nur die Systemstabilität, sondern hat auch Auswirkungen auf die involvierten Bewegungen.
   a) Sie führt auch zu einer Kumulation von Problemen bei der sozialen Bewegung, die sie überfordern und bei der Bearbeitung ihres Hauptthemas nachhaltig schwächen kann. So war die bürgerlich-liberale Bewegung mit der Doppelaufgabe der Staatsbildung und der Durchsetzung von Rechtsstaat und Demokratie 1848/49 überfordert und ist bei ihrem eigentlichen Thema, Rechtsstaat und Demokratie, im wesentlichen gescheitert. Die Arbeiterbewegung, die 1918/19

wesentliche Aufgaben staatlicher Demokratisierung nachzuholen hatte, scheiterte bei der Durchsetzung ihrer wohlfahrtsstaatlichen Konzeption, die – in damaliger Sicht – Sozialismus (oder doch einen ersten Schritt in diese Richtung) zur Voraussetzung hatte.

b) Die Kumulation gleichgerichteter Probleme kann zur Radikalisierung oppositioneller Bewegungen führen. Dieser aus der Konflikttheorie bekannte Mechanismus hat zur Radikalisierung der Arbeiterbewegung in der demokratisch und sozial zurückgebliebenen Gesellschaft des Kaiserreichs geführt.

4. Besondere Bedeutung für die Ausprägung sozialer Bewegung hat die Partizipationsfrage. Scheitert der Staat bei der Lösung von Partizipationsfragen, kann dies in besonderem Maße zur Radikalisierung von Bewegungen führen. Rechtzeitig gewährte Partizipationsausweitung fördert Tendenzen der Integration, lange verweigerte Partizipationschancen unterstützen die Polarisierung und damit die Radikalisierung der Sozialbewegung. Die Arbeiterbewegung des Kaiserreichs und die neuen sozialen Bewegungen können als Beispiele dafür dienen.

5. Wo ein Problem nicht bereits vor der Entstehung moderner Sozialbewegung gelöst wurde (z. B. die Staatsbildung in Frankreich und England), wird die gesellschaftsstrukturelle Verankerung der Problemfelder auch dadurch unterstrichen, daß alle auf sie bezogenen Bewegungen – soweit zu sehen – transnational sind, d. h. in allen westlichen Gesellschaften auftreten. Ist dies richtig, interessiert vor allem die Ausprägung der Stärke der Bewegungen in den verschiedenen Ländern. In Deutschland wäre insbesondere zu erklären, warum
   a) die kulturorientierten Bewegungen (Lebensreform-, Jugend- und z. T. die neuen sozialen Bewegungen) und die faschistische Bewegung vergleichsweise so stark,
   b) die liberale und demokratische Bewegung vergleichsweise so schwach ausgeprägt waren.

7.3 Sozialpsychologischer Ansatz

Der strukturelle Ansatz hat lediglich die strukturellen Vorgaben für ein Unzufriedenheitspotential geliefert: eine Großgruppe und ein zentrales Thema. Damit ist aber nur ein Potential abgegrenzt. Auch innerhalb einer Großgruppe (und bezogen auf ein Problem) werden keineswegs alle, meist sogar nur kleinere Teile der in Frage kommenden Menschen aktiv. Der sozialpsychologische Ansatz stellt die erste Aktualisierungsstufe dar: die Eingrenzung von Menschen, bei denen Unzufriedenheit feststellbar ist. Es müssen aber dann noch spezifische interaktionistische Elemente hinzutreten, um den Trägerkreis sozialer Bewegung abzugrenzen.

Eine weit verbreitete und scheinbar selbstevidente Annahme geht davon aus, daß soziale Bewegung nicht ohne Unzufriedenheit denkbar ist. Auch der strukturanalytische Ansatz nimmt an, daß strukturelle Widersprüche Unzufriedenheit hervorrufen, die die Bewegung trage und treibe – nur daß eben die Strukturen das Wesentliche und die Unzufriedenheit das lediglich daraus Abgeleitete seien. So richtig der Kern des Unzufriedenheits-Theorems ist, so wenig läßt sich doch eine Gleichung zwischen dem Ausmaß struktureller Widersprüche, dem Grad der Unzufriedenheit und der Intensität einer »Antwort« durch soziale Bewegung aufstellen.

Wie sind Strukturen, Unzufriedenheit und Bewegungen untereinander verbunden? Eine stabile Unzufriedenheit als Basis für ein langfristiges Unternehmen, wie die Bewegung es darstellt, bedarf struktureller Ursachen. Dies sowohl zur Herstellung der unerläßlichen moralisch-emotionalen Schubkraft sozialer Bewegung wie auch zur Abstützung der Plausibilität alternativer Strukturvorschläge, die eben nicht zufällig, sondern systematisch entstandene Mißstände beseitigen sollen.

Es gibt viel mehr Unzufriedenheit in einer Gesellschaft als soziale Bewegungen. Auch intensive und relevante Unzufriedenheit wird nicht notwendig in Bewegung umgesetzt. Wie gesagt: Es gibt viel mehr Gründe für soziale Bewegungen als Bewegungen selbst. Es sind auch nicht unbedingt die Unzufriedensten, die die Grundlage für eine Bewegung darstellen. Schließlich geht in jede Bewegung mehr und diffusere Unzufriedenheit ein, als aufgrund einer Ursachen spezifizierenden Strukturanalyse (und der Bewegungsziele) zu erwarten wäre. So wichtig es also ist, den strukturellen Halt der Unzufriedenheit zu erforschen, so irreführend wäre die Annahme einer sehr engen Beziehung zwischen spezifischen strukturellen Ursachen und der bewegungsrelevanten Unzufriedenheit.

Noch schwieriger als schon bei den strukturellen Ursachen ist es, die Unzufriedenheit von der Mobilisierung durch soziale Bewegung nicht nur analytisch, sondern empirisch zu unterscheiden. Die Mobilisierung hat großen Einfluß auf Intensität und Richtung der Unzufriedenheit (viele werden erst durch Mobilisierung unzufrieden). Wegen der Universalität von Unzufriedenheit wird eine spezifische Unzufriedenheit meist erst dann untersucht, wenn sie »relevant« geworden ist – und das heißt meist: mobilisiert wurde. Unzufriedenheit kann selten oder nie als unabhängige Variable im strengen Sinne behandelt werden. Unzufriedenheit ist der Stoff, aus dem Bewegungen gemacht werden – nicht mehr und nicht weniger.

Viele Individuen haben Schwierigkeiten, die Struktur der Gesellschaft und ihrer Widersprüche zu erkennen, sie mit den erlebten oder potentiell erlebbaren Mißständen zu vermitteln und eine neue gesellschaftliche Konstruktion der Wirklichkeit zu entwerfen bzw. aufrechtzuerhalten, die die Unzufriedenheit legitimiert. Dies hilft zu erklären, warum eine begründete und dauerhafte Unzufriedenheit *auch* der Unterstützung durch Interpretationsinstanzen bedarf. Im folgenden und im Rahmen dieses Abschnitts soll aber nach Formen und Bedingungen von Unzufriedenheit gefragt werden, die – soweit dies überhaupt isoliert werden kann – relativ unabhängig von den Einwirkungen sozialer Bewegung ist.

7.3.1 Relative Deprivation

Die einfachen Antworten auf die Frage, wo vor allem Unzufriedenheit zu vermuten ist, sind falsch. Eine – sehr populäre Ansicht – meint, diejenigen protestierten und bildeten eine Bewegung, denen es besonders schlecht gehe. Von daher immer noch die Erwartung, ein echter Revolutionär und ein legitimer Protestierer müßten »arm« sein. Hohe Grade von Armut, Entbehrung, Frustration, Anomie, Entfremdung etc. führen zu politischer Apathie oder kurzfristigem Protestverhalten, sind aber nicht die Basis für das Langzeitunternehmen soziale Bewegung (vgl. Turner/Killian 1972: 247 f.).

Auch die dynamisierte Version, die Annahme, daß eine Verschlechterung der (materiellen) Situation die Bewegung trage, greift zu kurz, wenn sie generalisiert wird. Die Marxsche Verelendungsthese ist ein Beispiel, die aber noch nicht einmal für die Arbeiterklasse voll greift. Auf der anderen Seite gibt es viele Beispiele dafür, daß der Protest besonders stark ist, wenn sich die Lebensverhältnisse relativ verbessern (z. B. die Protestbewegung der

Schwarzen in den USA Ende der 60er Jahre). Der Pauperismus-These wurde in ebenso falscher Generalisierung eine Prosperitäts-These gegenübergestellt (Olson 1973). Olsons Hauptthese: Rasches wirtschaftliches Wachstum ist vor allem wegen seiner sozialen Folgen ein bedeutender, zu Instabilität, sozialen Bewegungen und Revolution führender Destabilisierungsfaktor. Die Kritik muß hier nicht vertieft werden, zumal Marx und Olson neben den von ihnen betonten Faktoren auch andere Bedingungen als Voraussetzung für Unzufriedenheit nicht ausgeschlossen haben.

Wenn weder die Besserstellung noch die Verschlechterung als generelle Ursache für Unzufriedenheit gelten können, wenn die jeweilige Situation nicht nur durch materielle Kriterien des besser oder schlechter beurteilt wird, dann ist ein offeneres Konzept zur Erklärung von Unzufriedenheit naheliegend. Davies (1973) hat als erster das Konzept relativer Deprivation in einen ähnlichen Problemzusammenhang hineingetragen. Seine Hauptthese: »Revolutionen sind dann am wahrscheinlichsten, wenn eine anhaltende Periode tatsächlichen wirtschaftlichen und sozialen Wachstums von einer kurzen und schweren Rezession abgelöst wird.« (Ebda. S. 186) Die Eingrenzung auf (progressive) Revolutionen, der Ökonomismus, die Krisenfixierung legen nahe, diese Hinweise auf den Diskussionsverlauf hier abzubrechen, um im folgenden das Konzept relativer Deprivation in einer allgemeineren Fassung einzuführen (und zu kritisieren) und dann Bedingungen herauszuarbeiten, die es geeigneter machen, auch auf die Erklärung sozialer Bewegungen angewandt zu werden.

Eine eingehende Diskussion dieses Ansatzes ist auch deshalb angebracht, da bei der systematischen Erklärung subjektiver Ursachen von sozialen Bewegungen »relative Deprivation« weitgehend unangefochten im Mittelpunkt steht. Unter relativer Deprivation (Versagung, Enttäuschung) wird die von einem Individuum subjektiv empfundene Diskrepanz zwischen seinen Erwartungen und den realen Verhältnissen verstanden.

Die Vorteile dieses Konzepts liegen darin, daß es subjektiv, relational und prozessual gefaßt ist.

Subjektiv: Der Begriff erfaßt nicht den Grad objektiver Benachteiligung (z. B. müssen objektiv in Armut Lebende nicht notwendig besonders unzufrieden sein), sondern das von einem Individuum subjektiv empfundene Gefühl der Versagung oder Enttäuschung. Dessen Wahrnehmungen und Bewertungen kommen in diesem Konzept zum Zuge. Die Einbeziehung des sozialpsychologischen Faktors kann zu einem anderen Ergebnis als der rein strukturanalytische Ansatz führen.

Relational: Im Gegensatz zum nicht generalisierbaren Ansatz absoluter

Deprivation wird hier auf den Gesichtspunkt relativer Versagung abgestellt. Die Unzufriedenheit des Individuums ist also durch das Verhältnis zwischen Erwartungen und Realität bestimmt. Dabei gibt es eine Vielzahl von Bezugspunkten für die eigenen Erwartungen. Sie können geprägt sein durch bisherige Erfahrungen, durch Personen in der eigenen Bezugsgruppe, durch andere Gruppen, mit denen sich die eigene Bezugsgruppe vergleicht, aber auch durch Wertvorstellungen etc.

Prozessual: Deprivation erfaßt einen Zustand wie einen Prozeß. Da soziale Bewegungen eng mit dem Prozeß des sozialen Wandels verbunden sind, erschließt der Prozeß der Depravierung (durch Veränderung der Verhältnisse oder der Erwartungen) einen wichtigen Zugang zur Verursachung sozialer Bewegungen. Die Gleichung würde lauten: Starker sozialer Wandel =hohe relative Deprivation =Entstehen sozialer Bewegungen.

Systematisch wurden drei Typen der Deprivation unterschieden:

a) absteigende Deprivation: gleichbleibende Erwartungen stoßen auf verminderte Verwirklichungschancen,
b) aufsteigende Deprivation: sich erhöhende Erwartungen stehen gleichen Verwirklichungschancen gegenüber,
c) progressive Deprivation: Verwirklichung und Erwartung steigen, bis sie durch einen scharfen Einbruch bei der Verwirklichung gestoppt werden.

Die vielfältige Kritik am Konzept relativer Deprivation, die nicht notwendig zu dessen Aufgabe führen muß, läßt sich in vier Punkten zusammenfassen:

1. *Objektivistische Anwendung.* Entgegen dem Anspruch, einen Beitrag zur subjektiven Dimension gesellschaftlicher Widersprüche zu leisten, wird das Konzept auch in Untersuchungen, in denen es zentral ist, nur zu einer bestimmten Interpretation *objektiver* Faktoren verwendet (z. B. Gurr 1972), nicht zur Erforschung der tatsächlichen subjektiven Perzeptionen und Interpretationen der Individuen.[16] Auch die Ideologie einer Bewegung ist kein objektivierter Ausdruck der von den Trägern einer sozialen Bewegung tatsächlich empfundenen relativen Deprivation.
2. *Individualisierung.* Ausgangspunkt ist individuelle Unzufriedenheit als Ergebnis relativer Deprivation. Richtig ist, daß Unzufriedenheit beim einzelnen gemessen werden muß, aber kollektives Verhalten ist nicht die Addition der Einstellungen vieler einzelner. Zum einen ist Unzufriedenheit nicht Zustand, sondern kollektiver Prozeß. Unzufriedenheitsgefühle werden in einem gesellschaftlich-politischen Prozeß hergestellt und

vertieft. Zum anderen bedeutet die Unzufriedenheit vieler Individuen für die Gesellschaft wenig, wenn diese Individuen ungünstig plaziert sind (über viele Einheiten, über das ganze Land verstreut). Eine kleinere Zahl unzufriedener Menschen, die günstig plaziert sind, können für das Entstehen einer Protestbewegung mehr bedeuten. Wichtiger als Zahl und Ausmaß ist die soziale und räumliche Verteilung der Unzufriedenheit (Weede 1975). Unzufriedenheit von Kollektiven ist der im Rahmen der Bewegungsanalyse interessante Ansatzpunkt.

3. *Geringe Erklärungskraft.* Der weitgehendste Vorwurf lautet: Dieser wie andere psychologische Erklärungsversuche seien tautologisch. Sozialpsychologische Bedingungen für soziale Bewegungen seien – dieser Logik entsprechend – dort gegeben, wo soziale Bewegungen auftreten (Greene 1974).
   Der Deprivations-Ansatz ist nicht falsifizierbar. Er erklärt jede Varianz in den Daten. Das hängt vor allem damit zusammen, daß der Bezugspunkt der Erwartungen und das Feld der Unzufriedenheit prinzipiell beliebig gewählt werden können. Weede (1975: 412) verdeutlicht das am Beispiel von Schule/Hochschule. Zuviele Schulen/Hochschulen führen ebenso zu relativer Deprivation wie zu wenige – manchmal sogar in ein und derselben Untersuchung!
   Wegen der Universalität von relativer Deprivation ist der Informationsgehalt dieser Theorie gering. Aus dem gleichen Grunde ist sie in ihrer allgemeinen Form nur für ex post-Analysen brauchbar. Schließlich haben empirische Arbeiten, die direkt Unzufriedenheit abfragen, gezeigt, daß Unzufriedenheit keine Bedingung für Protest ist, sondern allenfalls einen Beitrag neben anderen Faktoren leistet (Marx/Wood 1975 oder Weede 1975).
   Ungelöst ist das Schwellenproblem: Welches Ausmaß und welche Intensität von Unzufriedenheit aufgrund relativer Deprivation sind erforderlich, um soziale Bewegung (Protest, Gewalt etc.) hervorzubringen? (Marx/Wood 1975: 377)
4. *Geringe Komplexität.* Dieser Vorwurf bezieht sich vor allem darauf, daß für die Erklärung einer Umwandlung von individueller bzw. sozialer in politisierte Unzufriedenheit wesentliche Elemente des Mobilisierungsprozesses fehlen. Ob eine soziale Bewegung initiiert wird (Gewalt gewählt, andere Aktionsformen gesucht werden), immer sind es auch taktisch/strategische Entscheidungen in Machtkämpfen, die nicht als Funktion von Ausmaß und Intensität relativer Deprivation interpretiert werden können (Weede 1975: 420). Einen noch weiterreichenden

Einwand gegen das Deprivationskonzept erhebt Greene (1974: 152), der meint, soziale (vor allem revolutionäre) Bewegungen seien nicht primär durch das zu verstehen, wogegen, sondern durch das, wofür sie rebellieren. Dies kann sich allerdings für die in einer Bewegung Aktiven anders darstellen als für die passiven Anhänger.

Der Schwäche des Konzepts der relativen Deprivation, alles und nichts zu erklären, kann dadurch begegnet werden, daß man das Konzept qualifiziert und die Bedingungen einschränkt, unter denen bei Vorhandensein relativer Deprivation – und zusätzlicher Faktoren (s. u.) – mit sozialer Bewegung zu rechnen ist.[17] Dabei kann man allgemeine Qualifikationen, wie z. B. Ausmaß und Intensität der Diskrepanz zwischen Erwartungen und Verwirklichungschancen, ausklammern (vgl. Runciman 1972). Sie haben zwar ihre Bedeutung (je mehr, desto besser), sind aber noch zu allgemein für die Bewegungsanalyse.

Im folgenden werden auch noch einmal einige strukturelle Aspekte angesprochen, hier aber in ihrer Relevanz für die Ausbildung von Unzufriedenheitsgefühlen. Ein Teil der Diskussion ist bei Weede (1975) und Infratest (1978) aufgearbeitet; Kaase (1976) und Morrison (1971) haben – neben anderen – wichtige Modifizierungsvorschläge unterbreitet. Aus diesen Faktoren wären projektspezifische Modelle zu konstruieren, wie dies Kaase z. B. mit drei Faktoren im Rahmen seiner Untersuchung unkonventionellen politischen Verhaltens getan hat.

a) *Kollektive Unzufriedenheit.* Relative Deprivation ist nicht nur dann bewegungsrelevant, wenn sie von vielen geteilt wird, sondern vor allem, wenn diese vielen günstig plaziert sind, d. h. eine soziale Großgruppe bilden, in der durch Interaktion und Kommunikation die Unzufriedenheit definiert bzw. solche Definitionen vermittelt werden können. Die strukturelle Verursachung der Unzufriedenheit und die Notwendigkeit struktureller Lösung gewinnen in einem solchen »strukturellen Kontext« erhöhte Plausibilität. Kollektive Lösungen erscheinen als überzeugender denn individuelle.

b) *Bedeutung der Deprivation.* Wegen hoher individueller Kosten und z. T. auch Risiken bei einer Bewegungs-Teilnahme ist ein Kriterium wichtig, das die vielfältigen Deprivationserfahrungen der Individuen unterscheidet nach ihrer subjektiven Bedeutung für den einzelnen als Individuum und Gruppenmitglied. Nur subjektiv bedeutsame Deprivationen können auch die Grundlage für Bewegungen bilden. Dabei müssen sich allerdings die Inhalte der Bewegungs-Ideologie und der Deprivationen nicht notwendig decken.

c) *Stolz und Autonomie.* Turner/Killian (1972: 263 f.) machen darauf aufmerksam, daß eine bestimmte Gruppenverfassung günstig ist für die Schaffung einer Bewegung. Die Ärmsten der Armen oder Paria-Gruppen sind nicht die, von denen Bewegungen ausgehen. Ein gewisser – gruppenvermittelter – Stolz und ein gewisser Grad an Autonomie gegenüber dominanten gesellschaftlichen Gruppen fördern den Mut und das Selbstvertrauen, Mißstände als solche zu bezeichnen und für ihre Abschaffung einzutreten.

d) *Zuständigkeit der Politik.* Probleme, zu deren Lösung »die Politik« keinen Beitrag leisten kann, führen nicht zur Bildung sozialer Bewegung. Diese Einschränkung sollte allerdings nicht zu eng gezogen werden, wie z. B. bei Kaase (1976: 182): ». . . wenn diese Unzufriedenheit . . . sich auf einen Bereich richtet, für dessen Regulierung dem Staat die Verantwortung zugeschrieben wird und die Leistungen in diesem Bereich als unbefriedigend bewertet werden.« Ein weiterer Politikbegriff, der überindividuelle kollektive Regelungen auch in nicht-staatlichen Bereichen als politisch versteht, mag hier besser greifen als ein auf staatliche Regelung eingegrenzter Begriff.

e) *Legitimität von Erwartungen.* In der Legitimitätsstruktur der Gesellschaft »an sich« verankerte Forderungen erleichtern es, wenn von ihrer gravierenden Verletzung ausgegangen wird, eine soziale Bewegung zu bilden. Die Anwendung des politischen Gleichheitsgrundsatzes kann z. B. nicht »zufällig« vor den Frauen Halt machen (Frauenstimmrechtsbewegung), die der Bürgerrechte nicht vor den Schwarzen (Bürgerrechtsbewegung).

Turner/Killian (1972: 264) stellen die Hypothese auf, »daß eine Gruppe ihre Situation nicht als fundamental ungerecht ansehen kann, ohne Legitimation und Unterstützung von einer anderen Gruppe, deren etablierter Status nicht problematisch ist.« Alle sozialen Bewegungen auch in Deutschland liefern vielfältige Beweise für die Legitimierung von Erwartungen durch »Außenstehende«.

f) *Blockierungsgrad.* Morrison (1971: 678 ff.) führt das Konzept einer mittleren Blockierungswahrscheinlichkeit hinsichtlich der depravierten Erwartungen ein. Sind die Erwartungen auf strukturelle Änderungen zu hoch, erscheint auch die Bewegung als aussichtslos; sind die Erwartungen zu gering, d. h. Änderungen leicht vornehmbar, erscheint der Aufwand einer sozialen Bewegung als zu hoch. Nur in einem mittleren – allerdings sehr breiten Bereich – kann eine Bewegung zur Teilnahme motivieren.

Es gibt Vorschläge, die Bereiche abzugrenzen, in denen Deprivation auftritt (z. B. Lauer 1976: XVI), aber es gibt keinen Vorschlag zur Historisierung unterschiedlicher Deprivationsmotive. Obwohl der Deprivations-Ansatz universal verwendbar ist, liegt sein größter heuristischer Nutzen in der Anwendung auf empirische Deprivations-Tatbestände hinsichtlich der Verteilung von Rechten und von materiellen Gütern. Hier läßt sich der Gruppenansatz und der zunächst von objektiven Verhältnissen ausgehende Vergleich mit privilegierteren Gruppen am besten durchführen. Dagegen mindert sich der heuristische Nutzen des Konzepts bei Problemen kultureller Identität, die sich nicht auf ein mehr oder weniger, sondern auf andere Ansprüche und Qualitäten beziehen. (Vgl. dazu auch Wilson 1973: 81 ff.)

7.3.2 Wertwandel

Mit Werten gerät eine Kategorie in den Blick, die einerseits tiefe Verankerung in der Persönlichkeitsstruktur, andererseits generalisierte Handlungssteuerung beinhaltet. Wertwandel weist hin auf kollektive Umorientierungsprozesse. Je grundlegender der Wertwandel, desto wahrscheinlicher, daß die tradierten politischen Vermittlungsformen nicht adäquat sind, Unzufriedenheit entsteht und die Form der sozialen Bewegung gesucht wird. Allerdings handelt es sich bei Wertwandel in der Regel um Präferenzverschiebungen in charakteristischen Bereichen, nicht um die Umwertung aller Werte (auch wenn es sich den Akteuren gelegentlich so darstellt).

Wertwandel ist keine notwendige Bedingung für eine soziale Bewegung. Es gibt Bewegungen, die nicht auf Wert-, sondern auf Realitätswandel[18] zurückzuführen sind. Zum Beispiel gehen konservative Bewegungen – bei Aufrechterhaltung des Wertprofils ihrer Trägergruppe – auf einen nicht akzeptierten Realitätswandel zurück. Selbst radikale Bewegungen konnten primär auf Veränderungen der Realität zurückgeführt werden, denen eine grundlegende Kontinuität im Wertsystem gegenüberstand, das sich allenfalls aufgrund von Erfahrungen radikalisierte (in dieser Richtung die Analyse der Studentenbewegung bei Allerbeck 1973).

Auch wenn die gesellschaftlichen Probleme, deren Bearbeitung die Bewegung ins Leben gerufen hat, außerdem den Wertwandel (mit)verursachen, kann doch nicht von einer tautologischen Erklärung gesprochen werden. Objektiver Problemwandel und Wertwandel sind unabhängig voneinander variierende Faktoren, die natürlich auch in die gleiche Richtung weisen können.

Empirische Wertanalysen sind ein junges Arbeitsfeld der Soziologie und Politischen Psychologie. Das bindet sie stark an das Untersuchungsinstrument der Befragung (obwohl auch Inhaltsanalyse möglich ist) und begrenzt den historischen Horizont in diesem Bereich.

Durch den sozialstrukturellen und problemtypologischen Ansatz der Ursachenanalyse sind bereits Eingrenzungen vorgenommen, die eine gezieltere Suche nach Wertwandelprozessen erlauben. Wertwandel entsteht aus einem kollektiven Interaktionsprozeß, basierend auf spezifischen sozioökonomischen Voraussetzungen und in Auseinandersetzung mit dominanten Problemlagen. In der Regel sind es Pioniergruppen, die mit dem Wertwandel vorangehen; unter günstigen Bedingungen folgen dem – häufig selektierend und abschwächend – größere Teile der Gesamtbevölkerung (vgl. für einen solchen gestuften Prozeß in den 60er und 70er Jahren Kmieciak 1976). Solche Pioniergruppen stehen für die Bewegungsforschung im Mittelpunkt des Interesses.

Die Wertwandeldiskussion der vergangenen Jahre ist stark beeinflußt von der Inglehartschen Materialismus/Postmaterialismus-Hypothese (Inglehart 1977). So hilfreich sie für Wertwandlungen seit Ende der 60er Jahre sein kann, so irreführend ist die Historisierung der Motive durch Analogiebildung mit dem von Maslow unterstellten dichotomischen Modell der Bedürfnishierarchie. Die bisherige Geschichte war natürlich alles andere als eine Geschichte des »Materialismus«. Die Geschichte des Wertwandels seit der Französischen Revolution ist allerdings noch nicht geschrieben. Folgte man auch nur den drei wichtigsten, durch soziale Bewegungen angezeigten Umbrüchen, wäre dafür bereits viel geleistet.

Die Aufklärung setzt nicht nur die Säkularisierung und ein Programm technischer Rationalität frei, sondern schickt das Bürgertum mit der Wertetrias Freiheit, Gleichheit, Brüderlichkeit auf eine historische Reise, auf der dieses aber nur die erste Etappe gestalten wird. Die bürgerlichen Bewegungen, deren Themen der National- und Verfassungsstaat sind, können als Freiheitsbewegungen charakterisiert werden, da sie in Abgrenzung zum autokratischen Absolutismus die Selbstbestimmung, im Unterschied zu späteren Bewegungen aber Freiheit auf Kosten von Gleichheit betonen. Der Proletarisierungsprozeß der Industriegesellschaft läßt vor allem für die Arbeiterbewegung die Gleichheitsforderung in den Mittelpunkt treten. Die Massenforderung nach Gleichheit ist historisch einschneidend. Sie verankert sich – über bescheidenere »Gerechtigkeits«forderungen hinausgehend – nur allmählich in einer größeren Zahl von Subjekten. Die neuen sozialen Bewegungen könnten in diesem Zusammenhang als vorläufig letzte Etappe in der Abarbeitung des Emanzipationsprogramms interpretiert werden. Es fehlt nicht an Hinweisen darauf, daß der Wert der Brüderlichkeit, der zuletzt in der Arbeiterbewegung als (Organisations-)Solidarität instrumentalisiert wurde, von diesen Bewegungen in seinen breiteren kulturellen Dimensionen wiederentdeckt wurde und einen Schlüssel zu deren Verständnis darstellt (u. a. Dreitzel 1976, Gizycki 1979: 639 ff.).

Hier ist dann auch der engere historische Stellenwert der Inglehartschen Postmaterialismustheorie. Einerseits vermag sie einiges vom postmaterialistischen Wertprofil auszudifferenzieren, was mehr oder weniger enge Affinität zum Zentralwert der Brüderlichkeit hat (wie partnerschaftliche Beziehungen zur Natur, nicht-instrumentelle Kommunikation, Partizipation als Selbstzweck etc.). Zum anderen markiert die Postmaterialismusthese einen Gegensatz zum Materialismussyndrom, das sich auf Werte der Sicherheit und des Wachstums stützt. Damit wird deutlich, daß die bürgerliche Emanzipation an Bedeutung verloren hat und durch ein technisches Ersatzprogramm von Sicherheit und Wachstum einschließlich der dafür erforderlichen »Sekundärtugenden« wie Fleiß, Disziplin, Anpassungsfähigkeit etc. ersetzt wurde. Der gegenwärtig stattfindende Wertwandel ist fundamental, weil er zugleich eine neue Etappe in der Verwirklichung des Emanzipationsprogramms wie eine starke Relativierung der auf das Industriesystem bezogenen Funktionswerte darstellt.

Es bedürfte sowohl weiterer Differenzierung wie Kombinierung grundlegender Werte, um von dieser Seite Licht auf die subjektive Dimension im Ausbildungsprozeß sozialer Bewegungen zu werfen. Sowohl die objektiven Vorgaben und Eingrenzungen (Großgruppe, Problemtyp) wie auch die bereits beim Deprivationskonzept diskutierten modifizierenden Faktoren könnten für den Wertwandelansatz im Rahmen der Bewegungsforschung fruchtbar gemacht werden. Es könnte sich herausstellen, daß der Ansatz besser geeignet ist für progressive als für konservative oder faschistische Bewegungen und gesellschaftliche Umbruchsituationen besser erklärt als Situationen partiellen Wandels.

7.3.3 Identitätskrise

Identität ist die komplexeste Kategorie psychosozialer Vermittlung. Verglichen damit sind relative Deprivation und Wertwandel Konzepte begrenzter Reichweite. Identität läßt sich definieren als Einheit und Kontinuität einer psychosozialen Selbstdefinition, sei es auf individueller Ebene (Ich-Identität) oder sei es auf der Ebene eines kollektiven Interaktionsprozesses (Gruppen-Identität). Das Konzept der Identität ist ein integrierendes Konstrukt, gut geeignet, zwischen verschiedenen Ebenen und Dimensionen zu vermitteln, so innerhalb des Individuums zwischen unterschiedlichen, zum Teil widersprüchlichen Orientierungen, zwischen Orientierungen und Verhalten, zwischen der Psyche des Individuums und Gruppen, zwischen Vergangenheit, Gegenwart und Zukunft etc.

Identitätskrise ist zunächst Krise einer *Gruppe.* Soziale Bewegung entsteht nicht als zufällige Summe individueller Identitätskrisen zu einem Zeitpunkt, sondern aus der Identitätssuche in einem kollektiven Zusammenhang. Dabei wird eine Wechselbeziehung zwischen der Identität des Individuums und der Gruppe unterstellt. Die Identitätskrise muß von der Gruppe wie vom Individuum in einem Interaktionszusammenhang bearbeitet werden. *Krise* einer Gruppe bedeutet eine nachhaltige Störung in Selbst- und Weltverständnis einer Gruppe, die Unzufriedenheit auslöst, sich auch auf der Verhaltensebene manifestiert (z. B. in verschiedenen Formen abweichenden Verhaltens) und in sozialer Bewegung einen Ausdruck ihrer Bearbeitung finden kann.

Ursachen von Identitätskrisen liegen – allgemein gesprochen – in der widersprüchlichen Entwicklung von Gruppen-Definition und Realentwicklung. Da Identität stark durch Werte (in Auseinandersetzung mit Realität) vermittelt ist, sind Erscheinungen einschneidenden Wertwandels immer mit Identitätskrisen verbunden.

Identitätskrise ist umfassender als das Problem, das im Zuge der Entwicklung sozialer Bewegung in den Vordergrund tritt. Zu bezweifeln ist allerdings, daß jede Identitätskrise für jede thematische Schwerpunktsetzung offen ist. Zu vermuten wäre vielmehr, daß die objektive Dringlichkeit der Bearbeitung von Problemen auf der jeweiligen gesellschaftlichen Entwicklungsstufe sich in ihrer spezifischen Selektivität auch durch die Identitätskrise vermittelt durchsetzt. Der historisch anstehende Problemkomplex filtert gewissermaßen aus der umfassenderen Infragestellung der Identitätskrise die Elemente heraus, deren Bearbeitung die größte Dringlichkeit haben. Auch von hier ergibt sich also die Notwendigkeit, diese psychosozialen Prozesse im engen Zusammenhang mit strukturellen Voraussetzungen, wie auch mit den Interaktionsaspekten von Gruppen zu diskutieren.

Unabhängig von solcher empirischer Einbettung des Identitätsansatzes in konkrete Struktur- und Interaktionszusammenhänge lassen sich zwei Typen von Identitätskrise unterscheiden: Identitätskrise aufgrund der Bedrohung einer bestehenden Gruppenidentität oder auf Grund des Fehlens einer Gruppenidentität.

Beim Typ der Bedrohung einer bestehenden Gruppenidentität ist eine Großgruppe über eine Identität integriert, die anhand ihres Selbst- und Gesellschaftsbildes erschlossen werden kann. Unter Realitätsdruck gerät die Gruppe in eine Krise, die durch zwei alternative Strategien bearbeitet werden kann: Entweder die Realität oder die Identität wird geändert. Der Versuch, die bedrohte Identität aufrechtzuerhalten, kann zur Radikalisierung in Forderungen oder Mitteln führen, um die Realität der Identität wieder anzupassen. Ein Beispiel dafür ist die Radikalisierung von altem Mittelstand und Landwirten im Kontext der NS-Bewegung. Demgegenüber steht die Strategie des Wandels der Identität durch Anpassung an neue soziale Verhältnisse. Die die frühe Arbeiterbewegung bildenden Gesellen auf dem Weg zur professionell orientierten Industriefacharbeiterschaft sind ein Beispiel für solche Identitätsfindung auf neuer gesellschaftlicher Grundlage.

Dieser Typus einer Bedrohung bestehender Gruppenidentität kann für die Ursachenerklärung sozialer Bewegungen vor allem in der vorindustriellen und industriellen Epoche fruchtbar gemacht werden, verliert dagegen an Erklärungskraft in der nachindustriellen Entwicklungsphase. Das heißt, daß es für diesen Typ besondere gesellschaftliche Voraussetzungen gibt. Dazu gehört vor allem das Vorhandensein von Großgruppen mit einer klar konturierten Gruppenidentität und deren Vermittlung durch Sozialisationsprozesse. Nur unter diesen Bedingungen kann überhaupt eine Identitäts*krise* einer Gruppe zum psychologischen Auslöser von Gruppenprozessen werden, die – unter anderem – in sozialen Bewegungen ihren Ausdruck finden. Alle sozialen Bewegungen der vorindustriellen und industriellen Phase basieren auf Krisen in sozialen Großgruppen mit deutlich konturiertem Gruppenbewußtsein. Das gilt noch für die frühen kulturorientierten Bewegungen (Lebensreform- und Jugendbewegung), die plausibel mit Identitätskrisen des wilhelminischen Bildungsbürgertums in Zusammenhang gebracht weden können.

Der zweite Typ läßt sich beschreiben als Identitätskrise aufgrund des Fehlens einer Gruppenidentität. Die Krise geht hier nicht aus der Infragestellung einer bestehenden Gruppenidentität, sondern gerade aus deren Fehlen hervor. Der einzelne ist bei der Identitätssuche allein gelassen oder jedenfalls von der Gruppe nicht mehr wirksam unterstützt. Daraus kann Identitätsdiffusion entstehen (z. B. von Erikson betont), die Identitätsfindung kann positiv unter Erweiterung des Freiheitsspielraums individualisiert werden (z. B. von Krappmann betont), es kann aber auch die kollektive

Suche nach Identität (so der Titel eines Buches von Klapp) ausgelöst werden, die sich u. a. in einer sozialen Bewegung ausdrückt.

Die Bewegungen seit der Studentenbewegung der 60er Jahre scheinen mehr diesem Typ der Identitätskrise zu entsprechen. Dies verweist darauf, daß die Faktoren Sozialstruktur und Sozialisation strukturelle Veränderungen erfahren haben mit der Folge einer Erosion von Großgruppen und der »Öffnung« von Sozialisationsprozessen. Das fortbestehende Bedürfnis nach Stützung individueller Identität durch sinnhafte Gruppenbezüge könnte dann nur noch so befriedigt werden, daß eine neue Gruppe mit einer neu definierten Identität aufgebaut wird. Dies muß keineswegs, kann aber eine soziale Bewegung sein. Der insgesamt für das Individuum unter diesen Bedingungen erweiterte Gestaltungsspielraum bei der Erfindung und Erprobung neuer Lebensentwürfe erstreckt sich dann auch auf die Entscheidung, sich einer sozialen Bewegung anzuschließen oder nicht, ebenso auf Unterbrechung oder Abbruch des Engagements z. B. bei zu starken Widerständen. Die Instabilität neuer sozialer Bewegungen könnte auch von hierher erklärt werden. Die hier angeschnittenen Fragen werden bei der Analyse neuer sozialer Bewegungen wieder aufgenommen (vgl. Kap. 17).

Auch dieses Konzept ist vermutlich für bestimmte historische Phänomene geeigneter als für andere. Jedenfalls muß nicht jede Unzufriedenheit auf eine Identitätskrise verweisen. Fruchtbar scheint das Konzept bei komplexen, tiefgreifenden Erschütterungen, vor allem soweit Wertgrundlagen und kulturelle Identitäten (mit) in Frage gestellt werden.

7.4 Interaktionistischer Ansatz

Der sozialpsychologische Ansatz überwindet die objektivistische Schranke des strukturalistischen Approaches, der interaktionistische Ansatz die Passivitäts-Schwäche des sozialpsychologischen Approaches. Unzufriedenheit geht zum Teil und auf Teile der strukturellen Widersprüche zurück, sie entsteht im Rahmen bestimmter Bedingungen bis zu einem gewissen Maße »selbsttätig«. Ohne den Beitrag bestimmter Handlungszusammenhänge würde aber Unzufriedenheit nie die Kontur und Stoßkraft erhalten, die sie zum Beweger der Bewegung macht. Strukturwidersprüche und Unzufriedenheitsgefühle treten, wie gesagt, häufiger auf als soziale Bewegungen.

Ohne Deutung und Dramatisierung durch Akteure blieben die strukturellen Widersprüche und eine nur diffuse Unzufriedenheit aber richtungslos.

Es gibt also einen Kampf um Unzufriedenheit. Für die soziale Bewegung ist sie Produktivkraft, für die Herrschenden Destruktivkraft. Die Bewegung dramatisiert die Unzufriedenheit und betont ihre strukturellen Ursachen, die Herrschenden spielen sie herunter. Ohne strukturelle Ursachen ist Unzufriedenheit aber nicht dauerhaft dramatisierbar, mit strukturellen Ursachen kann dauerhaft nicht nur von »Aufwiegelung« gesprochen werden.

Anzusprechen sind hier Positionen der Bewegungsforschung, bei denen der Interaktionsaspekt gegenüber den beiden anderen Ursachenkomplexen überbetont wird.

Eine Verschiebung vom Unzufriedenheits-orientierten und kritisierten »grass-roots approach« zu einem Eliten-Approach findet bei Turner/Killian (1972: 247 ff.) statt. Sie gehen davon aus, daß es immer genügend Unzufriedenheit in einer Gesellschaft gebe, um die Basis für eine soziale Bewegung zu finden. Wichtiger seien eine effektive Organisation und genügend Ressourcen bzw. Macht, die von einer Elite im Rahmen einer Bewegung mobilisiert werden können. Hier wird genuin entstehende Unzufriedenheit als Ursache sozialer Bewegung zwar noch nicht geleugnet, aber zu einer vergleichsweise sekundären Variablen erklärt. Dies gilt auch für andere und noch prononciertere Positionen auf der Grundlage des Ressourcen-Mobilisierungs-Ansatzes (Tilly, McCarthy/Zald etc.).

Blumer (1973: 149 ff.) verschiebt die Gewichte in Richtung symbolischer Interaktion: »Soziale Probleme als kollektives Verhalten« heißt sein programmatischer Titel. Seine These ist, »daß soziale Probleme einem Prozeß der kollektiven Definition unterliegen und seine Produkte sind ... der Prozeß der kollektiven Definition bestimmt den Verlauf und das Schicksal sozialer Probleme, und zwar vom Beginn ihres Auftretens bis zu dem wie immer gearteten Endpunkt. Ihr Dasein liegt fundamental nicht in einem angeblich objektiven Bereich sozialer Mißstände, sondern in diesem Prozeß kollektiver Definition.« (Ebda, S. 155) »Soziologen, die danach trachten, eine Theorie sozialer Probleme auf der Annahme zu entwickeln, daß soziale Probleme in einer Art von objektiver sozialer Struktur beheimatet sind, mißdeuten ihre Welt.« (S. 164)

Auch wenn man solchen Übertreibungen nicht folgen kann, bleibt das interaktionistische Element als Teil des Ursachenkomplexes wichtig. Es hat eine interne und eine externe Dimension. Die interne Dimension bezieht sich auf die Kommunikation bzw. Selbstverständigung und auf die Bekräftigung von Unzufriedenheit durch Interaktion in einem Gruppenzusammenhang. Hier erst werden Bedeutsamkeit und Dringlichkeit der Unzufriedenheit, die so wichtig sind für die Entstehung sozialer Bewegung, »festgestellt«.

In diesem Abschnitt soll nur global hingewiesen werden auf makrostrukturelle Voraussetzungen für die Aktivität von Bewegungsakteuren in der Konstituierungsphase. Unberücksichtigt bleiben dabei individuelle Merkmale von Akteuren (wie Selbsteinschätzung oder Handlungskompetenz), wie sie in der Partizipationsforschung untersucht oder wie sie z. T. im Zusammenhang mit der auf Ausweitung zielenden Rekrutierung sozialer Bewegung diskutiert werden (vgl. 9.2.2). Auch im Rahmen der späteren Analyse von Mobilisierungsprozessen wird die Bedeutung hervortreten, die eine integrierte Gruppenstruktur für den Interaktionsprozeß sozialer Bewegung hat. Wo die tragende Sozialgruppe klare Konturen zeigt (z. B. Arbeiter- oder Studentenbewegung) und die Gruppe über stabile institutionelle Kerne vernetzt ist (wie Fabrik oder Universität), sind nicht nur die Entfaltungs-, sondern auch schon die Entstehungsbedingungen sozialer Bewegung günstiger als dort, wo solche Voraussetzungen fehlen (z. B. Friedens- oder Frauenbewegung).

Die externe Dimension bezieht sich auf die zur Verfügung stehenden Handlungsmöglichkeiten. Dazu gehören das Versagen der etablierten Politikstruktur und die eigene Entscheidung, sich nicht nur auf konventionelle Formen einzulassen. Ebenso wichtig ist eine günstige Kostenkalkulation des eigenen Handelns. Dabei werden – wie rudimentär auch immer – aufwendbare Ressourcen, zu befürchtende Sanktionen und Erfolgsaussichten gegeneinander abgewogen.

Historisch gesehen haben sich die Möglichkeiten der Selbstverständigung und Bekräftigung (interne Dimension) im Zuge des sozialen und politischen Modernisierungsprozesses erhöht (vgl. 4.1). Die Vermittlungschancen (externe Dimension) sind durch zwei Phasen gekennzeichnet. In der ersten Phase (zweite Hälfte 19. Jahrhundert) schaffen sich die Bewegungen durch Ausbildung eines Parteien- und Verbandssystems eine eigene intermediäre Struktur. Danach müssen neue Bewegungen, um gesamtgesellschaftlich wirksam zu werden, in diese etablierten Vermittlungsstrukturen einbrechen, sie für sich durchlässig machen oder zu eigenen Gunsten zurückdrängen.

Exkurs: Das Krisen-Theorem

Den häufig vagen Begriff sozialer Bewegung mit dem schwammigen Begriff sozialer Krise zusammenzubringen, kann die methodischen Schwierigkeiten nur vermehren. Auf der anderen Seite erscheinen dem Alltagsbewußtsein Bewegung und Krise als eng verschwistert. So viele historische Beispiele auch beizubringen sind, daß Bewegungsanalyse immer auch durch gesellschaftliche Krisen hindurchführt, so fraglich bleibt doch, ob eine soziale Krise notwendig die Ursache einer sozialen Bewegung markiert.

Die prinzipielle These, eine Krise liege jeder sozialen Bewegung zugrunde, formuliert Rammstedt (1978: 138 ff.). Zwar postuliert er: »Krise verweist auf die gleichen Ursachen wie Bewegung«, die strukturellen Widersprüche müssen nach Rammstedt aber die Form einer Krise annehmen, um soziale Bewegung zu verursachen. Insofern muß Krise als notwendige Bedingung sozialer Bewegung im Ursachenkomplex verstanden werden. Diese offenbar deduktiv gewonnene These bleibt auch insofern abstrakt, als sie nicht ansatzweise auf historisches Material bezogen wird.

Von historischen Krisen gehen dagegen LaPalombara/Weiner (1966: 13 ff.) in ihrem historisch-systematischen Erklärungsversuch von Parteibildung aus. Legitimations-, Integrations- und Partizipationskrise, die für die frühen Parteibildungen als wesentlich herausgehobenen Krisentypen, könnten durchaus auch als Ursachenkomplex für soziale Bewegungen fruchtbar gemacht werden. Allerdings sind diese drei – sich gegenseitig überschneidenden – historischen Krisentypen zu eng, um die Vielzahl von Ursachenkomplexen zu erfassen, die Bewegungen zugrundeliegen.

Es gibt also bisher keine systematische Inbeziehungssetzung von historischen Krisen bzw. Krisentypen und sozialen Bewegungen. Eine Generalisierung auf diesen Ursachenfaktor hätte denn auch einige Schwierigkeiten. Unbestritten ist, daß einige soziale Bewegungen als durch eine gesellschaftlich-politische Krise verursacht erklärt werden können (am Beispiel der NS-Bewegung besonders gut zu exemplifizieren). Andere Bewegungen scheinen sich aber einem – wieweit auch immer gedehnten – Krisenbegriff zu entziehen. Am Ausgang z. B. der bürgerlichen Frauen- oder der Jugendbewegung von Krise dieser Teilbereiche in irgendeinem ernsthaften Sinne zu sprechen, wäre nur möglich, wenn man – offensichtlich unsinnig – jeden Konflikt über Interessen und Werte so bezeichnete. Dem widerspricht nicht die Thematisierung von Identitätskrisen beim sozialpsychologischen Ansatz. Ebensowenig wie eine Krise allein aus zugespitzten objektiven Widersprüchen ohne Krisenbewußtsein bestehen kann, so auch nicht aus einem nur subjektiven Unzufriedenheits- oder Unruhephänomen, zumal wenn diese – wie üblich bei sozialer Bewegung – auf relativ kleine Teile einer Gesamtgruppe bezogen sind.

Es gibt also Bewegungen, die nicht plausibel auf Krisen zurückgeführt werden können. Darüberhinaus gibt es viel mehr Krisen als soziale Bewegungen, so daß selbst bei Aufgreifen eines solchen Ansatzes die Unterschiede erklärt werden müßten, die – in eher wenigen Fällen – zu sozialer Bewegung und in vielen Fällen zu anderen politischen Reaktionen führen.

Generell ist die Krisen-These nicht zuletzt deshalb problematisch, weil eine latente Funktion sozialer Bewegung die Krisenvermeidung ist. Gerade die frühzeitige Thematisierung von Problemzonen vermag die berühmte Frühwarnfunktion zu erfüllen, die zu Maßnahmen mit der Absicht führen, Krisen abzuschwächen oder eben zu vermeiden.

Schließlich ist zu bedenken, daß die zu einem Machtfaktor entfaltete soziale Bewegung selbst einen Faktor der Krisenproduktion oder doch -verschärfung darstellt. Da viele Bewegungen sich machtpolitischen Nutzen aufgrund einer Krise ausrechnen und durch entsprechende Strategien auf Zuspitzung hinarbeiten, kann hier die Bewegung nicht mehr nur als abhängige Variable in Bezug auf eine Krise gesehen werden.

Diese Überlegungen mögen dafür sprechen, an einer offeneren Kategorie wie der von strukturellen Widersprüchen gesamtgesellschaftlicher Entwicklung festzuhalten und dabei die Ausprägung der Widersprüche als variabel anzusehen. Die zugrundeliegenden Widersprüche können sich zu manifesten Konflikten entwickeln (aber selbst die Arbeiterbewegung begann auf einem vergleichsweise niedrigen Niveau manifesten Konflikts zwischen Arbeit und Kapital). Die Widersprüche können sich auch bis zur Krise steigern. Beide Intensitätsformen können aber nicht als notwendige Bedingungen für die Entstehung sozialer Bewegungen angesehen werden.

7.5 Zusammenfassung

Mit den Ursachen wurde der Entstehungsprozeß sozialer Bewegungen thematisiert. Dabei wurde schon mit angesprochen, was sich im Entfaltungsprozeß sozialer Bewegung als relativ eigenständige Elemente ausdifferenziert (z. B. die Interaktion in Mobilisierung und Aktion).

Auf einer analytischen Ebene konnten drei Ansätze unterschieden werden: der strukturanalytische, sozialpsychologische und interaktionistische. Jeder leistet einen Beitrag zur Erklärung der Ursachen, ohne diese alleine tragen zu können. Jeder dieser Ursachenkomplexe stellt eine notwendige, aber nicht hinreichende Bedingung für die Entstehung sozialer Bewegung dar. Die Erklärung kann nicht auf einen der Faktoren reduziert werden. Im strengen Sinne sind sie noch nicht einmal voneinander isolierbar; so sind Interaktionen z. B. notwendig zur Ausbildung von Unzufriedenheit.

Die Einseitigkeit jedes der drei Ansätze für sich genommen ist evident. Das verhindert nicht, daß sie in solcher Einseitigkeit in der akademischen Debatte vertreten werden. Vernünftig wäre dagegen ein Ansatz, der alle drei Teilansätze integriert, ohne sich die Frage aufdrängen zu lassen, welcher Faktorenkomplex prinzipiell wichtiger ist.

Soziale Bewegung ist eine Erscheinungsform des »voice«, des Widerspruchs gegen Autoritäten (Organisation oder Gewalt – ohne Zusammenhang mit Bewegung – wären andere). Ihr Wirksamwerden impliziert, daß die Alternativen mindestens partiell nicht durchschlagen: sowohl »loyality«, der verschiedene Einstellungen zugrunde liegen können (wie Apathie, Individualisierung oder Akzeptierung von Problemen), als auch »exit«, der z. B. in Gestalt der Auswanderung im 19. Jahrhundert einen wichtigen Mechanismus zur Externalisierung von Ursachen darstellte.

Zu den *strukturellen* Ursachen wurden Gruppenbasis und Problemtyp gerechnet. Die Identifizierung einer oder mehrerer *Sozialgruppe(n)* ist für den Gesamtprozeß sozialer Bewegung von grundlegender Bedeutung. Schon beim Entstehungszusammenhang werden damit aus der gesamten Sozialstruktur Gruppen mit spezifischen Interessenlagen und mit – zu einem bestimmten historischen Zeitpunkt – besonderer Problemaffinität herausgelöst, Gruppen, die zudem einen Rahmen bilden für sozialpsychologische Prozesse und folgenreiche Interaktionen. Darüberhinaus ist die Gruppenbasis ein wesentlicher Bezugspunkt für Erklärungen im Entfaltungsprozeß sozialer Bewegung.

Jede Bewegung nimmt zu vielen Einzelthemen Stellung. Wenn es gelingt, den zugrunde liegenden zentralen *Problemtyp* zu identifizieren, ist für die strukturelle Einordnung der Bewegung in gesamtgesellschaftliche und historische Zusammenhänge viel gewonnen. Bei für eine Epoche zentralen Bewegungen mag die Zuordnung zu einem dominanten Problemtyp eindeutiger gelingen als bei marginalen, obwohl auch an Langzeitbewegungen (Beispiel Frauenbewegung) mit Entwicklungsphasen sich wandelnde

Problemschwerpunkte gezeigt werden können. Sicherlich ist dieser Faktor noch zu grobflächig beschrieben, treten empirisch z. B. vielfältige Überlagerungen auf, so daß hier nach weiteren Differenzierungen und Ergänzungen gesucht werden müßte.

So sehr der *sozialpsychologische* Ansatz relativiert wurde, so viele methodische Schwierigkeiten er auch bereitet: er ist unverzichtbar für eine komplexe Erklärung der Ursachen sozialer Bewegung. Gefühle der Unzufriedenheit stellen sich nicht überall ein, wo objektive Widersprüche und Probleme existieren, und sie sind als motivationale Triebkraft für Bewegungen unerläßlich, auch dann, wenn die Ursprünge der Unzufriedenheiten, die in einer Bewegung zusammenkommen, in sehr unterschiedlichen Feldern liegen mögen. Die hier diskutierten sozialpsychologischen Ansätze stehen nicht auf der gleichen Ebene. Sie zeigen Unterschiede hinsichtlich Komplexität und Reichweite (in absteigender Reihenfolge: Identitätskrise, Wertwandel, relative Deprivation). Mindestens so wichtig ist aber ihre unterschiedliche Eignung je Problemtyp. So erscheint das Konzept der Identitätskrise für Probleme kultureller Selbstverständigung geeigneter; relative Deprivation für Probleme ungleicher Verteilung von Rechten oder materiellen Gütern.

Die Bildung von Unzufriedenheit ist nur z. T. als spontaner Prozeß zu verstehen. Sie wird sozial definiert und kommuniziert. Überspitzt läßt sich sagen, daß Unzufriedenheit ohne diese interpretativen und vermittelnden Stützen kaum lebensfähig ist. Insofern greift die Interaktion schon in die Bildung von Unzufriedenheit ein.

Erst die *interaktionistische* Komponente macht aus den latenten Elementen Gruppe, Problem und Unzufriedenheit die manifeste Struktur soziale Bewegung. Umgekehrt: fehlen günstige Bedingungen für kritische Interaktion, verstärken die Probleme gesellschaftliche Unzufriedenheit, aber nicht Protest und Widerstand. In einer internen Dimension wird Unzufriedenheit »bekräftigt«, kommuniziert und in ersten Schritten organisiert. In einer externen Dimension liegt die Prüfung von Handlungsalternativen, von deren Ausgang abhängt, ob die kostenintensive, anspruchsvolle Form sozialer Bewegung gewählt wird.

Kapitel 8

Ziele

8.1 Einführung

Ziele stellen das Leitbild des Handelns einer Bewegung dar. Sie projektieren einen zukünftigen Zustand, der zugleich Orientierung ist für das gegenwärtige Handeln. Die Veränderungsziele können sich auf Normen, Werte und Institutionen richten.

Ziele sind ein engerer Begriff als der der Ideologie, verwendet in der neutralen sozialwissenschaftlichen Bedeutung als System von Überzeugungen und Begriffen, mit denen die Welt gedeutet und – mehr oder weniger präzise – eine Orientierung für Handlungsziele gegeben wird. Bei sozialen Bewegungen handelt es sich um eine Interpretation der Realität, die die Notwendigkeit des Wandels begründet. Die Handlungsziele stehen also nicht im Mittelpunkt der Ideologie, sondern ergeben sich als Konsequenz des Deutungssystems. Die Ideologie muß nicht elaboriert sein, sie war es z. B. nicht bei Jugend- und Lebensreformbewegung (»Hintergrundideologie«).

Ziele sind ein weiterer Begriff als der des Programms einer Bewegung. Hierbei handelt es sich um praxisbezogene, kurz- oder langfristige Forderungen. Die Konsistenz zwischen Programm und Ideologie ist variabel. Gerade auch hier zeigt sich der Handlungsspielraum der Bewegungsakteure. So ist Lenins Forderung nach »Land, Frieden und Brot«, die Bauern, Soldaten und die nicht-sozialistischen Kräfte für die Revolution gewinnen sollte, sicherlich keine spezifisch kommunistische Forderung. Auch die zehn Forderungen des im Kommunistischen Manifest untergebrachten Aktionsprogramms ergeben sich nicht zwingend aus dem vorhergehenden Grundriß sozialistischer Ideologie.

Ziele werden in diesem Kapitel auf der Ebene von Ideologie und Programmatik besprochen, auf der sie Ergebnisse des Handlungsprozesses von Bewegungskollektiven darstellen. Ideologie und Programmatik sind häufig im Mittelpunkt von Bewegungsdarstellungen, selten aber Gegenstand systematischer Analyse. Zumal in historischen Darstellungen treten sie anstelle von Informationen über tatsächliche Aspekte von Unzufriedenheit. Im übrigen dienen sie als wichtigste Quelle des Selbstverständnisses einer Bewegung. Die schwierige empirische Erfaßbarkeit anderer Elemente von Bewegung verführt dazu, sich an Ideologie und Programmatik festzuhalten und dabei deren funktionalen Stellenwert zu vernachlässigen.

Sicherlich sind die Ziele von großer Bedeutung für eine Bewegung. Aus diesem Grunde werden Definition und Typologie wesentlich auf der Zielkomponente aufgebaut. Ideologie ist gerade für Bewegungen, die häufig über vergleichsweise geringe materielle Anreize für Aktivität verfügen, ein wesentliches Rekrutierungsmittel. Auch die Mobilisierung steht ohne das Generalisierungspotential der Ideologie auf schwachen Füßen. Und dennoch bleibt die Einschätzung ambivalent: »Ideologie ist wichtig, aber sie ist nicht der einzige wichtige Faktor und in mancher Hinsicht ist sie überhaupt nicht wichtig.« (Marx/Wood 1975: 384)

Ideologie- und Programmbildung sind zusammen mit Mobilisierung und Strategiefindung wesentliche Elemente des Handlungszusammenhangs soziale Bewegung. Während die Zielfindung über Mobilisierung und Aktion/Strategie mit dem gesellschaftlichen Kontext der Bewegung vermittelt ist (sie zugleich steuernd und durch diese geformt), liegt der Rückbezug der Ziele bei der strukturellen Unzufriedenheit, d. h. den Ursachen der Bewegung. In beiden Richtungen ergeben sich Erklärungselemente für die Bewegungsziele.

Da die Untersuchung ihren Ausgangspunkt bei strukturellen Widersprüchen nahm, die durch Unzufriedenheit vieler Menschen vermittelt ist, liegt die Vermutung nahe, die Ziele sozialer Bewegung verfolgten umstandslos den Zweck, durch Aufhebung der Widersprüche Zufriedenheit (wieder)herzustellen. Dagegen steht die Warnung: »Die Ziele einer Bewegung korrespondieren nicht notwendig eng mit der Quelle der Unzufriedenheit.« (Turner/Killian 1972: 248) Warum sind die Beziehungen zwischen Ursachen und Zielen nicht so eng, wie »an sich« zu erwarten wäre?

– Komplexe Bewegungen bearbeiten viele Widersprüche, aus denen bei Ideologie- und Programmbildung selektiert werden muß. Menschen wissen häufig nicht, warum sie unzufrieden sind, und vor allem nicht, wie sie diese Unzufriedenheit überwinden können; sie sind auf die Vereinfachung von Ursachen und Lösungen, wie sie in Ideologien bereitgestellt werden, angewiesen.

– Ziele ergeben sich nicht umstandslos aus den Ursachen. Interessen- und Wertunterschiede der an der Zielinterpretation beteiligten Gruppen verursachen eine häufig erhebliche Heterogenität in den Zielen sozialer Bewegung.
  Die Arbeiterbewegung ist nur ein Beispiel für die Vielzahl von Zieltendenzen, die mit einem ähnlich gesehenen Ursachenkomplex verbunden wird (utopischer Sozialismus, Anarchismus, Marxismus, Leninismus, Reformismus etc.).
– Im Zusammenhang von Mobilisierung, Aktion und staatlicher Kontrolle werden Ziele gewählt und z. T. aufgezwungen. Dabei können taktisch-strategische Gesichtspunkte wie Konsensbildung, absichtliche Aufrechterhaltung von Unbestimmtheit (Präzision kann ein Faktor der Demobilisierung sein), Polarisierung etc. leitend sein. Zum Beispiel hatte das Sozialistengesetz einen wichtigen Einfluß auf die Verbreitung der marxistischen Ideologie in der deutschen Arbeiterbewegung.

Es liegt deshalb nahe, von einem beträchtlichen Maß an Offenheit der Zielfindung auszugehen. Sie ist nichts weniger als durch strukturelle Unzufriedenheit determiniert. Es ist deshalb nicht nur von einer Entscheidung über, sondern von einem Kampf um Ziele zu sprechen. Was sich aus der Sicht der Bewegung als Offenheit (umkämpfter) Ziele darstellt, erscheint aus der Perzeption der Sympathisanten, des Publikums, der staatlichen Kontrollorgane als relative Ungewißheit über die wirklichen Ziele einer Bewegung.

Zwei Aufgaben stellen sich im Rahmen einer systematischen Zielanalyse. Zum einen die Untersuchung von Strukturen (8.2) und Funktionen (8.3) der Ziele sozialer Bewegungen. Zum anderen sind Faktoren zu identifizieren, die den Zielfindungsprozeß bestimmen; dabei wird die Rolle von Intellektuellen als Ideologieproduzenten hervorgehoben (8.4).

8.2 Strukturen

Ziele sozialer Bewegung können unterschieden werden in Ideologie und Utopie einerseits, die den Interpretationsrahmen und die allgemeine Zielorientierung einer Bewegung abstecken, in Programm und Issue andererseits, die Ziele als Forderungen in politische Praxis vermitteln. Das Verhältnis zwischen Konsens und Dissens bezeichnet ein wesentliches ideelles Strukturelement auch einer sozialen Bewegung, das Einfluß auf ihre Handlungsfähigkeit hat.

8.2.1 Ideologie und Utopie

Ideologie wird hier als neutraler sozialwissenschaftlicher Begriff verwendet, im Sinne einer mehr oder minder systematisierten Deutung von Gesellschaft. Killian (1964: 436 f.) versucht, typische Inhalte von Bewegungs-Ideologien festzulegen:

- Eine Version (bzw. Revision) der Geschichte. Bekanntes Beispiel: »Die Geschichte aller bisherigen Gesellschaft ist die Geschichte von Klassenkämpfen.«
- Zwei Visionen der Zukunft: Eine des Paradieses und eine der Hölle, so als sei nur die Wahl zwischen den »letzten Tagen der Menschheit« und dem »Glück auf Erden«.
- Dramatisierte Konsequenzen eines Scheiterns der Bewegung. So drohte Hitler mit der Weltherrschaft der Juden und Kommunisten für den Fall mangelnder Unterstützung der NS-Bewegung.
- Festlegung der Helden und Schurken. Schwarz-weiß-Malerei und Personalisierung scheinen wichtige Elemente zu sein.

Heberle (1967: 19 f.) schlägt vor, die konstitutiven Ideen von den unwesentlichen bzw. zufälligen zu unterscheiden. So hatte die Frage, ob Begräbnis oder Feuerbestattung (zuständig: Sozialdemokratische Vereinigung für Feuerbestattung), zwar mit dem Antiklerikalismus der Sozialdemokratie, aber nichts mit dem Wesen sozialistischer Ideologie zu tun. Die Beschreibung der grundlegenden Ideen ist bei ihm aber nicht auf einen analytischen Rahmen bezogen, der sie vergleichbar machen könnte.

Die Zielaussagen lassen sich in den Bezugsrahmen einordnen, der zur Analyse sozialer Bewegung selbst verwendet wir. Dies erleichtert den systematischen Vergleich. U. a. läßt sich so feststellen, wieweit die Bewegung ein Bewußtsein ihrer selbst gewonnen hat.

- Ursachen: Wer wird als soziale Trägergruppe, was als zentrales Problem und was als Defizit des bestehenden Vermittlungssystems thematisiert?
- Mobilisierung: Welche Aussagen liegen vor allem zur Organisation der sozialen Bewegung vor?

- Aktion/Strategie: Wo liegen die Hauptansatzpunkte des Bewegungshandelns und mit welchen Aktionsformen sollen sie verfolgt werden?
- Kontrolle: Wer ist der zentrale Gegner der sozialen Bewegung?
- Sozialer Wandel: In welcher Richtung sucht die Bewegung grundlegende strukturelle Veränderung?

Zusammenfassend lautet die Frage: Woraus resultiert Unzufriedenheit, in welcher Richtung, mit welchen Mitteln und auf welchem Weg soll sie überwunden werden? Dies ist nur ein Vorschlag zur Konzentration auf Wesentliches. Ideologie umfaßt immer den Interpretationsrahmen in seiner komplexesten und umfassendsten Form, schließt also auch die Begründung von Wertpräferenzen, eine Interpretation von Geschichte etc. – soweit sie vorliegen – mit ein.

Utopie ist der zukunftsweisende Teil einer Ideologie. Sie ist nicht an eine bestimmte Form (z. B. das »Ausmalen« der Zukunft in einem »Zukunfts-Roman«) gebunden. Utopie wird charakterisiert durch die Intention einer radikalen Überwindung schlechter gegenwärtiger Realität in Richtung auf eine bessere Gesellschaft, die die wichtigsten Mängel überwindet, aber noch nirgendwo existiert.

Dabei hängen Kritik und Transzendenz des Bestehenden eng miteinander zusammen. Aus Richtung und Radikalität der Kritik bestehender Gesellschaft werden – wie ausgeführt auch immer – Tendenz und Veränderungsgrad des angestrebten Wandels sichtbar. Utopie ist das Schwungrad vieler Bewegungen, das ihnen nicht nur Richtung, sondern auch Dynamik verschafft.

Falsch ist die Gleichsetzung von Utopie mit totalitärer Utopie (dazu vgl. Neusüss 1972). Totalitarismus spricht nur den Mittelaspekt politischer Praxis an, nicht immanente Strukturen der Denkgebilde. Unter jeweils zu bestimmenden historisch-gesellschaftlichen Bedingungen wird versucht, Utopie mit Zwang und Gewalt zu realisieren. Dies ist aber nicht notwendiger Ausfluß des utopischen Denkansatzes, zumal Utopie in ausformulierter Form für eine soziale Bewegung nie verbindlich und in unausformulierter Form als Handlungsprogramm viel zu ungenau ist. Dabei ist es nicht notwendig, totalitäre Praxis allein durch reale Verhältnisse zu erklären (wie es z. B. Neusüss tut), vielmehr kann eine Wechselbeziehung angenommen werden zwischen totalitären Potentialen einer Utopie, soweit sie z. B. zur Lösung aller Probleme aus einem Prinzip tendiert, und sozialhistorischen Bedingungen, die zu deren Verwirklichung drängen. Utopie und Gewalt sind Variablen, die nicht notwendig miteinander korrelieren – außer die Utopie umschließt bereits die Gewalt als positiven Wert, wie dies im Faschismus der Fall ist.

Utopie kann vernünftigerweise nur als dialektische Utopie fungieren. Wie sie durch Praxis die Realität verändert, so verändert sie sich selbst durch Praxis. Dogmatismus ist das Stehenbleiben des Denkprozesses, der primär aus den gesellschaftlichen Verhältnissen erklärt werden muß. Hinter der Kritik der Utopie als prinzipiell totalitär und dogmatisch verbirgt sich eine Abwehr weitreichender gesellschaftlicher Veränderung.

Ideologien (und Utopien) sind zu differenzieren nach Graden der Konsistenz, Reichweite und Radikalität.

a) *Konsistenz.* Ideologien variieren nach dem Grad ihrer Durchsystematisierung zwischen den Polen der Offenheit und der Geschlossenheit. Widerspruchsfreiheit und Reduktion auf einige wenige, das Gesamtgebäude tragende Faktoren sind u. a. Ausdruck eines hohen Systematisierungsgrades. Systematisierungsstärke darf dabei nicht mit wissenschaftlicher Erklärungskraft verwechselt werden.
b) *Reichweite.* Nach dem Grad ihrer Reichweite variieren Ideologien zwischen den Polen totaler und sektoraler Veränderung. Auch dort, wo die Intention sich auf die Veränderung der Gesellschaft im ganzen bezieht (intentionale Totalität), bleibt die Praxis stets weit hinter den Absichten zurück (praktische Selektivität). Häufig ist aber die praktische Selektivität bereits in den Akzentuierungen der Ideologie vorgeprägt (z. B. die stärkere Ausprägung der ökonomischen und politischen, verglichen mit der soziokulturellen Dimension im Marxismus). Auch wo die utopische Intention totalisierend formuliert ist (im Beispiel: klassenlose Gesellschaft, Reich der Freiheit), bleiben solche Vorprägungen für die Praxis wirksam.
c) *Radikalität.* Die Radikalität bezieht sich nicht auf Praxisformen, sondern auf die Veränderungsqualität der Ziele, die variiert zwischen den Polen revolutionär und reformistisch. Grundlegende stehen partiellen Veränderungen gegenüber. Dabei drückt z. B. das Ziel eines Abbaus der Herrschaft von Menschen über Menschen eine äußerste Radikalität aus, die nicht – jedenfalls nicht im Rahmen komplexer Gesellschaft – auf historische Erfahrung zurückgreifen kann. In eine ganz andere Richtung geht das ebenfalls radikale Ziel einer Konzentration aller Herrschaftsgewalt in einer Person (Führerprinzip), wenngleich es nur eine Zuspitzung historisch bekannter Herrschaftsformen darstellt. Dagegen hat das Ziel einer Ausweitung des Wahlrechts einen reformistischen Charakter.

8.2.2 Programm und Issue

Programm steht hier als Oberbegriff für Ziele, die sich auf die politische Praxis im Sinne von Forderungen bzw. Handlungsanweisungen orientieren. Antwortet die Ideologie auf die Frage nach der Weltsicht, so das Programm auf die Frage »Was tun?«. »Grundsatzprogramme« (vor allem bei Parteien) verbinden die ideologische und – im engeren Sinne – programmatische Ebene und betonen die langfristigen Forderungen; Aktionsprogramme umfassen eher kurz- und mittelfristige Forderungen.

Programme müssen mit der Ideologie einer Bewegung vermittelt sein. Allerdings ist der Spielraum der Bewegungsakteure hier relativ groß. So steht beispielsweise das Parteiprogramm der NSDAP nur in sehr lockerer Beziehung zu Hitlers Ideologie (Jäckel 1981).

Zur vollen Aktionsfähigkeit einer Bewegung gehört die Hierarchisierung von Zielen. Fern- müssen von Nahzielen unterschieden werden. Kriterien für Nahziele sind vor allem breite Mobilisierungsfähigkeit und aussichtsreiche Realisierungsfähigkeit, weil eine Bewegung ohne (Zwischen-)Erfolge nicht stark werden kann. Die Notwendigkeit der Zerlegung langfristiger, allgemeiner Ziele (klassenlose Gesellschaft, Welt ohne Waffen etc.) birgt in sich das Problem einer Spaltung in »reformistische« und »revolutionäre« Tendenzen. Es gehört zu den Aufgaben sozialer Bewegung, dieses Spannungsverhältnis zu erhalten und auszuhalten.

Die politische Debatte wird über Issues geführt. Die Kontrahenten kämpfen ständig um die Bestimmung der politischen Tagesordnung. Man könnte den Issueaspekt auch im systematischen Zusammenhang der Mobilisierung abhandeln. Da das Issue aber auch immer Ziele transportiert, soll hier kurz darauf eingegangen werden.

Es wäre eine falsche Vorstellung, zu meinen, Bewegungen arbeiteten gewissermaßen Punkt für Punkt ihr Programm ab. Soviel Einfluß auf die politische Tagesordnung haben sie in der Regel nicht. Oft ist es umgekehrt so, daß sie sich nach den Themen richten müssen, die in der politischen Debatte vorherrschen. Arbeitslosigkeit z. B. ist weder für die NS-Bewegung noch für die neuen sozialen Bewegungen ein ideologisch inhärentes Thema und doch wurden bzw. werden beide gezwungen, sich auf dieses fremdbestimmte Issue einzulassen. Für die Studentenbewegung waren z. B. Vietnamkrieg und Notstandsfrage von außen herangetragene Issues (die auch zu einem anderen Zeitpunkt hätten virulent werden können); das selbst gewählte Thema »Enteignet Springer« dagegen ließ sich nur sehr begrenzt in das politische System hineintragen.

Auch wenn die Freiheit der Themenwahl stark eingeschränkt ist, besteht doch meist die Möglichkeit, anhand von Issues etwas vom eigenen Zielprofil zu konkretisieren. Entweder das Issue aktualisiert unmittelbar einen Aspekt des zentralen Problemkomplexes (z. B. das Issue der Arbeitszeitverkürzung bzw. die Forderung nach dem 8-Stunden-Tag im Zusammenhang des Sozialstaatskomplexes) oder ein Issue wird im Lichte eines Problemtyps interpretiert (z. B. kann Bildung primär als Sozialstaats- oder als Identitätsproblem thematisiert werden).

8.2.3 Konsens und Dissens

Jede politische Einheit bedarf einer bestimmten Verbindung von Konsens und Dissens. Was läßt sich aber genauer über die Relation zwischen beiden Elementen aussagen? Wieviel und welche Art von Konsens ist für welche politische Einheit optimal oder auch nur zum Überleben notwendig?

Der Konsens in sozialen Bewegungen muß nicht so stark sein wie der in Organisationen, aber stärker als in der Gesamtgesellschaft. Geschlossenheit auf der Basis eines grundlegenden Konsens ist in institutionalisierten bzw. formalisierten Beziehungen für die Effizienz besonders wichtig (Wahl, Tarifverhandlungen, Parlamentsabstimmungen). Berechenbarkeit ist eine Stärke von Organisationen und eine Schwäche von Bewegungen. Andererseits kann die Bewegung auch Nutzen ziehen aus der Umsetzung von Dissens in dezentralen Aktionen von Teilgruppen – vor allem dann, wenn sie selbst schwach formalisiert und stark dezentralisiert ist. Organisationen im Rahmen von sozialen Bewegungen, d. h. Bewegungsorganisationen, sind stärker den Handlungsimperativen formaler Organisationen unterworfen. Machtorientierte Bewegungen haben einen höheren Konsensbedarf, da sie sich unmittelbar gegenüber anderen politischen Akteuren behaupten müssen.

Zwei Dimensionen des Dissens können unterschieden werden: horizontaler und vertikaler Dissens. Der horizontale Dissens erfaßt die ideologische Heterogenität von Teilbewegungen und von Teilen der Bewegung. Der vertikale Dissens ist charakterisiert durch die ideologische Diskrepanz zwischen Führern und Aktiven bzw. Sympathisanten der Bewegung. Die relative Schwäche der Führer gegenüber der Gesamtbewegung (nicht notwendig in Bezug auf die Bewegungsorganisation!) resultiert einerseits aus dem Mangel von Sanktionsmitteln gegenüber abweichenden

Tendenzen, andererseits aus dem Interesse, jede Strömung in der Bewegung zu halten, da freiwillige Aktivisten die wichtigste Ressource sozialer Bewegung darstellen.

8.3 Funktionen

Ideologie und Programm erfüllen für die einzelne Bewegung unterschiedliche Funktionen. Übergreifend lassen sich fünf Funktionen benennen:

1. *Orientierungsfunktion.* Ideologien sind wie Landkarten zum Zurechtfinden in einer überkomplexen Welt. Vereinfachung und Akzentuierung rücken »das Wesentliche« in den Mittelpunkt. Die Ideologie einer Bewegung hebt bestimmte Widersprüche als Ursache der Unzufriedenheit hervor, entwirft ein Bild der Realität ohne diese Widersprüche und sieht die Bewegung als die einzige Kraft zur Beseitigung dieser Widersprüche.
2. *Mobilisierungsfunktion.* Die Vereinfachung, Zuspitzung und Dramatisierung, die in einer Ideologie liegt, trägt zur Motivierung der Anhänger bei. Neben der Empörung über die Mißstände selbst und über repressive Akte staatlicher Instanzen ist dies eine ganz wesentliche Quelle der Aktivierung von Menschen, die weder durch Zwang noch durch utilitaristische Nutzenkalküle motiviert werden können. Ideologie ist auch ein Mittel, bewußte Unzufriedenheit zu *schaffen.* Dies gilt ebenso für einzelne Issues, die von der Bewegung nicht zuletzt auf ihre Mobilisierungsqualität überprüft werden.
   Darüberhinaus eignet sich Ideologie zur Profilierung gegenüber konkurrierenden Kollektiven, vor allem gegenüber anderen Organisationen innerhalb der Bewegung. Dies hat z. B. in der Geschichte der Arbeiterbewegung immer große Bedeutung gehabt. Ideologie trennt aber nicht nur, sie kann auch zusammenführen. Sie vermag zur Schaffung von Bündnissen beizutragen. Nationalismus, Frieden, Fortschritt, »Leben« sind solche übergreifenden Ideologieelemente.
3. *Integrationsfunktion.* Soziale Bewegungen sind in der Regel sehr heterogene Gebilde. Als Handlungsfaktor bedürfen sie aber eines gewissen Grades an Kohärenz. Ideologie ist ein Mittel normativer Integration, allgemeiner und dauerhafter als einzelne Issues und Programmpunkte. Die Kautskyanische Integrationsideologie war sicherlich kein Handlungsprogramm. Der Antisemitismus der NS-Bewegung, der sich lange Zeit als Integrationselement darstellte, war am

Ende der am meisten realisierte Punkt des ideologischen Programms der Nationalsozialisten.

4. *Steuerungsfunktion.* Ideologie und Programm steuern die Aktionsrichtung sozialer Bewegung. So sehr Bewegungen – wie andere politische Kollektive und Organisationen – im Interesse des Machtzuwachses auf Stimmungs- und Themenkonjunkturen eingehen müssen, die ohne ihre Mitwirkung entstehen, so notwendig ist es für sie, durch selbstbestimmtes Handeln ihr Profil zu festigen und wenigstens der Milderung von Ursachen zuzuarbeiten.
5. *Legitimationsfunktion.* Die Ideologie rechtfertigt Ziele und Handlungen der Bewegung gegenüber den Anhängern und Aktiven, den staatlichen Instanzen und gegenüber der weiteren Öffentlichkeit. Vor allem soll sie die Übereinstimmung zwischen Selbst-, Gruppen- und Gesamtinteresse demonstrieren (Turner/Killian 1972: 271).
   Eine erfolgreiche Bewegung legitimiert sich sozusagen nicht nur aus sich selbst. Sie stellt sich in die Kontinuität anerkannter gesellschaftlicher Werte, die sie durch herrschende Gruppen verletzt sieht (z. B. stellt sich die Arbeiterbewegung in die Kontinuität der bürgerlichen Emanzipationsziele). Die Bewegung legitimiert sich also nicht primär durch etwas völlig Neues, sondern durch Anknüpfungen, »Erbschaften« etc. Die Legitimierungsfunktion ist deshalb zugleich stabilisierend und subversiv. Im Zuge der Entfaltung der Ideologie treibt die Bewegung über die Ansatz- und Ausgangspunkte hinaus.

In gewissem Umfang erfüllen Ideologie und Programm bei allen Bewegungen die genannten Funktionen. Jeweils konkret empirisch zu untersuchen wären vor allem zwei Probleme. Zum einen die Frage von Widersprüchen zwischen den Funktionen. Der Kautskyanismus z. B. betont die Integrations- und Legitimationsfunktion auf Kosten der Funktion, die Veränderungspraxis zu steuern. Hitler – um ein ganz anderes Beispiel zu nennen – hat seit 1930 wesentliche ideologische und programmatische Ziele der auf Machtgewinn abstellenden Mobilisierung untergeordnet. Zum anderen besteht die empirische Aufgabe, festzustellen, welche faktische Bedeutung Ideologie für die verschiedenen Teilgruppen einer Bewegung hat. So könnte der ideologische Höhenflug mancher Anhänger gebremst, das Interesse auf Näherliegendes gerichtet sein. Führer verfolgen möglicherweise intrumentellere Aspekte der Mobilisierung oder Rechtfertigung. Intellektuelle wollen vielleicht höhere Sinnansprüche mit Hilfe der Ideologie befriedigen.

Zur Generalisierung besser geeignet scheinen spezifische Anforderungen, die sich aus dem unterschiedlichen Charakter der Bewegungen ergeben. Hinsichtlich der Programmatik läßt sich nur sagen, daß die Notwendigkeit der Programmdifferenzierung um so größer ist, je verbindlichere Mobilisierungsformen (Partei, Verband) gewählt werden. Im übrigen ist der Bedarf an Programmatik allgemein. Deshalb sollen die folgenden, Hypothesen formulierenden Überlegungen sich auf den spezifischen Ideologiebedarf von Bewegungen richten. Welcher Typ von Ideologie erfüllt am besten welche Funktionen und welche Funktionen sind für welchen Bewegungstyp besonders relevant?

Zur Funktion geschlossener Ideologie

Eine locker verknüpfte Ideologie ist immer möglich. Welche Anforderungen sozialer Bewegung unterstützen die Übernahme eher geschlossener Ideologie? Dabei wird davon abgesehen, daß eine gewisse konzeptionelle Systematisierung auch den Eigeninteressen der Intellektuellen entspricht, und daß es Intellektuelle sind, die offenere theoretische Entwürfe für den Zweck des Organisationslebens systematisieren. (So wird aus Marx der Marxismus.)

Geschlossene Ideologien haben einen doppelten funktionalen Nutzen. Sie dienen der Orientierung vor allem unterprivilegierter Sozialschichten. Diese haben Schwierigkeiten, einen höheren Komplexitätsgrad zu verarbeiten und ihre eigenen Interessen systematisch und umfassend zu definieren (vgl. Raschke 1977: 54 ff.). Zum anderen können geschlossene Ideologien einen wichtigen Beitrag zur Mobilisierung und Integration leisten. Dies vor allem im Rahmen von (Bewegungs-)Organisationen, die – im Interesse ihrer Handlungsfähigkeit – mehr als Bewegungen im ganzen auf Vereinheitlichung drängen müssen.

Historisch gibt es vor allem zwei Beispiele, bei denen Orientierungs-, Mobilisierungs- und Integrationsfunktion große Bedeutung gehabt haben: die Arbeiter- und die NS-Bewegung. Für beide gilt, daß sie sich um ideologische Orientierung unterprivilegierter Sozialschichten bemüht haben. Beide haben z. B. durch Schulung eine Weitergabe der Ideologie von Wissenden zu Unwissenden praktiziert. Beide Bewegungen haben die Organisation in den Mittelpunkt ihrer Aktivitäten gerückt; sie war wichtigstes funktionales Äquivalent für die Ressourcen, die privilegierten Gruppen zur Verfügung stehen. Beiden erschien eine zentral gesteuerte langfristige Mobilisierung nur mit Hilfe einer einheitlichen Ideologie möglich. Beide verfolgten auch das Ideal (organisatorischer und) ideologischer Geschlossenheit und hatten – die Unterschiede sind im einzelnen wichtig – erhebliche Schwierigkeiten, zu einem pluralistischen Ideologieverständnis zu kommen.

Unter all diesen Gesichtspunkten repräsentieren sie den Typ der für die industrieelle Entwicklungsphase charakteristischen Bewegung. Sowohl die vor- wie die nachindustriellen Bewegungen weichen deutlich davon ab, erklärbar sowohl durch eine andere soziale Basis wie durch andere Mobilisierungserfordernisse.

Solche generalisierenden, auf funktionalistische Aspekte abstellende Hypothesen dürfen nicht übersehen lassen, daß die ideologischen Stile zwischen den verschiedenen Bewegungen sehr unterschiedlich waren. So war für die Ideologietätigkeit der Arbeiterbewegung ein starker Rationalismus charakteristisch, der in Konstrukten wie dem »wissenschaftlichen Sozialismus« seinen Ausdruck fand. Im Unterschied dazu der Dezisionismus der faschistischen Bewegung, der abgesehen von einigen Basistheoremen »dem Führer« freie Hand ließ. Dies hat natürlich auch für das Binnenverhältnis der Bewegung weitreichende Konsequenzen, im Falle der Arbeiterbewegung als Inanspruchnahme der Ideologie auch gegen interne Herrschaftsinteressen, im anderen Falle als prinzipiell vorbehaltlose Unterwerfung unter den Führerwillen.

Ein zweiter Zusammenhang von Bewegungstyp und funktionalen Anforderungen an Ideologie läßt sich folgendermaßen andeuten. Es besteht ein Gefälle im Bedarf geschlossener Ideologie zwischen den machtorientierten Bewegungen mit breitem Zielprofil (Beispiel: Arbeiterbewegung) über machtorientierte Bewegungen mit begrenzterem Zielprofil (Beispiele: Frauen-, National- oder Friedensbewegung im 19. Jahrhundert) bis hin zu kulturorientierten Bewegungen. Da für letztere Machtgewinn im politischen Bereich keine oder keine zentrale Zwecksetzung darstellt, sind sie auch nicht in gleicher Weise auf die Orientierungs-, Mobilisierungs- und Integrationsfunktion angewiesen. Die Überprüfung dieser Hypothese stößt freilich auf Schwierigkeiten, da kulturorientierte Bewegungen nie Bewegungen unterprivilegierter Schichten waren und deshalb die Isolierung der Einflußfaktoren nicht möglich ist.

Die Überlegungen konzentrierten sich auf die Geschlossenheit von Ideologie. Andere hier erwähnte Ausprägungen von Ideologie scheinen weniger auf reale Anforderungen zurückzuführen zu sein als auf die ideologieproduzierende Tätigkeit von Intellektuellen, die sich in der Bewegung durchsetzen (s. u.). Das gilt für die Frage, wie sektoral oder total die Abhilfe für die normalerweise lokalisierbaren bzw. begrenzbaren

Beschwerden gesucht werden. Intellektuelle vertreten dabei die Tendenz zur Ausweitung der Ursachen. Oder es gilt für den Radikalisierungsgrad, mit dem vorhandene Gesellschaft überwunden werden soll bzw. das Gewicht utopischer Intention, das in der Bewegungspraxis zum Zuge kommt. Es gibt Bewegungen, die aus der Natur der Sache heraus keine Utopie entwickeln, sei es, daß das Geforderte anderswo schon vorhanden ist (z. B. Nationalbewegung), sei es, daß die Bewegung primär der Erhaltung eines bestimmten Zustandes dient (z. B. die Anti-Atomtod-Bewegung Ende der 50er Jahre, die für die Bundeswehr den Status quo ohne Atomwaffen erhalten wollte). Andererseits sind aber alle Bewegungen auch utopisch zu orientieren, vorausgesetzt, Intellektuelle entwickeln utopische Entwürfe oder umreißen zumindest einen utopischen Horizont und: dieser Grad der Realitätsüberschreitung läßt sich in der Bewegung durchsetzen.

Zur Funktion von Utopien für soziale Bewegungen

Während die inhaltlichen Fragen politischer Utopie wissenschaftliche Aufmerksamkeit gefunden haben, sind die funktionalen Aspekte kaum untersucht. Eingegrenzt auf den hier interessierenden Gegenstand: Welchen Beitrag zur Wirkungsweise sozialer Bewegung leistet Utopie? Da die Utopie in der politischen Praxis – unabhängig vom Inhalt – unterschiedliche Formen annehmen kann und die Affinität der Bewegungen zu utopischen Elementen unterschiedlich stark ist, muß die Leitfrage differenziert gestellt werden. Welcher Typ von Utopie hat funktionale Relevanz für welchen Typ sozialer Bewegung?

Abweichend von der Blochschen Unterscheidung wäre der Typ abstrakter dem der konkreten Utopie gegenüberzustellen. Die abstrakte Utopie ist begrifflich allgemein bestimmt oder auch nur begrifflich symbolisiert (z. B. »Reich der Freiheit«, »klassenlose Gesellschaft«). Darin steckt zwar ein Impuls zur radikalen Überwindung schlechter Wirklichkeit, aber das Endziel wird nicht präzisiert und enger mit spezifisch dafür geeigneten handlungsleitenden Elementen verbunden. Analog zur Integrationsideologie kann hier von Integrationsutopie gesprochen werden, mit allen Anzeichen einer nicht in instrumentelles Handeln übersetzten Einigungs- und Antriebsformel. Konkrete Utopie wird in alternativen Werten, Normen, Institutionen umrissen bzw. ideell präzisiert. Damit werden dem Handeln Ansatzpunkte unmittelbarer praktischer Anknüpfung an die weitgesteckten Ziele ermöglicht. Indikatoren wären Diskussionen über die Ausgestaltung utopischer Intentionen, Bezugnahmen auf die utopische Perspektive bei spezifischen Handlungsschritten, Praktizierungsansätze u. ä.

Bewegungstypologisch verspricht auch hier die Unterscheidung macht- vs. kulturorientierter Bewegung heuristischen Nutzen, da sie einen Ziel- und Funktionszusammenhang anspricht. Abstrakte Utopie verbindet sich eher mit machtorientierter, konkrete Utopie mit kulturorientierter Bewegung.

Machtorientierte Bewegung wird in ihren Funktionen durch konkrete Utopie gestört. Sie wird – utopielos – auf Machteroberung als primäres Ziel reduziert oder sie begnügt sich – zur Förderung des Mobilisierungsprozesses – mit einer abstrakten, unbestimmt-diffusen utopischen Orientierung. Es kommt auch vor, daß konkrete Utopie im Prozeß der Machtorientierung einer anfangs offenen Bewegung verdrängt wird. Konkrete Utopie wird vor allem aus zwei Gründen dysfunktional. Sie behindert die Konzentration auf den Machtkampf, d. h. Mobilisierung und Bekämpfung eines definierten Gegners, und sie fördert die interne Spaltung über die richtige Zukunft.

Am Beispiel der Arbeiterbewegung könnte das Zurücktreten konkreter Utopie im Prozeß der Machtorientierung gezeigt werden. Bebel schrieb zwar in einer späteren Phase noch einen utopischen Entwurf (»Die Frau im Sozialismus«), beharrte aber als Parteiführer auf der Ausklammerung utopischer Debatte aus dem innerparteilichen Prozeß, d. h. auf der Handlungsirrelevanz der Utopie. Schon die machtbezogenen Konzepte der Räteherrschaft und der Sozialisierung wurden von der sozialdemokratischen Arbeiterbewegung des Kaiserreichs nicht konkretisiert, noch weniger Muster soziokultureller Alternativen. Der Glaube an die höhere Qualität des wissenschaftlichen gegenüber dem utopischen Sozialismus bestimmt auch die kommunistische Bewegung, die sich zumal in ihrer staatlichen Realisierung immer weiter von Elementen konkreter Utopie entfernt.

Kulturorientierte Bewegungen haben – vorausgesetzt sie verfügen über weitreichende Ziele – eine Tendenz zu konkretisierender Utopie. Am deutlichsten tritt diese Tendenz in Kommunegründungen zutage (»gelebte Utopie«). Wieweit sich dabei Utopien auf den soziokulturellen Bereich verengen und gesamtgesellschaftliche Lösungsvorschläge für Ökonomie und Politik schuldig bleiben, wäre besonders zu untersuchen.

Zwei Gründe mögen diesen Zusammenhang erklären. Das Kulturelle ist ein breiteres und »weicheres« Feld zur Freisetzung von Wunschträumen als die Organisation von Wirtschaft und Staat, die nicht nur Werten, sondern auch Funktionsimperativen genügen müssen. Kulturorientierte Bewegungen sind auf Selbsthilfe angelegt. Das heißt, sie wollen Verhalten gleich ändern, nicht erst nach Schaffung institutioneller Voraussetzungen, die allenfalls nach längerem Machtkampf zu erreichen sind.

Intellektuelle sind notwendig dafür, daß Utopie einen relevanten funktionalen Stellenwert erhält. Historische Frauen- und Jugendbewegung hatten wohl allein schon wegen des Fehlens einflußreicher Intellektuellengruppen keine elaborierte Utopie aufzuweisen. Das Vorhandensein von Intellektuellen ist aber keine hinreichende Bedingung für utopische Orientierung der Bewegungen. Sie können im Rahmen machtorientierter Bewegungen ihr Potential zur Transzendierung schlechter Realität auch in Gesellschaftskritik bzw. -analyse, Auseinandersetzung mit politischen Gegnern, Strategiediskussion etc. investieren.

Empirisch zu klären wäre die Frage, wieweit utopische Elemente primär auf der Ebene artikulationsfähiger Intellektueller anzutreffen sind oder auch tatsächlich das Bewußtsein einer größeren Zahl von Bewegungsaktiven zu bestimmen vermag. Da die Entfaltung ideologischer und utopischer Entwürfe zur besonderen Neigung von Intellektuellen gehört, kann hier mit starken Diskrepanzen gerechnet werden.

Das Ausmaß utopischer Orientierung wird aber wesentlich auch von gesamtgesellschaftlichen Tendenzen beeinflußt. Z. B. durch die Differenzierung in gesellschaftliche Teilbereiche mit je spezifischen Wirkungsmechanismen, die es erschwert, das Ganze undifferenziert oder mit einer übergreifend einheitlichen Struktur zu sehen. Oder durch die Rationalisierung, die – als Verwissenschaftlichung – die Zukunft zu einer Frage der Prognose, nicht des Entwurfs macht.

8.4 Zielinterpretation

Die Freiheit in der Wahl der Ziele einer sozialen Bewegung ist groß. Sie ist aber nicht unbegrenzt. Sie findet einen Rahmen in dem von einer Bewegung bearbeiteten Grundproblem. Zum anderen muß die Zieldefinition die aus der »Klassenlage« (oder aus der Lage einer anderen Großgruppe) »mit einer gewissen Wahrscheinlichkeit folgende faktische Interessenrichtung eines gewissen 'Durchschnitts' der ihr Unterworfenen« (Weber, M. 1964:680) berücksichtigen, d. h. sie muß das hypothetische Gesamtinteresse nicht überfordern und an das empirische Interessenbewußtsein der Großgruppe mindestens anknüpfen. Schließlich gehen komplexe »Umweltbedingungen« in die Zielbestimmung mit ein.

Jede Bewegung hat also einen Interpretationsbedarf. Die Ziele »ergeben« sich zwar nicht aus irgendwelchen Vorgaben, es gibt aber ein strukturell umgrenzbares Feld, in dem sich relevante (nicht-sektiererische) Zielprojektionen entwickeln. Zum zweiten ist – unter der Bedingung von Meinungsfreiheit – mit einer Vielzahl von Zielprojektionen zu rechnen. Gemäßigte und radikale, linke und rechte Tendenzen werden ausformuliert. Drittens wird über die Zielorientierung einer Bewegung nicht nach Kriterien der Wahrheit, sondern der Macht (nicht selten in Verbindung mit Wahrheitsannahmen) entschieden.

Daraus ergeben sich drei zentrale Probleme: ein Funktions-, ein Herrschafts- und ein Richtungsproblem. Das Funktionsproblem bezieht sich darauf, daß eine Bewegung, die ihre Ursachen und ihre Handlungsorientierung abstrahieren, systematisieren und generalisieren kann, sich als Bewegung stabilisiert und ihren Mobilisations- und Aktionsradius erweitert. Eine im Vordergründigen steckenbleibende bzw. die »Überhöhung« abwehrende Bewegung vermindert dagegen ihr dynamisches Potential. Als Beispiel kann die gewerkschaftlich orientierte Arbeiterbewegung dienen, die bald den Charakter eines institutionalisierten Interessenverbandes annahm, oder die Jugendbewegung, die sich im Wandern und ähnlichen Freizeitaktivitäten erschöpfte, ohne dem überhöhenden Interpretationsangebot einer »Jugendkultur« (z. B. von Wyneken – vgl. Linse 1976) zu folgen.

Intellektuelle sind eine funktional spezifische Akteursgruppe. Sie leisten für Bewegungen eine unerläßliche Funktion, insofern sie zur Systematisierung struktureller Unzufriedenheit und zur Entwicklung durchgreifender Lösungsvorschläge beitragen. Etzioni (1975: 206 ff.) grenzt Intellektuelle von Experten und den Angehörigen der politischen Elite ab. Intellektuelle stammen – nach Öffnung und Ausbau des tertiären Bildungssektors – in der Regel aus der Gruppe der Intelligenz, ohne mit ihr identisch zu sein. Sie sind häufig aber auch nicht Bewegungsführer mit Leitungsfunktionen und einer Position in der Machthierarchie. Kriterium für sie ist, daß sie in irgendeiner Hinsicht schöpferische, konzeptionelle Beiträge zur Zielbestimmung der Bewegung leisten, zu den inhaltlichen Gestaltungszielen, zur Organisationskonzeption, zur Strategiefrage etc. Dabei sind nicht nur die herausragenden Theorieschöpfer gemeint, eher die größere Zahl nicht rein reproduktiver Umsetzer »großer Theorien«: nicht Hegel, sondern die (Jung-)Hegelianer, nicht Marx, sondern die Marxisten, nicht Lassalle, sondern die Lassalleaner. Die Abgrenzung ist gewiß nicht einfach, aber nicht jeder Reden schreibende (oder gar nur vorlesende) Führer und nicht jeder Akademiker ist ein Intellektueller im Sinne eines Fundamentalkritikers und Ideologieproduzenten.

Nicht alle Segmente der Intelligenz sind für die Intellektuellenrolle in allen

Bewegungen und zu allen Zeiten gleich geeignet. Waren in der demokratischen Bewegung des 19. Jahrhunderts z. B. Juristen noch stark vertreten (für die Jakobiner vgl. Coser 1970), so treten in den neuen sozialen Bewegungen Geistes- und Sozialwissenschaftler in den Vordergrund – Zusammenhänge, die auch unter funktionalen Gesichtspunkten genauerer Analyse bedürften!

Sind Intellektuelle als Interpretationsspezialisten identifiziert, so kann das Herrschaftsproblem darin gesehen werden, daß die Struktur der Interpretation selbst und der Versuch der Durchsetzung bestimmter Zielinterpretationen von Herrschaftsinteressen der Intellektuellen beeinflußt wird. Vor allem handelt es sich um einen Herrschaftskonflikt zwischen den Intellektuellen und den Betroffenen – ein Konflikt, der oft wenig sichtbar ist und von den Intellektuellen normalerweise geleugnet wird. Der eher sichtbare Herrschaftskonflikt bezieht sich auf die Konkurrenz der Interpretationsspezialisten untereinander (und wird im Zusammenhang mit dem Richtungsproblem angesprochen).

Worin bestehen allgemeine Herrschaftsinteressen der Intellektuellen (und – möglicherweise abgeschwächt – der Bewegungsintelligenz insgesamt)? Abstraktion, Konsistenz, Generalisierung sind Werte, die für Intellektuelle ganz andere Bedeutung haben als für Nicht-Intellektuelle. Intellektuelle prägen ein Begründungsniveau, dem nur sie selbst gewachsen sind. In gewisser Weise schaffen sie sich ihren Bedarf selbst. Sie stellen in den Bewegungen eine Arbeitsteilung her, die die Interpretationsspezialisten von den unmittelbar Betroffenen trennt. Die in ihrer Reichweite begrenzte Selbstdeutung der unmittelbar Betroffenen wird auf ein geringeres Niveau verwiesen, das zwar für die Selbstvergewisserung der Bewegung Bedeutung haben mag (das »Gewissen« der Bewegung), für den permanenten Orientierungsbedarf der Bewegung aber wenig einflußreich ist.

Das Verhältnis zu den Betroffenen wird durch die sozialstrukturelle Basis der Bewegung beeinflußt. Vereinfacht gibt es zwei Möglichkeiten: entweder die Intelligenz oder die Nicht-Intelligenz ist Basis der Bewegung. Im Normalfall waren Intelligenz und Intellektuelle eine Minorität in einer ganz anders zusammengesetzten Bewegung, so daß sich normalerweise das Problem einer Zieldefinition der Gruppe unter dem Einfluß gruppenfremder Akteure stellte. Bei den Bewegungen der Massenintelligenz kann vermutet werden, daß sich dieses Problem vermindert (zumal die Autorität von Intellektuellen in Bewegungen, in denen jeder ein potentieller Intellektueller ist, rapide abnimmt).

Je geringer die intellektuelle Kompetenz der Betroffenen, so ließe sich generalisieren, desto größer die Einwirkungschance der Intellektuellen. Es wäre aber falsch, Bewegungen von Unterprivilegierten einfach als Opfer von Intellektuellen zu sehen. Zum einen kann die abstrahierende Gesamtanalyse der Intellektuellen den Kern der Dinge treffen, in dem Sinne jedenfalls, daß bestimmte, von ihnen vorgeschlagene Änderungen vorgenommen werden müßten, wenn grundlegende und dauerhafte Beseitigung der Mißstände eintreten soll. Zum andern gibt es offenen oder auch stillen Widerstand der Betroffenen gegenüber den Interpretationsangeboten. Dies läßt sich beispielsweise an der untheoretischen Strömung des Reformismus oder den theorieindifferenten Lesegewohnheiten von Arbeitern in der deutschen Arbeiterbewegung festmachen (Steinberg 1969).

Das Richtungsproblem (das mit dem Herrschaftsproblem verknüpft ist) entsteht daraus, daß die Bewegung durch Intellektuelle in eine Richtung gedrängt werden kann, die sie ohne diese nicht genommen hätte. Heißt das, Intellektuelle seien das schlechthin radikalisierende Element?

Intellektuelle treten auf allen politischen Positionen in Erscheinung, in progressiven und konservativen, in demokratischen und totalitären Bewegungen wie innerhalb der Bewegungen auf dem linken ebenso wie auf dem rechten Flügel (in der SPD vor dem 1. Weltkrieg z. B. bei den Radikalen ebenso wie bei den Revisionisten). Sie sind auch als Gruppe (Intelligenz) politisch nicht präformiert. Brym (1980) und Gouldner (1980) haben Bedingungen herausgearbeitet, unter denen sich die Intelligenz entfremdet bzw. radikalisiert. Dazu gehören u. a. sozioökonomische Deprivationsmechanismen, die auch bei anderen Gruppen ähnliche Wirkungen haben: Blockierung der ökonomischen und/oder politischen Aufwärtsmobilität und Erfahrungen von Statusdiskrepanzen. Ob solche individuellen Erfahrungen sich auch auf Gruppenebene manifestieren, hängt – so betont Brym – zudem von der Verfügung über spezifische politische Ressourcen ab.

Für den einzelnen Intellektuellen kann die ökonomische und/oder politische Nicht-Integration als Vorausetzung für Radikalisierung genügen, da er sich einer Bewegung mit einer sozialen Basis von Nicht-Intelligenz anschließen kann, die beizutragen vermag zur Reproduktion bzw. zum Schutz seiner Radikalität. Ohne eine subkulturell integrierte Intelligenz als Sozialgruppe oder eine – außerhalb der Intelligenz konstituierte – soziale Bewegung wäre die Aufrechterhaltung von Radikalität für den einzelnen Intellektuellen jedenfalls prekär.

Damit sind aber bisher nur Hinweise gegeben worden, um zu erklären, unter welchen Bedingungen Intelligenz und Intellektuelle sich radikalisieren können. Wie sind aber die ideologischen Differenzen zwischen Intellektuellen, ihr Auftauchen auf linken und rechten Flügeln des Bewegungssystems und einzelner Bewegungen zu erklären?

Brym hat in einer Argumentationsskizze Vorschläge unterbreitet, wie die strukturellen Bedingungen für spezifische politische Orientierung untersucht werden können. Auch Intelligenz und Intellektuelle sind eben nicht »freischwebend«, sondern in das Gewebe der Gesellschaft eingearbeitet. Einerseits hebt Brym die soziale Herkunft mit ihren politisch-kulturellen Implikationen hervor. Zum zweiten betont er den Sozialisationseffekt vor allem der weiterführenden Bildungseinrichtungen, deren Richtungskontrolle nicht zuletzt wegen der langen Verbleibsdauer der Intelligenz von großer Bedeutung ist. Der dritte Faktor betrifft die Struktur ökonomischer und/oder politischer Chancen. Hier wäre im Rahmen der Bewegungsforschung vor allem herauszuarbeiten, was die Angebote diverser Bewegungen für die Intellektuellen unterscheidet. Was macht welche Bewegungen für Intellektuelle (mit spezifischen Voraussetzungen) besonders attraktiv? Falls sie anders nicht zu gewährleisten ist, sind die Möglichkeiten materieller Reproduktion sicherlich von Bedeutung. Zu denken wäre aber auch an den Stellenwert von Theoriefragen und die relative Freiheit des Diskurses (als eine Arbeitsvoraussetzung für Intellektuelle) innerhalb der verschiedenen Bewegungen. Sie könnten mit erklären, warum die Anziehungskraft konservativer und faschistischer Bewegungen auf Intellektuelle geringer ist als die linker Bewegungen. Welche Attraktivität im Vergleich dazu (und zu anderen Faktoren) von der Radikalität der Bewegung selbst ausgeht, müßten vergleichende Untersuchungen zeigen.

Das von Brym entwickelte Modell eines längerdauernden Sozialisations- und »Mobilitäts«-Prozesses erscheint als fruchtbar. Nicht zwingend ist allerdings die – implizite – Annahme, der Bewegungsintellektuelle sei mit seinem Zugang zur Bewegung »fertig« in seiner Richtungsposition. Jede Bewegung entwickelt über kurz oder lang aus sich heraus linke und rechte Tendenzen, die durch die Offenheit des Interpretationsprozesses möglich und die erklärbar sind z. T. durch Interessen und Sozialisation der Aktiven, z. T. aber auch durch die wechselnden Gelegenheiten der Umwelt, die beispielsweise mehr reformerische oder revolutionäre Tendenzen begünstigen.

Orientieren sich – um die Frage noch einmal aufzugreifen – soziale Bewegungen unter dem Einfluß von Intellektuellen anders als ohne sie? Es gibt Betroffenheiten, die radikalisieren. Aber die spontane Orientierung führt bei den meisten und meistens zu weniger radikaler Zielorientierung. Die Strukturierung und Stabilisierung von Radikalität breiterer Gruppen scheint ohne die Mitwirkung von Intellektuellen nicht möglich.[19] Insofern fügen die gemäßigteren Intellektuellen einer Bewegung keine neue Richtungsqualität hinzu; sie systematisieren und begründen elaboriert, wozu die Bewegung von sich aus sowieso neigt (z. B. der Revisionismus als Theorie des vor allem von Arbeitern vertretenen, spontanen Reformismus in der Arbeiterbewegung).

8.5 Zusammenfassung

Die systematische Analyse des Zielfindungsprozesses sozialer Bewegung ist noch wenig entwickelt. Verbreitet ist die Deskription der Ziele einzelner Bewegungen. Einen Schritt weiter führt es, Ziele im Rahmen einer ideologiekritischen Analyse auf strukturelle Ursachen rückzubeziehen. Dies ist auch bei der Untersuchung einzelner Bewegungen ein wichtiger und unerläßlicher Teil der Analyse. Wie werden die Ursachen der Unzufriedenheit in der Bewegung selbst thematisiert, wie daraus grundlegende Gestaltungsziele entwickelt? Welche Bedeutung haben dabei die verschiedenen Trägergruppen einer Bewegung und ihre normativen Grundannahmen? In welchen historischen Zusammenhängen steht die Interpretationspraxis? Undsofort.

Daneben erscheint es aber sinnvoll – und das stand in diesem Kapitel im Vordergrund – besondere strukturelle und funktionale Merkmale des Interpretationsprozesses herauszuarbeiten, der in sozialen Bewegungen zu Zielen führt. Dabei sperrt sich gerade der Idealismus von Bewegungsakteuren gegen einen Ansatz, der die Zielanalyse als mehr denn nur die an Wahrheit und Gerechtigkeit orientierte Suche nach der besten Lösung betrachtet. Ziele bleiben, so viel sie auch tatsächlich zur Bewältigung von Problemen beitragen, nicht ablösbar von machtpolitischen Prozessen, die in den Bewegungen und in deren Auseinandersetzung mit einer feindlichen Umwelt stattfinden. Welche Merkmale treten besonders hervor?

Zunächst die *Offenheit* des Interpretationsprozesses. Zwar gibt es durch Sozialstruktur, Problemtyp etc. strukturelle Eingrenzungen. Da die Bewegungen aber eine neue kontextsetzende Orientierung mit ihrem spezifischen Werte- und Normengefüge erst schaffen müssen, in dem die konkreten Probleme als lösbar erscheinen, müssen sie weit über die »technische« Seite der Probleme hinausgehen. Dadurch wird der Raum für eine Optionsvielfalt geschaffen, der selbst bei anerkannter Ursachendefinition eine Vielzahl prinzipiell vertretbarer Gestaltungsziele möglich macht.

Die Vielfalt normativer Optionsmöglichkeiten führt meist zu einer realen Vieldeutigkeit und *Unbestimmtheit* der Zielorientierung. Sie wird gemildert, wo es dominante Bewegungsorganisationen mit ihrer vereinheitlichenden Wirkung gibt (obwohl sich dann – wie z. B. in der SPD des Kaiserreichs – die Zielpluralität häufig in die Organisation verlagert), sie ist besonders stark, wo mehrere Bewegungsorganisationen konkurrieren oder wo wenige bzw. einflußarme Organisationen existieren.

Zeitgenossen haben eigentlich immer gerätselt, was eine Bewegung wirklich will. Das ist mit dem Aufkommen empirischer Sozialforschung nicht besser geworden. Heterogenität und Instabilität der Zielprojektion, horizontaler und vertikaler Dissens sind häufig so stark, daß die Bewegung selbst bzw. deren authentische Sprecher nicht sagen können, was die Bewegung als Ganzes will. Dazu kommt, daß die Außenorientierung vor allem einer organisatorisch nicht übermäßig verfestigten Bewegung sie von äußeren Einflüssen (Initiativen der Kontrollinstanzen, Issuewechsel des politischen Systems etc.) so stark abhängig macht, daß auch dadurch die Fluidität der Zielbestimmung gefördert wird.

Die soziale Bewegung kann durchaus von dieser Unbestimmtheit der Ziele profitieren, sowohl bei der Mobilisierung wie bei der Auseinandersetzung mit Vermittlungs- und Kontrollinstitutionen. Hätte z. B. Hitler von der Vernichtung der Juden und dem Krieg gegen die Sowjetunion nicht nur in »Mein Kampf« geschrieben, sondern bei der Mobilisierung vor 1933 im Klartext gesprochen, die NS-Bewegung wäre vermutlich nicht so weit gekommen.

Die *Strukturdifferenzierung* (vor allem Ideologie, Utopie, Programm, Issue) beschreibt nicht nur variierende Strukturmerkmale von Zielen, sondern ermöglicht auch Hypothesen über deren unterschiedliche Wirkungsweise. Dabei ist der funktionale Bedarf bestimmter Bewegungen an geschlossener Ideologie von besonderem Interesse. Sozial wirksame Ideologien sind zwar ebenso wie Bewegungen ein relativ junges Produkt gesellschaftlicher Entwicklung. Geschlossene Ideologie ist aber kein invariables Element sozialer Bewegung; sie variiert mit Entwicklungsphase und sozialstrukturellen Voraussetzungen. Utopien verraten häufig mehr über Motivationen als über die Richtung, die die Bewegung einschlägt. Sie sind aber für die Dynamik vieler Bewegungen von großer Bedeutung und deshalb eng mit den Besonderheiten sozialer Bewegungen verknüpft.

Unübersehbar ist die *Multifunktionalität* von Bewegungszielen. Die Lösung von Sachproblemen ist nur eine Funktion von Zielen. Sie markiert für Bewegungen, die machtpolitisch nicht etabliert sind, den zeitlich entferntesten Punkt ihrer Aktivitäten; meist werden die Bewegungen gar nicht auf die Probe der Tragfähigkeit ihrer Lösungskonzepte gestellt. Dagegen ist z. B. die Mobilisierungsqualität von Zielen bzw. Issues permanent auf dem Prüfstand.

Intellektuelle spielen als Interpretationsspezialisten eine besondere Rolle in sozialen Bewegungen. Bei institutionalisierten Organisationen besteht ein stärkerer Bedarf an Experten mit ihrer Kompetenz bereichsspezifischen und technischen Wissens. Die auf Werte- und Normenwandel orientierten Bewegungen bedürfen der Intellektuellen mit ihrer Fähigkeit zur Schaffung wert- und normvermittelter neuer Kontexte. Der moderne Typ sozialer Bewegung ist nicht nur ein Betätigungsfeld für die moderne soziale Rolle des Intellektuellen, er erhält auch durch ihn Merkmale (z. B. ideologische Ausdifferenzierung und Stabilisierung), die ihn überhaupt erst abheben von vormodernen Erscheinungsformen sozialer Bewegung.

Intellektuelle erfüllen aber nicht nur Funktionen für soziale Bewegungen, sie stützen darauf auch – häufig unsichtbare – Herrschaftsansprüche, vor allem, wenn sie in Bewegungen von Unterprivilegierten tätig werden. Sie haben gruppenspezifische Interessen (z. B. die Bedingungen intellektueller Arbeit betreffend: Zensur etc.), leisten häufig Radikalisierungsbeiträge und sie sind durch die spezifische Art ihrer Tätigkeit (Abstraktion, Systematisierung etc.) ein Faktor, der der unmittelbaren Betroffenheit durchaus eine andere Qualität zu geben vermag.

Probleme der Zieltransformation werden im größeren Zusammenhang interner Dynamik sozialer Bewegung erörtert (vgl. Kap. 15), weil Modelle, mit denen Zieltransformation analysiert werden kann, übergreifend auch für andere Elemente sozialer Bewegungen anwendbar sind.

Kapitel 9

Mobilisierung

9.1 Einführung

Ohne Mobilisierung keine soziale Bewegung. Sozialer Wandel bedarf der Mobilisierung, der von oben eingeleitete Wandel und noch mehr der durch soziale Bewegung induzierte. Aber Mobilisierung ist kein Selbstzweck. Mobilisierung bedeutet die Aktivierung von Ressourcen zur Durchsetzung von Zielen. Lassen sich Bewußtsein, Ziele und Macht als Grundelemente sozialen Handelns unterscheiden (Etzioni 1975), ist Mobilisierung die Machtakkumulation zum Zwecke der Zieldurchsetzung. Der instrumentelle Charakter der Mobilisierung ist im Auge zu behalten, wo mancher mobilisierungstheoretische Ansatz die Form gegenüber dem Inhalt verselbständigt.

Mobilisierung ist – außerhalb des modernisierungstheoretischen Ansatzes (vgl. Deutsch 1971) – erst spät zum Gegenstand systematischer Analyse gemacht worden (Nettl 1967, Etzioni 1975). Die Bewegungsforschung hat ihn stark rezipiert, wobei sie vor Einseitigkeiten, wie sie mit späten Entdeckungen verbunden sind, nicht immer gefeit war (für viele: McCarthy/Zald 1977). Greifen wir zurück, um die Selbstverständlichkeit in Erinnerung zu rufen, daß gesellschaftlicher Wandel weder durch Automatismus noch durch Aktivismus erklärbar ist, vielmehr der Wechselwirkung objektiver und subjektiver Faktoren bedarf, in unserer Sprache: der Vermittlung zwischen struktureller Unzufriedenheit, Zielen und Mobilisierung.

»So wurde die Tätigkeit des Besserwissens zu jenem Mehr, das den begonnenen Weg der Welt, ihren 'Traum von der Sache', wie Marx sagt, mit Bewußtsein fortsetzt, lenkt und humanisiert. Dazu reicht der objektive Faktor allein nicht aus, vielmehr rufen die objektiven Widersprüche die Wechselwirkung mit dem subjektiven Widerspruch dauernd auf. Sonst entsteht die letzthin defaitistische Irrlehre eines objektivistischen Automatismus, wonach die objektiven Widersprüche allein ausreichen, um die von ihnen durchsetzte Welt zu revolutionieren. Beide Faktoren, der subjektive wie der objektive, müssen vielmehr in ihrer beständigen dialektischen Wechselwirkung begriffen werden, in einer unteilbaren, unisolierbaren. Wobei gewiß auch der menschliche Aktionsteil vor Isolierung bewahrt sein muß, vor dem üblen putschistischen Aktivismus an sich, der lossaust und dessen zu subjektiver Faktor die objektiv-ökonomische Gesetzmäßigkeit überschlagen zu können glaubt. Doch nicht minder schädlich ist der sozialdemokratische Automatismus an sich, als Aberglaube an eine Welt, die von selber gut wird. Es ist also unmöglich, ohne subjektiven Faktor auszukommen, und es ist ebenso unmöglich, die Tiefendimension dieses Faktors zu unterschlagen, eben die des Gegenzugs gegen das schlecht Vorhandene, als Mobilisierung der im schlecht Vorhandenen selber auftretenden Widersprüche zu dessen völliger Unterhöhlung, zu dessen Einsturz.« (Bloch 1959, Bd. 1:168 f.)

Mobilisierung tritt auch deshalb immer wieder als ein oder das wesentliche Merkmal von sozialen Bewegungen in Erscheinung, da Menschen und Mittel nicht oder nur begrenzt (z. B. über Mitgliedschaft und Mitgliedsbeiträge) institutionalisiert und damit – jedenfalls idealiter – »abrufbar« sind. Die Grundlage für Mobilisierung ist bei schwach institutionalisierten Kollektiven prekärer und muß stets erneuert werden. Wiederholung der Mobilisierung ist auch erforderlich, um zu wissen, wer noch dabei ist.

Wir verfügen zwar über keine entfaltete Mobilisierungstheorie, auf die die Bewegungsforschung zurückgreifen könnte, dennoch scheint es möglich, sich über einige Grundelemente zu verständigen. Besonders hilfreich ist dabei die Arbeit von Etzioni (1975), der das Mobilisierungskonzept im Rahmen einer gesamtgesellschaftlichen Theorie des Wandels einführt und – ohne auf einen spezifischeren Begriff sozialer Bewegungen abzustellen – die »Bewegung« von sozialen Kollektiven zum Kernstück seiner Theorie macht. Die folgenden Ausführungen greifen einige dieser Überlegungen auf.

Schon die Definition von Macht ist »bewegungsnah«, insofern unter ihr die Fähigkeit verstanden wird, Widerstand zu überwinden, der der Einführung von Veränderungen entgegengesetzt wird. Macht wird zielbezogen aufgefaßt. Macht ist eine Form der Mobilisierung gesellschaftlicher Energie im Dienste von Zielen (Status quo oder Wandel) und sie ist auch meist eine Bedingung für die Durchsetzung von Zielen. »Die Vorstellung, daß das Böse durch Macht aufgezwungen wird, während das Gute auf seinen eigenen Schwingen dahinfliegt, setzt eine optimistische Ansicht von der menschlichen Natur voraus, für die es wenig Gründe gibt. Die Anwendung von Macht ist eine der wichtigsten Methoden, Dinge in Gang zu bringen und zu 'machen'.« (S. 341) (Intensität der Machtanwendung und authentischer Konsens sind wichtige Ziele und modifizieren u. a. die praktische Bedeutung der These von der Universalität von Macht.)

Macht und Ressourcen sind zu unterscheiden. Ressourcen sind »Mittel« eines Akteurs, die in Macht umgewandelt werden können, aber nicht notwendig so verwandt werden müssen. Ressourcen sind also die Grundlage bzw. das Potential von Macht, sie repräsentieren latente Energie. Die Fähigkeit zum Handeln wird bestimmt a) durch die Menge der Ressourcen, b) durch das, was der Akteur mit den Ressourcen macht, d. h. welchen Anteil der Ressourcen er in Macht umwandeln will. Die Umwandlung von Ressourcen in Macht geht nicht als abrupter »Sprung« vor sich, sondern als ein Transformationsprozeß.

Mobilisierung ist der Prozeß, durch den latente Energie für kollektives Handeln verfügbar gemacht wird. Je intensiver die Zielorientierung, desto mehr Ressourcen werden an die Verfolgung kollektiver Ziele gebunden. Präziser gefaßt ist Mobilisierung der Prozeß, durch den eine Einheit beträchtliche Zugewinne in der Kontrolle von Ressourcen erzielt, die sie vorher nicht kontrolliert hat; es wird also vor allem auf die Kontroll- und Verwendungsfähigkeit von Ressourcen abgestellt.

Auch soziale Bewegungen unternehmen Mobilisierung entweder zum Zweck der Erhaltung eines Systems bzw. seiner tragenden Strukturen oder zum Zweck des Wandels, durch den Systemgrenzen und -strukturen modifiziert werden sollen. Obwohl nicht notwendig »Rationalität« unterstellt wird, wird doch betont, daß Mobilisierung bewußt initiiert, gelenkt und ausgeführt wird.

Die Theorie gesamtgesellschaftlicher Steuerung ist vor allem dadurch charakterisiert, daß sie die Mobilisierungskampagnen von Großgruppen als eine wesentliche Quelle ihrer eigenen Transformation und der Transformation ihrer Beziehungen zu anderen gesellschaftlichen Einheiten betrachtet. Diese erfolgreichen Kampagnen einer oder mehrerer Großgruppen, deren vermittelnde Trägerform soziale Bewegungen sein können, stellen die bedeutendste innergesellschaftliche Ursache von Wandel dar.

Die Mobilisierungsstufe pluralistischer Gesellschaften und ihrer Großgruppen ist generell niedrig. Soziale Bewegungen in diesen Gesellschaften sind dagegen relativ hoch mobilisierte Gruppen. Selbst in Krisen aber ist der gesamtgesellschaftliche Mobilisierungsgrad absolut gesehen nicht hoch. Die erfolgreich (z. B. für eine Revolution) mobilisierten Ressourcen stellen nur einen Bruchteil der verfügbaren Ressourcen dar. Wichtige gesellschaftliche Veränderungen werden nur durch kleine Veränderungen der absoluten Mobilisierungsstufe bewirkt. Apathie und niedrige Mobilisierung stellen sich als universale Merkmale von Großgruppen (und Gesellschaften) dar. Interessant sind deshalb die relativen und sich wandelnden Unterschiede in den Stufen der Mobilisierung. Besonders hebt Etzioni die internen Kämpfe zwischen Mobilisierern und Unmobilisierten *innerhalb* von Großgruppen hervor. Wieweit es gelingt, das in einer Großgruppe brachliegende Ressourcenpotential zu mobilisieren, hat wesentlichen Einfluß auf den bewirkten gesamtgesellschaftlichen Wandel.

Etzioni bemüht sich auch um generalisierende Aussagen über den Prozeß der Mobilisierung. Er unterscheidet drei Phasen. Die erste ist häufig durch eine Zunahme kollektiver Projekte gekennzeichnet, die die Energien kanalisieren und bündeln. Die zweite Phase besteht aus langsamen Kettenreaktionen, wobei aktivierte Subeinheiten als Katalysatoren wirksam sind. Die dritte, entscheidende Phase schließlich besteht aus dem Kampf zwischen Mobilisierern und Unmobilisierten. Etzioni betont Organisationen als wichtige Werkzeuge im Prozeß der Mobilisierung. Neben der allgemein niedrigen Mobilisierungsstufe (am Sturm auf die Bastille waren 800 Menschen beteiligt) und dem langsamen bzw. ungleichmäßigen Verlauf sind Konflikte zwischen den beteiligten Organisationen charakteristisch.

Der Erfolg im Sinne sozialen Wandels ist nicht direkte Funktion der Mobilisierung. Eine relativ begrenzte Mobilisierung kann zu einer wesentlichen Transformation, eine relativ hohe Mobilisierung zu wenig Wandel führen. Gegenmobilisierung oder Bündnispolitik begrenzen oder erweitern die durch die eigene Mobilisierung inganggesetzten Machtbildungsprozesse. Scheitern ist normal: die meisten erfolgreichen Transformationen sind lediglich der letzte in einer langen Reihe ganz oder teilweise fehlgeschlagener Versuche.

Diese Überlegungen von Etzioni können durch Ausführungen über die Dimensionen von Mobilisierung ergänzt werden. Mobilisierungsunterschiede ergeben sich zunächst aus der Art der Ressourcen, die aktiviert werden. Für soziale Bewegungen gibt es in der Regel zwei Ressourcen, die zählen: Menschen und Geld (bzw. Sachmittel wie Häuser, Autos etc.). In revolutionären Situationen können auch koerzive Ressourcen (Waffen) für eine revolutionäre Bewegung von Bedeutung sein.

Geld ist notwendig für Propaganda, interne Kommunikation, Bezahlung professionellen Personals etc. In der Regel wird es durch Beiträge und

Spenden beigetrieben, verschiedentlich durch Eigenbetriebe, selten durch Bankraub. Die meisten Bewegungen sind arm. Externe finanzielle Hilfe ist wichtig für sie (z. B. Unternehmermillionen für die NS-Bewegung).

Am wichtigsten aber sind Menschen, die eine Bewegung aktiv unterstützen bzw. tragen. Was Menschen einzubringen haben, ist von sehr unterschiedlicher Bedeutung. Relevant ist ihre Konfliktfähigkeit, d. h. die Androhung, systemrelevante Leistungen zu verweigern. Die Konfliktfähigkeit ist bei Arbeitern eher hoch (Streik), bei Studenten eher gering (Boykott). Eine zweite Dimension ist die Handlungsfähigkeit von Individuen. Welches Wissen und welche Fertigkeiten vermögen sie einzubringen? Hier kann sich das Verhältnis zwischen Arbeitern und Studenten z. T. verkehren. Dabei spielen auch verfügbare Zeit (»Abkömmlichkeit«) und Bereitschaft, Zeit zur Verfügung zu stellen, eine Rolle. Schließlich sind die psychischen Dispositionen und Einstellungen einflußreich. Die Motive und Emotionen (Angst, Wut, »Idealismus«), das Interesse (i. S. von Aufmerksamkeit) und die Werthaltungen sind in diesem Zusammenhang als Ressourcen zu betrachten, deren Mobilisierung Engagement und Aktivität erhöhen.

Es ist sinnvoll, den Ressourcenansatz zu begrenzen. Z. B. sollten Ziele, obwohl sie unterschiedliche Mobilisierungseigenschaften haben, nicht als Ressourcen behandelt werden, sondern vom Machtaspekt analytisch getrennt bleiben. Ebensowenig gehören dazu politische Strukturen des Gesamtsystems (z. B. Wahlsystem). Sie liegen außerhalb der Möglichkeit einseitiger Kontrolle durch die Bewegung und stellen lediglich Bedingungen für Mobilisierung dar.

Dem Konzept der Mobilisierung ist eine Unterscheidung zwischen Mobilisierern einerseits, zu Mobilisierenden bzw. Mobilisierten andererseits immanent. Wenn genügend Menschen sich gewissermaßen von selbst z. B. aufgrund eines Unrechts in Bewegung setzten, bedürfte es keiner Mobilisierung. Mobilisierung ist der gezielte Versuch, Menschen zu einer gewünschten Einstellung oder einem bestimmten Verhalten zu bringen. Wenngleich Prozesse der Selbstmobilisierung vor allem am Beginn sozialer Bewegung existieren, so sind sie insgesamt gesehen doch eher von untergeordneter Bedeutung. Die Grenze zwischen Mobilisierung und Selbstmobilisierung ist im einzelnen schwer zu ziehen.

In diesem Zusammenhang steht auch die Kontroverse über einen mehr an Eliten oder einem mehr an Massen orientierten Ansatz der Mobilisierung (Marx/Wood 1975:384 ff.). Es ist nicht schwer zu sehen, daß weder die »Cecil B. De Mille-Version der Geschichte« (Etzioni), noch die »Männer machen Geschichte-Version« zutrifft. Zum einen ist statt von der unabhängigen Rolle von Führern oder Massen von deren Interaktion als dem eigentlich interessanten Gegenstand auszugehen (Marx/Wood 1975:388). Zum anderen bestehen so offenkundige Unterschiede z. B. zwischen der elitenzentrierten NS-Bewegung und den elitenfeindlichen neuen sozialen Bewegungen, daß generalisierende Aussagen nur im Rahmen typologischer Differenzierung sinnvoll sind. Häufig geht Mobilisierung von den aktiveren Teilen einer Bewegung aus; sie kann, muß aber nicht ihr Zentrum bei der kleineren Gruppe haben, die man Elite nennt.

In diesem Kapitel werden vor allem Probleme interner Mobilisierung diskutiert. Interne Mobilisierung bezieht sich auf Mobilisierungsprozesse innerhalb einer oder mehrerer Großgruppen, die die Basis für eine soziale Bewegung bilden. Externe Mobilisierung meint den Versuch, außerhalb dieser Basis Unterstützung zu gewinnen, sei es durch Bündnispolitik, sei es durch Einwirkung auf eine allgemeine Öffentlichkeit, die die Sache der Bewegung unterstützen, jedenfalls nicht blockieren soll. Da der Prozeß externer Mobilisierung komplex ist, wird er in einem eigenen Kapitel (11.) behandelt.

Strukturen und Prozesse interner Mobilisierung werden in vier Fragebereichen untersucht:

- Wieweit fördern existierende Gruppenstrukturen die Entfaltung sozialer Bewegung? (9.2.1)
- Auf welcher Grundlage rekrutiert die soziale Bewegung ihre Anhänger? (9.2.2)
- Welche Funktionen haben Organisationen bei der Mobilisierung? (9.2.3)
- Welchen Beitrag leistet die Rollentrennung von Führern und Mitgliedern im Mobilisierungsprozeß? (9.2.4)

Es schließt sich ein Versuch zur Historisierung von Mobilisierungsstrukturen an (9.4), der mit einigen systematischen Überlegungen eingeleitet (9.3) und abgeschlossen wird (9.5). Diese drei Abschnitte sind aufeinander bezogen und als Einheit zu sehen: Welche Mobilisierungstypen und spezifischen Organisationsformen sozialer Bewegungen sind historisch zu unterscheiden und wo liegen Erklärungen für diese Variationen?

9.2 Faktoren interner Mobilisierung[20]

9.2.1 Gruppenstruktur

Wie bei den Ursachen bereits diskutiert, haben soziale Bewegungen in der Regel eine strukturelle Basis, die die Relevanz und Dauerhaftigkeit der Unzufriedenheit erklärt. Diese Großgruppenbasis ist auch bedeutsam für die Mobilisierung. Sie grenzt den Rahmen ab, innerhalb dessen vorrangig nach Anhängern gesucht wird. Wichtiger noch: die Großgruppe verfügt – vor allem durch Gruppenidentität und soziales Netzwerk – über eine interne Struktur, die die Aufgabe der Mobilisierung erheblich leichter macht, als wenn sie bei Null beginnen müßte.

Es gibt keine sozial frei schwebende Bewegung. Allerdings ist die Bestimmung der Basis nicht immer so einfach wie bei der Arbeiter- oder Studentenbewegung. Selbst Gruppen mit eindeutig universalistischer Zielsetzung (z. B. Frieden, Natur) haben bei genauerer Untersuchung eine eingegrenzte sozialstrukturelle Basis.

Eine präzise sozialstrukturelle Eingrenzungsstrategie ist eine wesentliche Bedingung für eine Bestimmung des Mobilisierungspotentials und für eine erfolgreiche Praxis der Mobilisierung. Dabei lassen sich mindestens Schwerpunkte und ausgeschlossene andere soziale Schichten bzw. Gruppen identifizieren. Auch die Trägergruppen sind hinsichtlich ihres Mobilisierungspotentials weiter differenzierbar. Arbeiter sind bis zu Branchen, Studenten bis zu Fachbereichen hinunter deklinierbar, beide hinsichtlich der Regionen und räumlichen Konzentration zu kontrollieren (zur Bedeutung regionaler und demographischer Faktoren vgl. Greene 1974: 120 ff.).

Eine sozialstrukturell klar definierte Basis begünstigt die Mobilisierung, aber sie erschwert die Bündnispolitik (Beispiele sind Arbeiter- und Studentenbewegung). Eine weniger eindeutige soziale Basis schafft Probleme für die Mobilisierung, ist aber für gruppenübergreifende Bündnispolitik günstiger (die Friedensbewegungen der Nachkriegszeit können hier als Beispiel dienen).

Existierende Gruppen erfüllen mehrere Funktionen. Sie ermöglichen den Transfer von Loyalität auf eine soziale Bewegung, mittels sozialer Kontrolle oder Überzeugung. Sie verbreiten durch in der Gruppe etablierte Kommunikationskanäle eine neue Sicht der Dinge oder auch nur die Überzeugung, daß die alte Sichtweise von der neuen Bewegung am konsequentesten vertreten wird. Die Gruppen erleichtern koordiniertes Handeln. Unter dem Ressourcenaspekt stellen sie eine Vorstufe der für soziale Bewegung erforderlichen Ressourcenmobilisierung dar, auf der finanzielle Mittel, geübte Organisatoren, sozial Aktivierte etc. »bereitgestellt« werden.

Die interne Struktur von Großgruppen setzt der Mobilisierung Chancen oder Restriktionen. Gruppenbewußtsein, Vernetzung und Kontrolle sind die entscheidenden Variablen. Das Gruppenbewußtsein, d. h. das Bewußtsein einer gemeinsamen sozialen Identität, verbindet Menschen über die Trägerschaft gemeinsamer Merkmale hinaus und erleichtert die »Übernahme« durch soziale Bewegung, wenn die Bewegungsziele mit dem Gruppeninteresse identifiziert werden können. Die Entstehung von Arbeiterbewußtsein war Ergebnis eines Industrialisierungs- und Proletarisierungsprozesses, bei dem Handwerker, Bauern, Landarbeiter etc. ihr früheres Gruppenbewußtsein transformierten, und das dann für den Klassenappell der Arbeiterbewegung eine Grundlage bildete. Häufig erhält das Gruppenbewußtsein zwar erst durch die Interpretation der Bewegung scharfe Konturen, ohne diesen latenten Faktor könnte aber der Anschluß an die Bewegung oder mindestens die Sympathie ihr gegenüber nicht zur Gruppennorm werden (wie dies z. B. im 19. Jahrhundert für das Verhältnis Arbeiterschaft – sozialdemokratische Arbeiterbewegung galt).

Der zweite für Mobilisierung günstige Faktor ist das soziale Netzwerk einer Großgruppe. Wie dicht ist die Kommunikationsstruktur, wieweit ist sie durch organisatorische Infrastruktur stabilisiert? Es ist einfacher, in solche Kommunikationsnetze und vor allem in Organisationen einzudringen, die bereits eine Mobilisierungsleistung – auf einer idealerweise ähnlichen Wertbasis – hinter sich haben, als Vertrauen und Engagement von Grund auf zu schaffen (Oberschall 1973:125 ff.).

Vorausgesetzt ist ein organisatorischer Rahmen, der Menschen kontinuierlich zusammenführt. Die von Oberschall (1973) betonte »kommunale« Basis enger lokaler Beziehungsmuster ist in Europa vor allem für regionale Bewegungen relevant. Die Organisationsbasis besteht einerseits auf der Ebene von Zweckorganisationen der Arbeit und Ausbildung: Betrieb (Arbeiterbewegung), Schule (Jugendbewegung, die anfangs eine reine Schülerbewegung war), Hochschule (Studentenbewegung). Andererseits sind freiwillige Vereinigungen von Bedeutung, so z. B. die Vereine, Klubs etc. für die frühbürgerlichen Bewegungen.

Die dauerhafte Mobilisierung ist viel schwieriger, wenn eine solche Organisationsbasis fehlt. Dies gilt verstärkt, wenn auch die Ziele einer Bewegung trotz sozialstrukturell eingrenzbarer Trägergruppe nicht eng auf die Interessenlage des sozialen Substrats zugeschnitten sind (z. B. Friedens- oder Lebensreformbewegung).

Allerdings ist nicht jede Vernetzung gleich günstig. Das Mobilisierungspotential ist größer, wenn die soziale Homogenität und die gemeinsame Betroffenheit stärker ausgeprägt sind, oder wenn die Netzwerke aus Individuen bestehen, die ideologisch schon auf Wandel orientiert sind (Jenkins 1981: 119 f.).

Der dritte Einflußfaktor ist das Ausmaß einer in der Großgruppe etablierten Kontrolle, die für die Bewegung arbeitet oder ihr entgegensteht. Die Arbeiterbewegung stieß beim Einbau liberaler Arbeiterbildungsvereine in die Arbeiterbewegung auf weniger institutionalisierte Gegenwehr als später die NS-Bewegung, die – solange die Optionsbildung frei war – nur in Randgruppen der Arbeiterschaft einzudringen vermochte. Die sozialen Bewegungen in der Bundesrepublik seit der Studentenbewegung profitieren von der Zerstörung sozialer Prägekraft der sozialkulturellen Milieus, die die Herrschaft des Nationalsozialismus als Erbe hinterlassen hat.

Machtorientierte Bewegungen, die »nur« politische Änderungen erstreben und die Menschen deshalb in der Art ihrer sozialen Beziehungen »hinnehmen« und instrumentalisieren, sind durch eine gut strukturierte Basisgruppe eher begünstigt als kulturorientierte Bewegungen, die die Menschen gerade in ihrer gesellschaftlich-kulturellen Praxis ändern wollen. Gleichzeitig bedürfen machtorientierte Bewegungen einer gut strukturierten Basis zur Erleichterung ihrer sowieso anspruchsvollen Mobilisierungsaufgabe. Gruppenidentität, Vernetzung und Kontrolle im Rahmen der Großgruppe(n), die eine Bewegung trägt bzw. tragen, sind unerläßliche Bedingungen für eine erfolgreiche Mobilisierung.

Auf dem Erfahrungshintergrund erfolgreicher faschistischer und kommunistischer Bewegungen und geleitet von der Frage, wie sie strukturell zu bekämpfen seien, hat Kornhauser (1959) eine Diskussion eröffnet, die zu mehr Klarheit über die gesellschaftlichen Bedingungen erfolgreicher Mobilisierung geführt hat. Kornhausers Theorie der Massengesellschaft kann als eine explizite Mobilisierungstheorie verstanden werden, insofern Faktoren der Mobilisierung darin einen zentralen Stellenwert haben. Die systematisch gefaßte Frage ist die nach der Bedeutung der sekundären Gruppen für die Mobilisierung. Die Mobilisierungserfolge extremistischer Bewegungen wie der faschistischen und kommunistischen (die abgegrenzt werden von Reformbewegungen wie der sozialdemokratischen Arbeiterbewegung) werden auf die Verfügbarkeit isolierter und entfremdeter Individuen zurückgeführt.

Massengesellschaft wird u. a. dadurch charakterisiert, daß »Nicht-Eliten leicht verfügbar sind für die Mobilisierung durch Eliten« (S. 39). Der wesentliche Grund liegt im Fehlen unabhängiger, intermediärer Gruppen, die die Individuen integrieren, sozialisieren, kontrollieren etc. (vgl. Pinard 1973: 130 f.), insgesamt mäßigen und dem Einfluß extremistischer Bewegungen entziehen.

Die Grundthesen von Kornhauser lauten (Oberschall 1973: 103):

1. Extremistische Bewegungen entstehen in Massengesellschaften, d. h. Gesellschaften mit einer geringen Zahl und einem dünnen Netzwerk intermediärer Gruppen und einem Mangel an Integration durch intermediäre Strukturen.
2. Extremistische Gruppen rekrutieren die Entfremdeten, Entwurzelten, die Nicht-Aktiven in intermediären Gruppen.
3. Als Konsequenz daraus ergibt sich: je mehr (Vielfach-)Mitgliedschaft in intermediären Gruppen (d. h. je mehr »pluralistische Gesellschaft«), desto geringere Chancen für extremistische Bewegungen.

Die Kritik am massentheoretischen Ansatz der Mobilisierung läßt sich in vier Punkten zusammenfassen:

1. Die Mobilisierungsfunktion intermediärer Gruppen wurde übersehen. Sie können sowohl blockieren als auch mobilisieren. Sie können die Mobilisierung einer radikalen Bewegung um so eher unterstützen, je mehr die Gruppe entfremdet ist, starke Spannungen, aber kein alternativer Kanal zur wirksamen Artikulation der Unzufriedenheit existiert (Pinard 1973).
2. Die Typologie der Gesellschaftsstruktur ist falsch. Man muß bei Gesellschaften mit intermediärer Struktur unterscheiden zwischen
   a) individualistischem Pluralismus (»linked pluralism«) und
   b) versäultem Pluralismus (»superimposed segmentation«).
   Vor allem der versäulte Pluralismus ist für die Mobilisierung extremistischer Bewegungen geeignet (Oberschall 1973: 106 f., 124 ff.).
3. Die Theorie versteht die faschistischen und kommunistischen Bewegungen zu sehr als isolierte Sonderfälle und grenzt die zentralen Aussagen zu stark auf sie ein. Die kommunistische Bewegung z. B. entstand aus dem Scheitern der sozialdemokratischen Bewegung im und nach dem 1. Weltkrieg, sie entwickelte sich aus dem Milieu und z. T. aus dem Personal heraus, in dem zuvor die sozialdemokratische Arbeiterbewe-

gung wirksam war. Die NS-Bewegung baute auf völkische, nationalistische, antisemitische, imperialistische Strömungen und z. T. Organisationsstrukturen der Vorkriegszeit auf.

4. Die Theorie ist nicht komplex genug. Dazu nur drei differenzierende Gesichtspunkte:
   - Sie vernachlässigt strukturelle Konflikte als Ursachen und befaßt sich nur mit Bedingungen der Ausbreitung.
   - Sie unterscheidet keine Mobilisierungsphasen. Es kann sein – wie es bei den Nationalsozialisten war –, daß zunächst Integriertere, später auch Mitläufer und weniger Integrierte rekrutiert werden.
   - Es wird nicht zwischen Mobilisierungsgraden der Gesellschaft unterschieden. In bereits mobilisierten Gesellschaften gelingt Mobilisierung entweder durch Konkurrenz mit stark mobilisierten Gruppen (und das ist sehr schwer) oder – wie im Fall der NS-Bewegung – durch Penetration schwächer mobilisierter Gruppen.

9.2.2 Rekrutierung

Stellenwert und Art der Rekrutierung variieren zwischen den sozialen Bewegungen. So tat die Jugendbewegung wenig, um ihre Mitgliedschaft zu vergrößern. Die Kommunisten betrieben z. T. eine selektive Rekrutierung, d. h. sie wollten eher überzeugte und qualifizierte (»Kader«) als zahlreiche Mitglieder. Meist sind soziale Bewegungen aber offen für Mitglieder und an ihnen interessiert, weil der Umfang der Mitgliedschaft als ein, wenn nicht der wichtigste Indikator für die Stärke der Bewegung gilt (eine Gleichung übrigens, die nicht aufgeht). Von den sozialen Bewegungen in Deutschland waren nur die Arbeiter- und die NS-Bewegung wirkliche Massenbewegungen mit längere Zeit stabiler Anhängerschaft.

Die »beunruhigend einfache Frage« (Orum 1974: 203): Warum beteiligen sich Individuen an einer sozialen Bewegung? – kann trotz vieler Antwortversuche auch heute noch nicht halbwegs befriedigend beantwortet werden. Die amerikanische Bewegungsforschung hat seit den 60er Jahren mit der quantitativen Überprüfung von Rekrutierungstheorien begonnen (vgl. Marx/Wood 1975: 388 ff.).

Es ist banal, aber angesichts der Diskussion notwendig zu sagen: bei der Suche nach den Gründen für die Beteiligung an einer sozialen Bewegung ist zunächst auf die Ursachen der Bewegung zu verweisen. Die Beteiligten sind von den Ursachen entweder unmittelbar betroffen oder sie identifizieren sich mit den Betroffenen und teilen so deren Unzufriedenheit. Da immer nur ein kleiner Prozentteil der infrage Kommenden tatsächlich aktiv ist, verschiebt sich die Frage zu den besonderen Gründen. Hier wird zunächst nur daran erinnert, daß diese »besonderen« Gründe zusätzliche Gründe sind.

Es gibt verschiedene Ursachen, warum es so schwierig ist, die Motive für die Partizipation in sozialen Bewegungen zu generalisieren:

- Jede einzelne Bewegung zieht Menschen mit sehr unterschiedlichen Motiven an.
- Die Motive können mit den unterschiedlichen Aktivitätsgraden variieren.
- Die Motive für Partizipation verändern sich im Zeitverlauf einer Bewegung. So können die Motive am Beginn stärker an den Ursachen und Zielen der Bewegung orientiert sein, später aber häufiger diffuse Protesthaltungen oder opportunistische Motive (wie z. B. bei den »Märzgefallenen« der NS-Bewegung) einschließen.
- Unterschiedliche Bewegungstypen sprechen unterschiedliche Motive an. Die Änderung der eigenen Lebenspraxis im Rahmen kulturorientierter Bewegung ist ein anspruchsvolleres Motiv als die Verfolgung rein politischer Ziele, revolutionäre Bewegungen sprechen andere Menschen an als reformerische Bewegungen.

Hinsichtlich des Aktivitätsgrades läßt sich mit einer dreifachen Abstufung auskommen: von den Sympathisanten über die Aktiven zu den Führern einer Bewegung. Sie unterscheiden sich nicht notwendig in Bezug auf den Identifikationsgrad mit den Bewegungszielen. Entscheidend ist der Grad, in dem sie Ressourcen einbringen. Die Sympathisanten bzw. Anhänger einer Bewegung werden in der Regel nicht für sie aktiv; dies schließt nicht aus, daß sie ihre Stimme abgeben, falls die Bewegung eine Partei bildet, oder daß sie für die Bewegung Geld spenden. Der Aktive wendet Zeit (und oft auch Geld) für seine Bewegung auf, wobei natürlich die Intensität des Engagements eine breite Variation zeigt. Die Führer wenden viel Zeit auf und nehmen – formalisiert oder informell – Leitungsfunktionen auf den verschiedenen Ebenen der Bewegung wahr.

Wie erklärt sich die Beteiligung an sozialen Bewegungen? Vier Ansätze lassen sich unterscheiden.

1. *Sozialstruktureller Ansatz.* Der sozialstrukturelle Erklärungsansatz trägt in diesem Zusammenhang nicht weit. Klar ist, daß sozialstrukturell definierte Bewegungen eine begrenzte Basis für potentielle Mitgliedschaft

haben: Frauenbewegungen umfassen Frauen, Studentenbewegungen Studenten, Arbeiterbewegungen Arbeiter. Warum aber werden nur bestimmte Frauen, Studenten und Arbeiter in den Bewegungen aktiv? Darüberhinaus: in der Frauenbewegung haben Lehrerinnen, in der Studentenbewegung Assistenten, in der Arbeiterbewegung bürgerliche Intellektuelle wichtige Rollen gespielt.

Betrachtet man die Aktiveren in einer Bewegung, diejenigen, die einen größeren Beitrag zur Bewegung leisten und aus denen sich die Führer rekrutieren, zeigen sich Tendenzen, wie man sie aus anderen Organisationen bzw. Kollektiven kennt (z. B. Parteien). Die Aktiveren verfügen

a) über mehr Zeit oder Zeitsouveränität (Studenten, Lehrer, freie Berufe, öffentlicher Dienst),
b) über höhere Qualifikationen, wie sie auch eine Bewegung benötigt (analytische, rhetorische, organisatorische etc.). Menschen in produktiven Tätigkeiten (Bauern, Arbeiter) kommen insgesamt gesehen in sozialen Bewegungen weniger zum Zuge als Menschen aus den genannten Gruppen (Oberschall 1973: 152 ff.).

»Jugend«, d. h. genauer: Jugend im Rahmen des jeweiligen Problem- bzw. sozialen Herkunftsfeldes, stellt im allgemeinen einen hohen Anteil der Bewegungsaktiven. Jugend- und Studentenbewegung, die frühe Arbeiter- und NS-Bewegung, die neuen sozialen Bewegungen – alle rekrutieren sich überproportional aus jüngeren Altersgruppen zwischen etwa 20 und 35 Jahren. Erklärbar ist dies u. a. durch die Position im Lebenszyklus (geringerer Grad sozialer Bindung durch Familie, Beruf etc.) und durch die größere Offenheit jüngerer Jahrgänge im Sozialisationsprozeß.

2. *Soziale Netzwerke.* Individuen sind in der Regel nicht isoliert, sondern Teil sozialer Beziehungen, die formellen oder informellen Charakter haben. Die einzelnen sind also nicht direkt der Anziehungs- oder Abstoßungskraft einer Bewegung ausgesetzt, sondern ihr Verhältnis zur Bewegung ist vermittelt über diese sozialen Beziehungen. Will man die Beteiligung an sozialen Bewegungen erklären, muß man – so dieser Ansatz – von den sozialen Netzwerken ausgehen, in die sie eingebunden sind (u. a. Pinard 1971; Oberschall 1973; Wilson/Orum 1976).

Dies gilt zunächst auf der informellen Ebene. Verwandtschafts-, Freundschafts- und Bekanntschaftsbeziehungen sind ein vorzügliches Rekrutierungsfeld für soziale Bewegungen. Dies ist für amerikanische Bewegungen empirisch gut bestätigt (Snow et al. 1980). Je weniger und je schwächere Bindungen an Netzwerke mit anderer Orientierung, desto größere Rekrutierungschancen. Die Individuen kommen nicht von selbst zur Bewegung, sondern werden typischerweise »gefragt«. Die Autoren gehen soweit zu sagen, daß die geäußerten Motive für die Beteiligung häufig nachträglich entstehen (S. 795).

Die formelle Ebene kommt – z. T. überschneidend, z. T. ergänzend – hinzu. Eine Reihe von Führern und Teile der aktiven Mitglieder sozialer Bewegungen bedürfen keiner besonderen Motivation, sie sind schon vor Entstehung der Bewegung organisatorisch aktiv und erweitern bzw. verlagern lediglich ihr Aktionsfeld (Oberschall 1973: 160 ff.). Ein Beispiel dafür waren Studentenverbände wie z. B. der SDS, die ihre Aktiven und Führer in die Studentenbewegung einbrachten. Die Friedensbewegung der 1980er Jahre hatte ihre stabilen Kerne bei schon vorweg bestehenden Organisationen, z. B. der Kirchen oder Kriegsdienstverweigerer.

Auch eine bereits in Entfaltung begriffene soziale Bewegung profitiert von ausgebauten und stabilen Beziehungen zu anderen gesellschaftlichen Organisationen wie Vereinen oder Kirchen (»linkage«-Konzept), die u. a. dazu beitragen können, daß für andere, z. T. auch unpolitische Zwecke mobilisierte Mitglieder von der Bewegung rekrutiert werden (Aveni 1978: 187 ff.). Da parapolitische Organisationen meist mehr Mitglieder umfassen als politische Organisationen, ist ihr Beitrag für das Wachstum einer Bewegung von großer Bedeutung (Wilson/Orum 1976: 193).

3. *Sozialpsychologischer Ansatz.* Sozialpsychologische Theorien haben die Gründe für das Aktivwerden in sozialen Bewegungen meist bei Faktoren gesucht, die außerhalb psychischer »Normalität« liegen. Insofern können sie populären Einschätzungen nahe sein, die davon ausgehen, daß sich in Bewegungen »Spinner«, »Utopisten« oder einfach »Wild Gewordene« zusammenfinden. Die wissenschaftlichen Überschriften heißen dann »Der Fanatiker« (Hoffer 1965) oder »Revolution der Gestörten?« (Grossarth-Maticek 1975, bezogen auf die Studentenbewegung).

Nun sind dies keine Argumente für einen prinzipiellen Vorbehalt gegenüber dem sozialpsychologischen Ansatz. Eine gewisse Skepsis hinsichtlich des sozialpsychologischen Ansatzes resultiert aus seiner bisher geringen Erklärungskraft im Vergleich zu anderen Faktoren. Selbst die Erklärung des Erfolgsphänomens Hitler kann lange Zeit bei objektiven und strukturellen Variablen verweilen, bis zusätzlich irrationale Faktoren in Rechnung gestellt werden müssen. Psychische Merkmale sind beim heutigen Forschungsstand allenfalls als zusätzliche, intervenierende Variablen interessant, speziell in Anwendung auf Führer sozialer Bewegungen und insbesondere bei offenen Entscheidungssituationen.

Primär angewendet birgt der sozialpsychologische Ansatz die Gefahr in sich, die strukturellen Faktoren in der Umwelt der Bewegung und in ihr selbst auszublenden oder ihnen ein zu geringes Gewicht zu verleihen.[21]

4. *Selektive Anreize.* Olson (1968) war der Frage nachgegangen, warum ein Nutzen kalkulierendes – in diesem Sinne rational genanntes – Individuum Zeit, Energie und Geld für ein Ziel einsetzen soll, dessen Realisierung allen zugute käme. Solch ein Ziel bezieht sich auf ein kollektives Gut, das allgemein verfügbar ist bzw. jedermann zusteht. Olson nimmt an, daß wirtschaftliche Interessenverbände (sein eigentlicher Untersuchungsgegenstand) »selektive Anreize« einsetzen müssen, um Beteiligung und Engagement zu ermöglichen (wenn negative Sanktionen wie Zwang nicht infrage kommen).

Olson selbst ist skeptisch hinsichtlich der Anwendungsmöglichkeit seiner Theorie auf nicht-ökonomische Organisationen und Kollektive (S. 157 ff.) und hält sie, selbst wenn sie bestimmte Aspekte richtig beleuchtet, insgesamt in diesem Zusammenhang nicht für besonders erklärungskräftig. Das hat nicht verhindert, daß seine Theorie von der Bewegungsforschung rezipiert und jedenfalls teilweise integriert wurde (beginnend mit Oberschall 1973). Bevor der Zusammenhang spezifiziert wird, in dem diese Theorie einen begrenzten Erklärungswert haben kann, zunächst einige Gesichtspunkte allgemeinerer Kritik.

Olson behauptet, große Menschengruppen werden keine Organisationen bilden, um ihre kollektiven Güter (er nennt z. B. Frieden; Umweltschutz, Freiheit, Menschenrechte wären weitere Beispiele) zu verfolgen. Er sieht keinen Grund zu der Annahme, »daß große Gruppen sich organisieren werden, um ihre gemeinsamen Interessen zu fördern. Nur wenn die Gruppen klein sind oder in der glücklichen Lage, über unabhängige Quellen selektiver Anreize zu verfügen, werden sie sich organisieren oder sich für ihre Ziele einsetzen.« (S. 164) Da aber gerade solche allgemeinsten kollektiven Güter Ziele sozialer Bewegungen sind, verweist schon diese Tatsache auf andere Motive – außer, die Beteiligung an solchen Bewegungen könnte allein durch selektive Anreize geklärt werden.

Kritikwürdig ist der methodische Individualismus, der Interessenkalkül und Handlungsentscheidung ausschließlich auf das Individuum zurückführt. In der Realität werden Bewegungen aber häufiger aus schon bestehenden Gruppenzusammenhängen und Organisationen »gebaut« (vgl. Oberschall 1973: 117 f. und den soziale Netzwerk-Ansatz). Gruppen- und Sozialisationsfaktoren haben in diesem Zusammenhang ihr eigenes Gewicht. Je mehr »Blockrekrutierung«, desto weniger Notwendigkeit, Beteiligung an Bewegungen individuell zu erklären bzw. – durch spezifische Anreize – zu ermöglichen.

Olson steckt in einem Dilemma. Begrenzt er die selektiven Anreize auf mehr nachprüfbare (wie materielle Vorteile oder Ansehen), so beschränkt er die Reichweite seiner Theorie. Weitet er dagegen die Anreize auf die real mögliche Vielfalt aus, so geht dies auf Kosten empirischer Überprüfbarkeit. Im Zweifel zwischen Realitätsgehalt und empirischer Überprüfbarkeit müßte man sich wohl für ersteres entscheiden. Das hieße aber, daß die Theorie alles und damit eigentlich nichts erklärt.

Die Theorie lenkt – das ist ihr Gewinn – die Aufmerksamkeit auf spezifische, zusätzlich zu Interessen und Zielen auftretende Faktoren, die bei der Erklärung des Engagements in Interessenverbänden, Parteien und sozialen Bewegungen offenkundig herangezogen werden müssen, da diese Freiwilligenorganisationen über ein nur geringes negatives Sanktionspotential verfügen. Gerade bei sozialen Bewegungen mit ihrem häufig »idealistischen« Überschuß ist aber zu vermuten, daß diese Anreize weniger geeignet sind, das erste Engagement bzw. den »Beitritt« zu erklären als vielmehr dazu beizutragen, Gründe für die dauerhaftere Aktivität innerhalb von Bewegungen zu erhellen (Oberschall 1973: 116 f.). Insgesamt ist die Olsonsche Theorie konsequenter Ausdruck der nutzenmaximierenden Systemlogik, die sie als Rationalität hypostasiert; dadurch wird sie hilflos gegenüber Phänomenen, die dem kapitalistisch-akquisitiven System quer liegen.

Soziale Bewegungen sind meist arm. Schon von daher können materielle Anreize eine nur begrenzte Erklärung liefern. Sicherlich können Bewegungsorganisationen aus eigenen Mitteln in begrenztem Umfang Jobs oder auch Aufträge (z. B. Druckerei) zur Verfügung stellen. Vor allem in Gesellschaften mit entwickeltem Sozialstaat und bei machtorientierten Bewegungen, können Aussichten bestehen, in relevantem Umfang staatliche Ressourcen für eine Bewegung anzuzapfen. Die SA war unter anderem auch ein Versprechen von Arbeit in einer Zeit von Massenarbeitslosigkeit. Die Arbeiterbewegung hat sich als Umverteiler staatlicher Ressourcen zugunsten der Bewegung bestätigt.

Wichtiger aber als die materiellen Anreize, von denen nur ein kleiner Teil der Aktiven profitieren konnte, waren und sind die psycho-sozialen Anreize. Gemeinschaftserlebnisse; soziale Anerkennung; Prestige; Freundschaft; Sinnerfüllung; Identitätsvermittlung; Befriedigung von Aktivitätsbedürfnissen; moralische Überlegenheit im Bewußtsein, einer guten Sache, wenn nicht der Wahrheit zu dienen; die Anpassung an eine aktive Bezugsgruppe, deren Anerkennung man nicht verlieren will – die Aufzählung bleibt unvollständig. Im Unterschied zu Interessenverbänden und Parteien, die stärker instrumentell organisiert sind und operieren, bieten soziale Bewegungen eine Vielfalt von Ansatzpunkten zur Befriedigung expressiver Bedürfnisse.

Es fehlt bisher eine Typologie unterschiedlicher Anreizsysteme, die auf verschiedene Typen von Bewegung bezogen werden könnte. Z. B. wäre zu denken an den Unterschied zwischen stärker psychosozial oder stärker materiell profilierten Belohnungssystemen. Darauf wäre die Hypothese zu gründen: Eine Bewegung, die ihr Anreizsystem materiell fundieren kann, hat größere Chancen, eine dauerhaftere Partizipation zu ermöglichen, als eine Bewegung, die vor allem auf die instabileren psychosozialen Anreize baut oder bauen muß – ein Gesichtspunkt, der gerade bei den neuen sozialen Bewegungen zu berücksichtigen wäre.

Zur Erklärung der Beteiligung an Bewegungen sind also komplexe Modelle notwendig. Differenzierungen wären einerseits auf der Ebene der Anreize wichtig. Die Anreize variieren zwischen materiellen und immateriellen und sind für den einzelnen häufig gerade als Mix interessant. Sie korrelieren mit Bewegungstypen: machtorientierte Bewegungen tendieren zu materiellen, kulturorientierte Bewegungen zu immateriellen Anreizen. Andererseits bedürfen die Aktiven der Differenzierung. Zum Beispiel nach sozialer Position: Angehörige sozialer Unterschichten dürften eher von materiellen, Mittelschicht-Angehörige eher von immateriellen Anreizen angezogen werden. Oder nach Persönlichkeitstypen: Intrinsisch Motivierte sind von selektiven Anreizen unabhängiger (beziehen ihre Motivation mehr aus den Bewegungszielen, der Ideologie, dem Gewissen) als extrinsisch Motivierte. Oder nach der Dauer des Engagements: Längerfristige Beteiligung ist stärker auf handfeste Anreize angewiesen.

Läßt sich in allgemeiner Form etwas für Strategien der Mobilisierung ableiten? Bewegungen geht es nicht anders als Organisationen: es ist das eine, Mitglieder zu gewinnen, und das viel schwerere, sie zu halten und zu sowohl dauerhaft als auch stark Engagierten zu machen. In formellen Organisationen wie Parteien beteiligen sich in der Regel nur 10 bis 20 % der eingeschriebenen Mitglieder regelmäßig. Es spricht nichts dafür, daß Bewegungen auf bessere Relationen kommen.

Drei Strategien der Rekrutierung von Anhängern sind für soziale Bewegungen relevant:

- »Öffentlichkeitsarbeit«. Öffentliche Versammlungen, Kongresse, Publikationen, Demonstrationen und andere öffentliche Aktionen haben eine doppelte Wirkungsabsicht. Sie sollen direkt ansprechen und mobilisieren, zum anderen sollen sie so angelegt sein, daß sie das Interesse der Massenmedien finden und auf diesem indirekten Wege neue Aktive mobilisieren.
- Mobilisierung sozialer Beziehungen. Diese Strategie legt auch weniger politische Vorgehensweisen nahe, die erlauben, Freunde, Bekannte, Verwandte mit geringerem Politisierungsgrad anzusprechen (z. B. Feste, Gespräche am Arbeitsplatz oder in der Nachbarschaft, Hineintragen von Bewegungssymbolen in die Arbeitswelt, etc.).
- »Block-Rekrutierung«. Am effektivsten ist es, die Kräfte darauf zu konzentrieren, Gruppen und Teilgruppen, die bereits eine gewisse Mobilisierung und ideologische Orientierung erreicht haben, en bloc (und nicht durch individuelle Motivierung) für die Bewegung zu gewinnen.

Davon zu unterscheiden wären Techniken der Mobilisierung, z. B.:

- Sichtbarmachen konkreter Betroffenheit statt abstrakter Ideologisierung.
- Durchführung von Projekten, bei denen zumindest kleine Erfolge möglich sind. Auch bei der Mobilisierung ist Erfolg erfolgreich.
- Mobilisierung durch Konflikt. Ein Schulstreik, eine Bauplatzbesetzung, eine Auseinandersetzung mit der Polizei wie jede unverhältnismäßige staatliche Repression können neue Aktive für die Bewegung gewinnen und gerade deshalb gewünscht bzw. herbeigeführt werden.

Andere Mittel sind vor allem geeignet, die Bindungen von Aktiven an die soziale Bewegung zu verstärken bzw. auf Dauer zu stellen:

- Expressiver Instrumentalismus. Darunter soll der bewußte Einsatz expressiver Elemente zum Zwecke der Mobilisierung verstanden werden. Dafür kommen infrage die Symbolik der Bewegung, Rituale, Schaffung dramatischer Anlässe (auch Aktionen, die unter rein instrumentellen Aspekten von vornherein aussichtslos sind), Nicht- Verbürokratisierung von Bewegungsorganisationen (um die expressiven Bedürfnisse nicht durch instrumentelle »Sachzwänge« zu erdrücken) (vgl. auch Turner/ Killian 1972:335 ff., 365 ff.).
- Demokratischer Führungsstil. Wie in Organisationen ist dies ein Mittel, durch Anerkennung des Mitgliedereinflusses ihre Beteiligung zu erhöhen.

- Schaffung materieller Anreize. Als ergänzende Strategie für die meisten Bewegungen interessant, steckt in ihr die Gefahr, den moralischen Impetus der Mitglieder längerfristig zu korrumpieren.
- Opfer-Strategie. Gerade die Opfer – so ist im Gegensatz zum Belohnungsansatz argumentiert worden – die die Bewegung dem Individuum abverlangt, binden es stärker an die Gemeinschaft der Bewegung (Wilson/Orum 1976: 196). Relativ hohe Geldbeiträge, begrenzte Regelverletzung mit Straffolgen, Inkaufnehmen beruflicher Nachteile – wenn man Menschen dazu gebracht hat, wächst dadurch auch die Identifikation mit der Bewegung.

9.2.3 Organisation

Soziale Bewegung besteht aus der Wechselwirkung von Organisation und Spontaneität. Über Bewegungsorganisation zu schreiben, bedeutet, dieses Spannungsverhältnis nicht aus den Augen zu verlieren, weder dem Mythos der Organisation noch dem Mythos der Spontaneität anheimzufallen. Es gibt stark und es gibt schwach organisierte Bewegungen und es gibt unterschiedliche Arten von Organisation, es gibt aber keine unorganisierten Bewegungen – jedenfalls nicht in Deutschland und nicht, wenn das Kriterium einer gewissen Dauerhaftigkeit in die Definition sozialer Bewegung aufgenommen wird.

Spricht man in diesem Zusammenhang von Organisation, so ist Organisation als Teil von Bewegung gemeint: »Bewegungsorganisation«. Darunter ist eine Organisation zu verstehen, die sich mit den Zielen der Bewegung identifiziert und ihre wichtigste Aufgabe in der Verfolgung dieser Ziele sieht. Letzteres unterscheidet sie von vorgefundenen Organisationen, die von der Bewegung mobilisiert werden, ohne dadurch zu Trägerorganisationen der Bewegung zu avancieren.

Organisation ist durch drei Elemente charakterisiert: Zielorientierung, Arbeitsteilung und Dauerhaftigkeit. Die Zielorientierung bindet sie an die Intention sozialer Bewegungen, gesellschaftlichen Wandel herbeizuführen. Die Arbeitsteilung ist bewußt hergestellt und umfaßt z. B. die Ausdifferenzierung von Leitungsaufgaben, die Festlegung von Organisationsgrenzen (»Mitgliedschaft«), etc. Dauerhaftigkeit meint eine mit Organisationsbildung verfolgte Absicht, nicht notwendigerweise ein Ergebnis.

Häufig gehören zu einer Bewegung mehrere, z. T. untereinander konkurrierende Bewegungsorganisationen. McCarthy/Zald (1977) nennen – in Analogie zur Ökonomie – die Gesamtheit aller Organisationen (»Betriebe«) einer Bewegung »social movement industry«, die Gesamtheit aller Bewegungs-Industrien »social movement sector«. Davon ist wichtig das Konzept aller Organisationen einer Bewegung, das deren organisatorische Substruktur genannt werden kann.

Der Hauptstrom der Bewegungsforschung ist von der Überzeugung getragen, ohne Organisationen seien auch soziale Bewegungen nicht dauerhaft aktionsfähig. Dabei wirken sicherlich historische Erfahrungen nach, die durch eine relativ hohe und – in Europa – zunehmende Organisationsdichte von Bewegungen bestimmt sind. In jüngerer Zeit, genauer: seit der Studentenbewegung, treten aber soziale Bewegungen auf die Bühne, die vergleichsweise eher organisationsschwach und dennoch nicht erfolglos sind. Dadurch angestoßen, hat zumindest eine Relativierung des Organisationsdogmas eingesetzt.

Als theoretische Ausgangsposition kann auch hier Etzionis, auf Aktivierung zielende Systemtheorie dienen. Er geht aus von der Notwendigkeit, Großgruppen zu mobilisieren, um gesamtgesellschaftlichen Wandel zu erzielen. »Unter den meisten Bedingungen ... sind nur Großgruppen mit organisatorischer Ausstattung oder Organisationen, die eine Großgruppenbasis mobilisiert haben, aktiviert genug, um makroskopische Wirkungen zu erzielen.« (Etzioni 1975: 121 f.) Dies ist historisch unbestreitbar, vor allem wenn man Europa und zwar vor allem seit der allgemeinen Steigerung gesellschaftlicher Mobilisierung im ausgehenden 19. Jahrhundert in den Blick nimmt.

»Eine Großgruppe hat ein Energiepotential, das, als solches, nicht verwendbar ist; wenn es nicht in kinetische Energie transformiert wird, bleibt es ungelenkt und kann nicht zur Beeinflussung externer oder interner Zustände benutzt werden.« (S. 126) Die Reichweite eines Organisationsnetzes ist oft viel enger als die in ihm verarbeitete Großgruppe, aber: eine Großgruppe ohne Organisation ist passiv. Sie »bedarf zusätzlicher 'Verarbeitung' durch eine oder mehrere Organisationen, um ihr Handlungspotential zu aktualisieren.« (Ebda.)

An diesem Punkt scheint es sinnvoll, sich genauer funktionale Vor- und Nachteile von Organisationen im Rahmen sozialer Bewegung vor Augen zu führen. Welches sind zunächst positive Funktionen von Bewegungsorganisationen? Als Bezugspunkte können Ziele, Mobilisierung und Aktion dienen.

Ziele: Organisation trägt zu einer Verstetigung des Kommunikationsprozesses bei. Da Bewegungsziele fluide sind, bedürfen sie in hohem Maße der öffentlichen Reflexion und des Versuchs, ihre Verbindlichkeit für die Bewegung zu erhöhen. Ziele müssen als kurz-, mittel- und langfristige operationalisiert werden.

Mobilisierung: Die kontinuierliche Mobilisierung von Ressourcen ist ohne Organisation nicht zu denken. Wie dargelegt, bedeutet erfolgreiche Mobilisierung von Bewegungen in nicht geringem Umfang die Inanspruchnahme und Umleitung von Ressourcen, die bereits von anderen Organisationen mobilisiert worden sind. Zur kontinuierlichen Verbindung mit solchen anderen Organisationen (»linkage«) bedarf es eigener Organisation, die u. a. ein Mindestmaß personeller Kontinuität herstellen kann. »Letzlich bestehen 'linkages' zwischen Menschen, und ohne ein geeignetes Personal, das extra-organisatorische Beziehungen pflegt und aufrechterhält, ist keine Ressourcen-Mobilisation möglich.« (Aveni 1978: 187) Allein schon die dauerhafte Erhebung und Verwaltung von Geld ist auf Organisation angewiesen (Wilson 1973: 177 f.). Aber auch die weiteren von Aveni genannten Ressourcen sind es: Mitglieder, Legitimität. Prestige, Information, Macht (S. 188).

Der Mobilisierungsprozeß ist langfristig und diskontinuierlich, da Menschen nur langsam ihre Meinungen und noch langsamer ihr Verhalten ändern und da die Bewegung stark von Konjunkturen abhängig ist, die außerhalb ihrer Kontrolle liegen. Organisation ist eine Antwort auf beide Probleme. Den Passiveren erlaubt sie durch Identifikation die Aufrechterhaltung von Bindungen. Die Aktiveren kann sie vor Apathie und Privatismus bewahren helfen. Etzioni (1975: 425) sieht in Organisationen »ein zentrales Instrument zur 'Fixierung' der höheren Kontroll*stufen«*, die im Prozeß der Mobilisierung erreicht werden.

Aktion: Zwar ist die Initiative zur Aktion nicht notwendig auf Organisation angewiesen (obwohl auch sie von Organisation profitieren kann), die Koordination verschiedener Handlungsansätze ist es aber durchaus. Der moderne Staat mit seiner hohen Zentralisierung ist durch dezentrale und »unorganisierte« Aktivitäten kurzfristig zu verunsichern, aber nicht einmal mittelfristig zu beeinflussen. Die Handlungslogik zentralisierter Machtstruktur erzwingt auch von Oppositionellen Antworten, die – um es vorsichtig auszudrücken – die zentrale Ebene nicht aussparen können. Diese Zentralisation aber erfordert Koordination und die ist nur durch Organisation zu leisten.

Die negativen Funktionen von Organisation sind seit den Analysen von Max Weber und Robert Michels zum sozialwissenschaftlichen Allgemeingut geworden. Intern geht es um Bürokratisierung und Oligarchisierung, die Initiative und Engagement der Aktiven ersticken können. Extern stehen im Mittelpunkt die Folgen von Institutionalisierung, die soziale Bewegung zu einem festen Bestandteil des Verhandlungssystems macht. Dadurch wird sie berechenbar und einem Anpassungsdruck ausgesetzt, der zu Mäßigung führen kann.

Organisation ist auch ein Problem unter dem Gesichtspunkt zweckmäßiger Ressourcenverteilung. Die zu ihrer Erhaltung erforderlichen Ressourcen können anderen, z. B. direkten Aktionsformen entzogen werden. Verbunden mit der Tendenz von Organisation, längerfristig die Binnenorientierung ihrer Mitglieder zu fördern, kann so ein strategisches Allokationsproblem entstehen.

Organisation, soviel scheint sicher, hilft auch sozialer Bewegung bei der Erfüllung einiger ihrer Funktionen. Dabei ist sie in mancher Hinsicht alternativlos. Andererseits gehen von Organisation aber auch Wirkungen aus, die die Erreichung der Bewegungsziele beeinträchtigen können. Es wäre unbefriedigend, mit diesem allgemeinen Ambivalenz-Hinweis abzubrechen. Die Diskussion ist in den letzten Jahren in zwei Richtungen weitergeführt worden. Einerseits wurde gefragt, ob soziale Bewegung mit viel oder mit wenig Organisation erfolgreicher sei. Andererseits wurde die Frage auf eine qualitative Ebene gehoben: Welche Organisation fördert soziale Bewegung am meisten? Der erste Diskussionsstrang bemühte sich um quantitative Überprüfung von Hypothesen. Um dies vorwegzunehmen: die Komplexität der Fragen hat bisher überzeugende Beweise verhindert. An allen Ecken schaut heraus, was auch viele Bewegungen gespalten hat: der Mythos der Organisation auf der einen, der Mythos der Spontaneität auf der anderen Seite.

In einer radikalen Variante wird Organisationsbildung zum Hauptschuldigen für das Scheitern sozialer Bewegung erhoben. Piven und Cloward vertreten diese Position in ihrer Arbeit »Poor People's Movements. Why They Succeed, How They Fail« (1977). Ihre Hauptthese: Nur der spontane Massenaufruhr, der sich direkter Kampfformen bedient, kann den Herrschenden relevante Konzessionen abringen. Organisationsbildung dagegen, d. h. der Aufbau von permanenter Organisation auf Massenbasis, ist ein sicheres Mittel, den Aufruhr zu bremsen, die Protestenergien in leicht zu vereinnahmende Politikformen umzulegen.

Nun lebt eine solche These natürlich nicht zuletzt von ihrer Allgemeinheit. Je mehr sie spezifiziert wird, desto näher rückt sie an den zuvor schon erreichten Erkenntnisstand und hat dann nur noch politische Überzeugungskraft – to whom it may concern. (Die zugrunde liegende Philosophie wurde als die einer radikalen Variante des amerikanischen Populismus charakterisiert – vgl. Tarrow 1982.)

Zunächst ist eine gewisse Ambivalenz der Grundthese von Piven/Cloward festzuhalten. Obwohl vom Wortlaut her meist begrenzt auf Armen-Bewegungen, ist die These doch offenbar von der politischen Absicht her generalisierend gemeint und wurde z. T. auch so weiterdiskutiert: Organisation schadet Bewegung. Tatsächlich ist der Geltungsbereich der These die Bewegung sozialer Unterschichten. Damit sind vor allem die untersten Schichten der Arbeiterklasse gemeint, die »Armen«.

Eine zweite Einschränkung fällt dem deutschen Leser schnell auf: es handelt sich um einen amerikanischen Sonderfall. In Deutschland gab es keine separaten Armen-Bewegungen. Hier absorbierte die starke Arbeiterbewegung solche Partikularinteressen, auch wenn sie sie nicht befriedigte und in ihrem Schwerpunkt immer eine Bewegung der Industriearbeiterschaft war. Für die Industriearbeiterschaft gelten aber auch hinsichtlich der Organisation andere Gesetze.

Damit sind wir schon bei den Haupteinwänden gegen diese Untersuchung (am interessantesten: Jenkins 1979). Die Bewegungen sind nicht durch Organisationsbildung geschwächt, sondern durch die allgemeine Ressourcen-Schwäche der sozialen Trägergruppe, die auch durch Organisation nicht überwunden werden kann. Die generellen politischen Erfolgsaussichten von Armen-Bewegungen – ob mit oder ohne Organisation – sind schwach. Arbeitslose, Sozialhilfeempfänger, »Rechtlose« (wie lange Zeit die amerikanischen Schwarzen) verfügen weder über personelle noch über materielle Ressourcen für eine langfristige politische Strategie (sie bringen deshalb z. B. auch keine Interessenverbände hervor).

Eine andere Untersuchung (Jenkins/Perrow 1977) über amerikanische Farmarbeiter zeigt im Vergleich zweier historischer Entwicklungsabschnitte (Fallstudien zu den 30er und 60er Jahren), daß nicht die Organisationsfrage den Erfolg beeinflußt, sondern die jeweilige politische Umwelt, vor allem das Vorhandensein oder Fehlen von Verbündeten und die Elitenspaltung. Damit ist nicht bestritten, daß zuzeiten eine Weigerung, die öffentliche »Ruhe und Ordnung« zu wahren, bzw. die Praktizierung von Aufruhr das einzige Druckmittel sozialer Unterschichten sein können. Es verlagert aber die Frage des Erfolgs nicht auf die Ebene der Organisationslosigkeit, sondern auf die der politischen Umweltbedingungen.

Die Piven/Cloward-These lebt von zwei falschen Gleichungen. Zum einen von der Gleichsetzung von Organisation mit bürokratischer Organisation. Nun sind gerade viele Bewegungsorganisationen – gemessen am Idealtyp bürokratischer Organisation – besonders unbürokratisch und vor allem gibt es eine große Variabilität von Bewegungsorganisation. Die spezifische Struktur der in diesem Zusammenhang interessanten Bewegungsorganisationen wurde aber gar nicht untersucht (insofern auch hier eine schlechte Generalisierung). Die zweite Gleichung setzt bürokratische Organisation und Anpassung in eins. Nun gibt es theoretische Gründe (Zald/Ash 1973), die sagen, daß Oligarchisierung und Bürokratisierung Führer von Mitgliedern unabhängig machen und eben auch Raum für eine »Abweichung« zum Radikalismus schaffen. Und es gibt praktische Beispiele, von denen Lenin nicht das geringste ist.

Zusammenfassend: Die Generalisierung über den Spezialfall der Unterschichten hinaus ist falsch. Es gibt z. B. Untersuchungen zur Ausbreitung von Streikaktivitäten, die zeigen, daß sie vom vorhergehenden Ausbau gewerkschaftlicher Organisation abhängig sind. In Bezug auf Unterschichten-Bewegungen vermag nicht die Organisationsbildung deren relative Erfolglosigkeit zu erklären, sondern die Ressourcenschwäche der Basisgruppe und die Ungunst politischer Umweltbedingungen.

Auch die durch die Arbeit von Gamson »The Strategy of Social Protest« (1975) angestoßene Diskussion konzentrierte sich auf die Frage nach den Bedingungen für Erfolg und Mißerfolg von Protestgruppen. Dabei hatte Gamson Bürokratie und Zentralisierung der Bewegungsorganisation als erfolgsfördernde Bedingungen ausgewiesen.

Die Übertragbarkeit seiner Ergebnisse stößt schon aufgrund einer unterschiedlichen Definition des Gegenstandes auf enge Grenzen. So zählte Gamson für die USA zwischen 1800 und 1945 4500 Protestgruppen (»challenging groups«); daraus zog er ein Sample von 53 Gruppen, die er näher untersuchte. Die Abgrenzung z. B. zu Interessengruppen oder begrenzten Initiativgruppen, die aus unserer Diskussion herausfallen, fällt auf dem Hintergrund des US-amerikanischen politisch-kulturellen Kontextes ganz anders aus.

Es bleibt auch nach der Gamson-Debatte (vgl. vor allem Goldstone 1980, Replik von Gamson 1980, für die weitere Debatte vgl. dort vor allem die Anmerkung 11, S. 1057 f.) offen, wieviel unabhängige Erklärungskraft organisationsstruktuellen Faktoren zukommt, sowohl hinsichtlich des Merkmals Bürokratie wie auch hinsichtlich Zentralisierung, die beide zusammen für Organisationsdichte stehen können. Deutlich wurde das

Gewicht der Reichweite der Zielsetzung (ob der Gegner »ersetzt« oder ob nur politische Konzessionen errungen werden sollen), die alle anderen Faktoren erdrückte. Darüberhinaus wurde auch hier das Gewicht der Umweltfaktoren erkennbar, vor allem des positiven Einflusses von Krisen und der Bedeutung von Verbündeten für den Erfolg. Auch diese Debatte vermag den generellen Zweifel nicht auszuräumen, wieweit es heute oder überhaupt methodisch gelingen kann, bei derart komplexen Zusammenhängen *ein* internes Strukturmerkmal – wie das Ausmaß von Organisation – zu isolieren und in seinem relativen Einfluß zu bestimmen.

Jedenfalls erwächst aus den beiden hier kurz angesprochenen Diskussionen keine Widerlegung einer der Grundannahmen der Mobilisierungstheorie, daß Organisationen als wichtige Faktoren der Mobilisierung einzuschätzen sind. Deren Funktion kann allerdings nicht nur positiv bestimmt werden. Charakteristisch ist vielmehr eine Ambivalenz, wobei das Übergewicht positiver oder negativer Funktionen sowohl durch die spezifischen internen Strukturen wie auch durch Umweltbedingungen stark bestimmt wird. Interessanter als die Frage, ob überhaupt Organisation, ist angesichts der Universalität von Bewegungsorganisation die Frage: welche Organisation?

Dabei ist die Gleichsetzung von sozialer Bewegung mit einer »schwachen« Organisationsstruktur (Wilson 1973: 157) empirisch nicht richtig, wie schon ein Blick auf die hochgerüsteten kommunistischen oder faschistischen Bewegungen zeigen kann. Auch bei der Frage nach der »angemessenen« Organisationsstruktur für soziale Bewegungen stoßen wir auf Mythen: den Mythos des Zentralismus und den Mythos der Dezentralisation. Dabei können Zentralisierung und Bürokratisierung als gleichgerichtete Prozesse verstanden werden.

Der normative Zentralismus ist charakteristisch für den Hauptstrom der Arbeiterbewegung und hat – u. a. über die theoretischen Arbeiten von Lenin und Michels – auch Eingang in das sozialwissenschaftliche Bewegungsdenken gefunden, das ja immer noch dazu neigt, unkontrolliert von der Arbeiterbewegung her zu generalisieren. Der Grundgedanke ist ein militärischer: die »Schlagkraft« der Bewegung bzw. ihrer Organisation(en) erfordert Zentralisierung, Bürokratisierung ist das Mittel, um die Aktiven unter interne Kontrolle zu bringen. Gamson (1975) formuliert, daß nur dann die »notwendige Kampfbereitschaft« erreicht sein wird, wenn es gelingt, »die Bereitschaft zu gehorchen und das Recht zu befehlen miteinander zu vermählen« (S. 90). Die Begründung wird aus der

»grundlegenden Asymmetrie« zwischen dem Freiwilligenverband und dem bürokratisch hoch gerüsteten Gegner gezogen. Stärke gewinnen – so die Annahme – bedeute, sich der Organisationsform des Gegners anzupassen.

Das zentralistisch-bürokratische Organisationsmodell der kommunistischen und faschistischen Bewegungen hat immerhin zur Installierung von Bewegungs-Regimen geführt, hatte also auf den ersten Blick weitreichende Erfolge. Allerdings ist auch hier die Frage nach der Bedeutung der Umweltfaktoren zu stellen und auf das häufige Scheitern derselben internen Strukturen unter anderen Umweltbedingungen hinzuweisen. Es gibt also weder funktional zwingende Erfolgsargumente für dieses Organisationsmodell (vgl. Naschold 1969), noch ist damit die Frage beantwortet, die sich vor allem bei progressiven Bewegungen stellt, welche Zielelemente bei diesem Modell unterdrückt oder verbogen werden.

Noch auf der Ebene abstrakter Organisationsdebatte ist der Effizienz des zentralistisch-bürokratischen Modells die Effizienz des – sagen wir – koordiniert-dezentralen Modells gegenübergestellt worden. Auch hier fand eine Generalisierung von historisch-spezifischen Bewegungen her statt. Gerlach/Hine (1970) und Gerlach (1970) haben diese Gegenargumentation aufgebaut, wobei bemerkenswert ist – und auch die Frontstellung deutlich macht –, daß mit der höheren Effizienz (und nicht z. B. Partizipation) des alternativen Modells argumentiert wurde.

Gerlach (1970) geht aus von einer Organisationsstruktur sozialer Bewegung, die er beschreibt als

- segmentiert, d. h. aus einer Reihe »verschiedener Gruppen oder Zellen« zusammengesetzt,
- vielköpfig, d. h. von vielen, auch untereinander konkurrierenden Führern geleitet, sowohl auf der Ebene der Gesamtbewegung wie auch ihrer einzelnen Teile,
- netzförmig, d. h. durch Querverbindungen und verbindende Aktivitäten in ein Netzwerk eingebaut.

Eine solche dezentrale Bewegung wird in einer Vielzahl von Funktionen als dem zentralistisch-bürokratischen Modell überlegen gesehen. Dazu gehören (S. 825 ff.):

- Verhinderung effektiver Unterdrückung durch den Gegner gerade wegen der Vielfalt der Führungsstruktur.

- Gesellschaftliche Durchdringungskraft, wobei die interne Heterogenität das Eindringen in eine Vielfalt sozialer Nischen erleichtert.
- Anpassungsfähigkeit in Zeiten starken gesellschaftlichen Wandels aufgrund der flexiblen Organisationsstruktur.
- Zuverlässigkeit der Bewegung, die erhöht wird durch die Verdoppelung und Überlappung der Aktivitäten von Teileinheiten.
- »Eskalierende Dynamik«, die die Zielerreichung dadurch fördert, daß die Bewegung das Wechselspiel gemäßigter und radikaler Untereinheiten zur Erringung von Konzessionen funktionalisieren kann.
- Innovationskraft in Bezug auf sozialen Wandel, die durch das soziale Experimentieren im Rahmen vielfältiger Strukturen gefördert wird.
- Dezentralisation der Fehler, die beim Experimentieren unvermeidbar sind, aber keine zerstörerische Wirkung für die Gesamtbewegung haben.

Diese hier nur anzudeutenden Diskussionsstränge machen deutlich, daß ein großes Defizit in der empirischen Erforschung der Organisationsfrage sozialer Bewegungen besteht. Sehr allgemeine, stark normative Generalisierungen einerseits, auf Teilaspekte bezogene Hypothesenbildung andererseits (vgl. z. B. McCarthy/Zald 1977: 1227 ff.) bestimmen das Feld. Die Operationalisierung von »Bürokratie« bei Gamson (1975) war noch sehr restriktiv; sie umfaßte drei Merkmale: ein »geschriebenes Dokument« (Statut oder Grundsatzerklärung), eine formale Liste von Mitgliedern, mindestens drei Organsisationsebenen. Die wichtige Frage, wann, in welcher kontrollierten Form, in welchem Umfang etc. begonnen wird, einen Teil der für die Bewegung anfallenden Arbeiten durch einen bezahlten, festangestellten Stab erledigen zu lassen und welche Folgen für die Bewegung gerade dies hat, ist außerhalb der Arbeiterbewegung kaum systematisch zum Thema gemacht worden. Das Spannungsverhältnis zwischen bürokratischer Effektivität und spontaner Mitwirkung der Überzeugten ist aber in allen Bewegungen grundlegend (Tilly, Ch. 1978).

Bezogen auf die typologische Klassifikation macht- und kulturorientierter Bewegungen, der ja funktionale Unterschiede zugrundeliegen, kann die Hypothese aufgestellt werden, daß der Zentralisierungs- und Bürokratisierungsgrad bei den politisch intervenierenden machtorientierten Bewegungen größer ist als bei den kulturorientierten Bewegungen. Machtorientierte Bewegungen handeln primär in Auseinandersetzung mit zentralistischbürokratischen Machtstrukturen, Veränderung der Lebenspraxis des einzelnen dagegen ist die letzte Konsequenz von Dezentralisation.

Aber auch diese Ebene der Diskussion kann nicht befriedigen. Letztlich schafft sich jede große historische soziale Bewegung ihr eigenes Mobilisations- und Organisationsmodell, das sich idealtypisch charakterisieren und durch Elemente des analytischen Bezugsrahmens erklären läßt (vgl. 9.3 und 9.4).

9.2.4 Führer und Aktive

Bewegungen sind nichts ohne eine größere Zahl von Aktiven, sie entfalten sich aber auch nicht ohne Menschen, die Leitungsfunktionen übernehmen. Dabei muß nicht notwendig an »große«, namhafte Führer gedacht werden. Es gibt Bewegungen mit namhaften und solche mit namenlosen Führern, aber es gibt keine führerlosen Bewegungen. Die meisten Aktiven, die ja auf lokaler, allenfalls regionaler Ebene wirken, haben es mit »namenlosen«, nur auf unterer Ebene und möglicherweise noch nicht einmal außerhalb der Bewegung bekannten Führern zu tun. Die folgenden knappen Ausführungen zum Führungsproblem in sozialen Bewegungen beziehen sich auf die nationale Ebene und die namhafte(re)n Führer. Sie scheinen in mancherlei Hinsicht aber auch auf untere Ebenen übertragbar.

Mitgliedschaft in sozialen Bewegungen ist prekär, Führung (relativ) stabil. Dies ist durch die vergleichsweise größeren Anreizsysteme zu erklären, die Führern zur Verfügung stehen und sie zu einer berechenbareren, dauerhafteren Aktivität auch in der Flaute der Gesamtbewegung motivieren. Während man ohne »Aktivitätstest« nie weiß, ob eine Bewegung überhaupt noch besteht, trifft man Führer auch noch an, wenn die Aktiven sich schon verlaufen haben.

Wie bei der Organisation von sozialer Bewegung ist auch bei den Führern eine Debatte uninteressant, die nach dem Überhaupt von Führern fragt oder nach dem Michelsschen bzw. neu aufgelegten Piven/Cloward'schen Motto verfährt: »Führer führen zu Anpassung«. Wichtiger sind die Frage »Welche Art von Führung?«, die Unterscheidung spezieller Funktionen und Typen von Führung, die Untersuchung von Bedingungen, die zur Erklärung dieser Unterschiede herangezogen werden müssen, und die Frage nach dem Wechselverhältnis von Führern und Mitgliedern (zu Fragen nach Sozialstruktur und Psychologie von Bewegungsführern vgl. Oberschall 1973: 148 ff.).

Führer leisten Beiträge zu allen wesentlichen Funktionen sozialer Bewegung. Das unterscheidet sie nicht von gewöhnlichen Aktiven. Der Unterschied liegt in ihrem größeren Anteil an der Richtungsbestimmung dieser Funktionen. Diese überlegene Einflußnahme kann zurückgehen auf persönliche Eigenschaften und Fähigkeiten (Überzeugungskraft, Beharrlichkeit, Rhetorik, Dynamik etc.) oder auf investierte Ressourcen (vor allem die aufgewendete Zeit, aber auch »mitgebrachte« Aktive). Einmal als formeller oder informeller Führer anerkannt, wachsen zusätzlich vielfältige Mittel zur Stabilisierung des Führertums zu (vgl. z. B. die Analysen von Michels).

Führer übernehmen Aufgaben bei der Formulierung und Konkretisierung von Ideologie und Programmatik der Bewegung; diese sind umso bedeutsamer je größer die Diskrepanz im Bildungsgrad zwischen Führern und Aktiven sind.

Führer bilden – neben und mit der Organisation – das dauerhafte Element, das für kontinuierliche und gezielte Mobilisierung erforderlich ist. Sie rekrutieren und motivieren Mitglieder, sie bauen Brücken zu unterstützenden gesellschaftlichen Gruppen und Organisationen, betreiben Bündnispolitik (da Großgruppen nicht direkt interagieren können). Für die weitere Öffentlichkeit symbolisiert sich die Bewegung in ihren Führern und stabilisiert sich durch sie. Ohne verantwortliche Führer gewinnt die Bewegung nicht das Vertrauen von außen, das sie – neben der unvermeidbaren, aber auch produktiven Gegnerschaft – zum Wachstum braucht.

Führer beteiligen sich an Aktionen, vor allem aber versuchen sie die Aktionen zu lenken, bestimmte Ziele, Themen und Gegner gegenüber möglichen anderen in den Vordergrund zu schieben. Sie bemühen sich um eine Gesamtstrategie und deren Vermittlung mit taktisch notwendigen Manövern.

Das bedeutet nicht, daß sie die »Herren« der Bewegung seien und die Aktiven nur täten, was ihnen gesagt wird. D. h. aber, daß eine langfristig angelegte Bewegung nicht allein auf Spontaneität gestellt werden kann und gerade die längerfristigen und synthetisierenden Anstrengungen von Führern zu erwarten sind – was einhergehen *kann* mit einer Schwäche, zu handeln, wenn gehandelt werden muß.

Es gibt eine Reihe von Vorschlägen zur Typologie von Führern sozialer Bewegungen, aber noch kaum empirisch relevante Untersuchungen zu diesem Problemkreis (vgl. z. B. Turner/Killian 1972: 388 ff.; Wilson 1973: 195 ff; Marx/Wood 1975: 385 f.; Eichler 1977; Tucker 1981). Die hier vorgeschlagene Typologie gründet auf drei Hauptfunktionen. Sie geht davon aus, daß Führer einen Beitrag zu allen drei Funktionsbereichen leisten müssen, daß ihr Profil aber deutliche Schwerpunkte hat. Führertypen entstehen aus der vorrangigen Verfolgung einer dieser Funktionen.

a) *Zielspezialisten.* Es gibt Führer, die Einfluß aus der Formulierung der Zielperspektive sozialer Bewegung gewinnen. Ideologie und Grundsatzprogrammatik bilden den Rahmen, in dem aktuelle Probleme interpretierbar werden. Diesen Führertyp kann man »Theoretiker« nennen. Er ist als Redakteur, Referent einer Schulungsstätte, freier Schriftsteller etc. tätig. Kautsky ist ein Beispiel aus der deutschen Arbeiterbewegung.

Daneben gibt es Zielspezialisten, die den Schwerpunkt ihrer Aktivität in der Bekräftigung der grundlegenden Ziele und Werte einer Bewegung sehen. Man kann sie »Idealisten« nennen. Sie sind nicht oder jedenfalls weniger schöpferisch als die Theoretiker, dafür sind sie in so hohem Maße mit Bewegungszielen identifiziert, daß die machtpolitischen Komponenten der Mobilisierung und Strategiebildung dahinter zurücktreten. Aus der Arbeiterbewegung ist Karl Liebknecht ein Beispiel für diesen Führertyp.

b) *Mobilisator.* Es gibt organisatorisch Begabte und Kommunikationsfähige, die ihr Profil aus Mobilisierungsleistungen gewinnen. Dazu zählt der Agitator, der seine größte Wirksamkeit in direktem Kontakt mit größeren Menschenmengen erreicht. Der Organisator (auch »Bürokrat« genannt) konzentriert seine praktischen Fähigkeiten auf den Aufbau und die Unterhaltung der Bewegungsorganisation. Friedrich Ebert ist in der deutschen Arbeiterbewegung dadurch innovativ in Erscheinung getreten, daß er für den sozialdemokratischen Parteivorstand die erste Schreibmaschine anschaffte und das Ablagesystem einführte. Der Verhandler kann vor einer größeren Menschenmenge völlig blaß sein, in kleiner Runde, ein konkretes Verhandlungsziel vor Augen, vermag er sich durchzusetzen.

c) *Stratege.* Während viele Führer und Aktive mit dem Nächstliegenden vollauf beschäftigt sind, braucht jede erfolgreiche Bewegung auch Führer vom Typ des Strategen. Damit ist nicht der Theoretiker gemeint, der – theoretisch – strategische Überlegungen anstellt. Gedacht ist an die Integration von Ziel-, Mobilisations- und Aktionselementen in bezug auf übergreifende Zwecksetzungen und in enger Wechselbeziehung zur Praxis der Bewegung. Um auf den Gang der Dinge tatsächlich Einfluß zu bekommen, muß der Stratege im Entscheidungsprozeß einer Bewegung gut placiert sein, er ist aber auch nicht notwendig mit der Spitzenfigur oder auch nur mit öffentlich prominenten Figuren identisch.

Der einzelne Führer kann sein spezifisches Führungsprofil aus Leistungen in mehr als einem Bereich gewinnen. Charismatische Führer tendieren dazu, in allen drei Bereichen Leistungen zu erbringen – und sei es, um ihre »Vollkommenheit« unter Beweis zu stellen.

Wie auch immer die Typologie von Führern vorgenommen wird, die Frage bleibt, ob solche Merkmale zufällig verteilt sind bzw. sich innerhalb der Bewegung zufällig durchsetzen. Ein Erklärungsansatz stellt darauf ab, daß bestimmte Führerprofile sich durchsetzen, wenn es die Situation erfordert. Diese Theorie der Führerschaft (Case 1933) unterscheidet ein »Ereignis«, das die Gelegenheit für einen Führer schafft, eine »Situation«, die die Aufgaben bestimmt, denen ein Führer gerecht werden muß, und drittens die Persönlichkeitsmerkmale des Führers. Die Fähigkeiten eines Führers, die in der einen Situation hilfreich sind, lassen ihn in einer anderen Situation scheitern.

So plausible Beispiele sich für diesen Erklärungsansatz auch finden lassen, er bedarf doch der Einschränkung (vgl. Turner/Killian 1972: 396). Die Institutionalisierung von Führerschaft führt zu dem Ergebnis, daß ein einzelner Führer in einer Mehrzahl durchaus unterschiedlicher Situationen an der Spitze steht. Zum anderen verändert sich der Führer in seiner Führungsrolle. Sein Image bei den Aktiven und Anhängern, die selektive Kommunikation, die Auffassung seiner Rolle etc. verändern ihn im Vergleich zu seinen mitgebrachten Eigenschaften.

Ein erweiterter Erklärungsansatz könnte im Typus der Bewegung gesucht werden. Machtorientierte Bewegungen, so ließe sich vermuten, tendieren zu charismatischer Führerschaft und zu den Typen des Mobilisators und Strategen, Zielspezialisten dagegen treten ebenso – vielleicht sogar häufiger – in kulturorientierten Bewegungen auf.

Der eng gezogene Grundkonsens innerhalb einer sozialen Bewegung ist ein wesentliches Fundament für die Legimität der Führer: Anhänger, Aktive und Führer wollen – ungeachtet aller sie begleitenden Differenzen – im wesentlichen das gleiche. Das kritische Problem gesamtstaatlicher Legimitation, wie man auch bei entgegenstehenden Interessen folgt, existiert nicht oder ist doch stark abgemildert. Anders als im gesamtstaatlichen Rahmen existiert auch – so lange soziale Bewegungen Freiwilligenkollektive sind – ein geringerer Bedarf an »Gehorsam«. Der »exit« ist leicht bewerkstelligt, gegenüber »voice« fehlt es häufig an wirksamen Sanktionen.

Unter diesen Rahmenbedingungen kann Führung eher als funktional notwendige Arbeitsteilung denn als Herrschaft erscheinen. Die effiziente Funktionserfüllung ist deshalb eine – und wohl die verbreitetste – Legitimationsgrundlage von Bewegungsführern. Führung wird anerkannt, solange die generalisierte Annahme besteht, die Führer leisteten spezielle, unverzichtbare Beiträge für die Bewegung. Offenkundiges Versagen führt zur Ablösung der Führer, möglicherweise auch zur Umstrukturierung (z. B. in Richtung auf »kollektive Führung«).

Es gibt aber noch einen zweiten grundlegenden Legitimationsmechanismus, den charismatischen. Darunter ist eine Beziehung zu verstehen, bei der die »Gefolgschaft« an die übernatürlichen, übermenschlichen, jedenfalls außerordentlichen Eigenschaften und Fähigkeiten des Führers glaubt und ihn deshalb nicht nur anerkennt, sondern verehrt und ihm »grenzenlos« vertraut. Zu recht ist – gegen die Inflationierung des Charismabegriffs und gegen seine Reduktion auf persönliche Eigenschaften des Führers gerade in der Bewegungsforschung – an den Weberschen Ursprung erinnert worden. Danach liegt diesem Legimitationstyp eine spezifische Führer-Gefolgschaftsbeziehung zugrunde und ergeben sich daraus auch strukturelle Konsequenzen z. B. für die Entscheidungsstruktur (Wilson 1973: 198 ff.; Eichler 1977). Soll nur ausgedrückt werden, daß der Führer die Gruppenziele in vielfältiger, auch z. B. emotionaler Weise ausdrückt, so wäre dies mit der Begrifflichkeit der »symbolischen Führung« zu beschreiben (Wilson 1973: 199; Turner/Killian 1972: 391 ff.).

Der charismatische Führungs- und Legitimationstyp wurde von Wilson (1973: 201 ff.) für die soziale Bewegung adapiert und differenziert. Er stellt sich in unserem Diskussionszusammenhang dar als eine Entlastung gegenüber den bestimmteren und rational überprüfbaren Leistungsanforderungen des funktionalistischen Legitimationstyps. Soweit Modernität als Prozeß der Rationalisierung und »Versachlichung« aller Lebensbeziehungen gesehen werden kann, verschlechtern sich auch die Bedingungen für charismatische Herrschaft in sozialen Bewegungen. Die sozialen Bewegungen seit dem charismatisch fundierten Nationalsozialismus sind in hohem Maße nicht nur un-, sondern anti-charismatisch.

Die Beziehung zwischen Führern und Mitgliedern ist im charismatischen Führungstyp eindeutig geregelt. Die Mitglieder sehen sich einer hochzentralisierten Entscheidungsstruktur gegenüber: im Zentrum *der* Führer, umgeben von einer kleinen Gruppe von Gefolgsleuten. Die Rolle des Mitglieds besteht aus »hingebungsvoller«, ausführender Aktivität und Vertrauen gegenüber dem Führer. Instrumentelle Gesichtspunkte des wechselseitigen Nutzens stehen zu diesem Legitimationstyp quer und können deshalb auch keine Grundlage für Kontrollansprüche von unten nach oben bilden. In Bewegungen mit einem charismatischen Führer gibt es keine Partizipation an relevanten Entscheidungen.

Diesem charismatisch-autoritären oder -totalitären Modell steht ein demokratisches Modell gegenüber, das allerdings erhebliche Variationen aufweist. Führer sind nicht durch Glauben, sondern durch Funktion legitimiert. Leistungserbringung für die Bewegung ist immer auch verbunden mit Richtungsbestimmung. Beides unterliegt der Kritik und Kontrolle durch Bewegungsmitglieder und möglicherweise auch der Alternativbildung. Im Grad der Führungsanbindung an den Mitgliederwillen unterscheiden sich die bekannten Variationen von der Radikal- bis zur Repräsentativ-Demokratie.

Was heißt »Demokratie« in sozialen Bewegungen? Es scheint sinnvoll, auf den Gegensatz von Organisations- und Entscheidungspartizipation zurückzugreifen (Raschke 1975: 11 ff.). Unter Organisationspartizipation wird die bloße Teilnahme am Organisationsleben verstanden, d. h. die Beteiligung ohne Entscheidungsteilhabe. Entscheidungspartizipation ist die reale Teilnahme an verbindlichen Organisationsentscheidungen. Nun kompliziert sich diese sowieso nicht einfach zu operationalisierende Unterscheidung, wendet man sie auf soziale Bewegungen an.

Soweit eine Bewegung Organisation(en) umfaßt, gilt auch hier ein Übergewicht der Organisations- über die Entscheidungspartizipation. Die gesamte seit Michels und Weber geführte Organisationsdebatte ist dann anwendbar und zeigt die Grenzen von Demokratie in Organisationen auf – auch in Bewegungsorganisationen, die ja der ursprüngliche Gegenstand der Untersuchungen von Michels waren.

Da Bewegung aber immer mehr ist als die Organisation(en), die sie umfaßt: wie steht es mit Demokratie in diesem un- oder schwach organisierten Bereich? Sicherlich: die direkte Aktion vermittelt mehr Gefühl spontaner Partizipation als die Diskussion und Abstimmung eines Antrags auf lokaler Organisationsebene, der über zwei oder drei Ebenen zu einem Zentralgremium hochgeschleust wird und dabei sehr schnell die Qualität von »Material« annimmt. Aber entspricht das Gefühl der Realität? Es gibt durchaus Situationen, wo Spontaneität im Rahmen direkter Aktion relevante Entscheidungen setzen kann. Es scheint, daß dies relativ selten ist. Häufiger verbleiben die Akteure im Rahmen der durch die Aktionsform (z. B. einer angemeldeten Demonstration) gesetzten Schranken oder im Rahmen einer Gesamtstrategie der Bewegung, worauf Führer größeren Einfluß haben.

Auch die Aktivitäten im un- oder schwach organisierten Bereich verschaffen nur begrenzte Möglichkeiten »autonomer« Partizipation. Empirische Untersuchungen über interpersonelle Kommunikation und politischen Einfluß im Rahmen schwach formalisierter Bürgerinitiativen zeigen – mit Variationsbreite – im Prinzip die gleiche oligarchische Grundstruktur, wie sie seit Michels aus formellen Organisationen bekannt ist (Schenk, M. 1981 und 1982). Auch bei radikaldemokratischen Intentionen werden solche Strukturen unter anderem durch die interne Bedingung, komplexe Materien unter Zeitknappheit zu beraten, und durch die externe Bedingung, mit hierarchisierten und oligarchisierten Akteuren interaktionsfähig zu sein, aufgezwungen. Die Chancen für Demokratie in Bewegungen hängen also letztlich mehr von den Rahmenbedingungen als vom Willen der Akteure ab. Der wirkliche Wille zu mehr Demokratie vermag aber die Grenzen, die Führern auch in Bewegungen gesetzt sind, zugunsten der Mitglieder zu verschieben.

9.2.5 Konflikt und Kooperation

Konflikt und Kooperation zwischen und innerhalb von Sozialbewegungen beeinflussen den Mobilisierungsprozeß – und nur unter diesem Gesichtspunkt sollen sie hier angesprochen werden. Klammert man die vertikale Dimension des Konflikts zwischen Führern und Mitgliedern aus (vgl. 9.2.4), bestehen auf horizontaler Ebene folgende Möglichkeiten von Konflikt und Kooperation:

a) Konflikt und Kooperation mit anderen Sozialbewegungen,
b) Konflikt und Kooperation innerhalb von Sozialbewegungen. Sie können in zwei Varianten auftreten. Entweder als Konflikt und Kooperation zwischen Teilbewegungen im Rahmen einer Gesamtbewegung oder als Konflikt und Kooperation zwischen Bewegungsorganisationen der Gesamtbewegung oder von Teilbewegungen,
c) Konflikt und Kooperation innerhalb von Bewegungsorganisationen.

zu a) Da die meisten Bewegungen eine eingegrenztere soziale Basis haben, ist damit auch ihr primäres Feld interner Mobilisierung abgesteckt. Konflikte zwischen Bewegungen wären von daher unter dem Mobilisierungsaspekt als begrenzt zu erwarten. Nun können aber potentielle Anhänger durch eine frühere Bewegung gebunden sein und müssen durch Konflikt erst von dieser Bewegung gelöst werden. Die Bemühungen der frühen Arbeiterbewegung um Herauslösung von Arbeitern aus der liberalen bzw. demokratischen Bewegung ist dafür ebenso ein Beispiel wie Mobilisierungsversuche der neuen sozialen Bewegungen hinsichtlich vor allem von Teilen der Intelligenz, soweit sie in der traditionellen Arbeiterbewegung gebunden sind bzw. waren. Ebenfalls kann eine von der Intention her eher interklassistische Bewegung im Einzugsbereich anderer Bewegungen mobilisieren. Die NS-Bewegung hat dies z. B. mit Straßenzellen und Betriebsgruppen im Bereich der Arbeiterschaft getan. In solchen Fällen wird die Mobilisierung durch Konfliktverschärfung gefördert – möglicherweise bei der offensiven Bewegung ebenso wie bei der Gegenbewegung.

Bewegungen liegen mit Gegenbewegungen (und Kontrollinstanzen) häufig in intensivem Konflikt. Was hier betont wird, ist, daß Mobilisierung und Gegenmobilisierung sich vielfach in unterschiedlichen sozialen Feldern vollziehen und deshalb begrenzten Einfluß auf die interne Mobilisierung haben.

Auch die Kooperation zwischen eigenständigen Sozialbewegungen ist begrenzt. Wo die »großen« Bewegungen als Nachfolgebewegungen in beachtlichem Maße an den Werten der Vorgängerbewegungen anknüpften, ist es zu wirksamer Kooperation nicht gekommen. Nicht zwischen Arbeiterbewegung und bürgerlichen Emanzipationsbewegungen, und zwischen den neuen sozialen Bewegungen und der Arbeiterbewegung scheint es nicht anders zu werden. Mobilisationskonkurrenz und Identitätsgefährdung können eigentlich nur in einer frühen Phase die begrenzte Zusammenarbeit erklären, die objektiv das Machtpotential verwandter Bewegungen verringert.

Bei den kleineren Bewegungen spräche noch mehr für intensive Kooperation: sie sind thematisch spezialisierter und könnten durch Ressourcenzusammenlegung ihre Bedeutung erhöhen. Die Beziehungen zwischen Friedens- und Frauenbewegung waren marginal, obwohl einige die Kooperation für möglich und notwendig hielten; ein Grund für das ausbleibende Bündnis war die Angst der Friedensbewegung, durch Zusammengehen mit der Frauenbewegung im militaristischen und patriarchalischen Kaiserreich als doppelt »schwach« zu erscheinen. Lebensreform- und Jugendbewegung haben trotz inhaltlicher Affinitäten, die auch bewußt waren, weder stärker kooperiert noch in Konflikt gelegen – Ausdruck auch der allgemeinen Mobilisierungsschwäche kulturorientierter Bewegungen? In den 50er Jahren haben Arbeiterbewegung und Anti-Atomtod-Bewegung kooperiert – nicht sehr überraschend, da diese Friedensbewegung zu einem beträchtlichen Teil Ableger der Arbeiterbewegung war. Ostermarsch- und Studentenbewegung haben sich ebenfalls um begrenzte Kooperation bemüht.

Kooperation ist also historisch gesehen kein sehr ausgeprägtes Interaktionsmuster zwischen eigenständigen Sozialbewegungen. Allerdings war dies auch der Konflikt nur in begrenztem Maße, da meist jede Bewegung ihr spezifisches Feld zu mobilisieren suchte.

zu b) Konkurrenz und Kooperation werden intensiver, ihre Auswirkungen auf den Mobilisierungsprozeß größer, sobald die Analyse sich den internen Prozessen von Sozialbewegungen zuwendet. Wieweit führt bewegungsinterne Differenzierung zu Konflikt? Für Teilbewegungen innerhalb einer Gesamtbewegung läßt sich sagen, daß Differenzierung, die auf unterschiedlichen Themen beruht, weniger mit Konflikt verbunden ist als Richtungsdifferenzierung. So hat der Unterschied zwischen demokratischer und liberaler Teilbewegung, nicht aber der Unterschied zwischen beiden und der Nationalbewegung zu Konflikten geführt. Die katholische, sozialdemokratische und kommunistische Teilbewegung innerhalb der Arbeiterbewegung haben intensive Mobilisierungskonflikte ausgetragen. Zwischen den Teilbewegungen der neuen sozialen Bewegungen, die thematisch begründet sind, gibt es dagegen wenig Konflikt.

Sind Konflikte innerhalb von Gesamt- wie von Teilbewegungen – meist mit Hilfe von Bewegungsorganisationen ausgetragen – schädlich für den Erfolg der Bewegung? Politisch wie wissenschaftlich wirksam ist der Mythos der Stärke durch Geschlossenheit. Die Gegenargumente sind plausibler, wenngleich – dies zur Einschränkung vorweg – die tatsächliche Wirkung erheblich von den Modalitäten der Konfliktaustragung abhängt.

Etzioni (1975: 426 f.) formuliert als Hypothese: Die Mobilisierungsleistung wird erhöht, wenn zwei oder mehr Bewegungsorganisationen an ihr beteiligt sind. Zwar leidet die Koordination und wird durch die Konflikte im Rahmen der Bewegung Energie verbraucht, aber gleichzeitig verbreitert sich das Ansprechpotential. »Die unterschiedlichen Organisationen stellen Legitimationen für verschiedene Mobilisierungsstufen bereit und ermöglichen damit die Rekrutierung von Individuen, die höhere Stufen der Bindung suchen, ohne daß dabei jenen dieselben Standards aufgezwungen werden, die nur weniger intensiv teilnehmen wollen und deren Unterstützung verlorenginge, wenn von jedem Mitglied intensive Partizipation verlangt würde.« (S. 426) Da es radikale wie gemäßigte Präferenzen gibt, würde deren Vereinheitlichung eine oder im schlimmsten Fall sogar beide Richtungen abstoßen. »Ein gewisses Maß an Konflikt scheint außerdem die Loyalität und das Engagement der Mitglieder zu verstärken.« (S. 427) Ein weiterer funktionaler Vorteil aus Faktionalismus entsteht in den Außenbeziehungen: dem gemäßigten Flügel können vom Gegner angesichts einer radikaleren Alternative eher Forderungen erfüllt werden als einer geschlossenen Organisation.

Auch die Kooperation hat ihre Probleme. Sowohl die Zusammenarbeit zwischen Teilbewegungen wie die von Bewegungsorganganisationen innerhalb einer Bewegung bzw. Teilbewegung. Auf den ersten Blick hat sie nur Vorteile: Zusammenlegung von Ressourcen und damit Machtgewinn für die Bewegung als ganzes. Darin liegt aber auch schon das Problem: daß der Gewinn für die Bewegung nicht identisch sein muß mit dem Nutzen für die einzelne Bewegungsorganisation. So sehr die Mitglieder einer Bewegungsorganisation Vorteile für die Bewegung suchen, so wenig wollen sie diese auf Kosten ihrer eigenen Organisation. Auch wenn die Bewegungsorganisationen einer Bewegung kooperieren, ist also die latente Konkurrenz zwischen ihnen nicht ausgeschaltet.

Das Problem mag begrenzt sein, wo kooperierende Organisationen entlang einer akzeptierten Arbeitsteilung innerhalb einer Bewegung mobilisieren (Beispiel: Partei und Gewerkschaft innerhalb der sozialdemokratischen Arbeiterbewegung). Oder dort, wo stark ideologisch divergierende Bewegungsorganisationen zusammenarbeiten, deren jeweils ausgeprägte ideologische Identität die Mitglieder zusammenhält (Beispiel: linkstraditionalistische vs. christliche vs. autonome Organisationen im Rahmen der Friedensbewegung).

Das Problem stellt sich – jedenfalls objektiv – dort am deutlichsten, wo die Fluktuation der Aktiven am größten ist. Dort kann die intensive Unterstützung einer anderen (Teil-)Bewegung, die über finanzielle Zuwendungen und Verlautbarungen hinaus Aktive zuführt, zur Schwächung der eigenen Bewegung beitragen. Zwar: das Kalkül der Bewegungsorganisation bleibt ungewiß. Sie mag hoffen, durch zeitweise Unterstützung einer anderen Bewegung neue Aktive hinzuzugewinnen. Sie kann dabei aber auch eigene Aktive auf Dauer verlieren. Wie ist der Nettoertrag der Mobilisierung?

Das Problem entsteht nicht zuletzt in den neuen sozialen Bewegungen. Ursache ist die starke thematische Differenzierung in Verbindung mit einem relativ homogenen Werthorizont der Aktiven und mit beachtlichen thematischen Affinitäten (z. B. Frieden a) zwischen den Völkern, b) mit der Natur etc.), die die Rahmenbedingungen für die hohe Fluktuation von Aktivisten darstellen. Das Problem ist in diesen Bewegungen andererseits dadurch begrenzt, daß sie relativ schwach durch Organisationen strukturiert sind und deshalb die Mobilisationskalküle von Organisationen kein besonderes Gewicht haben. An einer Organisation wie dem Bundesverband Bürgerinitiativen Umweltschutz (BBU), die ihre Aktivitätsschwerpunkte u. a. vom Umweltschutz über den Anti-AKW-Kampf zum Friedensthema verlagerte, ließe sich zeigen, daß das Problem des Aktiventransfers objektiv Bewegungsorganisationen in ihren Mobilisierungsmöglichkeiten beeinflußt.

Zu c) Die Mobilisierungsvorteile einer begrenzten Organisationskonkurrenz im Rahmen einer sozialen Bewegung können auch bei Faktionalismus innerhalb einer Bewegungsorganisation auftreten. Die systematische Faktionalismusforschung hat ja ihren Ausgang aus dem Bereich sozialer Bewegung genommen (Lipset et al.: Union Democracy, 1962). Sie ist zwar im engeren Bereich der Parteienforschung weiterentwickelt worden, könnte von dort aber auch wieder umformuliert bzw. für den weiteren Bereich sozialer Bewegung generalisiert werden. Soziale Bewegung ist jedenfalls keinem Mechanismus unterworfen, der – wie z. B. die Wahl bei Parteien – einen unerbittlichen Druck auf Geschlossenheit ausübt.

Faktionalismus in Bewegungen wie in ihren Organisationen bleibt ambivalent. Gerade deshalb ist Zweifel erlaubt am Ergebnis, er sei nur Friktion gezielter Mobilisierung, gar »Elend« (Gamson 1975: 99). Für die positive Wirkung von Konflikt zwischen Bewegungsorganisationen unter einem Dach wie von innerorganisatorischen Konflikten sind die Modalitäten der Konfliktaustragung von größter Bedeutung. Ohne in Details zu gehen: Führer und Mitglieder brauchen Toleranz gegenüber der Opposition (und der Mehrheit!) oder ein Bewußtsein vom funktionalen Nutzen sowohl der Mehrheit wie der Minderheit oder – um sicher zu gehen – beides.

9.3 Allgemeine Mobilisierungstypen und Erklärungszusammenhänge

In diesem Abschnitt soll gefragt werden, wieweit generalisierbare Zusammenhänge zwischen Mobilisierungstypen und Erklärungsfaktoren bestehen. Dazu sind die historischen Mobilisierungsweisen, die im Abschnitt 9.4 skizziert werden, durch Abstraktion weiter zu vereinfachen und deren

Erklärung auf die Faktoren Sozialstruktur und Ziele zu reduzieren. Mobilisierungsrelevante Rahmenbedingungen werden im historischen Teil herangezogen, bleiben aber wegen der Schwierigkeit, sie zu generalisieren, hier ausgeklammert.

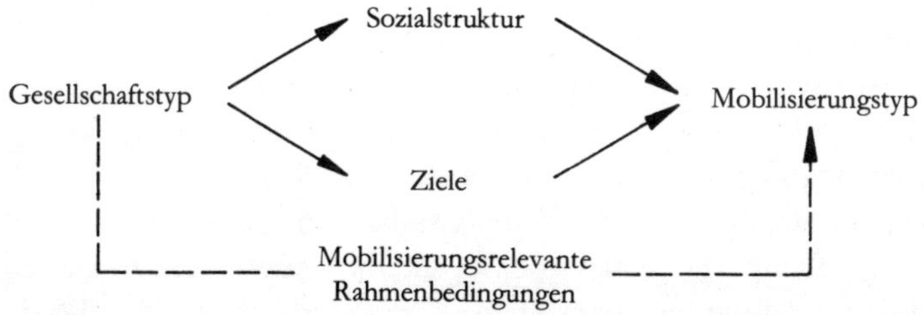

Idealtypisch ist ein zentralistisch-bürokratischer einem dezentral-partizipativen Organisationstyp gegenüberzustellen. Das bürokratische Modell ist im Rahmen von Freiwilligenorganisation – um die es sich bei Bewegungsorganisationen handelt – immer nur in einer Form möglich, die den dort vorhandenen besonderen Bedingungen angepaßt ist. Im Vergleich zur rein bürokratischen Organisation ist eine stärkere Berücksichtigung von Mitgliederinteressen und ein höheres Maß situationsspezifischen, nicht regelhaft generalisierten Verhaltens möglich und notwendig. Deutliche Einschränkungen spontanen, folgenreichen Mitgliederhandelns liegen vor allem in folgenden Elementen des zentralistisch-bürokratischen Modells:

- Hierarchie mit aufsteigender Kompetenzrelevanz,
- Verwaltungsstab besoldeter, fachlich qualifizierter, hauptberuflich tätiger Angestellter,
- über die formale Struktur hinausgehende Zentralisierung der realen Leitungskompetenz bei wenigen, »zentral« plazierten Führern, deren Macht auch auf der Verfügung über den bürokratischen Apparat beruht.

In diesem Modell verlagert sich der Einfluß von den Mitgliedern auf die Führer im Zusammenspiel mit dem bürokratischen Apparat. Zentralisierung, Bürokratisierung und Führerorientierung sind sich wechselseitig verstärkende Prozesse.

Das dezentral-partizipative Modell ist negativ charakterisiert durch die Abwesenheit bzw. Schwäche von Bürokratie und Führern, positiv durch relevante Aktivitäts- und Entscheidungsräume, die zur Partizipation motivieren und sie erleichtern.

»Demokratie« ist mit beiden Idealtypen vereinbar. Aber auch bei legitim hoher Partizipation wirken die Restriktionen des zentralistisch-bürokratischen Typs, der das Zusammenspiel von Führern und Verwaltungsstab privilegiert, und bestehen auf der anderen Seite die besonderen Beteiligungschancen des dezentral-partizipativen Typs.

Zwischen diesen beiden Idealtypen steht ein zentralistisch-partizipatives Modell. Seine klarste konzeptionelle Ausprägung hat es im rätedemokratischen Ansatz gefunden.

Die historische Analyse der Mobilisierungsweisen wird zeigen, daß die Bewegungen dem einen oder dem anderen Organisationstyp näherstanden. Die Arbeiterbewegung zielte – von anarchistischen bzw. syndikalistischen Randgruppen abgesehen – auf den zentralistisch-bürokratischen Organisationstyp, die frühbürgerlichen ebenso wie die neuen sozialen Bewegungen auf den dezentral-partizipativen Typ. Von einer universellen Tendenz zur Bürokratisierung von (Bewegungs-)Organisation, wie sie Max Weber in seinen Analysen unterstellte, kann nicht die Rede sein. Die Größe der Bewegung oder der Anpassungsdruck des bürokratischen Staates sind für sich genommen nicht determinierend. Andererseits kann nicht von einer unbegrenzten Optionsfreiheit der Akteure ausgegangen werden. Die tatsächliche Präferenz eines der beiden konträren Organisationstypen ist durch objektive Bedingungen stark beeinflußt. Die Sozialstruktur der primären Trägergruppe und die Ziele der Bewegung erscheinen als besonders wichtig.

Zunächst zur Sozialstruktur. Bedürfnisse und Interessen sozialer Großgruppen differieren hinsichtlich ihrer Neigung zum bürokratischen oder assoziativen Organisationstyp.[22] Mit zwei Ansätzen kann man sich der Erklärung dieses Zusammenhangs annähern: dem Ressourcen- und dem Sozialisationsansatz.

Die Ressourcen, über die Individuen außerhalb sozialer Bewegungen verfügen, beeinflussen auch die Organisationsneigung. Wer viele bzw. starke Ressourcen hat, braucht keine leistungsstarke Organisation. Er ist zwar möglicherweise auf soziale Bewegung angewiesen (wie z. B. das Bürgertum in der liberalen und der Adel in der konservativen Bewegung), ihm genügt aber der lockere Zusammenschluß. So kann er extern zusätzlich von seinen überlegenen Ressourcen an Geld, Beziehungen, Ansehen etc. Gebrauch machen und sie intern zum Zwecke größerer Einflußnahme einsetzen.

Wer wenige bzw. schwache Ressourcen hat, ist nicht organisationsfähig – auch wenn er wollte. Die unterste Unterschicht, das »Lumpenproletariat«, die angelernten Arbeiter, die Arbeitslosen, organisieren sich nicht eigenständig bzw. dauerhaft. Ihre Ressourcen reichen allenfalls zu Protest und Auflehnung.

Wie sieht es mit intellektuellen Ressourcen aus? Prinzipiell gibt es keinen Grund, sie anders zu behandeln als materielle oder soziale Ressourcen. Zwar bestehen hier größere Möglichkeiten ideologisch bestimmter Ressourcenverwendung, der utilitaristische Ansatz kann aber auch in diesem Bereich zur Erklärung beitragen. Wer Nutzen aus »geistiger Überlegenheit« ziehen kann und will, verfährt auch in der Organisationsfrage strategisch. Wo die bewegungsrelevante Großgruppe, der er sich anschließt, aus Ressourcenmangel zu fester Organisation tendiert, beansprucht er innerhalb der Organisation eine Führungsrolle (am konsequentesten im Leninschen Parteimodell). Wo die Trägerschaft sozialer Bewegung aufgrund eigener Ressourcenstärke zu einem assoziativen Organisationstyp tendiert, wird er sich dem problemlos anschließen (wie in den frühbürgerlichen Bewegungen) – und mit seinen spezifischen Ressourcen möglicherweise beim Kampf um informelle Führung Vorteile erzielen. Wo die Bewegung im Kern aus Intelligenz besteht (wie die neuen sozialen Bewegungen), wird er die assoziative Mobilisierungsweise bevorzugen: sie bewahrt vor Abhängigkeit, auch wenn stabile Herrschaft unter mit gleichen Ressourcen Ausgestatteten nicht möglich ist.

Unter Ressourcenstärke läßt sich die Anhäufung gesellschaftlich hoch bewerteter Ressourcen verstehen. Dazu gehören individueller Besitz bzw. Verfügung über Kapital und/oder hohe Qualifikation. In Verbindung mit den beiden grundlegenden Organisationstypen ergibt sich folgende Beziehung:

Ressourcen

Organisation	stark	schwach
assoziativ	frühbürgerliche Bewegungen neue soziale Bewegungen	
bürokratisch		Arbeiterbewegung

Der Sozialisationsansatz überschneidet sich z. T. mit dem Ressourcenansatz. Großgruppen unterschiedlicher sozialstruktureller Position lassen sich vergleichen nach Ähnlichkeiten in ihren Arbeits- und Lebenserfahrungen.

Ein kollektivistischer läßt sich einem individualistischen Erfahrungsmodus gegenüberstellen.

Der kollektivistische Erfahrungsmodus tendiert zu bürokratischer Organisation, der individualistische zu Assoziation. Auf der einen Seite, beim kollektivistischen Typus, ein hoher Grad normativer Einbindung in ein Sozialmilieu, das durch relativ gleichartige, stark verflochtene, »gemeinschaftliche« Arbeits- und Lebensbeziehungen charakterisiert ist. Organisation wirkt hier nicht nur kompensatorisch für das Ressourcendefizit bzw. als Mittel zum Zweck bewußter Vergesellschaftung, sie ist auch Ausdruck bedeutsamer Vergemeinschaftungsprozesse. Die Sozialisation prägt Orientierungen, die die Kraft des Kollektivs über das Individuum stellen, die Arbeit bekräftigt dies durch Erfahrungen wechselseitigen Angewiesenseins. Arbeiterklasse und Arbeiterbewegung vom 19. bis weit in das 20. Jahrhundert hinein sind das deutlichste Beispiel für solche sozialstrukturellen und sozialpsychologischen Zusammenhänge.

Auf der anderen Seite der individualistische Erfahrungsmodus. Hier werden durch individualisierte Formen von Besitz und/oder Bildung andere Voraussetzungen individueller Selbstentfaltung im ökonomischen oder intellektuellen Bereich geschaffen. Die Sozialisation betont das Ideal des eigeninitiativen Individuums, die »selbständige« Form der Arbeit unterstützt es. Ökonomischer und intellektueller Bereich, soweit sie lebensweltlich meist voneinander getrennt sind, weisen strukturelle Ähnlichkeiten auf. Während sich über den »Besitzindividualismus« eine feste Vorstellung gebildet hat, sträubt sich die Erkenntnis bei ähnlichen Aussagen für die Intelligenz. Ein Grund dafür ist wohl, daß die Intelligenz nicht selten als »links« in Erscheinung tritt. Hier wird aber nicht nach ideologischen Präferenzen gefragt, die von vielen umweltspezifischen Faktoren abhängen (vgl. 8.4), sondern nach den Dispositionen gegenüber bürokratischer Organisation oder Assoziation, die durch dauerhaftere Lebens- und Arbeitsbedingungen gebildet werden. Die für höhere Bildung notwendigen längeren Ausbildungszeiten und die Arbeitsweise intellektueller Berufe bekräftigen nachhaltig den Prozeß der Individuation. In dieser Richtung wäre die Erklärung dafür zu suchen, daß die Bevorzugung lockerer Organisation nicht nur unter Bedingungen individuellen Produktivbesitzes bei verschiedenen Segmenten des Bürgertums, sondern auch bei der durch Hochschulsozialisation und intellektuelle Berufe geprägten Intelligenz auftritt.

So führte die Gemeinsamkeit von Bürgertum und Intelligenz zu den assoziativ strukturierten frühbürgerlichen Bewegungen, schufen sich Teile des Bildungsbürgertums die organisationsarmen Lebensreform- und Jugendbewegung und grenzten sich die Bewegungen der Massenintelligenz seit der Studentenbewegung der 60er Jahre deutlich vom Organisationsmodell der Arbeiterbewegung ab, um neuartige Ausprägungen eines assoziativen Mobilisationstypus zu entwickeln.

Organisation / *Sozialisation*	individualistisch	kollektivistisch
assoziativ	frühbürgerliche Bewegungen neue soziale Bewegungen	
bürokratisch		Arbeiterbewegung

Heer und Betrieb sind die beiden wichtigsten Institutionen, in denen unter modernen Bedingungen kollektivistische Orientierungen hervorgebracht bzw. bekräftigt werden. Max Webers (1964: 866 ff.) Ausführungen über Disziplin als Korrelat des Rationalisierungsprozesses, die »die Bedeutung des Charisma und des individuell differenzierten Handelns« einschränkt, lassen sich auch für den Sozialisationsaspekt heranziehen. »Die Disziplin des Heeres ist . . . der Mutterschoß der Disziplin überhaupt. Der zweite große Erzieher zur Disziplin ist der ökonomische Großbetrieb.« (S. 872) Im Heer Sozialisierte waren bei der primären Trägergruppe der NS-Bewegung, im Betrieb Sozialisierte Träger der Arbeiterbewegung. Längeres Unterworfensein unter »rationale Disziplin« drängt individuelles Handeln zurück. Die »moderne« Disziplin definiert Weber als »die konsequent rationalisierte, d. h. planvoll eingeschulte, präzise, alle eigene Kritik bedingungslos zurückstellende, Ausführung des empfangenen Befehls, und die unablässige innere Eingestelltheit ausschließlich auf diesen Zweck.« Entscheidend sei »die rationale Uniformierung des Gehorsams einer Vielheit von Menschen« (S. 867).

Die Ausführungen zeigen, daß auch Ressourcen und Sozialisation untereinander in einem engen Zusammenhang stehen (vgl. Abb. S. 230).

Die Trägergruppen der drei epochalen Bewegungen erweisen sich als relativ konsistent. Dabei sind diese Zusammenhänge zunächst nur auf soziale

Bewegungen zu beziehen. Es wird z. B. keine generelle »Unfähigkeit« des Bürgertums zu bürokratischer Organisation behauptet. Bei streng instru-

Sozialisation

Ressourcen		individualistisch	kollektivistisch
	stark	Bürgertum Intelligenz	
	schwach		Arbeiterschaft

menteller Interessenverfolgung ist das Bürgertum durchaus zu bürokratischer Organisation fähig (z. B. Betrieb, Verwaltung, Verbände). Es bedeutet nur, daß die spontane und genuine Organisationsneigung bei frei zu wählender Form aufgrund gegebener Ressourcen und Sozialisationserfahrungen zu assoziativer Organisation tendiert.

Die NS-Bewegung dagegen ist heterogen hinsichtlich Ressourcen und Sozialisation. Dies erklärt möglicherweise – neben der Abhängigkeit vom charismatischen Führer u. a. – die Schwierigkeiten bei der Stabilisierung einer solchen Bewegung.

Die Mobilisierungs- bzw. Organisationsstruktur der Bewegung – so war die These – ist funktional an die Ziele der Bewegung angebunden. Anders gesagt: machtorientierte Bewegung erfordert einen anderen Mobilisationstyp als kulturorientierteBewegung.

Zunächst einmal sind Massenbewegungen immer machtorientierte Bewegungen. Bewegungen der kleinen Zahl sind entweder in der Wirkung begrenzte machtorientierte Bewegungen oder aber kulturorientierte Bewegungen. Ziel und Zahl (der Aktiven) stehen also in einem Zusammenhang. Eine machtorientierte Bewegung, die fundamentale institutionelle Änderungen herbeiführen wollte und keine strukturellen Aussichten auf die Gewinnung einer Massenanhängerschaft hätte, brauchte erst garnicht zu beginnen.

Massenrekrutierung und extensive Ressourcenmobilisierung hängen eng miteinander zusammen. Zum einen verweist dies auf anthropologische Zusammenhänge. Die Bereitschaft zu einer das ganze Leben durchdringenden Politisierung ist bei einer großen Zahl von Menschen nicht vorhanden. Zwar gibt es keine starren Grenzen, aber eben auch keine potentiell unbegrenzte Bereitschaft; aus der Sicht der meisten Individuen ist Politik einer alternativen Ressourcennutzung deutlich unterlegen. Dies bedeutet: intensive Ressourcennutzung für soziale Bewegung ist bei Massen nicht *möglich*.

Sie ist aber auch funktional nicht *notwendig*. Die Funktion machtorientierter Bewegung ist es, institutionelle Änderungen durch Machtanwendung herbeizuführen. Im Konflikt mit den politischen Kontroll- und Vermittlungsinstanzen – selbst gut abgestützen Mobilisierungsagenturen – zählt vor allem die Breite der Mobilisierung (die eine Anleitung durch hoch aktivierte Kader nicht ausschließen muß). Im demokratischen Staat ist die Zahl der durch Bewegung Aktivierten ein wesentlicher Indikator für den bereits eingetretenen und für weiter drohenden Legitimationsverlust der Herrschenden. Viele Anhänger machtorientierter Bewegungen können einen positiven Beitrag auch bei geringerer Nutzung ihrer Ressourcen an Zeit, Energie und Kompetenz leisten.

Anders die Funktion kulturorientierter Bewegung. Ihr primäres Ziel der Verhaltensänderung erfordert einen intensiven Mobilisierungstyp. Die Zahl der Aktiven hat eine geringere Bedeutung für die Diffusion von Verhaltensinnovationen als entsprechende Zeichen und Beispiele, die ein volles Engagement notwendig machen. Kommunen mit ihrem hohen Bedarf an materiellen und immateriellen Ressourcen sind solche verdichteten Symbole alternativer kultureller Praxis. Die vergleichsweise wenigen, die radikal ihr Verhalten ändern, rechnen auf die Ausstrahlungskraft ihres Beispiels. Ihre Mobilisierungsform ist aber nicht darauf angelegt, Massen in kultureller Alternativpraxis zu organisieren. Vollständiger Verhaltenswandel ohne begleitenden Institutionenwandel ist – unter günstigen Bedingungen – nur in Enklaven, für wenige und auf Zeit möglich. Bei diesem Mobilisierungstyp werden auch meist weniger Ressourcen zur Auseinandersetzung mit staatlichen und gesellschaftlichen Kontrollinstanzen gebraucht.

Machtorientierte Bewegung tendiert also zu bürokratischer, kulturorientierte Bewegung zu assoziativer Organisation. Beispiele in diesem Zusammenhang sind die Arbeiterbewegung auf der einen, Jugend-, Lebensreform-, aktuelle Alternativ- und Frauenbewegung auf der anderen Seite. Daß die frühbürgerlichen Bewegungen und die stärker machtorientierten Teile der neuen sozialen Bewegungen (Ökologie- und Friedensbewegung) zwar machtorientiert, aber unbürokratisch waren bzw. sind, läßt zwei Erklärungsmöglichkeiten. Entweder schlägt der sozialstrukturelle Faktor, der in beiden Fällen zu assoziativer Organisation tendiert, gegenüber dem Zielfaktor durch oder die Akteure täuschen sich über die Notwendigkeiten machtorientierter Bewegung, die zur kontinuierlichen Massenmobilisierung eines stärkeren Maßes an zentralisierend-bürokratisierender Organisation bedarf (oder beide Erklärungen treffen gleichzeitig zu).

Es bleibt die Frage nach möglichen Widersprüchen zwischen den determinierenden Faktoren. »Kongruenz« kann als Gleichgerichtetheit der Faktoren verstanden werden, die einen Mobilisierungstyp bestimmen, »Inkongruenz« als die Gegenläufigkeit von Faktoren. Inkongruenz ist ein wichtiger Hinweis auf reale Widersprüche, die in einer Bewegung auftreten, als strategisches Dilemma erfahren werden können und die Wirksamkeit der Bewegung behindern.

Als Beispiel sei der Bewegungstyp herausgegriffen. Die zu erwartende Verteilung stellt sich so dar:

Mobilisierungstyp		*Bewegungstyp*: machtorientierte Bewegung	*Bewegungstyp*: kulturorientierte Bewegung
	bürokratische Organisation	X	
	Assoziation		X

Widersprüche sind zu erwarten, wenn eine machtorientierte Bewegung mit einem assoziativen Mobilisierungstyp einhergeht. Sie versäumt so, Voraussetzungen für die angesichts ihrer Zielsetzung entscheidenden Machtauseinandersetzungen zu schaffen. Je weitreichender ihr Zielanspruch ist (Machteroberung statt bloßem Machtanteil), desto schmerzlicher muß dieses Mobilisationsdefizit spürbar sein. Die frühbürgerlichen Bewegungen scheiterten 1848 auch an einer ineffektiven, tendenziell assoziativen Mobilisierungsstruktur. Und dies, obwohl ihr Ziel in Deutschland überwiegend nicht das einer Machteroberung, sondern das einer partiellen Umstrukturierung des monarchischen Systems war. Soweit die neuen sozialen Bewegungen Ambitionen als machtorientierte Bewegungen verfolgen, sind Widersprüche aufgrund ihrer überwiegend assoziativen Mobilisierungsstruktur zu erwarten. Kulturorientierte Bewegungen haben dagegen offenbar gute Chancen, zentralistisch-bürokratischer Organisation zu widerstehen.

9.4 Strukturwandel der Mobilisierung

Im folgenden sollen strukturelle Veränderungen in der Mobilisierung sozialer Bewegungen skizziert werden durch die historisch-konkreten Ausprägungen verschiedener Mobilisierungstypen. Es sind vor allem die jeweiligen Bewegungsorganisationen, die den Gesamtkomplex der Mobilisierungsweise am stärksten kennzeichnen. Die für eine Entwicklungsphase charakteristische Bewegung entwickelt auch jeweils eine neue Mobilisierungsweise, die auf die anderen Bewegungen der Epoche ausstrahlt. Die Frage nach der Erklärung der dominanten Mobilisierungstypen wird durch Heranziehung der Faktoren Rahmenbedingungen, Sozialstruktur und Ziele im historischen Zusammenhang verfolgt.

9.4.1 Vorindustriell-modernisierende Phase[23]

Die frühbürgerlichen Bewegungen, die ersten Bewegungen im modernen Sinne, hatten weder Vorbilder noch negative Abgrenzungen, auf die sie ihre Mobilisierungsweise hätten stützen können. Relativ naturwüchsig kamen sie in verschiedenen Ländern Europas zu unterschiedlichen Zeitpunkten zu ähnlich Ergebnissen. Was legten die gesellschaftlichen Rahmenbedingungen nahe bzw. was ließen sie zu? Wozu drängten die Bedürfnisse und Interessen der sozialen Großgruppen, die als Träger dieser Bewegungen in Erscheinung traten? Welche Mobilisierungsformen waren durch die Ziele der Bewegungen nahegelegt?

Die für die vorindustriell-modernisierende Entwicklungsphase charakteristischen Sozialbewegungen zeigten einen lockeren, assoziativen Mobilisierungstyp. Vereine, Parlamentsfraktionen und Presse waren die wichtigsten Organisationsformen politischer Mobilisierung. Darin drückt sich nicht, jedenfalls nicht nur ein frühes Entwicklungsstadium aus, das im Zuge fortschreitender politischer Rationalisierung überwunden wird. Diese Formen entsprechen auch spezifischen sozialstrukturellen und funktionalen Erfordernissen.

Das spezifische Mobilisierungsmuster während der vorindustriell-modernisierenden Phase läßt sich in der Formel *ideeller Mobilisierung* fassen. Das bedeutet ein doppeltes. Einmal das Zueinanderbringen ökonomisch und intellektuell autonomer Individuen zum Zwecke der Selbstverständigung über ihre Interessen und Werte. Zum anderen die Verbreitung von Ideen durch Aufklärung im Sinne eines Prozesses, d. h. von Volksaufklärung bzw. – wie es z. T. schon genannt wurde – politischer Bildung. Die Ausbreitung rationaler Einsicht von Individuen bildete das grundlegende Ziel. Der Staat war im Medium diskutierender Öffentlichkeit zu »rationalisieren« und durch Öffentlichkeit zu kontrollieren. Organisation im Sinne eines stabilen, verfestigten Apparates erschien noch nicht als der Vermittlungsmechanismus, der für Aufklärung und machtpolitische Koordinierung als unerläßlich galt.

Vereine, Parlamentsfraktionen und Presse waren einer solchen Grundorientierung funktional angepaßt. *Vereine* sind die organisationspolitische Innovation des Bürgertums, die an Stelle traditionaler, z. T. umfassend integrierender Organisationen wie Zünfte, lokale Gemeinschaften oder Nachbarschaften trat. Sie sind Ausdruck gesellschaftlicher Differenzierung, Rationalisierung und Individualisierung, also desintegrierend in Bezug auf die einheitlich strukturierten Lebens-, Arbeits- und Glaubensgemeinschaften der ständisch-feudalen Epoche, sie erbringen aber wichtige Organisationsleistungen für die auf Arbeitsteilung beruhende, Sphären trennende bürgerliche Gesellschaft. Strukturell sind Vereine u. a. durch folgende Merkmale gekennzeichnet:

- freier Ein- und Austritt gleichberechtigter Mitglieder: das sichert Optionsvielfalt und individuelle Identitätsprägung (durch die Mitgliedsrolle aber auch eine gewisse Dauerhaftigkeit der Beteiligung),
- begrenzte Zwecksetzung: dabei liegt der Akzent sowohl auf der Begrenzung im Rahmen einer separierenden Organisationsweise von Interessen wie auf dem Vorgang autonom bestimmter Zweck- und Zielsetzung initiativ werdender Bürger,
- begrenzte interne Arbeitsteilung: Vereine bilden in der Regel keine oder eine nur schwache Bürokratie aus; die Mitglieder müssen nicht mit einem auf nationaler Ebene hervorgehobenen Führertum um Einfluß konkurrieren; ihre auf Freiwilligkeit beruhende Mitarbeit ist nur durch positive Sanktionen zu gewinnen, von denen das Eröffnen von Mitbestimmungschancen eine sehr wesentliche ist.

Ein solches dezentral-partizipatives Organisationsmodell mit starker Mitgliederorientierung eignet sich ganz besonders zur Realisierung soziokultureller Bedürfnisse wie Geselligkeit, Bildung, wissenschaftlicher Austausch, kulturelle Aktivitäten der verschiedensten Art. Wieweit bewährt sich diese Organisationsform aber, wenn sie mit den Besonderheiten der sozioökonomischen und politischen Sphäre konfrontiert wird?

Historisch folgt in der Ausbildung des Vereinswesens einer Phase funktional eher unspezifischer Vereine die Tendenz zur Spezialisierung, die für die erste Hälfte des 19. Jahrhunderts charakteristisch ist. Vereine korrespondieren der zunehmenden Ausdifferenzierung sozioökonomischer und soziokultureller Interessenlagen. Die Entwicklung politischer Vereine ist dagegen aufgrund der repressiven Rahmenbedingungen außerordentlich erschwert. Die frühbürgerlichen Bewegungen haben die Vereinsform zwar nicht erfunden, wo immer möglich haben sie sie aber für ihre politischen Mobilisierungszwecke übernommen.

Von den frühen, kurzlebigen Jakobinerklubs während der Französischen Revolution abgesehen, waren die Jahnschen Turnvereine und die Burschenschaften – beides Teilbewegungen im Rahmen der Nationalbewegung – in den kurzen Jahren zwischen Befreiungskriegen und 1819 einsetzender Restauration die ersten politischen Vereine. Da das politische Vereinswesen während der Restaurationszeit verboten war, suchte sich das Politische seine Ausdrucksform z. B. in den Turner- und Sängervereinen, die – vor allem bezogen auf das Nationalstaatsthema – kryptopolitische Funktionen übernahmen. Der überregional verbreitete Preß- und Vaterlandsverein von 1832/33 ist ein Beispiel genuiner Vereinsbildung der frühbürgerlichen Bewegungen, das die Übernahme lockerer und offener Strukturen des gesellschaftlichen Vereinswesens auf den politischen Bereich veranschaulicht.

Die Revolutionszeit von 1848/49 führte zu rascher Verbreitung politischer Vereine. Dabei kann man einerseits die Differenzen betonen, die zwischen liberaler und demokratischer Bewegung hinsichtlich der Zuordnung von Vereinen zur Parlamentsfraktion bestanden. Die demokratische Bewegung neigte stärker zu einem demokratischen Modell, das die Abgeordneten an den in den Vereinen zutage tretenden Volkswillen anbinden wollte, während die liberale Bewegung ein repräsentatives Modell bevorzugte, das eher eine Trennung von Verein und Parlamentsfraktion vorsah, um den Abgeordneten die Entscheidungsfreiheit zu sichern. Man kann aber andererseits auch den Akzent darauf legen, daß alle relevanten Einflußversuche von unten sich der Vereinsform bedienten – wobei die Vorreiterrolle der Demokraten unbestritten ist.

Diese spontane Wahl der Vereinsform, die uneingeschränkt unter das Postulat der Öffentlichkeit gestellt wurde, ist funktional damit zu erklären, daß Vereine am besten der ideellen Mobilisierung dienten. Deren tatsächliche Struktur entsprach in hohem Maße dem Idealtypus der Assoziation: weitgehende Dezentralisation bei geringen Ansätzen zur

Ausbildung auch nur einer Ebene zentraler Organisation; Abwesenheit von Bürokratie; kein mit Organisationsmitteln ausgestattetes Führertum.

Die sich im Paulskirchenparlament rasch bildenden *Parlamentsfraktionen* verstanden sich offenbar in erheblichem Maße als Agenturen ideeller Mobilisierung. Die Reden zum Fenster hinaus, die der Meinungsbildung und Mobilisierung einer weiteren Öffentlichkeit dienten, waren eine frühe Selbstverständlichkeit. Auf dieser Ebene vor allem bildeten sich überregional bekannte Führer heraus. Die Aktivierung der Öffentlichkeit durch die Parlamentsdebatte und sonstige Abgeordnetenaktivitäten waren aufgrund der insgesamt geringen Verzahnung von politischen Vereinen und Parlamentsfraktionen aber nicht unmittelbar in organisationsvermittelte Rekrutierung umzusetzen. Sie blieb vor allem Element der Bewußtseinsbildung: eben ideeller Mobilisierung, die die bewußtseinsmäßigen Voraussetzungen für ein Handeln schafft, das doch eher naturwüchsig daraus folgen sollte.

Auch die *Presse* ist keine Erfindung sozialer Bewegungen. Sie entwickelte sich von einem frühen Medium, durch das Kaufleute kommerzielle Informationen austauschten, zu Organen, in denen politisches Handeln zum Gegenstand der Berichterstattung und der kontroversen Debatte gemacht wird. Von zentraler Bedeutung für das liberale Modell der Öffentlichkeit, war ihre Entfaltung durch (Vor-)Zensur erheblich eingeschränkt. In den Phasen gelockerter staatlicher Kontrolle spielte sie eine Rolle im politischen Mobilisierungsprozeß der bürgerlichen Bewegungen. Vor allem 1848/49 war sie das Medium, in dem die räumlich begrenzten Tätigkeiten von Vereinen und Parlamentsfraktionen überhaupt erst – auf dem damals möglichen Niveau – Breitenwirkung erzielten.

Darüberhinaus kann Presse aktiver Träger der Mobilisierung werden durch Redaktionen, die sich als Teil einer Bewegung begreifen, wie z. B. die Rheinische Zeitung unter Marx im Rahmen der demokratischen Bewegung. Ihre spezialisierte Funktion und ihre Interesseneinbindungen ziehen allerdings Grenzen für ihren aktiven Mobilisierungsbeitrag. Gerade angesichts der Grundorientierung ideeller Mobilisierung ist insgesamt die Bedeutung nicht zu unterschätzen, die ihr von den bürgerlichen Bewegungen beigelegt wurde.

Die Ausstrahlung des frühbürgerlichen Mobilisierungstyps auf andere Bewegungen läßt sich in dieser Entwicklungsphase nur anhand der frühen Arbeiterbewegung beobachten, mit ihr aber auch belegen. Zieht man das Situationsspezifische ab, ist die Vereinsform das sowohl den Auslandsvereinen wie der Arbeiterverbrüderung Gemeinsame.

Die Arbeiterverbrüderung, als erste, unter relativ freien Bedingungen zustande gekommene Großorganisation der Arbeiterbewegung (15–20 000 Mitglieder), hatte eine lockere Organisationsstruktur. Ungeachtet eines Zentralkomitees war sie dezentral und mitgliederorientiert, mit einem deutlichen Schwerpunkt auf der untersten Organisationsebene. Die Arbeitervereine, die in der Arbeiterverbrüderung zusammengeschlossen waren, stellten nicht einfach eine Kopie der bürgerlichen Vereine dar. Die Gesellen-Arbeiter brachten eigene Voraussetzungen mit: neben der Schulbildung die Organisationserfahrungen aus der Selbstverwaltung in den Zünften. Sie drängten mit Produktionsgenossenschaften potentiell über den Rahmen des Vereins hinaus. Ihre Arbeitervereine waren länger als die bürgerlichen Vereine multifunktional, wirtschaftliche, politische und soziokulturelle Bedürfnisse integrierend. Es gab auch schon Anzeichen für Organisationsbegeisterung bzw. einen hohen Stellenwert organisatorischer Fragen. Dennoch ist das bürgerliche Vereinswesen mit seiner locker-assoziativen, partizipatorischen Grundstruktur auch in den Arbeitervereinen zu erkennen.

Zu den anderen Organisationsmitteln läßt sich sagen: Das Verhältnis von außerparlamentarischer zu parlamentarischer Arbeit war noch nicht geklärt, Parlamentsfraktionen weder praktisch (die Arbeiterverbrüderung wurde nach der Wahl zur Nationalversammlung gegründet) noch konzeptionell ein verankertes Element. Mobilisierung durch Presse dagegen war selbstverständlich.

Fragt man nach den Erklärungsmöglichkeiten für einen solchen Mobilisierungstyp, so scheinen schon die Rahmenbedingungen alles zu leisten. Die dreißig Jahre staatlicher Repression von den Karlsbader Beschlüssen bis 1848, begleitet vom gesellschaftlichen Aufstieg des Bürgertums, haben dessen politische Ambitionen wo nicht neutralisiert, so doch ins Geistige abgedrängt. Dies wirkte nach, auch als die Organisationsfreiheit erkämpft war. Ideelle Mobilisierung erscheint so als Konsequenz verhinderter politischer Praxis.

Auch die kommunikativen Rahmenbedingungen tragen zur Erklärung der lockeren Organisationsstruktur bei. Staatlicher Partikularismus (Fehlen eines hauptstädtischen Zentrums); trotz Ansätzen ein – mit später verglichen – nur schwach ausgebildetes überregionales Verkehrs- und Kommunikationsgeflecht; die wenigen Gebiete einer räumlichen, kommunikationsfördernden Konzentration von Menschen (Industriegebiete, »Großstädte«) – dies alles drängt nicht zu festerer, zentralistischer Organisation, sobald politisch freie Bahn gegeben wird.

Die Ziele der frühbürgerlichen Bewegungen sind heterogen, die gewählten Mobilisierungsformen nicht problemlos mit ihnen zu vereinbaren. Die liberale Bewegung kann hoffen, ihr primäres Ziel (die konstitutionelle Monarchie) durch eine Verhandlungsstrategie der Parlamentsfraktion, gestützt auf eine öffentliche Meinung von Presse und z. T. Vereinen, durchzusetzen – jedenfalls in einer Situation wie 1848, wo untere Volksschichten durch ihre direkte Aktion die staatlichen Gewalten verunsichert hatten. Die demokratische Bewegung dagegen, die auf Republik und Volksherrschaft zielte, schuf sich mit den politischen Vereinen zu leichtgewichtige Organisationsinstrumente.

Was kann man mit einer solchen Organisationsform machen, was nicht? Man kann intern die Selbstverständigung fördern und extern vor allem diejenigen erreichen, die schon auf dem Wege sind, d. h. einen beachtlichen Grad politischer Aufklärung und Engagementbereitschaft von sich aus mitbringen. Ungeeignet erscheint diese Organisationsform dagegen zur Mobilisierung jener anpolitisierten Massen, deren Beteiligung organisatorischer Stabilisierung bedürfte. Ebensowenig sind die politischen Vereine zur wirksamen und dauerhaften politischen Intervention geeignet. Selbst eine effiziente Kontrolle einzelner Abgeordneter war mit diesem schwachen Organisationsmittel nicht zu leisten, geschweige denn die nachdrückliche Geltendmachung als Machtfaktor gegenüber dem feudal-absolutistischen Komplex.

Vereine waren »denkbar untauglich« zur Herbeiführung politischer und sozialer Demokratie. »Als Mittel zur Erreichung bestimmter Ziele, als Mittel zur Veränderung der Gesellschaft, als Waffe gegen einen politischen und sozialen Gegner war dieses Vereinswesen nicht geeignet.« (Boldt 1971: 43) Vereine waren unter den gegebenen Bedingungen wirksame Instrumente zur Politisierung der Bevölkerung, nicht aber der Politik.

Wie stark die Idee Vorrang vor der Organisation hat, läßt sich am Parteibegriff verdeutlichen. »Partei« heißt in dieser ganzen Entwicklungsphase – mit wenigen Ausnahmen – Ideenströmung, nicht Organisation.

Die kurze Revolutionsperiode hat genügt, die Grenzen des Vereins für allgemeine politische Zielsetzungen aufzuzeigen. Für auf relevante Änderungen im ökonomischen und politischen Bereich konzentrierte machtorientierte Bewegungen bedurfte es mobilisations- und interventionsstärkerer politischer Formen. In den 1860er Jahren setzte in Deutschland der Prozeß ein, in dem soziale Bewegungen mit breiter und weitreichender Zielsetzung für die ökonomische und politische Sphäre funktionalspezifische Organisationsformen entwickelten: Parteien und Interessenverbände.

Lassen die Rahmenbedingungen die assoziative Mobilisationsstruktur als plausibel erscheinen, so fehlt es an Plausibilität aus der Perspektive der Zielsetzung der radikaleren Teile der bürgerlichen Bewegung. Dies verweist auf den sozialstrukturellen Faktor, der dazu führen kann, daß strategische Intentionen und Gruppenbedürfnisse auf der Ebene der Organisation auseinanderfallen. Der Vergleich mit bürgerlichen Bewegungen anderer Länder und mit späteren Mobilisierungsformen bürgerlicher Bewegungen zeigt, daß die Rahmenbedingungen nur einen Teil der Erklärung tragen und die strategischen »Irrtümer« nicht zufällig sind.

Trägergruppen der frühbürgerlichen Sozialbewegungen sind das städtische Bürgertum und – überschneidend – die bürgerliche Intelligenz. Weder unter dem Aspekt verfügbarer Ressourcen, noch unter dem individualisierender Sozialisationserfahrungen ergibt sich für diese Sozialgruppen eine Notwendigkeit zu stärkerer Organisation. Die genuinen Bedürfnisse von Intelligenz werden durch ideelle Mobilisierung besonders angesprochen. Das Bündnis zwischen possesivem und intellektuellem Individualismus führt auch zur Gemeinsamkeit der Organisationspräferenz. Die lockere Organisationsform verschafft den externen ökonomischen wie den eingebrachten intellektuellen Ressourcen Unabhängigkeit und Wirkungsmöglichkeit und sie bleibt in Übereinstimmung mit ansozialisierten Gewohnheiten hoher Dispositionsfreiheit. Bürgertum und Intelligenz können – von stärker aktivistischen Randbereichen abgesehen – nicht anders, als durch Aussprechen wahrer Gedanken bei den Massen Unterstützung zu suchen und auf Änderung des Staates durch das Medium liberaler Öffentlichkeit zu hoffen.

9.4.2 Industrielle Phase[24]

Die Herausbildung der industriellen Gesellschaft stellt auch die Mobilisierungsweise sozialer Bewegung auf eine neue Grundlage. Die Arbeiterbewegung spielt dabei eine Vorreiterrolle, prägend auch für andere soziale Bewegungen. Obwohl sich die Veränderungen gegenüber der vorindustriell-modernisierenden Phase nicht sprunghaft, sondern allmählich ergeben – mit einem Schub von Organisationsbildungen in den 1860er Jahren (Parteien und Interessenverbände), einem forcierten Ausbau dieser Organisationen aber erst seit den 1890er Jahren – und obwohl die Unterschiede zwischen proletarischem und bürgerlichem bzw. konservativem Sektor erheblich bleiben, gibt es doch im Mobilisierungsbereich zwei langfristige Tendenzen.

Zum einen die zunehmende und sich verfestigende Überzeugung, sozialer und politischer Wandel sei nur mit Hilfe von Organisation zu erreichen.

»Organisation« wird ein Schlüsselwort dieser Epoche, in deutlichem Unterschied zur Spontaneität vorindustrieller Aktion und zum assoziativen Charakter der frühen Modernisierung von Mobilisierungsformen. Gerade die deutsche Arbeiterbewegung wird sich als besonders organisationsgläubig erweisen in ihrer scharfen Frontstellung gegen – in Deutschland nur schwache – anarchistische Tendenzen und modernere Konzepte organisationsvermittelter Spontaneität (Rosa Luxemburg).

Die andere Tendenz besteht in der realen Herausbildung des zentralistisch-bürokratischen Organisationsmodells. Gewiß ist auch dies ein Prozeß, der über Jahrzehnte andauert und auch über Organisationen hinweggeht, die – wie z. B. die Sozialistische Deutsche Arbeiterpartei (1869) – mit stark ausgeprägten dezentral-demokratischen Intentionen ins Leben gerufen wurden. Zentralisierung führt zum Ausbau der Machtstellung der zentralen Leitungsebene. Bürokratisierung bedeutet u. a. die »Erledigung« von immer mehr »Vorgängen« durch spezialisiertes, bezahltes Personal und die Reglementierung des Organisationslebens. Führerorientierung verschafft den Inhabern zentralisierter Macht und den Herren des Apparats einen großen Manövrierraum.

Da diese allgemeinen Strukturmerkmale der sich herausbildenden Organisationen z. T. intendiert sind, z. T. sich aber auch naturwüchsig entwickeln, ist nach zugrundeliegenden Absichten der Organisationsbildung zu fragen. Warum erschien vor allem in der Arbeiterbewegung Organisationswachstum als der selbstverständliche Imperativ erfolgreicher Mobilisierung?

a) *Organisation als Kompensation für Ressourcenmangel.* Die sozialen Träger der Arbeiterbewegung waren relativ ressourcenarm. Das galt für die Handwerker in der Frühgeschichte der Arbeiterbewegung, mehr noch für die Industriearbeiter als deren Hauptträger seit der Hochindustrialisierung. Organisation war die einzige Ressource, mit der die Ressourcen sozialer Gegner (Produktionsmittel, Verwaltung, Waffen, Bildung etc.) kompensiert werden konnten. Dieser Gesichtspunkt kann Entstehung und Intensität starker Organisation im Bereich der Arbeiterbewegung erklären, nicht aber, warum sich auch andere Bewegungen stärker der Organisation bedienten.

b) *Organisation als Mittel politischer Machtgewinnung in der Demokratie.* Demokratie bedeutet die Erweiterung des Kreises von Menschen, die politisch zählen, die Einführung einer Politik der vielen. Die Zahl zählt in der Demokratie. Wahlrecht (one man, one vote) und Mehrheitsprinzip sollen die Massenpolitik kanalisieren. Aber auch außerhalb von Wahlen wiegt ein Argument schwerer, wenn massenhafte Unterstützung dahinter steht. Der Idee nach müssen sich Ansprüche und Forderungen durch die große Zahl legitimieren.

Die große Zahl muß sichtbar einer Formation zugeordnet und sie muß zeitlich stabilisiert werden. Die Lösung dieser Probleme ist die programmatisch gekennzeichnete, auf Dauer gestellte Massenorganisation. Die Mitgliedsrolle stabilisiert die Unterstützung. Darüberhinaus trägt das Mitglied durch seine finanziellen Mittel zum Ausbau der Organisation (Angestellte, Publikationsmittel etc.) bei und es ist unentgeltlicher Träger der Agitation – beides fördert das Wachstum der Organisation. Dagegen liegt die innerorganisatorische Rolle des Mitglieds, zumal wo Demokratisierungsansprüche im Spiel sind, im Konflikt mit zentralistisch-bürokratischen Tendenzen, sie bleibt prekär. Wähler und Sympathisanten tragen weniger zum Organisationswachstum bei und sind weniger stabil, für die Legitimationsfunktion der Partei sind sie aber letztlich wichtiger als die Mitglieder (auch wenn diese das häufig anders sehen).

Die Zeitperspektive hat sich geändert. Erschien noch 1848/49 der rasche Wandel als möglich, so erhöht sich nun der Zeitbedarf für Wandel. Auch dies allerdings nur in einem längeren Erfahrungsprozeß, in dem Lassalle z. B. nach nur einem Jahr grundlegend enttäuscht sein konnte über das langsame Wachstum seiner Parteiorganisation und Bebel noch mittelfristig den Zusammenbruch des Systems »wie ein Kartenhaus« datierte. Revolution wie die gewöhnliche Wahldemokratie erschienen immer stärker als organisationsvermittelt und »zeitaufwendig«.

c) *Organisation als Mittel ökonomischer Machtgewinnung im Kapitalismus.* Die Freisetzung der Arbeitskraft für das kapitalistische Marktsystem schwächt zugleich ihre individuelle Verhandlungsposition. Der Ressourcenvorteil verschafft den Produktionsmittelbesitzern eine überlegene Position bei der Bestimmung von Löhnen und Arbeitsbedingungen. Nur durch die Zusammenlegung der begrenzten Ressourcen vieler kann ein Gegengewicht dazu geschaffen werden. Organisationsmacht ist notwendige Bedingung für ökonomische Selbstbehauptung und Potential für strukturelle Veränderungen des Wirtschaftssystems.

Als legitim kann die gewerkschaftliche Organisation gelten, weil sie diejenigen zusammenfaßt, die einen entscheidenden Beitrag zur Erarbeitung des gesellschaftlichen Reichtums leisten, ohne über die Mittel zu dessen Aneignung zu verfügen. Die kollektive Arbeitsverweigerung, der Streik, beruht auf dem Einsatz dieser produktiven Funktion als Druckmittel. Auch hier führt die überregionale Aufgabe der Streikführung wie die regelmäßig wiederkehrende Situation der Lohnverhandlung zwingend zur Bildung kontinuierlicher Organisation.

Daneben können – vor allem in der Frühphase sozialstaatlicher Entwicklung – Organisationen die wirtschaftlich-soziale Selbsthilfe der Arbeitnehmer koordinieren und stabilisieren. Unterstützungskassen und Genossenschaften sind Mittel partieller Unterlaufung des kapitalistischen Marktsystems (Zusammenschluß als Produzenten, Konsumenten etc.).

In der Konsequenz dieser drei Gesichtspunkte ergibt sich für die organisationsbestimmte Mobilisierungsweise sozialer Bewegung: Strukturmerkmale von Demokratie und Kapitalismus bieten Prämien für Organisationswachstum. Dies gilt insbesondere für soziale Unterschichten mit einer relativen Ressourcenschwäche.

Welches sind nun die zentralen Organisationen im Mobilisierungsmodell der Arbeiterbewegung? Obwohl mit Vorläufern vor 1860 zurückreichend, setzten sich erst danach Partei und Gewerkschaft als spezialisierte, die Mobilisierung im politischen und ökonomischen Bereich tragende Organisationen durch. Die Genossenschaften haben zumal unter dem Mobilisierungsaspekt nur eine ergänzende Bedeutung im Rahmen sozialer Bewegung.

Die älteren bürgerlichen Mobilisierungsformen (Presse, Fraktion und Verein) werden weitgehend in das Parteimodell eingeschmolzen. Die Parlamentsfraktion wird Teil der Partei, wobei es zwischen Fraktion und außerparlamentarischer Parteiorganisation zu Rivalität, aber auch zu verabredeter Arbeitsteilung kommt. Presse bleibt unerläßlich für die Mobilisierung einer Bewegung, sie wird aber in relevantem Umfang Parteipresse, d. h. der Kontrolle durch Parteiinstanzen unterworfen.

Partei ist die auf die Bedingungen der politischen Sphäre spezialisierte Kampf- und Machtorganisation. Sie agiert in zwei Richtungen. Einerseits bemüht sie sich in Konkurrenz mit anderen Parteien durch das Angebot von Programm und Personen um Unterstützung. Zum andern arbeitet sie an der Transformation von Bewegungszielen in Staatshandeln – ein über die Bewegungsebene weit hinausreichender Prozeß, der der Vermittlung mit Bürokratie, ökonomischen Machtgruppen, internationalen Faktoren etc. bedarf. Legitimation üben die Parteien inhaltlich durch Vertretung von bzw. Bezugnahme auf Interessen der Unterstützungsbasis, formal durch ihren Beitrag zur Organisation eines demokratischen Entscheidungsprozesses aus.

Von Bewegungs-Partei kann nur solange gesprochen werden, als die Partei in lebendigen Austauschprozessen mit dem größeren Kollektiv steht, das soziale Bewegung genannt wird. Da sich in der Partei die Institutionalisierung und das heißt auch die Verdrängung autonomer und spontaner

Bewegungsprozesse am stärksten manifestiert, ist im einzelnen häufig schwer zu entscheiden, wieweit es sich noch um Bewegungs-Partei oder schon um eine bloße Partei handelt.

Gewerkschaften sind Organisationen der Lohnabhängigen zur Verbesserung ihrer Arbeits- und Lebensbedingungen. Sie sind die auf die ökonomische Sphäre spezialisierten Kampforganisationen der Arbeiterbewegung. Sie versuchen durch Zusammenfassung der Arbeiter Selbsthilfe in Fällen von Krankheit, Unfall, Arbeitslosigkeit und Streik zu organisieren und dienen der Konfliktaustragung wie -regelung mit den Unternehmern auf betrieblicher und überbetrieblicher Ebene.

Erst im Laufe des 20. Jahrhunderts richten sich Gewerkschaftsforderungen auch zunehmend an Parlament und Regierung. Die Schutzfunktion als Kern der Gewerkschaftsbewegung wird deutlich im Streik als kollektiver Arbeitsverweigerung zur Erzielung besserer Arbeitsbedingungen, insbesondere besserer Entlohnung. Eine darüberhinausgehende, systemtranszendierende Funktion der Gewerkschaften, die auf die Aufhebung der Bedingungen zielt, unter denen Menschen ihre Arbeitskraft verkaufen müssen, ist historisch wirksam gewesen, aber von der Schutzfunktion, die sich auf die kapitalistischen Arbeitsmarktbedingungen einläßt, dominiert worden (Mayer, E. 1973).

Mit der Auflösung der Zünfte und dem Entstehen eines »freien« Arbeitsmarktes war der einzelne Arbeiter den vom Unternehmer diktierten individuellen Arbeitsverträgen ausgeliefert. Erst der Zusammenschluß der Arbeitnehmer ermöglichte den Abschluß kollektiver Arbeitsverträge (Tarifverträge), die die einzelnen Lohnabhängigen den Marktmechanismen entziehen.

Für vertragliche Vereinbarungen mit den Unternehmern und ihren Verbänden bedarf es keiner Vermittlung durch andere gesellschaftliche Kräfte oder politische Instanzen. Diese können sich jedoch in den Tarifkonflikt einschalten, allerdings mit der Folge, daß z. B. Streiks politisiert werden und der Konflikt von der ökonomischen Ebene auf die politische verschoben wird. Die Bezugnahme der Gewerkschaften auf die Interessen ihrer Mitglieder als ihrer Legitimationsbasis ist – zumindest bei Einsatz des Streiks – notwendig, da nur bei individuellem Engagement der Mitglieder Aktionsmittel überhaupt eingesetzt werden können. Erst die Entwicklung der Gewerkschaften zu »Lohnmaschinen« und die Übernahme öffentlicher Funktionen gefährdet diese Interessenanbindung. Die Tendenz zur Bürokratisierung des Gewerkschaftsapparates und zur Institutionalisierung der Lohnauseinandersetzung in jährlich stattfindenden Tarifverhandlungen läßt den Bewegungscharakter der Gewerkschaften allmählich verschwinden.

Die Entstehung von Parteien und Gewerkschaften signalisiert einen grundlegenden Wandel auf der Ebene sozialer Bewegung wie des Gesamtsystems. Sie markiert und sie forciert die Spaltung der Gesellschaft in voneinander separierte Sphären mit einem relevanten Grad an Eigengesetzlichkeit.

In der frühbürgerlichen Bewegung war das Modell fortschreitender Arbeitsteilung bürgerlicher Gesellschaft vorgeprägt. Ökonomischer, politischer und soziokultureller Bereich werden nach eigenen Strukturprinzipien organisiert und gegeneinander verselbständigt. Mobilisierung und Organisation beziehen sich auf eine eingegrenzte politische Sphäre: den Staat und die auf ihn orientierte, im engeren Sinne politische Öffentlichkeit. Auch hier sind allerdings die Grenzen noch fließend, die Institutionalisierung und Rollentrennung noch nicht verfestigt.

Die Arbeiterbewegung hat kein genuines Interesse an der wechselseitigen Abschottung der Gesellschaftsbereiche. Sie ist zur Wahrung ihrer ökonomischen Interessen nicht darauf angewiesen, daß die Werte von Gleichheit, Freiheit und Öffentlichkeit von der politischen nicht auf die ökonomische Sphäre übergreifen – im Gegenteil. Die Arbeiterbewegung beginnt mit einem integrierenden Mobilisierungsmodell. Unter dem Druck der Ausdifferenzierung des Systems entwickelt sie ein (tendenziell) separierendes Mobilisierungsmodell. Obwohl dieser Prozeß in den 1860er Jahren durch die Gründung der funktional-spezifischen Organisationen Partei und Gewerkschaft Impulse erhält, ist er doch als eine sehr langfristige Entwicklung vorzustellen. Zu einem definitiven Abschluß kommt dieser Prozeß erst mit der Institutionalisierung der Volkspartei Ende der 1950er Jahre, die gleichzeitig signalisiert, daß die Auflösung als soziale Bewegung abgeschlossen ist.

Der Ausdifferenzierungsprozeß im Rahmen der Arbeiterbewegung ist in großen Zügen durch drei Merkmale gekennzeichnet:

- Es bilden sich für Ökonomie und Politik je eigene, auf den jeweiligen Wirkungsbereich zugeschnittene, selbständige Organisationen (vor allem Gewerkschaften und Parteien).
- Soziokulturelle Bedürfnisse werden an staatliche Institutionen (z. B. Bildungswesen) oder unpolitische, allenfalls kryptopolitische Organisationen (z. B. Gesangvereine) externalisiert oder bleiben – soweit sie innerhalb von Parteien und Gewerkschaften organisiert sind – der primär

politischen bzw. ökonomischen Zielsetzung deutlich untergeordnet, z. T. werden sie auch für diese instrumentalisiert.

- Im Laufe der Entwicklung schwächt sich einerseits die Zusammenarbeit zwischen den Bereichsorganisationen (durch personelle Verflechtung oder sonstige Interaktionen) ab, die Einheitlichkeit der Bewegung schwindet also. Die Massenstreikbeschlüsse von Partei und Gewerkschaft 1905/06 markieren sehr deutlich die gegenseitige Verselbständigung der Bewegungsorganisationen in der ökonomischen und politischen Sphäre. Andererseits treten Sekundärfunktionen zurück, wie z. B. die soziokulturellen Aktivitäten der sozialdemokratischen Arbeiterbewegung, die schon in der Weimarer Republik an Bedeutung verlieren und größtenteils nach 1945 nicht mehr aufleben.

Ein paar Stichworte zur Ausdifferenzierung der Organisationen in der deutschen Arbeiterbewegung. Die Auslandsvereine der 1830er Jahre integrierten noch in einer Organisation die Bereiche Ökonomie (Hilfskassen), Politik (Selbstaufklärung und Agitation), Kultur (Bildung und Geselligkeit). Auch die Arbeiterverbrüderung der 48er Revolution bezog ihre besondere Dynamik aus der noch ungeschiedenen Verbindung von sozialer und wirtschaftlicher Verbesserung (u. a. Unterstützungskassen, Genossenschaften, gewerkschaftliche Interessenvertretung), politischer Zielsetzung (u. a. die Forderung nach und die eigene Praktizierung von Demokratie) und – auch hier – kulturellen Zielen wie Bildung und Geselligkeit in brüderlichen Verkehrsformen. In den emphatischen Worten von Stephan Born: »Wir wollen einen Verein bilden, Menschen zu werden« (nach Emig 1980: 37).

Die Arbeiterbildungsvereine der 1860er Jahre, in denen sich fortwirkende Traditionen der seit 1850 unterdrückten elementaren Arbeiterbewegung, der demokratischen Bewegung und des liberalen Bürgertums überlagern, hemmen ein Wiederaufleben des Integrationsmodells. Das lange Zeit wirksam kontrollierende Bürgertum bremst die politische Mobilisierung und kanalisiert das ökonomische Interesse auf den Aufstieg durch berufliche Qualifizierung oder auf kleinkapitalistische Selbständigkeit. Die Entwicklung des Zusammenschlusses der Arbeitervereine (VDAV) bis hin zu der daraus hervorgehenden Parteigründung der klassischen Sozialdemokratie von 1869 (SDAP) zeigt nicht nur die Zunahme politisch-ideologischen Selbstbewußtseins, sondern auch das Fortwirken politisch durchwebter Bildung und Geselligkeit und ein wachgehaltenes Interesse an der Schaffung von Produktivgenossenschaften als Grundlage nicht nur ökonomischer

Reproduktion, sondern auch kultureller Selbstverwirklichung durch solidarische Arbeitsformen.

Parteigründung wächst hier also aus der noch lebendigen Tradition der handwerklichen Arbeiterschaft heraus, ist zwar instrumentell, aber anfangs noch nicht wirksam instrumentalisierend. Die abstrakten Priorisierungsprogramme, die eine Reihenfolge von politischer Machtergreifung, daraus folgender wirtschaftlicher Revolutionierung und aus beidem sich ergebender soziokultureller Veränderung vorsahen, kamen von seiten der Theorie, nicht aus der eigentlichen Bewegung selbst. Das gilt für das Kommunistische Manifest, das allerdings zu dieser Zeit in der Bewegung noch nicht verbreitet war. Und das gilt für das zur Parteigründung des ADAV (1863) führende »Öffentliche Antwortschreiben« des außerhalb der Arbeitervereine stehenden Lassalle.

Lassalle reduzierte die Strategie radikal auf zwei Punkte: politischer Kampf (Agitationsverein für das allgemeine, gleiche Wahlrecht) als Voraussetzung für den Wandel des Wirtschaftssystems (staatlich geförderte Produktivgenossenschaften). Zwar schlug Lassalle einen »Agitationsverein« vor, den man als Gegenstück zum bürgerlichen Nationalverein sehen konnte, der inneren Struktur und den Funktionen nach lief er aber auf eine Parteiorganisation hinaus: Massenmitgliedschaft, bezahlte Angestellte, Publikationsorgane der Organisation, Kampf für das und später auf der Grundlage des allgemeinen, gleichen Wahlrechts. An dieser ersten Parteigründung der Arbeiterbewegung fällt u. a. auf:

- Partei ist ein Produkt der Konkurrenz. Der Gründung voraus ging eine erfolglose Kritik am eher vorsichtigen Widerstand der 1861 gegründeten liberalen Fortschrittspartei im Verfassungskonflikt. Hauptinteresse war die Herauslösung der Arbeiter aus der politischen Kontrolle des opportunistischen, nachrevolutionären Bürgertums. Der Einfluß der ersten formellen Partei auf deutschem Boden konnte nur durch die Gegenmacht einer »selbständigen politischen Partei« gebrochen werden, ausgehend von der Gewißheit, über eine eigene sozialstrukturelle Operationsbasis zu verfügen.
- Es bestand ein untrennbarer Zusammenhang zwischen allgemeinem, gleichem Wahlrecht und Parteiorganisation. Steht es aus, ist es das »prinzipielle Losungswort und Banner« der Partei; ist es eingeführt, wird es Grundbedingung ihrer weiteren politischen Wirksamkeit.
- Priorisierung war nicht nur Programm, sondern Organisationstechnik: »Alle Kunst praktischer Erfolge besteht darin, alle Kraft zu jeder Zeit auf

einen Punkt – auf den wichtigsten Punkt – zu konzentrieren und nicht nach rechts noch links zu sehen. Blicken Sie nicht nach rechts noch links, seien Sie taub für alles, was nicht allgemeines und direktes Wahlrecht heißt oder damit im Zusammenhang steht und dazu führen kann!« (Lassalle 1964)

Die über die Auflagen der Vereinsgesetze hinausgehende Zentralisierung, der Aufbau eines bürokratischen Apparats und die Führerorientierung waren von Anfang an Strukturprinzipien, die durch die spezialisierte politische Funktion gerechtfertigt erscheinen. Zwar sah die Realität der Organisation anders aus, war die soziokulturelle Tradition nicht mit einem Statut auslöschbar. Aber der Zusammenhang von allgemeinem, gleichem Wahlrecht und Parteibildung, von Parteiprinzip und der Priorisierung der Politik vor Ökonomie und Kultur, von Partei und zentralistisch-bürokratisch-führerorientierter Organisationsstruktur waren im Kern sichtbar. Darin lag die langfristige Entwicklungstendenz.

Bei der Erklärung des organisatorischen Mobilisierungstyps, der wir uns gleich zuwenden werden, treten neben Faktoren, die spezifisch sind für die Arbeiterbewegung, andere, die für alle Bewegungen gelten. Mit ihnen wie mit wechselseitigem Lernen aus Interaktionsprozessen muß es zusammenhängen, daß das organisatorische Mobilisierungsmodell eine ganze Epoche zu prägen vermochte. Die Überzeugung, daß Massenorganisation Macht bedeutet, war unumstößlich. Zentralisierung, Bürokratisierung, Führerorientierung waren, wenn nicht schon Organisationskonzept, dann Folge formaler Großorganisation.

Nun sind sicherlich erhebliche Unterschiede in der Ausprägung der organisationsstrukturellen Grundmerkmale und Konflikte zwischen einzelnen Merkmalen (z. B. Bürokratie und Führerorientierung) festzustellen. Aber das grundlegende Organisationsmittel unserer Zeit, die bürokratische Organisation (Gouldner 1980: 29), setzt sich vor allem seit den 1890er Jahren auch im Bereich machtorientierter sozialer Bewegung durch. Dies spiegelt sich in der zeitgenössischen sozialwissenschaftlichen Theorie: wer Demokratie sagt, sagt auch Organisation, wer Organisation will, muß auch Bürokratie und Oligarchie wollen oder doch in Kauf nehmen.

Das zentralistisch-bürokratische Organisationsmodell der sozialdemokratischen Arbeiterbewegung beeinflußt die Ausbreitung solcher Organisationen im Bereich der neokonservativen Bewegung der 1890er Jahre. Der Bund der Landwirte und die an ihm orientierten Massenagitationsverbände übernahmen sozialdemokratische Organisationspraktiken – entgegen den bis dahin vorherrschenden bürgerlichen bzw. adligen Vorbehalten gegenüber Organisation. Auch Frauen- und Friedensbewegung haben fest organisierte Kerne (in Vereinsform) und lange Zeit – ähnlich wie bei der Arbeiterbewegung – wenig autonome Praxis im Umfeld dieser Organisationen.

Natürlich kann die Ausstrahlung des Modells nicht so verstanden werden, daß spezifische Organisationsstrukturen wie Partei und Gewerkschaft übernommen würden. Das Organisationsmittel Partei wird von komplexen Großbewegungen aufgegriffen: liberale und demokratische Bewegung institutionalisieren sich sehr rasch damit, die konservative, später die kommunistische und die NS-Bewegung bedienen sich der Parteiform. Nicht dagegen die zwar machtorientierten, aber in Basis und Aktionsradius begrenzten Frauen- und Friedensbewegung und naturgemäß nicht die kulturorientierten Bewegungen.

Im sozialen Bewegungsbereich behält die Gewerkschaftsform das Organisationsmonopol bei den Lohnabhängigen – Teilbewegungen der größeren Arbeiterbewegung können nur im Gewerkschaftsrahmen miteinander konkurrieren. Die konservative Bewegung bildet den bürokratischen Interessenverband Bund der Landwirte heraus, ideologisch koordiniert mit den Massenagitationsvereinen. Die Bewegungsorganisationen der kleineren bürgerlichen Bewegungen fungieren z. T. als Pressure groups, ohne daß Frauen- und Friedensbewegung selbständige Interessenverbände hervorbringen. Die NS-Bewegung differenziert sich organisatorisch in ihre sozialstrukturellen Zielgruppen aus, ohne Organisationen mit den spezifischen Funktionen von Interessenverbänden zu schaffen. Ein – wie immer beschaffener – Typ von Interessenverband setzt sich also nicht als Normalausstattung von Bewegung durch.

Auch dort, wo sich eine Bewegung nicht als Partei/Interessenverband organisiert, wird tendenziell Organisationsstärke zum Synonym für Stärke überhaupt. Wo die Organisation einer Bewegung schwächer bleibt, ist zunächst nur zu vermuten, daß die Mobilisierung nicht so erfolgreich war wie bei anderen Bewegungsorganisationen.

Eine Zäsur bildet die Revolution 1918/19, mit Auswirkungen auf den Gesamtverlauf der Weimarer Republik. In der Revolution setzt sich zwar die unorganisierte Basisbewegung nicht gegen die Parteiapparate (vor allem SPD) durch, aber es wird die Kraft der autonomen direkten Aktion, die mit der Ausbreitung der Organisationen in den Hintergrund getreten war, wiederentdeckt. Nicht die sozialdemokratische Bewegung vermag diesen Wandel produktiv aufzunehmen, sie bleibt im wesentlichen bei ihrem bürokratischen Mobilisierungstyp.

Die dynamischen Bewegungen der Weimarer Zeit, die kommunistische und nationalsozialistische Bewegung, entwickeln besondere Varianten des organisatorischen Grundmusters. Allgemein gesprochen beruht ihre Mobilisierungsweise auf einer eigentümlichen Verknüpfung starker, hinsichtlich Zentralisierung, Bürokratisierung und Führerorientierung noch gesteigerter Organisation einerseits, wiederbelebter, aber organisatorisch getragener bzw. gesteuerter direkter Aktion und Gewaltsamkeit andererseits.

Die Kommunisten finden zu einer bürokratisch-aktivistischen Mobilisierungsform, in der geschulte und kontrollierte Kader über die traditionelle Wahlagitation hinaus auf die Straße drängen und die Gewalt nicht scheuen, z. T. sie suchen. Die Nationalsozialisten, die Milizpartei (Duverger 1959), gehen in der Militarisierung der Politik am weitesten, schaffen Parteiarmeen und einen militärähnlich funktionierenden Parteiapparat und veranstalten mit ihnen Wahlkampf und Bürgerkrieg zugleich: eine militaristisch-aktivistische Mobilisierungsform. Der Parteityp wandelt sich (Massen-, Kader-, Milizpartei), die Organisation wird straffer, ein Straßenaktivismus tritt hinzu, die Mobilisierung wird militarisiert und brutalisiert – der Glaube an die Überlegenheit von Organisation über andere Mobilisierungsformen aber ist unerschüttert. So sehr die NS-Bewegung von ihren öffentlichen Massenaktivitäten bei der Machteroberung profitiert hat, so wenig ist zu übersehen, daß sie auf der effizienten Organisationsbürokratie beruhen, die in den mageren Bewegungsjahren von 1924–1929 aufgebaut worden ist. Hinsichtlich der Verknüpfung von Bürokratie und Massenagitation aber haben die Nationalsozialisten von der organisierten Arbeiterbewegung gelernt.

Wachstum der Organisation ist die Grundidee des organisatorischen Mobilisierungsmusters. Auch dort, wo besondere Anforderungen an die Mitgliedsrolle gestellt werden – je mehr qualifizierte Mitglieder, desto besser für die Bewegung. Aber Wachstum wofür? Diese Frage ist erst zu beantworten, wenn die diesem Mobilisierungstyp entsprechenden Aktionsformen diskutiert werden (vgl. 10.3.2). Hier läßt sich soviel sagen: Die zentralistisch-bürokratische Organisation ist – unter Bedingungen industrieller Gesellschaft – geeignet zur Verfolgung machtpolitischer Ziele in den Bereichen Wirtschaft und Politik. Mit demokratischer Massenorganisation, funktional spezialisiert auf die standardisierten und regulierten Konfliktsituationen Wahl und Tarifverhandlung, kann man keine Revolution machen. Mit disziplinierter, straff geführter Aktivistenpartei kann man – unter besonderen Bedingungen – Revolution, aber keine Demokratie machen. Das organisationsfeindliche anarchistische oder syndikalistische Mobilisierungsmuster ist mit dieser Grundidee unvereinbar.

Dies sind drei Grundalternativen für Bewegungen mit machtpolitischen Zielen: Organisationswachstum im Rahmen regulierter Konflikte; Organisationswachstum in enger Verbindung mit direkter, vielfach koerziver Aktion; organisationsfreie Mobilisierung. Letztere hat sich historisch als ineffizient erwiesen. Die beiden ersten wirken auf die damit verfolgten Gestaltungsziele zurück: der regulierte Konflikt tendiert zur Mäßigung der Ziele, das aktivistische Organisationsmodell der Berufsrevolutionäre oder politischen Soldaten tendiert zu Entdemokratisierung.

Spezialisierung und Verselbständigung gegenüber lebensweltlich verankerten Bedürfnissen sind unvermeidbar Kosten der organisatorischen Wachstumspolitik. Ein die Gesellschaftsbereiche übergreifender Mobilisierungsmodus hat sich historisch nicht herausgebildet. Räte, die vom Boden des Betriebs aus Politik machen, waren Aktionsformen in Krisenzeiten, aber nirgendwo dauerhafte Organisationen. Im übrigen blieben die Mobilisierungsbereiche getrennt: Betrieb als Grundeinheit wirtschaftsbezogener Mobilisierung, die territoriale Einheit des Wohn- und Wahlbezirks als Rahmen politischer Mobilisierung. Das organisatorische Übergreifen der Politik in die ökonomische Sphäre durch Zellen, Betriebsgruppen u. ä. blieb ebenso marginal wie die Fähigkeit der Arbeitenden, durch Streik die Politik zu bestimmen. Immerhin zeigen sich organisationsstrukturelle Analogien zwischen Gewerkschaften und Arbeiterparteien (in gewissem Umfang könnten die Apparate die Aufgaben der jeweils anderen Sphäre wahrnehmen) und geht es für den ökonomischen wie den politischen Zweig der Bewegung um Gewinne in Machtprozessen.

Dagegen widersetzt sich die Bewegung in der soziokulturellen Sphäre entschieden zentralistisch-bürokratischer Organisierung. Soziokulturelle Bedürfnisse sind im Rahmen von Organisationswachstumspolitik entweder Funktion politischer Polarisierung durch Schutz bzw. Abschottung einer Gegengesellschaft oder Versuch der Instrumentalisierung für die dominanten machtpolitischen Zwecke (oder beides). Allenfalls dort, wo die Umverteilung kultureller Güter mit eher passiver Konsumentenrolle organisiert wird (Beispiel: Freie Volksbühne), kann auf großorganisatorische Muster zurückgegriffen werden. Wo kulturelle Selbsttätigkeit das Ziel ist, tritt – selbst im Rahmen einer zentralistisch organisierten Gesamtbewegung – der assoziative Mobilisierungstyp in den Vordergrund. Die organisatorische Mobilisierung verweist so auf die Grenzen ihrer Reichweite.

Zu erklären ist der Typ organisatorischer Mobilisierung, wie er zuerst durch die sozialdemokratische Arbeiterbewegung geschaffen worden ist. Warum bürgerliche Bewegungen in der Intensität dahinter zurückbleiben (obwohl sie davon beeinflußt werden) und kommunistische bzw. nationalsozialistische Bewegung in der Intensität darüber hinausgehen (indem sie die »Schlagkraft« der Organisation erhöhen und mit direkter, vielfach gewaltsamer Aktion koppeln) ist hier nicht das Thema.

Wieweit tragen die Rahmenbedingungen zur Erklärung des organisatorischen Mobilisierungstyps bei? Die für das deutsche Kaiserreich kennzeichnende partielle Modernisierung schuf durch soziale Modernisierung (Urbanisierung, Alphabetisierung, Massenmediatisierung) ein rasch wachsendes, politisch relevantes Handlungspotential. Kompetenz und Partizipationsansprüche wurden gesteigert. Diese Veränderungen machen politische Organisation wahrscheinlich, erklären aber für sich nicht die Dominanz der Organisation, da unter gleichen Rahmenbedingungen später auch weniger organisatorisch zentrierte Mobilisierungsmuster entstehen; sie sind also notwendige, aber nicht hinreichende Bedingung.

Die Kehrseite der partiellen Modernisierung liegt darin, daß die politische Demokratisierung hinter dem gesellschaftlich möglichen Entwicklungsstand zurückbleibt. Diese Rückständigkeit im Kaiserreich läßt sich auch als eine partielle politische Modernisierung charakterisieren. Das allgemeine, gleiche Reichstagswahlrecht für Männer war ein – teils intendiertes, teils sich in dieser Funktion erweisendes – Instrument zur Kanalisierung breiterer bzw. intensiverer Beteiligungsansprüche. Wahlrecht ist effizient nur durch dauerhafte Organisation wahrzunehmen. Gleichzeitig blieb das Wahlrecht in vielen Ländern (vor allem Preußen) anti-egalitär und partizipationsfeindlich. Das band die Organisationen in einen langen Kampf zur Ausdehnung und Sicherung der zur vollen Entfaltung notwendigen Rechte – und verbarg so für lange Zeit und für viele die Grenzen rein organisationsvermittelter Partizipation. Zusätzlich wurden durch ein restriktives Vereins- und Versammlungsrecht die nicht organisatorisch vermittelten Aktivitäten stark eingeschränkt.

Einflußgewährung durch Kanalisierung bei gleichzeitiger Disziplinierung und Repression drängte in Richtung Organisierung als Ersatzhandlung. Damit war ein effizienter Wirkungsmechanismus geschaffen, der sich im Bereich der Gewerkschaften ähnlich abspielte (auf den unter dem Kontrollaspekt gleich noch einmal zurückzukommen ist).

Welche sozialstrukturellen Faktoren begünstigen das Prinzip Organisation, was führt vor allem Arbeiter dazu, starke Organisationen zu entwickeln? Sicherlich gibt es einzelne Unterschiede zwischen den Bedingungen, die in den 1860er Jahren zur organisatorischen Konstituierung der Arbeiterbewegung geführt haben, und jenen Bedingungen, die seit den 1890er Jahren Partei und Gewerkschaften überhaupt erst zu Massenorganisationen werden ließen. Übergreifend werden im folgenden einige Faktoren herausgehoben, die Organisationsbildung begünstigten (vgl. u. a. Geary 1983: 73 f.; Langewiesche/Schönhoven 1981: 27 ff.; Lucas 1976; Renzsch 1980: 191 ff.; Schröder 1978). Ressourcen- und Sozialisationsansatz können auch hier die Erklärung tragen.

Unter dem Ressourcenaspekt kommt es auf den relativen Ressourcenmangel an. Arbeiter verfügen nur über ihre Arbeitskraft, das kennzeichnet den Mangel. Bestimmte Gruppen von Arbeitern haben mehr Erfolg beim Verkauf ihrer Arbeitskraft, das schränkt den Mangel ein. »Daß gelernte Arbeiter bei der Bildung stabiler wirtschaftlicher und politischer Organisationen das Übergewicht hatten, ist unbestreitbar.« (Geary 1983: 71)

Es müssen einige Ressourcen vorhanden sein, wenn der Weg der Bildung dauerhafter Organisationen eingeschlagen wird. Organisation erfordert bei ihren Trägern ein Mindestmaß an Freizeit, an verfügbarem Geld (Beiträge) und an Kompetenz zu anspruchsvollerem, koordiniertem Handeln. Diese Voraussetzungen sind bei gelernten Arbeitern vorhanden. Die Qualifikation verleiht dem Facharbeiter den relativen Marktvorteil, der seine gesamte Ressourcenausstattung fördert.

Diese notwendige Voraussetzung muß durch Sozialisationserfahrungen gestützt und verstärkt werden. Zwei Elemente markieren das kollektivistische Erfahrungsmuster. Zum einen die kontinuierliche Arbeitserfahrung der verantwortlichen Kooperation bei fortschreitender Arbeitsteilung; die Einordnung in eine Hierarchie; die Notwendigkeit von (Arbeits-)Disziplin; die Austragung von Konflikten im Rahmen von Organisation. Zum andern die Alltagskommunikation auf dem Hintergrund eines (relativ) dauerhaften Arbeits- und Wohnplatzes. Dies führt zu Stabilität und Berechenbarkeit von Sozialbeziehungen, die geeignet sind für organisatorische Transformation (in Gewerkschaften eher als in Parteien).

Die Facharbeiterschaft bringt also unter dem Ressourcen- und Sozialisationsaspekt eine Reihe von Bedingungen mit, die – bei günstigen Umweltverhältnissen – Organisation möglich machen bzw. in Richtung der Organisation drängen. Mehr jedenfalls als die bürgerlichen Schichten, die ein distanzierteres Verhältnis zur Organisation haben und sich spontan im politischen Bereich eher locker assoziieren. Mehr auch als bei geringer qualifizierten Arbeitergruppen, die erst spät und unbeständig zu den

Organisationen der Arbeiterbewegung finden. Vor dem 1. Weltkrieg, als sich in den ökonomischen und politischen Organisationen der Arbeiterbewegung der Leitgedanke organisatorischer Mobilisierung durchsetzte (und von dort auf andere Bewegungen ausstrahlte), hatte mit den Facharbeitern eine Gruppe die politische Initiative, deren Voraussetzungen, Erfahrungen und Interessen sich im Prinzip der Organisierung des Konflikts wiederfinden konnten. Daß auch dies nur einen Rahmen darstellt, innerhalb dessen weitere Faktoren wirksam sein müssen, zeigt sich daran, daß vor dem 1. Weltkrieg nur eine kleine Minderheit aller Arbeiter in der Partei und eine größere Minderheit in den Gewerkschaften organisiert war.

Das Prinzip organisatorischer Mobilisierung ist durch die Ziele mit zu erklären. Die Arbeiterbewegung verfolgte mit der Organisationspriorität machtorientierte Ziele, für kulturorientierte Bewegungen dagegen war kennzeichnend ein stärker assoziatives Mobilisierungsmuster. Organisation ist unbestreitbar ein wirksames Mittel zur Steigerung ökonomischer und politischer Macht. Ob allerdings die bürokratisierte Massenorganisation für revolutionäre Zwecke geeignet ist, erscheint zweifelhaft. 1914, 1918/19 oder auch die Widerstandsstituation von 1932/33 sprechen dagegen. Geschaffen wurden Kampfverbände, spezialisiert auf regulierte Kampfbedingungen: Wahlkampf und Parlamentsarbeit für die Partei, Tarifkonflikt für die Gewerkschaft. Diese Gleichartigkeit der Bedingungen stützten Zentralisierung und Bürokratisierung, die außerdem durch das Größenwachstum der Organisation bestimmt sind. Die Macht, die damit zu erringen ist, beschränkt sich auf diesen Rahmen.

Der Grundgedanke, daß Mobilisierung durch Organisation notwendig sei, war allgemein. Der Stellenwert der Organisation variierte aber mit der ideologischen Position: die Radikalen akzentuierten in der Regel stärker Gewicht bzw. Legitimität der unorganisierten Basis der Bewegung und trugen damit zur Relativierung der Organisation bei (was sich dann auch in der Betonung direkter Aktionsformen ausdrückt).

Auch das entstandene Vermittlungssystem hat Einfluß auf den Mobilisierungstyp. Der Ausbau politischer Freiheitsrechte – vor allem des Wahlrechts, des Rechts, sich zur Interessenvertretung mit anderen zusammenzuschließen, und der politischen Meinungs- und Informationsfreiheit – verschafft dem einzelnen politische Beteiligungsrechte. Er ruft aber von vorneherein Organisationen auf den Plan, die diese Rechte massengerecht strukturieren. Da im Demokratisierungsprozeß aus der Zahl der Mobilisierten eine Macht wird, erscheint gerade in der ersten Generation von Vermittlungsträgern der Aufbau der Organisation als der eigentliche

Schlüssel zur Machtgewinnung. Organisation (in der Frühzeit viele bezahlte Agitations- und Wanderredner) war Mittel zur ideologischen Durchdringung einer noch nicht mobilisierten Basis und zur Abgrenzung vom politischen Gegner; Information bzw. Agitation schienen die Aktion ersetzen zu können.

Obwohl sich im Laufe der weiteren Entwicklung der Organisationsgedanke relativiert, die unorganisierten Teile der Bewegung wenigstens zeitweise mehr Einfluß erhalten, bleibt das Organisationsprinzip an die institutionalisierten Beteiligungsrechte in der Massengesellschaft gebunden: Basis ist nicht nur durch Organisation, sie ist aber machtpolitisch auch nicht ohne Organisation zu mobilisieren.

Schließlich das Ausmaß der Kontrolle, das schon beim Faktor Rahmenbedingungen gestreift wurde. In Deutschland wurde der repressive Staatsapparat nach den Revolutionserfahrungen von 1848/49 ausgebaut. Regierung und Verwaltung schränkten die Wahrnehmung politischer Beteiligungsrechte durch soziale Bewegung ein, Polizei und Militär waren schlagkräftige Exekutivinstrumente, die Justiz unterstützte mit ihren Mitteln die Erhaltung des Status quo. Verbot, Überwachung, Bestrafung von Organisationstätigkeiten erhöhten nicht nur die Integration der Arbeiterbewegung, für deren Stabilisierung Organisationen eine wichtige Rolle spielten. Sie unterstrichen von außen her und gerade durch die praktizierte Repression von Organisationstätigkeiten die Bedeutung, die der Organisation im politischen Machtkampf zugemessen wurde.

Außerdem bildeten sich mit dem herrschenden Politikmuster bürokratischer Politik Effizienzmaßstäbe aus, die – und das gilt besonders in Deutschland – im Parlament und z. T. eben auch bewußt oder unbewußt in den Parteien und Verbänden sozialer Bewegungen imitiert wurden.

9.4.3 Nachindustrielle Phase[25]

Die neuen sozialen Bewegungen haben bereits einen neuen, unverwechselbaren Mobilisationsstil entwickelt. Der Bruch mit den bürokratischen, hierarchischen, zentralistischen, führerorientierten Großorganisationen der Arbeiterbewegung kann nicht deutlicher sein. Sicherlich werden sich die Organisationen der neuen sozialen Bewegungen weiter verändern, ob sie dies allerdings in ihren Grundstrukturen tun werden, ist fraglich. Zu sehr »passen« diese zu der primären Trägergruppe, die eine Bewegung langfristig prägt, zu konstanteren Umweltbedingungen (z. B. Rolle der Massenmedien) und zum Grundthema der Bewegungen. Darüberhinaus zeigen sich Kontinuitäten zur Studentenbewegung, der ersten relevanten nachindustriellen Sozialbewegung.

Will man das Mobilisierungsmuster der neuen Bewegungen auf einen Begriff bringen, könnte von *»projektorientierter Mobilisierung«* gesprochen werden. Wie den frühbürgerlichen Bewegungen liegt ein assoziativer Organisationstyp zugrunde. Im Unterschied zum Verein als dem Prototyp frühbürgerlicher Mobilisierung ist das Projekt durch einen unmittelbaren Bedürfnisbezug, informellere Verfahrens- und radikaldemokratische Organisationsformen gekennzeichnet. Vom zentralistisch-bürokratischen Organisationstyp ist es zudem durch Dezentralisation und thematische Begrenzung unterschieden.

Das Projekt, dessen organisatorische Ausprägungen Bürgerinitiative und Selbsthilfegruppe sind, ist eine Organisationsform, die den absoluten Primat der unmittelbaren Orientierung an Interessen und Bedürfnissen der Aktiven ausdrückt. Ihre strategisch-politischen Qualitäten sind weniger eindeutig, darauf bezogene Intentionen standen auch nicht Pate bei dieser Organisationsform.

Kurz einige Charakterisierungen der Grundelemente projektorientierter Mobilisierung:

- *dezentral:* Die Orte der Kommunikation und Entscheidung sollen nahe bei den Aktiven bzw. Betroffenen sein. In der Alternativ- und Frauenbewegung ist dies uneingeschränkt, in der Ökologiebewegung in hohem Maße gegeben. Die Friedensbewegung ist vergleichsweise am stärksten zentralisiert, was sich erklären läßt u. a. durch die starke Beteiligung traditioneller friedenspolitischer Organisationen, vor allem aber durch die – in Fragen der Rüstungspolitik – zentralstaatlich zugespitzte Thematik.
- *informell:* Ein geringer Grad an Formalisierung von Rollen (Mitglieder, Funktionäre, Führer etc.) kann zwar in der Praxis als Schleier fungieren, hinter dem sich – informelle – Oligarchisierung vollzieht, er erlaubt aber in höherem Maße als in der formellen Organisation, nicht-instrumentelle Beziehungen aufzubauen. Spontaneität, Emotionalität, Direktheit etc. lassen sich so leichter in die Kommunikation einbringen.
- *direkt-demokratisch:* Es entwickelt sich ein partizipatorischer Stil, der zwar informelle Arbeitsteilung und Hierarchisierung in der Praxis keineswegs ausschließt, aber den Rekurs auf den Mitgliederwillen mit hoher Legitimität ausstattet.

- *bedürfnisbezogen:* Die Relevanz von »Betroffenheit« ist es nicht, die diese von früheren Bewegungen unterscheiden. Soziale Bewegung ist immer die Selbstorganisation von Betroffenen, der sich mehr oder weniger viele zugesellen, die ideell betroffen sind. Der Unterschied liegt in der Art der Betroffenheit. Die neuen sozialen Bewegungen organisieren Bedürfnisse und Interessen nicht in einer abstrahierten Form (z. B. als Interesse am Sozialismus), dem eine Reihe spezieller Interessen (z. B. Gleichberechtigung von Frau und Mann) nachgeordnet werden in dem Sinne, daß ihre Erfüllung als unmittelbare Folge des generalisierten Hauptziels in Aussicht gestellt wird. Diese Art des Bedürfnisbezugs ist nicht durch Abstraktion, sondern durch Spezifizierung und Konkretheit gekennzeichnet.
- *thematisch begrenzt:* Diese thematische Begrenzung ist nicht zu eng zu fassen. Sie kann über den unmittelbaren Anlaß (z. B. Bau eines Atomkraftwerkes) hinausgehen und tut dies auch häufig. So kann z. B. die Ablehnung eines Atomkraftwerkes in ein Gesamtkonzept alternativer Energiepolitik eingebettet werden. Aber auch die weitere Fassung des Themas erreicht nicht die Allgemeinheitsstufe, auf der es lediglich als Anwendungsfall einer übergreifenden – z. B. sozialistischen – Ideologie verstanden würde. Charakteristisch für die einzelne Intitiativgruppe im Rahmen der neuen sozialen Bewegungen bleibt eine Tendenz zur thematischen Begrenzung.

Will man die Besonderheit dieses Mobilisierungsmusters erfassen, muß man diese Elemente mit der Tatsache zusammensehen, daß die neuen sozialen Bewegungen im soziokulturellen Bereich ihr Gravitationszentrum haben. Das bedeutet, daß die locker gefügten Organisationen einerseits die soziokulturelle Sphäre selbst organisieren mit dem Ziel autonomer Bedürfnisbefriedigung (Selbsthilfegruppen), andererseits das Ziel verfolgen, in das politisch-administrative System zu intervenieren – ohne sich dessen Strukturen und Rollenmustern anzupassen –, um lebensweltliche Interessen zu sichern bzw. zu entfalten.

Für das Verhältnis zwischen den Teilbereichen bedeutet dies zweierlei. Zum einen die Entwicklung eines erweiterten Politikbegriffs. Die neuen Bewegungen propagieren eine Ausweitung des Politikbegriffs, der nicht an den spezialisierten politischen Institutionen Halt machen, sondern tendenziell die gesamte private Sphäre durchdringen soll. Damit wird die überlieferte Grenzziehung zwischen öffentlich und privat verschoben bzw. die Privatheit politisiert. Daraus ergibt sich aber, zweitens, keine Unterordnung der soziokulturellen unter die politisch-administrative Sphäre – im Gegenteil. Der Angelpunkt der Veränderungspraxis liegt im soziokulturellen Bereich, dem sich Ökonomie (alternative Ökonomie) und Politik (neue Politik) unterordnen sollen. Wieweit dabei Eigengesetzlichkeiten der ökonomischen und politischen Sphäre gegen die Absichten zurückschlagen, gehört zu den spannenden Fragen widerspruchsvoller Entwicklung der neuen Bewegungen.

Auch die lockere Organisationsform bleibt auf die Grundintention der Mobilisierung bezogen, Macht durch Bereitstellung von Ressourcen zu akkumulieren, die in Aktionen gegen Kontrollinstanzen eingesetzt werden können. Zu den Besonderheiten der neuen sozialen Bewegungen gehört, daß die Mobilisierung nicht von einer Kommandozentrale aus gesteuert, sondern sehr stark durch Prozesse der Selbstmobilisierung oder informellen Rekrutierung bestimmt wird. Dennoch wären isolierte Projekte zu schwach, um das an Koordinierung, Integration und Stabilisierung zu leisten, was für das Überleben der Bewegung erforderlich ist. Der wesentliche Koordinationsmechanismus besteht in der überwiegend informellen Vernetzung.

Vernetzung bedeutet hier wechselseitige Informierung, Unterstützung, Arbeitsteilung, Abstimmung etc. und die Abwesenheit von Hierarchie, Kontrolle, Sanktion. Vernetzung bezieht sich zum einen auf das nichthierarchische Koordinieren von Aktivitäten zwischen Projekten in einem Bereich (Funktionsbereiche wie Alternativpresse oder in einer Teilbewegung wie z. B. der Ökologiebewegung). Zum anderen umfaßt die Vernetzung auch die Beziehungen zwischen Teilbewegungen (z. B. Ökologie- und Friedensbewegung, symbolisch »Ökopax«). Vernetzung kann auf der Ebene des Aktiven, der in mehr als einer Teilbewegung arbeitet, stattfinden oder auf der Ebene einer Zusammenarbeit der Organisationsansätze.

Die potentielle Stärke auch der informellen Vernetzung liegt in der Flexibilität und fortlaufenden Beeinflußbarkeit durch Teilgruppen und Aktive. Die Nicht-Bürokratisierung verursacht aber auch in erheblichem Maße zusätzliche Kosten, für die ausreichende Ressourcen häufig nicht zur Verfügung stehen. Die Praxis der Vernetzung ist deshalb generell prekär. Sie ist in den Interventionsbewegungen (Friedens- und Ökologiebewegung) insgesamt stärker entwickelt als in den – hohen Ressourcenaufwand erfordernden – Selbsthilfebewegungen (Frauen- und Alternativbewegung).

Welche Intentionen liegen dem projektorientierten Mobilisierungsmuster zugrunde? Da eine systematisch begründete Strategie der Mobilisierung (und Aktion) nicht existiert, muß man versuchen, aus Bruchstücken und impliziter Logik eine Synthese zu bilden.

Zunächst und vor allem gibt es eine stark entwickelte und eigentlich allen gemeinsame Antihaltung, nennen wir sie den antibürokratischen Impetus. Die Spuren lassen sich in das Organisationsdenken der Neuen Linken Anfang der 60er Jahre zurückverfolgen; es hatte sich vor allem an der Kritik der bürokratisierten Arbeiterparteien und Gewerkschaften entzündet. Dieser Kritikansatz war in der antiautoritären Studentenbewegung sehr einflußreich und hat in Agnolis »Transformation der Demokratie« (1967) einen repräsentativen Ausdruck gefunden. Ohne daß die neuen sozialen Bewegungen sich bisher auf theoretischer Ebene vergleichbar manifestiert hätten, ist diese antibürokratische Strömung wie gesunkenes, aber unmittelbar fortwirkendes Kulturgut der nachindustriellen Bewegungen.

Der antibürokratische Impetus richtet sich gegen verschiedene Facetten des bürokratischen Komplexes: gegen genuine Elemente der Bürokratie wie Hierarchisierung, forcierte Arbeitsteilung, Professionalisierung ebenso wie gegen die bürokratisierte Repräsentation mit sich verselbständigendem Stellvertreterprinzip und der Verfestigung von Herrschaft in Oligarchisierungsprozessen.

Die Motive für die Ablehnung der Bürokratie sind breit gestreut: ein durch bürokratische Organisation erzeugter Konservatismus bzw. Status-quo-Orientierung; Verfälschung von Interessen der gesellschaftlichen Basis; Ablösung von lebensweltlichen Bedürfnissen und Umgangsformen durch übermäßige Formalisierung, Rollen- und Verfahrensorientierung; Einschränkung der Autonomie der Basis durch Organisationskontrolle; insgesamt also ein Demokratie- und Autonomieverlust und eine Vermachtung lebensweltlicher Bezüge. Die Reichweite des antibürokratischen Impetus ist nicht auf Vermittlungsorgane begrenzt, sie richtet sich auf staatliche, ökonomische und gesellschaftliche Organisationen in gleicher Weise.

In solcher Bürokratiekritik scheint mehr auf als die üblichen Attacken neuer Minderheiten gegen die Apparate, mit denen Mehrheiten ihre Position verfestigen (oder die mit Hilfe von Mehrheiten ihre Position sichern!). Bürokratische Organisation ist zwar nicht notwendig der Grund (wie Anarchisten meinen), aber doch die Erscheinungsform des Scheiterns der Arbeiterbewegung in den westlichen Demokratien wie in den sozialistischen Staaten. Bürokratische Organisation ist die Form des Staates, der durch die permante Auflösung in Teilprobleme auch Politik als ganzheitlichen Lösungsversuch vereitelt. Bürokratische Organisation scheitert im unmittelbaren Erfahrungsfeld des Humandienstleistungspersonals, wo Gesundheit, Bildung etc. unter der Zurückdrängung zwischenmenschlicher Beziehungen leiden. Die Erfahrungsbereiche für die negativen Folgen bürokratischer Organisation sind so breit wie die Motive ihrer Ablehnung.

Gibt es über diese negative Abgrenzung hinaus einen positiven Begründungszusammenhang für die projektorientierte Mobilisierung? Wenn auch ein bewußter Konsens, wie er beim antibürokratischen Prinzip gegeben ist, fehlt und vieles an der Organisationsgeschichte der neuen sozialen Bewegungen spontan wirkt (aus dem Augenblick und für den Augenblick), so läßt sich doch zumindest ein implizierter strategischer Grundgedanke erkennen. Als Formel gefaßt: Erkämpfung, Gestaltung und Schutz von Freiräumen gegenüber Staat und Markt.

Nicht die Offensive zur Eroberung und institutionellen Umgestaltung des ökonomischen und politisch-administrativen Systems ist kennzeichnend. Dafür sind die Mobilisierungsformen gänzlich ungeeignet und auch der Antietatismus steht einer solchen Strategie entgegen. Auch der reine Defensivgedanke trägt nicht diesen Mobilisierungstyp. Der Vergesellschaftungsgrad ist zu hoch, als daß konsequente Separation, der auch räumlich zu vollziehende kollektive Ausstieg aus der Gesellschaft möglich wäre.

Dennoch ist die Rede von Freiräumen, d. h. von Lebensräumen, in denen die Wirkung negativer Kontrolle (durch den Staat) und Konditionierung (durch den kapitalistischen Markt) zurückgedrängt sind, Zonen, die Freiheiten bieten zur bedürfnisorientierten Selbstorganisation und Gestaltung. Freiräume, in denen sich Gruppen mit postmaterialistischer Wertorientierung einzurichten suchen: das selbstverwaltete Jugendzentrum, die Wohngemeinschaft, der alternative Betrieb, das (instand) besetzte Haus, das Frauenhaus etc. Auch solche Freiräume sind Teil der Gesellschaft, aber innerhalb der Gesellschaft durch das Ziel des Ausbaus und der Sicherung einer Autonomie gegenüber den zentralen Gesellschaftsmächten, Etatismus und Kapitalismus, bestimmt.

Die Funktionen der Erkämpfung und des Schutzes von Freiräumen weisen hin auf die unvermeidbaren Auseinandersetzungen mit Staat und Wirtschaft. Die Bewegungen sind gezwungen, auf Märkten aufzutreten und sich gegenüber Kontrollansprüchen des Staates zu schützen bzw. einen Teil seiner Leistungen auf sich zu ziehen. Intervention in die politische Sphäre und Teilhabe an Marktprozessen sind Elemente der Außenbeziehungen. Selbsthilfe beinhaltet die positive Gestaltung von Lebens- und Arbeitsprozessen. Externe Intervention und interne Selbsthilfe sind dialektisch aufeinander bezogen und wechselseitig aufeinander angewiesen. Da im kapitalistischen Industriesystem nur in sehr begrenztem Umfang eine autonome Reproduktion möglich ist, bleibt die Grundlage dieser politisierten soziokulturellen Strategie ungesichert, die Existenz der Bewegungen labil.

Zu den einzelnen Organisationen des projektorientierten Mobilisierungstyps sollen nur noch wenige Kommentierungen folgen. Zwei Arten von Organisation sind zu unterscheiden:

a) authentische Organisationsformen der neuen sozialen Bewegungen (Bürgerinitiativen und Selbsthilfegruppen),
b) umstrukturierte traditionelle Organisationsformen (Partei, Verband, Presse).

Die authentischen Organisationsformen der neuen sozialen Bewegungen drücken genuine Bedürfnisse und Orientierungen der Bewegungen aus. Die traditionelle Organisationsformen dagegen sind institutionalisiert und im gegebenen System funktional unersetzlich, der – durchaus mögliche – Verzicht auf sie beraubt die Bewegung wichtiger machtpolitischer Einflußkanäle. Diesen institutionalisierten Organisationen können Bewegungen nur dadurch ihren Stempel aufzudrücken suchen, daß sie sie partiell umstrukturieren bzw. umfunktionieren.

Die *Bürgerinitiativen* agieren primär im Grenzbereich zum politisch-administrativen System. Sie vertreten Anspruch und Widerspruch von Betroffenengruppen in einem begrenzten thematischen Rahmen. Ihre Funktion liegt in der Intervention, die aus der soziokulturellen gegen die politisch-administrative Sphäre gerichtet ist.

Die *Selbsthilfegruppen* haben ihren Schwerpunkt in der eigenständigen Ausgestaltung des soziokulturellen Sektors. Das schließt eigene Auseinandersetzungen mit den beiden anderen Teilsystemen ein. Auch sie versuchen die Einflußnahme des politisch-administrativen Systems zu regulieren und müssen sich – z. B. im Bereich alternativer Ökonomie – sehr nachhaltig mit Imperativen des kapitalistischen Marktes auseinandersetzen. Im Mittelpunkt dieser Aktivitäten steht aber der Versuch selbstbestimmter Ausgestaltung soziokultureller Bedürfnisse – auch dort, wo sie sich – wie im Bereich alternativer Ökonomie – die Arbeit unterordnen.

Auf Bewegungsebene hat die Organisationsform der Bürgerinitiative vor allem im Rahmen der Ökologie-, später z. T. auch der Friedensbewegung eine Rolle gespielt. Dies sind die beiden Teilbewegungen, die von ihrer Thematik her am stärksten auf Intervention in das politisch-administrative System angelegt und angewiesen sind. Die Selbsthilfegruppen sind in der Alternativ- und Frauenbewegung am nachhaltigsten ausgeprägt, Bewegungen, die am stärksten auf das Ziel der Selbsthilfe zugeschnitten sind.

Nur wo ein kollektives Bewußtsein der Zugehörigkeit zu einer Bewegung existiert, kann auch von Bewegungsorganisation gesprochen werden. Es gab und gibt zahlreiche kleine Betroffenengruppen, die sich der Organisationsform von Bürgerinitiative oder Selbsthilfegruppe bedienen, ohne zu den entsprechenden Bewegungen zu gehören. Die Rede von einer »Bürgerinitiativbewegung« führt deshalb in die Irre; Bewegungen können sinnvoll nur über Inhalte oder über Trägergruppen, nicht allein über Formelemente bestimmt werden.

Ein Blick noch auf die umstrukturierten traditionellen Organisationsformen. Ihr Einbau in die Bewegungen geht auf die pragmatische Überlegung zurück, daß mit ihnen im etablierten Institutionensystem Macht erworben werden kann, die mit den authentischen Formen der Bewegung nicht zu erreichen ist. Wegen der Nachteile, die eine Begrenzung auf diese institutionellen Formen zur Folge hätte, bleiben sie auf die Wechselbeziehung zu den authentischen Bewegungsorganisationen bezogen. Das beeinflußt ihre Funktionen und Strukturen.

Zu den Strukturen läßt sich übergreifend für Partei (vor allem »Grüne«), Verband (vor allem BBU) und Presse (Alternativpresse) sagen, daß die Akteure versuchen, die Prinzipien Dezentralisation und Basisdemokratie im jeweiligen institutionellen Rahmen zu verfolgen bzw. zu konkretisieren. Zum einen wegen des Eigenwerts dieser Normen, der die positive Seite des antibürokratischen Impetus darstellt, zum andern wegen der Funktion, diese Organisationen »nach unten«, zur Betroffenenbasis offen zu halten.

Vielfältige Widersprüche und Konflikte ergeben sich daraus, daß Partei und Verband durch Konkurrenz und bargaining mit den zentralistisch-bürokratischen Organisationen in permanentem, intensivem Austausch stehen und sich nicht vollständig den von dort ausgehenden Anforderungen entziehen können. Dies drückt sich aus in Erwartungen u. a. hinsichtlich Professionalisierung, Arbeitsteilung, Repräsentationsbereitschaft, Kontinuität (Rotation!), Gruppendisziplin etc. Solche Anforderungen können auf Dauer nicht vollständig zurückgewiesen werden. Angesichts der eigenen Organisationsprinzipien sind in den traditionellen Organisationen nur widerspruchsvolle Lösungen und Kompromisse möglich. Die Alternativpresse steht vor allem unter dem Druck der ökonomischen Marktkonkurrenz, was aber zu ähnlichen Widerspruchsproblemen führt.

Welche Funktionsbesonderheiten zeigt die alternativ umgestaltete Parteiorganisation? Grundlegend ist ihr Bezug zu einer in Umrissen subkulturellen Basis. Nicht die Existenz eines subkulturellen Bezugs, sondern deren spezifische Qualität ist neuartig. Das bürgerliche Modell, das in den frühbürgerlichen Bewegungen verkörpert war, neigt zu einer weitgehenden Arbeitsteilung zwischen Ökonomie, Politik und Kultur. Die Tendenz der bestehenden bürgerlichen Subkultur war, unpolitisch zu sein. Das proletarische Modell ist durch die Politisierung der subkulturellen Basis gekennzeichnet, allerdings in einer spezifischen Form: es neigt zur Instrumentalisierung subkultureller Bedürfnisse für die Zwecke der politischen Bewegungsorganisation. Im Modelll der neuen sozialen Bewegungen verfügt die subkulturelle Basis über ein hohes Maß an Autonomie gegenüber der Bewegungspartei.

Der darauf aufbauende Parteityp ist als postindustrielle Rahmenpartei charakterisiert worden. Geringer Organisationsgrad und das Fehlen soziokultureller Suborganisationen der Partei (trotz der soziokulturellen Gesamtorientierung) sind Indikatoren dafür, daß dieser neue Organisationstyp nur einen »Rahmen« setzen soll, durch den sich die subkulturelle Basis mit dem politisch-administrativen System vermittelt. Daraus ergeben sich drei grundlegende Funktionen:

- *Schutzfunktion.* Dabei bemüht sich die Partei um die materielle und rechtliche Sicherung alternativer gesellschaftlicher Aktivitäten.
- *Interventionsfunktion.* Die Rahmenpartei interveniert in den industriegesellschaftlichen Prozeß, den sie nicht im Ganzen steuern oder auf völlig neue Grundlage zu stellen vermag (weder als Industriegesellschaft noch als Kapitalismus), dadurch, daß sie die schlimmsten Konsequenzen dieser Entwicklung abblockt und eine Umorientierung innerhalb des Systems anzielt, die seine Aggressivität, seine Natur- und Sozialschädlichkeit abzubauen sucht.
- *Utopische Funktion.* Sie bedeutet nicht, daß die Partei eine Utopie beschließt und dogmatisch verfolgt. Vielmehr ist die Rahmenpartei ein Forum zur Ventilierung utopischer Entwürfe und ihrer ansatzweisen Vermittlung mit Tagespolitik. Damit schafft sie ein positives Pendant zu ihrer gesellschaftlichen Fundamentalkritik und transzendiert ihre in vielerlei Hinsicht bruchstückhafte und unbefriedigende Praxis. Gefahren der Selbsttäuschung, des Dogmatismus, der Wirklichkeitsflucht, aber auch der internen Spaltung sind unvermeidbar.

Was sich bisher als Interessenverband der neuen sozialen Bewegungen herauskristallisiert hat, der Bund Bürgerinitiativen Umweltschutz (BBU), ist eine Dachorganisation lokaler und regionaler Bürgerinitiativen. Seine wichtigsten Adressaten sind die überregionale Öffentlichkeit und das politisch-administrative System auf zentralstaatlicher Ebene. Die relativ starke öffentliche Resonanz verdankt der Verband nicht seinen – knappen –

Ressourcen, sondern der Aufmerksamkeit für den Bürgerinitiativenbereich, dessen generalisiertes Interesse er zu artikulieren sucht. Als bürokratiearmer Interessenverband mit einer labilen, nicht strukturell verankerten und durch zentrale Sprecher nicht zu verpflichtenden, dezentralen Basis sind seine Erfolge in der Öffentlichkeit wesentlich größer als beim politisch-administrativen System. Die interne Struktur, die untypisch ist verglichen mit traditionellen Interessenverbänden, bedingt die spezifische Wirkungsweise, die aber insofern im Rahmen der funktionalen Eigenarten von Interessenverbänden bleibt, als die Intervention in den politisch- administrativen Prozeß gesucht wird.

Die Presse zeigt ähnliche Merkmale wie die Bewegung selbst (Dezentralisierung, egalitäre Entscheidungsstruktur etc.). Wo sie über die allgemeine Funktion hinausgeht, Informationen und Meinungen der Bewegung zu vermitteln, und z. B. die Selbstartikulation Betroffener in den Mittelpunkt rückt, gerät sie in das Spannungsfeld von Professionalisierung, Marktabhängigkeit (Werbung und Käufer) und direkter Betroffenenkommunikation. Wie beim Interessenverband und der Partei ist zu sehen, daß Bedürfnisse politischer Direktheit sich stoßen an den Grenzen tradierter Organisationsformen, die zwar als modifikationsfähig, aber auch als in wichtigen Elementen strukturell-funktional festgelegt erscheinen.

Der schwankende Boden, auf dem sich die Analyse aktueller Sozialbewegungen generell bewegt, wird noch unsicherer, wenn man nach Erklärungsfaktoren für den Typ projektorientierter Mobilisierung fragt. Im Rahmen des hier verwendeten Bezugsrahmens läßt sich wenigstens auf Faktoren hinweisen, die – bei weiterführender Analyse – Aufschluß über die Ursachen dieses neuartigen Mobilisierungsmusters geben könnten.

Sozialstruktur und Probleme/Ziele sind die in der Bewegung selbst liegenden Ursachenzusammenhänge, bei denen Erklärungskraft zu vermuten ist. Die primäre Trägerschaft der neuen Bewegungen wird in besonderer Weise durch die Intelligenz aus dem geistes- und sozialwissenschaftlichen Bereich bzw. aus den Humandienstleistungsberufen geprägt (vgl. 17.). Von dieser Gruppe scheint auch – seit der Studentenbewegung – der stärkste Einfluß auf die Bestimmug der neuartigen dezentral-partizipatorischen Organisationsform ausgegangen zu sein. Wieweit die marginalisierten Gruppen in ihren Organisationsbedürfnissen konvergieren oder charakteristische Unterschiede ausbilden, wäre zu untersuchen. Aspekte der Ressourcenausstattung und Sozialisationserfahrung können auch hier die sozialstrukturellen Faktoren aufschließen.

Die wichtigste Ressource der Humandienstleistungsintelligenz liegt im

Potential ihrer autonomen Handlungskompetenz. Analyse- und Kommunikationsfähigkeit sowie Möglichkeiten zur Orientierung und Beeinflussung komplexer, nicht eindeutiger Situationen sind eng verbunden mit der Ausbildung intellektueller Fähigkeiten, zumal in bzw. für Bereiche, die durch Interaktionsbeziehungen zwischen Menschen strukturiert sind. Die Personengebundenheit dieser Qualifikation mindert die Bedeutung eines hohen Grades von Arbeitsteilung, wie sie für die bürokratische Organisation charakteristisch ist. Das Individuum verfügt über einen höheren Grad eigenständiger Handlungsfähigkeit, der selbstverständlich nur im Zusammenwirken mit anderen wirksam wird, der aber das Zusammenwirken mehr zu einer Angelegenheit der Koordination als der Subordination werden läßt. Relative Ressourcenstärke beruht nicht auf materieller Potenz oder einer relevanten Position im Produktionsprozeß, sondern auf einer Informations- und Kommunikationskompetenz, die in der nachindustriellen Gesellschaft generell einen hohen Rang einnimmt.

Die relativ große Homogenität einer in diesem Sinne ressourcenstarken Gruppe erklärt, daß sie horizontale Beziehungen bevorzugt und mit ihnen auch effektiv werden kann. Darüberhinaus gibt es bis auf einen begrenzten Kreis von Organisationsrollen keine Anreize für ehrenamtliche, subalterne Tätigkeiten, aus denen bürokratische Freiwilligenorganisationen in nicht geringem Umfang bestehen.

Der Einfluß der Sozialisation läßt sich erfassen über Generationserfahrungen einerseits, Ausbildungs- und Berufserfahrungen andererseits. Versucht man die vielfältigen Generationserfahrungen auf einen Nenner zu bringen bzw. ein wesentliches Merkmal herauszuheben, läßt sich die Tendenz zur Individualisierung (Beck 1983) betonen. Ohne auf ihre komplexe gesellschaftliche Verursachung einzugehen, kann man sagen, daß sie objektiv Spielräume und Optionen erweitert und – dies vielleicht noch stärker – eine subjektive Befindlichkeit der Wahlfreiheit schafft. Zwar schlägt die gleiche Freiheit bei nicht wenigen um in das Erlebnis eines permanenten Entscheidungszwanges bzw. wird begleitet von einer Sehnsucht nach stabiler Ordnung, dennoch ist aufs Ganze gesehen die Bereitschaft begrenzt, seine Freiheit in bürokratisch stabilisierten, hierarchischen Organisationen einschränken zu lassen. Auf der anderen Seite führt die Ambivalenz der durch die Verhältnisse aufgezwungenen Individualisierung dazu, daß sie selbst wiederum der Grund für den Versuch ist, individuelle Isolation in kleinen Gruppen zu überwinden – meist aber nicht durch Aufgabe bereits erfahrener Freiheiten.

Unterstützt und verstärkt wird solches Unabhängigkeitsbedürfnis durch prägende Erfahrungen von Ausbildung und Beruf. Die in einem längeren Ausbildungsprozeß herangebildete Intelligenz verfügt nicht nur über Fähigkeiten autonomen Handelns in komplexen Situationen, sondern bildet auch einen Stolz auf ihre Autonomie aus, verteidigt sie und tendiert zur Ablehnung von Gehorsam und Unterordnung (Gouldner 1980: 64). »Sozialberufe« und die auf sie vorbereitenden Disziplinen führen zur Selbstrekrutierung von Individuen mit vergleichsweise ausgeprägter Kommunikationskompetenz, die im geistes- und sozialwissenschaftlichen Ausbildungsprozeß verstärkt wird.

Die Humandienstleistungen selbst erfordern eine autonome, dezentrale Organisationsform der Zweierbeziehung oder Kleingruppe, um effizient zu sein. Zentralistisch-bürokratische Organisationen haben hier eine reduzierte Bedeutung, jedenfalls in Bezug auf den eigentlichen Arbeitsprozeß.

Unter dem Gesichtspunkt der von der Bewegung bearbeiteten Probleme bzw. aufgestellten Ziele ist zweierlei für das Mobilisierungsmuster erklärungsrelevant. Zum einen die Vielfalt, Heterogenität und Fluktuation der Themen, die einer einheitlichen, übergreifenden Großorganisation entgegenstehen. Sie verweisen auf locker assoziative, leicht revisions- bzw. erweiterungsfähige und nur partiell einbindende Organisationsformen. Zum anderen spielt der spezifische Inhalt eine Rolle, insofern für kulturorientierte Themen keine Konfliktfähigkeit gegenüber bürokratisierten politischen Apparaten aufgebaut werden muß und die punktuelle Intervention in den machtpolitischen Prozeß mit einer lockeren Organisationsform auskommt.

Diese in der Bewegung liegenden Faktoren erscheinen bereits als hinreichend für eine Erklärung der projektorientierten Mobilisierungsform. Von den externen Faktoren können zwei herausgehoben werden. Erstens die Resonanzfunktion eines ausgebauten Systems von Massenmedien, deren Berichterstattung über die Sozialbewegungen in einem gewissen Umfang ein funktionales Äquivalent für eigene Mobilisierungsbemühungen darstellt, die – bei großem Stil – auf bürokratische Elemente angewiesen wären. Zweitens die staatlichen Kontrollinstanzen, deren forcierter Ausbau alternative Mobilisierungs- und Aktionsstrategien nahelegen. Die projektorientierte Mobilisierung unterläuft gewissermaßen die drei Strategien, mit deren Hilfe der Staatsapparat bisher mit oppositionellen Großorganisationen fertig geworden ist: gewaltsame Repression, repressive Toleranz und Kooptation bzw. Integration. Es ist schwierig, die locker gefügten neuen Bewegungen zu unterdrücken, repressiv zu tolerieren oder zu kooptieren. Ob dies tatsächlich die neue Mobilisierungsform mit verursacht hat oder nur die post factum festzustellende Wirkung eines Mobilisierungs- und Aktionstyps ist, der durch Sozialstruktur und Probleme/Ziele bereits hinreichend erklärt werden kann, muß offen bleiben. Offenkundig ist dagegen, daß der sozial- und parteienstaatliche Ressourcentransfer bis zu einem gewissen Grade die sonst durch eine größere Zahl fester Mitglieder zu erbringenden Mittel ersetzt.

9.5 Spezifische Organisationsformen

Soziale Bewegung ist eine eigenständige politische Organisationsform neben Parteien und Verbänden. Die Bewegung bringt aber auch aus sich heraus spezifische Organisationen hervor, die durch ihre Wechselbeziehung mit den unorganisierten Teilen der Bewegung den Charakter sozialer Bewegung konstituiert: Bewegungsorganisationen. Unter den Bewegungsorganisationen können auch Parteien und Verbände sein, die – als Bestandteil einer Bewegung – Besonderheiten gegenüber den normalen Parteien und Verbänden aufweisen: Bewegungsparteien und -verbände. Die Frage ist, wieviele bzw. welche solcher spezifischen Organisationsformen von den Bewegungsakteuren gewählt werden können und welche Faktoren zu welchen Organisationsformen tendieren.

Der Umfang der infrage kommenden spezifischen Organisationsformen hat sich zwar historisch erweitert, zeigt aber deutliche Grenzen. Geht man von der Hauptfunktion der »Intervention« in das politische und/oder ökonomische System einerseits, der auf unmittelbare Bedürfnisbefriedigung bezogenen Funktion der »Selbsthilfe« andererseits aus, ergibt sich folgende Übersicht über bisher historisch relevante Organisationsformen:

Intervention					*Selbsthilfe*
Partei/ Fraktion	Verband	Redaktion	Verein	Bürger-initiative	Selbsthilfeorganisation

Die verschiedenen Interventionsorganisationen sind unterscheidbar nach den Funktionen, die im einzelnen mit ihnen verfolgt werden können. Die Partei- und Fraktionsform ist spezialisiert auf Erwerb und Kontrolle staatlicher Macht. Verbände sind spezialisiert auf die Einflußnahme hinsichtlich politischer Machtträger, wobei das politisch-administrative System und die parlamentarischen und außerparlamentarischen Parteiorganisationen von besonderer Bedeutung sind. Vor allem ökonomische

Verbände stehen darüberhinaus in beträchtlichem Umfang in Auseinandersetzungen mit ihren unmittelbaren gesellschaftlichen Kontrahenten.

In relativ kurzen Umbruchsphasen wurde versucht, mit der Organisationsform Räte eine Alternative zum parlamentarischen System, mit dessen inhärenten Vermittlungsträgern Parteien und Verbände, zu organisieren. So geeignet diese Form zur kurzfristigen und raschen Transmission von Unzufriedenheit bzw. Innovation ist, so groß sind die Probleme einer Stabilisierung als Organisationsform.[26] Historisch gesehen waren Räte Produkt der Krise und verblieben in deren Grenzen. Ein Teil ihrer Organisationsprinzipien ist allerdings auf dauerhaftere Organisationen übertragbar.

Redaktionen als Teil einer sozialen Bewegung sind publizistische Organisationseinheiten, die auf die Beeinflussung von Öffentlichkeit durch Verbreitung bewegungsrelevanter Informationen und Meinungen spezialisiert sind. Sie können durchaus »Politik machen«, wenngleich sie zur Umsetzung von Intentionen nicht in der Lage sind. Auf eine materielle Basis angewiesen, ist ihre Autonomie durch Partei bzw. Verband (in die sie häufig organisatorisch eingebunden sind) oder durch den Markt gefährdet.

Neben die funktional stark spezialisierten Bewegungsparteien und -verbände und die Redaktionen treten zwei funktional unspezifischere Organisationsformen, die auch untereinander verwandt sind: Verein (nicht als juristischer Begriff!) und Bürgerinitiative. Ihre Adressaten und Einflußwege sind weniger festgelegt als bei Parteien und Interessenverbänden. Die Öffentlichkeit spielt insgesamt eine größere Rolle, punktuelle Einflußnahmen auf Parteien, Parlamente, Verwaltungen sind häufig mit der stärkeren Öffentlichkeitsorientierung verbunden. Die – stark fließenden – Grenzen zwischen Vereinen und Bürgerinitiativen liegen vor allem auf organisatorischer Ebene. Formalisierung (z. B. Mitgliedsrolle), Hierarchie, Zentralisierung sind beim Verein stärker entwickelt als bei der Bürgerinitiative, wenn auch bei beiden der Bürokratisierungsgrad im Vergleich zu Parteien und Interessenverbänden gering ist.

Die auf Selbsthilfe orientierten Selbsthilfeorganisationen weisen in sich ebenfalls eine begrenzte Vielfalt auf, die hier nicht weiter beschrieben werden soll: Vereine mit soziokulturellen Zielen (z. B. im Rahmen des Wandervogels), Genossenschaften, Kommunen, Selbsthilfegruppen. Wichtig ist der Gesichtspunkt, daß diese Organisationsform so angelegt ist, daß sich mit ihr Zwecke der Selbsthilfe, nicht oder nicht in gleicher Weise aber Zwecke der Intervention verfolgen lassen.

Ist die These von der nur kleinen Zahl wählbarer Organisationsformen richtig, so ist hinzuzufügen, daß diese Typen *in sich* historisch variabel sind. Am weitesten ist dies für Parteien aufgearbeitet. Kennzeichnet der Typ der Honoratiorenpartei die frühbürgerliche Bewegung in der vorindustriell-modernisierenden Phase, der Typ der Massenpartei die Arbeiterbewegung in der industriellen Phase, so die Rahmenpartei die neuen sozialen Bewegungen in der nachindustriellen Phase. Für Verbände und Vereine wurden solche historischen Typologien bisher wohl deshalb noch nicht entwickelt, weil schon die Querschnittanalyse angesichts einer außerordentlichen Vielfalt von Verbänden und Vereinen hohe Anforderungen an die typologische Systematik stellt. Vielleicht wäre die Aufgabe leichter, wenn man sich auf die Bewegungsverbände und -vereine konzentrierte.

In drei Faktorenkomplexen wird man vor allem die Ursachen dafür suchen müssen, welche spezifischen Organisationsformen von der Bewegung gewählt werden (ich beschränke mich auch hier auf die der Interventionsfunktion zugeordneten Organisationen). Die politischen Rahmenbedingungen (Wahlsystem, Parteiensystem, Formen der Parteienfinanzierung etc.) beeinflussen als externe Faktoren vor allem die Entwicklungsmöglichkeiten neuer Parteien.

Intern sind die Faktoren Ziele und Macht ausschlaggebend. Auf der Ebene der Ziele bedeutet die mit der Interventionsfunktion gegebene Machtorientierung der Bewegung, daß die thematisierten Probleme für mit staatlich-politischen Mitteln lösbar gehalten werden. Je stärker der Grad der Machtorientierung (am ausgeprägtesten bei der Machteroberungsbewegung), desto wahrscheinlicher die Entscheidung für die Parteiform. Die thematische Breite spielt insofern eine Rolle, als eine Ein-Punkt-Partei unter den Bedingungen des Interventionsstaates nicht längerfristig stabilisierbar ist. Eine ideologische Grundlage, die eine breitere thematische Ausdifferenzierung erlaubt, scheint Voraussetzung für eine erfolgreiche Bewegungspartei zu sein. Ein Verband kann vergleichsweise mit einem begrenzteren Themenprofil auskommen.

Auf der Ebene der Bewegungsmacht sind vor allem zwei Gesichtspunkte relevant: die Konfliktfähigkeit und die Zahl der Aktiven bzw. Sympathisanten. Die Konfliktfähigkeit ist größer, je mehr relevante Ressourcen zur Verfügung stehen und je stärker die strukturelle Verankerung der Interessen, die Dauerhaftigkeit und gezielte Mobilisierungschancen eröffnet. Letzteres ist - ebenso wie ein gewisser Grad an Homogenität (vgl. Schiller 1984: 181) – vor allem für Verbandsbildung von Bedeutung. Die Zahl der potentiell Involvierten ist vor allem für die Parteibildung, aber auch für die Verbandsorganisation relevant. Als Splitterpartei übt ein Kollektiv weniger

Einfluß aus als es in Gestalt einer unberechenbaren und in ihrer wirklichen Stärke unbekannten Bewegung gewinnen kann. Je mehr verfügbare Macht, desto eher partei- oder verbandsförmige Organisation. Je weniger Macht, desto eher der Weg über die Öffentlichkeit und sich je Situation ergebende, instabile Einflußkanäle. Verein und Bürgerinitiative sind die vergleichsweise unspezifischer funktionierenden Organisationsformen.

Die Erklärung der Wahl einer spezifischen Organisationsform ergibt sich aus einer Kumulation günstiger Faktoren. Parteibildung z. B. ist um so wahrscheinlicher, je offener die politischen Rahmenbedingungen, je machtorientierter und breiter die Ziele und je größer die potentielle Macht der Bewegung (vor allem als quantitative Unterstützungsbasis).

Die »richtige« Wahl der spezifischen Organisationsform setzt die Anwendung von Zweck-Mittel-Rationalität voraus. Sie kann also auch verfehlt werden. Mit der Wahl einer anspruchsvolleren Organisationsform (Partei, Verband) kann eine Bewegung über ihren Verhältnissen leben. Aufgrund der aus der Sozialstruktur sich ergebenden Orientierungen der primären Trägergruppen können z. B. bürokratiefeindliche Organisationsformen gewählt werden, wo ein gewisses Maß an Bürokratisierung für die Effizienz der Bewegung notwendig wäre. Schließlich kann die Ambivalenz der Bewegung zwischen macht- und kulturorientierter Zielsetzung zu Unklarheiten auch in der Wahl der spezifischen Organisationsform führen.

9.6. Zusammenfassung

Mobilisierung ist ein Grundelement sozialer Bewegung. Ohne Mobilisierung bleibt es bei der Ideenströmung oder dem ad hoc-Protest. Nur die durch Mobilisierung akkumulierte Macht schafft Chancen zur Durchsetzung der Ziele. Einige der unter 9.2 diskutierten Faktoren interner Mobilisierung lassen sich unter der Frage zusammenfassen: Wie entsteht eine starke Bewegung?

Mobilisierung innerhalb von sozialstrukturell klar definierten Großgruppen erleichtert die Mobilisierung (wenngleich sie die Bündnispolitik erschweren kann). Gruppenidentität, Vernetzung und Kontrolle sind interne Strukturen der Großgruppe, die – Affinität zu den Bewegungszielen vorausgesetzt – die Mobilisierung begünstigen. Die politische Mobilisierung der Bewegung kann die vorgängig erzeugte Selbstmobilisierung der

Großgruppe in Dienst nehmen. Erfolgreiche Mobilisierung beginnt nie von Grund auf.

Aktive sind das wichtigste Machtelement sozialer Bewegung. Deren Rekrutierung muß sich auf die Vielfalt der Motive einstellen, die Bürger aktiv werden lassen. Ohne materielle Anreize reduziert sich der Kreis potentieller Akteure und ist die längerfristige Stabilisierung einer großen Bewegung nicht möglich. Die effektivste Strategie ist die der »Block-Rekrutierung«, die bereits mobilisierte Gruppen bzw. Organisationen in die Bewegung einbaut. Dabei sind insbesondere parapolitische Organisationen wegen ihrer häufig starken Mitgliederzahlen von großer Bedeutung.

Eine entwickeltere funktionale Arbeitsteilung zwischen Führern und Mitgliedern und zwischen verschiedenen Typen von Führern ist für eine starke Bewegung unerläßlich. Führer tragen – nicht zuletzt aufgrund der größeren, ihnen zur Verfügung stehenden Anreizsysteme – zur Stabilisierung der Bewegung bei. Es macht keinen Sinn, die Relevanz der Führer gegen die der Aktiven auszuspielen (oder umgekehrt). Entscheidend für das Wachstum einer auf Freiwilligkeit aufbauenden Bewegung ist eine wirksame Interaktion zwischen Führern und Aktiven. Die besondere funktionale Bedeutung charismatischer wie demokratischer Strukturen liegt gerade in deren – ganz unterschiedlich wirkenden und zu bewertenden – Potential zur Mobilisierung von Aktiven.

Kooperation zwischen eigenständigen Bewegungen könnte deren Machtpotential erhöhen, war aber historisch nicht sehr ausgeprägt. Auch Konflikte zwischen selbständigen Bewegungen sind nur begrenzt relevant (vor allem bei »Nachfolgebewegungen«, da jede Bewegung ihr spezifisches Mobilisierungsfeld hat. Konflikte zwischen ideologisch profilierten Teilbewegungen bzw. Bewegungsorganisationen können durch Formen einer ideologischer Arbeitsteilung und einer Erschließung unterschiedlicher Partizipationsprofile das Mobilisierungspotential der Gesamtbewegung vergrößern. Die aus der Konfliktforschung bekannte positive Funktionalität von Konflikten ist allerdings auch hier nur unter spezifischen Voraussetzungen wirksam, wie z. B. die Begrenzung, ja Regulierung von Binnenkonflikten. Dies gilt ebenso für Konflikte innerhalb von Bewegungsorganisationen.

Soziale Bewegung als spontan sich bildendes Kollektiv ist potentiell von Stagnation und Zerfall bedroht. Wie reagiert die Bewegung auf die unvermeidbaren Flauten und Mißerfolge? Wie begegnet sie der permanenten Gefahr der Demobilisierung? Die Geschichte jeder Bewegung wird begleitet von den Problemen der Stabilisierung mobilisierter Ressourcen und der gezielten Erweiterung.

Organisation ist das wichtigste Mittel zur Stabilisierung eines Bewegungszusammenhangs und zur gezielten Erweiterung der Bewegung, wenn die Selbstmobilisierung der Aktiven an ihre Grenzen stößt. Denkbare Mittel und Strategien zur Vermeidung von Demobilisierung[27] sind:

a) Die Bildung von Subkultur, deren Kohäsion und Kommunikationsdichte die Mobilisierungs- und Integrationsleistungen von Bewegungsorganisationen überflüssig macht. Allerdings werden stabile Subkulturen ihrerseits durch Organisationen zusammengehalten und begrenzt die Subkultur Möglichkeiten einer Wachstumsstrategie.
b) Der charismatische Führer, dessen Mobilisierungsleistung allerdings labil und situationsabhängig bleibt. Unter modernen Bedingungen auftretendes charismatisches Führertum hat sich immer auch mit Organisation verbunden.
c) Bewegungsunabhängige Massenmedien, die von ihr als Resonanzboden stattfindender Mobilisierung und Aktion benutzt werden und so die Mobilisierung weiterer Aktiver vorantreiben sollen. Mangels Kontrolle über diese externen Organisationen kann sich deren Aufmerksamkeit allerdings rasch von der Bewegung abwenden.
d) Die Organisierung der Bewegung selbst, die Dauerhaftigkeit und Effizienz verspricht.

Die neuen sozialen Bewegungen machen deutlich, daß unter fortgeschrittenen gesellschaftlichen Bedingungen das Zusammenspiel der Faktoren Subkultur und Massenmedien die Bedeutung der Organisation relativieren kann. Zentralistisch-bürokratische Organisation ist für die Bewegung auch dann nicht unausweichlich, wenn sie Massen mobilisiert und wenn sie einem hochbürokratisierten Staat gegenübertritt. Allerdings sind die Alternativen zur Bewegungsorganisation in der Regel nicht für sich tragfähig.

Die historische Analyse ordnete den drei Gesellschaftstypen jeweils einen charakteristischen und prägenden Mobilisierungstyp zu: das ideelle Mobilisierungsmuster der frühbürgerlichen Bewegungen in der vorindustriell-modernisierenden Phase, die organisatorische Mobilisierung der Arbeiterbewegung in der industriellen und die projektorientierte Mobilisierung der neuen sozialen Bewegungen in der nachindustriellen Phase. Nicht der globale Trend zur Bürokratisierung von Bewegungsorganisation war also das Ergebnis der historischen Analyse. Vielmehr variierte die Tendenz zu stärker bürokratischer oder stärker assoziativer Bewegungsorganisation vor allem mit den Faktoren Sozialstruktur und Ziele der Bewegung.

Bei der Sozialstruktur wurden die Aspekte Ressourcen und Sozialisation unterschieden. Die generalisierte Hypothese lautet: Bei schwächerer Ressourcenausstattung und kollektivistischer Sozialisation tendiert soziale Bewegung zu bürokratischer Organisation, bei stärkerer Ressourcenausstattung und individualistischer Sozialisation zu assoziativer Organisation.

Bei der Zieldimension wurde auf den Unterschied zwischen Macht- und Kulturorientierung zurückgegriffen. Machtorientierte Bewegung, so die Hypothese, tendiert zu Organisation mit starken bürokratischen Elementen, kulturorientierte Bewegung zu assoziativer Organisation. Gerade in diesem Bereich gibt es Beispiele für inkongruente Konstellationen (machtorientierte Bewegung mit assoziativer Organisation). Zwar ist die Erklärung solcher Inkongruenzen noch nicht befriedigend gelungen. Sie weisen aber hin auf Widersprüchlichkeiten, die die Wirkungsweise der Bewegung nachhaltig beeinflussen.

Das zentralistisch-bürokratische Modell ist sowohl überflüssig als auch dysfunktional für kulturorientierte Bewegungen. Mindestens Elemente dieses Mobilisierungsmodells sind dagegen notwendig zur Stabilisierung und Effizienzerhöhung machtorientierter Bewegungen. Fehlen machtorientierten Bewegungen solche Elemente, sind die Wirkungsmöglichkeiten reduziert: die Machteroberung ist ausgeschlossen, Machtanteile bleiben äußerst labil, punktuelle Intervention, »Störung« etc. sind dagegen immer möglich.

Das bürokratische Modell stößt im Rahmen sozialer Bewegung auf immanente Grenzen. Zum einen führt es zum Verlust der Spontaneität. Organisation wird tendenziell identisch mit Bewegung. In der Krise bedeutet dies ein Auseinanderbrechen von Basisaktivitäten und bürokratischer Organisation. Auch in ruhigeren Zeiten bleibt die Ressource Spontaneität unausgeschöpft. Zum anderen treibt Bürokratie die Institutionalisierung der Bewegung voran. Beides führt tendenziell zum Ende der Bewegung als Bewegung.

Die Analyse der spezifischen Organisationsformen, zwischen denen soziale Bewegung zu wählen hat, zeigt, daß sie in starkem Maße strukturell begrenzt, aber in sich historisch variabel sind. Auch in diesem Zusammenhang gibt es keine Determination durch ein ehernes Gesetz der Bürokratie. Neben Parteien und Verbänden als besonders bürokratieanfälligen Organisationsformen gibt es Vereine und Bürgerinitiativen. Aber auch für Parteien und Verbände existieren starke Variationen hinsichtlich des Bürokratisierungsgrades.

Mobilisierungstyp und spezifische Organisationsformen der Bewegungen wurden in ihrer multifaktoriellen Determinierung herausgearbeitet. Es bleiben aber Momente der Wahlfreiheit hinsichtlich der Mobilisierungs-

bzw. Organisationsformen. Damit ist auch die Möglichkeit des Irrtums gegeben, die Wahl von Mitteln, mit denen die Ziele verfehlt werden.

In der Gesamttendenz führt die Analyse dieses Kapitels zur Bekräftigung traditionell betonter Elemente als Voraussetzungen erfolgreicher Mobilisierung machtorientierter Bewegung: sozialstrukturell definierte Großgruppe(n) als Basis; auch materielle Anreize für Rekrutierung; die Bedeutung von Führern (funktionale Arbeitsteilung) und Gruppenkonflikten (ideologische Arbeitsteilung); ein gewisser Grad an zentralistisch-bürokratischer Organisation etc. Auch die neuen sozialen Bewegungen haben bisher noch nicht den Beweis erbracht, daß auf der machtpolitischen Ebene erfolgreiche Mobilisierung auf solche Voraussetzungen verzichten könnte.

10. Kapitel

Aktion

10.1 Einführung

Aktion ist analytisch von Mobilisierung zu unterscheiden, auch wenn die Grenzen fließend sind. Durch Mobilisierung wird Macht akkumuliert, durch Aktion wird sie zielbezogen eingesetzt. Mobilisierung stellt die Fähigkeit zum Handeln her, Aktion realisiert sie. Mobilisierung ist verbunden mit Tätigkeiten wie dem Aufbau von Organisationen oder internen Organisationsaktivitäten (z. B. Abhalten von Versammlungen, Beitrags- und Spendenerhebung etc., Mitgliederwerbung, Schulung etc.). Aktionen sind – von der Bewegung her gesehen – nach außen, auf die Beeinflussung von gesellschaftlichen und politischen Machtträgern gerichtete Aktivitäten.

In vielen Darstellungen von sozialen Bewegungen geht die Aktion im Konzept der Mobilisierung auf oder wird jedenfalls nicht als eigenständiges Element von sozialer Bewegung analysiert. So wird der analytische Nutzen einer Trennung von Binnen- und Außenaspekten sozialer Bewegung vernachlässigt und der Strategiefrage ein Teil ihrer Komplexität genommen.

Wie der analytische Bezugsrahmen zeigt (vgl. Kap. 6), sind zwei Grundrichtungen der Aktion möglich. Die Selbsthilfe-Strategie richtet sich auf die Veränderung von Lebenspraxis, wie sie ohne Eingriff politischer Instanzen als möglich erscheint. Die Strategie politischer Intervention hält staatliche Entscheidungen für die Veränderung gesellschaftlicher Praxis als unerläßlich und richtet ihre Aktivitäten deshalb auf die Beeinflussung des politischen Vermittlungs- und Kontrollsystems. Kulturorientierte Bewegungen bevorzugen die gesellschaftliche, machtorientierte Bewegungen die politische Strategie, ohne sich darauf reduzieren zu lassen.

Aktionen gehören zum gut sichtbaren Teil sozialer Bewegungen. In der Öffentlichkeit wird die Identität der Bewegung nicht selten mehr über die spezifischen Aktionsformen (vor allem die spektakulären wie Besetzung oder Gewaltanwendung) erfaßt als z. B. über die Ziele einer Bewegung (Wilson 1973: 226 f.).

Die kulturorientierte Bewegung verfolgt idealtypisch eine Strategie der Selbsthilfe. Sie führt an Vermittlungs- und Kontrollinstanzen vorbei und versucht direkt Ursachen der Unzufriedenheit zu beseitigen. Das Aktivitätenprofil sieht deshalb auch anders aus. Einerseits die alternative gesellschaftliche Praxis, die z. B. in der Gründung einer Kommune oder in der Praxis der Selbsterfahrung in einer Gruppe der Frauenbewegung bestehen kann. Andererseits die Propagierung der alternativen Praxis, die die zum Handeln aufgerufenen Individuen, nicht den Staat zum Adressaten hat. Die Auseinandersetzung mit staatlichen Kontrollinstanzen bleibt kulturorientierten Bewegungen nicht völlig erspart, sie sind aber – da sie nicht primär deren Politik ändern wollen – nicht ihr zentrales Thema. Die Aktivitätsformen haben deshalb einen anderen Zuschnitt.

Die saubere Trennung zwischen Mobilisierung und Aktion ist empirisch nur schwer möglich. Demonstrationen sollen nicht nur die Machthaber vom Gewicht der Opposition überzeugen, sondern auch neue Mitglieder rekrutieren. Versammlungen sollen nicht nur die Bindung der Mitglieder an die Bewegung festigen oder Ziele klären, sondern auch den Machthabern die Präsenz der Bewegung vor Augen führen. Die meisten Mobilisierungsmaßnahmen haben auch einen Außenaspekt, die meisten Aktionen auch einen Binnenaspekt. Dennoch sind sie von ihrer Hauptfunktion her zuzuordnen.

Was beeinflußt die Wahl von Aktionsformen durch eine soziale Bewegung? Handelt es sich überhaupt um eine »freie Wahl«? Ins Auge springen historische und kulturelle Variationen und Regelmäßigkeiten. So ist die Demonstration eine erst seit dem 19. Jahrhundert eingebürgerte Aktionsform, der Streik an das Industriezeitalter gebunden, sind die »In-Aktivitäten« erst zwanzig Jahre bekannt. Es gibt Aktionsmuster, die in historisch-kulturellen Phasen Selbstverständlichkeiten darstellen. Es gibt auch in globalen Entwicklungsphasen Unterschiede zwischen verschiedenen Kulturen. So waren bzw. sind syndikalistische Aktionsformen in romanischen, Aktionsformen des zivilen Ungehorsams in angelsächsischen Ländern zu Hause.

Offensichtlich gibt es Innovationen sowohl wie Imitationen. Neue Aktionsformen werden »erfunden«, weil sie in einer bestimmten Situation erfolgreiches Handeln versprechen. Erweist sich eine gewisse Zweckmäßigkeit, so können sie auch dort imitiert werden, wo andere Bedingungskonstellationen vorliegen. Häufiger wird es sich dabei um Adaptionen handeln, durch die eine allgemeine Form auf spezifische Gruppenbedürfnisse zugeschnitten wird. Zeigen dominante Aktionsformen Defizite, können sie weiterentwickelt werden.

Wie bestimmte organisatorische Erfindungen bei allem internen Typenwandel in ihrer allgemeinen Form von durchaus langfristiger Dauer sind (z. B. Partei, Interessenverband), so auch zugeordnete Aktionsformen, die sich als dauerhaft zweckmäßig erweisen. Da Imitation und Gewohnheit eine Rolle spielen, kann mit dem hier vertretenen Bezugsrahmen nicht die Anwendung jeder konkreten Aktionsform in einer spezifischen Situation erklärt werden (in die zudem eine Fülle situationsspezifischer Faktoren einfließt). Der Bezugsrahmen müßte aber einen Beitrag leisten, um eine neue Aktionsform zu erklären. Zu vermuten ist, daß die in den drei globalen Entwicklungsphasen dominanten Bewegungen auch zur Veränderung des Aktionsrepertoirs beitragen. Das historisch-systematische Interesse wird sich in diesem Kapitel auf die Einführung einflußreicher neuer Aktionsformen und deren Erklärung entsprechend dem Analysemodell richten.

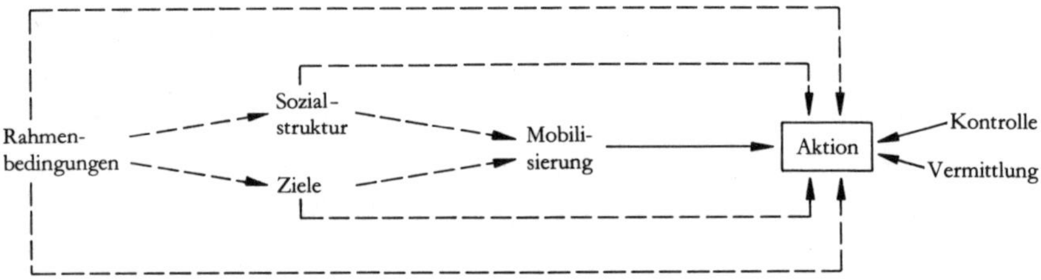

Hinsichtlich der internen Faktoren sozialer Bewegung sind zunächst von der Mobilisierungsstruktur her Auswirkungen auf zentrale Aktionsformen zu erwarten. Vor allem müßten Art und Ausmaß von Organisierung die Form der Aktion beeinflussen. Die Sozialstruktur grenzt durch schicht- bzw. gruppenspezifische Dispositionen die in Frage kommenden Aktionsformen ein. So kann man z. B. in der Fabrik eher etwas mit dem Streik, in der Universität eher etwas mit dem Go-in oder Teach-in anfangen. Bei den Zielen ist z. B. Reichweite bzw. Radikalität der Zielsetzung von Bedeutung. Die Machteroberungsbewegung mag ihr Aktionsrepertoire breit anlegen, um dem beherrschenden Ziel, der Eroberung von Herrschaftspositionen, nahezukommen.

Da die Bewegung durch die Aktion Schritte zur Zieldurchsetzung gegenüber einer feindlichen Umwelt unternimmt, sind die Strukturen und

Handlungsstrategien der Umwelt von großer Bedeutung für das Aktionsprofil. So sehr die Bewegung die »direkte« Auseinandersetzung mit den Kontrollinstanzen suchen mag, um zu einem schnellen Politikwandel zu kommen, so stark muß sie sich im Vorfeld mit den Vermittlungsorganen befassen. Diese haben wesentlichen Einfluß auf die Durchschlagskraft der Bewegung. Die Aktionsformen müssen die Rückwirkungen auf diesen intermediären Bereich berücksichtigen.

Hauptkontrahent bleiben die Kontrollinstanzen. Reform und Repression haben Einfluß auf die Aktionsformen, ebenso die Institutionalisierung von Einflußwegen. Auch die Rahmenbedingungen, ihre Bereitstellung rechtlicher Garantien und kommunikativer Möglichkeiten, müssen bei der Frage nach Erklärungen miteinbezogen werden.

Ch. Tilly (1978, 1981) hat die bewegungsexternen Faktoren bei der Erklärung von Aktionsformen betont. Das erscheint plausibel, da sich Aktionsformen in Auseinandersetzung mit der Umwelt entwickeln müssen, doch sind sie ohne bewegungsinterne Faktoren nicht vollständig zu erklären.

10.2 Politische Aktionsformen

Die Systematisierungsversuche politischer Aktionsformen haben noch zu keinen befriedigenden Ergebnissen geführt. Auch der hier dargelegte Vorschlag wird nicht der letzte Versuch sein. Das Legalitätskriterium (legale vs. illegale Aktion) bleibt von den variierenden Rechtsnormen abhängig und insofern zufällig. Das Legitimitätskriterium (konventionelle vs. unkonventionelle Aktion – vgl. Barnes/Kaase et al. 1979) stellt auf die sich wandelnden Auffassungen über Aktionsformen ab, eben die »Konvention« und die Abweichung davon. Eine Unterscheidung, die z. B. Petition zusammen mit Betriebsbesetzung als unkonventionell einstufen muß und die Meinungsbefragung zur Grundlage einer wissenschaftlichen Klassifikation macht, vermag auch nicht voll zu überzeugen. Das Gewaltkriterium führt im Bereich gewaltloser Aktion zu einer zu breiten und heterogenen Gruppe von Aktionsformen. Die Art der erhobenen Ansprüche als Klassifikationsgrundlage (vgl. Tilly, Ch. 1978: 143 ff.) vernachlässigt die formalen Aspekte der Aktion.

Der Ausgangspunkt der folgenden Klassifikation sind die strategischen Intentionen der Akteure. Wird der Einfluß im Rahmen der charakteristischen Institutionen des parlamentarischen Regierungssystems, d. h. in vermittelter, »intermediärer« Form gesucht oder außerhalb dieses Rahmens, in »direkter« Form. Mit dieser Unterscheidung wird angeknüpft an den ursprünglichen Bedeutungsgehalt des Konzepts »direkte Aktion«, das sich – eine Generation vorher entstanden – zu Beginn des 20. Jahrhunderts in der Arbeiterbewegung ausbreitete (Lorwin 1931). Von direkter Aktion als einer besonderen Form des Handelns kann erst gesprochen werden, wenn intermediäre Instanzen eine gewisse Bedeutung gewonnen haben. Die Stoßrichtung direkter Aktion richtet sich unmittelbar gegen die Kontrollinstanzen, sie geht tendenziell vorbei an den institutionalisierten Kanälen politischer Mitbestimmung.

Direkte Aktion will nicht auf Vermittlungsprozesse angewiesen sein. Sie will nicht gebremst werden durch die abwiegelnden, kompromißlerischen Tendenzen wahlfixierter Parteien und verhandlungsfixierter Gewerkschaften. Im Zentrum direkter Aktion stand in der politischen Sphäre der umfassende politische Massenstreik, der »Generalstreik«. Er sollte erreichen, wozu der Gesetzesbeschluß des Parlaments beim »normalen« Funktionieren des Systems nicht in der Lage war. In dieser engeren Bedeutung von direkter Aktion sollte die staatliche Entscheidung quasi durch das in unmittelbarer Aktion zum Ausdruck gebrachte Votum des Volkes ersetzt oder doch den Kontrollinstanzen eine erhebliche Konzession abgerungen werden. In diesem Sinne der Ersetzung der »indirekten« durch die »direkte« Entscheidung auf nicht-institutionalisiertem Wege (also nicht z. B. durch Volksentscheid) wird der Begriff der direkten Aktion sehr eng, nur auf wenige konkrete Aktionsformen anwendbar. Häufig wird der Begriff aber weiter gefaßt, so entsteht die Notwendigkeit weiterer Differenzierung.

Aktionsformen

intermediäre Aktion	demonstrative bzw. appellative Aktion	direkte bzw. koerzive Aktion ↙ ↘ gewaltsame Aktion — gewaltlose Aktion

Die Hauptunterscheidung bezieht sich auf den Vermittlungsgrad, d. h. auf den Grad, mit dem die Aktion auf institutionalisierte Vermittlung angewiesen ist oder sich direkt gegen die Kontrollinstanzen richtet. Die *intermediäre Aktion* bedient sich der für »normale« Willensbildung vorgesehenen Standard-Institutionen. Dieser Aktionstyp bewegt sich im Rahmen der verfassungsmäßig verankerten Repräsentativstrukturen. Dabei kann die

Bewegung sich an »fremde« Vermittlungsträger wenden, z. B. durch Massenpetitionen oder durch selektive Kandidatenauswahl (falls das Wahlrecht solche »personalisierenden« Möglichkeiten zur Verfügung stellt). Wichtiger sind aber die Versuche, durch unter eigener Kontrolle stehende Vermittlungsorganisationen in den politischen Prozeß zu intervenieren. Dies geschieht über Parteien, Verbände/Gewerkschaften und Massenmedien bzw. deren Beteiligung an den institutionalisierten Formen der Einflußnahme: Wahlkampf, Gremienaktivitäten, »Lobbying«, institutionalisierte Meinungsbildung etc. Auch wo in westlichen Verfassungen direktdemokratische Beteiligungsformen institutionalisiert sind (Referendum etc.), ist deren Funktionieren wesentlich durch die Parteien bestimmt.

Die wichtigsten Massenaktivitäten im Rahmen intermediärer Aktion sind Wahl- und Wahlkampfbeteiligung und Beteiligung an institutionalisierten, primär auf wirtschaftliche Fragen bezogenen Streiks. Sie finden in längeren Zeitabständen statt und sind – je länger, desto mehr – durch Gesetz und Gewohnheit reguliert. Das Handeln von Bürgern und Organisationen bleibt in diesem Kontext den auf Berechenbarkeit gestellten Wettbewerbsbedingungen unterworfen.

Den Gegenpol bildet die *direkte Aktion*. Sie wird hier häufig auch koerzive oder direkt-koerzive Aktion genannt. Diese Aktionsform richtet sich in der Regel direkt gegen Kontrollinstanzen (Staat, Unternehmen etc.). Sie tut das aber nicht in einer »unverbindlichen«, primär meinungsbildenden Form. Vielmehr droht die koerzive Aktion für das Sichwidersetzen gegenüber den Bewegungsforderungen einen relevanten Nachteil an. Ein Nichteingehen auf die mit koerziver Aktion verbundenen Forderungen verursacht den Kontrollinstanzen nennenswerte Kosten. Dies – mehr noch als etwa gewandelte Überzeugungen – soll der Grund für ihr Nachgeben sein. Die Kosten können z. B. bestehen im Entzug von Arbeitskraft, in der gezielten Störung von »Ruhe und Ordnung« bzw. von administrativer Routine, in der moralischen Verantwortung für den Tod von Menschen (z. B. bei einem unbegrenzten Hungerstreik) etc. Ein »Spaziergang«, zu dem man sich im Stadtzentrum in großer Zahl trifft, kann das Geschäftsleben, die »Besichtigung« eines Flughafens den Flugverkehr lahmlegen.

Man kann nicht, wie in früheren Zeiten, jede Form des Streiks dazuzählen. Der normale, auf Verbesserung des Lohnes bzw. der Arbeitsbedingungen gerichtete Streik wird in den meisten westlichen Ländern in hochinstitutionalisierter Form praktiziert. Dies gilt nicht für den politischen Streik.

Der Zwang kann sowohl gewaltlos wie auch gewaltsam sein, häufig sind beide Formen miteinander verflochten. Dem Gewaltbegriff wird weder die ubiquitäre strukturelle Gewalt noch die jeweils von den Herrschenden bestimmte Legalitätsdefinition zugrunde gelegt. Er bezeichnet vielmehr die Zufügung von physischem Schaden. Auch die koerzive Aktion arbeitet mit dem Versuch der Überzeugung – aber sie verläßt sich nicht allein auf sie. Die auf Zwang beruhende koerzive Aktion kann mit der Strategie der Verhandlung verbunden werden, durch die die Machthaber versuchen, mit den Opponenten zu einem Kompromiß zu kommen, oder auch nur abwiegeln wollen.

Die Formen direkter Aktion sind vielfältig, dazu gehören z. B. politischer Streik, Boykott, Sabotage, »Hungerstreik« bzw. Fasten, lokale Besetzung, die aus der amerikanischen Bürgerrechts- und der Studentenbewegung bekannten vielfältigen »In-Aktivitäten« (Sit-in, Go-in, Sleep-in etc.), Terror oder die komplexen Formen gewaltsamen bzw. gewaltfreien Aufstands.

Zwischen der intermediären und der direkten bzw. koerziven Aktionsform gibt es einen dritten Aktionstyp, der in wesentlichen Merkmalen eine Zwischenposition einnimmt. *Appellative bzw. demostrative Aktion* meint eine »von außen« kommende Beeinflussung von Vermittlungs- und Kontrollinstanzen, die auch von Organisationen getragen sein kann und in erster Linie auf das Mittel der Überzeugung setzt (durch Argumente und/oder durch symbolische Aktion). Gerade weil sie keinen spezifischen Adressaten hat und über kein wirkliches Druckmittel verfügt, ist sie auf vermittelnde Tätigkeiten intermediärer Instanzen angewiesen. Obwohl sie Protest bzw. Forderungen in häufig demonstrativer Form artikuliert, überläßt sie die Konsequenzen in sehr hohem Maße dem Verarbeitungsprozeß politischer Instanzen – der mit den Anstößen dann eben im sprichwörtlichen Sinne macht, was er will. Beispiele für appellative Aktionen sind Demonstration, Protestkundgebung, Mahnwache.

Appellative bzw. demonstrative Aktion enthält keine Elemente von Zwang, das heißt von Schadensandrohung. Eine »normale« Demonstration gehört dazu. Eine Demonstration, die nicht genehmigt oder nicht angemeldet ist, stellt dagegen die Machthaber vor die Entscheidung, sie notfalls mit Gewalt aufzulösen oder aber als staatliche Autorität nicht-legales Verhalten hinzunehmen – beides kann den staatlichen Gegner der Bewegung schwächen. Ebenso z. B. eine Demonstration, die mit einem Ultimatum verbunden wird. Der wichtigste Unterschied besteht also darin, ob Elemente von Zwang mit ins Spiel gebracht werden oder ob eine bloße Meinungsbekundung vorliegt.

Die demonstrative Aktion steht hinsichtlich des Vermittlungsgrades, d. h. der Angewiesenheit auf vermittelnde Prozesse, zwischen der intermediären und der koerziven Aktion. Ihr Druckpotential gegenüber den Kontrollinstanzen ist so gering, daß diese in der Regel nicht unmittelbar ihre Politik ändern, sondern die Meinungskundgebungen des Protests – soweit sie überhaupt Beachtung finden – zunächst den Vermittlungsinstitutionen (von denen sie selbst ja im demokratischen System abhängig sind) zur Bearbeitung überlassen. Auch der Institutionalisierungsgrad zeigt eine mittlere Ausprägung, insofern Demonstrationsrechte zwar institutionalisiert sind, aber der Ausgestaltung einen weiten Spielraum lassen.

Einige Anmerkungen zu diesem Klassifikationsvorschlag sind notwendig. Zunächst: das System ist dem Wandel unterworfen. Ursprünglich direkte Aktionsformen können durch Institutionalisierung und weitgehende Mediatisierung ein rechtlich geregeltes, weitgehend berechenbares Instrument in der Hand von Vermittlungsträgern werden. Das gilt z. B. für den Streik, wenn er von Gewerkschaften gesteuert wird.

Die Aktionsformen sind – weil von strategischen Intentionen der Akteure her bestimmt – kontextabhängig. Die sozusagen neutrale Aktionsform Kundgebung wird als Wahlkampfkundgebung intermediäre Aktion, als Protestkundgebung appellative Aktion und als Kundgebung, auf der ein Ultimatum verkündet wird, eine koerzive Aktion. Auch die direkte, koerzive Aktion ist für ihr Gelingen sehr häufig auf Organisation angewiesen. Organisation wird in dieser Sicht also nicht von selbst zur intermediaren Instanz, sondern nur durch die spezifische Funktion, die sie im gestuften System der Willensbildung und Entscheidung wahrnimmt.

Die Wirkung der direkten Aktion ist häufig höchst indirekt. Die Aussichten auf ein direktes Nachgeben der Kontrollinstanzen sind oft nur gering. Viele koerzive Aktionen sind deshalb faktisch darauf angelegt, den Meinungs- und Willensbildungsprozeß durch eine intensivierte Artikulationsform zu beeinflussen. Das kann zur Ursache von Konflikten werden: während die einen glauben, durch die Blockade einer Kaserne die Stationierung von Waffen verhindern zu können, sehen die anderen dies von vornherein als symbolische Aktion, die die Unterstützung für die Forderungen verbreitern soll. Die administrativ oder parlamentarisch getroffene Entscheidung kann in der Regel nicht durch eine »Politik der Tat« ersetzt werden.

Die Schadensandrohung erreicht selten eine für die Kontrollinstanzen bedrohliche Dimension. Die auf Zwang beruhende koerzive Aktion trägt aber im Vergleich zur appellativen Aktion das größere Potential in sich, die Machthaber zum Einlenken zu bewegen.

Soziale Bewegungen, deren Entstehung ja nicht zuletzt durch eine

Verstopfung der institutionalisierten Willensbildung zu erklären ist, sind immer auch auf basisnähere, offenere Aktionsformen angewiesen. Wie sie die unterschiedlichen Aktionstypen kombinieren, macht durchaus einen Teil ihrer widersprüchlichen Erscheinungsform aus. So ist es z. B. unmöglich, auf Dauer mit gleicher Intensität die intermediäre und die koerzive Aktionsform miteinander zu verbinden.

Ebenso wie es falsch ist, eine Gleichung zwischen Bewegung und Utopie aufzustellen, ist es vorschnell, soziale Bewegung stets in einem engen Zusammenhang mit Gewalt zu sehen. Es gibt keine Bewegung, die sich nur auf Gewaltpolitik verließe. Mehr noch: viele Bewegungen der deutschen Geschichte in den vergangenen 200 Jahren waren ganz oder ganz überwiegend gewaltlos, die liberale und nationale Bewegung ebenso wie die größten Teile der demokratischen Bewegung, die sozialdemokratische Arbeiterbewegung, Frauen- und Friedensbewegung, die kulturorientierten Bewegungen etc. Dennoch sind Bewegungen nicht selten Brennpunkte der Gewaltanwendung in der neueren Geschichte. Warum?

Soziale Bewegungen, die als machtorientierte immer eine Konkurrenz für die etablierten Machtträger darstellen, sind *Objekt* gezielter Gewalt. Ob in demokratischen, halb- oder undemokratischen Staaten, die Neigung des Staatsapparats zur Unterdrückung von Machtkonkurrenten ist stark. Nach 1918 werden Bewegungen auch das Objekt gewaltsamer Unterdrückung durch andere, gewalttätige Sozialbewegungen.

Einige Bewegungen sind auch *Subjekt* im Sinne einer Trägerschaft strategischer Gewalt. Sie erhoffen sich durch Gewaltanwendung eine Abkürzung langwieriger Veränderungsprozesse. Bewaffneter Aufstand, Putsch, Terror sind Mittel solcher strategisch gewollten Gewalt.

Gewalt erwächst aber auch – weniger oder garnicht geplant – aus der Konfrontation zwischen Bewegung und Kontrollinstanz. Diese Konfrontationsgewalt entsteht gewissermaßen an den Reibungsflächen von Bewegung und Kontrollinstanz, ohne daß beide systematisch ein »Gewaltprogramm« verfolgen. Zum einen ist dabei an die Interaktionsgelegenheiten zwischen Kontrollinstanz und Bewegung zu denken. Wenn der Staat z. B. – aus welchen Gründen auch immer – ein Riesenaufgebot an Polizei der Demonstration einer Bewegung gegenüberstellt oder Polizisten barsch mit Demonstranten umgehen, werden dadurch Gegenreaktionen provoziert, die in Gewalt umschlagen können. Ebenso können natürlich verbale Provokationen von Demonstranten ausgehen. Zum anderen gibt es Formen expressiver Gewalt, die emotionalen Bedürfnissen (Haß, Wut etc.), nicht strategischen Intentionen folgen. Auch sie sind stark von Situationen und Stimmungen abhängig. Sie aktualisieren sich häufig, wo es zu unmittelbarer Konfrontation von Bewegungs- und Kontrollkräften kommt.

Einer der wichtigsten Gründe für das Entstehen von Gewalt im Zusammenhang mit sozialer Bewegung ist das gelegentliche oder häufige Operieren in einem Bereich zweideutiger Legalität. Worin besteht diese zweideutige Legalität? Sie bedeutet anderes im Repressivsystem als im demokratischen Rechtsstaat. Im Repressivsystem ist es notwendig, Verbote zu übertreten, um überhaupt als Bewegung aktiv zu werden. Im Prinzip ist alles verboten: die politische Versammlung, die Demonstration, ja selbst schon Massenpetitionen (wie z. B. im Vormärz). »Zweideutigkeit« heißt hier die Inanspruchnahme der Grundrechts-Legalität des Verfassungsstaates gegen den Unrechtsstaat. Das Hambacher Fest z. B. war eine Aktion mit zweideutiger Legalität: im Gewande des – erlaubten – Volksfestes wurde eine – verbotene – politische Kundgebung durchgeführt.

Auch im demokratischen Verfassungsstaat gibt es Aktionen zweideutiger Legalität (und Legitimität). Drei Formen sind zu unterscheiden. Zum einen können sich Gruppen auf politische Grundrechte gegen repressive Einzelmaßnahmen der Exekutive bzw. von Gerichten berufen oder gegen gesetzliche Grundlagen selbst, soweit diese beispielsweise das Demonstrations- und Versammlungsrecht übermäßig einschränken. Die bewußte Verletzung der Legalität kann sich richten z. B. gegen ein Demonstrationsverbot wegen angeblicher Gefährdung der öffentlichen Sicherheit, gegen willkürliche Beschneidungen des genehmigten Demonstrationsweges, gegen das Verwehren öffentlicher Räume, gegen die Fortsetzung einer Demonstration nach deren offizieller Auflösung etc.

Zweitens ist ziviler Ungehorsam eine Form zweideutiger Legalität im Rechtsstaat. Dabei werden bestehende Gesetze (Straßenverkehrsordnung, Eigentumsrechte etc.) bewußt verletzt im Interesse übergeordneter Werte bzw. Grundrechte. Beispiel ist ein Sitzstreik vor einer Kaserne oder einem im Bau befindlichen Atomkraftwerk. Streikposten gegen Arbeitswillige bei einem Streik sind eine ältere Anwendung des Konzepts zivilen Ungehorsams.

Drittens kann es das Ziel illegaler Aktionen sein, die demokratische Legalität gegen einen undemokratischen Umsturz zu retten. Der Generalstreik gegen den Kapp-Putsch ist ein Beispiel für eine solche Aktion, die im Interesse der Demokratie Gesetze verletzt.

Viele gewaltsam eskalierende Konflikte entstehen aus Bewegungsaktionen im Bereich zweideutiger Legalität. Sei es, daß Teile der Bewegung die

Gelegenheit benutzen, die Radikalisierung der Mittel weiterzutreiben bis zur Gewaltanwendung. Sei es, daß die Kontrollinstanzen gewaltsam eingreifen, wozu die Verletzung formaler Legalität manchmal den Grund, nicht selten aber auch den Vorwand liefert, da die Zweideutigkeit ja auch den Aktionsspielraum der Kontrollinstanzen erweitert.

Gewaltanwendung im Zusammenhang mit sozialer Bewegung kann auf instrumentelle oder expressive Motive zurückgeführt werden. In der Regel kann man davon ausgehen, daß Bewegungen und Kontrollinstanzen Gewalt aufgrund von Nutzenkalkülen anwenden. Diese Nutzenüberlegungen können auf der Makroebene der Gesamtstrategie einer Bewegung oder der Mikroebene z. B. einer Demonstration ansetzen. Das Ergebnis der Berechnung muß natürlich nicht in dem Sinne rational sein, daß es »stimmt«. Daneben ist aber auch die Möglichkeit einzuräumen, daß Gewalt aufgrund expressiver Bedürfnisse eingesetzt wird, um die Ablehnung des Systems, den Haß auf die Polizisten etc. zu symbolisieren.

In einer vordemokratischen Ordnung kann Gewalt funktionales Äquivalent für politsche Partizipation sein, mit einer Signalfunktion für die Grenzen der Zumutbarkeit bei den Untertanen. Schwieriger sind die Legitimationsprobleme von Gewalt im demokratischen Rechtsstaat. Daß die institutionalisierten Kanäle der Beteiligung immer und in jedem Fall ausreichen, muß nicht unterstellt werden: auch Demokratie ist ja bekanntlich nur die *relativ* beste Herrschaftsordnung und sie kann Deformationen aufweisen.

Meist tritt die Bewegung gegenüber staatlichen Organen nicht direkt mit gewaltsamen Mitteln auf, sondern fordert sie durch partiell illegale Aktionen oder durch ein Operieren im Zwischenbereich zweideutiger Legalität heraus. Hier hängt der Einsatz von Gewalt vor allem davon ab, wie die Kontrollinstanzen die Kosten zwischen Legitimitäts- und Kontrollverlusten kalkulieren. Die Unsicherheit für Bewegungen resultiert auch aus einem möglicherweise unregelmäßigen bzw. inkonsistenten Vorgehen der Kontrollinstanzen bei Anwendung des Opportunitäts- bzw. Verhältnismäßigkeitsprinzips.

Zu diesen einführenden Bemerkungen zur Gewalt sozialer Bewegungen ist zunächst festzuhalten, daß

- Gewalt nicht auf Psychopathologien zurückzuführen ist und nicht einfach eine Funktion der Intensität eines Konflikts darstellt, sondern meist als instrumentelle Erwägung zweckrational orientierter Akteure, d. h. taktische oder strategische Entscheidung in Machtkämpfen zu verstehen ist,

- Gewalt – wie die Bewegungsforschung immer wieder festgestellt hat – sehr häufig von Kontrollinstanzen ausgeht, wobei die Gewalt von oben sich mehr gegen Personen, die Gewalt von unten sich mehr gegen Objekte richtet (Tilly, Ch. 1978: 177),
- der Übergang von gewaltlosen zu gewaltsamen Aktionsmitteln oft fließend ist, vor allem, wenn die Bewegungsaktion im Bereich partieller Illegalität oder zweideutiger Legalität stattfindet,
- Gewalt in einem Prozeß wechselseitiger Wahrnehmung und Interaktion zwischen Kontrollinstanzen und sozialer Bewegung entsteht, wobei in die Antwort des Staatsapparats – über den Legalitätsaspekt hinaus – vor allem auch Berechnungen über die durch Bewegungs- und Kontrollaktivitäten zu erwartenden Kosten eingehen.

10.3 Strukturwandel der Aktion

10.3.1 Vorindustriell-modernisierende Phase[28]

Die erste Hälfte des 19. Jahrhunderts, die den größten Teil der vorindustriell-modernisierenden Entwicklungsperiode ausfüllt, ist auch hinsichtlich der Aktionsformen eine Phase des Übergangs. Noch halten, ja verstärken sich vorindustrielle, d. h. direktere und gewaltsamere Aktionsformen, aber sie werden bereits überlagert von mehr auf Vermittlungsprozesse zielenden neuen Aktionsformen, so daß insgesamt von einer Modernisierung der Aktion gesprochen werden kann.

Die vorindustriellen Aktionen verstärken sich in Reaktion auf gesamtgesellschaftliche Modernisierungsprozesse, auf die Ausbreitung von kapitalistischem Markt, industrieller Fertigung und bürokratischem Staat. Der vorindustrielle Protest unterscheidet sich in Inhalt und Form vom späteren Sozialprotest. Er ist kommunal verankert, reaktiv und »vordergründig« insofern, als er sich naheliegende Protestobjekte sucht, auch wenn die Ursachen der Unzufriedenheit allgemeiner und fernerliegend sind.

Protestiert wird gegen die Verteuerung des Brot- bzw. Getreidepreises, gegen die Einziehung zum Militär, Steuererhöhung, Lebensmittelknappheit, Übergriffe lokaler Behörden, gegen die Einführung von Maschinen, soweit sie traditionellere Formen der Arbeit in ihren Existenzgrundlagen bedrohen

(Maschinenstürmerei) etc. Das Muster der Aktion ist spontan; sporadisch; formell unorganisiert; direkt und häufig gewaltsam; kurzfristig; lokalistisch. »Auflauf«, »Tumult«, »Aufruhr« sind Namen für solche »Zusammenrottungen« in der Sprache jener Zeit. Dazu kommt die Verweigerung bestimmter Leistungen wie Arbeit, Steuerzahlungen etc.

Die Sozialprotest-Forschung der vergangenen Jahre hat erheblich zur Erhellung von Motiven, Formen und Funktionen dieses Konflikt- und Aktionstyps beigetragen. Für die Analyse sozialer Bewegungen bleiben diese imponierenden Erkundungen im lokalen Mikrobereich aber nur begrenzt verwendbar, da ein Bezug der Aktionen zu sozialer Bewegung explizit meist nicht hergestellt wird. Dies einerseits, weil die zur Verfügung stehenden Quellen solche Rekonstruktionen in der Regel nicht erlauben, andererseits aber, weil ein expliziter Bezug zum Handeln von Bewegungskollektiven offensichtlich häufig nicht bestand. Solange sich die Forschung auf gewaltsame Aktionen beschränkte (z. B. Tilly, R. 1980 a), kamen dabei schichtspezifische, nämlich für Unterschichten charakteristische Aktionsformen vorzugsweise ins Blickfeld, so daß gerade die für die frühbürgerlichen Bewegungen kennzeichnenden, »Mittelschicht«-bezogenen und moderneren Aktionsformen ausgeblendet wurden (Husung 1983 bezog erstmals die Massenpetitionen mit ein).

Der vorindustrielle Protest hat nun einerseits seine eigene Geschichte, die Geschichte des Widerstands gegen die Modernisierung von Wirtschaft und Staat. Von Ort zu Ort, mit wechselnden Anlässen, Einzelthemen und Protestobjekten, bleibt er zersplittert und wächst nicht zu einer eigenen Bewegung zusammen. Dennoch ist er andererseits auch mit der Geschichte sozialer Bewegung verbunden. In den unruhigen Jahren nach 1830 und vor allem dann nach 1848 wird er als *sozialer* Protest Treibsatz für die primär politische Ziele verfolgende bürgerliche Bewegung. Gleichzeitig wird er aber auch Bestandteil der *politischen* Kämpfe. Die direkte, koerzive Aktion wird in die überregional politisierten Konflikte miteinbezogen: Sturm auf Rathaus oder Zeughaus, Straßenkampf, Barrikadenbau (ein Charakteristikum übrigens der Revolutionen in der ersten Hälfte des 19. Jahrhunderts, nicht vorher und kaum nachher) bis hin zum bewaffneten Aufstand.

Diese in einem moderneren Sinne »politisierten« direkten Aktionen waren für die 48er Revolution von großer Bedeutung, weil ohne sie die Anfangserfolge nicht erzielt worden wären, gleichzeitig das etablierte Bürgertum gegen diese »Straßendemokratie« (Valentin) aber einen Schutzwall aufrichtete, der dazu beitrug, ihre eigene Niederlage wie die der Volksbewegung zu besiegeln.

Diese von »unter- und randbürgerlichen« Schichten getragenen direkten Aktionen sind autonom und z. T. auch von eigenen, stärker sozialen als politischen Motiven getragen. Sie folgen nicht den Aufrufen demokratischer Vereine. Dennoch haben sie am meisten Affinität zur demokratischen Bewegung. Einerseits aus inhaltlichen Gründen (die eher egalitäre Orientierung der Demokraten), andererseits aus Gründen einer erheblich stärkeren Tolerierung solcher Aktionsformen, die bei einer kleineren Gruppe von Demokraten (z. B. Hecker und Struve in Baden) in aktive Unterstützung bzw. Koordinierung revolutionärer Aktivitäten übergeht. So überlagern sich gerade bei der demokratischen Bewegung »politisierte« vorindustrielle Aktionsformen mit moderneren Varianten kollektiven Protests, ist damit aber auch eine Spaltungslinie über Aktionsformen angelegt, die z. T. durch die demokratische Bewegung hindurch geht (gemäßigte vs. radikale Linke), vor allem aber die demokratische in Gegensatz zur liberalen Bewegung bringt. Ein Höhepunkt in der Anwendung vorindustrieller Aktionsformen wird 1848/49 überschritten. Gewalt und direkte Aktion verschwinden nicht, sie erscheinen in Zukunft aber in einem anderen Kontext, in dem meist dauerhafte Organisationen eine wichtige Rolle spielen.

Das Bürgertum hat neue Aktionsformen schon ausgebildet, als die repressiven Umweltbedingungen eher noch die spontanen, direkten vorindustriellen Aktionsformen als rational zu prämieren schienen (vgl. Husung 1983: 255 ff.) – ein Hinweis darauf, daß die Aktionsformen nicht nur von den politischen Umweltbedingungen bzw. von der Art staatlicher Kontrolle abhängig sind. Denn verboten war nicht nur jede politische Organisation, sondern auch jede explizit politische Aktion: die Versammlung, Demonstration, Massenpetition etc. Wie schon im Zusammenhang mit der Mobilisierung angesprochen, entstanden Organisationsansätze der sozialen Bewegung vor allem in den Lockerungsphasen staatlicher Kontrolle (nach 1813, 1830, 1848). Die neuen Aktionsformen sind enger mit diesen allerdings locker strukturierten Organisationen verbunden.

Die bürgerlichen Bewegungen bemühen sich selbst um den Aufbau einer intermediären Sphäre der Vermittlung von Staat und Gesellschaft, um eine institutionelle Öffnung des Staates nach unten. So erscheinen *intermediäre* Aktionsformen neu auf der politischen Bühne. Die Aktivitäten politischer Vereine bestehen u. a. darin, Resolutionen zu fassen und zu verbreiten, Massenpetitionen und Unterschriftensammlungen zu initiieren, Regierung und Monarchen mit Forderungen zu konfrontieren etc. Vieles von dem – es wurde schon gesagt – mit einer starken Mobilisierungskomponente, aber eben auch davon unterscheidbaren Aktionsteilen. Bringt man einen Bürger dazu, seinen Namen unter eine Petition an den König zu setzen, so erhöht man die Verbindlichkeit seines Engagements in der bürgerlichen Bewegung (Mobilisierungsaspekt), zugleich hilft dies aber, den öffentlichen Druck auf den Monarchen zu verstärken, z. B. ein Verbot aufzuheben (Aktionsaspekt).

Auch die Presseaktivitäten im weitesten Sinne (Verbreitung von Zeitungen, Flugblättern, Flugschriften etc.) sind – soweit sie Forderungen der Bewegung nach außen wenden – zu den intermediären Aktionsformen zu zählen. Ebenso die Aktivitäten von Abgeordneten, deren Reden, Verhandlungen, Abstimmungen über Mobilisierung hinaus Aktionselemente umfassen. Wahlen spielen in diesem Zeitraum in Deutschland für soziale Bewegungen noch keine nennenswerte Rolle. Die 48er Wahl mit einem inklusiven Wahlrecht hatte stark personalistische Züge, die sonstigen Wahlen vorher und nachher waren durch die starken Wahlrechtsbeschränkungen für soziale Bewegungen von eher untergeordneter Bedeutung.

Neben solchen intermediären Formen sind neu auch die *demonstrativen* Aktionsformen, mit denen die bürgerlichen Bewegungen sich über eine entstehende Öffentlichkeit an die Kontrollinstanzen wenden können (wobei natürlich auch hier der Doppelaspekt von Mobilisierung und Aktion gegeben ist).

Die öffentliche Versammlung kann als Oberbegriff dieser Aktionsformen dienen. Als eher spontane *Demonstration* ist sie eine Vorform der späteren geregelten, von dauerhaften Organisationen geplanten und getragenen, mehr und mehr ritualisierten Umzüge. Charakteristisch ist vor allem das Fehlen eines festen organisatorischen Trägers, d. h. die Initiative einer spontanen Menschenmenge oder mehr oder weniger untereinander verbundener Einzelpersonen. In Erscheinung treten dabei – wie bei koerziven, direkten Aktionen – auch »spezifische Trägergruppen und koordiniertes Handeln auf der Basis formeller Organisation (Zünfte, Berufsgruppen, Fabrikbelegschaften, Bürgerwehren, Militäreinheiten usw.), deren vorgegebene Strukturen 'parasitär' für Protestzwecke genutzt werden« (Volkmann 1977: 171).

Die Sichtbarmachung des Volkswillens vor einem Schloß, die Begleitung einer Deputation, die Forderungen einer Volksversammlung überbringt, der Umzug, der Forderungen bekannt und die Protestgruppe sichtbar macht – es überwiegt noch der spontane Charakter der Demonstration, die aus der Situation entsteht, auf sie bezogen ist und dem politischen Willen einen raschen, unmittelbaren Ausdruck verleiht. Begünstigt wird diese Aktionsform nicht nur durch den niedrigen Entwicklungsgrad der politischen Organisation, sondern auch durch die revolutionäre Situation von 1848/49, die das Verhalten der Menschen verändert, bei denen Nipperdey (1983: 601) der »eigentümliche Drang« auffiel, »immer auf der Straße zu sein.«

Die *Kundgebung* hat meist einen organisierten Veranstaltungsträger und ein fester umrissenes Programm (Redner, Themen etc.). Die erste öffentliche Kundgebung in Deutschland war das Wartburgfest von 1817 (Veranstalter: die Burschenschaften), das Hambacher Fest von 1832 war die erste Massenkundgebung in Deutschland (Veranstalter: Preß- und Vaterlandsverein). Im Vormärz – davon war bereits die Rede – mußten die politischen Mobilisierungs- und Aktionsabsichten kaschiert werden, deshalb die Nähe von Festen und »Politik«. Diese frühen Kundgebungen sind noch mehr dem Mobilisierungs-, denn dem Aktionsaspekt zuzuordnen, da wenig konkrete Aktionsforderungen aufgestellt wurden. Ganz deutlich ist dies bei Festessen, z. B. aus Anlaß heimkehrender Abgeordneter, wo mit politischen Trinksprüchen und Adressen die Mobilisierung im Vordergrund stand.

Schließlich die *Volksversammlung*, die im Unterschied zur Kundgebung eine offenere Struktur hat und mehr potentielle Einflußmöglichkeiten auch für Nichtorganisierte bietet. Zum Teil als Mittel direkter Demokratie verstanden, ist ihre »Offenheit« aber oft auch trügerisch, ist sie tatsächlich in der Hand informeller Führer, die z. B. die verabschiedete Resolution vorbereitet haben.

Allen drei Aktionsformen – Demonstration, Kundgebung, Volksversammlung – ist gemeinsam, daß durch sie Forderungen mit friedlichen Mitteln öffentlich vertreten werden. In ihrer Form überschneiden sie sich zum Teil, so daß die Abgrenzungen nicht überbetont werden sollen. Ihre insgesamt lockere, eher von Personen bestimmte Struktur ist auf das Fehlen oder den assoziativen Charakter der in dieser Entwicklungsphase charakteristischen Vereinigungen zurückzuführen.

Das Aktionsrepertoire der Bürger verbreitert sich in der vorindustriell-modernisierenden Phase. Neben die spontanen, situationsbestimmten, gewaltsamen Aktionsformen tritt ein neuer Aktionstyp, der eher auf intermediäre und demonstrative Formen setzt. Vor allem 1848/49, wo die Aktions- ebenso wie die Mobilisierungsformen relativ frei gewählt werden können, überlagern sich die vorindustriellen und die moderneren Aktionsformen. Bei mancher Überschneidung scheint dabei vorherrschend gewesen zu sein ein Muster der Spezialisierung bestimmter Gruppen auf bestimmte Aktionsformen. Das würde bedeuten, daß nicht so sehr das Aktionsrepertoire des einzelnen Bürgers, sondern der Gesamtheit der Bürger sich erweitert hat.

Wo liegen Ursachen für die Verschiebung zu den stärker vermittelnden Aktionsformen? Bei dieser Frage kann es im Zusammenhang dieser Arbeit nur um einen ersten Plausibilitätstest in Bezug auf die systematisch relevanten Erklärungsfaktoren gehen.

1. *Ziele.* Ch. Tilly (1978: 143 ff.) betont einen säkularen Zielwandel, den er um 1850 herum ansetzt. Davor dominierte der Typ reaktiver Aktion, mit dem bedrohte Rechte verteidigt werden, danach setzt sich der Typ proaktiver Aktion durch, mit dem Ansprüche vertreten werden, die zuvor nicht aufgestellt wurden.

»(1) Während der Periode von 1600 bis 1850, mehr als früher oder später, erhoben die Agenten der internationalen Märkte und der Nationalstaaten ihre neuen . . . Ansprüche auf Ressourcen, die bis dahin unter der Kontrolle unzähliger Haushalte, Gemeinschaften, Bruderschaften und anderer Organisationen kleinen Umfangs waren. Diese kleinen Organisationen reagierten beständig darauf. Sie kämpften gegen das Steuersystem, die Erfassung zum Militärdienst, die Neuregelung des ländlichen Bodenbesitzes und viele andere Bedrohungen ihrer organisatorischen Existenz. Am Ende siegten jedoch die neuen, supraregionalen Strukturen, der Kampf ließ nach, die reaktiven Formen verschwanden. (2) Die Ressourcenbestände, notwendig zum Überleben von Gruppen, kamen zunehmend unter die Kontrolle großer supraregionaler Organisationen, besonders des Nationalstaats, der nun jene Bestände unter dem Druck der neuen Ansprüche umverteilte.« (Tilly, Ch. 1978: 148 f., nach der Übersetzung 1977: 158).

Die Abwehr von Interventionen in die traditionale Lebenswelt folgt, so wäre daraus zu schließen, einer anderen Aktionslogik als die Konzipierung, Artikulierung und aktive Legitimierung neuer, auf den Umbau von Staat und Gesellschaft bzw. auf Umverteilung zielender Forderungen. Damit können zwar nicht Variationen innerhalb der sogenannten proaktiven Aktion, aber der Übergang zu diesem Typ erklärt werden.

Auch bei den Gruppen, die neue Forderungen anmelden, zeigen sich erhebliche Unterschiede in – stärker formal gefaßten – Aktionsformen. In Bezug auf die Ziele liegt folgende Hypothese nahe: Je gemäßigter die Ziele, desto gemäßigter die Aktionsformen (intermediär und appellativ). Für diese Aussage ist die liberale Bewegung ein klarer Beleg. Je weitreichender die Ziele (bis hin zum Ziel der Machteroberung), desto komplexer die Aktionsformen. Sie schließen in diesem Falle auch gewaltlose und gewaltsame koerzive Aktionen mit ein, ohne sich freilich allein auf sie verlassen zu können. Die demokratische Bewegung mit ihrem insgesamt breiteren Aktionsrepertoire entspricht dieser Hypothese.

2. *Sozialstruktur.* Schichtspezifische Ausprägungen der Aktionsmuster sind erkennbar. Soziale Unterschichten neigen stärker zu einem direkteren, gewaltsamen Aktionsstil als soziale Mittelschichten. Es sind die Vertreter sozialer Unterschichten, die auf die Straße gehen und auf der Barrikade sterben. In Tumult und Aufruhr sind Gesellen, proletarisierte Kleinmeister, Arbeiter und Tagelöhner verwickelt. Das Bürgertum bedient sich vor allem intermediärer, z. T. demonstrativer Aktionsformen (und der Steuerverweigerung): Vereins- und Presseaktivitäten, Adressen, Petitionen etc. Auch linke Studenten, obwohl stärker in Volksversammlungen und Demonstrationen aktiv, fallen aus dem Grundmuster nicht heraus: »Im Mittelpunkt stand die Aufklärung der Bevölkerung durch Flugblätter, Vorträge, Reden und eigenhändig redigierte Zeitungen. An der bewaffneten Auseinandersetzung nahm nur ein verschwindend geringer Prozentsatz teil, auf den Barrikaden fielen nur insgesamt fünf Studenten: 2 beim Straßenkampf in Berlin, zwei Leipziger im Dresdner und der Heidelberger Schlöffel im badischen Aufstand. Ihr Metier war die Volksaufklärung, das gedruckte Wort.« (Thielbeer 1983: 120)

Wie bei der Mobilisierung können auch zur Erklärung solcher schichtenspezifischen Präferenz von Aktionsformen Gesichtspunkte des Ressourcen- und Sozialisationsansatzes herangezogen werden. Bessere Ressourcenausstattung und stärkere »Rationalisierung« im Sozialisationsprozeß begünstigen die Anwendung anderer als spontan-gewaltsamer Aktionsformen.

3. *Mobilisierung.* Eine Verschiebung zu intermediären und appellativen Aktionsformen erscheint als Korrelat der Ausbildung von Organisation im Mobilisierungsprozeß. Zumal die in den frühbürgerlichen Bewegungen vorherrschende ideelle Mobilisierung verweist in ihrer inneren Struktur stärker auf die argumentationsfreundlichen intermediären und appellativen Formen.

Von geringfügigen Ausnahmen abgesehen (Boldt 1971: 43 f., 50 f.) ist der bürgerliche Verein kein Träger oder Koordinator direkter, koerziver Aktion. Er ist auf »friedliche«, »gesetzliche« Mittel festgelegt und propagiert sie. Das Gesagte gilt auch für die Organisation der Gesellen-Arbeiter in der 48er Revolution, die Arbeiterverbrüderung. Wieweit sich Vereinsmitglieder – unabhängig vom Verein – ebenso wie andere oder eher unterproportional an koerziven Aktionen beteiligt haben, ist wohl nicht mehr zu ermitteln.

4. *Kontrolle.* Repression des Staates ist alles andere als ein eindeutiger Kausalfaktor für die Gewaltform des kollektiven Protests. »Der Staat« war – über alle Unterschiede hinweg – in der ersten Hälfte des 19. Jahrhunderts in Deutschland teils repressiv, teils reformerisch (z. B. in der Reformzeit

oder im März 1848). Wenn er auch Reformaktivitäten zeigt: wie wird das Verhältnis von Repression und Reform eingeschätzt, worauf wird in der Perzeption mehr Wert gelegt? Und welcher Zeitraum gilt: ist seine Reformfähigkeit vergessen, wenn sie schon Jahrzehnte zurückliegt, wird einem kurzfristigen Reformanlauf Vertrauen geschenkt?

Solche Schwierigkeiten verdeutlichen, daß das Verhalten des Staates in der 48er Revolution – um diese Phase entfalteter Aktion herauszugreifen – für die Liberalen ein Grund zur Mäßigung und Kooperation und zugleich für die Demokraten ein Grund für Radikalisierung und Konfrontation war. Unterschiedliche Perzeption ambivalenter Kontrolle ist neben und in Verbindung mit Faktoren wie Ziele und Sozialstruktur eine Erklärungsmöglichkeit für solche Unterschiede.

10.3.2 Industrielle Phase[29]

Wenn auch keine prinzipiell neuen Aktionsformen auftauchen, so verändern sich doch beträchtlich die internen Strukturen verschiedener Aktionsformen und die Kombinationen bzw. Gewichtungen zwischen ihnen. Das Aktionsrepertoire insgesamt wird auch in der industriellen Entwicklungsphase neu bestimmt. Wegen der Länge dieses Zeitraums und der Heterogenität der sie bestimmenden sozialen Bewegungen ist es nicht einfach, übergreifenden Strukturwandel zu charakterisieren. Vier Merkmale treten hervor:

1. Aktionsformen werden *organisationsvermittelt.* Das bedeutet ein Doppeltes. Zum einen, daß Aktionsformen ausgehen von Organisationen und zunehmend von deren Mitgliedern getragen werden. Das fügt dem kollektiven Handel eine besondere Dimension hinzu: die Logik des Organisationshandelns. Konkurrenz, Traditionen, Hierarchie und Arbeitsteilung etc. erhalten dadurch spezifischen Charakter und Gewicht. Spontanes und ad hoc koordiniertes Handeln wird durch Organisationsaktivitäten zurückgedrängt oder ersetzt.

Organisationsvermittelte Aktion hat aber noch eine andere Bedeutung: die Vermittlung kann auch negativ sein. Aktion kann in der industriellen Phase nicht mehr an der Tatsache vorbeigehen, daß intermediäre Positionen durch Organisationen besetzt sind. Verdrängung von Organisation, Umgehung von Organisation, Einflußnahme auf Organisation – alle drei Strategien versuchen auf jeweils andere Art mit dem Faktum der Organisation fertig zu werden. Auch wo Aktion nicht auf Organisation gestützt wird, führt kein Weg zurück zur organisationsarmen vorindustriellen Phase, wo Bürger und ihre Kollektive dem Staat relativ unvermittelt gegenübertraten.

2. Aktionsformen werden zunehmend *strategievermittelt.* Das heißt nicht, daß sie »rationaler« werden, auch nur in dem Sinne, daß sie mehr als zuvor einer Zweck-Mittel-Rationalität entsprächen. Aber die Ansprüche an die Begründung von Aktionsformen als Teil eines strategischen Handelns wachsen. Damit werden sie kalkulierter, in einen längerfristigen Handlungskontext eingebaut. Dies ist Ausdruck bzw. Folge zunehmender Ziel-, Mobilisierungs- und Gesellschaftskomplexität, die ein höheres Niveau der Rechtfertigung und Koordination von Handlungen erforderlich macht. Die Arbeiterbewegung ist die erste soziale Bewegung, die eine umfangreiche und differenzierte Strategiedebatte führt.

3. Aktionsformen werden *bereichsvermittelt.* Mit dem Zerfall einheitlicher Organisationen und fortschreitender Systemdifferenzierung werden Aktionsformen spezialisiert für die verschiedenen gesellschaftlichen Teilbereiche. Angesichts der ökonomischen und politischen Grundthematik dieser Epoche ist es nicht erstaunlich, daß politische und ökonomische Aktionsformen im Vordergrund stehen.

Erstmals entwickeln sich während der industriellen Phase spezifische Bewegungen im soziokulturellen Bereich. Sie sind aber quantitativ und/oder in ihrem jeweiligen Ansatz zu begrenzt, als daß sie aus sich heraus hätten in die politische Sphäre umschlagen können. Direkte politische Einwirkung war für sie marginal, in der Regel auch nicht intendiert. Dementsprechend zeigen sie »Aktionsformen«, die auf Verweigerung und Alternativansätze im lebenspraktischen Bereich (Freizeit, Wohnen, Kleidung etc.) hinausliefen. Die Hoffnung auf eine Verbreitung der soziokulturellen Alternative setzte mehr auf die Praxis selbst als auf eine organisatorisch vermittelte Propaganda.

Auch in der Ökonomie bildete die Arbeiterbewegung bereichsspezifische Aktionsformen heraus. Streik war der konzentrierteste Ausdruck der auch auf anderem Wege eingesetzten Verhandlungsmacht. Die Verweigerung von Arbeit konnte – wie von den deutschen Gewerkschaften – relativ strikt auf Ziele im ökonomischen Bereich beschränkt werden. Wegen der Bedeutung der Arbeit für das Funktionieren des Gesamtsystems konnte dieses Machtpotential aber auch – anders als die begrenzte soziokulturelle Verweigerung – in die politische Sphäre transformiert werden. Als »politischer Streik« wird er uns bei den direkt-koerziven Aktionsformen begegnen. Da Aktion vor allem und letztlich eine Auseinandersetzung mit staatlich-politischen Instanzen darstellt, sollen im folgenden die eher politischen Aktionsformen im Mittelpunkt stehen.

4. Das *Aktionsrepertoire verbreitert sich.* Ältere, direkte, z. T. gewaltsame Aktionsformen halten sich bzw. werden den neuen Rahmen- und Mobilisierungsbedingungen adaptiert. Zusätzlich entfalten sich die intermediären Aktionsformen und erhalten in dieser Entwicklungsphase ein besonderes Gewicht. Während sich einzelne Bewegungen auf eine der beiden Strategien, die institutionelle oder die antiinstitutionelle, festlegen, bedienen sich in Deutschland zwischen 1918 und 1933 gerade die erfolgreichen Bewegungen der Kommunisten und Nationalsozialisten eines breiteren Aktionsrepertoires. Sie lassen traditionelle Alternativen zwischen direkt und indirekt bzw. antiinstitutionell und institutionell hinter sich und stellen durch neue Kombinationen intermediärer und direkt-koerziver Aktionsformen Staat und etablierte intermediäre Instanzen vor schwierige Reaktionsprobleme.

Aktionsformen

Strategien	intermediär	demonstrativ	direkt-koerziv
institutionell	**X**	X	—
mehr-dimensional	X	X	X
anti-institutionell	—	X	**X**

Erst in der industriellen Phase entwickelt sich für und durch soziale Bewegungen ein reicheres Angebot institutionalisierter Einflußwege, die überhaupt erst die Ausbildung einer institutionellen Strategie möglich machen. Diese stützt sich vor allem auf intermediäre Aktionsformen, allenfalls ergänzt um demonstrative Aktion. Die antiinstitutionelle Strategie, als Systematisierung direkt-koerziver, vorbereitet durch demonstrative Aktionsformen, ist eine Reaktion auf die Ausbreitung der intermediären Aktionsformen. Das gilt für den Anarchismus, der in Europa in den

1860/70er Jahren Einfluß hat, wie für den Syndikalismus, der seit den 1890er Jahren an Boden gewinnt (in Deutschland durch die gewerkschaftliche Opposition der »Lokalisten«) und in Deutschland nach 1918 seinen Höhepunkt erreicht, oder für den Rätekommunismus, der seine Stärke aus dem Versagen der institutionell geprägten Sozialdemokratie zieht. Im historischen Spannungsfeld der antagonistischen Strategien entwickeln sich vor allem in der Zwischenkriegszeit – theoretisch vorgeformte – mehrdimensionale Strategien, die von allen drei Aktionsformen Gebrauch machen.

Bevor die einzelnen Aktionsformen beschrieben werden, sind die drei Grundstrategien weiter zu verdeutlichen. Die Entfaltungsmöglichkeiten für politische Organisationen haben auch die Aktionsformen in Bahnen gelenkt. Gerade die Gewährung einiger Organisationsfreiheit, verbunden mit der aktiven staatlichen Beschneidung voller Organisationsentfaltung im deutschen Kaiserreich hat für die sozialen Bewegungen die institutionell tolerierten Aktionsmöglichkeiten, die nicht von vornherein als politisch unwirksam erschienen, in den Mittelpunkt gerückt. Wahlkampf und Parlamentsaktivitäten von Parteien und normale Vereinsaktivitäten bilden den Kern dieser *institutionellen Strategie.*

Die Aktionsformen folgen dabei den sich eröffnenden Partizipationskanälen und dringen auf deren Ausweitung und Festigung. Kennzeichnend ist der institutionelle Rahmen, in dem sich die Bewegungsaktivitäten abspielen, und der hohe Grad organisatorischer Vermittlung. Die Organisationen, gebildet zur Machtsteigerung der Bewegung, werden zu administrativen Kontrollinstanzen über die Bewegung. Kontrolle über die Aktiven, die vor allem als Organisationsmitglieder in Erscheinung treten, und Orientierung auf die kanalisierten Formen der Einflußnahme bedingen sich wechselseitig.

Die institutionalisierte Einflußnahme wird von vorneherein als (einzig) legitim betrachtet oder diese Legitimität wird »gelernt«, wobei die Organisationserfolge der Bewegung einen wesentlichen Verstärker darstellen. Dieses ordnungspolitische Muster verfestigt sich über einen längeren Zeitraum und verselbständigt sich gegenüber den Intentionen der Akteure.

Die sozialdemokratische Arbeiterbewegung im Kaiserreich und in der Weimarer Republik ist ein Protagonist dieses kanalsierten Aktionsmodus, der nur punktuell in den demonstrativen Bereich übergreift. In den ersten Jahrzehnten vorhandene Ambivalenz (man denke z. B. an die instrumentelle Einschätzung des Parlamentarismus durch Liebknecht noch im Jahre 1870) tritt im Laufe der Zeit zurück. Mitgeführte revolutionäre Interpretationen der institutionellen Strategie (vgl. zum Beispiel Kautsky) werden im Ernstfall (nach 1914 und 1918) rasch beiseite geschoben. Die SPD-Linke war vor 1914 als Minderheit, die sich an Organisationsdisziplin hielt, ohnmächtig, diesen institutionellen Panzer zu durchstoßen. Mehr als einige Demonstrationen und *Debatten* über den Massenstreik konnte sie der Organisation nicht aufzwingen. Immerhin wurden Theorien nicht-institutioneller Massenaktionen entwickelt (R. Luxemburg, Pannekoek), die nach 1914 bzw. 1918 wirksam wurden.

Wie sah es mit den anderen Bewegungen aus? Liberale und demokratische Bewegung, durch Verlauf und Ergebnis der 48er Revolution geschwächt bzw. pazifiziert, waren die ersten Nutznießer der erweiterten Partizipationschancen in den 1860er Jahren. Irgendwann in den 1870er Jahren wird man ihre definitive Reduktion auf intermediäre Aktionsformen, und ihr Ende als soziale Bewegungen, feststellen müssen. Die neokonservative Tendenz der konservativen Bewegung in den 1890er Jahren folgte einem Muster institutioneller Strategie; erst zu Ende der 1920er Jahre traten dagegen gerichtete Basisprotestbewegungen mit direkt-koerziven Methoden auf (vgl. Bergmann/Megerle 1982). Obwohl außerhalb von Wahl und Parlament operierend, entsprachen Friedens- und Frauenbewegung, die sich wesentlich in normalen Vereinsaktivitäten erschöpften, diesem Strategietypus.

Den Gegenpol stellt die *antiinstitutionelle Strategie* dar. Sie lebt von der Kritik sowohl der institutionalisierten Einflußnahme wie der bürokratischen Organisationen, die sich ihrer bedienen (Partei und Gewerkschaften). Was den Institutionalisten der Mythos der Organisation, ist den Antiinstitutionalisten der Mythos der Aktion (wobei »Aktion« immer schon den direkten Einflußversuch meint). Die Aktion soll zugleich mobilisieren (»Propaganda der Tat«) und durch Handeln verändern. Im Rahmen der antiinstitutionellen Strategie kann und soll sie durchaus Demonstrationen umfassen, sie muß aber fortschreiten zur eigentlichen, unverfälschten »direkten Aktion«. Das Volk in Bewegung soll durch Streik, Boykott, Besetzung etc. Wandel bewirken.

Die antiinstitutionelle Strategie kann auf Programm oder auch (nur) auf Protest beruhen. In bewußter, programmatisch ausgearbeiteter und – wenn auch schwach – organisierter Form hat diese Tendenz in Deutschland als Syndikalismus und Rätekommunismus vor allem im Anschluß an den 1. Weltkrieg eine Rolle gespielt. Kennzeichnend waren u. a. die prinzipielle Ablehnung von Parlament, Partei, (traditioneller) Gewerkschaft und die Suche nach »weder partei- noch verbandsförmigen Kampfinstrumenten« (Bock 1976: 118), die vor allem in der Organisationsform der Räte gesehen wurden.

Als stark situativ bedingte, spontane Protest- und Massenbewegung entsprachen die praktisch-syndikalistischen Strömungen in den Industrieregionen Berlins, Mitteldeutschlands und vor allem des Ruhrgebiets nach 1918 dem Bedürfnis einer raschen Besserung der eigenen materiellen Lage durch »Sozialisierung«, verstanden in erster Linie als direkte Übernahme der betrieblichen Kontrolle. Der Protest richtete sich aber auch gegen die Burgfriedens- und Revolutionsverhinderungspolitik der Sozialdemokratie und Gewerkschaften. Ging der programmatische Syndikalismus (und der Rätekommunismus) von der prinzipiellen Kritik der traditionellen politischen Organisation aus, so der praktische Syndikalismus von der aktuellen Krise der Organisation. Beiden erschienen die etablierten Bewegungsorganisationen durch den Widerspruch gekennzeichnet, ziel-, aber nicht aktionsradikal zu sein.

Bei den Trägern antiinstitutioneller Strategie handelt es sich um Teilbewegungen innerhalb der größeren Arbeiterbewegung. Durch sie wurde erstmals und unter Krisenbedingungen ein Mechanismus der Selbstkorrektur innerhalb einer Bewegung wirksam: Antiinstitutionalismus als Reaktion nicht eingebundener Kräfte gegenüber einem ineffizient gewordenen Institutionalismus. Allerdings ist auch die rein antiinstitutionelle Strategie unter modernen Bedingungen zum Scheitern verurteilt. Sie genügt nicht den Anforderungen an Ziel- und Strategieklarheit, deren Rationalität mit der Ausdifferenzierung der Gesellschaft wachsen muß. Und ihr fehlt das Maß an Organisation, das zur Koordination und Herstellung von Aktionseinheit erforderlich ist. Insofern ist die antiinstitutionelle Strategie ein Reflex auf die Grenzen der rein institutionellen Bewegungsstrategie, die in der Krise besonders sichtbar werden. Sie selbst ist aber, für sich genommen, zu einer produktiven Bewältigung der Krise ungeeignet. Die Bedeutungslosigkeit des prinzipiellen wie des situativen Syndikalismus nach 1923 unterstreicht dies.

Zwischen den idealtypischen Polen institutioneller und antiinstitutioneller Strategie tut sich ein heterogener Bereich von Aktionsstrategien auf, der hier zusammenfassend durch den Begriff der *mehrdimensionalen Strategie* gekennzeichnet wird. Bewegungen, die dieser Strategie folgen, bedienen sich sowohl intermediärer wie demonstrativer wie direkt-koerziver Aktionsformen. Ebensowenig, wie sie auf eine Aktionsform fixiert sind, bleibt ihr Aktionsformprofil über die Zeit gleich. Sie können in ruhigeren Zeiten einen Schwerpunkt bei Wahl und Parlamentsarbeit haben, schalten aber unter krisenhaften Bedingungen rasch auf eine Steigerung demonstrativer und koerziver Aktionsformen um.

Innerhalb der mehrdimensionalen Strategie können zwei Modelle unterschieden werden:

a) Das *instrumentalistische Modell* orientiert sich an der Maximierung des Aktionsradius der Bewegung in Bezug auf die Machteroberung. In der Zwischenkriegszeit gab es in Deutschland vor allem zwei Protagonisten dieses Modells: die Kommunisten und die Nationalsozialisten. Gemeinsam ist ihnen auf der Aktionsebene u. a.: die Vermittlung von direkten und indirekten Aktionen durch starke, »totalitäre« Organisationen; der im Vergleich zu anderen Bewegungen hohe Stellenwert von Gewalt im Aktionsrepertoire; die Instrumentalisierung intermediärer Aktionen, die nie als endgültig oder allein legitim gelten; Wahlkampf und Parlamentsarbeit dienen der Agitation und der Aktivierung von Akteuren, die zu mehr da sind, als eine Wahl oder eine Abstimmung zu gewinnen.
   Lenin hat in seiner Kritik des Linksradikalismus diese Position prägnant formuliert: »Der linke Doktrinarismus versteift sich darauf, bestimmte alte Formen unbedingt abzulehnen, weil er nicht sieht, daß der neue Inhalt sich durch alle nur denkbaren Formen Bahn bricht, daß es unsere Pflicht als Kommunisten ist, alle Formen zu meistern und es zu lernen, mit maximaler Schnelligkeit eine Form durch die andere zu ergänzen, eine Form durch die andere zu ersetzen . . . « (LW 31: 91).
b) Das *partizipatorische Modell* maximiert – idealtypisch gesehen – den Aktionsradius der Bewegung in Bezug auf Partizipation. R. Luxemburg und Teile des linken Flügels der USPD, vor allem dort, wo der Räteansatz mit Parlament, Partei und Gewerkschaft vermittelt wurde, kamen dem am nächsten.
   Die Praxis des Modells wirft viele Probleme auf. Zwei von ihnen seien angesprochen. Versteht sich die politische Organisation nur als Sprachrohr der Bewegung, bleibt sie von Stimmungen und Schwankungen der Basis abhängig, ohne selbst Leitungsfunktionen wahrzunehmen. Die Unentschlossenheit und strategische Ziellosigkeit der USPD nach 1918 ist ein Beispiel dafür. Andererseits ist in einem auf der Linken favorisierten partizipatorischen Modell der Widerspruch latent vorhanden zwischen dem radikaldemokratischen Anspruch, dessen Resultat prinzipiell offen ist, und der sozialistischen Gewißheit.

Es ist nicht viel gewonnen, wenn »Demonstration, Kundgebung, Streik, Wahlkampf« (Tilly/Tilly 1981: 20) als dominante Aktionsformen im 19. und 20. Jahrhundert genannt werden. Es kommt vielmehr auf die Verknüpfung und strategische Orientierung der verschiedenen Formen in unterschiedlichen Aktionsmustern an. Demonstration bedeutet eben etwas anderes, je nachdem, ob sie die institutionelle Strategie ergänzt oder die Ausgangsform einer antiinstitutionellen Strategie darstellt. In der folgenden Skizzierung der verschiedenen Aktionsformen soll deshalb auf diese strategisch relevanten Kontexte verwiesen werden. Von der generellen Dominanz eines Strategietyps in der industriellen Phase kann – auch für Deutschland – nicht gesprochen werden. Dominierte unter den Bedingungen des Kaiserreichs der institutionelle Strategietyp, so ist die Weimarer Republik durch die Heterogenität und das Nebeneinander der Aktions- bzw. Strategietypen gekennzeichnet.

Die *intermediären Aktionsformen* folgen einem Muster vertikaler Arbeitsteilung. Hauptakteure sind Führer, Funktionäre, Abgeordnete, Journalisten, die durch Reden, Resolutionen, Gesetzesinitiativen, Artikel etc. kontinuierlich zur öffentlichen Festlegung der Bewegung beitragen. Ihr positiv oder negativ reagierender Resonanzboden sind die Wähler, Mitglieder, Leser mit ihren eingeschränkten, aber für das intermediäre Aktionsmuster unerläßlichen Aktivitäten. Im Mittelpunkt während der industriellen Entwicklungsphase stehen dabei Organisationsaktivitäten, die in der politischen Sphäre auf Wahl, Parlament und (Medien-)Öffentlichkeit bezogen sind.

Wahl und Parlament werden zum Tummelplatz jedenfalls der »großen« sozialen Bewegungen mit einem weiten gesellschaftlichen Wirkungsanspruch. Dies ist keineswegs selbstverständlich, da – aus heutiger Perspektive – die Funktion der Wahl für soziale Bewegung durchaus ambivalent ist. Historisch gesehen boten Wahl und Parlament eine beträchtliche Erweiterung der Mobilisierungs- und Aktionsmöglichkeiten gerade auch für soziale Bewegungen. Die für die Entfaltung von Bewegungen unerläßlichen Vereins- und Versammlungsrechte profitieren von der Institutionalisierung der Wahl. Wahl ist auf Organisation und Mobilisation angewiesen, das Recht dazu läßt sich aber nicht auf die Wahl beschränken. Die Wahl stellt auch eine Verlockung dar, scheint sich durch sie doch für die soziale Bewegung die Chance zu eröffnen, ihre Ziele gewissermaßen mit dem Segen der Gesellschaft durchzusetzen.

Wahl und Parlament waren für die traditionellen Eliten, die sie einführten, ebenso wie für die Arbeiterbewegung, die an ihnen nicht vorbeikam, ambivalent. Das allgemeine Wahlrecht konnte ebenso als revolutionär (z. B. Lassalle) wie als reaktionär (z. B. Bismarck) gelten. Heute sind Wahl und Parlament fester Bestandteil des westlichen Verfassungssystems. So funktional sie inzwischen für die Legitimierung des Gesamtsystems sind, so ambivalent sind sie für die soziale Bewegung mit weitreichenden Änderungszielen geblieben.

Grundtatsache ist, daß Wahl und Parlament zwar linke (im weitesten Sinne auch auf Bewegung gestützte) Mehrheiten hervorbringen, für sich genommen aber die Gesellschaft nicht revolutionieren können. Der Sitz höchster demokratischer Legitimation ist nicht identisch mit dem Sitz der stärksten Ressourcen. Die suggestive Wirkung der prinzipiellen Gleichheit bei der Wahl (die häufig genug durch Wahlrechtsmanipulation, einseitige Finanzierung etc. eingeschränkt ist) verhüllt die prinzipielle Ungleichheit zwischen den Wahlen. Die scheinbare Offenheit der Wahl täuscht also über die Grenzen ihres Veränderungspotentials hinweg.

Ein Element der Stärke sozialer Bewegung besteht in ihrer Unberechenbarkeit, in ihrem Querliegen zu den institutionalisierten Willensbildungswegen. Sie kann für ihre Wahl- und Parlamentsaktivitäten soviel revolutionäre Interpretationsarbeit leisten wie sie will (und die Vorkriegs- Sozialdemokratie war darin sehr produktiv), objektiv sind Wahl und Parlament Mechanismen zur Kanalisierung unorthodoxer politischer Aktivität. Läßt sich eine Bewegung zu intensiv auf Wahl- und Parlamentsaktivitäten ein, wird sie von anderen, direkteren Aktionsformen abgebracht.

Dafür gibt es mehrere Gründe. Zum einen der Aspekt knapper Ressourcen: die regelmäßige Beteiligung an Wahlen eines Systems in allen Wahlkreisen absorbiert in hohem Maße personelle Ressourcen (früher auch materielle Ressourcen, inzwischen lassen sich in der Bundesrepublik mit Wahlen auch Gewinne machen). Unter dem Legitimationsaspekt erhalten Wahlen schnell einen höchsten, alle anderen Aktionsformen erdrückenden Stellenwert. In Deutschland bedurfte es nicht konservativer Kräfte, sondern es genügten gemäßigte Teile der Bewegung, um einen begonnenen Revolutionierungsprozeß rasch durch Wahlen abzubrechen und damit alle Möglichkeiten zur direkten Veränderung von Gesellschaftsverhältnissen zu verhindern, die nachträglich dem Votum der Wählerschaft hätten unterworfen werden können (1848 drängte die liberale Bewegung, 1918 die MSPD auf rasche Wahlen zur Nationalversammlung). Volkssouveränität wird so prinzipiell mit Wahl gleichgesetzt bzw. auf sie reduziert. Das sozialdemokratische Beispiel zeigt die Sozialisationswirkung von Wahl und Parlamentarismus selbst bei ursprünglich entgegenstehenden »revolutionären« Vorbehalten. Wahlkämpfer und Abgeordnete identifizieren sich mit ihren Tätigkeiten und betreiben subjektiv eine an sich nicht gerechtfertigte Bedeutungsüberhöhung der Funktionen von Wahl und Parlament.

Auch im einzelnen erhält sich die Ambivalenz der Wahl. Sie kann der

Bewegung sonst oft schwer zu erreichende kurz- und mittelfristige Erfolge verschaffen, führt aber auch zur Meßbarkeit der Stärke der Bewegung, die sie für Kontrollinstanzen berechenbarer macht und die schon aus der Stagnation eine Niederlage werden läßt. Wahl schafft einen Fokus öffentlicher Aufmerksamkeit, der auch die eigene Mobilisierung erleichtern kann, erschwert es aber häufig durch die Gleichzeitigkeit der Mobilisierung aller gesellschaftlicher Kräfte, aus der besonderen Mobilisierungsstärke der Bewegung spezifische Vorteile zu ziehen. Die Wahl steht im Widerspruch zwischen kollektiven Mobilisierungsformen der Bewegung und z. T. auch des Wahlkampfs einerseits, der individualisierten Aktion der Stimmabgabe andererseits.

Solche Widerspruchslinien können fortgesetzt werden. Sie verblassen angesichts der Alternativlosigkeit von Wahlen als zwar verdünnter Mobilisierungs- und Aktionsform, aber der einzigen, die allen prinzipiell gleiche Chancen einräumt. Gesamtgesellschaftlich relevante Bewegungen konnten eine Nicht-Beteiligung an Wahlen nur kurzfristig durchhalten. Um nicht privatistisch zu sein, müßte die Nicht-Beteiligung parteiähnlich organisiert und mobilisiert werden; dem Vorwurf einer Verweigerung demokratischer Beteiligung würde sie auf Dauer nicht entgehen. Die Alternative liegt also in der Anbindung der Abgeordneten an die Bewegung. Das setzt voraus, daß – im Gegensatz zur immanenten Logik der Institutionen und der institutionellen Strategie – die außerparlamentarische nicht zugunsten der wahl- und parlamentsbezogenen Komponente abgebaut wird. Darin liegt aber ein Problem, das auf Dauer bisher nicht gelöst wurde (und wahrscheinlich unlösbar ist): die gleichzeitige Engagierung, Relativierung und Dementierung in bzw. von Wahl- und Parlamentsaktivitäten.

Die *demonstrativen Aktionsformen* unterliegen in der industriellen Gesellschaft einem Strukturwandel: sie werden organisierter und geplanter. Ihre Funktion variiert mit der Strategie, in die sie eingebaut werden.

Volksversammlungen, die nicht von Organisationen bestimmt, sondern lediglich von einzelnen Personen oder lockeren Komitees vorstrukturiert werden, finden in der Regel nicht mehr statt. In der Konstituierungsphase der Arbeiterbewegung, in den frühen 1860er Jahren, gab es noch einen Streit darüber, ob Volksversammlungen nach dem 48er Muster oder Vereine die Delegationsbasis für den Arbeiterkongreß bilden sollen – er wurde zugunsten der Bildungsvereine entschieden. Die Organisationsgesellschaft setzt sich immer stärker durch, so daß gewöhnlich öffentliche Versammlungen nur noch unter der Regie von Organisationen stattfinden. Versammlungstätigkeit gerät unter Organisationskontrolle und sie verlagert sich nach innen, in den kontinuierlichen, umfangreichen Versammlungsbetrieb der Organisation, die die besonders Aktiven zusammenfassen.

Die Kundgebung steht auf der Grenze zwischen intermediären und demonstrativen Aktionsformen. Sie wird vor allem normaler Bestandteil der Wahlkampfaktivitäten, also stark ritualisiert. Wahl- wie Protestkundgebung sind fest in der Hand spezialisierter politischer Organisationen, die Programm, Redner, Ordner stellen. Hauptakteure sind Redner, die nicht nur vor der, sondern auch für die Masse sprechen. Das »Publikum« bleibt – bis auf Äußerungen der Zustimmung oder Ablehnung – passiv. Es bedarf eigener Institutionen (Hyde Park Corner), um nicht-organisierte Kundgebungen zu veranstalten – häufig bringt auch das nur Organisationen zu Wort (die schwachen nämlich).

Die Demonstration im engeren Sinne, der Straßenumzug, entwickelt sich erst im Industriezeitalter zu einer charakteristischen Aktionsform. Zwar kommt es noch unter besonderen Umständen zu Spontandemonstrationen (z. B. nach 1916 und in der Revolutionszeit).Der Normaltyp ist aber straff organisiert, von einer (oder mehreren) formalen, dauerhaften Organisation(en) getragen und findet meist unter Beteiligung eines relevanten Anteils von Organisationsmitgliedern statt. Die Bedeutung der Demonstration wächst mit der Teilnehmerzahl. Am Ende einer Demonstration steht meist – kanalisierend! – eine »Abschluß«kundgebung. Obwohl in vielem Ähnlichkeiten zum Kundgebungstyp bestehen, gibt es auch subtile Unterschiede. So sind die Eigenaktivitäten der Beteiligten größer: sie wenden meist mehr Zeit auf, zeigen und bekennen sich beim Marsch einer größeren Menschenmenge, sie werben durch (u. U. selbst gefertigte) Spruchbänder und Parolen aktiv für ihre Ziele etc. Die Berechenbarkeit und Kontrolle der Demonstration ist für die Polizei oft aufwendiger und schwieriger als die der lokal konzentrierten Kundgebung. Beide sind allerdings leichter zu kontrollieren als eine »wilde«, unberechenbare Demonstrationsform (unangemeldet, an mehreren Orten gleichzeitig etc.).

In Krisenzeiten, wie z. B. zu Ende des 1. Weltkrieges, nehmen sich die Massen das Recht auf die Straße. In Friedenszeiten muß dieses Recht gegen staatliche Instanzen erkämpft und in einem längeren Prozeß institutionalisiert werden, ohne daß meist eine ähnliche Sicherheit wie beim Wahlrecht zustande käme. Der Unterschied zwischen Kaiserreich und Weimar ist deutlich. Obwohl es zu diesem ganzen Bereich m. W. keine empirischen Untersuchungen gibt, ist sicher, daß es erst in Weimar in größerem Stil zu Straßenumzügen kam.

Im Kaiserreich können die Abstufungen der Repression die Gefährlichkeit der unterschiedlichen demonstrativen Aktionsformen für die institutionalisierte Willensbildung aufzeigen. Die geschlossene Versammlung und die Wahlkampfkundgebung lagen weitgehend im gesicherten Bereich, die öffentliche (Protest-)Versammlung wurde nicht selten, der Straßenumzug sehr häufig verboten. Grundrechtlich nicht verbürgtes, restriktives Versammlungsrecht in Verbindung mit einem obrigkeitsstaatlichen Strafrecht gaben für die als politisch notwendig erachtete repressive Praxis die rechtliche Handhabe.

Betrachtet man die größte soziale Bewegung des Kaiserreichs, die der institutionellen Strategie verpflichtete sozialdemokratische Bewegung, zeigt sich, daß die SPD nur wenige öffentliche Versammlungen außerhalb von Wahlkämpfen veranstaltete (zum Folgenden vgl. insbesondere Groh 1973 und Osterroth/Schuster 1975, Bd. I). Soweit die SPD außerparlamentarische Aktionen trug, waren es von der Partei kontrollierte öffentliche Protestkundgebungen, in geschlossenen Räumen, verschiedentlich auch unter freiem Himmel. Die Anlässe mußten von besonderer Bedeutung sein (wie das preußische Dreiklassenwahlrecht oder die Friedensfrage in den Jahren 1911, 1912, 1914).

Selbst zu der Zeit, als Partei und Gewerkschaft zum ersten Mal intensiv über den Massenstreik im Zusammenhang mit der preußischen Wahlrechtsfrage diskutierten (1905/06), gab es noch keine Straßendemonstrationen, sondern nur Protestversammlungen. Erst 1908, erleichtert durch das in diesem Jahr geänderte Reichsvereinsgesetz und im Zusammenhang mit einer erneuten Wahlrechtsdebatte, wurde – informell – das »Recht auf die Straße« erkämpft, obwohl nicht dauerhaft gesichert. Die Parteiführung tat nichts dazu, durch kontinuierliche Praxis ein Gewohnheitsrecht auf Straßendemonstrationen zu sichern. Auch in der längsten, umfangreichsten und intensivsten demonstrativen Aktivität der Sozialdemokraten vor 1914, dem Wahlrechtskampf im Jahre 1910, standen Protestkundgebungen im Mittelpunkt. Straßenumzüge wurden häufig spontan, z. B. im Anschluß an Versammlungen, und von unteren Organisationsgliederungen durchgeführt. Jedes Weitertreiben z. B. durch Demonstrationsstreiks (die es 1910 spontan an drei Orten gab) oder politischen Massenstreik wurde von Partei- und Gewerkschaftsführung abgeblockt.

Die Grenze zwischen Protestkundgebung und Protestdemonstration ist erkennbar und der Bewegung nicht nur von außen aufgezwungen. Sowohl die Polizei- wie die Parteiführung bevorzugten, wenn es schon aus dem Saale gehen sollte, die Form der Kundgebung. Obwohl die von Sozialdemokraten getragenen Demonstrationen geordnet und diszipliniert verliefen, erschienen sie den Führungsgruppen auf beiden Seiten als unberechenbar, gewissermaßen auf dem Weg zu Umsturz und Revolution. Der Wahlrechtsspaziergang (1910) im Berliner Tiergarten, mit dem die Sozialdemokraten das Verbot einer Großkundgebung in Treptow (wo die Polizei konzentriert war) unterliefen, war eine berühmt gewordene, aber einmalige Provokation der Polizei durch einen Akt zivilen Ungehorsams im Bereich demonstrativer Aktionsformen. Das Grundmuster, das sich auch an der Diskussion über die Gestaltung des 1. Mai seit Anfang der 1890er Jahre zeigte (vgl. Schorske 1981) war das der Eindämmungspolitik durch Partei- und Gewerkschaftsführung. Die Parteiführung kanalisierte einerseits durch Versammlungen bzw. Kundgebungen, andererseits durch Zielverschiebung in der Weise, daß Aufmerksamkeit und Energien auf kommende Wahlkämpfe gelenkt wurden. Die Diskussion über den politischen Massenstreik, die immer von unten oder von links initiiert wurde, war – objektiv gesehen – Ventil und Kompensation für unbefriedigte Aktionswünsche von Bewegungsaktiven. Die demonstrativen Aktionsformen wurden insgesamt relativ selten, dann zur Dramatisierung in einer wichtigen Einzelfrage, in möglichst kanalisierter Form (eher Kundgebung als Demonstration) und zeitlich begrenzt eingesetzt, um nicht von den Hauptzielen abzulenken: Organisationsausbau, Agitation, Wahlkampf. Auch für die anderen Sozialbewegungen des Kaiserreichs gilt, daß ihre Politik nicht auf der Straße, sondern allenfalls auf Plätzen (Kundgebungen), meist aber im Saale stattfand.

Ganz anders Weimar, das – man vergleiche beispielsweise die Umschlagsbilder von entsprechenden Geschichtsbüchern – geradezu eine Republik der Demonstrationen war. Initiiert durch die spontanen Elemente im Rahmen der Arbeiterbewegung, aufgegriffen und unterstützt durch die theoretisch darauf vorbereitete Linke (Syndikalisten, Spartakisten etc.), von denen viele schon in der Kaiserzeit-SPD auf demonstrative und direkte Aktionen gedrängt hatten, waren die Jahre von 1918 bis 1923 mit Demonstrationen angefüllt. Die SPD wurde dadurch nicht Demonstrations-, sie blieb Wahlpartei. Für die Linken waren die Demonstrationen aber ein Element der Dauermobilisierung, die zu härteren Aktionsformen übergehen mußte.

Die Überführung der Demonstration in den gewaltsam-koerziven Bereich haben dann aber in ganz anderen und neuen Formen die Kommunisten und Nationalsozialisten am Ende der Weimarer Republik seit etwa 1929 vorgenommen. Demonstration wurde der gesuchte Anlaß für die Einübung in die Illegalität und Gewaltsamkeit und ein Mittel zur »symbolischen Eroberung der Straße« (Merkl 1982: 430). Dies hat aber bereits mehr mit koerziver Aktion als mit der appellativen Funktion demonstrativer Aktionsformen zu tun.

Bei den *direkt-koerziven* Aktionsformen ist nicht nur an Gewalt zu denken. Das große koerzive Mittel der industriellen Phase, der Streik, ist in seinem Wesen die gewaltlose Verweigerung einer für das Funktionieren des Systems relevanten Leistung. Daß auch der Streik häufig mit Gewalt verbunden war, hängt zusammen u. a. mit staatlicher Repression von Streikaktivitäten und dagegen gerichtetem Widerstand von Streikenden, mit u. U. gewalttätiger Auseinandersetzung unter den Arbeitern über Streikbeteiligung etc. Aber Gewalt geht nicht nur vom Staat aus, Gewalt »von unten« ist mit den vorindustriellen Verhältnissen keineswegs obsolet geworden. Gewalt wandelt ihre Form, aber sie bleibt ein Thema der Industriegesellschaft. Gewalt entsteht situativ z. B. aus der Anwendung demonstrativer Aktionsformen und ihrer Eskalation in den Gewaltbereich – durch Handlungen von Demonstranten oder von Polizei oder durch das Zusammenwirken beider. Es gibt aber auch intrinsisch gewaltsame Aktionsformen wie bewaffneten Aufstand oder Terror.

Worin bestehen die übergreifenden Veränderungen direkt-koerziver Aktionsformen in der industriellen Entwicklungsphase?

1. Die allgemeine Tendenz einer Herausbildung fester *organisierter Trägerschaft* für die verschiedenen Aktionsformen zeigt sich auch in diesem Bereich. Streik z. B. wird immer mehr eine Aktionsform, die durch Gewerkschaftsorganisation vermittelt ist. Auch gewaltsame Aktionsformen werden in das Aktionsrepertoire von Organisationen integriert, vor allem der Bewegungsorganisationen mit instrumentell orientierter mehrdimensionaler Strategie. Auch die antiinstitutionelle Strategie zeigt Affinität zur Gewalt, obwohl hier situative Faktoren stärker wirksam sind. Wo Gewalt eine feste Verbindung mit Organisation eingeht (SA etc.), entsteht ein Gewaltpotential von unten, das an Wirksamkeit die spontane Gewaltanwendung der vorindustriellen Phase weit überschreitet.

2. Nach dem 1. Weltkrieg kommt es zu einer *Militarisierung* der Aktion, die in dieser Form historisch neu ist. Militärische Symbole (Uniform, Standarten etc.), militärische oder militärähnliche Hierarchisierung und Bewaffnung zählen zu den allgemeineren, äußeren Merkmalen. Im übrigen hat die Militarisierung sehr unterschiedliche Träger und Aktionsformen. Bei den paramilitärischen Verbänden als Trägern der sozialen bzw. politischen Militarisierung lassen sich drei Formen unterscheiden:

a) *Inoffizielle Militärverbände*, d. h. militärische Einheiten außerhalb der militärischen Einrichtungen des Staates, die am stärksten der Militärorganisation und -aktion angeglichen waren. Sie sind charakteristisch für die Frühzeit der Weimarer Republik und operieren im Vakuum einer zusammengebrochenen bzw. noch nicht wieder stabilisierten Militärmacht des Staates. Auf der Rechten waren das die Freikorps, die etwa 400 000 Veteranen des 1. Weltkriegs umfaßten. Ihre Orientierung war militaristisch, nationalistisch und sozialkonservativ. Sie waren Träger militärischer Aktionen vor allem gegenüber dem innenpolitischen Gegner, gegenüber der revolutionären Linken und auch gegenüber Streikenden. Die Freikorps betrachteten »die Teilnahme an der deutschen Innenpolitik als einen militärischen Feldzug« (Bessel 1977: 198). Neben der Kontinuität zu den Wehrverbänden und der SA waren die Freikorps für die weitere Entwicklung dadurch einflußreich, daß sie die Effektivität eines militärischen Aktionsmodells in der Innenpolitik vorgeführt hatten. Dies mußte zwar unter den Bedingungen etablierter Staatsorgane abgewandelt werden, hat aber zur Stärke militaristischer Mentalität in der Weimarer Republik erheblich beigetragen.

Die Linke war demgegenüber teils unfähig, teils unwillig, eigene militärische Formationen aufzubauen. Von nur kurzfristiger Relevanz war die »Rote Armee« des Ruhrgebiets im Jahre 1920, die von Arbeitern spontan gebildet wurde, schlecht organisiert war und rasch zerfiel. Der Geist des Militarismus blieb sowieso im wesentlichen auf die Rechte beschränkt.

b) Die *Wehrverbände,* vielfach Erben der Freikorps, waren latente Bürgerkriegsarmeen, die ihre Mitglieder militärisch schulten und den Geist des Militarismus und Nationalismus pflegten. »Stahlhelm« (ca. 300 000 Mitglieder) und »Jungdeutscher Orden« (ca. 100 000 Mitglieder) waren die größten Verbände (daneben existierte eine größere Zahl von aus Veteranen gebildeten Kriegsvereinen). Die Aktivitäten der Wehrverbände außerhalb des Bereichs militärischer Schulung und Übung waren überwiegend demonstrativ, sie waren in der Regel nicht an der Gewaltpolitik auf der Straße beteiligt. Vom Aktionsprofil her eher gemäßigt, waren sie zu einer konsequenten politischen Intervention nicht in der Lage. Ihre objektive Funktion bestand in erster Linie darin, »eine Atmosphäre zu schaffen, die den Aufstieg der nationalsozialistischen Bewegung erleichterte« (Bessel 1977: 206).

c) Die *paramilitärischen Parteiverbände* werden von Parteien gegründet und bleiben in ihren Funktionen auf sie bezogen. Es waren bei den Nationalsozialisten die SA und die SS, bei der KPD die Proletarischen Hundertschaften und vor allem der Rote Frontkämpferbund, bei der SPD das Reichsbanner

Schwarz-Rot-Gold. Die Unterschiede zwischen totalitären und nicht-totalitären Organisationen einerseits, zwischen rechts- und links- totalitären Richtungen andererseits sind erheblich. Die tatsächlich wahrgenommenen Funktionen variieren auch zeitlich innerhalb einer Bewegung und zeigen – hier nicht zu entwickelnde – Widersprüche.

Ausgangspunkt und meist wichtigste Begründung ist die Schutzfunktion (in Bezug auf Partei, Klasse, Republik etc.). Einen spezifischen, durch Masse und Militanz überzeugenden Beitrag sollen die Verbände vor allem der totalitären Tendenz zur Propagandafunktion ihrer Parteien leisten. Häufig nicht klar umrissen war der Bezug zur direkten Machteroberung der Parteien, soweit sie sich nicht (NSDAP 1923) oder nicht allein auf den parlamentarischen Weg verließen. Das Reichsbanner war wesentlich auf gewisse Schutzfunktionen beschränkt. Terroristische Gewalt ging vor allem und kontinuierlich von der Anfang der 20er Jahre gegründeten SA, aber auch von dem 1924 entstandenen Roten Frontkämpferbund (und seinen Nachfolgeorganisationen seit dem Verbot 1929) aus. Terror durchwirkte die Schutz- und Propagandafunktion. Die Machteroberung war bei den Kommunisten im Zusammenhang breiterer Massenaktivitäten (Demonstrationen, Generalstreik, bewaffneter Aufstand) konzipiert, von den Nationalsozialisten seit 1923 nicht mehr durch putschistische Aktionen verfolgt, bei denen die SA eine wichtige Rolle hätte spielen können.

Insgesamt blieben die paramilitärischen Parteiverbände den Strategien der totalitären Parteien untergeordnet, auch wenn beide Parteien häufig mit Verselbständigungstendenzen der paramilitärischen Formationen zu kämpfen hatten. Sie forcierten die Totalisierung des Freund-Feind-Denkens, die Militarisierung von Sprache, Denken und Handeln, die Brutalisierung der Politik durch Steigerung der Gewalt und schufen durch die Kumulation gewaltsamer Aktionen die bürgerkriegsähnlichen Zustände, in denen sie gewissermaßen noch mehr hätten leisten können. Nicht der bewaffnete Aufstand, sondern die terroristische Begleitung und Durchwirkung der Schutz- und Propagandafunktion der totalitären Parteien waren objektiv die Aktionsschwerpunkte der paramilitärischen Verbände, vor allem in der Endphase der Republik seit 1929.

3. Gab es zuvor vor allem Konflikte zwischen Bewegungen und den staatlichen Organen, so entsteht nach dem 1. Weltkrieg neu ein massenrelevanter *gewaltsamer Konflikt zwischen sozialen Bewegungen.* Dazu gehören vor allem die Kämpfe zwischen den konservativen Freikorps und der Arbeiterbewegung am Beginn der Weimarer Republik, Saalschlachten und Straßen-

kämpfe zwischen nationalsozialistischen und kommunistischen Organisationen in der Endphase der Republik. Daß Gewalt gegenüber feindlichen Bewegungen z. T. kompensatorische Funktion für den kostenintensiveren Gewaltkonflikt mit den Staatsorganen hatte (vgl. Merkl 1982), ist Teil der komplexen Funktionalität von Gewalt für soziale Bewegung (vgl. 16.3). Die Beherrschung des Gegners schien für Ansprüche gegenüber staatlichen Kontrollinstanzen zu qualifizieren.

4. Dem allgemeinen Strukturwandel entspricht, daß auch die koerzive Aktion vom *Prozeß der Strategiebildung* sozialer Bewegung erfaßt wird. Verschiedene Bewegungen führen ausgedehnte Diskussionen über den Einbau koerziver Aktionsformen in ihre Gesamtstrategie (z. B. die Massenstreikdebatte vor oder die Gewaltdiskussion nach dem 1. Weltkrieg). Erstmals im (Gewalt-)Anarchismus, dann in der kommunistischen und nationalsozialistischen Strategie wird Gewalt zu einem offensiv vertretenen und aktiv legitimierten politischen Aktionsmittel. Der Unterschied zwischen Bewegungsorganisationen, die Gewalt für Krisensituationen nicht ausschließen (z. B. Marx und Teile der frühen Arbeiterbewegung) einerseits, Bewegungsorganisationen mit einem Gewaltprogramm (das sich auch am Aufbau von Gewaltformationen ablesen läßt) andererseits sollte deutlich betont werden.

Diese vier Tendenzen sind im strengen Sinne nicht zeitlich übergreifend. Organisation und Strategiebildung im Zusammenhang koerziver Aktionen gelten für den gesamten Zeitraum. Militarisierung ist eine Tendenz, die die Zeit zwischen Ende des 1. und 2. Weltkriegs charakterisiert. Bewaffneter Kampf zwischen den Bewegungen ist eine Besonderheit der Weimarer Republik.

Die Zeit von 1860 (genauer: 1850) bis 1918 war in Deutschland charakterisiert durch das Zurücktreten von Versuchen politischer Gewaltanwendung seitens sozialer Bewegungen. Nach 1918 kam es zu einer Zunahme gewalttätiger Konfrontationen, die in Häufigkeit, Zahl der Beteiligten und Intensität die Gewaltsamkeit der vorindustriellen Phase weit übertraf. Koerzive Aktion wurde ein einflußreicher Typ von Bewegungsaktion mit einer Explosion speziell der gewaltsam-koerziven Formen.

Hier kann nicht die ganze Breite koerziver Aktionsformen vorgestellt werden. Boykott (z. B. von Wahlen oder – häufiger – wirtschaftlicher Boykott zu politischen Zwecken), Sabotage (im industriellen Bereich), Besetzung (z. B. von Zeitungsredaktionen), Tumulte (z. B. im Umkreis von Versammlungen oder Demonstrationen oder die Teuerungstumulte von

1923) und andere koerzive Aktionsformen haben – zumindest in Deutschland – eine begrenzte Rolle gespielt. Im Zusammenhang mit den Aktionen von Hölz ist sogar ein Weiterleben des älteren Sozialrebellentums unter industrialisierten und organisierten Bedingungen festgestellt worden (vgl. Bock 1969: 314). Im Vordergrund aber standen der politische Streik, der bewaffnete Aufstand und der Terror; der politische Streik als die an die Produktionssphäre gekoppelte, spezifisch industrielle, ins Politische gewendete, intrinsisch gewaltlose Aktionsform, Aufstand und Terror als Formen der Gewaltanwendung. Vorweg sei aber schon betont, daß die Grenzen in der Praxis fließend sind: zwischen den unterschiedlichen Aktionsformen (z. B. auf der Linken zwischen Demonstrationen, Streiks – dabei auch zwischen wirtschaftlichen und politischen –, Aufstand), zwischen legalen und illegalen, gewaltsamen und gewaltlosen Aktionsformen, zwischen Defensive und Offensive etc.

Der *politische Streik* ist der kollektive Einsatz der Arbeitsverweigerung als gewaltlosem, ökonomischen Aktionsmittel der Lohnabhängigen zur Propagierung oder Durchsetzung von an den Staat gerichteten Forderungen.

Ein nur der Propagierung eines politischen Ziels dienender Streik wird als Demonstrationsstreik bezeichnet. Ein auf die Durchsetzung von politischen Forderungen abzielender Streik stellt neben der Kontinuität der Produktion auch die Legitimation des Willensbildungs- und Entscheidungssystems infrage, da die für die bürgerliche Gesellschaft konstitutive Trennung von Ökonomie und Politik durchbrochen und die Forderungen auf offen antiinstutionellem Wege realisiert werden sollen.

Je nach der Reichweite der Forderungen und ihrem defensiven bzw. offensiven Charakter lassen sich vier Richtungen politischer Kampfstreiks unterscheiden. Im Rahmen syndikalistischer bzw. kollektiv-anarchistischer Positionen dient der Generalstreik als der alle Arbeiter umfassende politische Streik der unmittelbaren Vorbereitung der Revolution bzw. der direkten Machtübernahme der Arbeiterklasse in den Betrieben. Dagegen ist von sozialdemokratischer Seite in den Debatten der II. Internationale der Massenstreik nur als letztes Mittel der Arbeiter angesehen worden, um die Existenz ihrer Bewegung und grundlegender demokratischer Rechte im Falle eines Putsches oder Aufstands von rechts zu sichern.

Politischer Streik kann aber auch auf der Ebene einzelner politischer Forderungen eingesetzt werden. Hier dient er meist der Durchsetzung sozial- und wirtschaftspolitischer Programme oder – defensiv – der Abwehr schwerwiegender Eingriffe in die soziale Position der Lohnabhängigen wie der Verhinderung von Krieg oder innenpolitischem Terror (Haupt et al.

1981; Grunenberg 1970). Der politische Streik setzt eine breite Mobilisierung voraus, was die Überwindung rein rokaler oder regionaler Aktionen verlangt. Neben der Gewinnung der Arbeiterschaft ist die Duldung oder passive Unterstützung durch weite Teile der Mittelschichten eine Erfolgsbedingung. Wo dies nicht gegeben war, konnten die staatlichen Repressionsmaßnahmen (Belagerung, Einsatz von Militär) zur vollen Entfaltung kommen. Der Einsatz politischer Streiks ist gerade deshalb in Deutschland immer sehr skeptisch betrachtet worden (z. B. Laufenberg 1976: 242). Die Gefahr der Zerschlagung der Organisationen der Arbeiterbewegung wurde höher gewertet als die Chance eines weitreichenden Erfolgs der Arbeiterklasse.

Politische Streiks sind dementsprechend in Deutschland auch nur in Phasen äußerster Schwächung der Staatsmacht zur Anwendung gekommen: Nachdem 1893 in Belgien zum ersten Mal für Wahlrechtsverbesserungen gestreikt worden war, wurde dieses politische Instrument in Deutschland nur zwischen 1916 und 1923 und zwischen 1947 und 1952 eingesetzt. Als 1930–33 ebenfalls eine äußerst labile politische Situation herrschte, konnte das Mittel des politischen Massenstreiks aufgrund der Spaltung der Arbeiterbewegung, hoher Arbeitslosigkeit und einer dem Nationalsozialismus zuneigenden Mittelschicht nicht mehr verwendet werden.

Der Streik zur Niederschlagung des Kapp-Putsches 1920 hatte immer als Vorbild für die Verhinderung einer Machtübernahme von rechts gedient, war aber selbst bereits eher Ausdruck einer politisch zurückgedrängten Arbeiterbewegung. Die ersten politischen Streiks im Weltkrieg (1916 gegen die Verurteilung Liebknechts, 1917 gegen die Verschlechterung der Ernährungslage und 1918 für die Beendigung des Krieges) folgten einer Linie zunehmender Offensive und Verallgemeinerung der Forderungen, bis im November 1918 das gesamte ökonomische und politische System zur Disposition stand. Schon mit den Januarstreiks 1919 beginnt aber die abnehmende Phase politischer Streiks (erhöhte staatliche Repressivität, Defensivcharakter), die 1923 mit einem regionalen Streik gegen die Regierung Cuno endet.

Erst nach dem 2. Weltkrieg kommt es wieder zu politischen Streiks. So zu dem heute fast vergessenen 24stündigen Generalstreik 1948 für Demokratisierung der Wirtschaft und Planung, an dem 9 Mill. Arbeiter beteiligt waren. 1951 genügte die Androhung eines Generalstreiks, um in der Frage der Montanmitbestimmung zu einer Einigung zu kommen. Doch bereits ein Jahr später erwies sich das Mittel des politischen Streiks als erfolglos, als das von der Regierung geplante Betriebsverfassungsgesetz nicht verhindert werden konnte. Die Niederlage dieses letzten großen politischen Streiks in der BRD diskreditiert dieses Mittel bis heute.

Der *bewaffnete Aufstand* ist der Versuch einer größeren Zahl von Menschen, sich gegen staatliche Kontrollinstanzen auch duch Einsatz von Gewalt durchzusetzen. Dieser Versuch kann vor allem in der Anfangsphase durchaus spontan sein, fehlt es aber an Führungsgruppen mit realistischen Zielvorstellungen und Strategien, wird er sich nicht gegen die Kontrollinstanzen durchsetzen können. »Träger« des bewaffneten Aufstands in dem Sinne, daß er die Mehrheit der Akteure stellt, muß keineswegs eine Organisation sein, ohne die in einer Organisation vorweg geleistete konzeptionelle Klärung und Führerrekrutierung wird der Aufstand aber nicht erfolgreich sein. Schon die Durchsetzung gegen starke staatliche Kontrollapparate bedarf raschen, koordinierten Handelns, mehr noch die komplexen Leitungsaufgaben nach einer ersten Besiegung der staatlichen Instanzen.

Der Putsch ist ein Umsturzversuch mit nur einer kleinen Zahl von Beteiligten, der rasche unmittelbare Zugriff auf die staatlichen Schalthebel der jeweiligen Ebene. Da es wesentlich auf ein quantitatives Kriterium ankommt (Zahl der Beteiligten), ist die Grenze zum Aufstand fließend.

In der Frühphase der Weimarer Republik gab es mehrere Aufstands- und Putschversuche und eine Vielzahl von Vorbereitungen und Gerüchten eines Aufstandsversuchs. Angeregt durch das erfolgreiche russische (1917) und italienische Beispiel (1922), ermuntert durch die gegenüber den alten Gewalten erfolgreichen Massenaktionen der ersten Revolutionsphase in Deutschland, in der Hoffnung genährt durch eine relative Schwäche der deutschen Kontrollinstanzen in den ersten Nachkriegsjahren, war diese Welle von Aufstands- und Putschversuchen für die erste Phase der Weimarer Republik kennzeichnend. In der Endphase der Republik war die Strategie der radikalen Bewegungen stärker mehrdimensional geworden, die Erfahrung berücksichtigend, daß moderne staatliche Kontrollinstanzen kaum durch direkte Konfrontation überwunden werden können, zumal wenn es an hinreichender Legitimation fehlt.

Der Januaraufstand von 1919 war eine spontane Aktion, die aufgrund des Fehlens klarer konzeptioneller und organisatiorischer Initiativen bzw. der Heterogenität der beteiligten Organisationen (Obleute, USPD, KPD) sehr schnell durch die sozialdemokratische Regierung mit Hilfe von Freikorps gewaltsam niedergeschlagen werden konnt. Der rechtsradikale, von Freikorpstruppen getragene Kapp-Putsch im Frühjahr 1920 war der Auslöser nicht nur für den Generalstreik, sondern – diesen weitertreibend – für

Aufstandsbewegungen im Ruhrgebiet und in Mitteldeutschland. Auch diese Märzerhebungen waren überwiegend spontan und scheiterten nicht nur an der Stärke der Regierungstruppen, sondern an der Leitungsunfähigkeit der Akteure und beteiligten Organisationen. Regional begrenzt wie alle Aufstandsversuche, war dies dennoch der Aufstand mit der größten Massenbasis. Ohne Massenbasis blieben die von der Kommunistischen Partei gesteuerten Aufstandsversuche von 1921 und 1923 (vor allem Hamburg). Der Hitler-Putsch vom Herbst 1923 schließt von rechtsradikaler Seite die relevanten Erhebungsversuche ab.

Ludewig (1978) hat in einer vergleichenden Analyse von drei linken Aufstandsversuchen herausgearbeitet, daß ohne eine relevante rechtsradikale Aktion (wie z. B. den Kapp-Putsch) und die Teilnahme sozialdemokratisch beeinflußter Arbeiter eine wirkliche Massenbasis nicht zustande kam. Vor allem in der spontanen Erhebung von 1920 spielten die »emotionalen Antriebe« – wie der Haß auf das Streiks unterdrückende und die Republik gefährdende Militär – eine große Rolle, »weniger das Bestreben, wichtige militärische Machtpositionen zu erringen« (Ludewig 1978: 240). Sichtbar werden zudem die erheblichen Schwierigkeiten einer auch nur konzeptionell stimmigen gewaltsamen Aufstandsstrategie in der Debatte der infrage kommenden Linksorganisationen (KPD und z. T. USPD). Links- und rechtsradikale Aufstands- und Putschversuche stehen in einer engen Wechselbeziehung. Nicht die Schwäche des Militärs, sondern dessen offensives Vorgehen hat erheblichen Einfluß auf die Auslösung von Aufstandsversuchen gehabt.

Strukturell auffällig sind u. a. die Stärke des staatlichen Gewaltapparats selbst im »schwachen« Staat der Weimarer Republik; die Schwäche einer nur oder überwiegend spontanen Aufstandsbewegung gegenüber dem ausgebauten modernen Staat; die Bindung von Legitimität durch etablierte Vermittlungsträger (im linken Bereich vor allem die SPD) und die Bedeutung der Massenlegitimation gerade auch für die gewaltsame Aktion; die Schwäche einer rein antiinstitutionell, nicht mehrdimensional operierenden Machteroberungsstrategie. Die Notwendigkeit einer mehrdimensionalen Strategie ist um so größer, je ressourcenschwächer die Bewegung selbst ist und vor allem: je weniger mindestens stillschweigende Unterstützung sie in den staatlich-politischen und ökonomischen Machtapparaten findet.

Terror wird hier als spezifische Aktionsform einer Bewegung verstanden, unterschieden vom Staats- bzw. Polizeiterror und vom Terrorismus als einer Strategie, die durch Terrorakte definiert ist. Terror bezeichnet den gezielten Versuch der Gewaltanwendung durch Entführung, Attentat, Anschlag,

Ermordung, aber z. B. auch durch Straßenkampf, Saalschlacht etc. Wichtigste Funktion ist die Schwächung des Gegners und/oder des Staatsapparats durch Einschüchterung, Angsterzeugung, Demoralisierung. Terror kann aber auch zur Disziplinierung der eigenen Bewegung eingesetzt werden. Das Systematische und Planmäßige ist ein Merkmal des Terrors.

Terror zur Erreichung politischer Zwecke begleitet die Weimarer Republik von Anfang an, mit einem Rückgang in der Stabilisierungsperiode von 1924–1929 und einem Höhepunkt in der Endphase seit 1929. Tausende von Menschen wurden in den 14 Jahren der Republik aus politischen Gründen getötet. Weder ist die Gesamtsumme errechnet, noch sind die Opfer nach links und rechts gesondert. Fest steht: Protagonisten der Gewalt waren die Freikorps und die SA auf der einen, die Kommunisten auf der anderen Seite. Opfer gab es links und rechts (und bei Polizei und Militär), am meisten wohl bei den »kämpfenden« Organisationen, aber auch bei weniger Beteiligten. Duldung und Unterstützung (wenn nicht – was ich für wahrscheinlich halte – auch die Opfer) waren sehr unterschiedlich verteilt. Die Kommunisten waren schon innerhalb der Arbeiterklasse in ihrer Gewalttendenz relativ isoliert und wurden von den vereinigten Staatsapparaten (Beamte, Polizisten, Militärs, Richter) unnachsichtig unterdrückt. Der Gewalt von rechts begegneten die Staatsapparate und die sie tragenden gesellschaftlichen Gruppen mit Verständnis und Nachsicht (Southern 1982: 382).

Die verbreiteten positiven Gewalttheorien dienten auch dazu, Terror zu rechtfertigen. Die kommunistische Debatte unterschied – je nach Trägerschaft – individuellen und Massenterror, wobei der erstere negativ, der letztere positiv bewertet wurde, diese Grenzziehung aber nicht sehr klar zu ziehen war. Für die Kommunisten blieb Gewalt, obwohl prinzipiell für die revolutionären Ziele unerläßlich, auf der konzeptionellen Ebene instrumentell und situationsgebunden. Für die Nationalsozialisten dagegen war Gewalt in sich ein positiver Wert, ein Ausdruck von Stärke und ein Mittel der Auslese. In der terroristischen Alltagspraxis haben solche Unterscheidungen allerdings die Tendenz, an Bedeutung zu verlieren.

Terror wurde in andere Aktionsformen hineinverwoben. Gesuchte und gezielte Gewaltanwendung durchzog z. B. die Wahlkämpfe seit 1930 und manche Demonstration. Dies muß unterschieden werden von der Gewalt, die sich eher spontan aus dem Verlauf einer Demonstration ergibt. Man könnte »Demonstrationsgewalt« die im Zusammenhang mit einer Demonstration »gesuchte« Gewaltanwendung nennen. Es ist dabei beabsichtigt, die unverbindliche demonstrative Aktion in eine gewaltsam-koerzive Aktionsform überzuführen, die dem Gegner und/oder dem Staat Kosten verursacht. Neben dem Schaden für den Gegner suchen die Organisationen dabei die Einübung in die Illegalität – Voraussetzung und Begleiterscheinung einer Revolutionierung der Gesellschaft.

Illegalität der Demonstration kann Notwehr gegenüber einem repressiven Staatsapparat sein (das Verbot der 1. Mai-Demonstrationen in Berlin 1929 schien diesen Charakter zu haben, löste illegale Demonstrationen und brutale Polizeieingriffe aus), sie kann aber auch gesucht werden mit dem Ziel der Provokation und gewaltsamen Konfrontation. Dazu gehörten z. B. die von Ulbricht 1931 in Berlin erfundenen »Blitzdemonstrationen«. »Diese bestanden aus kleinen Gruppen von Demonstranten, die ohne Ankündigung auftauchten und die sich, sobald die Polizei nahte, ebenso schnell zerstreuten und neu gruppierten. Ihre Aufgabe war es, jede Art von Verbot zu mißachten und die Polizei zu verwirren und zu schwächen.« (Rosenhaft 1982: 400) Wenn die Nationalsozialisten bzw. die SA-Leute durch den Berliner Wedding marschierten, wollten sie die Provokation der Arbeiter, entweder ihre Demütigung und Einschüchterung oder die Straßenschlacht (bei der sie sich – »Rhetorik der Notwehr« (Rosenhaft 1977: 78) – als Angegriffene darstellten).

Wo liegen die Ursachen für den beschriebenen Strukturwandel der Aktionsformen? Bevor wir wieder auf den Erklärungsrahmen zurückgreifen, ist zu sagen, was erklärt werden soll. Dabei muß angesichts des langen Zeitraums, für den die Formulierung allgemeiner Tendenzen nur sehr pauschal sein kann, differenziert werden. Zu fragen ist, warum in Deutschland

1. zwischen 1860 und 1918 ein Aktionsmuster vorherrschte, das charakterisiert ist durch
   a) die Dominanz intermediärer Aktionsformen (und ihre Verstärkung gegenüber der vorindustriell-modernisierenden Phase),
   b) begrenzte demonstrative Aktionsformen,
   c) nur schwache koerzive Aktionsformen sozialer Bewegungen im politischen Bereich,

2. zwischen 1918 und 1933 das dominante Aktionsmuster gekennzeichnet war durch
   a) einen Rückgang im Stellenwert, d. h. in der relativen Bedeutung intermediärer Aktionsformen,
   b) umfangreiche demonstrative Aktionen,

c) (abgesehen von den Jahren 1924–1928) sehr starke gewaltsam-koerzive Aktionen.

Die Phase von 1933–1945 ist durch Unterdrückung aller Organisations- und Aktionsformen sozialer Bewegungen außer der nationalsozialistischen gekennzeichnet. Die Zeit von 1945–1960 ist eine Übergangsphase, charakterisiert durch das Vorherrschen intermediärer, verbunden mit eher punktueller Anwendung demonstrativer Aktionsformen, bei – verglichen mit der Zeit nach 1918 – starkem Rückgang koerziver Aktion. Wegen des deutlichen Kontrasts zwischen der ersten (1860–1918) und der zweiten Entwicklungsphase (1918–1933) und weil die Ursachen für die Ausprägung der Aktionsformen in der dritten und vierten Phase schon allein durch die Faktoren Faschismus und Postfaschismus hinreichend erklärbar sind, sollen die erklärenden Gesichtspunkte, die – es sei daran erinnert – nur Hinweischarakter haben können, sich auf die erste und zweite Phase beziehen.

Unter sozialstrukturellem Aspekt zeigt sich, daß aus den gleichen Gründen, aus denen qualifizierte Arbeitergruppen sich für bürokratische Organisation entscheiden, sie auch Aktionsformen wählen, die von Großorganisationen – wenn sie geschaffen sind – einen angemessenen Gebrauch machen: intermediäre, ergänzend demonstrative. In die Organisationen werden kontinuierliche Ressourcen investiert, mit denen nicht leichtfertig und risikoreich operiert werden soll. Von daher die Neigung, den Schwerpunkt auf die organisationsvermittelten intermediären Aktionsformen zu legen, dabei die eigene Aktivität auf die interne Kontrolle der Vertreter zu konzentrieren und nur bei besonderen, wichtigen Anlässen – im organisierten Rahmen – demonstrativ tätig zu werden.

Zur Durchbrechung dieses Aktionsmusters kam es im gewerkschaftlichen Bereich bereits in den Jahren vor dem 1. Weltkrieg (Zunahme »wilder« Streiks), in den Demonstrationsstreiks während des Krieges, vor allem aber nach 1918, als demonstrative und direkt-koerzive Methoden rasch an Bedeutung gewannen. Die spontanen Demonstrationen, Betriebsbesetzungen, Aufstandsversuche wurden in starkem Maße von unqualifizierten Arbeitern getragen. Die KPD hat versucht, dieses aktivistische, zu direkter Aktion bereite Potential zu organisieren und es ist ihr auch in der Weimarer Republik erheblich besser als der SPD gelungen. Folgen waren aber u. a. eine hohe Mitgliederfluktuation und Widersprüche zwischen lang- und kurzfristigen, strategischen und putschistischen Perspektiven, zwischen denen die Partei hin und her schwankte.

Der Ressourcenaspekt ist bei den Ungelernten gekennzeichnet durch ihre leichte Ersetzbarkeit und besondere konjunkturelle Krisenanfälligkeit, durch schlechte Bezahlung und hohe Mobilität, durch einen Grad an Ressourcenknappheit also, der auf Protestaktivitäten mit raschem Erfolg drängt.

Unter dem Sozialisationsaspekt gilt, daß die Arbeitserfahrungen u. a. mehr durch rigide Kontrolle als durch verantwortungsvolle Kooperation bestimmt sind, daß Disziplin erzwungen, nicht freiwillig erbracht wird und daß auch die außerbetrieblichen Kommunikationserfahrungen durch Instabilität und unfreiwillige Mobilität geprägt werden. Dazu kommt, daß die Sozialisation durch Organisation weitgehend fehlt, wegen allgemeiner Distanz zur Organisation, wegen starker Fluktuation der Mitgliedschaft oder schlicht wegen des Alters. Das »Agitationsalter«, das die stärkste politische Entfaltung bedeutete, lag vor dem 1. Weltkrieg bei Gewerkschaften und SPD zwischen 25 und 35 Jahren (Schröder 1978: 218 f.) – durchaus in Übereinstimmung mit der Organisationspolitik und ihrer Facharbeiterperspektive. »Jugend« war aber ein vorherrschendes Merkmal derjenigen, die zwischen 1918 und 1923 die demonstrativen und koerziven Aktionen der Arbeiterbewegung getragen haben.

Gewerkschaften und SPD hatten sich auf den sozialstrukturellen Wandel innerhalb der Industriearbeiterschaft, der seit den 1890er Jahren zu einem starken Anstieg der Unqualifizierten führte, nicht eingestellt. »Die von den Gewerkschaften geforderte Organisationsdisziplin und die Alltagsbedürfnisse dieser (d. h. der geringer qualifizierten – J.R.) Arbeiter, deren Leben Instabilität und Mobilität kennzeichneten, konnten oft nicht miteinander in Einklang gebracht werden. Für sie, die schnelle Erfolge erwarteten, hatten die Verbandsleitungen, an deren Spitze viele altgediente Beamte standen, keine angemessenen Handlungsmodelle entwickelt. Die Strategie der Gewerkschaftsführer war auf langfristige Reformschritte programmiert und nicht auf kurzfristige und risikoreiche Aktionen. »(Langewiesche/Schönhoven 1981: 32)

Die Hypothese, daß die Aktionsformen auch mit der Radikalität der Ziele variieren, bestätigt sich auch für diesen Zeitraum. Im allgemeinen treten innerhalb der SPD Praktiker und Revisionisten für gemäßigte, Parteilinke für radikalere Aktionsformen ein. Da in den Jahren vor Beginn des 1. Weltkriegs, in denen der parteiinterne Konflikt über die Aktionsformen am stärksten war (vgl. die verschiedenen Wellen der Massenstreikdebatte seit 1905), in Partei und Gewerkschaften die reformistische Tendenz deutlich dominierte, kam es zu keinen Aktualisierungen des linken Drangs nach radikalerer Aktion. Daß einige Revisionisten (z. B. Frank, Bernstein) den

Massenstreik zur Durchsetzung des allgemeinen, gleichen Wahlrechts forderten, steht dazu nicht im Widerspruch: es ging um die einmalige Anwendung eines radikalen Aktionsmittels zur vollen Öffnung der institutionellen Einflußwege. Nach 1917 bzw. 1919 manifestierte sich der Konflikt über Aktionsformen entlang der drei Parteiorganisationen im Rahmen der Arbeiterbewegung. Auch in der Frauenbewegung tendierten die Linken in der Wahlrechtsfrage zu radikaleren Aktionsformen.

Auch nach 1918 gingen Radikalität der Ziele und der Mittel Hand in Hand. Die Radikalität der Aktion ist über einen längeren Zeitraum ein Indikator dafür, wie ernsthaft in einer Bewegung noch an radikale Ziele geglaubt wird. Früher als die ideologischen Äußerungen informieren die angewandten Aktionsformen über stattfindende Anpassungsprozesse. Reduzierung des Zielanspruchs und Mäßigung der Aktionsformen bedingen sich wechselseitig. Oft sind es Hemmnisse im Aktionsbereich, die längerfristig zur Zielreduktion führen.

Der Bezugsrahmen impliziert, daß auch Mobilisierung einen Einfluß auf die Wahl der Aktionsformen hat, die Diskussion über diesen Faktor ist aber außerordentlich kontrovers. Zur Debatte stehen vor allem die Variablen Stärke und Organisation der Bewegung.

Die Stärke der Bewegung wird meist über die Mitglieder- bzw. Aktivenzahl erfaßt. In der Literatur werden sowohl Stärke wie Schwäche von Bewegungen ursächlich für Gewaltneigung betrachtet: im einen Fall aus Selbstvertrauen und steigender Effektivität, im anderen Fall mangels wirksamer Alternativen. Nun gab es aber große Bewegungen mit Gewaltneigung (NS-Bewegung) und ohne Gewaltsamkeit (sozialdemokratische Arbeiterbewegung), das gleiche gilt für kleinere Bewegungen.

Beim Organisationsfaktor sieht es nicht besser aus. Die These (z. B. von Oberschall 1973: 339), daß die Gewaltanwendung um so geringer, je höher der Organisationsgrad, stimmt historisch einfach nicht – ungeachtet ihrer langen Tradition, die bei Michels bzw. seinen Aussagen über die mäßigende Funktion von Organisation beginnt. Nach 1918 werden große Organisationen Träger der Gewalt von unten.

Betont man nicht die Organisation als solche, sondern die Organisationsziele (z. B. Machteroberung vs. Machtanteil) als ursächlich für Gewalt, so mag das plausibel sein, löst aber nicht das Problem. In diesem Falle würde die Erklärung eben durch den Faktor »Ziele« getragen. Bleibt kein eigenständiger Erklärungsbeitrag für Mobilisierung?

Möglicherweise sind hier Hypothesen nur durch Historisierung möglich.

Danach wäre die Phase der Einführung und Erprobung relevanter politischer Partizipationsrechte (allgemeines, gleiches Wahlrecht) zugleich eine Phase der Organisationsbildung (Parteien) und der Gewaltminderung. Dies erklärt sich durch den Versuch, ein im Vergleich mit Gewalt kostenärmeres Partizipationsinstrument auszuschöpfen. Gleichzeitig dadurch, daß langjährige Mitgliedschaft in gewaltlosen Organisationen für einen Weg der Gewaltfreiheit sozialisiert. In Deutschland umfaßt diese Phase den Zeitraum von den 1860er Jahren bis zum 1. Weltkrieg.

Unter zwei Bedingungen ist auch nach Institutionalisierung der Partizipation eine »Rückkehr« zur Gewalt möglich. Die Gewaltanwendung ist in diesem Falle spontan oder bedient sich der Organisation (mit fluktuierender Mitgliedschaft).

1. Ein hoher Anteil durch Organisation nicht Sozialisierter. 1912 z. B. waren 21 % aller Arbeiter Gewerkschaftsmitglieder und nur 7 % Parteimitglieder (Osterroth/Schuster 1975, Bd. I: 152). Es waren vor allem Nicht-Organisierte, die nach 1918 spontan auch mit Gewalt tätig wurden. Später (KPD und NSDAP) neigten vor allem Mitglieder mit kurzer Organisationszugehörigkeit – die zugleich junge Aktive waren – zu gewaltsamer Aktion.
2. Defizite organisierter, sich intermediärer Methoden bedienender Politik, an wichtigen Politikmaterien erfahrbar.

Die vorindustrielle Gesellschaft war in Deutschland durch das Fehlen bzw. die nur kurzfristige Institutionalisierung von Vermittlungskanälen gekennzeichnet. Folge davon war das starke Gewicht demonstrativer und koerziver Aktionsformen. In der industriellen Phase werden Wahl-, Koalitions- und Informationsrecht institutionalisiert, die zu ihrer kontinuierlichen Nutzung die Bildung von Vermittlungsorganisationen nach sich ziehen: Parteien, Verbände, Presseredaktionen. Vor allem die erste Generation der Vermittlungsorganisationen erhält hohe Prämien für intermediäre Aktionsformen. Ohne etablierte Konkurrenz sind relativ rasche Erfolge möglich. Weil sich die Organisationen der Arbeiterbewegung in den 1860er Jahren ökonomisch und politisch sehr bald von den liberalen Organisationen, die nur einen kleinen Teil der Arbeiter mobilisiert hatten, lösten, hatten sie weniger mit der Bekämpfung etablierter Konkurrenz als mit der internen Mobilisierung der Klasse zu tun (Wahlbeteiligung 1871: 51 %).

Das änderte sich, als die SPD bis 1914 einen großen Teil der Arbeiterklasse als Wähler an sich hatte binden können, die Gewerkschaften eng mit ihr verbunden waren und die Parteipresse ein weites Wirkungsfeld auch von Nichtmitgliedern (vgl. Loreck 1977) erobert hatte. Politische Neuansätze fanden meist als Abspaltungen statt; Abspaltungen, denen es nicht gelang, Teile des Organisationsapparats mitzunehmen, waren von vorneherein geschwächt. Es lag nahe, die Defizite im etablierten Vermittlungssystem durch demonstrative und koerzive Aktionsformen zu kompensieren, deren objektive Funktion es auch war, die ressourcenaufwendige intermediäre Konkurrenz mit den etablierten Organisationen durch die schnelle, direkte Aktion zu ersetzen. Insofern ist das Anschwellen der demonstrativen und koerziven Aktion nach 1918 auch dadurch zu erklären, daß die Vermittlungskanäle besetzt waren (die SPD errang Januar 1919 37,9 % der Stimmen).

Das Aktionsmuster der sozialdemokratischen Bewegung im Kaiserreich folgt in bemerkenswertem Umfang den Spuren, die die Kontrollinstanzen für die soziale Bewegung gezogen haben. Der Schwerpunkt der politischen Aktivität lag auf den dafür vorgesehenen intermediären Aktionsformen des Wahlkampfs und der Parlamentsarbeit. Die tatsächliche oder vermutete Drohung mit Staatsstreichplänen von oben bekräftigte ein Verhalten, das darauf hinauslief, die Kontrollinstanzen nicht übermäßig zu reizen. Die repressive Praxis auf der Grundlage einer restriktiven Gesetzgebung im Versammlungs- und Demonstrationsbereich bzw. ein ausgebauter Repressionsapparat, einhergehend mit der »qualitativen Militarisierung der zivilen Zwangsapparate« (Lüdtke 1977: 210), zogen – je nach konkreten Umständen – die Grenzen enger oder weiter, aber immer so, daß das Risiko vor allem gewaltsamer koerziver Aktion sehr hoch erschien. Der politische Massenstreik wurde unter diesen Verhältnissen viel diskutiert, aber nicht praktiziert. Schon Straßendemonstrationen lagen normalerweise außerhalb des staatlichen Toleranzbereichs.

Nach 1918 kam es zu einer Explosion demonstrativer und koerziver Aktionsformen. In der ersten Revolutionsphase vom November/Dezember ausgesprochen gewaltarm: wenn die Herrschenden nicht kämpfen, gibt es keinen gewaltsamen Kampf! Ab Januar 1919, im Zusammenhang mit der ersten spontanen Aufstandsbewegung und vor allem ihrer Niederschlagung zog Gewalt in die deutsche Politik ein. Mit den Wahlen zur Nationalversammlung er- und behalten die intermediären Aktionsformen ihren Stellenwert in der Republik, demonstrative Aktionen begleiten sie. Wie aber erklärt sich die Gewaltsamkeit in der Frühphase der Weimarer Republik zwischen 1919 und 1923?

Die These lautet, daß das Zusammentreffen breiter Legitimitätszweifel mit zweifelhafter Repressionsstärke der Kontrollinstanzen einen Gutteil der

Erklärung tragen kann. Die Legitimitätszweifel kamen vom linken wie vom rechten Flügel. Auf der Linken gab es beim Zerfall des Kaiserreichs starke, aber rasch enttäuschte Erwartungen. Erwartungen materieller Art aufgrund der während des Krieges angestauten Unzufriedenheit, und Erwartungen politischer Art, die von einer Revolution mehr erhofften als die Festschreibung einer Parlamentarisierung der Exekutive. Der Sozialprotest politisiert sich nach dem Januar 1919 immer stärker. Er drückt nun eine doppelte Unzufriedenheit aus. Er findet sich nicht ab mit dem revolutionären Vollzugsdefizit (Sozialisierung, Heeres- und Bürokratiereform etc.) und mit der brutalen Niederschlagung der Linken durch Freikorps und Regierungstruppen auf Geheiß der sozialdemokratischen Regierung. Der Legitimitätszweifel von links bezog sich auf die regierende Sozialdemokratie und mit ihr auf die entstehende Republik. Die SPD sank in ihrem Wähleranteil zwischen Januar 1919 und Juni 1920 von 37.9 % auf 21.7 %.

Die Legitimitätszweifel von rechts richteten sich gegen die »Freiheiten«, die den Linken in der Republik gewährt wurden, gegen die Sozialdemokraten und gegen die Republik als solche. Die Freikorps waren der aggressive Ausdruck dieser Legitimitätszweifel, die sich auf der Ebene der Wahlen im Anstieg des rechten Stimmenpotentials zeigten (DVP und DNVP verdoppelten ihren Anteil von Januar 1919 bis Juni 1920 von 14.7 % auf 29.0 %).

Die Legitimitätszweifel sind die eine Grundlage für linke wie rechte Aufstandsversuche bzw. Putsche und den Terror von rechts. Sie bedürfen aber, um wirksam zu werden, der Verbindung mit starken Zweifeln an der Repressionsstärke der Kontrollinstanzen. Dafür gab es Grund. Der Zusammenbruch der stärksten Militärmacht der Welt schuf ein Vakuum, das die radikale Linke und Rechte zu besetzen suchten. Die Freikorps zerschossen etwa vorhandene Illusionen der Linken über eine grundlegende Schwäche der Gegner, aber – wie der Kapp-Putsch zeigt – waren auch die Rechtskräfte zur alleinigen Übernahme der staatlichen Kontrollinstanzen nicht stark genug.

Die relative Schwäche von Militär und Polizei wurde dadurch forciert, daß in der Niederlage massenhaft Waffen angeeignet wurden, so daß der Staat sein Waffenmonopol verlor. Eine zusätzliche Schwächung der Kontrollinstanzen resultierte aus ihrer politischen bzw. administrativen Spaltung (heterogene Koalitionsregierungen, Divergenzen zwischen und innerhalb von Reichswehr und Polizei).

Die Folgen der relativen Schwäche der Weimarer Kontrollinstanzen waren ungleich für die im koerziven Bereich wesentlich auf Massenstreiks angewiesene Linke und für die Rechte mit ihrem privilegierten Zugang zu den Gewaltapparaten. »Der Staat – dies war die eindeutige Lehre des Kapp-Putsches und der dadurch ausgelösten Streik- und Aufstandsbewegung – verfügte im Falle gewaltsamer Angriffe von 'rechts' über kein zuverlässiges Machtinstrument; beim Gewalteinsatz gegen 'links' war er sich dagegen des Militärs sicher.« (Ludewig/Pollmann 1983: 141) Diese Rechtslastigkeit der Gewaltapparate hat wesentlich zur Entfremdung der Linken von der Weimarer Republik beigetragen, ohne der Rechten – die ihre Macht mit demokratischen Parteien teilen mußte – zu genügen. Das Andauern der auch gewaltsamen Auseinandersetzungen zunächst bis 1923 läßt sich damit erklären, daß diese Kräftekonstellation erst gelernt werden mußte. Nach 1923 war die Linke – von Aktivitäten der Kommunisten abgesehen – zu einer wirksamen Gegenwehr gegen die Rechtskräfte nicht mehr in der Lage.

Die Stabilisierungsphase ließ die intermediären Aktionsformen wieder stärker als vorher und nachher hervortreten. Vor allem der vorübergehende wirtschaftliche Erfolg trug zu einem begrenzten Legitimitätszuwachs von System und Regierung bei, Grundprobleme und Grundkonstellation blieben aber unverändert.

Woher das Wiederaufleben der Gewaltsamkeit in der Endphase? Die Form der Gewalt war verändert. Keine Gruppe verfolgte aktiv und konsequent eine Strategie des bewaffneten Aufstands. Dafür nahm der politische Alltagsterror zu. Die Linke war zu schwach für eine Offensive, die radikale Rechte hatte inzwischen eine Strategie gewählt, die einen effizienteren Gebrauch der vielfältigen, ihr zugänglichen Ressourcen machte – wozu die Neutralität der bewaffneten Macht gehörte.

Die Wirtschaftskrise seit 1929 verstärkte die nur kurzfristig latenten Legitimitätszweifel auf der Rechten und der Linken. Wo sie am stärksten waren, war auch die Gewaltbereitschaft am größten: bei den Nationalsozialisten und den Kommunisten. Ihr Stimmenanteil lag im November 1932 bei 33.1 % bzw. 16.9 %. Die Regierung war schon seit 1930 ohne parlamentarische Mehrheit. Die Legitimitätszweifel hatten sich radikalisiert. Auch die Repressionsstärke blieb zweifelhaft – in erster Linie gegenüber der Rechten. Zwar waren die Gewaltapparate stark genug, um einen direkten Angriff niederzuhalten. Sie waren aber zu schwach, um den Terror der paramilitärischen Parteiverbände unter Kontrolle zu bringen. Nachdem der Rotfrontkämpferbund schon 1929 verboten worden war, gelang das Verbot von SA und SS erst 1932 – und war nach wenigen Monaten schon wieder aufgehoben. Die staatlichen Kontrollinstanzen waren nicht zu schwach gegenüber der Rechten – sie wollten es sein. Sie teilten mit ihnen wesentliche Elemente des Legitimitätsglaubens und das waren keine demokratischen.

Zunahme und Radikalisierung des rechten Legitimitätszweifels verflochten sich mit dem Zweifel an Fähigkeit und Bereitschaft des Staates zur Repression gegenüber der Rechten. Die Zangenbewegung von Terror und intermediärer Gewalt umging die Probleme, die mit dem bewaffneten Aufstand verbunden waren.

Die Annahmen, daß Repression effektiv sei (Tilly, Ch. et al. 1975: 285: »repression works«) oder daß nach einer gemeinsamen Steigerung von (revolutionärer) Bewegungs- und Staatsgewalt sich auf längere Sicht letztere durchsetzt (Greene 1974: 111), vernachlässigen den Faktor, der in der Demokratie die Anwendung von Gewalt so entscheidend beeinflußt: die Verteilung bzw. Richtung der Legititmität.

10.3.3 Nachindustrielle Phase[30]

Veränderte Umweltbedingungen, neue Trägergruppen und Themen und der Typ projektorientierter Mobilisierung ziehen notwendig auch ein verändertes Grundmuster der Aktionsformen nach sich. Streik und Wahlkampf, wichtige Aktionsformen der industriellen Phase, können das Aktionsrepertoire der neuen sozialen Bewegungen nicht mehr charakterisieren. Es ist ein neues Priorisierungsmuster entstanden, das die demonstrativen und gewaltfrei-koerziven Aktionsformen in den Mittelpunkt rückt und um intermediäre Aktionsformen ergänzt. Dem liegt eine Abkehr von Aktionsformen zugrunde, die bei früheren Bewegungen einen hohen Stellenwert hatten. So eindeutig sich eigenständige Erklärungsfaktoren für die neuen Aktionsmuster finden lassen, so sehr spielt auf der intentionalen Ebene doch auch die Auseinandersetzung mit dem Aktionsrepertoire früherer Bewegungen eine Rolle.

Das gilt für die intermediären Aktionsformen, die in der Einschätzung der Basisaktiven schlecht wegkommen. Der Bürokratisierungsdruck, der von der institutionalisierten Konkurrenz auf die Organisation ausgeübt wird, diskreditiert mit dem bürokratischen Organisationstyp auch die intermediären Aktionsformen. Die Arbeiterbewegung mit ihrer über lange Zeit ausgeübten intermediären Selbstbescheidung ist seit den frühen 60er Jahren der Adressat dieser Kritik. Dazu kommt das geringe Wandlungspotential intermediärer Aktionsformen. Wahlkampf bleibt, so sehr sich die technischen Vermittlungsformen ändern, eben Wahlkampf.

Eine weitere Abgrenzung richtet sich gegen die planmäßig- gewaltsame direkte Aktion. Organisierte und prinzipiell legitimierte Massengewalt taucht im Aktionsrepertoire der neuen Bewegungen nicht auf. Zwar ist Gewalt nicht verschwunden, aber Umfang, Struktur und Funktion haben sich gegenüber der Weimarer Republik grundlegend gewandelt. So ist sie, wo sie vor allem an den Rändern der Bewegungen auftritt, fragmentiert und in ihrem Gebrauch überwiegend symbolisch. Gewalt ist kein integraler Bestandteil der neuen Bewegungen, wie sie es in den radikalisierten Machteroberungsbewegungen der 1920/30er Jahre war. Im Gegenteil: Die Hauptströmungen in den neuen sozialen Bewegungen sind durch explizite Programme der Gewaltlosigkeit charakterisiert.

An Boden gewonnen haben demonstrative Aktionsformen. Sie haben quantitativ zugenommen und sich qualitativ vor allem in Richtung größerer Vielfalt und Expressivität gewandelt. Demonstrationen stellen eine wesentliche Aktionsform hochmobiler, aber nicht beständiger Trägergruppen dar. Aber ihre Grenzen sind bewußt: sie sind eben nur demonstrativ, d. h. in ihrer Wirkung ausschließlich vom guten Willen anderer abhängig.

Ziviler Ungehorsam als bewußt regelverletzende, aber gewaltlose Aktionsform wurde von den neuen sozialen Bewegungen zwar nicht erfunden (so gehörte z. B. schon der nicht-legale Streik dazu), aber in die kontinuierliche Bewegungspraxis aufgenommen. Dies ist – vergleichend betrachtet – die wesentliche Innovation der neuen Bewegungen im Aktionsbereich. Bewegungen, die sich von systematischer Gewaltpolitik abgrenzen und skeptisch gegenüber intermediären Aktionsformen sind, die darüberhinaus die Begrenztheit nur demonstrativer Aktion im System repressiver Toleranz erfahren, brauchen – wollen sie nicht zahnlos bleiben – ein Mittel, mit dem sie dem Gegner Kosten verursachen können. Ziviler Ungehorsam, als eine intensivierte demonstrative Aktionsform, entspricht diesen Bedürfnissen der neuen Sozialbewegungen: nicht bürokratisch-repräsentativ überformt wie die intermediären Aktionsformen, nicht gewaltsam-koerziv und nicht nur demonstrativ. Ziviler Ungehorsam ist eine Mut und Risikobereitschaft erfordernde Aktionsform, angewendet von einer Trägerschaft, die jedenfalls nicht aus Sorge um die Erhaltung der Organisation am Gebrauch riskanterer Aktionsformen gehindert ist.

Insgesamt wird ein Aktionsrepertoire erkennbar, das nicht auf Machteroberung zielt, sondern auf punktuelle Intervention und bewegliche Verteidigung. Das Konzept ist von der Einseitigkeit einer primär institutionellen Strategie weit entfernt, eher schon kann es von einer antiinstitutionellen Position infrage gestellt werden. Letztere hatte noch die Studentenbewegung bestimmt und beeinflußt z. B. relevante Teile der Alternativ- und Frauenbewegung. Dieser Antiinstitutionalismus ist aber doch nicht so stark, daß er bisher die Gesamtbewegung vom Gebrauch institutioneller Mittel abhalten konnte. Aufs Ganze gesehen läßt sich so von einer eingeschränkten mehrdimensionalen Strategie sprechen. In charakteristischem Unterschied zur Machteroberungsstrategie ist das Aktionsmuster schwach bei der durch bürokratische Großorganisation vermittelten intermediären Aktion und bei der planmäßigen, organisationsgetragenen Gewaltpolitik.

Daß es sich nicht um eine Machteroberungsstrategie handelt, wird auch an zwei weiteren Elementen sichtbar. Die neuen sozialen Bewegungen haben keinen einheitlich definierbaren Gegner. Man könnte auch sagen: sie haben zu viele Gegner, als daß einer hervortreten würde. Gegner in Wirtschaft und Politik, »oben« wie »unten«, in den Apparaten und außerhalb, aber gleichzeitig haben sie in all diesen Bereichen auch Unterstützung. Dem ad hoc-Träger entspricht der ad hoc-Gegner. Wer so viele (potentielle) Gegner hat, kann auch kein einheitliches und stabiles Feindbild aufbauen, das Machteroberungsbewegungen bisher begleitet hat.

Zum zweiten ergeben sich Grenzen aus dem Schwerpunktbereich der Problementstehung, der soziokulturellen Sphäre. Sie führt zu »weicheren« Aktionsformen. Weil die Bewegungen Staat und Gesellschaft nicht erobern wollen, müssen ihre Aktionsformen auch nur begrenzt auf Funktionserfordernisse dieser Bereiche zugeschnitten sein.

Die Absicht bei der Benutzung *intermediärer* Aktionsformen folgt mehr einer Strategie der Omnipräsenz als einer der Omnipotenz. Die aus der Studentenbewegung nachwirkende Fundamentalkritik intermediärer Aktion schafft starke innere Reserven gegenüber Wahlkampf, Parlamentsarbeit etc. Wo die Arbeit in den Institutionen für notwendig gehalten wird, wird zugleich der hohe Stellenwert direkter Aktion betont: die Stellvertreter sind – an sich – gegen Stellvertreterpolitik. Die Grenzen eines alternativen Gebrauchs institutioneller Einflußwege sind – zumal in der stark regulierten deutschen politischen Kultur – sehr eng gezogen. Institutionelle Abweichungen (z. B. Rotation, imperatives Mandat) stoßen sich an sachlichen Erfordernissen der Politik mindestens auf nationaler Ebene. Ein »Parlamentarier aus Leidenschaft« paßt – noch (?) – nicht in das Erscheinungsbild der neuen Bewegungen.

Die *demonstrativen* Aktivitäten sind trotz immanenter Grenzen eine zentrale und unverzichtbare Aktionsform der neuen Bewegungen. Sie wurden der Struktur dieser Bewegungen angepaßt. Der Partizipationsschub seit der Mitte der 60er Jahre manifestierte sich im Wiederaufleben von Demonstrationen. Hohe Partizipationsbereitschaft der Aktiven und geringe Organisationsverfestigung sind zwei bei den neuen Bewegungen gegebene Voraussetzungen, die sich mit der Demonstrationsform gut vereinbaren lassen.

Demonstrationen werden heute von einer Vielfalt von Trägergruppen getragen. Aufgrund der Autonomie der Teilgruppen ist die Berechenbarkeit von Demonstrationen geringer geworden. Spontaneität und Expressivität sind Teilnehmerbedürfnisse, die zur Disziplin und rigiden Zweckbezogenheit der Demonstration während der industriellen Phase im Gegensatz stehen. Auch Kundgebungen, in der Regel am Ende einer Demonstration im Sinne eines »Umzugs«, sind durch eine stärkere Pluralisierung der Rednerschaft – die der Teilnehmerschaft widerspiegelnd – geprägt.

Es kommt zu einer Renaissance von Volksversammlungen. Manchmal sind diese offenen Versammlungen wirklich – wie in der vorindustriellen Periode – Zusammenkünfte und Beratungen des lokalen bzw. regionalen »Volkes« (z. B. in Whyl oder Mörfelden). Gelegentlich vereinen sie aber nur Teilpopulationen (z. B. Studenten). Das Zurücktreten von Großorganisationen gibt diesem Aktionstyp überhaupt erst wieder eine Chance. Trotz informeller Steuerungsbemühungen ist die Offenheit dieses Typs erheblich höher einzuschätzen als bei Parteiversammlungen.

Unterschriftensammlungen, gemeinsame öffentliche Erklärungen etc. haben – so scheint es – eine neue Bedeutung erhalten, die sie in der Phase großorganisatorischer Mobilisierung und Aktion eingebüßt hatten. Die schwache Organisationsstruktur der neuen Bewegungen verschafft ihnen zumindest eine Funktion in Bezug auf die Aktiven (Identifizierung, Aktivierung etc.); die öffentliche Wirkung ist schwierig abzuschätzen.

Markant für die neuen Bewegungen ist der Variantenreichtum sonstiger demonstrativer Aktionsformen: Mahnwache, Menschenkette, Straßentheater, Rollenspiel, Happening, Fahrrad- oder Bootsdemonstration, symbolische Umbenennung von Straßen oder Plätzen, »Fastendemonstration« etc. Einerseits Ausdruck der Phantasie der Akteure, sind sie andererseits notwendig, um als Bewegung im harten Kampf um öffentliche Aufmerksamkeit bestehen zu können.

Demonstrative Aktionen sind unverzichtbar, weil sie für die Teilnehmer kostenintensiver und identifikationsträchtiger als Wahlbeteiligung, aber weniger kostenintensiv als koerzive Aktionen sind. Von der Dramaturgie her stellen sie eine Vorstufe zur koerziven Aktion dar, die einen höheren Dringlichkeitsgrad hat und den Gegner mit Nachteilen bedroht.

Bei der *koerziven* Aktion ist die Bedeutung der gewaltlosen Formen gewachsen. Darunter sind zunächst legale Aktionen zu fassen, die in der

Theorie gewaltfreier Aktion als »legale Nichtzusammenarbeit« charakterisiert werden, dann aber auch die illegal-gewaltlosen Aktionen, die unter dem Stichwort des zivilen Ungehorsams in der Diskussion sind.

Die Übernahme einiger Begriffe aus der gewaltfreien Strategie bedeutet nicht notwendig, daß die Philosophie der Gewaltfreiheit mit übernommen werden muß – weder in der Theorie noch in der Praxis. Die Theorie sozialer Bewegung macht Gebrauch von der stark differenzierten Aktionslehre des Gewaltfreiheitsansatzes. In der Praxis entsprechen diejenigen, die sich gewaltloser Aktionsformen bedienen, nicht zwingend der konsequenten Brüderlichkeitsethik der Gewaltfreien. Sie mögen ein anderes Bild vom Gegner haben (z. B. von dessen Veränderbarkeit), eine andere Einschätzung von Aggressivität in der Politik, weniger prinzipielle Vorbehalte hinsichtlich Übergängen zu Gewaltformen von Politik etc., und können doch eine deutliche Tendenz zu gewaltlosen Aktionsformen haben. Eine Minderheitsrolle der strikt Gewaltfreien (und auch prinzipiellen Gewaltbefürworter) und eine Mehrheit von – aus humanitären oder pragmatischen Motiven – (überwiegend) Gewaltlosen scheint die Lage bei den Aktiven der neuen Bewegungen zu kennzeichnen.

Von den gewaltlosen Aktionsformen enthält der *Boykott* heute ein Handlungspotential, das lebensweltlich-defensiven Intentionen von Teilen der neuen Bewegungen entgegenkommt. Dabei geht es um die gezielte Nichterfüllung einer gut verankerten Rollenerwartung. Diese Weigerung der Zusammenarbeit kann sich im Rahmen der Legalität bewegen, wie z. B. ein koordinierter Verbraucherboykott (gegen Fahrpreiserhöhungen, Produkte aus Südafrika oder Kriegsspielzeug beispielsweise), ein Vorlesungsboykott von Studenten zur Verfolgung hochschulpolitischer Ziele, ein Wahlboykott dort, wo keine gesetzliche Wahlpflicht besteht (obwohl es in der Bundesrepublik – bei stark verankerter informeller Wahlpflicht – bisher keinen relevanten Wahlboykott gab) – alles Handlungen, die nicht oder nur begrenzt bzw. auf Umwegen (Verletzung der Straßenverkehrsordnung, von Rechten Dritter etc.) sanktioniert werden können.

Boykott spielt auch im Bereich der illegal-gewaltlosen Aktionsformen eine Rolle. Einbehaltung militärisch genutzter Steuern (»Kriegssteuerboykott«) oder von Gebühren, die zum Bau von Atomkraftwerken verwandt werden (»Stromzahlungsboykott«), sind ebenso in der Bundesrepublik praktizierte Beispiele wie die Aufforderung, sich nicht an einer Volkszählung zu beteiligen. Die Blockade (z. B. von militärischen Einrichtungen), die vorübergehende Besetzung eines Gebäudes, Bauplatzes etc. ebenso wie ein Sit-in verletzen Gesetze, wobei politische Führung, Polizei und Justiz

Spielräume bei der Sanktionierung haben (z. B. Nötigung oder Verletzung der Straßenverkehrsordnung).

Kriegsdienstverweigerung ist in den meisten Ländern eine Form zivilen Ungehorsams. In der Bundesrepublik, wo sie grundrechtlich verankert ist, kann sie dennoch als legalisierte Form der Nichtzusammenarbeit in einem für den nationalen Machtstaat existientiellen Bereich charakterisiert werden. Obwohl der Zivildienst gewissermaßen eine ersatzweise Pflicht zur Zusammenarbeit institutionalisiert, zeigt der Kampf um Modalitäten (Dauer, Inhalte etc.), um den Umfang der Beteiligung Wehrpflichtiger, um moralische Unterstützung etc., daß dies auch bei Legalisierung ein Kampffeld zwischen Staat und Friedensbewegung geblieben ist. Dies gilt noch mehr für die sogenannte Totalverweigerung, die auch in der Bundesrepublik eine Form des zivilen Ungehorsams darstellt.

Das Konzept des *zivilen Ungehorsams* hat inzwischen eine breite wissenschaftliche Diskussion gefunden. Nur zwei Punkte sollen – soweit sie zur Charakterisierung dieser Aktionsform beitragen – hier kurz angesprochen werden: Legitimation und Wirkungsweise zivilen Ungehorsams. Die demokratische Legitimation zivilen Ungehorsams ist in einem System unproblematisch, das durch Fremdherrschaft (Beispiel Indien) oder Minderheitsherrschaft (Beispiel Südafrika) bestimmt ist. In Demokratien stößt ziviler Ungehorsam schon bei offenkundiger Verletzung von Menschenrechten auf starken Widerspruch (z. B. Sklaverei, Vorenthaltung von Bürgerrechten für Minderheiten). Noch umstrittener wird ziviler Ungehorsam dort, wo Interssenkonflikte auftreten (z. B. Industrialisierung vs. Naturschutz) oder Kontrahenten sich mit gegensätzlicher Politik auf gleiche Menschenrechte berufen (z. B. pro und contra Atomwaffen zum Schutz des Lebens). Charaktcristisch ist deshalb, daß zur Legitimation von zivilem Ungehorsam in der Demokratie Kataloge entwickelt werden, die die Geltungsbedingungen für dieses Herrschaftssystem spezifizieren sollen (vgl. z. B. Rawls 1979: 409 ff.; Habermas 1983: 34 ff.; Jochheim 1984: 54 f., 200).

Das wichtigste allgemeine Argument für zivilen Ungehorsam scheint mir die Annahme, daß auch in der Demokratie Legalität und Legitimität auseinanderfallen können, ohne daß das demokratische System als solches in Gefahr wäre (für diesen Fall gibt es ja in der Bundesrepublik ein institutionalisiertes Widerstandsrecht). Legitimität wird dabei an Menschenrechten und dem Schutz des künftigen Lebens gemessen und von Minderheiten aus Gewissensgründen gegen bestehende Legalität reklamiert.

Historisch drückt sich daran eine Verlagerung von der Alternative

Demokratie oder Diktatur (die z. B. in Weimar noch zentral war) zu der Alternative authentische oder deformierte Demokratie aus. Bei verringerter Infragestellung der Formalgeltung von Demokratie wird damit die Aufmerksamkeit gelenkt auf Menschenrechtsverletzungen in demokratischer Form und auf Partizipationsdefizite im Rahmen der Demokratie. Die Akzeptierung ausgewiesener Geltungsbedingungen zivilen Ungehorsams in der Demokratie (die allerdings enger oder weiter ausfallen können) scheint mir normativ naheliegend und für die Wirksamkeit solcher Aktionsformen (u. a. über die Unterstützung liberaler Öffentlichkeit) unerläßlich.

Die Wirkungsweise zivilen Ungehorsams erlaubt ebenfalls Rückschlüsse auf die neuen Bewegungen. Zum einen macht sie deren relative Schwäche insofern deutlich, als ziviler Ungehorsam – obwohl »direkte Aktion« – ganz überwiegend auf einen indirekten Wirkungsmechanismus setzt. Im Kern bleiben illegal-gewaltlose Aktionsformen in ihrer Wirkung davon abhängig, daß die Herrschaftsträger ihre Politik ändern. Tun sie dies nicht, müssen sie zwar aufgrund von Aktionen zivilen Ungehorsams Nachteile in Kauf nehmen (Verlust moralischer bzw. demokratischer Glaubwürdigkeit oder von Autorität bzw. von Kontrollfähigkeit), aber ihre Herrschaftsgewalt wird nicht unmittelbar angetastet.

Zweitens wird in der Wirkungsweise zivilen Ungehorsams die Ambivalenz der Bewegungen zwischen Macht- und Kulturorientierung sichtbar. Bei Anhängern der Gewaltfreiheitsphilosophie sind kulturorientierte Tendenzen ausgeprägt, insofern sie auf die Vernunft- und Moralfähigkeit der Herrschenden setzen und sie durch eine Mischung von Argumentation und Opferbereitschaft von der politischen Alternative intellektuell, emotional und moralisch *überzeugen* wollen. Die machtorientierten Tendenzen würden eher auf den Wirkungsmechanismus Macht setzen und Erfolg nur insofern für möglich halten, als den Kontrollinstanzen – bei realistischer Einschätzung – massiver Entzug von Unterstützung (Wähler z. B.) oder von Kontrollfähigkeit (z. B. durch Störung von »Ruhe und Ordnung«) angedroht werden kann. Solche Grundorientierungen, mit ihren unterschiedlichen Einschätzungen von Werten und Macht im Prozeß der Meinungsbildung, führen auch zu voneinander abweichenden Gesamtstrategien.

Gewaltsame Mittel koerziver Aktion verschwinden nicht, aber Bedeutung, Erscheinungsform und Funktion verändern sich. Von Bewegung ausgehende *Gewalt* ist – unter dem Gesichtspunkt ihrer quantitativen Bedeutung – stärker als in der postfaschistischen Periode, aber erheblich schwächer als in der Zeit nach 1919, die durch das Wirken totalitärer Bewegungen bestimmt war.

Die Erscheinungsformen von Gewalt sind stark verändert:

- Gewalt ist fragmentiert, d. h. sie ist nicht für die Gesamtheit der Bewegung charakteristisch, sondern tritt unregelmäßig bei Teilgruppen auf. Sie ist nicht Teil bürokratischer Großorganisation, sondern Aktionsmittel von Kleingruppen und einzelnen. Der mainstream der neuen Bewegungen versteht und bekennt sich als gewaltlos, in Teilen dem strengeren Konzept der Gewaltfreiheit folgend.
- Gewalt ist wieder stärker situationsbezogen. Sie ergibt sich z. B. an den Reibungsflächen von Polizei und Demonstranten, Besetzern etc. und ist nicht systematisch geplant.
- Programmatische, geplante und organisierte Gewalt (z. B. Grohnde) tritt am ehesten im Umkreis kommunistischer Kaderorganisationen auf, wie sie aus dem Verfall der Studentenbewegung hervorgegangen und Bestandteil der neuen Bewegungen geworden sind, ohne sie zu beherrschen.

Mit diesen Erscheinungsformen hat sich auch die vorherrschende Funktion von Gewalt geändert. Hobsbawm (1977: 292 ff.) charakterisiert die »neue Art von Gewalt« durch ihren Mangel an Zweckbindung, d. h. als eher expressive Akte, die als »Aktionsersatz« fungieren bzw. der »subjektiven psychologischen Entlastung« dienen.

Bedeutsamer als in früheren Bewegungen wurden Aktionsformen, die hier nicht weiter differenziert, sondern unter dem Begriff der »*Selbsthilfe*« zusammengefaßt worden sind. Dabei gründen die Aktiven einen alternativen Betrieb, betreiben ein Frauenhaus, sind in einem Kinderladen tätig etc. Beywl/Brombach (1984) unterschieden Basisgruppen nach den Handlungsformen Selbsthilfe und Widerspruch. Auch wenn nicht alle Selbsthilfegruppen (z. B. im Gesundheitsbereich) sich als Teil der neuen Bewegungen verstehen werden, zeigt doch die Verteilung zwischen Selbsthilfe- und Widerspruchsgruppen (ca. 60:40 %), wie stark in diesen Bewegungen der Versuch ausgeprägt ist, durch eigene Aktivitäten in kleinen Gruppen bei bedrängenden Problemen Abhilfe zu schaffen.

Es soll wenigstens der Versuch gemacht werden, Erklärungsfaktoren für solche sich abzeichnende Aktionsmuster zu benennen. Diese Überlegungen sind in besonderem Maße hypothetisch und sie werden kurz sein, weil sie z. T. schon bei der Erklärung des projektorientierten Mobilisierungstyps angesprochen wurden (9.4.3) und weil die Analyse der neuen Bewegungen (17.) hier nicht vorweggenommen werden kann. Was bleibt zu erklären?

1. Die Verschiebung in den drei grundlegenden Aktionsformen: Bedeutungsverlust der intermediären und gewaltsam-koerziven und Bedeutungszunahme der demonstrativen und gewaltlos-koerziven Aktionsformen. Da ziviler Ungehorsam als in der Intensität gesteigerte demonstrative Form verstanden werden kann, steht im Mittelpunkt also das gewaltlos-demonstrative Handeln.
2. Die Zunahme von Aktivitäten der Selbsthilfe.
3. Veränderte Erscheinungsformen von Bewegungsaktionen:
   a) Verschiebung vom Produktions- zum Reproduktionsbereich. Streik und Boykott im Produktionsbereich, wichtige Mittel der Arbeiterbewegung, spielen für die neuen Bewegungen keine Rolle. Politischer Streik liegt aus dem gleichen Grund mangelnder Verankerung im Produktionsbereich außerhalb der Möglichkeiten der neuen Bewegungen. Demonstration, Boykott im Konsum- und Ausbildungsbereich, Blockade, Besetzung (mit Ausnahme der allerdings »von außen« intervenierenden Bauplatzbesetzung) und Selbsthilfeaktivitäten (mit Ausnahmen bei der alternativen Ökonomie) sind außerhalb der Produktionssphäre, im Grenzbereich von soziokultureller und politischer Sphäre angesiedelte Aktionsformen.
   b) Dezentralisierung der Aktionsformen. Wenngleich vor allem im Rahmen der Friedensbewegung einige zentrale Aktionen stattfanden, sind die Aktionsformen insgesamt tendenziell dezentral. Auch dies ist ein Unterschied zu Streik und Wahlkampf oder von Parteivorständen initiierten Demonstrationen.
   c) Konkretheit der Aktionsformen. Gegenüber gewissermaßen abstrakten Aktionsformen, die das mit ihnen verfolgte Ziel nicht unmittelbar sichtbar machen können (z. B. politischer Streik, Wahlkampf, bewaffneter Aufstand), dominiert die Absicht, in der Aktion selbst das Ziel sichtbar zu machen (z. B. ein Boykott mit seiner unmittelbaren Produktkritik oder die Blockade des inkriminierten Objekts).

Die Massenintelligenz als soziale Trägergruppe der neuen Bewegungen kann beitragen zur Erklärung demonstrativer und symbolischer Aktionsformen, die stark auf die Wirkung von Argumenten und Überzeugungen setzen. Auch ziviler Ungehorsam verläßt nicht die Bahnen solcher Überzeugungsarbeit. Wie weit – einem klassischen Muster folgend – Marginalisierung in höherem Maße zu den neuen Formen der Gewaltsamkeit disponiert, kann nur die empirische Feinanalyse zeigen.

Der Problem- bzw. Zielaspekt war sehr wichtig zur Erklärung des

Mobilisierungstyps, er ist es auch bei den Aktionsformen. Es fehlt im soziokulturellen Bereich der archimedische Punkt einer Strategie, wie sie für die Wirtschaft in den Produktionsverhältnissen und für die Politik im Herrschaftssystem und/oder Herrschaftsträgern vermutet werden kann. Vielfalt, Heterogenität und Nichthierarchisierbarkeit der Themen entsprechen Flexibilität und Pragmatismus in der Auswahl der Aktionsformen. Die Bedeutung von Fragen soziokultureller Identität korrespondiert mit der Zunahme von Selbsthilfeaktivitäten und den drei Merkmalsausprägungen der Aktion (reproduktiv, dezentral, konkret). Aus »Lebens- bzw. Überlebens«-Fragen läßt sich eine besondere Legitimation sowohl für illegale wie für gewaltlose Aktionsformen ableiten.

Die dezentral-partizipatorische, unbürokratische Mobilisierungsweise legt Aktionsformen nahe, die dem einzelnen bzw. der Kleingruppe einen großen Spielraum zur Eigenaktivität und Selbstgestaltung lassen. Selbsthilfe und die Merkmale der Dezentralisierung und Konkretheit kommen diesen Bedürfnissen entgegen.

Verschiedene Erklärungshinweise ergeben sich aus dem Vermittlungssystem. Zunächst führt die Diskrepenz zwischen repräsentativ-bürokratischen, »verharschten« Vermittlungsstrukturen auf der einen, dem angewachsenen Partizipationspotential auf der anderen Seite zur Suche nach Möglichkeiten folgenreicher Partizipation, für die Selbsthilfe oder ziviler Ungehorsam attraktiv sind. Die Krise der Wahldemokratie zeigt sich nicht nur in ihren anspruchslosen Partizipationsmöglichkeiten, sondern auch in den begrenzten Wirkungen der Wahl, was sich z. B. an den insgesamt geringen Output-Differenzen unterschiedlicher Parteirichtungen ablesen läßt (Schmidt, M. G. 1980, 1982). Die Krise der »Demonstrationsdemokratie« (Etzioni 1970), d. h. das Leerlaufen unverbindlich-appellativer Formen, führt zur Intensivierung demonstrativer Aktionsformen bzw. ihrer Verbindung mit Elementen des Zwangs. Auf die besondere Resonanzfunktion der modernen Massenmedien wurde bereits hingewiesen. »Unkonventionelle«, spektakuläre Aktionsformen sind für sie sicherlich besonders attraktiv, wenn es auch schwierig ist, damit die Aufmerksamkeit der Medien zu stabilisieren bzw. sich der Eskalationsspirale zu entziehen.

Zum Erklärungsfaktor Kontrolle seien nur drei Aspekte hervorgehoben. Erstens der Gewaltzuwachs des Staates, der ihn bei direkter Konfrontation mit der Bewegung hochüberlegen macht und deshalb die Entwicklung beweglicherer Aktionsformen nahelegt. Zweitens der Verlust an Steuerungskapazität des Staates, der einerseits Tendenzen der Selbsthilfe verstärkt, andererseits staatliche ad hoc-Reaktionen begünstigt, wobei spektakuläre Aktionsformen zwar keine Garantie, aber eine gewisse Chance haben, vermehrte Aufmerksamkeit zu finden. Drittens die Anfälligkeit fortgeschrittener Industriegesellschaften gegenüber einer Politik unberechenbarer Protestaktionen, punktueller Störungen und Nadelstiche; reagiert der Staat flexibel, wird er von rechts der Schwäche bezichtigt, versucht er unter diesen Bedingungen, absolute »Ordnung« zu garantieren, wird er zum Polizeistaat.

10.4 Zusammenfassung

Aktion vermittelt die mobilisierten Teile der Bewegung mit ihrer Umwelt, um diese zu verändern. Kulturorientierte Bewegungen entwickeln eine gesellschaftliche Strategie, die primär auf Selbsthilfe gerichtet ist. Machtorientierte Bewegungen dagegen müssen sich bei der Verfolgung ihrer politischen Interventionsstrategie intensiv mit staatlich-politischen Instanzen auseinandersetzen, an denen für sie kein Weg vorbeiführt.

Zur Unterscheidung politischer Aktionsformen wurde eine Systematik vorgeschlagen, die nach der strategischen Intention der Akteure differenziert. Institutionsgebundene, intermediäre Aktionsformen stehen direktkoerziven Formen gegenüber, die an der institutionalisierten Willensbildung vorbei durch Formen des Zwangs – gewaltsam oder gewaltlos – unmittelbaren Einfluß auf die Kontrollinstanzen suchen. Zwischen beiden Typen stehen die demonstrativen bzw. appellativen Aktionsformen, die zwar von der institutionalisierten Willensbildung abweichen, aber keinen Zwang (d. h. Schadensandrohung) ausüben.

Bewegungen lassen sich auf der Ebene der Aktion durch spezifische Kombinationen (und Widersprüche) von Aktionsformen kennzeichnen. Die intermediäre Aktionsform (möglicherweise ergänzt um demonstrative Aktion) steht im Mittelpunkt der institutionellen Strategie. Bei der antiinstitutionellen Strategie rückt die direkt-koerzive Aktion (häufig vorbereitet bzw. ergänzt durch demonstrative Aktion) in den Mittelpunkt. Die mehrdimensionale Strategie hat den höchsten Komplexitätsgrad aufgrund ihrer situationsspezifischen Verfolgung tendenziell aller verfügbarer Aktionsformen, unter Einschluß von Gewalt. Historisch bildeten sich diese drei Strategietypen erst während der industriellen Phase heraus, als die Institutionalisierung von Massenbeteiligung ein gewisses Niveau erreicht hatte.

Die Vielfalt von Aktionsformen ist größer, als daß sie sich jeweils durch einen prägnanten phasenspezifischen Typ charakterisieren ließe. Die vorindustriell-modernisierende Phase ist gekennzeichnet durch die Überlagerung eines vorindustriellen, antimodernistischen Protesttyps (lokal, direkt, spontan, gewaltsam etc.) und eines sich allmählich herausbildenden Musters moderner Aktion. Die sich modernisierenden Aktionsformen sind stärker organisations- und strategievermittelt, differenzieren sich nach Gesellschaftsbereichen und erweitern das Aktionsrepertoire um kontinuierlich meinungsbildende »demonstrative« und – in dem Maße, in dem sich Partizipation institutionalisieren läßt – »intermediäre« Formen. Der Trend geht in Richtung intermediärer Aktionsformen.

In der industriellen Phase werden zunächst diese Entwicklungstendenzen fortgesetzt. Die Nutzung neu geschaffener Einflußkanäle (Wahlen, Parlament, Massenpresse) führt zu weiterer Verstärkung intermediärer Aktionsformen, die alles, selbst die sanfte Revolution zu versprechen scheinen. Hier erst bildet sich historisch die institutionelle Strategie aus.

Vor dem 1. Weltkrieg beginnend, seit 1916 sich verschärfend und seit 1918 eskalierend findet vor allem im Bereich der Arbeiterbewegung bzw. ihrer Teilbewegungen eine Politikkrise statt, die neben inhaltlichen Aspekten durch eine Krise der Aktionsformen gekennzeichnet ist. Die Überinstitutionalisierung der intermediären Aktion ruft die antiinstitutionelle Strategie auf den Plan (vor allem Syndikalisten), die sich aber nur als Reaktion ohne eigene Tragfähigkeit erweist. Erfolgreich wird dagegen in der Weimarer Republik die mehrdimensionale Strategie vor allem der NS-Bewegung und der Kommunisten. Sie umfaßt eine Wiederbelebung der Gewaltpolitik von unten, die durch ihre Vermittlung mit Ideologie, Strategie und Organisation eine neue Qualität erhält.

Die Bewegungen der nachindustriellen Phase stehen in der historischen Dialektik: Die Grenzen einer primär institutionellen Strategie sind an der Arbeiterbewegung deutlich geworden; organisierter, strategischer Gewaltpolitik ist nach dem Faschismus die moralische Grundlage entzogen. Außerdem suchen diese Bewegungen Aktionsformen, die zu ihren spezifischen Merkmalen hinsichtlich Sozialstruktur, Zielen etc. und zu den Umweltbedingungen passen. Gewaltlos-koerzive Aktion erhält ein neues Gewicht, demonstrative Aktionsformen werden umfangreicher und variabler und umfassen – wie die in Randbereichen angewendete Gewalt – nun auch stärker expressive Momente. Intermediäre Aktionsformen werden eingesetzt, charakterisieren aber nicht die Bewegung.

Neben einer Systematik von Aktionsformen und ihrer spezifischen

Kombination in historischen Typen wurde nach der Erklärung von Aktionsformen gefragt. Dies geschah jeweils im historischen Rahmen der drei Gesellschaftstypen. Lassen sich übergreifend einige Generalisierungen formulieren, die erlauben, wenigstens einzelne Kausalfaktoren herauszuheben?

Die Sozialstruktur, obwohl ein »entfernterer« Faktor, scheint nicht ohne Bedeutung. Ressourcenausstattung und Sozialisation können auch hier – wie bei der Mobilisierung – die entscheidenden Dimensionen sein. Die Hypothese lautet: Ressourcenarmut und schwache Organisationssozialisation tendieren zu gewaltsam-koerziven Aktionsformen. Wo Bewegungen Gewalt legitimieren und strategisch einsetzen, sind es innerhalb der Bewegungen eher ressourcenschwache Teilgruppen, die Gewaltaktionen ausführen (z. B. die SA innerhalb der (klein)bürgerlichen NS-Bewegung). Mittelschichten und qualifizierte Arbeiter (zumal mit Organisationssozialisation) tendieren zu intermediären, aber auch zu demonstrativen und gewaltlos-koerziven Aktionsformen.

Bezogen auf die Ziele machtorientierter Bewegungen, ist die Radikalität ein wesentliches Merkmal. Bewegungen bzw. Bewegungsteile mit radikaleren Zielen tendieren zu demonstrativen und vor allem koerziven Aktionsformen, Bewegungen mit gemäßigteren Zielen zu intermediären Aktionsformen. Machteroberungsbewegungen kamen historisch nicht ohne Gewalt aus.

Obwohl ein starker Einfluß der Mobilisierung auf die Aktionsformen zu erwarten wäre und bei der konkreten Analyse sich auch plausible Zusammenhänge einstellen, ist die Generalisierung außerordentlich schwierig. Weder die Organisiertheit noch die Mobilisierungsstärke der Bewegung erklären für sich die Wahl von Aktionsformen. Starke und hochorganisierte Bewegungen können sich sowohl für eine primär institutionelle wie für eine mehrdimensionale Strategie (unter Einschluß massiver Gewaltanwendung) entscheiden. Denkbar ist, daß die Faktoren Mobilisierung und Aktion relativ unabhängig voneinander sind, da sich Organisation zu den verschiedensten Zwecken verwenden läßt. Es ließe sich aber auch nach besonderen historischen Gründen suchen. Könnte der Zusammenhang zwischen Mobilisierung und Aktion nicht z. B. aus der historischen Wechselbeziehung zu konkurrierenden Bewegungen erklärt werden? Versteht man die institutionelle Strategie als die im modernen Verfassungssystem mögliche These, so stellt die antiinstitutionelle Strategie die Antithese und die mehrdimensionale Strategie eine Synthese dar. Wird dann im Rahmen der mehrdimensionalen Strategie die organisierte Gewaltpolitik ins Extrem gesteigert, besteht die Antwort in Gewaltlosigkeit, die allerdings die Irrtümer der nur institutionellen Strategie nicht wiederholen muß.

Einfluß auf Aktionsformen hat auch das Vermittlungssystem. Der Prozeß der institutionellen Öffnung und die bestehende Durchlässigkeit der Vermittlungskanäle unterstützen intermediäre Aktionsformen. Eine Verstopfung der Vermittlungskanäle bzw. ein struktureller Mangel an Durchlässigkeit dagegen fördern demonstrative und koerzive Aktionsformen. Auch das System der Massenmedien hat Einfluß. So fördert das Fernsehen aufgrund seiner eingebauten Selektionsfilter (Interesse an eher spektakulären Aktionsformen) die Tendenz zu demonstrativer und koerziver Aktion.

Von besonderer Bedeutung für die von Bewegungen angewandten Aktionsformen ist das Verhalten staatlicher Kontrollinstanzen. Das Ausmaß der Repression ist ein grundlegender, allerdings kompliziert wirkender Faktor. Repressive Kontrollinstanzen fördern (gewaltsame und gewaltlose) koerzive Aktionsformen – es sei denn, die Unterdrückung gelingt total (totalitäre Systeme). Teil-repressive Kontrollinstanzen ermuntern kanalisierte, intermediäre Aktionsformen, lavieren im Bereich demonstrativer Aktion und unterdrücken konsequent koerzive Aktionsformen. Das entsprechende Aktionsmuster bildet sich – ceteris paribus – bei sozialen Bewegungen aus: in erster Linie intermediär, ergänzend demonstrativ. Die starke und plötzliche Schwächung teil-repressiver Kontrollinstanzen setzt demonstrative und koerzive Aktionsformen frei (1918/19).

Demokratische Kontrollinstanzen fördern sowohl intermediäre wie demonstrative wie koerzive Aktionsformen. Die Wirkung staatlicher Repression im demokratischen System variiert mit Zusatzbedingungen. Die Anwendung von Repression bei breiten Legitimitätszweifeln und/oder zweifelhafter Repressionsstärke fördert demonstrative und vor allem gewaltsam-koerzive Aktionsformen. (Die Legitimitätszweifel sind besonders intensiv, wenn die unterdrückenden Kontrollinstanzen ideologisch besonders nah oder besonders fern stehen.) Die Anwendung von Repression unter den Bedingungen hoher Legitimität und zweifelsfreier Repressionsstärke fördert intermediäre und demonstrative Aktionsformen.

Fragt man nach der Gewichtung der Erklärungsfaktoren, lassen sich drei herausheben. Zum einen die externen Faktoren Vermittlung und Kontrolle. Zweitens die Konkurrenzbeziehungen der Bewegung: zu einer nicht oder nur begrenzt erfolgreichen Vorgängerbewegung, zu einer einflußreichen Gegenbewegung und schließlich die interne Konkurrenz unterschiedlicher Aktionsstrategien. Drittens die Ziele als Bezugspunkt für die Aktionsformen.

Darin drückt sich aus, daß die Bewegung bei der Auswahl von Aktionsformen – mehr noch als bei Mobilisierungsformen – Antworten finden müssen auf Bedingungen, die ihnen von außen gesetzt werden, daß sie dabei auch Teil eines dialektischen Entfaltungsprozesses sozialer Bewegungen ist und daß die Ziele als regulative Idee gegenüber allen Versuchungen eines blinden Aktionismus dienen können.

Kapitel 11

Vermittlung

11.1 Einführung

Aus eigener Kraft kommt keine Bewegung sehr weit. Um erfolgreich zu sein, bedarf sie des Wohlwollens, mindestens der Neutralität relevanter Teile der Öffentlichkeit. Auf dieses Meinungsklima haben die Massenmedien nachhaltigen Einfluß. Soziale Bewegug ist aber auch auf die aktive Unterstützung »dritter« angewiesen, ihrer Verbündeten im Kampf mit den Kontrollmächten. »Wenn wir die Gründe untersuchen, warum die eine Mobilisierungskampagne erfolgreicher ist als die andere, zeigt sich nicht selten, daß der betreffende Aktor seinen Konkurrenten bei der Gewinnung der Hilfe anderer Einheiten überlegen war – d. h. den relativ umfangreichsten Gebrauch von den Ressourcen anderer Einheiten machen konnte.« (Etzioni 1975: 431)

Fragen der externen Beziehungen sozialer Bewegungen, soweit sie nicht zur Auseinandersetzung mit den Kontrollmächten gehören, werden verschiedentlich unter dem Begriff »externer Mobilisierung« behandelt (z. B. bei Etzioni 1975). Nun wird hier nicht betritten, daß diese Fragen unter der Mobilisierungsperspektive diskutiert werden können. Für eine Trennung sind folgende Gesichtspunkte maßgebend. Erstens bestehen qualitative Unterschiede zwischen interner und externer Mobilisierung, resultierend aus dem unterschiedlichen Grad an Kontrolle über die in die Bewegung eingebrachten Ressourcen; die »Binnenmobilisierung« schafft das von der Bewegung mobilisierbare Handlungspotential, dessen Wirksamkeit durch Aufbau günstiger Außenbeziehungen erhöht werden muß. Zweitens ist die Bedeutung der Vermittlung in den westlichen Demokratien während der vergangenen hundert Jahre in solchem Maße angewachsen, daß sie als System mit eigenen Funktionen und einer relativen Autonomie gegenüber der Bewegung und den Staatsorganen behandelt werden muß.

Parteien sind in die Rolle eines zentralen Trägers politischer Vermittlung hineingewachsen. Ihre Selektions- und Transformationsfunktion beginnt schon innerhalb der eigenen Bewegung – soweit diese eine oder mehrere Parteien hervorgebracht hat. Mit oder ohne Bewegungspartei, ist die soziale Bewegung für ihre Wirksamkeit im staatlich-politischen Bereich auf die Unterstützung durch eine oder mehrere Parteien angewiesen. Ob sie diese erlangt, ist stark bedingt durch die Konkurrenzsituation im gesamten Parteiensystem.

Interessenverbände sind ein vom Wahlmechanismus relativ unabhängiger, kontinuierlicher Vermittlungsträger. Ihr Einfluß liegt im direkten Zugang und der thematisch spezifischen Druckausübung gegenüber dem politisch-administrativen System. Sie besetzen Positionen, an denen soziale Bewegungen vorbei oder durch die sie hindurch müssen, um Spuren im politischen Entscheidungszentrum zu hinterlassen.

Massenmedien sind die dritte Säule des institutionalisierten Vermittlungssystems. Hier sitzen die gatekeepers oder Schleusenwärter, die im Wechselspiel mit Parteien und Interessenverbänden nachhaltigen Einfluß haben zugleich auf die Bildung des »Volkswillens« und auf das, was als »Volkswille« erscheint.

Das Vermittlungssystem ist das zwischen gesellschaftlichen Großgruppen und staatlichem Kontrollzentrum zwischengeschaltete Teilsystem, das die Interessen in eine Form bringt (umwandelt, selektiert etc.), die sie durch das politisch-administrative System kontinuierlich bearbeitbar macht. Nicht nur die durch soziale Bewegungen repräsentierten, sondern alle gesellschaftlichen Interessen müssen durch dieses Vermittlungssystem hindurch. Dabei stoßen sie teils auf Verbündete, teils auf Gegner. Das Verhältnis fördernder zu hemmenden Faktoren hat nachhaltigen Einfluß auf den Erfolg der

Vermittlung

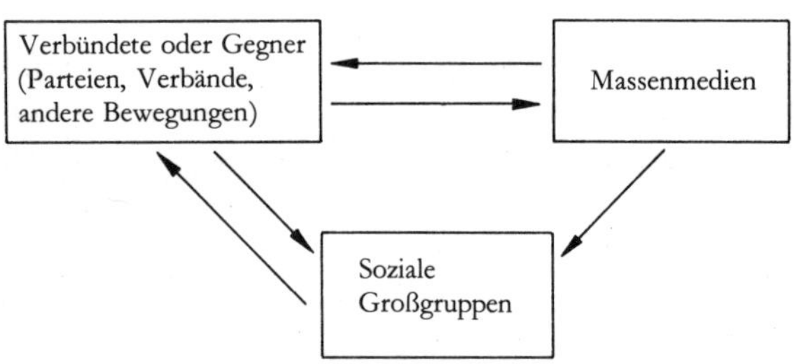

Bewegung. Wieweit sich die Bewegung eigene Vermittlungsinstitutionen schafft (Partei, Interessenverband, Massenmedien) oder sich nur bereits vorhandener Vermittlungsinstitutionen zu bedienen sucht, ist eine sehr komplexe Strategieentscheidung, in die Bedingungen der Bewegung wie des Vermittlungssystems einfließen.

11.2 Verbündete

Nicht jeder, der einer Bewegung »entgegenkommt«, ist auch ihr Verbündeter. Die Kontrollmächte, wenn sie nachgeben, sind es nicht. Dazu gehört auch nicht die Partei, die Themen der Bewegung für sich instrumentalisiert, ohne mit ihr zusammenzuarbeiten. Verbündete sind nicht identisch mit den Sympathisanten, die – bei einem weiteren Bewegungsbegriff – zur Bewegung selbst gehören, und sie sind auch von jenen Gruppen oder Organisationen zu unterscheiden, aus denen die Bewegung ihre Aktiven mobilisiert.

Es ist sinnvoll, wenn auch nicht immer empirisch leicht einlösbar, einen strengeren Begriff des Bündnisses zu wählen. Unter Bündnis wird verstanden das koordinierte Zusammenwirken selbständiger, aber konvergierender politischer Kräfte. Autonomie, zweckbezogene Interaktion und Zielkonvergenz (verstanden als Tendenz einer wenn auch nur bereichsweisen Zielannäherung) sind dabei die wesentlichen Elemente.

Bündnispartner der sozialen Bewegungen können Parteien (nicht die aus der Bewegung hervorgegangenen Parteien!), Verbände oder Vereine und nahestehende Bewegungen sein. Geschlossenheit in der Bündnisfrage ist nicht erforderlich, in der Regel wird die Bündnisbereitschaft und -praxis von Führungsgremien einen ausreichenden Indikator darstellen. Verbündete können – wie z. B. bei den Kommunisten – auch von außerhalb der Landesgrenzen Unterstützung gewähren (Greene 1974: 94 ff.).

Die Bedeutung des intermediären Bereichs für soziale Bewegungen wurde analytisch zuerst bei Lipsky (1968) herausgearbeitet. Er charakterisierte Protest als einen »hochgradig indirekten Prozeß« (S. 1146). Hervorgehoben wurden die Massenmedien und das Referenzpublikum des Protestgegners und die Verbündeten.

»Die Vorstellung, daß fünfzehn Menschen, die sich ungebeten Zugang zu den Amtsräumen des Bürgermeisters verschafft haben, Einfluß auf die

Kommunalpolitik ausüben könnten, mutet schon ohne weitere Überlegung wenig überzeugend an. Eine realistisch formulierte Vorstellung bestünde darin, daß die Rathausbesetzer in der Lage sind, eine breitere Öffentlichkeit anzusprechen, auf die die Stadtverwaltung Rücksicht zu nehmen hat. Demnach gehört zu erfolgreichen Protestaktivitäten ein Referenzpublikum des Protestgegners, das auf den Protest direkt oder indirekt so reagiert, daß die gegnerischen Zielgruppen oder Individuen auf eine die Protestierer begünstigende Weise darauf eingehen.« (Lipsky 1968: 1146)

Nicht der direkte Einfluß auf den Gegner oder gar dessen durch Protestargumente herbeigeführter Überzeugungswandel, sondern die unterstützenden intermediären Faktoren sind von ausschlaggebender Bedeutung. Obwohl von Lipsky nicht explizit an Verbündeten untersucht, sind die Grundüberlegungen auf sie übertragbar.

In einer Sekundäranalyse von Gamsons Arbeit über amerikanische Protestgruppen (1975) erwiesen sich Bündnisse als der für den Erfolg der Gruppe zweitwichtigste Faktor (vgl. Steedly/Foley 1979 und Gamson 1980: 1057 f.). Jenkins/Perrow (1977) konnten im Vergleich der amerikanischen Landarbeiterbewegung in den 40er und 60er Jahren zeigen, daß der Fehlschlag der ersteren und der Erfolg der letzteren »am besten erklärt werden kann durch Veränderungen in der politischen Umwelt, mit der die Bewegung konfrontiert war, weniger durch interne Merkmale der Bewegungsorganisation und deren soziale Basis.« (S. 249) Die wesentlichen Elemente der politischen Umwelt waren die Regierung und eine unterstützende Koalition aus Liberalen und Gewerkschaften.

Als Verbündete sind vor allem Kräfte interessant, die über Ressourcen verfügen, die der Bewegung direkt nicht zugänglich sind. Dies kann sich auf eine höhere sozioökonomische Position oder auf eine Verankerung im politischen Verhandlungssystem beziehen. Wie die Untersuchungen von Lipsky und Jenkins/Perrow zeigen, sind gerade die sozialen Unterschichten in hohem Maße auf externe Unterstützung angewiesen.

Neben ideologischen Motiven und Affinitäten in der Interessenlage sollte bei der Untersuchung von Bündnissen von der Vermutung ausgegangen werden, daß beide Verbündete sich von einem Zusammengehen unmittelbare Vorteile versprechen. Dabei ist die von McCarthy/Zald (1977) für die Bewegungsbasis vorgeschlagene Unterscheidung zwischen »Nutzen« und »Gewissen« auch bei Übertragung auf die Bündnisfrage empirisch nur schwer durchzuhalten – abgesehen davon, daß auch ein »gutes Gewissen« ein Gewinn sein kann. Die Studenten, die in den 60er Jahren Bildungswerbung betrieben, waren subjektiv vor allem durch das Postulat von

Chancengleichheit im Bildungswesen motiviert, objektiv haben sie sich oder ihrer Gruppe aber auch eine Klientel von Auszubildenden geschaffen.

Das Scheitern einer sozialen Bewegung hängt meist mit Schwächen ihrer Bündnispolitik zusammen. Zum einen wird die Sache der Betroffenen, die sonst auf engem Eigeninteresse beruhen kann, durch äußere Unterstützung moralisch aufgewertet (Turner/Killian 1972: 264 f.). Vor allem entsteht durch die Koordination unterschiedlicher Ressourcen ein Gewinn, den die Bewegung selbst durch noch so erfolgreiche Mobilisierungsleistung nicht erbringen kann.

Neben Bedingungen und Möglichkeiten, die die eigene Basis bietet, neben Grenzen und Chancen, die durch Kontrollmächte und Situation gesetzt sind, müssen in der Strategie einer Bewegung die Bündnisfaktoren berücksichtigt werden. Und zwar im Sinne »reziproker Beziehungen« (Lipsky 1968: 1146), bei denen gegenseitige Rücksicht- und Vorteilnahme praktiziert werden müssen. Es besteht sowohl die Gefahr, durch zu starke Anpassung an Verbündete die eigene Identität (und damit die Grundlage für Rekrutierung und Bindung) aufzugeben, wie die Gefahr, durch Forcierung der eigenen Identität Verbündete zu verlieren.

Die Bedeutung relevanter Bündnispartner wäre auch an Beispielen deutscher Bewegungsgeschichte leicht zu illustrieren. Die Wirkungsschwäche der sozialdemokratischen Arbeiterbewegung im Kaiserreich ist wesentlich auch auf die frühe Trennung von den liberalen Kräften und die – durch deren Anpassung an das traditionelle Herrschaftssystem vertiefte – Isolierung der Bewegung zurückzuführen. Die Ebert-Groener- und Stinnes-Legien-Pakte von 1918 sind nicht Akte der Bündnispolitik, sondern Waffenstillstandserklärungen zum falschen Zeitpunkt mit den falschen Konditionen. Obwohl alles andere als unvermeidbar, spiegeln sie auch die von der Arbeiterbewegung erfahrene Bündnisschwäche wider.

Die NS-Bewegung wäre ohne das Vorhandensein starker vorindustrieller Kräfte bzw. das Bündnis mit den konservativen Eliten nicht erfolgreich gewesen. Wie sehr das erfolgreiche Bündnis Anpassungen in der Form notwendig macht, kann der Vergleich zwischen dem auch bündnispolitisch gescheiterten Putschversuch vom November 1923 und der gelungenen Machtergreifung vom Januar 1933 verdeutlichen.

11.3 Gegner

»Die Mobilisierung für eine bestimmte Politik löst häufig die Mobilisierung von deren Gegnern aus.« (Etzioni 1975: 430) Die starke Mobilisierung der Arbeiterbewegung am Ende des 1. Weltkriegs z. B. ist ein wesentlicher Faktor zur Erklärung des aufkommenden Faschismus. Die Gegenmobilisierung hält dabei nicht nur den Angreifer auf, sondern entwickelt eine eigene offensive Dynamik.

»Der Zuwachs der Handlungsfähigkeit einer Einheit wird durch das Reinergebnis ihrer Mobilisierung bestimmt – d. h. durch das Ergebnis der von ihr ausgelösten Gegenmobilisierung. Es ist ein universales strategisches Problem mobilisierender Einheiten, Mobilisierungsformen zu finden, die so wenig Gegenmobilisierung wie möglich auslösen.« (Etzioni 1975: 430) Ein solcher Mobilisierungskoeffizient schließt interne und externe Mobilisierung mit ein, d. h. der Zugewinn durch Verbündete muß in diese Rechnung mit eingehen.

Gut im Verhandlungssystem plazierte und für ihr Rollenverständnis davon abhängige Interessenverbände werden auch auf benachbarte, durch eine Bewegung vertretene Interessen mit Zurückhaltung oder Widerstand reagieren, da sie diese als eine andere Form der Interessenvertretung ansehen, die etablierten Einfluß gefährdet. Parteien neigen mehr zur Instrumentalisierung sozialer Bewegung, in Quasi-Bündnissen (unter dem Vorbehalt des nächsten Wahlergebnisses) und in Verteufelungen, die oft auch nicht den Wahltag überleben.

Die Formel »Wer nicht für mich ist, ist gegen mich!« stimmt auch hier nicht. Häufig zeigen Vermittlungsträger Reaktionen, die zwischen den Extremen liegen: sie verhalten sich neutral, indifferent, drücken allgemeine Toleranz- oder »Ordnungs«-Gesichtspunkte aus, ohne damit zum Verbündeten oder Gegner zu werden. Politik ist häufig sektoralisiert und Bewegungen führen deshalb vor allem bei jenen Verbänden zu bestimmteren Reaktionen, die in einer politischen Arena verankert sind. Je allgemeiner die Issues, desto breiter das Reaktionsfeld. Parteien können sich aufgrund ihrer Allzuständigkeit am wenigsten der Stellungnahme entziehen.

11.4 Öffentliche Meinung und Massenmedien

Öffentliche Meinung ist nicht freischwebend oder unstrukturiert, sie ist auch weder Ausdruck noch Spielball der Massenmedien. Ihre Strukturierung ergibt sich zunächst aus der Unterscheidung in Großgruppen und dem Verhältnis der Gruppenangehörigen zu den Vermittlungsträgern, die diese Großgruppen repräsentieren. Insofern kann man annehmen, daß die Meinungsführerschaft der Vermittlungsträger starken Einfluß auf die Einschätzung sozialer Bewegungen hat. Darüberhinaus lassen sich auch aus der Sozialposition von Menschen bestimmte Reaktionsweisen ableiten, wie die hypothetischen Überlegungen von Turner (1973a: 167 ff.) zeigen. Turner macht ebenfalls deutlich, wieweit das individuelle Urteilen bestimmten sozialpsychologischen Mechanismen folgt.

Neben die Meinungsführerschaft der Vermittlungsträger, das Meinungsklima der Großgruppen und das inviduelle Urteilen treten mit nicht zu überschätzender Bedeutung die Massenmedien. In diesem Zusammenhang ist nicht die Rede von den eigenen massenmedialen Anstrengungen der Bewegungen, die über Flugblätter, Broschüren, eigene Zeitungen etc. die Öffentlichkeit authentisch über ihre Ziele und Aktivitäten informieren wollen. Hier ist zu sprechen über Massenmedien als Vermittlungsorgane gesellschaftlicher Aktivitäten.

Ihre Funktion als »Massen«medien üben die geschriebenen Medien seit dem letzten Drittel des 19. Jahrhunderts, der Rundfunk seit den 30er Jahren, das Fernsehen seit den 60er Jahren aus. Die Massenpresse hat erstmals Bedeutung bei der Ausbreitung der Arbeiterbewegung im letzten Drittel des 19. Jahrhunderts. Hitler hat sich in exzessiver Weise des Rundfunks zur nationalsozialistischen Durchdringung der deutschen Gesellschaft bedient. Die Studentenbewegung war in Deutschland die erste Bewegung, die ihre rasche Ausbreitung und Resonanz nicht zuletzt auch dem Fernsehen verdankt. Für die aktuellen Bewegungen gilt dies in noch höherem Maße.

Aufgrund ihrer begrenzten (und z. T. auch räumlich konzentrierten) Verbreitung, ihrer häufig eher schwierigen Zugänglichkeit und ihrer begrenzten Ressourcen zur Selbstdarstellung ist das Bild, das viele Menschen über eine soziale Bewegung haben, ein Bild aus zweiter Hand. Für die meisten kann eigene Erfahrung nicht die Grundlage des Urteils sein. Das verschafft – positiv wie negativ – den Massenmedien ein erhebliches Gewicht bei der öffentlichen Einschätzung von Bewegungen. Eine Bewegung, über die nicht berichtet wird, findet nicht statt.

Nicht anders als ihre eigenen Medien versuchen die Bewegungen sich der Massenmedien als wirklicher »Medien« zu bedienen. Die Führer wollen auch auf diesem Wege mit ihren Aktiven und Sympathisanten kommunizieren, sie wollen neue Anhänger rekrutieren und sich mit ihren Opponenten auseinandersetzen. Dabei stoßen sie aber auf die Vielzahl in die Massenmedien eingebauter Selektionsfilter, die hier nicht im einzelnen beschrieben werden können.

Ihre relative Autonomie erhalten die Massenmedien aus der spezialisierten Wahrnehmung der Funktionen der Information, Meinungsbildung und Unterhaltung. Die in die Medien fest eingebauten Interessen (sei es privatkapitalistischer Art, seien es die Interessen der organisierten öffentlichen Kontrolleure) schaffen eine ideologische und richtungspolitische Präformation, die die Selektionsmechanismen der täglichen journalistischen Arbeit überlagert. Diese Status-quo-Orientierung schafft eine »intellektuelle Agenda« (Molotch 1979: 80), die meist sehr verschieden ist von der Denkweise der Bewegungsmitglieder.

Auch wo die Meinungsbildung kontrolliert bleibt, schaffen die Informationsfunktion und ein darauf bezogenes Rollenverständnis den Bewegungen jedenfalls in einem gewissen Umfang ein Einfallstor. Weniger als ein Interesse an objektiver Information (die es nicht geben kann), ist das Interesse an »Neuigkeiten« der Ansatzpunkt. Das kann dazu führen, daß einer Bewegung in einer frühen Entwicklungsphase mehr Interesse aus den Medien entgegengebracht wird als ihrer Mobilisierungsstärke zu diesem Zeitpunkt entspricht. Aufgrund eines rasch erlahmenden Interesses am einst neuen Gegenstand (und der Rückkehr zu den offiziellen Langweiligkeiten, auf deren Berichterstattung sie verpflichtet sind) kann die Bewegung im weiteren Verlauf weniger beachtet werden als es ihrem inzwischen gesteigerten Mobilisierungspotential entspricht.

Eine solche paradoxe Aufmerksamkeit im Interesse-Zyklus ist auch nicht durch den Mechanismus der internen Spezialisierung in den Massenmedien zu durchbrechen. Für Bewegungen und Bewegungs-Themen zuständige Journalisten können eine enge Beziehung zu der Bewegung entwickeln. Ihre Spezialistenposition wird durch eine kontinuierliche, gut informierte Berichterstattung gestärkt – woran ja auch die Bewegung interessiert ist.

Die Bewegung hat bei den Massenmedien viel erreicht, wenn sie Aufmerksamkeit findet. Die schlechteste Nachricht ist keine Nachricht. Es besteht generell ein Mißverhältnis zwischen der Zahl von Informationen über »Äußerlichkeiten«, über Erscheinungs- und Aktionsform (vor allem die Rolle von Gewalt und Polizei) einerseits, den Inhalten, d. h. Zielen und

Motiven andererseits. Was für die Bewegung interessant ist, weicht häufig von dem ab, wofür sich die Massenmedien interessieren.

Daraus ergeben sich Rückwirkungen auf die Bewegungen. Sie geraten unter den Druck, zur Aufrechterhaltung des Interesses der Massenmedien neuartige und spektakuläre Aktionsformen, Parolen und Forderungen erfinden zu müssen. Das kann ihre Legitimität mindern und sie von ihren Zielen ablenken. Massenmedien wirken auch durch ihre Personalisierungstendenz auf die Bewegungen zurück. Sie präsentieren Bewegungen durch Führer und sie gewöhnen sich an Führer, die sich in den Medien interessant bewegen. Das führt in basisorientierten Bewegungen zu Identitätsbelastungen und zur Entfremdung der Führer von ihrer Bewegung. Cohn-Bendit (1975) hat diesen Mechanismus sehr freimütig beschrieben, Rudi Dutschke oder Petra Kelly unterlagen ihm ebenfalls.

Die differenzierte Berücksichtigung von Massenmedien (und auch noch unterschiedlicher Massenmedien) erhöht die Komplexität der strategischen Aufgabe der Bewegungsführer. Die Interessen der Bewegungsbasis, die Erfordernisse der Bündnispolitik und Massenmedien und die Verhandlungs- oder Konfrontationsstrategien gegenüber den Vermittlungs- und Kontrollinstanzen sind schwer gleichzeitig auf einen Nenner zu bringen. Die Kalkulation eines dieser Faktoren ist schon schwierig, ihr Zusammenwirken fast unberechenbar.

11.5 Zusammenfassung

Die soziale Bewegung kann nicht aus sich heraus erfolgreich sein. »Die Verhältnisse« müssen ihr entgegenkommen. Notwendige, allerdings ohne wirksamen Einfluß auf die Kontrollmächte nicht hinreichende Bedingung ist die Bündnispolitik mit relevanten Gruppen. Dabei kommt es auf den »Nettoertrag« der Mobilisierung an. Von der Summe der erfolgreichen Eigenmobilisierung und der Bündnispolitik muß die – häufig dadurch ausgelöste – Mobilisierung von Gegenkräften und deren Bündnispolitik abgezogen werden. Angesichts der Grenzen eigener Mobilisierungsmöglichkeiten sind es deshalb wichtige strategische Ziele, relevante Verbündete zu gewinnen und das Ausmaß der Gegenmobilisierung gering zu halten.

Die Bedeutung der Vermittlung ist stark historischem Wandel unterworfen. War sie in der vorindustriell-modernisierenden Gesellschaft noch nicht formiert, differenzierte sie sich als selbständiges System zu Beginn der industriellen Phase aus und wirkte während dieser Phase als ein starker Filter, um schließlich in der nachindustriellen Phase Erosionstendenzen zu zeigen.

In der ersten Phase treten soziale Bewegungen als primäre Organisationsform gegenüber staatlichen Kontrollinstanzen in Erscheinung. In der Formierungsphase des Vermittlungssystems lagern sich Parteien (und z. T. Verbände) zwischen staatliche Instanzen und gesellschaftliche Gruppen bzw. soziale Bewegungen. Danach gibt es vier unterschiedliche Strategien gegenüber den Vermittlungsinstanzen, die sich durch Stichworte kurz charakterisieren lassen:

a) *Autonomie.* Die Bewegung bleibt im wesentlichen außerhalb des Bereichs der Vermittlungsinstanzen und bedarf ihrer nicht (z. B. kulturorientierte Bewegungen).
b) *Appell.* Die Bewegung nimmt von außen her auf die Vermittlungsträger Einfluß unter zumindest stillschweigender Duldung ihrer Funktionen (z. B. historische Frauen- oder Friedensbewegung).
c) *Verdrängung.* Die Bewegung sucht ihren eigenen Platz unter den Vermittlungsträgern, was – im etablierten System – die Verdrängung anderer zur Voraussetzung hat (z. B. NS-Bewegung).
d) *Umgehung.* Die Bewegung sucht den direkten Weg zu den Kontrollinstanzen an den Vermittlungsträgern vorbei (z. B. syndikalistische Arbeiterbewegung).

Mindestens in den letzten drei Fällen muß die Bewegung eine bewußte Entscheidung gegenüber den Vermittlungsinstanzen treffen.

Der Bedeutungszuwachs der Massenmedien durch Rundfunk und vor allem durch Fernsehen hat starke Rückwirkungen auf Mobilisierung und Bündnispolitik der Bewegung. Ohne bewegungsinterne Medien läßt sich die Bewegung nicht stabilisieren, ohne gruppenübergreifende, »allgemeine« Medien nicht erweitern. Wegen ihrer spezifischen, gegenüber Bewegungen »sachfremden« Selektionskriterien üben die allgemeinen Medien, auch wenn sie – externen Kontrolleinflüssen folgend – Bewegungen nicht direkt bekämpfen, ihnen gegenüber eine ambivalente Funktion aus.

Kapitel 12

Kontrolle

12.1 Einführung

Soziale Bewegungen stoßen immer auf Widerstand. Konkurrierende Bewegungen und Vermittlungsträger können – wie wir sahen – die Entfaltung sozialer Bewegung nachhaltig beeinflussen. Ihnen fehlen aber die harten Sanktionsmittel, über die die Kontrollmächte verfügen: Bestrafung, Verbot, legale Gewalt etc. Kontrollinstanzen sollen die Gesellschaft in Übereinstimmung mit ihren Zielen halten und Angriffe auf ihr Normensystem abwehren. Die Kontrollinstanzen sind die eigentlichen Gegenmächte sozialer Bewegungen, die ja darauf aus sind, die Ziele der Gesellschaft zu verändern.

Ich werde mir nicht den Kopf der Kontrollmächte über ihre »beste« Strategie zerbrechen (wie z. B. Smelser 1972: 309 ff., mit deutlich etatistischem Akzent). Auch beim Thema sozialer Kontrolle soll an der Bewegungs-Perspektive festgehalten werden: wie wirkt das Handeln der Kontrollmächte auf die sozialen Bewegungen ein? Wie beeinflussen sie direkt und über die Vermittlungsträger die Aktionen der Bewegungen, wie greifen sie in die Mobilisierung ein? Wie beeinflußt z. B. die zwölfjährige Unterdrückung durch das Sozialistengesetz die Arbeiterbewegung, wie die Mischung aus Repression und Toleranz von Teilen der Eltern- und Lehrerschaft die Entwicklung der Jugendbewegung?

Gerade in demokratischen Gesellschaften geht es nicht nur um die Frage der Eindämmung sozialer Bewegungen durch Kontrollinstanzen. Auf der Grundlage der Volkssouveränität bestellte Regierungen müssen im Groben eine Übereinstimmung mit Interessen und Wertvorstellungen der Bürger herstellen. Auch gesellschaftliche Kontrollinstanzen (Unternehmer, Lehrer, Eltern etc.) können sich in Legitimationsschwierigkeiten bringen, wenn sie sich vom Gebot der Interessenberücksichtigung frei machen. Übereinstimmung kann und muß gelegentlich durch Korrektur des ursprünglichen Programms ermöglicht werden. Die Kontrollmacht ist also nicht nur darauf spezialisiert, Normabweichung präventiv zu verhindern und bei (perzipiertem) Auftreten ihm mit Sanktionen zu begegnen. Kontrollinstanzen haben auch die Alternative, Normen entsprechend von Bewegungszielen zu verändern.

Gamson (1968) hat die duale Perspektive zwischen potentiellen Konfliktgegnern (partisans), hier: sozialen Bewegungen, und den Autoritäten mit ihrem Recht, bindende Entscheidungen zu fällen, herausgearbeitet. Unter der Einflußperspektive sind soziale Bewegungen einer neben vielen Faktoren, die Einfluß auf die Kontrollinstanzen zu nehmen versuchen. Inwieweit gelingt es ihnen, diese so zu beeinflussen, daß sozialer Wandel stattfindet? Unter der Kontrollperspektive richten sich die Kontrollinstanzen als Agenten von Systemfunktionen gegen soziale Bewegungen und andere Konfliktgegner, »deren Aktionen das ordentliche Funktionieren des Systems potentiell stören können« (S. 18). Inwieweit beeinflussen die Kontrollinstanzen bei ihrer Verfolgung gesellschaftlicher Zielsetzungen die Entfaltung von Bewegungen?

Das *Ergebnis* positiven Einflusses, von den Kontrollinstanzen realisierte Veränderungen, sollen im Kapitel 16 (»Sozialer Wandel«) besprochen werden. Aktivitäten und Strategien der Einflußnahme wurden bereits im Kapitel 10 (»Aktion«) diskutiert. Hier stellen sich die Fragen, wieweit die soziale Bewegung in ihrer Entfaltung

a) durch eine Abwehr-Strategie oder
b) durch eine Veränderungs-Strategie

der Kontrollmächte beeinflußt wird.

Kontrollmächte können, wenn die Bewegung schwach ist oder auf abgelegenen Feldern agiert, versuchen, die Bewegung zu ignorieren. Dies ist faktisch ein Beitrag zur Schwächung der Bewegung. Denn der Widerstand der Kontrollinstanzen droht die Bewegung nicht nur zu schwächen, er kann die Bewegung auch – wider Willen – fördern. Er verschafft ihr z. B. öffentliche Aufmerksamkeit, mobilisiert Anhänger, trägt zum Zusammenhalt von Mitgliedern bei, etc. Dabei wird sichtbar werden, wie wenig wir auch über diese Zusammenhänge bisher wissen. Ambivalenz-Aussagen sollen diese Unkenntnis nicht verschleiern. Es ist plausibel, daß sehr viele Maßnahmen von Kontrollinstanzen positive wie negative Konsequenzen haben und daß das Gesamtergebnis auch bei vertiefter Erforschung dieser Zusammenhänge stets schwer zu kalkulieren sein wird.

Bewegungsforscher sind häufig mit den von ihnen untersuchten

Bewegungen so sehr identifiziert, daß sie die Bewegungen und deren Wachstums- und Aktionsmöglichkeiten überschätzen, die Kontrollinstanzen aber unterschätzen. Hier wird die Annahme vertreten, daß das Kräfteverhältnis und strategische Geschick *beider* Seiten wesentlich über das Ergebnis des Konfliktprozesses, der später unter dem Stichwort »Sozialer Wandel« untersucht wird, entscheidet.

12.2 Kontrollinstanzen und soziale Bewegung

In jeder Gesellschaft übt eine Vielzahl von Institutionen soziale Kontrollfunktionen aus. Ein arbeitsteiliges, verzweigtes System von Kontrolle und Selbstkontrolle sorgt dafür, daß die meisten Gesellschaften mit relativ geringer Anwendung harter, d. h. gewaltsamer Kontrollmittel funktionieren können.

Der Kernbereich hier interessierender sozialer Kontrolle besteht aus den Instanzen mit dem Recht, bindende Entscheidungen zu fällen, den »Autoritäten«. Wegen der weitreichendsten Normsetzungskompetenz und dem Monopol legaler physischer Gewaltsamkeit stehen die staatlichen Agenturen sozialer Kontrolle im Mittelpunkt des Interesses. Für die kulturorientierten Bewegungen sind gesellschaftliche Kontrollinstanzen (Männer, Eltern, Lehrer etc.) von großer Bedeutung, die machtorientierten Bewegungen finden ihre Kontrahenten vor allem in den staatlichen Kontrollinstanzen. Die exekutiven Kontrollapparate (Verwaltung, Polizei, Gerichte) sind in beiden Fällen involviert.

In dem hier relevanten Kernbereich kann soziale Kontrolle definiert werden als autorisierte Machtanwendung gegenüber (potentiellen) Konfliktgegnern, um ein System in Übereinstimmung mit seinen Zielen zu halten. Im demokratischen System sind die Ziele als Ergebnis eines Konsensprozesses gedacht, an dem Bürger, Vermittlungs- und Kontrollinstanzen mitwirken. Bei der Spezifizierung und Durchsetzung der Ziele suchen sich die staatlichen Kontrollmächte von Einflüssen möglichst frei zu machen.

Der Traum der Kontrollagenten und der Kern der Kontrollperspektive ist Stabilität. Konflikt bedeutet das Versagen sozialer Kontrolle. Der Traum der Bewegungen und der Kern der Einflußperspektive liegt dagegen im Wandel. Konflikt erscheint dabei »als Teil einer sozialen Bewegung mit dem Ziel, den Inhalt von Entscheidungen, die Machtinhaber oder das Regime selbst zu ändern.« (Gamson 1968: 142)

Stabilität ist in Demokratien prekär und eher die Ausnahmesituation als die Regel. Politische Autoritäten sind in demokratischen Gesellschaften von einer Massenbasis abhängig, deren Unterstützung durch Vermittlungsinstitutionen stets neu gesichert werden muß. Mehr noch als durch direkten Einfluß gewinnen soziale Bewegungen gegenüber den Kontrollmächten an Boden, wenn es ihnen gelingt, im Vermittlungssystem Einbrüche zu erzielen. Piven/Cloward (1977: 27 ff.) heben speziell die Bedeutung elektoraler Instabilität hervor. Die Aufmerksamkeit muß sich aber noch darüberhinaus auf das Ensemble der Vermittlungskräfte richten. Reform und Wandel können als Überzeugungs-, sie müssen aber auch als Machtfragen gesehen werden.

Kontrolle steht im analytischen Bezugsrahmen (vgl. Kap. 6) in enger Wechselbeziehung zum Vermittlungssystem. Es bestehen reziproke Beziehungen zwischen Kontrollinstanzen und den Aktionsformen von Bewegungen: gewaltsame Aktionen der Bewegung rufen notwendig staatliche Gewalt auf den Plan, während der Handlungsspielraum der Instanzen bei gewaltlosen Aktionen größer ist. Die Kontrolle kann ansetzen

a) bei Aktionen der Bewegung,

b) schon bei ihrer Mobilisierung.

Verbot der Organisation, Beschlagnahmung von Zeitungen, Verhaftung von Führern sind z. B. Maßnahmen, die sich gegen den Mobilisierungsprozeß richten. Der Einsatz von Polizei gegen einen besetzten Betrieb oder die Beseitigung von Blockaden sind Beispiele für Maßnahmen gegen Aktionen der Bewegung. »Die Kosten der Mobilisierung zu erhöhen, ist eine verläßlichere repressive Strategie als nur die Kosten der kollektiven Aktion zu erhöhen«. (Tilly, Ch. 1978: 100) Mit der Mobilisierung schwächt diese Strategie die Voraussetzung für eine effiziente, rasche Aktion der Bewegung.

Präventive Kontrolle umfaßt Maßnahmen, die Normverletzungen vorbeugen sollen. Reaktive Kontrolle definiert sich durch Reaktionen auf Handlungen, die als Normverletzung interpretiert werden. Entsprechend der Unterscheidung von Etzioni (1975) kann Kontrolle auf der Anwendung normativer, utilitaristischer oder koerziver Macht beruhen. Oberschall (1973) diskutiert drei Arten normativer Kontrolle: Sozialisation, (personelle) Selektion und Legitimation. Vor allem die Sozialisation hat präventiven Charakter und einen weiten Zeithorizont, wohingegen die Legitimation und die Personalselektion (Auswahl der »richtig« Denkenden) auch kürzerfristig greifen. Die utilitaristische Kontrolle besteht aus materiellen Belohnungen und Bestrafungen, mit denen Normanpassung befördert werden kann. Die koerzive Kontrolle umfaßt die Mittel physischer

Gewaltanwendung, mit der auch Widerstrebende zur Anpassung gezwungen werden können.

»Die« Kontrollinstanzen sind in sich eine sehr komplexe Größe. Dazu einige Gesichtspunkte (vgl. Wilson 1977: 471 f.):

- Wegen der »schmalen Linie zwischen kriminellem Verhalten und legitimer Unordnung« (Wilson 1977: 471) ist auch das Kontrollverhalten sehr stark situationsabhängig. Es ist schwer vorauszusagen, welche Kontrollinstanz eingreift und welche Strategie angewendet wird.
- Die formalen Normen können das Kontrollverhalten nur unzureichend erklären. »Kontrollaktionen gegen soziale Bewegungen sind deshalb stark beeinflußt durch die Wirksamkeit informeller Regeln, die wiederum nur durch eine genaue Prüfung der Situationen entdeckt und verstanden werden können.« (Wilson 1977: 472)
- Die spezialisierten Kontrollinstanzen (Polizei, Geheimdienste etc.) sind mehr oder weniger isolierte, mit professioneller Autonomie ausgestattete Gruppen, die eigene politische Orientierungen entwickeln, die ihr Handeln beeinflussen.
- Da Bewegungsaktivitäten häufig in einem rechtlich ungesicherten Bereich angesiedelt sind, neigt die hochbürokratisierte und hochtechnisierte Kontrolle eher zur Kriminalisierung der politischen Opponenten.

Bei aller situationsspezifischen Offenheit des Kontrollhandelns ist etwas anderes wohl prägender für die Erfahrung sozialer Bewegung: die wechselseitige Unterstützung der verschiedenen Kontrollinstanzen. Strenge Lehrer sind sich der Unterstützung der Eltern sicher, Unternehmer können sich bei Maßnahmen gegen streikende Arbeiter im allgemeinen auf die Polizei verlassen, die Polizei ihrerseits verläßt sich bei ihrer häufig präventiven Kontrolle auf die Unterstützung durch die Justiz und die politischen Autoritäten (Oberschall 1973: 248), etc.

Die Kenntnis der Gesetze reicht also nicht aus, um das Verhalten der Kontrollinstanzen bestimmen zu können (so auch Tilly, Ch. 1978: 101 ff.). Eine Demonstration kann durch Behörden aufgrund Ermessensentscheidung genehmigt oder untersagt werden; eine Bewegung durch übermäßige polizeiliche Bewachung und Überprüfung kriminalisiert werden; das Gespräch mit Vertretern der Bewegung kann verweigert werden; etc. Selbst gleiche Handlungen von unterschiedlichen (manchmal auch identischen) Bewegungen führen in unterschiedlichen Situationen zu unterschiedlichen Kontrollmaßnahmen.

»Regierungen antworten selektiv auf unterschiedliche Arten von Gruppen und auf unterschiedliche Arten von Aktionen. Manchmal sind die Unterscheidungen wirklich fein: dieselbe Regierung, die über einen Gottesdienst lächelt, der tausend Menschen zusammenbringt, um für ihr Heil zu beten, schießt ohne Zögern in eine Menge von tausend Arbeitern, die sich versammelt haben, um für Gerechtigkeit zu bitten.« (Tilly, Ch. 1978: 106)

Eine allgemeine Bedingung, die für die Entfaltung sozialer Bewegungen von besonderer Bedeutung ist, verdient hervorgehoben zu werden: die Spaltung innerhalb politischer Eliten. Ganz allgemein gesprochen schwächt der interessenmäßig und/oder ideologisch begründete dauerhaftere Dissens die Handlungsfähigkeit und Legitimität der Eliten und erhöht die Manövriermöglichkeiten und die Legitimität der Bewegungen. Der Fall der amerikanischen Landarbeiter-Bewegung, von dem schon oben die Rede war, ist auch ein vorzügliches Beispiel für den Einfluß von Elitenspaltung für soziale Bewegung. »Der dramatische Wandel der politischen Umweltbedingungen war verursacht durch ökonomische Entwicklungen und politische Machtverschiebungen, die weitgehend unabhängig von jedwedem Einfluß der Protestierer abliefen. Während der Reformperiode entzündeten sich innerhalb der politischen Elite Konflikte über das angemessene politische Verhalten gegenüber den Farmarbeitern. Spaltungen innerhalb der Elite eröffneten einer binnen kürzester Frist aktivierbaren Koalition aus etablierten liberalen und gewerkschaftlichen Organisationen die Möglichkeit, auf Reformmaßnahmen zu drängen. Obwohl die Reformen nicht unmittelbar zum Erfolg führten, brachte der Reformprozeß eine neue politische Umwelt hervor, die eine erfolgreiche Herausforderung erst ermöglichte.« (Jenkins/Perrow 1977: 266)

Nach Greene (1974: 111 f.) ist die Elitenfragmentierung ein sichtbares Symbol dafür, daß die Regierungskompetenz nachläßt. Diese Spaltung ist eng verbunden mit militärischer Niederlage und ökonomischer Krise, aber auch möglicherweise mit der Frage von Gewaltanwendung (oder ihrer Steigerung) gegenüber sozialen Bewegungen. Unsicherheit und Legitimationsschwächen kommen den Bewegungen entgegen.

Mir scheint, daß vor allem das Vermittlungssystem, auf das demokratische Regierungen angewiesen sind, Einbruchsstellen für den Elitendissens schafft. Gelingen der Bewegung hier Erfolge, berührt dies auch die Machtperspektive der gewählten politischen Kontrollinstanzen. Einige neigen in solchen Situationen zum »Nachgeben«, andere zum »Durchhalten«.

Vereinfacht lassen sich folgende strategischen Handlungsalternativen der Kontrollinstanzen unterscheiden:

Handlungsalternativen der Kontrollinstanzen gegenüber sozialen Bewegungen

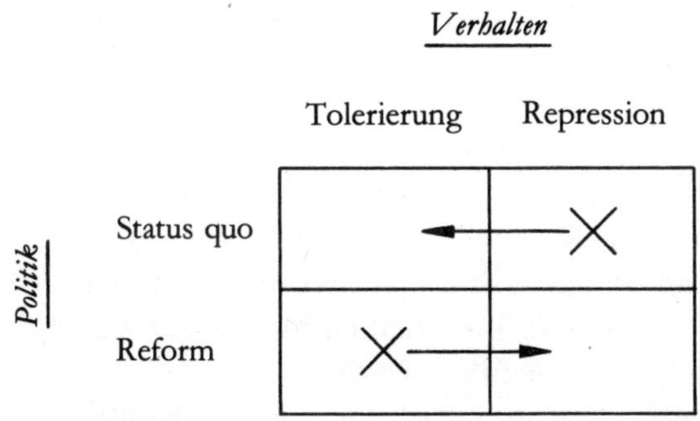

Soweit die Kontrollinstanzen über politische Normsetzungsbefugnis verfügen, können sie diese zur Bekräftigung und Verfestigung des Status quo oder aber zur Reform einsetzen. In Bezug auf soziale Bewegung ist Reform der Versuch, die der Bewegung zugrunde liegenden Ursachen zu mildern bzw. zu beseitigen. Sie stellt von Seiten der Herrschenden das Äußerste an inhaltlichen Zugeständnissen gegenüber Opponenten durch politische Richtungsänderung dar. Sie interessiert in diesem Zusammenhang übrigens nicht als Ergebnis, sondern als Prozeß, in dessen Verlauf die Entwicklung sozialer Bewegung nachhaltig durch die Politik der Kontrollinstanzen beeinflußt wird. Auch die Stauts quo-Politik ist in Bezug auf soziale Bewegung definiert, sie kann z. B. einhergehen mit weitgehenden Veränderungen in anderen Bereichen.

Auf der Verhaltensebene sind Repression und Tolerierung zu unterscheiden. Der Kern der Repression besteht in staatlicher Gewaltanwendung zur Unterdrückung sozialer Bewegung. Im Vorfeld gibt es ein breites Arsenal von Kriminalisierungstechniken: dichte Polizeiüberwachung; übermäßiges Polizeiaufgebot bei Demonstrationen und direkten Aktionen; häufige Polizeikontrollen; zahlreiche vorübergehende Festnahmen; gerichtliche Klagen auch bei unsicherer Rechtsgrundlage; Anhängen eines Gewaltimages; etc. Üblich sind auch alltägliche Behinderungen, die jede für sich vielleicht banal, in ihrer Summe aber von großer Wirkung sein können: Nichtvergabe von Räumen; Vorenthalten öffentlicher Ressourcen, die anderen Gruppen gewährt werden; Nichtgenehmigung von Demonstrationen; Verbote von Organisationen; Inhaftierung von Führern; Beschlagnahme von Zeitungen; etc. können tief in die Mobilisierung eingreifen.

Auch die der Bewegung entgegenkommende Verhaltensstrategie, die hier »Tolerierung« genannt wird, ist sehr vielfältig. Steht bei der Repression die Bekämpfung, so bei der Tolerierung die »Anerkennung« (Oberschall 1973: 243) im Mittelpunkt. Sie führt von »geduldigem und ausführlichem Anhören« (Smelser 1972: 309) über Dialog, Verhandlung, Hinnahme gewaltfreier Mobilisierung bzw. Aktion und flexiblen Umgang mit einzelnen Gewaltaktionen zu Kooptation und Abmachungen. Die Motive für Tolerierung sind sekundär, sie können von demokratischen Überzeugungen bis zum Kalkül führen, daß die Kosten für die Unterdrückung höher sind als die Kosten für das Gewährenlassen.

Bei der Abwehr-Strategie entscheiden sich die Kontrollinstanzen für die Erhaltung des Status quo und die Repression sozialer Bewegung. Bei Stärke der Kontrollmächte oder Stärke der Bewegung kann die Status quo-Politik mit Tolerierungspraktiken einhergehen. Bei der Wandel-Strategie wird die Reformpolitik von einem Tolerierungs-Verhalten begleitet. Das inhaltliche Entgegenkommen bezieht sich meist auf die gemäßigteren Teile der sozialen Bewegung, die radikaleren, nicht befriedigten Elemente werden gleichzeitig zum Gegenstand der Repression gemacht: von daher die häufig beobachtete Dialektik von Reform und Repression.

Generell ist die Begrenztheit der folgenden Ausführungen zu betonen. Worauf es ankäme, wäre eine differenzierte Analyse der strategischen Interaktionsprozesse zwischen Bewegungs- und Kontrollmächten und die genauere Kenntnis von »Interaktionssequenzen« (Wilson 1977: 477). Davon sind wir weit entfernt.

12.3 Strategien der Kontrollinstanzen

12.3.1 Abwehr-Strategie

Inhaltlich ist die Abwehr-Strategie durch eine uneingeschränkte Aufrechterhaltung des Status quo gekennzeichnet. Den alternativen Zielen wird Realismus (mit dem Vorwurf der »Utopie«) oder Legitimität (»radikale Minderheiten«) abgesprochen. Auf der Verhaltensebene operiert die Staatsmacht mit Repression. Im Falle systematischer Unterdrückung werden die Bewegungen von vornherein und auf allen Ebenen ihrer Entfaltung »erstickt«. Die autoritären und totalitären Staaten Europas zeigen, daß bei systematischer Unterdrückung Bewegungen über längere Zeiträume eleminiert werden können.

Soziale Bewegungen neigen im Überschwang der Gefühle zur Unterschätzung staatlicher Repressionsmöglichkeiten. Nicht nur Unterdrückungsregime, sondern auch die von Greene im Anschluß an empirische Studien konstatierte »Gesetzmäßigkeit« legen Skepsis gegenüber einer Bewegungseuphorie nahe. Greene (1974: 113) formuliert: »Politische Gewalt nimmt mit der Regierungsgewalt zu, bis eine Schwelle erreicht ist, von der an verstärkte Regierungsgewalt einhergeht mit einer raschen Abnahme der kollektiven Gewalt von Bürgern.« Mit anderen Worten: die Staatsmacht sitzt, wenn sie – wie von Smelser gefordert – »energisch« und »unnachgiebig« ist und nicht von interner Spaltung bedroht wird, am längeren Hebel.

Nun ist, unter Geltung von Bürgerrechten, systematische Unterdrückung nicht möglich. Verfassung und Gesetz und die Bürger mit ihrem Bewußtsein »von einer Grenze, die legitime von illegitimer Regierungsgewalt unterscheidet« (Greene 1974: 111) setzen Grenzen. Dennoch kann in diesem Rahmen eine überwiegende Repressionsstrategie verfolgt werden. Welche Wirkungen hat sie?

Greene (1974: 112) sieht positive Wirkungen für soziale Bewegungen bei bestimmten Annahmen: »Regierungsgewalt, die als willkürlich und unterschiedslos erscheint, tendiert dazu, die Legitimität der Regierung zu verringern und verstärkt das revolutionäre Potential der Gesellschaft. Jene, die schon von der Notwendigkeit der Reform überzeugt sind, können durch die Regierungsgewalt radikalisiert werden, vor allem wenn Brutalität der Polizei oder militärische Unterdrückung am eigenen Leibe erfahren wird. Und jene Bürger, die normalerweise passiv oder politisch apathisch sind, können durch die Regierungsgewalt politisiert werden, die so die Zahl der Aktivisten vergrößert und dazu beiträgt, ihre Ziele von der Reform zur Revolution zu verschieben.«

Es ist nicht schwer, historische Beispiele für diese These zu finden. Die im März 1848 vor dem Berliner Schloß das Feuer auf eine unbewaffnete Menge eröffnenden Soldaten haben die Revolution überhaupt erst richtig in Gang gebracht. Die Erschießung Benno Ohnesorgs am 2. Juni 1967 war ein Fanal, das ganz erheblich zur Ausbreitung der Studentenbewegung beigetragen hat.

Auch Wilson (1977) kann in einer Zusammenfassung verschiedener empirischer Untersuchungen über die Wirkung von Kontrollinstanzen auf den Ebenen der Einstellung, Mobilisierung, Zielbildung und Organisation beachtliche Hinweise darauf geben, daß staatliche Gewalt zur Mobilisierung und Radikalisierung sozialer Bewegungen beizutragen vermag. Vor allem, wenn sie plötzlich und unerwartet ist oder die Bewegung in der Gesellschaft Verständnis und Unterstützung hat. Auf der anderen Seite sind negative Konsequenzen für die Bewegung nicht zu übersehen. Das Risiko steigt, je vollständiger und extensiver die Kriminalisierung und je strenger die staatlichen Sanktionen. Dauerhafte Kriminalisierung schafft emotionalen Streß, entzieht der Bewegung die Gemäßigteren und die Unterstützung von Teilen der Elite.

Insgesamt scheint die Wirkung staatlicher Gewalt auf soziale Bewegung im demokratischen Prozeß durch einen hohen Grad von Ambivalenz bestimmt. Eine ausgedehnte, langanhaltende, von geschlossenen Eliten und Gewaltapparaten getragene Repression ist in demokratischen Staaten schwer durchzuhalten, hat aber Erfolgsaussichten! Die für Demokratien charakteristische, gewissermaßen »unvollständige« Repression ist in ihrer Wirkung ambivalent, von Bedingungen abhängig, deren genaues Zusammenspiel der Erforschung bedürfte.

Repression ist nicht nur selektiv gegenüber unterschiedlichen Gruppen, sie ist auch fluktuierend und wird verbunden mit oder unterbrochen von Formen der Tolerierung sozialer Bewegungen. Die prinzipielle Aufrechterhaltung des Status quo wird dabei nicht infragegestellt. Es kommt also zu einer Verbindung von Status quo-Politik und bestimmten Formen der Tolerierung. Dies kann zunächst aus einer Position der Stärke geschehen, wobei eine starke Regierung einen eher stabilen Status quo politisch absichert und der Bewegung, die keine Gefahr darstellt, einige Freiheit lassen kann.

In diesem Zusammenhang könnte man Marcuses Konzept der »repressiven Toleranz« (1966) sehen, der die Verbindung eines repressiven Status quo mit Toleranzformen konstatiert, die zwar Opposition zulassen, aber gleichzeitig ihre Folgenlosigkeit sicherstellen und bei gewaltsamen Basisaktivitäten strikt repressiv reagieren. Solche symbolische Integration schwächt wahrscheinlich machtorientierte Bewegungen, die nur als ernsthafte Einflußagenten gegenüber staatlichen Autoritäten eine Chance haben, mehr als kulturorientierte Bewegungen.

Tolerierungselemente können aber auch deshalb in eine Abwehr-Strategie eingebaut werden, weil die politischen Autoritäten aus einer Position der Schwäche operieren. Welche Wirkungen ergeben sich für soziale Bewegungen aus einer solchen Konstellation?

Nach Smelser (1972) werden Bewegungen radikalisiert und mobilisiert, wenn die Kontrollinstanzen »Anzeichen von Zerfahrenheit, Unentschlossenheit oder Schwäche« (S. 311) zeigen. Sie tolerieren dann auch – aus Schwäche – Gewaltsamkeiten und staatliche Legitimitätsbedrohungen seitens sozialer Bewegungen. Smelser erklärt den Ablauf der »großen ideologischen Revolutionen der westlichen Welt« (S. 314) mit dem Modell der Unterdrückung, auf die ein Nachlassen effektiver Kontrolle folgt (S. 314 ff.). Soziale Bewegungen würden also durch eine Tolerierung aus Schwäche in ihrer Entfaltung gefördert.

Eine Position der Schwäche kann mit Gewaltanwendung als gewissermaßen letztem Mittel durchaus verbunden sein. Es scheint aber plausibel, daß Kontrollinstanzen, die Bewegungs-Gewalt aus Mangel an eigener Kraft »tolerieren«, einen wichtigen Beitrag zur Entfaltung dieser Bewegungen leisten.

12.3.2 Veränderungs-Strategie

Den größten Einfluß kann eine soziale Bewegung erreichen, wenn sie bei den Kontrollinstanzen auf eine Veränderungs-Strategie trifft, die Reform und Tolerierung kombiniert. Aufgrund der Dialektik sozialer Bewegung ist mit solcher Zielübernahme und – in letzter Konsequenz – Institutionalisierung der Bewegung nicht nur der Erfolg am größten, sondern gleichzeitig das Ende als soziale Bewegung nahe. Die gleiche Dialektik erlaubt es, Reform als Eindämmungsstrategie zu charakterisieren. Je weitreichender allerdings ihre Ziele, desto schwieriger führt diese Strategie zum Erfolg.

Reform bedeutet in diesem Zusammenhang Durchsetzung veränderter Ziele aufgrund des Einflusses sozialer Bewegung. Sie ist eine Antwortmöglichkeit auf Unzufriedenheit. Die Reichweite der Reform wird meist weit hinter den Zielen der Bewegung zurückbleiben. Gerade die partielle und unter starkem Druck konzedierte Reform kann die soziale Bewegung stärken. Sie ist ein Eingeständnis vorhergehender Ungerechtigkeit, der Legitimität der Bewegungsziele und möglicherweise ein Beweis ihrer Stärke, auf die weitere Hoffnung zu setzen ist. Auf der anderen Seite kann Reform aber auch ein Beweis für die Anpassungsfähigkeit der Autoritäten sein und der Bewegung den Wind aus den Segeln nehmen, da diese und weitere Verbesserungen ohne letzte Anstrengungen möglich scheinen.

Reform setzt starke Ressourcen voraus, um Ziele auch gegen gesellschaftliche Machtgruppen durchsetzen zu können. »Paradoxerweise fällt eine schwache Regierung – d. h. eine Regierung, die nicht die Unterstützung anderer Machtzentren für Ziele sozialer Kontrolle gewinnen kann – eher auf koerzive soziale Kontrollmittel zurück, da es die einzige Option ist, die ihr bleibt. Eine Regierung, die keine Reformen durchführen kann, da ihr die Mittel fehlen, die unfähig ist, etwas von ihrer politischen Macht auf die Opposition zu übertragen aus Angst davor, daß sie entscheidend geschwächt würde, kann nur zur Gewalt Zuflucht nehmen, wenn sie mit einer ernsten populären oder oppositionellen Herausforderung konfrontiert wird. Stärkere Regierungen können eine Periode wachsender Opposition und den Transfer von Ressourcen an die Opposition aushalten, bevor die Langzeitwirkungen der Reform und verstärkter Legitimität eine geringere Verbreitung und Intensität von Opposition und Konflikt zur Folge haben.« (Oberschall 1973: 252)

Haben sich die politischen Autoritäten zur Reform-Strategie durchgerungen, entspricht der inneren Logik, daß sie der Vertretung der zugrunde liegenden Ziele durch eine soziale Bewegung die Legitimität nicht absprechen können. Berücksichtigt man, daß auch die Tolerierung nicht ohne Repressionselemente auskommt (und die Repression meist auch partielle Tolerierungselemente enthält), ist anzunehmen, daß Reform und (überwiegende) Tolerierung enger miteinander zusammenhängen.

In diesem idealtypischen Fall geht die Tolerierung über das Gewährenlassen hinaus bis zu den verbindlicheren Formen des Verhandelns, der Eröffnung von Partizipationschancen, der Kooptation und schließlich der Institutionalisierung gewaltloser Formen sozialer Bewegung. Es gibt die Betrachtungsweise, jede Kooperation einseitig als Re-Integration und damit als Schwächung der Bewegung in ihren eigentlichen Zielen zu bewerten (z. B. Piven/Cloward 1977: 32 ff.). Abgesehen davon, daß die Ziele sozialer Bewegungen nicht a priori radikal sind, wird dabei die Ambivalenz unterschlagen, die Formen der Partizipation, Kooptation und Institutionalisierung immanent ist. Sie bieten *gleichzeitig* die Chancen zu einer Vergrößerung des Einflusses von unten wie der sozialen Kontrolle von oben.

Solange die Bewegung wirklich noch in Bewegung und nicht institutionell erstarrt ist, kann sie nur mit bedingter Tolerierung rechnen. Soziale Bewegungen müssen sich immer gegen Widerstand durcharbeiten. Die Wahrscheinlichkeit stabiler Tolerierung ist am größten, wenn Vertreter der Bewegung mit Einfluß in den Kontrollmächten selbst vertreten sind.

Die Motive einer Tolerierungsstrategie können vielfältig sein. Was auch immer an internalisierten Toleranz-Werten hineinspielen mag, die zuverlässigere Annahme ist die, daß Tolerierung praktiziert wird, wenn die Kosten für Repression höher eingeschätzt werden als die für Tolerierung.

Oberschall (1973), der verschiedene Aspekte der Konfliktregulierung diskutiert, hat auch den Nutzen beschrieben, den sowohl Bewegungen wie Kontrollmächte von regulierten Konfliktbeziehungen haben (S. 262). Bedenkt man, daß zuviel Tolerierung für die Bewegung auch von Nachteil sein kann und daß die Institutionalisierung für sie ambivalent bleibt, ist den Schlußfolgerungen zuzustimmen: »Je größer der erwartete Nutzen von der Verständigung für beide Seiten ist, desto wahrscheinlicher ist es, daß ein Arrangement für die Regulierung und Lösung des Konflikts durch Verhandlung erreicht wird. Besonders dann, wenn das Potential des Protests groß ist, die alltäglichen sozioökonomischen Routineaktivitäten zu unterbrechen, und wenn die Kosten der Repression beträchtlich sind, sind auch die Aussichten für die Verständigung gut. Wenn die Protestierenden jedoch keine öffentliche Unterstützung und Sympathie genießen, wenn ihr moralischer Kredit in den Augen der Öffentlichkeit gering ist, dann fehlt die Notwendigkeit, sich zu verständigen.« (Oberschall 1973: 263)

In der kritischen Staatstheorie wird häufig der widerspruchsvolle Zusammenhang von Reform und Repression betont. So sieht z. B. Miliband (1972: 358) Reform und Repression als »komplementäre Möglichkeiten«: »Sobald sich die Reform als unfähig erweist, Druck und Protest zu unterdrücken, schwenkt die Betonung um auf Repression, Zwang, Polizeigewalt, Recht und Ordnung, den Kampf gegen die Subversion usw.« Es gibt strukturelle Gründe, aus denen auch eine auf Bewegungsziele bezogene Reformpolitik sich repressiver Verhaltensstrategien bedient. Zum einen die »radikalisierende Eigendynamik« (Offe 1972: 102) von Reformpolitik. D.h. Reformpolitik selbst steigert die Erwartungen, die über eine bestimmte, durch den kapitalistischen Kontext gegebene Schwelle hinaus gewaltsam beschnitten werden. Zum anderen werden die schon in der Bewegung vorhandenen, nicht kompromißbereiten Teile unterdrückt.

12.4 Zusammenfassung

Kontrollinstanzen sind die eigentlichen Gegner sozialer Bewegung. Sie verfügen über legitime und harte Sanktionsmittel. In der demokratischen Gesellschaft müssen Kontrollinstanzen gegenüber einem gesellschaftlich eingeforderten Zielwandel offen bleiben, können sich nicht, jedenfalls nicht von vornherein und prinzipiell auf eine Sanktionierung von Normabweichungen beschränken. Sie haben einen großen Spielraum bei der Verfolgung von Abwehr- oder Veränderungsstrategien, wobei Bewegungen einen neben vielen anderen Einflußfaktoren darstellen. Kontrollinstanzen können auch scheitern, wobei die Konsequenzen in der Regel allerdings weniger schmerzhaft sind als die Folgen eines Scheiterns von organisiertem Protest.

Je nach Konfliktgegenstand existieren andere gegnerische Zielgruppen (target groups). Gewöhnlich verfügen diese Gegner über gesellschaftliche oder staatliche Kontrollmacht, so daß der – in der amerikanischen Bewegungsforschung betonte – Unterschied zwischen gegnerischer Zielgruppe und Kontrollinstanz tendenziell hinfällig ist. Angesichts hoher Vergesellschaftung sind die staatlichen Kontrollorgane immer auch Gegner. Je mehr gesellschaftliche Kontrollmächte (Unternehmer, Eltern, Professoren etc.) zum Gegner gewählt werden, desto mehr Autonomie gewinnen die staatlichen Kontrollinstanzen und können unabhängiger intervenieren, als wenn sie unmittelbar betroffen wären.

Welche Bedingungen begünstigen soziale Bewegungen bei ihrer Zielverfolgung gegenüber vor allem staatlichen Kontrollinstanzen? Mit dieser Leitfrage sollen einige Ergebnisse dieses Kapitels zusammengefaßt werden.

Je stärker demokratische Normen in einer Gesellschaft verankert sind, desto mehr kann die Bewegung auf Interessenberücksichtigung außerhalb von Wahlen und auf Minimierung in der Anwendung von Sanktionsmitteln drängen. Allerdings reichen die allgemeinen Normen für sich genommen auch in der demokratischen Gesellschaft meist nicht aus, wenn es der Bewegung nicht gleichzeitig gelingt, in das Vermittlungssystem – von dem die demokratischen Kontrollinstanzen abhängig sind – einzubrechen. Je stärker die repressiven Kontrollapparate (Polizei etc.) gegenüber demokratischer Kontrolle verselbständigt sind, desto eher neigen sie zur Kriminalisierung und Unterdrückung von Bewegungen.

Das Auseinanderdividieren der sich normalerweise wechselseitig stützenden Kontrollinstanzen und die Schaffung bzw. Nutzung der Elitenspaltung auf den miteinander verflochtenen Ebenen Vermittlung und Kontrolle zählt zu den Schlüsseln des Erfolgs sozialer Bewegung. Spaltung, Unsicherheit und Legitimitätsschwäche der Regierenden helfen sozialer Bewegung.

Wie wirken die von den Kontrollinstanzen verfolgten Strategien auf die Bewegung zurück? Relativ am günstigsten ist eine Veränderungs-Strategie, die inhaltlich als Reform und auf der Verhaltensebene als Tolerierung zu definieren ist. Zwar kann Reformpolitik längerfristig dazu tendieren, soziale Bewegung überflüssig zu machen, allerdings nur dadurch, daß Ziele (mit)berücksichtigt werden. Tolerierung vermag Spielraum und Einfluß der Bewegung zu vergrößern, kann aber auch zu ihrer Zähmung führen. Auch die für die Bewegung günstigste Strategie von Kontrollinstanzen enthält also Ambivalenz, die nur durch Machtzuwachs und flexible Strategie zugunsten der Bewegung aufzulösen ist. Ohne zumindest die Teilhabe an der Kontrolle sind Bewegungsziele von vornherein in Gefahr, verwässert zu werden.

Am ungünstigsten für die Bewegung ist eine Abwehr-Strategie, bei der eine Stauts quo-Politik mit einer Repression der Bewegung verbunden wird. Unter den Voraussetzungen, daß die Eliten sich nicht spalten und eine solche Linie strikt durchgehalten wird, kann die Abwehr-Strategie die Opposition sozialer Bewegung für längere Zeit ersticken bzw. lähmen. Zumal unter demokratischen Bedingungen stößt eine solche Strategie allerdings auf immanente Grenzen. Für Demokratien sind eher Formen »unvollständiger« Repression charakteristisch, deren Wirkungen komplex verursacht und schwer prognostizierbar sind.

Repression ist nicht immer erfolgreich. Unerwartete, unverhältnismäßige, schlecht legitimierte Repressionsgewalt kann zum Wachstum der Bewegung beitragen. Tolerierung stärkt nicht immer die Bewegung. Tolerierung durch starke Regierung kann bei Verfolgung von Status quo-Politik zu Formen repressiver Toleranz führen. Häufig verbinden sich Repression und Tolerierung. Die mit Repression gemischten Tolerierungselemente stärken vor allem dann soziale Bewegung, wenn sie Ausdruck einer Schwäche der Kontrollinstanzen sind.

Defizite der Bewegungsforschung treten gerade bei der entscheidenden Variable »Kontrolle« unübersehbar zu Tage. So fehlen Analysen zur historischen Systematisierung von Struktur, Funktion und Strategie der Kontrollinstanzen unter Aspekten, wie sie für Bewegungen relevant sind. Zum anderen ließe sich die Komplexität besser erfassen, wenn u. a. folgende Differenzierungen erarbeitet würden:

- Reform und Tolerierung umfassen hinsichtlich ihrer Qualität vielfältige Abstufungen bis zu den Grenzen der Revolution (»systemüberwindende Reform«) einerseits, nur symbolischer Tolerierung andererseits.
- Status quo- und Reformpolitik, Repressions- und Tolerierungsstrategien treten real meist in Mischformen auf, denen die analytischen Vereinfachungen dieses Kapitels nicht gerecht werden.
- Abwehr- und Veränderungsstrategien wechseln häufig einander ab. Das Abfolgemuster und seine Wirkungen auf soziale Bewegung erscheinen als besonders interessant.

- Aufmerksamkeit verdienen auch die Interaktionsmuster zwischen Aktivitäten und Strategien der Bewegungen auf der einen, der Kontrollinstanzen auf der anderen Seite. Die Suche nach reziproken Handlungsstrukturen (z. B. leninistische Arbeiterbewegung und Zarismus) verspricht zusätzlichen Halt in einem bisher schwach strukturierten, aber für die Bewegungsanalyse zentralen Untersuchungsfeld.

Kapitel 13

Situative Faktoren

13.1 Einführung

Mit dem Begriff der »Situation« wird ein eigenständiger, zeitgebundener Faktor eingeführt. Die Situation wirkt von außen sowohl auf die Bewegung wie auf die Vermittlungs- bzw. Kontrollinstanzen ein, ohne von diesen kontrolliert zu werden. Aus der Sicht sozialer Bewegung läßt sich die Situation als Beschleunigungs- oder Bremsfaktor sehen. Situative Faktoren können sehr spezifisch sein und sich gegenüber einer Generalisierung sperren (z. B. die besondere Stimmungslage einer Gesellschaft oder der Tod eines Diktators). Im hier entwickelten allgemeinen Bezugsrahmen interessieren stärker generalisierbare zeitliche Ablaufmuster des Gesamtsystems, die im folgenden als Stabilität und Krise diskutiert werden. »Situation« ist abzugrenzen vom Konzept der »opportunity structure« (z. B. Tilly, Ch. 1978; Tarrow 1982), das Elemente umfaßt wie die Offenheit formaler politischer Institutionen oder die Stabilität relevanter politischer Bündnisse, die in dieser Arbeit z. B. unter dem Begriff der »Vermittlung« eingeführt wurden. Beide Konzepte unterscheiden sich nach ihrer Reichweite (die des Situations-Konzepts ist begrenzter); gemeinsam ist ihnen die Überlegung, daß die externen Verhältnisse die Entfaltung sozialer Bewegung mindestens so stark beeinflussen wie die internen Verhältnisse – wahrscheinlich aber stärker.

13.2 Stabilität und Krise

Vereinfachend lassen sich zwei Aggregatzustände unterscheiden: Stabilität und Krise. Politische Stabilität kann verstanden werden als »Fähigkeit eines politischen Systems, sich dauerhaft in der Auseinandersetzung mit seiner Umwelt inhaltlich und strukturell identisch zu behaupten.« (Fuchs 1973:

647) Die Beziehung zwischen Stabilität und sozialer Bewegung ist nicht eindeutig. Politische Stabilität schließt nicht aus, daß soziale Bewegungen aufgrund von Wandel bzw. Krisen in Teilbereichen entstehen. Eine Reihe der deutschen sozialen Bewegungen entfaltete sich während relativer Ruhephasen im Kaiserreich. Auch Stabilität und Reformkonjunkturen sind keine Gegensätze – häufiger sogar wechselseitige Bedingung. Der Themenzyklus (»issue attention cycle« – vgl. Downs 1972) kann sozialen Bewegungen auch unter der Bedingung von Stabilität Aufmerksamkeit verschaffen.

So war z. B. die Bundesrepublik in den Jahren 1958/59 sicherlich ein politisch vergleichsweise stabiles Land, was nicht ausschloß, daß die Frage der Ausrüstung der Bundeswehr mit Atomwaffen große Aufmerksamkeit erhielt und zum rapiden Wachstum der entsprechenden Bewegung beitrug. Der rasche Zerfall von Aufmerksamkeit und sozialer Bewegung weisen allerdings darauf hin, daß Bewegungen unter der Bedingung starker Stabilität des Gesamtsystems nur begrenzte Wachstumschancen haben. Verbindet sich dagegen Stabilität mit unbeständiger und unvollständiger Repression, so kann soziale Bewegung dadurch gefördert werden.

Deutlicher sind die Beziehungen zwischen Krise und Wachstum der Bewegung. Vor allem die machtorientierten Bewegungen haben Nutzen von Krisen, in denen sich Machtverhältnisse verändern. Krisen bringen unter drei Gesichtspunkten die Kontrollinstanzen in Schwierigkeiten. Ressourcenaspekt: Die außerhalb von Krisen verfügbaren Ressourcen müssen auf die Bewältigung der Krisenprobleme konzentriert werden, so daß der Opposition eher mit Konzessionen geantwortet wird. Legitimationsaspekt: Verlust an Kontrollmacht schwächt die Legitimität der Kontrollinstanzen, vor allem, wenn sie an der Entstehung der Krise (mit)verantwortlich sind. Integrationsaspekt: Der Integrationsbedarf erhöht sich in der Krise, was eine Berücksichtigung von Bewegungszielen nahelegt.

In der deutschen Geschichte gibt es Beispiele für das rasche Wachstum machtorientierter Bewegungen unter dem Einfluß von Krisen: die bürgerliche Bewegung von 1848 gehört ebenso dazu wie die Arbeiterbewegung nach 1917 und die NS-Bewegung nach 1929. Gamson (1975: 111 ff.) kommt in seiner Protestgruppenanalyse zu dem Ergebnis, daß eine große Krise der Zielverwirklichung von Gruppen dient, die bereits vor der Krise, wenn auch erfolglos, für ihre Ziele gestritten haben (vgl. dazu auch Goldstone 1980: 1037 ff. Gamson 1980: 1056 f.).

Bei Gamson wie in der übrigen Literatur werden vor allem Krisen im ökonomischen und politischen Teilsystem als Beschleunigungsfaktoren betrachtet. Krisen im soziokulturellen Teilbereich treten entweder zeitlich nicht so konzentriert auf oder haben geringere Systemwirkungen (jedenfalls in kürzerer Perspektive).

Unter den politischen Systemkrisen, die eine Krise des Regimes oder eine nachhaltige Störung der Mehrheitsbildung und damit Regierungsfähigkeit implizieren, ragen Krieg und vor allem militärische Niederlagen besonders hervor (Greene 1974: 105 ff.). Wie Kriege selbst politische Entscheidungen darstellen, so liegt auch ihr Verlust im unmittelbaren Verantwortungsbereich politischer Kontrollinstanzen. Niederlage bedeutet, daß die Kontrollinstanzen im zentralen Aufgabenbereich der durch den Staat zu schaffenden Sicherheit versagt haben.

Folgen sind ein Legitimationsverlust der Kontrollinstanzen und möglicherweise ein politisches Machtvakuum durch Zerfall bisheriger Bündnisse. Ebenso wichtig kann sein, daß die koerziven staatlichen Kontrollmittel gespalten werden. Ein Teil der als Soldaten Mobilisierten kann in das Mobilisierungspotential sozialer Bewegung eingebracht werden. Dies galt nach 1918 sowohl für die Arbeiter- bzw. Rätebewegung wie für die sich der Demobilisierung entziehenden Freikorps, die eine Grundlage für die faschistische Bewegung darstellten.

Darüberhinaus läßt sich eine Deroutinisierung des Alltagslebens durch einen längeren Krieg und seine Folgen beobachten. Moore (1982: 369) spricht von einem »vollkommenen Bruch in den gewohnten Alltagsroutinen. Schon diese Tatsache allein erklärt viel von dem politischen Durcheinander während der unmittelbaren Nachkriegszeit. Eine immense Zahl von Arbeitern wechselte den Beruf. Andere, vor allem Gelegenheitsarbeiter, schlossen sich den Streitkräften an. Frauen und Kinder verrichteten die Arbeit von Männern, schieden allerdings bei Kriegsende wieder aus. Die Arbeitsbedingungen wandelten sich durchgreifend für diejenigen Männer, die im gleichen Beruf blieben. Zusammengenommen sorgten all diese Veränderungen dafür, daß die vertrauten sozialen Beziehungen und Sanktionen, die die Individuen an den Status quo gebunden hatten, erheblichen Belastungen ausgesetzt waren und neu geschaffen werden mußten – oder insgesamt zusammenbrachen.«

Zur Veränderung des Alltagslebens gehört auch, daß die Bürger an die Lösung von Konflikten durch physische Gewalt gewöhnt werden. Schließlich geht die militärische Niederlage einher mit einer »ökonomischen Katastrophe: ein rasches Absinken der industriellen Produktion, ökonomischer Mangel, massive Arbeitslosigkeit, galoppierende Inflation, da die Regierung Papiergeld ausgibt, um ihren Verpflichtungen nachzukommen, und die Liquidierung von Ersparnissen für Millionen von Bürgern, da der Geldwert sinkt. Je ernster die militärische Niederlage, desto überwältigender die ökonomischen Probleme, denen sich eine geschwächte Regierung, bei schon niedriger Legitimation, gegenübersieht« (Greene 1974: 107).

Eine militärische Niederlage kann also – wie in Deutschland 1918 – in eine allgemeine Systemkrise führen. Eine nicht bewältigte ökonomische Krise kann die gleiche Wirkung haben. Macht man sich vom ökonomischen Determinismus frei, der ökonomische Krise mit dem Aufschwung revolutionärer Kräfte gleichsetzt, so kann der Stellenwert dieser Krisenart deutlicher werden.

Greene hebt zu Recht hervor, daß die ökonomische Krise nicht per se (revolutionäre) soziale Bewegungen fördert. Dies geschieht vor allem dann, wenn die Krise Ausdruck allgemeiner Schwäche der Kontrollinstanzen bei Kontrolle und Problemlösung ausdrückt oder doch damit in einen inneren Zusammenhang gebracht werden kann. Ökonomische Krise wirkt also nicht ohne intervenierende Variablen, von denen einige bei Greene (1974: 109 ff.) diskutiert werden.

13.3 Situative Einzelfaktoren

Neben Stabilität und Krise kann die Situation über ihre im stengen Sinne spezifischen Merkmale hinaus auch durch situative Einzelfaktoren charakterisiert werden. Greene (1974: 116 ff.) betont z. B. den Demonstrationseffekt, der den Funken von Land zu Land überspringen läßt. Die 48er Revolution mit ihrem Startpunkt Paris ist ein Beispiel dafür, die Studentenbewegung der 60er Jahre mit ihrem Auftakt in Berkely 1964 ist ein anderes.

Alles, was von außen her zur Bündelung der Bewegungsaktivitäten beiträgt, fördert sie. Oberschall (1973: 138 f.) betont die Bedeutung von Brennpunkten, speziell die frühen Erfolge an Brennpunkten als Bedingungen für die Mobilisierung anderwärts. Im deutschen Kontext hat Berlin seit 1870 eine Vorreiterrolle für verschiedene Bewegungen gespielt, so die Arbeiterbewegung, die Frauenbewegung, die Jugend- und Lebensreformbewegung und auch in den 60er Jahren noch – trotz verminderter Brennpunktwirkung Berlins – die Studentenbewegung und in den 70er und 80er Jahren die Alternativbewegung.

Auch zeitliche Fixpunkte fördern die Mobilisierung. Möglicherweise müssen auch Vorwahlzeiten dazu gerechnet werden (vgl. Tarrow 1982); sicher gilt es aber für Entscheidungstermine, auf die hin Mobilisierung stattfinden kann, wie z. B. die Notstandsgesetze 1968 oder der Nato-Doppelbeschluß 1979–1983. Die Gefahr solcher zeitlicher Fixpunkte liegt in der raschen Demobilisierung nach dem Entscheidungstermin. Smelser (1972: 38) hebt ganz allgemein dramatische Ereignisse als wichtige Beschleunigungsfaktoren sozialer Bewegungen hervor.

13.4 Zusammenfassung

Soziale Bewegung trifft unter eigenständigen situativen Faktoren auf Vermittlungsträger und Kontrollinstanzen. Die Situation wirkt als Beschleunigungs- oder Bremsfaktor, nicht als Ursache sozialer Bewegung. Zur ersten, generalisierenden Annäherung an diesen Aspekt wurden die globalen Systemzustände Stabilität und Krise unterschieden. Politische Stabilität zeigt eine Tendenz zur Schwächung sozialer Bewegung (obwohl sie deren Wachstum nicht ausschließt), Krise dagegen wirkt als Beschleunigungsfaktor. Dies gilt insbesondere für ökonomische und politische Krisen. Herausragende Bedeutung für das Wachstum sozialer Bewegungen hatten – historisch gesehen – Krieg und militärische Niederlage. Beide sind als komplexe Krisen zu verstehen, in denen Legitimations- und Kontrollverluste der Kontrollinstanzen einhergehen können mit Desorientierung und Brutalisierung des Alltagslebens. Die Benennung einiger situativer Einzelfaktoren zeigt, daß auch die generalisierende Analyse nicht bei den beiden globalen Systemzuständen stehen bleiben muß.

Kapitel 14

Strategie

14.1 Einführung

Strategiefragen sind, mit wenigen Ausnahmen, kein Thema systematischer Bewegungsanalyse. Zwar waren bzw. sind politische Strategiefragen häufig Thema von sozialen Bewegungen, sie fanden auch Niederschlag in der internen Theorieproduktion (vor allem Arbeiterbewegung), über erste Ansätze ist eine sozialwissenschaftlich fundierte Strategieanalyse aber bisher nicht hinausgekommen.

Heberle (1967) hat auch die Strategie sozialer Bewegungen zuerst thematisiert, unterscheidet Strategien aber zu stark nach den jeweils angewendeten Mitteln. Auch bei Ebert (1978) steht ein spezifischer Mittelaspekt (Gewaltfreiheit) im Vordergrund. Der grundlegende analytische Beitrag stammt von Turner (1970), der den Zusammenhang von Machtzielen mit grundlegenden Strategien verbindet.

Der Ressourcen-Mobilisierungs-Ansatz bietet gerade für Strategieanalysen große Vorteile. Er systematisiert – aus der Handlungsperspektive der Akteure – die für soziale Bewegungen in Betracht kommenden internen und externen Ressourcen, betont damit die Vielfalt strategischer Ansatzpunkte und kann so auch strategische Dilemmas herausarbeiten. Allerdings bleibt häufig der letzte strategische Zweck der Ressourcenmobilisierung ungeklärt. Es geht nicht nur um die Bedingungen für das Wachstum sozialer Bewegungen, sondern wesentlich auch um die Frage, wozu eine stark gewordene Bewegung letztlich eingesetzt wird und mit welchen Mitteln und Aktionsformen sie dieses strategische Grundziel ansteuern soll.

Unter Strategie werden die Grundregeln des Handelns in einer Vielzahl von Situationen verstanden. Taktik ist das Verhalten in einer konkreten Situation. Strategie erfaßt also das unterschiedliche Handlungen politischer Akteure strukturierende Prinzip.

Die hohe Komplexität von Strategiefragen ist sicherlich ein wichtiger Grund, warum sie bisher in systematischer Analyse, außerhalb von historisch konkreten Situationen, vernachlässigt worden sind. So ist nicht nur die Vielfalt von Faktoren zu berücksichtigen, zentrale Faktoren (wie Ziele oder Mobilisierung) können selbst zum Gegenstand strategischer Planung gemacht werden. Zielstrategie können solche Versuche der Zielklärung genannt werden, in denen konkrete Bedingungen der Bewegung (z. B. Stärke oder Sozialstruktur) und ihrer Umwelt zur Geltung kommen. Dies unterscheidet zielstrategische von primär normativen Überlegungen. Für eine revolutionäre Bewegung gehört z. B. die Reflektion von Zielmodifikationen hinsichtlich der Übergangsgesellschaft zur Zielstrategie. Die Mobilisierungsstrategie umfaßt strategische Überlegungen, die sich auf das Wachstum einer Bewegung beziehen. Gruppenbasis, Rekrutierungsmethoden, Organisationsbildung sind Beispiele für Teilaspekte.

Im folgenden soll nur von Aktionsstrategie gesprochen werden. Sie bezieht sich auf den Einsatz einer Bewegung gegenüber den für die Bewegung (vor allem des machtorientierten Typs) relevanten Umweltfaktoren. Wie werden die begrenzten Ressourcen am wirkungsvollsten zielbezogen gegenüber den Vermittlungs- und Kontrollinstanzen zur Geltung gebracht?

14.2 Klassifikationen

Die politische Strategie sozialer Bewegung bedarf zunächst analytischer Aufschließung und Vereinfachung, um generalisierungsfähige Hypothesen darauf aufbauen zu können (Turner 1970; vgl. auch Turner/Killian 1972: 289 ff.). Turner unterscheidet Machtziele (»main power objectives«) und Grundstrategien (»principal strategies«). Die Klassifikation geht vom Bestreben der Bewegungsakteure aus, Macht gegenüber dem Gegner (vor allem politischen Instanzen) anzuwenden. Fragen der Machtgewinnung aufgrund von Mobilisierungsstrategien sind nicht Bestandteil dieses Klassifikationsversuchs. Er ist also auf Aktionsstrategien beschränkt, erhebt allerdings den Anspruch, diese umfassend abzubilden.

Turner unterscheidet drei grundlegende Machtziele. *Konzession* ist der Versuch, Machthaber dazu zu bringen, den gewünschten Wandel vorzunehmen. *Kontrolle* zielt auf die Übernahme der Kontrolle einer Einheit oder der

Gesellschaft im Ganzen, um dann den gewünschten Wandel herbeiführen zu können. Separation meint den Aufbau und Schutz einer separaten Gemeinschaft, frei von äußerer Kontrolle und Einmischung.

Am weitesten verbreitet ist das Ziel, Konzessionen zu erlangen. Arbeiterbewegung oder faschistische Bewegung sind Beispiele für soziale Bewegungen, die glaubten, ihre Ziele nur dann erreichen zu können, wenn sie selbst Herrschaftspositionen besetzen, ja die Herrschaftsstruktur umwandeln. Separation ist klassisch eine Strategie nationaler Minderheiten mit Autonomieansprüchen, als ein Element aber auch relevant für Jugend- oder Lebensreformbewegung (z. B. Siedlungsversuche). Häufig ist die Kombination zweier Grundziele.

Turner/Killian sehen das gewählte Machtziel als Ausdruck des Kräfteverhältnisses zwischen sozialen Bewegungen und den Gegenkräften. »Bei mittel oder schwach entwickelter Bewegungsmacht besteht die normale Reaktion darin, Konzessionen zu suchen. In dem Maße, wie die Stärke der Bewegung zunimmt, verstärkt sich die Tendenz, entweder Kontrolle oder Separation anzustreben – es sei denn, die Wertziele hätten sich bereits durch die errungenen Konzessionen in wesentlichem Umfang realisieren lassen.« (Turner/Killian 1972: 290)

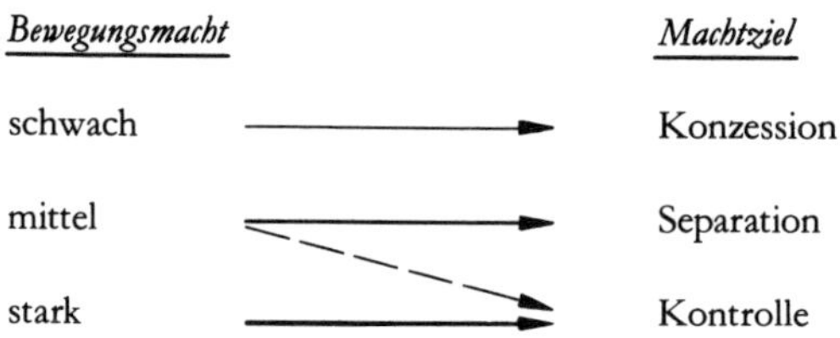

Es ist einfacher, im Kontinuum der Machtziele zu eskalieren als zu deeskalieren: hat man vergeblich das Ziel der Separation oder Kontrolle verfolgt, sind die normalen Beziehungen so stark belastet, daß es schwer ist, auf die Ebene der Konzessionen herunterzugehen.

Die Wahl zwischen den Zielen der Kontrolle und der Separation ist beeinflußt vom Grad sozialer Integration und vom Umfang selbständiger Ressourcen. Wenn die Entfremdung stark, aber die Ressourcen schwach sind, erscheint Separation als die ideale Strategie, die aber nicht oder nur ansatzweise zu realisieren ist (die feministische Frauenbewegung wäre ein Beispiel dafür).

Hinsichtlich der Art, in der die Bewegung Einfluß auf ihren Gegner zu nehmen versucht, können drei Grundstrategien unterschieden werden. *Verhandlung* setzt voraus, daß die Bewegung über einige Tauschwerte verfügt, die sie gegen die Unterstützung bzw. Realisierung von Forderungen einlösen kann (z. B. Wahlstimmen oder Nicht-Eskalation). Die Verhandlungsstrategie kann sich auf den Gegner oder auf andere Organisationen oder Bewegungen beziehen, mit denen eine Koalition gebildet wird.

Zwang ist eine Einflußnahme, die darauf hinauslaufen soll, daß ein Sichwidersetzen der Gegenkräfte gegenüber den Bewegungsforderungen zu beträchtlichen Kosten führt. Der Zwang kann auf Gewalt (in gesteigerter Form z. B. Terrorismus), aber auch auf gewaltlosem Widerstand beruhen (die Kosten können dann in möglichen negativen Folgen z. B. von Verhaftungen und öffentlichen Gerichtsverfahren bestehen). »Das Wesen des Zwangs ist gewöhnlich die Androhung eines Schadens.« (Turner/Killian 1972: 292) Ob der Schaden tatsächlich zugefügt wird, ist eine taktische Frage.

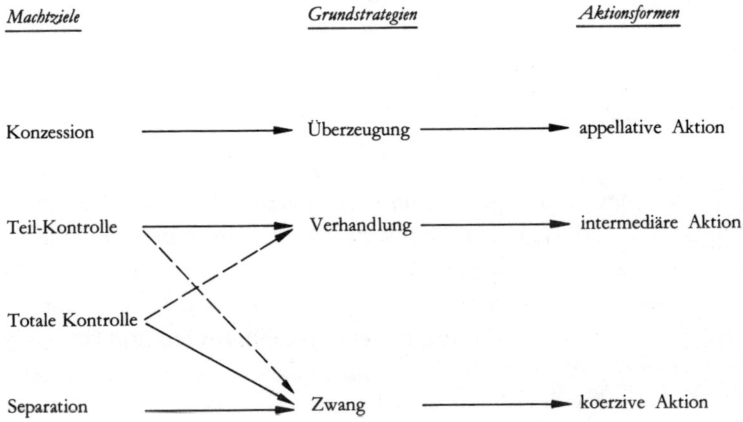

Bezieht man die Machtziele auf die hier verwendete Bewegungstypologie, ergeben sich folgende Zusammenhänge:

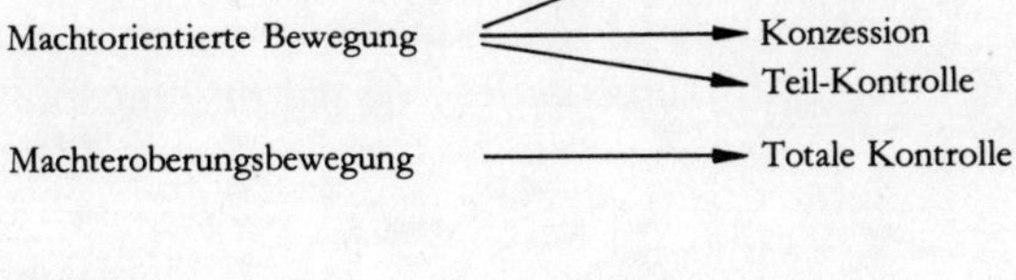

Überzeugung ist die rein symbolische Einflußnahme, ohne daß nennenswerte Belohnungen oder Strafen seitens der Bewegung angewendet würden. Das wichtigste Vorgehen besteht darin, die Forderungen mit den Werten der Gegenkräfte zu identifizieren.

Keine Bewegung ist auf einer dieser Strategien zu reduzieren. So ist Überzeugungsarbeit ein notwendiger Bestandteil jeder sozialen Bewegung. Ebensowenig wird eine Bewegung ohne irgendwelche Elemente von Zwang auskommen. Es gibt auch keine einlinigen Verbindungen zwischen Machtzielen und Grundstrategien, dennoch bestehen größere und geringere Grade der Vereinbarkeit. Sie werden im obigen Schema verdeutlicht. Dabei wurden die oben unterschiedenen Aktionsformen (vgl. 10.2) hinzugefügt. Außerdem wurde gegenüber Turner ein Unterschied im breiten Bereich der Kontrolle vorgenommen. Totale Kontrolle zielt auf die uneingeschränkte Beherrschung des politischen Herrschaftsapparats, während Teil-Kontrolle das Ziel einer Herrschafts-Teilhabe verfolgt.

14.3 Determinanten[31]

Determinanten von Strategie sind gleichzeitig – vielfach konfligierende – Bezugspunkte strategischen Handelns. Das Konzept der Strategie impliziert einen höheren Grad an Handlungsautonomie, ohne den von Ablaufmodellen, nicht aber von Strategie zu sprechen wäre. Determinanten meinen also zugleich Faktoren, die auf die Strategie einwirken, und Bezugsgruppen, auf die hin die Akteure das Bewegungshandeln definieren müssen.

1. *Ideologie.* Die Ideologie einer Bewegung und die in ihr tief verankerten Werte sind ein wichtiger Erklärungsfaktor für die gewählte Strategie. Gewalt oder Gewaltlosigkeit, partizipatorische Demokratie oder Führerprinzip, Annahmen über Rationalität oder Irrationalität des Menschen können bereits in der Bewegungsideologie ausgedrückt und auch für das eigene Handeln verbindlich gemacht sein. So wird Bedürfnissen auf wertorientiertes Handeln entsprochen und ein Symbol für die Absichten der Bewegung geschaffen. Dies gilt auch dann, wenn Effizienzgesichtspunkte dagegen stehen.

Machteroberungsbewegungen erreichen einen relativ hohen Grad der Unabhängigkeit der Aktionsformen bzw. Strategien von den Zielen bzw. Werten, sie haben ein stark instrumentelles Verhältnis zur politischen Praxis.

2. *Bewegungsmacht.* Die durch Mobilisierung geschaffene oder potentiell mögliche Macht einer Bewegung beeinflußt das rationale Kalkül der zu wählenden Strategien. Größere Macht erlaubt weitreichendere, geringere Macht nur bescheidenere Strategien (detaillierter Freeman 1979: 170 ff.).

3. *Verbündete und Öffentlichkeit.* Die Wertorientierungen und Interessen sozialer Gruppen und Organisationen, die nicht unmittelbar in den Konflikt involviert sind, haben einen nachhaltigen Einfluß auf die Strategie. Verprellt die Handlungsstrategie die (potentiellen) Verbündeten, können für den Ausgang des Konflikts entscheidende Ressourcen verlorengehen. Gewalt und Zwang z. B. stoßen – abgesehen von ihrer möglichen Funktion, Reform zu initiieren – ein liberales Publikum leicht ab.

4. *Beziehungen zu Kontrollmächten.* Alle Bewegungen sind zunächst den Kontrollmächten machtpolitisch unterlegen. Der Grad ihrer Unterlegenheit beeinflußt die Wahl der Strategie (Wilson 1973: 239 ff.; Turner/Killian 1972: 294 f.).

5. *Situation.* Das in einer Situation liegende Unruhepotential, der Grad, in dem etablierte soziale und politische Verhältnisse erschüttert sind, hat, wie die Radikalisierung vieler Bewegungen in Krisen zeigt, Einfluß auf die Strategiebildung.

Dies sind nur summarische Hinweise. Vor allem in den Kapiteln über Mobilisierung, Vermittlung und Kontrolle wurde eine Reihe impliziter Aussagen zu strategischen Fragen gemacht. Aufbauend auf Aktionsformen drängte sich im Zusammenhang der historischen Entwicklung der Unterschied von institutioneller, antiinstitutioneller und mehrdimensionaler Strategie auf (vgl. 10.3.2) Ein Versuch, verschiedene Aspekte zusammenzuführen, kann darin bestehen, Dilemmas zwischen widersprüchlichen Strategieelementen zu beschreiben.

14.4 Strategische Dilemmas

Auch Strategien sind nicht völlig frei und sie sind nicht widerspruchsfrei zu wählen. Das Aufzeigen von widersprüchlichen Entscheidungsnotwendigkeiten (strategische Dilemmas) macht die begrenzte Freiheit der Akteure sichtbar.

Die Bezugspunkte des Handelns sind zu vielfältig, die Machtanwendungsmöglichkeiten zu zahlreich, als daß es jeweils nur eine Strategiewahl geben könnte. In den Bewegungen ist der Streit über Strategie häufiger als der Streit über Ziele. Nicht selten ist er die Ursache von Spaltungen. Sicher nicht abschließend bzw. umfassend lassen sich drei strategische Dilemmas formulieren. In diesen Widerspruchskonstellationen sind Entscheidungen notwendig, die aber unvermeidbar Kosten verursachen.

1. Binnen- vs. Außenorientierung

Aktionen haben häufig Wirkungen sowohl nach innen wie nach außen (in Bezug auf Vermittlungs- und Kontrollinstanzen). Binnenorientierung kann auf Kosten der Außenorientierung betont werden, aber auch das Umgekehrte ist möglich. »Nach innen« muß die Bewegung a) Mobilisierungsleistungen erbringen und b) expressive Bedürfnisse der Anhänger befriedigen. Daraus resultieren zwei wichtige Formen des Dilemmas zwischen Binnen- und Außenorientierung.

a) *Mobilisierungspriorität:* Wichtiger als die Außenwirkung kann das Ziel sein, Anhänger zu aktivieren, neu zu gewinnen oder durch Aktivität »in Bewegung« zu halten. Bestimmte Aktionen können auch der ideologischen Festigung der Aktiven dienen. Schließlich können Aktionen auch das Ziel haben, gefährdete Handlungskohärenz (wieder)zugewinnen.

b) *Befriedigung expressiver Bedürfnisse:* Turner (1970:154) betont den Gegensatz zwischen strategischen und expressiven Prinzipien. Strategisch-rational sind Gesichtspunkte, die eine Strategie danach beurteilen, ob sie zur Erreichung der Bewegungsziele beiträgt. Expressive Gesichtspunkte betonen die Gratifikationen, die aus der Ausübung von Macht resultieren. Dramatische öffentliche Auseinandersetzungen befriedigen solche Bedürfnisse mehr als behutsame Einflußnahme hinter den Kulissen. Auch der ideologische Purismus bzw. die Reinhaltung der großen Ziele der Bewegung eignen sich für Appelle und Aktionen zur Befriedigung expressiver Bedürfnisse.

Je erfahrener die Führer und je disziplinierter die Anhänger, desto wahrscheinlicher ist strategisch-rationales Handeln. Umgekehrt: Je undisziplinierter eine Bewegung, desto größere Neigung zu expressivem Handeln. Strategisch-rationales Handeln tendiert dazu, die geringste notwendige Macht, expressives Handeln dazu, die größte mögliche Macht anzuwenden. Die Rangordnung der strategischen Mittel vom expressiven Standpunkt sieht so aus: Zwang, Überzeugung, Verhandeln (bei letzterem muß man etwas abgeben). Die Minimum-Strategie (Überzeugung) verursacht die geringsten Kosten: Bei Anwendung von Überzeugung muß am wenigsten bezahlt werden, und der Unwille, der sich bei der Ausübung von Zwang ergibt, kann vermieden werden. Außerdem bleibt die tatsächliche Stärke der Bewegung im Unklaren (und also ein Punkt der Unsicherheit für den Gegner), wenn nicht versucht wird, sie zu schnell zu aktualisieren (diese Überlegungen bei Turner/Killian 1972: 295 f.).

Die Bewegung schwankt also zwischen Mobilisierung und Befriedigung der Basis einerseits, der Verbreiterung öffentlicher Unterstützung andererseits. Konfrontation, die mit der Anwendung von Zwang verbunden ist, kann der Funktion dienen, einer sich abgrenzenden Kollektivität eine eigene Identität zu vermitteln. Sie ist eine Grundlage zur Aktivierung und befriedigt expressive Bedürfnisse. Das Ziel einer Verbreiterung der öffentlichen Unterstützung führt dagegen zu einer stärkeren Berücksichtigung (potentiell) sympathisierender Sektoren der Gesellschaft (vgl. zu diesen Zusammenhängen auch Barkan 1979).

2. Ziele vs. Mittel

Die von der Bewegung verfolgten Ziele können unter zwei Gesichtspunkten in Gegensatz treten zu den angewandten Mitteln (Mobilisierung und Aktion): es kann an Struktur- oder an Machtadäquanz fehlen. Strukturadäquanz meint, daß die Struktur der Mittel sich nicht zu weit von derjenigen der Ziele entfernen darf. Eine Friedensbewegung kann nicht mit gewaltsamen Mitteln kämpfen. Eine Bewegung mit egalitärer Zielsetzung gerät in Widersprüche, wenn sie eine hierarchische Organisation aufbaut.

Machtadäquanz meint, daß die verfügbaren bzw. erreichbaren Ressourcen einer Bewegung in angemessenem Verhältnis zu ihren Zielen stehen. Je weitreichender die Ziele, desto größer der Ressourcenbedarf (vorausgesetzt, die Ziele sollen gesamtgesellschaftlich realisiert werden). Der Radikalitätszirkel läßt sich so formulieren: Zielradikalität begrenzt die Anhängerschaft, breite Unterstützung mäßigt die Ziele.

3. Kurz- vs. Langfristigkeit

Was kurzfristg richtig bzw. erfolgreich ist, kann langfristig falsch bzw. erfolglos sein. Aber auch was langfristig richtig ist, kann kurzfristig falsch sein. Ein rascher Vorteil durch Gewaltanwendung kann längerfristig aus eben diesem Grunde die Abwendung von der Bewegung zur Folge haben. Das Reform/Revolutions-Thema in der Arbeiterbewegung läßt sich auch als Gegensatz kurz- und langfristiger Perspektiven interpretieren, wobei die

Divergenzen sich nicht nur darauf bezogen, was kurz- bzw. langfristig notwendig wäre, sondern auch auf den Charakter der jeweiligen Situation, auf den die Strategie anzuwenden sei.

Allein schon wegen der erlebten Dringlichkeit der Ziele glauben die Bewegungsakteure häufig, deren Realisierung nicht zu weit aufschieben zu können – und überziehen so die Möglichkeiten, die sich ihnen kurzfristig stellen. Objektiv besteht ein Widerspruch zwischen dem hohen Zeitbedarf für die oft weitreichenden Bewegungsziele und der zeitlich begrenzten Stabilisierbarkeit mobilisierter Ressourcen.

14.5 Zusammenfassung

Strategiefragen weisen wegen ihrer vielfältigen Bezugspunkte einen besonders hohen Grad an Komplexität auf. Die Kluft zwischen den Ebenen der Klassifikation und der differenzierenden Beschreibung der konkreten Strategie einer einzelnen Bewegung ist noch tief.

In mancher Hinsicht aufschließend ist der Klassifikationsversuch von Turner, der Machtziele (Konzession, Kontrolle, Separation) und Grundstrategien (Überzeugung, Verhandlung, Zwang) zueinander in Beziehung setzt. Hinsichtlich der Determinanten gewählter Strategien existieren nur wenige Hypothesen, wobei auch hier – wie im Aktions-Kapitel – das relative Gewicht der Bewegungs- zu den Umweltfaktoren letztlich offen bleiben muß.

Strategisches Handeln findet immer in widersprüchlichen Entscheidungssituationen statt. Jede Entscheidung verursacht unvermeidbar auch Kosten. Die Formulierung von strategischen Dilemmas kann helfen, Komplexität und Widersprüchlichkeit strategischen Handelns sichtbar zu machen. Kurz diskutiert wurden drei Dilemmas: Binnen- vs. Außenorientierung, Ziele vs. Mittel, Kurz- vs. Langfristigkeit. So schwierig die Analyse strategischer Entscheidungen ist, so sehr muß vor der Annahme gewarnt werden, strategisches Bewegungshandeln ließe sich überhaupt als durchgängig rational rekonstruieren (vgl. dazu auch Turner 1981: 10 ff.).

Kapitel 15

Bewegungsinterne Dynamik

15.1 Einführung

Soziale Bewegung unterliegt selbst, noch bevor sie strukturelle Veränderungen in der Gesellschaft bewirken kann, dem Wandel. Gibt es feststehende, allgemeine Wandlungstendenzen, wo liegen die Ursachen des Wandels und mit welchem Ansatz untersucht man die interne Transformation?

Das Ablaufmodell ist deterministisch und – soweit an Erklärung interessiert – auf bewegungsinterne Faktoren beschränkt. Das Faktorenmodell kritisiert den Determinismus und erweitert die Erklärung auch auf externe Faktoren. Es impliziert die Annahme von (Führungs-)Gruppen, die im Hinblick auf relevante Faktoren strategische Entscheidungen treffen. Das Lernmodell fällt zwar z. T. hinter diesen analytischen Anspruch zurück, kann aber – von seinem noch weitgehend unentwickelten Potential her – als der komplexeste und dynamischste Ansatz zur Beschreibung und Erklärung bewegungsinternen Wandels gesehen werden.

Prinzipiell kann sich der bewegungsinterne Wandel auf jedes Element sozialer Bewegung beziehen. Im Vordergrund der bisherigen Untersuchungen standen Ziele, Führungsgruppen und – in sehr allgemeiner Form – taktisch-strategische Grundorientierungen sozialer Bewegungen.

15.2 Ablaufmodell

Die Arbeiterbewegung als frühester Gegenstand sozialwissenschaftlicher Bewegungsforschung hat auch die Annahme über bewegungsinternen Wandel beeinflußt. Diese Bewegung erschien als Prototyp sozialer Bewegung, von der man annahm, daß sie sich als unvermeidbare Konsequenz ihres (Mitglieder-)Wachstums zunehmend oligarchisiert und bürokratisiert und – als unausweichliche Folge von Oligarchisierung und Bürokratisierung – sich in ihren Zielen und Aktionsformen gegebenen gesellschaftlichen Verhältnissen anpaßt bzw. »konservativ« wird.

Es gibt auch andere Versionen des Ablaufmodells, die z. B. am Lebenszyklus des Individuums orientiert sind. Mayreder (1925) skizziert den »typischen Verlauf« aller sozialen Bewegungen. Dabei unterscheidet sie vier Phasen (ideologische, organisatorische, Spaltungs-, Machtbesitz-Phase) und interpretiert den generalisierbaren Entwicklungsprozeß als Verdrängung der ursprünglichen Ziele durch Machterwerb und Machtanwendung. Sie kommt zu dem »paradoxen Ergebnis«, »daß das natürliche Ziel aller sozialen Bewegungen, die Macht zur Durchführung ihrer Forderungen zu erlangen, zugleich ihren Ruin als Werkzeug des Fortschritts bedeutet.« (S. 36)

Jenkins (1981: 127 f.) faßt die typischen Aussagen dieses Ansatzes zusammen, der von Durchlaufen festliegender Entwicklungsstufen bestimmt ist: »Von einer Anfangsphase, in der eine Handvoll 'wahrer Gläubiger' Wandelziele anstrebt, die ihnen eine charismatische Führungsgruppe aus Agitatoren und Propheten vorgibt, über eine organisatorische Phase, in der Routinisierung sich durchsetzt und eine ausgeweitete Mitgliedschaft unter Anleitung einer administrativen Führung auf Wandel hinarbeitet, bis hin zu einer Stufe, die gekennzeichnet ist durch eine abnehmende oder stagnierende Mitgliederzahl und eine professionalisierte Führung, die durch Diplomatie und Anpassung der herrschenden soziopolitischen Ordnung verhaftet ist.«

Diese Abfolge erscheint als vollständig determiniert durch interne Eigenschaften sozialer Bewegung, die von außen nicht grundlegend beeinflußt werden können. Zu kritisieren sind vor allem die deterministische Grundannahme (als ob alle Sequenzen in einer bestimmten Reihenfolge von allen Bewegungen zu durchlaufen wären) und mangelnde Komplexität (so werden bewegungsexterne Faktoren für Wandel ausgeklammert).

15.3 Faktorenmodell

Zeigt die empirische Beobachtung, daß sich eine soziale Bewegung im Laufe ihrer Entwicklung auch radikalisieren kann, liegt die Veränderung des Erklärungsansatzes nahe. Dabei setzt z. B. die Kritik von Zald/Ash (1973) unmittelbar am Weber-Michels-Modell an, in dem Oligarchisierung bzw.

Bürokratisierung als unvermeidbare Folgen des Wachstumsprozesses sozialer Bewegung gesehen werden. Die diesem Ablaufmodell eigene Ablaufthese hat den Vorteil, empirisch überprüfbar und widerlegbar zu sein. Beim ersten Überprüfungsschritt läßt sich fragen: Ist Oligarchisierung/Bürokratisierung unvermeidbar? Beide Ausprägungen variieren mit dem Typ von Bewegung. Faktionalismus ist eine durchkreuzende, mindestens Oligarchie modifizierende Struktur. Nicht jede Bewegung hat Oligarchie bzw. Bürokratie zur Folge, schon garnicht im gleichen Umfang. Die zweite Überprüfungsfrage lautet: Führt Oligarchie/Bürokratie immer zu Anpassung? Die negative Antwort wirft die Frage auf, welche Faktoren außer Oligarchie/Bürokratie Anpassung oder Radikalisierung verursachen. Damit ist der Weg geöffnet für einen erweiterten Analyseansatz: das Faktorenmodell.

Zald/Ash haben schon in ihrem Aufsatz von 1966 (1973) versucht, »Hauptfaktoren zu spezifizieren, die die Richtung des Wandels von Bewegungsorganisationen beeinflussen« (S. 9). Zielwandel wird erklärt durch Reaktion auf Veränderungen der Umwelt auf den beiden für soziale Bewegung relevanten Ebenen: der umfassenderen sozialen Bewegung, von der die Bewegungsorganisation ein Teil ist, und der Gesellschaft, in der die Bewegung existiert. Von den externen Faktoren werden herausgearbeitet

a) die Mobilisierungskonjunkturen: Zielwandel ist abhängig von Änderungen der potentiellen Unterstützungsbasis (»das Auf und Ab von Einstellungen« potentieller Anhänger),
b) die Beziehungen zwischen Bewegungsorganisationen (Konkurrenz, Kooperation, Bündnis, Zusammenschluß). »Die Konkurrenz um Unterstützung zwischen den Bewegungsorganisationen verlangt von ihnen, daß sie auf diese Unterschiede und die Verschiebungen in den Einstellungen zu Zielen und Taktiken reagibel sind. Es ist unsere These, daß diese Verschiebungen zu den Hauptdeterminanten der Transformation organisatorischer Ziele gehören«. (S. 18)
c) Mißerfolg und Erfolg bei der Zielverwirklichung. »Eine Bewegungsorganisation muß wie jede andere Organisation für ihre Anhänger eine 'Entlohnung' bereitstellen. Neben den Freuden der Beteiligung liegt der Hauptlohn in einem Versprechen; ihre Ziele, oder mindestens einige von ihnen, müssen eine angemessene Chance der Verwirklichung aufweisen.« (S. 20)

Von den internen Faktoren werden hervorgehoben
d) Faktionen und Spaltungen,

e) Veränderungen in der Führung (z. B. Ersetzung des Charisma, Faktoren des Führungsstils).

Grenzen dieses Modells liegen darin, daß es an die Prämisse gebunden ist, soziale Bewegung werde durch zentrale (Bewegungs-)Organisationen strukturiert und gesteuert – Bedingungen, die nicht generell unterstellt werden können. Damit verbunden ist die implizite Annahme eines bewußt kalkulierenden, zentralen Akteurs, die von fluiden, dezentralen Bewegungen nicht bestätigt wird.

15.4 Lernmodell

Das Lernmodell hat mit dem Faktorenmodell gemeinsam, daß Bewegungswandel auf aktive und bewußte Auseinandersetzung mit Bewegungserfahrungen und Umweltveränderungen zurückgeführt werden. Als Gewinn des Lernansatzes könnte eine größere Explikation der subjektiven Verarbeitung von Wandlungsprozessen und ihrer Bedingungen erwartet werden. Der Lernansatz könnte hinter das Faktorenmodell dadurch zurückfallen, daß strategisch-operative Gruppen auf den verschiedenen Ebenen nicht mehr identifiziert werden, da Lernprozesse für universell und prinzipiell gleichwertig gehalten werden, und daß die analytische Unterscheidung und Gewichtung von Faktoren unterbleibt, die für Bewegungshandeln zentral sind, da gerade Bewegungslernen als »Suchverhalten« nicht begrenzbar erscheint.

Obwohl der Lernbegriff bei den um Selbstverständigung bemühten nachindustriellen Bewegungen einen hohen Stellenwert hat, gibt es kaum Ansätze einer sozialwissenschaftlich fruchtbar gemachten Lernkonzeption für Handlungsgruppen. Anzutreffen ist gewiß ein emphatischer Lernbegriff, dessen Metaphorik die Bewegung beflügeln soll, der aber den Mangel eines analytisch explizierten Lernmodells sozialer Bewegung nicht überdecken kann. Unter welchen Bedingungen und in welchen Formen finden Lernprozesse statt, die der Bewegung eine erfolgreiche Verfolgung ihrer Grundintentionen ermöglichen oder diese erschweren? Dazu können Veränderungen auf allen Ebenen der Bewegung, auch auf der der Ziele, notwendig sein.

Tautologisch und ohne Erkenntnisnutzen wäre es, jede bewußte Veränderung mit dem Begriff des Lernens zu besetzen. Hilfreich würde ein

Lernkonzept erst, wenn es ermöglichte, Veränderungen sozialer Bewegung zurückzuführen auf die bewußte Auseinandersetzung spezifischer Akteursgruppen mit den Möglichkeiten der Bewegung in einer gegebenen bzw. sich verändernden Umwelt und vor allem, wenn es dazu beitrüge, den Zusammenhang von Bedingungen und Formen politischen Lernens des Kollektivs zu generalisieren.

Im folgenden beschränke ich mich auf einige wenige Vorbemerkungen.[32] Hinsichtlich der Dimensionen von Bewegungslernen können u. a. Objekt, Ebene und Form unterschieden werden. Das Objekt des Lernens sozialer Bewegung kann sich auf Ziele und Mittel (Mobilisierung, Aktion) erstrecken, die in Wechselbeziehung und in Interdependenz mit einer Umwelt stehen, in der Vermittlungs- und Kontrollprozesse von besonderer Bedeutung sind. Die kognitive und handlungsbezogene Ebene ist gleichermaßen relevant, da auf ihr in besonderer Weise die Vermittlung mit einer feindlichen Umwelt zu leisten ist.

Soziale Bewegung steht in einem Spannungsverhältnis zwischen empirisch und theoretisch vermittelten Formen des Lernens. Empirisch ist das Erfahrungslernen, das aber keineswegs die einzige Form des Lernens sozialer Bewegung darstellt. Durch Beobachtungslernen kann sich eine Bewegung positive oder negative Erfahrungen anderer Bewegungen oder Akteursgruppen zunutze machen. Die »Theorie«, aus der Bewegung lernt, kann aus Generalisierungen der empirischen Formen des Erfahrungs- und Beobachtungslernens, sie kann aber auch aus empirisch eher losgelösten, z. B. deduktiv gewonnenen Theorieelementen bestehen, die möglicherweise Erfahrungen und Stimmungen in einer Bewegung besonders gut treffen. Dieses Theorielernen kann die Form einer offenen Reflexion, aber auch die einer Instruktion (»Schulung«) für gesichert gehaltener Ergebnisse annehmen.

Lernen durch institutionalisierte Instruktion ist eine Erscheinungsform »tradierten« Lernens, die zwar in der Gesellschaft einen viel höheren Stellenwert hat, aber auch in manchen Bewegungen von Bedeutung ist, vor allem jenen, die sich hinsichtlich ihrer Ziele und Mittel sicher sind und nur noch auf günstige Umweltkonstellationen warten. Der auf die Gesellschaft bezogenen Innovationsabsicht muß nicht eine Innovationskraft entsprechen, die die Bewegung zur Selbsttransformation ihrer Ziele und Mittel befähigt.

Wieweit z. B. tradiertes oder innovatives Lernen der Bewegung mit strukturellen Voraussetzungen zusammenhängen, ist m.W. speziell für soziale Bewegungen noch nicht thematisiert worden. Grade der Autonomie,

Dezentralisation, Partizipation etc. haben dabei je spezifische Einflüsse auf die Lernfähigkeit (vgl. allgemein z. B. Deutsch 1969, Peccei 1980), was Übertragungsversuche auf soziale Bewegungen nahelegt.

Lernen ist ein »geliehenes« oder – positiver – ein übertragenes Konzept. Drei Probleme seien angeschnitten:

a) Übertragung auf Politik und Geschichte. Ist Lernen – und dessen Analyse – im Bildungsbereich durch eine Begrenzung der Komplexität gekennzeichnet, so sind für politisches Lernen die Umweltbedingungen von hoher Komplexität, sind Wandel und »Gesetzlosigkeit« charakteristisch. Die hohe Komplexität erschwert Erkenntnisse über Wirkungszusammenhänge, die sich auf der Ebene der Sozialwissenschaften als »Gesetzlosigkeit« reproduzieren. Wandel der Rahmenbedingungen und der Bewegung als Produzent des Neuen stehen der Plausibilität von Lernergebnissen, die ein Mindestmaß an Regelmäßigkeiten voraussetzen, entgegen.

b) Übertragung vom Individuum auf die Gruppe. Ursprünglich ein individualpsychologisches Konzept, bedürfte es bei der Anwendung auf Gruppen der Berücksichtigung besonderer Strukturmerkmale. So ist die Bewegung durch heterogene Identitäten charakterisiert, die auch bei sonst ähnlichen Bedingungen zu unterschiedlichen Lernergebnissen führen. Selbst wenn man Übereinstimmungen innerhalb von Teilgruppen (Führer, Aktive, Generationen, Regionalgruppen) feststellen könnte, blieben auch bei intensiver Kommunikation kaum lösbare Probleme der Vereinheitlichung und Verstetigung von Lernergebnissen innerhalb der Gesamtbewegung.

Wie bei Zielen ist weniger nach Realitätsgehalt, Adäquatheit oder ähnlichen objektivierenden Kriterien, sondern nach dem Ausgang von Machtkämpfen zwischen konkurrierenden Interpretationen zu fragen. Dies gilt insbesondere angesichts des instabilen, diskontinuierlichen Gruppenprozesses sozialer Bewegung. Es wird nur selten möglich sein, empirisch gesicherte Aussagen über das Lernern »der« Bewegung zu treffen.

c) Unklarheit der Erfolgskriterien. Bei immanenter Analyse ist der Realisierungsgrad selbst gesetzter Ziele der Maßstab für Erfolg. In welcher Zeiteinheit aber soll dieser gemessen werden: in 10, 100 oder 1 000 Jahren? Darüberhinaus sind Ziele vom Lernen nicht ausgenommen. Selbst Maßstäbe immanenter Analyse sind also häufig nicht »festzuhalten«. Auch die Dialektik von Erfolg und Mißerfolg ist zu berücksichtigen. Ein »Mißerfolg« muß nicht ein Mißerfolg sein, er kann ebenso eine entscheidende Etappe zielgerichteten Lernens darstellen. Aussagen über Lernen von Bewegungen sind meist gesättigt mit impliziten normativen Annahmen, die mehr über den Betrachter als über die Bewegung verraten.

Kollektives Lernen ist für eine überlebensfähige, mehr noch eine »erfolgreiche« Bewegung notwendig. Die Bewegung kann auch aus anderen Gründen scheitern, ohne Lernen wird sie es gewiß. Innerhalb der Bewegung macht auch die Metaphorik des Lernens Sinn, da sie beiträgt, ihre Dynamik wachzuhalten und möglicherweise Kosten zu sparen. Die Frage ist nur, ob und wie dieses Konzept sozialwissenschaftlich angesichts methodischer Probleme »gehärtet« werden kann. Empfehlenswert scheint es jedenfalls, die Komplexität des Konzepts zu reduzieren. Z. B. durch Variablenbegrenzung (Untersuchung von Ziel- oder Strategiewandel); Konzentration auf signifikante Veränderungen in der Bewegung (z. B. neuer Mobilisierungstyp) oder der Umwelt; Begrenzung auf Teilgruppen der Bewegung oder Auswahl einer relativ homogenen Bewegung; Annahmen über strategisch relevante Einflußfaktoren, deren Perzeption durch die Akteursgruppen vorrangig untersucht werden. In solcher Richtung könnte möglicherweise versucht werden, Lernen zu einem empirisch-analytischen Konzept mittlerer Reichweite auch für die Bewegungsforschung zu entwickeln.

15.5 Zusammenfassung

Beim Versuch, die Gesellschaft strukturell zu verändern, wandelt soziale Bewegung sich selbst. Drei Ansätze können bei der Analyse der internen Dynamik sozialer Bewegungen unterschieden werden: Ablauf-, Faktoren- und Lernmodell. Sie unterscheiden sich hinsichtlich Komplexität, Offenheit der Entwicklungsrichtung und implizite Bindung an bestimmte Bewegungstypen. Das Lernmodell erscheint als der sozialwissenschaftlich fruchtbarste Ansatz, ist aber noch kaum auf die besonderen Bedingungen sozialer Bewegungen übertragen worden. So sehr die Akteure auf strukturelle Veränderungen der Gesellschaft fixiert sind, die Geschichte vieler großer Bewegungen zeigt: ohne Wandel der Bewegung gibt es keinen Wandel der Gesellschaft.

Kapitel 16

Sozialer Wandel

16.1 Einführung

»Sozialer Wandel« ist eines der methodisch schwierigsten, aber auch eines der wichtigsten Elemente in einer Analyse sozialer Bewegung. Entscheidet sich doch hier – über symbolische und expressive Aspekte hinaus – ob die Anstrengung sozialer Bewegung Erfolg gehabt hat.

In dieser Arbeit werden soziale Bewegungen verstanden als relativ neuartige, »moderne« Kollektivphänomene. Historisch gesehen ist der bewußt intendierte, durch planmäßiges Handeln herbeigeführte – oder trotz planmäßigem Handeln verfehlte – soziale Wandel eine Erscheinung der Neuzeit, sowohl gesamtgesellschaftlich wie in Bezug auf soziale Bewegung (Banks 1972: 41). Soziale Bewegung wird von dem Glauben getragen, daß die Bürger durch ihre eigenen Aktivitäten Wandel in Gang setzen können. Soziale Bewegung wird ja als auf gesellschaftliche Veränderung zielendes Kollektiv definiert. Insofern ist es im Rahmen des hier entwickelten handlungsorientierten Bezugsrahmens konsequent, zum Schluß nach dem tatsächlich bewirktem Wandel zu fragen.

Ich beschränke mich auf die manifesten Hauptfunktionen von Bewegungen: Realisierung von Zielen, die mit gesellschaftlichen Widersprüchen und Unzufriedenheit als Ursachen sozialer Bewegungen im Zusammenhang stehen. Die Anerkennung als Bewegung, die Integration der Aktiven etc. können zwar auch als manifeste Funktionen betrachtet werden, sie sind aber sekundär und instrumentell in bezug auf die Hauptfunktion: die Realisierung gesellschaftlicher Gestaltungsziele. Auch die latenten Funktionen werden hier nicht vertieft. Zum Teil wurden sie bereits in anderen Zusammenhängen angesprochen (z. B. Befriedigung emotioneller Bedürfnisse von Aktiven durch expressives Bewegungshandeln). Zum anderen würden sie einen Wandel von der Handlungsperspektive der Bewegung zur Systemperspektive bedeuten, der dem hier verfolgten Ansatz widerspräche, Bewegung als Handlungsprozeß in einem gesamtgesellschaftlichen Kontext zu analysieren. Unbestreitbar können auch weniger erfolgreiche Bewegungen für das Gesamtsystem von Bedeutung sein, u.a. durch ihre

- Frühwarnfunktion: Sie zeigen den Steuerungsinstanzen die Elemente gesamtgesellschaftlichen Wandels an, die mindestens für Teile der Bevölkerung relevant sind.
- Legitimationsfunktion: Sie beweisen, daß das System offen und demokratisch ist, Beschwerden artikuliert und organisiert werden können.
- Elitenfunktion: Sie rekrutieren Eliten aus sonst nicht repräsentierten gesellschaftlichen Bereichen.

Während unstrittig ist, daß soziale Bewegungen Ausdruck gesellschaftlichen Wandels darstellen, gibt es immer wieder Zweifel, ob die Faktoren politischer Vermittlung einen eigenständigen Beitrag zu sozialem Wandel leisten: Do parties matter? Do movements matter?

Dies erklärt sich wohl vor allem durch die immensen methodischen Schwierigkeiten, den unabhängigen Einfluß dieser zwischen Gesellschaftsstruktur und Politik intervenierenden Variablen zu messen. In den Zeiträumen, in denen sich wichtige politische Strukturen wandeln, ändern sich auch wichtige Elemente der Gesellschaftsstruktur. Sind diese Änderungen nicht schon ausreichend zur Erklärung politischen Wandels?

Auf den ersten Blick gibt es im 19. und 20. Jahrhundert viele Beispiele strukturellen Wandels, an denen soziale Bewegungen offenkundig mitgewirkt haben. So z. B. die Nationalbewegungen an der Bildung verspäteter Nationalstaaten, liberale, demokratische und Arbeiterbewegung an der Demokratisierung des Staates, die Arbeiterbewegung an der Entstehung des Wohlfahrtsstaates, faschistische Bewegungen an der Bildung faschistischer, kommunistische Bewegungen an der Bildung kommunistischer Staaten.

Daß ein Zusammenhang zwischen Bewegung und sozialem Wandel besteht, ist nicht erstaunlich, da Ziele des Wandels (oder des Aufhaltens von Wandel) Bestandteil fast aller Definitionen von sozialen Bewegungen sind. Erstaunlich ist allenfalls, daß dieser Zusammenhang bisher so wenig untersucht wurde. Wahrscheinlich sollte von vornherein die Erwartung reduziert werden: Bewegungen determinieren nicht Wandel als solchen, sondern Richtung und Intensität des Wandels (vgl. Lauer 1976: XI), sie sind nicht Ursache, sondern beschleunigender Faktor des Wandels (vgl. Marx/Wood 1975: 404). Mit der Entstehung eines Industrieproletariats z. B. kommt die soziale Frage auf die Tagesordnung – wie sie gelöst wird, hängt von vielen Eigenschaften und Aktivitäten der sozialen Bewegung, aber auch z. B. von Strategien der Kontrollinstanzen ab.

Es wird die Annahme vertreten, Bewegungen drückten nur den Wandel aus, der in der Gesellschaft ohnehin vor sich geht, ohne ein selbständiger Motor der Veränderung zu sein (z. B. Killian 1964: 426). Dabei wird die Mobilisierungskomponente sozialer Bewegung unterschätzt. In Mobilisierungstheorien dagegen wird häufig die strukturelle Komponente zu schwach betont. Man kann drei Typen des Wandels nach dem Grad der Einwirkung sozialer Bewegungen unterscheiden:

- Immanenter Wandel,
- Mobilisierungswandel,
- Kombination von beiden: Wandel sowohl auf der Ebene gesellschaftlicher Entwicklungstendenzen wie auf der Ebene eines durch Einflußprozesse bestimmten Handelns von Autoritäten.

Wandel ist meist eine »Kombination von bewußter Entscheidung und Entwicklungskräften« (Gamson 1968: 188 f.) – Chance und restriktive Bedingung zugleich für soziale Bewegung. Das heißt auch: Bewegungen konkurrieren als Faktoren des Wandels mit immanenten Entwicklungstendenzen und mit anderen Einflußfaktoren und: Bewegungen sind nicht notwendig und häufig tatsächlich nicht die wichtigste Kraft gesellschaftlichen Wandels.

In allgemeiner Form lassen sich vier für soziale Bewegung charakteristische Eigenarten in bezug auf Wandel festhalten:

a) *Die hohe Thematisierungskapazität.* Soziale Bewegungen sind stark in der Definition und Einführung von Issues in die öffentliche Debatte. Dies gilt vor allem in westlichen Demokratien mit ihrer hohen Kapazität des Input- und ihrer geringen Kapazität des Output-Wandels.
b) *Die schwache Realisierungskapazität.* Dies gilt ganz besonders, wenn man darunter die Fähigkeit versteht, Wandel durch die Bewegung selbst, d. h. möglichst authentisch und unverfälscht zu realisieren. Eine Erklärung dafür liegt in der generellen Ressourcenknappheit sozialer Bewegungen. Eine andere in der These von Ch. Tilly (1978: 135), daß mehr Energien in die Verteidigung als in die Erweiterung von Interessen investiert werden.
c) *Die mehr indirekte Wirkung.* Soziale Bewegungen sind ein Mechanismus der Vermittlung gesellschaftlicher Widersprüche und sind, um selbst wirksam zu werden, weiterer Vermittlung bedürftig, unter anderem durch

- andere politische Akteure (z. B. Parteien),
- Nachfolgebewegungen, die zu Ende führen, was eine Bewegung angefangen hat (z. B. wird in Deutschland die Demokratisierung des Staates durch die Arbeiterbewegung, nicht durch liberale und demokratische Bewegungen des Bürgertums realisiert).

d) *Die nicht intendierten Wirkungen.* Bei hohem Anteil spontanen, situationsbedingten Handelns ist nur eine besonders geringe Kontrolle über die Folgen möglich. Nicht selten laufen sie dem Gewollten strikt zuwider. So sollte der Aufstand der demokratischen Bewegung 1848 den Sieg bringen, führte aber durch Abgrenzung der Liberalen und verstärkten Widerstand der Konservativen noch sicherer zur Niederlage. Die Revolution 1918/19 wurde zu einem der Auslöser der faschistischen Bewegung. Die Integration in eine Bewegung mit revolutionärer Attitüde führt nach Institutionalisierung der Bewegung zur Integration der ursprünglich entfremdeten Gruppe in Staat und Gesellschaft – das Beispiel der sozialdemokratischen Arbeiterbewegung in Deutschland.

16.2 Formen des Wandels

Unter sozialem Wandel wird eine Veränderung in grundlegenderen Strukturen der Gesellschaft verstanden. Die Veränderungen können im sozioökonomischen, politischen oder soziokulturellen Bereich liegen, sie können z. B. Institutionen, Verhaltensmuster, Wert- und Normsysteme umfassen. Das Problem besteht in der Zurechenbarkeit solcher strukturellen Veränderungen zu den Aktivitäten sozialer Bewegung. Was heißt »Erfolg« sozialer Bewegung, wenn man ihn auf die Realisierung von Gestaltungszielen eingrenzt? (Einen weiter gefaßten Erfolgsbegriff vertritt Gamson 1975: 28 ff.)

Vielfältige Schwierigkeiten beginnen schon bei der Feststellung der Bewegungsziele. Da sie oft fluide sind, muß man von diesen Schwankungen abstrahieren, will man den Erfolg messen. Ihre Unbestimmtheit führt zu möglicherweise problematischer Präzisierung. Die Breite der Ziele zwingt zur Eingrenzung auf Teilbereiche. Dennoch muß sich jeder Meßversuch eng an die Zielvorstellungen halten. Weitere Probleme ergeben sich daraus, daß Ziele in der Regel nicht so realisiert werden, wie von der Bewegung gefordert. Normal sind Teilrealisationen oder erhebliche Modifikationen bis zur Verfälschung der Ziele bei angeblicher Realisierung. Tarrow (1982: 68) spricht in diesem Zusammenhang von einer »Nicht-Entsprechung (disjunction) zwischen der Substanz des Protests und dem Inhalt der Reform«.

Auch von der Seite des Einflusses her bestehen methodische Probleme. Wie unterscheidet man Einfluß von der »Macht der Tatsachen«, d. h. der Wirkungskraft des immanenten Wandels? Wie mißt man Einfluß in Bezug auf die formale Handlungsautonomie von Autoritäten. Wieweit ist ein Wandel, der ganz anderen Motiven entspricht, als sie für die Bewegung gelten, der Bewegung als Erfolg zurechenbar? Wenn Bismarck z. B. das allgemeine, gleiche Wahlrecht zur Stärkung der Monarchie einsetzt – ist dies ein Erfolg der demokratischen Bewegung? Oder wenn er Sozialgesetze als ein Mittel zur Bekämpfung der Sozialdemokratie mittels positiver Sanktionen versteht – ist dies als Erfolg der Arbeiterbewegung zu verbuchen? Wie grenzt man den Einfluß der Bewegung von anderen Einflußfaktoren wie z. B. Parteien und Verbänden ab?

Da die meisten Bewegungen aus mehreren (Bewegungs-)Organisationen bestehen: Wie vermeidet man jenes spezifische Problem des »Pseudo-Erfolgs« (Gamson 1980: 1050), das darin besteht, daß der Erfolg einer Organisation (mit)zugeschrieben wird, die – obwohl Teil der Bewegung – zu seiner Erringung nichts oder nichts wesentliches geleistet hat? Wie kann die unmittelbare Zurechnung von Einflußaktivitäten gelingen, wenn das Ergebnis erst in längerem zeitlichem Abstand zu ihnen eintritt, die Bewegung vielleicht schon nicht mehr existiert?

Auch die Messung des Ergebnisses macht Schwierigkeiten. Kann man sich objektiv über den erreichten Wandel verständigen? Welche Schwierigkeiten darin liegen, wird z. B. dadurch deutlich, daß Gamson (1975: 35 f.) sich bei seiner empirischen Analyse ganz auf Perzeptionsdaten stützt.

Viele dieser offenen und schwierigen Fragen können nur durch phantasievolle Methodik im Rahmen empirischer Analyse beantwortet werden. Marx/Wood (1975: 403) haben Recht mit ihrer Kritik: »Die meisten Äußerungen über Konsequenzen sozialer Bewegungen sind vor allem deskriptiv oder taxonomisch. Das systematische Studium der Konsequenzen sozialer Bewegung ist viel weniger entwickelt als das der zugrunde liegenden Bedingungen, die Bewegungen entstehen lassen.« Anfang der 80er Jahre ist hier noch keine Besserung eingetreten (vgl. Jenkins 1981: 141 ff). Dennoch sind begriffliche Differenzierungen sozialen Wandels als Wegweiser in einem sonst undurchdringlichen Feld ein wichtiges Hilfsmittel. Die Unterscheidung zwischen reformerischem und revolutionärem Wandel steht dabei im Zentrum, aber sie reicht nicht aus.

Staatliche Regulierung ist systematisch nur ein Sonderfall des durch Kontrollinstanzen bewirkten sozialen Wandels. Diese Strategie könnte sich auch darauf richten, über ökonomische Kontrollinstanzen Wandel herbeizuführen und Gewerkschaften als ökonomischer Arm der Arbeiterbewegung bemühen sich ja auch darum. Der Staat ist aber in der Praxis machtorientierter Bewegungen der zentrale Adressat für strukturelle Änderungen gewesen – zumal in Deutschland.

Staatliche Regulierung überträgt den staatlichen Institutionen die Aufgabe, sozialen Wandel herbeizuführen. Dieser kann sich auf die Umorganisation des Staates selbst oder auf Strukturveränderungen im sozioökonomischen oder soziokulturellen Bereich richten. Machtorientierte Bewegungen wurden dadurch definiert, daß sie diesen Einflußweg suchen. Heute erscheint dies als der Normalweg der Einflußnahme. In Deutschland war die etatistische Tradition besonders stark ausgeprägt; sie hat sich z. B. auch in der vorherrschenden Orientierung der Arbeiterbewegung ausgedrückt. Im 20. Jahrhundert ist der Staat mit seiner nach dem 1. und vor allem nach dem 2. Weltkrieg rasch expandierenden Macht ein so zentraler Faktor der Gesamtgesellschaft geworden, daß es schwer ist, sich eine Wandlungsstrategie vorzustellen, die vollständig an ihm vorbeiführt.

Der mit Hilfe staatlicher Instanzen in Gang gestzte Wandel läßt sich entsprechend der oben unterschiedenen Machtziele strukturieren. Konzession und partielle Kontrolle führen zu Reform. Dabei wird unter Reform ein allmählicher, in der Regel gewaltloser und in der Reichweite begrenzter Wandel verstanden. Die totale Kontrolle führt zur Revolution. Sie kann als rascher, in der Regel gewaltsamer und in der Reichweite grundlegender Wandel definiert werden. Auch die Separation, das dritte Machtziel, bedarf zur Verselbständigung gegenüber einem Staatsverband einer regulativen Staatsentscheidung, ist aber weder der Reform noch der Revolution subsumierbar.

Sozialer Wandel

Die weitreichendsten strukturellen Veränderungen der Gesamtgesellschaft sind über den Staat vollzogen worden. Aber es gibt noch einen zweiten, weniger sichtbaren und gesamtgesellschaftlich bisher weniger wirksamen Weg: den der kollektiven Selbstregulierung. Auch sie kann sich auf den staatlich-politischen, ökonomischen oder kulturellen Bereich beziehen. Die Monopolisierung physischer Gewaltsamkeit beim modernen Staat und die Zurückdrängung von Selbstarbeit im Laufe der kapitalistischen Entwicklung haben dazu geführt, daß die kollektive Selbstregulierung wesentlich im soziokulturellen Subsystem in Erscheinung getreten ist. Die in südeuropäischen Ländern starke anarchistische bzw. anarchosyndikalistische Strömung der Arbeiterbewegung war ein komplexer, subsystemübergreifender Versuch kollektiver Selbstregulierung. In Deutschland hat diese Strömung nur am Rande eine Rolle gespielt, in seinem Stammländern ist sie gescheitert und heute nur noch ein marginaler Faktor.

Der ältere Begriff für kollektive Selbstregulierung ist der der Selbsthilfe: »Was sonst durch eine höhere Organisation oder in ihrem Namen geschieht, wird hier durch eine niedere Macht oder durch ein Individuum, und zwar im eigenen Belange, getan.« (Steinmetz 1931: 518) Die »höhere Organisation« muß keineswegs der Staat sein (es kann sich z. B. auch um kirchliche Autoritäten handeln). Im Zuge der Durchstaatlichung der Gesellschaft ist Selbsthilfe aber auch mit einer Loslösung von staatlicher Regulierung verbunden (daneben wird zunehmend die Loslösung vom institutionalisierten Arbeitssystem diskutiert). Die Motive der Selbsthilfe-Strategie antworten sowohl auf Unter- wie auf Überinstitutionalisierung, sie treten auf »ebensoviel bei fehlender wie bei zu großer Ausdehnung der höheren resp. höchsten Macht, bei mangelhafter sozialer Ordnung wie bei zu strammer und lückenloser.« (Steinmetz 1931: 521)

Kulturorientierte Bewegungen haben historisch gesehen in Deutschland am konsequentesten den Weg der kollektiven Selbstregulierung gesucht. Die Arbeiterbewegung bemühte sich um sozialpolitische und z. T. kulturelle Selbsthilfe nur solange, bis die entsprechenden sozialstaatlichen Einrichtungen geschaffen waren. Wandergruppen und Siedlungen, Jugend- und Lebensreformbewegung sind Beispiele alternativer kultureller Praxis am Staat vorbei. Dabei werden in der Regel weder staatliche Mittel noch neue Gesetze oder Verordnungen benötigt (d. h. Gesetze auch nicht verletzt). Der Prozeß der Umorientierung vieler Individuen (Wertwandel) und alternativer Lebenspraxis vollzieht sich am Staat vorbei.

Die neuen sozialen Bewegungen, die zwischen den macht- und den kulturorientierten Bewegungen verortet werden, nehmen auch hinsichtlich der Grundstrategien und des möglichen Wandels eine Zwischenposition ein. Diese Bewegungen sind Vorkämpfer der Selbsthilfe auf den verschiedensten Gebieten. Dabei erweitern die in ihrem Rahmen wirkenden Selbsthilfegruppen, die sich vor allem in vom Sozialstaat okkupierten Bereichen bilden, den autonom verfügbaren kulturellen Raum der Gesellschaft. Sie überschreiten aber auch in Gestalt ökonomischer Selbsthilfegruppen das kulturelle Subsystem, wobei sie sich um eine enge Verbindung ökonomischer und kultureller Elemente bemühen (»Arbeiten und Leben«), die die etablierte Differenzierung durchbrechen soll. Die neuen Bewegungen versuchen aber gleichzeitig auf den Staat einzuwirken, den sie für Zwecke des Umweltschutzes, der Umverteilung etc. in Anspruch nehmen. Hier ist eine Kombination kollektiver Selbstregulierung und staatlicher Regulierung, eine duale Strategie entstanden.

16.3 Erklärung sozialen Wandels

Nehmen wir an, die Taxonomie leiste gewissermaßen erste Hilfe bei der Deskription von Wandel und die methodischen Schwierigkeiten bei seiner Erfassung seien überwunden – wie läßt sich ein durch soziale Bewegung (mit)bewirkter Wandel erklären? Allgemein gilt, daß jeder Faktor im Modell sozialer Bewegung Einfluß auf das Ergebnis hat bzw. haben kann. In Fallstudien könnte das Ineinandergreifen der Faktoren noch deutlicher werden. Schreiendes Unrecht für sich bewegt nichts, aber auch Macht ohne gute Gründe und ohne Verbündete bleibt stumpf, usw.

In vielen Kapiteln dieser Arbeit finden sich Hinweise darauf, welche Ausprägung der Grundelemente sich positiv auf die Entfaltung und damit auch auf die Erfolgschancen sozialer Bewegungen auswirken. Dies soll nicht im einzelnen aufgegriffen werden. Hier werden nur einige Hypothesen zusammengestellt, wie sie sich in jener Literatur findet, die explizit den Zusammenhang zwischen Bewegung und sozialem Wandel thematisiert (z. B. Gamson 1975; Lauer 1976; Tilly, Ch. 1978; Jenkins 1981).

Dabei wird der in dieser Arbeit verwandte Bezugsrahmen zugrunde gelegt. Die Aussagen sind meist in allgemeiner Form gehalten, beziehen sich aber implizit in der Regel auf machtorientierte Bewegungen. Hinsichtlich ihrer Reichweite lassen sich dabei gelegentlich reformerische und revolutionäre Bewegungen unterscheiden.

Ziele, von den wir annahmen, daß sie Ursachen mitreflektieren, haben einen wichtigen Einfluß auf das Ergebnis, die tatsächlich bewirkten Veränderungen. Revolutionärer Wandel ist mit Sicherheit keiner, der sich im 19. oder gar im 20. Jahrhundert ohne soziale Bewegung vollziehen könnte; er ist – wie Italien und Deutschland für die faschistische, Rußland, China oder Kuba für die kommunistische Revolution zeigen – immer an eine Bewegung mit revolutionären Zielen gebunden. Den meisten revolutionären Bewegungen gelingt es allerdings nicht, die staatliche Kontrollmacht zu erobern.

Bei den Bewegungen mit reformerischen Zielen gibt es große Variationen. Die meisten reformerischen Bewegungen erreichen einigen Wandel, aber auch ihre idealen Ziele werden nie oder doch selten erreicht (Lauer 1976: XXIV). Insgesamt sind sie wahrscheinlich erfolgreicher als die revolutionären Bewegungen. Am größten ist ihr Erfolg wohl dann, wenn – gewissermaßen als Drohung – revolutionäre Bewegungen hinter ihnen stehen. Dies erklärt u. a. den besonderen Haß der revolutionären Bewegungen auf »Reformisten«, weil diese als der Grund erscheinen, warum die Revolutionäre nicht zum Zuge kommen – und z. T. ja auch der Grund dafür sind.

Gamson kam zu dem Ergebnis, daß Bewegungen bzw. Protestgruppen, die der Formel des »thinking small« folgen, d. h. nur ein oder wenige Issues bearbeiten (aber nicht die ganze Welt ändern wollen) und ihre Gegner nur beeinflussen (aber nicht ersetzen oder »eliminieren« wollen), mehr Erfolg haben. Auch dies würde bedeuten, daß Bewegungen, die auf Reform abzielen, erfolgreicher sind als revolutionäre Bewegungen. Differenzierbar wären diese globalen Aussagen, wenn sich abschätzen ließe, wieweit eine Verbreiterung der Issuepalette und der Appell an allgemeine Werte die interne und externe Mobilisierung fördern, ohne die Nachteile revolutionärer Bewegungen in Kauf nehmen zu müssen.

Wirksame *Mobilisierung* unterstützt den Erfolg. Gamson zufolge ist die zentralisierte und bürokratisierte Organisation eine wichtige Bedingung für den Erfolg sozialer Bewegung. Wir haben die Gegenthese vom funktional größeren Nutzen dezentralisierter und schwach bürokratisierter Organisation diskutiert (vgl. 9.2.3), dies sind auch unter dem Gesichtspunkt sozialen Wandels Gegenthesen. Tarrows Konzept, die Korrespondenz zwischen Zyklen des Protestes und Zyklen der Reform zum Gegenstand der Analyse zu machen, weist darauf hin, daß die Häufung von Protestaktivitäten günstig für Reformschübe sein kann.

Aber Mobilisierung bleibt in ihrer Wirkung ambivalent, nicht zuletzt deshalb, weil sie meist Gegenmobilisierung hervorruft und der Erfolg nur der Nettoertrag von (interner und externer) Mobilisierung und Gegenmobilisierung sein kann. Etzioni (1975: 348 f.) stellt die These auf, Revolution finde statt, nicht weil die oppositionelle Ressourcenbasis stark zugenommen habe, sondern weil die Ressourcenbasis der konformistischen, mehrheitlichen, regierenden Kräfte zusammengebrochen sei.

Auch die *Aktions*formen haben Einfluß auf das Ergebnis. Soziale Bewegungen ohne Elemente direkter Aktion und ohne mindestens begrenzte Regelverletzung sind wirkungsschwach, da ihre Forderungen im institutionalisierten Politiksystem leicht absorbiert werden können.

Gewalt ist auch in ihrer Wirkung ambivalent. Vertreter einer prinzipiell und ausschließlich gewaltlosen Veränderungsstrategie versuchen, ihre auf der normativen Ebene zweifellos gut begründete und überzeugende Position häufig auch mit empirischen Argumenten zu untermauern: Gewaltsame Aktionen seien nicht nur moralisch verwerflich, sondern auch unklug im Hinblick auf die angestrebten Zwecke, da die Anwendung von Gewalt für die Durchsetzung der inhaltlichen Ziele der Bewegung grundsätzlich abträglich sei.

Gamson (1975: 79) hat diese These von der generellen Kontraproduktivität der Gewaltanwendung am Beispiel amerikanischer Bewegungen empirisch falsifiziert. Die Anwendung von Gewalt *kann* unter bestimmten Bedingungen durchaus ein erfolgreiches Mittel der Einflußnahme (wie auch der Repression) von Bewegungen sein. Sie muß keineswegs notwendig zu verschlossenen Türen beim herausgeforderten Establishment führen und es ist auch nicht von vornherein ausgemacht, daß wichtige Verbündete durch gewaltsame Aktionen immer abgeschreckt werden. Hier spielt vielmehr die Frage, welche Gewaltanwendung als legitim anerkannt wird, eine wichtige Rolle.

Freilich kann aus derartigen Einzelstudien aber auch nicht der umgekehrte Schluß gezogen werden, Gewalt sei immer und unter allen Umständen die erfolgreichere Aktionsform. Einer solchen vorschnellen Verallgemeinerung hat Gamson selbst widersprochen. Was verspricht größeren Erfolg für eine soziale Bewegung: Gewalt oder Gewaltlosigkeit? Die einfachen Antworten auf diese Frage können nicht überzeugen. Mehr noch als bei anderen Elementen des Bewegungsmodells sind generalisierte Aussagen über die Wirkung gewaltsamer bzw. gewaltloser Aktionsformen für sich genommen, ohne eine Verknüpfung mit anderen Faktoren und ohne eine Präzisierung des Erfolgsbegriffes empirisch kaum haltbar. Auf die allgemeine Frage, ob Gewalt oder Gewaltlosigkeit die erfolgreichere Aktionsform sozialer

Bewegung ist, kann der Sozialwissenschaftler zunächst nur antworten: das hängt von weiteren Faktoren ab. Eine stärker differenzierte Hypothesenbildung erscheint unumgänglich, da alle übergeneralisierten Aussagen zur Effizienz von Gewalt und Gewaltlosigkeit sonst bereits bei einem oberflächlichen empirischen Vergleich verschiedener Bewegungen widerlegt werden dürften (vgl. Zimmermann 1981: 19 ff.).

So kommt etwa Husung (1983: 253) bei einer historischen Analyse der Vormärzaktionen zu dem Ergebnis, daß gewaltloser Protest häufiger erfolgreich war, fügt aber einschränkend hinzu, daß für die (insgesamt sehr geringen) Erfolge die Drohung mit dem Eskalationspotential der Gewalt erforderlich gewesen sei. Auch die Nationalsozialisten, in Deutschland die kurzfristig erfolgreichste Bewegung, die uneingeschränkt Gewalt als legitimes Mittel der Politik propagierte, eroberte die Macht durch eine situationsspezifische Kombination von Gewaltanwendung und gewaltlosen Strategien.

Die Wirksamkeit gewaltloser Aktionsformen hängt offenbar davon ab, daß die protestierenden Akteure überhaupt über relevante Sanktionsmittel verfügen – dazu gehört nicht nur der Entzug von Wahlstimmen, sondern unter Umständen auch die Androhung der gewaltsamen Aktionsform, wenn diese für den Gegner mit einem bedeutenden Schaden verbunden ist. Daß die Effektivität der Gewaltanwendung grundsätzlich von der Machtposition der beteiligten Gruppen im gesellschaftlichen Kräftefeld abhängig ist, betonen auch Tilly et al. (1975: 282 ff.). Für machtlose Gruppen sei Gewaltanwendung dann effektiv, wenn durch Dramatisierung der Aktionen Verbündete gewonnen werden können, wenn die Gegner durch Gewaltanwendung zu schwächen oder zu spalten sind oder wenn das verfügbare Aktionsspektrum überhaupt keine Alternative bietet. Mächtige Gruppen würden durch Gewaltanwendung Erfolge erzielen, wenn sie dadurch einen relevanten Rivalen ohne Gefährdung der eigenen Position schlagen könnten.

Neben den Unterschieden in der Mobilisierungskapazität wären weitere Differenzierungen aufzunehmen, etwa der Zeithorizont: Gewaltanwendung kann kurzfristig zu Erfolgen führen, während langfristig gewaltlose Strategien von größerer Bedeutung sind. Oder die Reichweite der Ziele: Gewaltanwendung scheint bei der Durchsetzung begrenzter, konkreter Ziele effektiver zu sein als bei allgemeineren und abstrakteren (vgl. dazu Tilly et al. 1975: 282 ff.).

Die Struktur des *Vermittlungs*systems ist folgenreich für den Erfolg sozialer Bewegung. Wir hatten im entsprechenden Kapitel die entscheidende

Bedeutung einflußreicher Verbündeter (und schwacher Feinde) für den Erfolg einer Bewegung bereits herausgearbeitet. Hier ist nur noch einmal darauf hinzuweisen, daß das Gesamtergebnis von der Gesamtkonstellation der Kräfte abhängt. Der Versuch, über das engere Konfliktfeld hinauszugreifen, schafft nicht nur Verbündete, sondern auch neue Feinde, solche nämlich, die vom Gegner als Verbündete gewonnen werden. Jenkins (1981: 144) stützt auf solche Prozesse eine pessimistische Verallgemeinerung: »Die Regel ist, daß die Eskalierung des Konflikts die Aussichten für den Erfolg eher vermindert als erhöht.«

Zweifellos haben die *Kontroll*mächte einen sehr starken Einfluß auf den erreichten sozialen Wandel. Entweder sie versagen vollständig und werden durch eine Revolution abgelöst oder sie machen der Bewegung Konzessionen, sei es aufgrund reformerischer Überzeugungen, sei es aufgrund eines Drucks, dem sie nicht standhalten können. Wir haben die sehr ambivalenten Wirkungen verschiedener Kontrollstrategien auf soziale Bewegungen angesprochen. Auch hinsichtlich des Beitrags zum sozialen Wandel fällt die Generalisierung schwer. Staatliche Gewaltanwendung kann die Bewegung niederkämpfen, sie kann sie aber auch erst stark machen. Die Spaltung der Kontrollmächte fördert den Einfluß reformerischer Bewegungen, sie ist eine Erfolgsbedingung für die revolutionäre Bewegung.

Daß auch die *situativen Faktoren* ihren Beitrag zum Erfolg leisten müssen, ist evident. Weitreichende Veränderungen sind überhaupt nur aus Krisen heraus möglich. Verlorene Kriege z. B. hatten wir als besonders günstig für revolutionären Wandel kennengelernt. Gamson verallgemeinert, daß Bewegungen bzw. Protestgruppen, die schon zu Beginn einer Krisenperiode existieren, durch die Krisen in ihrem Erfolg gefördert werden.

Gibt es ähnliche strukturelle Bedingungen für den Erfolg von reformerischen und revolutionären Bewegungen? Als generalisierbar für Reform wie Revolution erscheinen u. a.:

- Die Bedeutung von Mobilisierungsleistungen, die die Bewegung überhaupt erst zu einem ernsthaften Faktor für das politische System macht.
- Die Verwendung mindestens einiger unkonventioneller Aktionsformen.
- Die Notwendigkeit von Verbündeten.
- Uneinigkeit unter den Kontrollmächten.
- Die Unterstützung einer Krisensituation.

Unberührt davon bleiben qualitative Unterschiede. Eine Bewegung wird nicht so sehr durch ihre weitreichenden Änderungsziele revolutionär, sondern dadurch, daß sie einen ausschließlichen Herrschaftsanspruch erhebt. Damit hängt zusammen, daß die Gewaltfrage für die revolutionäre Bewegung eine andere Qualität hat als für die reformerische Bewegung. Dies äußert sich in der größeren Gewaltfähigkeit der Bewegung und in der Bedeutung, die gerade die Spaltung der Kontrollmächte über die Frage einer Anwendung staatlicher Gewaltmittel für einen Erfolg der Bewegung hat (vgl. zu diesen Zusammenhängen Tilly, Ch. 1978: 189 ff.).

16.4 Macht- vs. kulturorientierter Wandel

Die Unterscheidung macht- und kulturorientierter Bewegung bezieht sich auf den tatsächlichen Schwerpunkt ihrer Zielsetzung, wie er vor allem an der Praxis abzulesen ist – unabhängig davon, welche Träume neuer Gesellschaft, eines neuen Menschen, einer grundlegend veränderten Totalität geträumt werden. Die an Zielpriorisierung und Mobilisierungspraxis überprüfbare Unterscheidung macht- und kulturorientierter Bewegung muß sich – soll sie tragfähig sein – auch auf der Ebene sozialen Wandels bewähren. Machtorientierte Bewegung bewirkt – soweit überhaupt – primär Wandel im politischen und/oder sozioökonomischen System, kulturorientierte Bewegung führt primär zu Wandel im soziokulturellen Bereich.

Die sektoralisierte Wirkung sozialer Bewegung folgt in starkem Maße ihrer Selbstselektivität. Die Gründe dafür sind die gleichen, die auch schon die Selektivität der Bewegung erklärten: Ressourcenknappheit und Eigengesetzlichkeit der Teilbereiche (vgl. 5.2). Die Eigengesetzlichkeit – um daran zu erinnern – verhindert, daß mit politischer Macht die Lebenspraxis zu verändern wäre oder daß aus der Verständigung über das »gute Leben« dieses auch unmittelbar hervorgehen könnte. Sie bedeutet also einen je Teilbereich unterschiedlichen Wirkungszusammenhang, der insbesondere den Transfer von Veränderungen aus einem in einen anderen Bereich hinein problematisch macht.

Die allgemeine Ressourcenknappheit sozialer Bewegung ist – unter dem Gesichtspunkt sozialen Wandels – in Beziehung zu setzen zur Resistenz der verschiedenen Teilbereiche gegenüber tiefgreifenden Veränderungen. Die gestufte Wandlungsresistenz aller Teilbereiche erhöht den Ressourcenbedarf sozialer Bewegung progressiv. Sind erste Erfolge gemacht, wächst der Ressourcenaufwand für weitere Erfolge. Verwendet man ein grobes Schema, erhöht sich die Resistenz von Einstellungen über Verhalten zu

Institutionen. Einstellungswandel ist der am leichtesten, institutioneller Wandel der am schwierigsten herzustellende Wandel. Verhaltenswandel, der stabiler ist als bloßer Einstellungswandel, aber weniger stabil als ein Wandel, der auch institutionell abgesichert wird, liegt dazwischen. Soziale Bewegungen werden aufgrund ihrer allgemeinen Ressourcenschwäche selten in den Bereich institutioneller Veränderungen vorstoßen, zumal, wenn es sich um gesamtgesellschaftlich verbindliche Institutionen handelt.

Soweit die allgemeine These und Erklärung eines nur sektoralisierten Wandels. Geht man einen Schritt weiter, stellt sich die Frage, ob das Verhältnis zwischen Bewegungs-Ressourcen und Bereichs-Resistenz variiert im Vergleich der drei Sektoren. Nach der hier vertretenen These ist die Realisierung im soziokulturellen und ökonomischen Bereich besonders schwierig, im politischen Bereich – verglichen damit – aussichtsreicher.

Für kulturorientierte Bewegungen ist eine besonders hohe Anforderung und ein deutlicher Mangel an Ressourcen charakteristisch. Die Anforderungen an den Menschen, der mit seiner bisherigen Lebenspraxis bricht, sind hoch. Ebenso die an die materielle Ausstattung, wenn eine eigene Subsistenzbasis geschaffen werden soll, die notwendig erscheint, soll die alternative Praxis stabilisiert werden. So ist es nicht überraschend, daß kulturorientierte Bewegungen nur wenige mobilisieren, die sich auf eine alternative Lebenspraxis einlassen. Einschneidende Veränderungen von Lebenspraxis war historisch eher ein Weg für kleine Pioniergruppen.

Ohne das gelebte Beispiel sind wertorientierte Bewegungen nichts, aber die von ihm ausgelöste Wirkung endet meist auf der Ebene des Wert-, allenfalls eines partiellen Verhaltenswandels. Vor Ausbau der modernen Massenmedien hatten kulturorientierte Bewegungen Schwierigkeiten, größeren Teilen der Bevölkerung überhaupt bekannt zu werden. Die modernen Medien sorgen eher für eine rasche Verbreitung, können allerdings nur eine Anstoßfunktion ausüben. Sie tragen u. a. wegen hoher thematischer Fluktuation wenig zur Vertiefung und Verfestigung solcher Anregung bei.

Kulturorientierte Bewegungen unternehmen aus sich heraus wenig für eine politische Mobilisierung, sei es aus Ressourcenmangel bzw. wegen der hohen Anforderungen durchgreifenden soziokulturellen Wandels an den einzelnen, sei es aus einer tendenziell apolitischen Motivation, die mit der Eigengesetzlichkeit der Sphären in Zusammenhang steht und häufig den am stärksten ergreift, der sich am intensivsten auf die soziokulturelle Veränderung einläßt (meist ist für diese Bewegungen eine größere Distanz zum politischen System charakteristisch).

Wertwandel ist leicht in tradierte Orientierungsmuster integrierbar. Ein sich stabilisierender Verhaltens- oder gar institutioneller Wandel im soziokulturellen Bereich ist abhängig von Unterstützung aus dem ökonomischen und politischen Bereich. Sie bedürfen des Schutzes und des Ressourcentransfers, wollen sie gegen die starken Unterminierungstendenzen aus den anderen Bereichen bestehen. So hat der kapitalistische Markt fast alle Siedlungsprojekte kulturorientierter Bewegungen konterkariert oder setzt einer soziokulturell vorangetriebenen Frauenemanzipation deutliche Grenzen.

Kulturorientierte Bewegungen stehen in einem Dilemma: sie sind besonders ressourcenbedürftig, aber – bezogen auf die Zielsetzung einer stabilisierten Alternativpraxis – besonders ressourcenarm und aus sich heraus zu einer nur mit politischen Mitteln zu bewerkstelligenden Absicherung gegenüber der ökonomischen und staatlich-politischen Sphäre nicht in der Lage. Ob die neuen sozialen Bewegungen mit ihren stärker machtpolitisch orientierten Teilbewegungen schon eine Lösung dieses Dilemmas darstellen, ist zweifelhaft, bleibt aber eine offene Frage.

Daß es außer den Anarchisten und Syndikalisten keine Bewegung gibt, die auf den direkten Kampf im ökonomischen System spezialisiert ist, kann als ein erster Hinweis auf die starke Wandlungsresistenz dieses Sektors dienen. Veränderungen der Wirtschaft werden vor allem über den Staat gesucht. Die sozialdemokratische Arbeiterbewegung hat zwar mit den Gewerkschaften Organisationen hervorgebracht, die sich auf den ökonomischen Bereich konzentrieren, aber sie bescheiden sich mit der Bearbeitung verteilungspolitischer Fragen und überlassen Strukturentscheidungen hinsichtlich des ökonomischen Systems weitgehend den politischen Instanzen.

Die privatwirtschaftlich organisierte Ökonomie ist durch ein hohes Sanktionspotential der Kapitalseite gegenüber den Beschäftigten und gegenüber dem Staat gekennzeichnet. Sie steht zudem unter dem besonderen Schutz des Staates, der von einer funktionierenden Ökonomie abhängig ist. Verweigerung als Arbeitskraft, als Konsument, als »abhängig« Beschäftigter sind drei stärker eingreifende Bewegungsstrategien im ökonomischen Bereich. Streik in seiner institutionalisierten Form ist ein Mittel der Verteilungspolitik neben anderen. Politischer Streik war historisch nur unter Ausnahmebedingungen organisierbar. Auch Konsumentenboykott und Betriebsbesetzung als Mittel zur Durchsetzung eingespielter Marktmechanismen und kapitalistischer Herrschaft im Betrieb haben historisch nur eine marginale Rolle gespielt. Vorstellungen struktureller Veränderungen der ökonomischen Sphäre sehen sich im ganzen auf den politischen Bereich verwiesen – und bleiben angesichts der Interventionsschwäche des Staates im Kapitalismus meist Wunschträume.

Verglichen mit den beiden anderen Bereichen ist der politische Sektor für Wandel eher günstig. Ein auch nur partielles Engagement einer größeren Zahl von Menschen kann für die Bewegung zu hohen Prämien führen. Allerdings nur unter demokratischen Bedingungen, unter denen die Zahl ein Argument von potentiell großer Stärke ist. Die Ansprüche an Selbstveränderung und Veränderung der Lebenspraxis können gering bleiben, die materielle Reproduktion wird für die meisten nicht aufgrund der Bewegungsaktivitäten infrage gestellt. Selbst die politisch besondes aktiven Kader können trotz starker zeitlicher Aufwendungen meist einen relativ konventionellen Lebenszuschnitt beibehalten – müssen dies sogar, wenn Arbeit für die Bewegung wie Berufsarbeit mit vielen Überstunden ist.

Die Schwierigkeiten auch der Bewegungsarbeit im politischen Sektor sollen nicht unterschätzt werden. Zu vielfältig sind die Möglichkeiten, Wandel auf der symbolischen Ebene abzufangen. Unterscheidet man vier Resistenzstufen des politischen Systems (Issues, Policy, Koalition, Institution), dann läßt sich feststellen, daß Bewegungen häufig auf der Ebene der Issues und eines allenfalls partiellen Policywandels aufgehalten werden. Dennoch sind alle großen sozialen Bewegungen den Weg der politischen Machterringung gegangen. Das demokratisch-politische System ist der relativ am günstigsten zu durchdringende Teilbereich.

Ein erster Augenschein – um mehr kann es hier nicht gehen – bestätigt die These, daß die sektoralisierte Wirkung sozialer Bewegung ihrer Selbstselektivität folgt. Die frühbürgerliche Bewegung war ein reiner Typ machtorientierter Bewegung in dem Sinne, daß sie sich in ihren Bewegungszielen auf Veränderungen des politischen, partiell auch des sozioökonomischen Systems beschränkte. Die bürgerliche Kultur, die gegenüber der adligen Kultur an Selbständigkeit und Profil gewann, stand sozusagen auf eigenen Füßen, sie war nicht eng mit der politischen Bewegung liiert. Zu erklären ist dies zum einen durch die vom Bürgertum forcierte gesellschaftliche Arbeitsteilung, die für Wirtschaft, Politik, Familie, (Hoch-)Kultur je eigene Wertsphären schuf (es gab keine Kommunen des frühen Bürgertums). Zum anderen durch die selbständige materielle Basis, die erlaubte, kulturelle Aktivitäten ohne das Hilfsmittel der Bewegung freizusetzen. Die Wirkung der frühbürgerlichen Bewegung in Deutschland war im wesentlichen auf den staatlich-politischen Bereich beschränkt.

Die bürgerliche Jugendbewegung der Jahrhundertwende war ein reiner Typ kulturorientierter Bewegung. »Kryptopolitische« Orientierungen existierten natürlich, aber explizit politische Ansprüche wurden von ihr nicht erhoben. Nicht einmal eine Diskussion über die Herabsetzung des Wahlalters unter 25 Jahre hat sie – als indirekte Wirkung ihrer soziokulturellen Aktivitäten – zur Folge gehabt. Dagegen hat sie bei der Ausbildung einer spezifischen Jugendkultur Schrittmacherdienste geleistet.

In der Lebensreformbewegung kursierten Vorstellungen einer gesamtgesellschaftlichen Wirkung des vorgelebten Beispiels – was sich als höherer Politisierungsgrad der Bewegung bezeichnen läßt. Änderungen bei Teilaspekten von Alltagskultur lassen sich nachweisen. Eine reale Wirkung der Bewegung im staatlich-politischen System aber blieb aus. Allerdings ließe sich einwenden, Jugend- und Lebensreformbewegung seien zu klein und in ihrer sozialen Basis zu eng gewesen, um größere gesamtgesellschaftliche Wirkungen erwarten zu lassen. Der wirkliche Härtetest für diesen Bewegungstyp fehle noch.

Interessant sind in diesem Zusammenhang die nachindustriellen Bewegungen, die hier als zwischen Macht- und Kulturorientierung lavierend, aber stark zum kulturellen Pol tendierend charakterisiert werden. Insofern sie auch größere gesamtgesellschaftliche Aufmerksamkeit als die bürgerlichen Kulturbewegungen gefunden haben, sind hier Wirkungstendenzen interessant. Es ist zu früh, über den von den neuen sozialen Bewegungen ausgelösten Wandel Vermutungen anzustellen, aber der abgeschlossene Vorgang der Studentenbewegung bestätigt die Grundeinschätzung. Eine primär im soziokulturellen Bereich innovative und profilierte Bewegung, hat sie, obwohl ihre Führungsgruppen vor allem von einer Revolutionierung des politischen Systems träumten, dort nur in geringem Maße strukturelle Spuren hinterlassen. Mit ihren politischen Ambitionen gescheitert, hat die Bewegung im Bereich der Werte und der soziokulturellen Praxis (Verhalten gegenüber Autorität, Konsum- und Leistungskritik, Kindererziehung etc.) nachhaltige Wirkung ausgeübt. In historischer Betrachtung ist die Aufmerksamkeit, die sie kurzfristig politisch gefunden hat, vor allem ein Vehikel zur Verbreitung von Elementen eines neuen Lebensstils gewesen.

Ein besonders wichtiges Beispiel zur Überprüfung der Sektoralisierungs-These ist die sozialdemokratische Arbeiterbewegung.[33] Sie existierte über einen langen Zeitraum, war eine große Bewegung und umschloß soziokulturelle Ambitionen.

Mit dem Auf- und Ausbau spezialisierter Organisationen für die politische und ökonomische Sphäre (Partei und Gewerkschaft) werden lebensweltliche Elemente in der organisierten Bewegung zurückgedrängt. Die politische Strategie (»Eroberung der politischen Macht« – MEW 4:474) war durch das

Kommunistische Manifest gewiesen, sie wurde im Erfurter Programm festgeschrieben und bestimmte die Praxis von Bewegung und Partei: Veränderungen der Produktionsverhältnisse durch den Einsatz politischer Macht. Bildung von Klassenbewußtsein und die Schaffung von Organisationsmitteln sind Elemente eines auch ökonomisch zu führenden, aber politisch dominierten Klassenkampfs. Eine veränderte ökonomische Basis wird auch eine andere Kultur hervorbringen. (»Mit der Veränderung der ökonomischen Grundlage wälzt sich der ganze ungeheure Überbau langsamer und rascher um.« – MEW 13:9) Eine antizipierende soziokulturelle Innovation ist weder möglich noch notwendig, noch ist sie zweckmäßig, da sie dem vordringlichen politisch-ökonomischen Klassenkampf Kräfte entzieht.

Dennoch verstand sich die deutsche Arbeiterbewegung von Anfang an auch als Kulturbewegung. Die Bewegung sei »der Träger aller Kultur« (Spruch an der Saalwand des Parteitags 1896), der »Eckstein der modernen Kulturentwicklung« (Mehring). Dieser Anspruch umfaßte vor allem zwei Elemente:

- Kritik des »Materialismus« und Egoismus in der herrschenden bürgerlichen Kultur. Wie in Bezug auf die Demokratie (1848) habe das Bürgertum auch versagt bei der Tradierung und Weiterentwicklung der humanistischen und idealistischen Bildungswerte, deren Träger die Arbeiterbewegung geworden sei.
- Idealisierung der eigenen Klasse. Arbeiter seien gekennzeichnet durch idealistisches, selbstloses Streben zum Wohle aller Menschen. Selbstlosigkeit, Ehrlichkeit, Bescheidenheit, Fleiß, Disziplin unterschieden ihn sowohl vom egoistisch-profitorientierten Bourgeois wie vom Lumpenproletarier.

Der Anspruch der Kulturbewegung bezieht sich vor allem auf bestimmte, als kulturell wertvoll angesehene Werthaltungen und auf die Betonung eines bestimmten literarischen Erbes. In beidem bleibt die Bewegung der bürgerlichen Welt stark verhaftet, will im Grunde nur das Gute daraus retten gegen die kulturlose herrschende Klasse ihrer Zeit.

Wo lag das Schwergewicht der soziokulturellen Aktivitäten der Bewegung? Die liberalen Arbeiterbildungsvereine, von denen beide Parteien in den 1860er Jahren ihren Ausgang nahmen, vermachten der Arbeiterbewegung die bürgerliche Kultur als Mitgift. In den folgenden Jahrzehnten bemühte sich die SPD um Bewußtseinsbildung der Arbeiter im Sinne politischer Aufklärung. Der Kulturbewegungsanspruch war so unbestimmt und strukturell folgenlos, daß keine eigene Kulturpraxis notwendig war, welche über die, auf Politik bezogene Vermittlung sozialistischer Ideen hinausgegangen wäre.

Erst seit den 1890er Jahren wurde eine Reihe von Organisationen im Umbzw. Vorfeld der Partei gegründet. Kultur im engeren Sinne (Volksbühne, Sänger, Freidenker etc.), »Lebenskultur« (Sport, Wandern, Lebensreform etc.), Soziales (Arbeiter-Samariter-Bund, Arbeiter-Wohlfahrt etc.) und Jugend- und Frauenorganisationen mit ihrem subkulturellen Hintergrund bezeichnen wichtige Felder soziokultureller Aktivitäten. »Zu jeder dieser sozialdemokratischen Organisationen existierten bürgerliche Parallelverbände. Die sozialdemokratischen Vereine hatten sich teilweise aus diesen herausgebildet (z. B. die sozialistische Freidenkerbewegung), sind aber in jedem Fall erst mit einer gewissen zeitlichen Verzögerung gegenüber den bürgerlichen Verbänden entstanden.« (Wunderer 1980: 30)

In seiner Breite war dieses Vereinswesen einzigartig in der internationalen Arbeiterbewegung. Nur noch in Österreich (vor allem Wien) existierte Vergleichbares. Die beiden wichtigsten Gründe für die Schaffung dieser Organisationen lagen in der gesellschaftlichen Ausgrenzung der Arbeiterbewegung, wie sie während und nach dem Sozialistengesetz erfahren wurde, und in der Befriedigung realer kultureller Bedürfnisse, wie sie unter den Bedingungen der Ausgrenzung in den etablierten Organisationen und Institutionen nicht zu realisieren waren. Die Kulturorganisationen repräsentierten weniger eine offensiv vertretene und eng mit dem politischen Kampf verbundene Gegenkultur als das Bedürfnis nach einer auch soziokulturellen Selbstbehauptung. Insofern äußerten sich hier sowohl vom bürgerlichen System wie von der politisch orientierten Bewegungsführung unterdrückte kulturelle Bedürfnisse. Die kulturellen Vereine waren eine Funktion gesamtgesellschaftlicher Polarisierung und des bewegungsinternen Politikmodells mit seiner eindeutigen Priorisierung des politischen Kampfes.

Die Kulturorganisationen waren kein Bestandteil der politisch-ökonomischen Strategie der Bewegungsführung. Sie wurden von ihr nicht geplant, sondern entstanden von unten. Die meisten stießen bei ihrer Gründung sogar auf den Widerstand der Führung, der sich über Formen der Tolerierung (aber Nichtbeachtung) bis zu stärkerer Anerkennung in der Weimarer Republik wandelte. Die Führung war in den Kulturorganisationen in der Regel nicht aktiv und sie rekrutierte sich nicht aus ihnen. Primäre Pflicht für jeden Aktiven war es, sich in der Partei- und Gewerkschaftsarbeit zu engagieren. Die Führung befürchtete, die Mitglieder könnten durch die Kulturorganisationen vom politischen Kampf abgelenkt werden. Längerfristig traten dann die Sozialisationsrelevanz (Abschottung gegenüber bürgerlichem Gedankengut) und gewisse praktische Hilfsfunktionen für die Partei (z. B. Sänger) stärker in den Vordergrund.

Die Kulturorganisationen eröffneten keinen selbständigen Zugang zur sozialdemokratischen Bewegung. In der Regel waren nur Parteimitglieder auch Mitglieder der Kulturorganisationen. Wie stark die soziokulturellen Bemühungen eine Funktion der politischen Polarisierung darstellten, läßt sich an der weitgehenden Aufgabe gegenkultureller Ansprüche ablesen, sobald – wie in der Weimarer Republik beginnend – staatliche Integration möglich war (z. B. im Bildungsbereich). Die in der Weimarer Republik entwickelte Festkultur diente sehr stark der internen Integration, der Kompensation für den Utopieverlust, der »Erhebung über den Alltag« etc. Das problemlose Nichtwiederaufleben des sozialdemokratischen Kultursektors nach 1945 (mit Ausnahme vor allem der Naturfreunde) verdeutlicht seine primäre Abhängigkeit von äußeren Rahmenbedingungen, weniger von internen Antriebskräften.

Soweit beschäftigten uns die Thesen, daß der soziokulturelle Bereich nur ergänzend zum politisch-ökonomischen Schwerpunkt Gegenstand von Bewegungsaktivitäten geworden ist, daß die praktisch werdende Arbeiterbewegungskultur von unten initiiert wurde und daß sie mehr mit lebensweltlichen Bedürfnissen gesellschaftlich ausgeschlossener und in der politischen Bewegung einseitig beanspruchter Menschen zu tun hatte, als daß sie integraler Bestandteil einer umfassenden gesellschaftlichen Umwälzung gewesen wäre. Zeigt sich hier die Dominanz der Machtorientierung, so bleibt die Frage offen, in welchem Bereich die durch die Arbeiterbewegung bewirkten Innovationen lagen und wieweit die soziokulturelle Bewegungspraxis daran Anteil hatte.

Unbestreitbar sind einige Elemente des Wandels im politischen und ökonomischen Bereich mit dem Wirken der Arbeiterbewegung in engeren Zusammenhang zu bringen. Dazu gehört die Schaffung einer egalitären Wahlrechtsbasis für das parlamentarische System und dessen Transformation in einen »Parteienstaat« durch die Entwicklung von Massenparteien, die auf die anderen Parteien ausstrahlten und das Regierungssystem durchdrangen. Die Schaffung von Gewerkschaften eröffnete Partizipationschancen, trug zur Institutionalisierung kollektiver Konfliktregelungsformen im ökonomischen Bereich bei und führte längerfristig auf staatlicher Ebene zum Einbau von Gewerkschaften in Formen neokorporativer Konfliktregelung und Steuerung. Ausbau des Interventions- bzw. Sozialstaats (mit Teilsozialisierung, Planung, flächendeckender Sozialpolitik, Mitbestimmung etc.)

bildete lange Zeit ein effektives Ersatzprogramm für einen umfassenden Sozialisierungsprozeß. Wie auch immer solche Elemente beurteilt werden, läßt sich doch wohl sagen, daß sie zu strukturellen Modifikationen in Bereichen führten, die für die Arbeiterbewegung zentral waren: Politik und Ökonomie. Wie aber sah es mit Innovationen im soziokulturellen Bereich aus? Segmentiertes Gesellschaftsmodell und adaptives Kulturmodell sind zwei Stichworte, mit denen sich die vielfältigen soziokulturellen Praxisformen unter dem Gesichtspunkt ihres Innovationsgehalts diskutieren lassen.

Das segmentierte Gesellschaftsmodell reproduziert auf der Ebene der Bewegung gesamtgesellschaftlich wirksame Formen der Arbeitsteilung. Basisinstitutionen bildeten Betrieb bzw. Arbeit/Beruf und die darauf zugeschnittene Institution Familie. Für die Bewegungsaktiven kamen als weitere Basisinstitutionen Partei bzw. Gewerkschaft hinzu, die gegenüber Betrieb und Familie (als ökonomischer und gesellschaftlicher Basisinstitution) eine eigene Autonomie hatten, aber von Funktionserfordernissen des politischen bzw. ökonomischen Kampfes bestimmt waren.

Abgetrennt und konzeptionell mit diesen drei Bereichen nicht oder unklar vermittelt, eröffnete sich seit den 1890er Jahren ein zunehmend breiteres Feld soziokultureller Aktivitäten, die auch die Freizeit als von Beruf, Familie und »Politik« freie Zeit überwiegend nicht integrierend, sondern Bedürfnisse und Interessen separierend organisierte. Das Profil der Aktivitäten und Teilgebiete wiederholte weitgehend das im bürgerlichen Zusammenhang entstandene, ausdifferenzierte und vereinsmäßig organisierte Kulturprogramm, das im bürgerlichen Bereich funktional war für die Abschottung ökonomischer Klassenherrschaft.

Die radikale, Kultur nicht separierende und segmentierende Alternative bestünde in der Schaffung integrierender Institutionen, durch die die in der bürgerlichen Gesellschaft aufgespaltenen Funktionen vermittelt würden: von Kommunen als Vergesellschaftungsformen des Produktions- und Lebensprozzesses und von Räten als der im Produktions- und Lebensprozeß wurzelnden politischen Form. Die Idee der Produktivgenossenschaft hatte eine zeitlang Einfluß auf das Bewußtsein, nie aber auf die Praxis der deutschen Arbeiterbewegung. Kommune als integrierte Produktions- und Lebensgemeinschaft war nur in (oppositionellen) Randbereichen ein Thema (z. B. bei den »Jungen« Anfang der 1890er Jahre – vgl. Bock 1976) – das Normalmitglied konnte sich durch den Parteivorsitzenden (Bebel: Die Frau im Sozialismus) auf Zeiten vertrösten lassen, in denen die durch die Arbeiterbewegung gesteuerte Produktivkraftentwicklung von selbst zu kommunitären Lebensformen führen würde.

Ein Element der Anpassung an herrschende Gesellschaftsstrukturen lag also darin, daß dem bürgerlichen Separierungs- und Segmentierungsmodell keine neuartigen Integrationsformen entgegengesetzt wurden, die der Ausbildung einer umfassenden Persönlichkeit den Weg hätte ebnen können. Die Addition separierter Funktionsbereiche war für den einzelnen schon aus Zeitgründen nur bis zu einem eng begrenzten Punkt möglich, und sie blieb eben Addition, die mit der reformistischen Integration der politischen bzw. ökonomischen Organisationen zunehmend auch jene Sinnfälligkeit verlor, die trotz der partikularen Interessenverfolgung aufgrund der überwölbenden sozialistischen Zielsetzung eine zeitlang bestand. Nur wenige Ansätze (wie z. B. das »soziale Wandern« und wie insgesamt noch am stärksten die Organisation der »Naturfreunde« – vgl. Zimmer 1984) bemühten sich um eine Integrierung wenigstens soziokultureller Teilgebiete.

Die These vom adaptiven Kulturmodell betont die Anpassung an soziokulturelle Realisationen im bürgerlichen Bereich. Der Gesichtspunkt der Adaption bringt auch zum Ausdruck, daß bürgerliche Kulturformen den besonderen materiellen und soziokulturellen Bedingungen der Arbeiterklasse anzupassen waren (der Theaterbesuch z. B. mußte kollektiv organisiert werden oder im Arbeiterbewegungslied war der Melodie bürgerlicher Herkunft ein proletarisch-sozialistischer Text zu unterlegen, etc.).

Der Anschluß an die idealistischen Formen bürgerlicher Hochkultur, die Abneigung gegenüber modernistisch-experimentellen ästhetischen Ausdrucksformen sind bekannt. Sie zeigen auf der expressiven Ebene, was auch für die Kultur als Lebensform charakteristisch war: die Anlehnung an bürgerliche Kulturmuster. Dies bezog sich u. a. auf Fragen der Sexualmoral und Geschlechtsrollen (z. B. Stellung gegenüber unehelichen Kindern, Rollenverständnis in Ehe und Familie, außereheliches Zusammenleben, Homosexualität etc.); auf Fragen des Erziehungsstils und der besonders bevorzugten Tugenden wie Besonnenheit, Bescheidenheit, Fleiß, Einordnung und vor allem Disziplin; auf Fragen des Gewichts von Professionalismus und inhärenten Konsumismus gegenüber der Selbsttätigkeit möglichst vieler (so z. B. die Verdrängung von Agitationsstücken und des Arbeiterlaienspiels in der Theaterarbeit – vgl. Emig 1980: 297).

Emig (1980: 237) resümiert ihre kritische Analyse, die Vorläufer in der zeitgenössischen Kritik hatte (z. B. Rühle, de Man, Horkheimer): »'Proletarisches Selbstbewußtsein' entwickelte sich nicht in der Weise, daß etwa aus Lebens- und Denkformen des Proletariats neue Werte und Normen entwickelt wurden, die bürgerlichen Werten und Normen hätten entgegengesetzt werden können. Umgekehrt gab man sich Mühe, den privaten Alltag an bestehenden Normen zu orientieren. Die Partei konzentrierte ihre Energien auf den politischen Kampf, und dabei ging es nicht an, daß Kraft abgelenkt, auf anderen 'unpolitischen' Gebieten verzettelt wurde. Eigentlich vertagte man Veränderungen auf anderen Gebieten als in den Bereichen Politik und Ökonomie bis nach Eroberung der politisch-ökonomischen Macht.«

Der Gegensatz zum egoistischen »Materialismus« und Individualismus, zu Nationalismus, Militarismus und anderen, das Bürgertum in der imperialistischen Phase prägenden Wertorientierungen einerseits, die Berufung auf die sozialistische Idee andererseits verdeckten die faktische Anpassung an solche bürgerliche Kulturmuster, die im Zeitalter des Imperialismus nicht die herrschenden waren. Im Bereich der Hochkultur dominierte die Orientierung auf das »klassische Erbe«. Im Bereich der Lebenskultur kamen die für die Arbeiterbewegungskultur wichtigsten Anregungen aus den minoritären Bewegungen des (späten) Bildungsbürgertums: der Lebensreform- und Jugendbewegung. Am innovativsten erschien die Arbeiterkulturbewegung, wo sie lebensreformerische Elemente in ihrer Praxis adaptierte (vielfache Hinweise u. a. bei Wunderer 1980 und Zimmer 1984). Vielleicht war sie tatsächlich am innovativsten dort, wo sie den vom Bürgertum ausgehenden Sportaktivitäten die individualistisch-konkurrenzbezogenen Elemente herauszubrechen versuchte – was allerdings nur in bescheidenem Umfang und nicht auf Dauer gelang (z. B. Eichberg 1975).

Und wie steht es mit Kollektivität und Solidarität? Liegen hier nicht die eigentlichen soziokulturellen Innovationen der Arbeiterbewegung? Gewiß sind Kollektivität und Solidarität wichtige Merkmale proletarischer Lebensformen, die sie von bürgerlicher Lebenspraxis unterscheiden. Z. T. in vorindustriellen Traditionen verwurzelt, durch proletarische Arbeits- und (segregierte) Lebensformen und durch den polarisierten Klassenkampf bekräftigt, bildeten sie eine lebensweltliche Realität für große Teile der Arbeiterklasse, trotz der in der kapitalistischen Marktwirtschaft immer wirksamen Konkurrenzmechanismen. Unsere Frage muß sich aber auf den spezifischen Beitrag der Arbeiterbewegung in diesem Zusammenhang richten. Nicht zuletzt unter dem Einfluß von Marx und Lassalle hat die Bewegung den breiteren lebensweltlichen Ansatz der (Arbeiter-)»Verbrüderung« reduziert auf den der Solidarität, der in seiner dominanten Bedeutung bezogen blieb auf den politisch-ökonomischen Kampf. Solidarität wurde instrumentalisiert für den Klassenkampf und soziokulturell in doppelter Weise reduziert. Einmal durch die Nichtumsetzung in Modelle integrierter Lebensgemeinschaft und zum anderen durch die Ausgrenzung des sogenannten Lumpenproletariats mit seinem anderen Wertprofil (vgl. Emig 1980).

Es ist nicht so sehr das Versagen in der *Durchsetzung* soziokultureller Innovationen durch die Arbeiterbewegung, sondern das weitgehende Fehlen auch nur einer kontroversen Debatte über ein zum bürgerlichen alternatives, mit dem politisch-ökonomischen Kampf vermitteltes Kulturmodell und die weitgehende Nichtbereitschaft zu praktischen Experimenten, durch die Möglichkeiten alternativer Lebenspraxis hätten herausgefunden werden können, welche die These vom soziokulturellen Innovationsdefizit (nicht Kulturdefizit!) der Arbeiterbewegung so plausibel macht.

Wie läßt sich das soziokulturelle Innovationsdefizit der deutschen Arbeiterbewegung erklären? Wichtige Ursachen ergeben sich aus dem Zusammenwirken bestimmter gesellschaftlicher Bedingungen mit den Folgen einer machtpolitisch orientierten Strategie. Auf der Seite der Bewegungsführung waren Kulturfragen in starkem Maße Intellektuellen mit bürgerlicher Herkunft vorbehalten (z. B. Mehring, Kautsky). Sie reproduzierten ihre Sozialisation, insofern sie das klassische bürgerliche Kulturmodell auf eine massenhafte Grundlage stellen wollten. Eine andere Strömung von Intellektuellen bürgerlicher Herkunft trug lebensreformerische Innovationen des Bürgertums in Kulturorganisationen der Arbeiterbewegung hinein. Viele Arbeiterführer waren in den Arbeiterbildungsvereinen mit bürgerlichem Kulturgut vertraut gemacht worden: als soziale Aufsteiger tendierten sie zu kultureller Affirmation. Die meisten Arbeiterführer spezialisierten sich auf Fragen politischer und ökonomischer Praxis und überließen kulturelle Fragen ganz den Parteiintellektuellen.

Die soziale Lage der Arbeiter als der Masse der Parteimitglieder war durch einen hohen Grad an Ausbeutung bestimmt (lange Arbeitszeit, niedriges Einkommen, körperliche Erschöpfung, berufliche Unsicherheit etc.), der kulturelle Aktivitäten, vor allem Innovationen, einschränkte. Restriktiv für kulturelle Innovation war insbesondere der durchschnittlich geringe Bildungsgrad.

Falsch wäre es, diesem Faktor die ganze Erklärungslast aufzuladen. Zum einen ist erstaunlich, welche Organisations- und Bildungsleistungen trotz diesen widrigen Rahmenbedingungen zustande kamen. Zum andern haben auch die spätere Verkürzung der Arbeitszeit und die Ausweitung der Bildung für sich genommen keine soziokulturellen Innovationen ausgelöst.

Unzureichende materielle Lebensverhältnisse können eine Barriere für soziokulturelle Innovationen sein, ihre Überwindung führt aber keineswegs von selbst zu Innovationen. Diese bleiben wesentlich auch abhängig von strategischen Entscheidungen bzw. von Ressourcenlenkung. Die machtpolitische Strategie der Arbeiterbewegung verfolgte ein Priorisierungsmuster, das sicherlich der primär politisch-ökonomisch erfahrenen Deprivation vieler Arbeiter entgegenkam – das sie aber auch darauf festlegte.

Generalisierend gesagt: Soziokulturelle Innovationen, die nicht konstitutiver Bestandteil einer sozialen Bewegung sind, haben keine Realisierungschance nach machtpolitischer Durchsetzung der Bewegung. Es ist noch nicht geglückt, in einem Bewegungs-Regime eine autonome Innovationsdynamik zu erhalten, die gewissermaßen die in der Bewegungsphase vernachlässigten soziokulturellen Innovationen nachholte.

Die bald unterdrückten kulturrevolutionären Elemente in der Sowjetunion 1917–1923 sind die große Ausnahme im Bereich der leninistischen Parteien – bestätigen aber durch ihre baldige Beendigung auch wieder die Grundthese. Die starke Instrumentalisierung von Kulturorganisationen durch die KPD in der Weimarer Republik (vgl. Wunderer 1980) war auch keine innovatorische Grundlage für die DDR, die einem kleinbürgerlichen Kulturmodell verhaftet blieb.

16.5 Zusammenfassung

Letztlich müssen sich soziale Bewegungen an ihrem primären Zweck messen lassen, die Gesellschaft strukturell zu verändern – und die Gesellschaft muß sich daran messen lassen, legitime Ziele der Bewegungen nicht zu verwehren. Die Diskrepanz von Anspruch und Realisierung, die für alle Handlungsträger gilt, scheint bei sozialen Bewegungen wegen oft weitreichender Ziele und einer generellen Ressourcenschwäche besonders groß.

Wenn es auch der Zweck sozialer Bewegung ist, Wandel herbeizuführen, dürfen doch die Themen Wandel und Bewegung nicht in eins gesetzt werden. Es gibt Probleme, die ohne Bewegungen gelöst werden, solche, zu denen sich keine Bewegungen bilden, und es gibt Probleme, zu deren Lösung Bewegungen einen nur geringen Beitrag leisten oder inadäquat sind. Eine Gesellschaft ohne Bewegungen verfügt nur über eine reduzierte Lern- und Wandlungskapazität. Eine Gesellschaft, in der sich alle Bewegungen uneingeschränkt mit ihren Zielen durchsetzen würden, wäre – wegen der Gegensätzlichkeit der Ziele – nicht möglich und – wegen deren Einseitigkeit – wohl auch nicht wünschenswert.

Der Zusammenhang von Bewegung und sozialem Wandel ist noch kaum systematisch erforscht. Dabei stößt man auf z. T. unüberwindbare methodische Schwierigkeiten. Wie kann der unabhängige Einfluß der zwischen Gesellschaftsstruktur und »Politik« intervenierenden Variablen »soziale Bewegung« isoliert und gemessen werden? Fragen dazu werden hier nur formuliert, nicht gelöst. Zu prüfen bliebe – wegen der Einmaligkeit jeder Bewegung im einen Land – der methodische Nutzen des internationalen Vergleichs (durch den allerdings einige zusätzliche Probleme hinzutreten). Dabei wären möglichst viele Rahmenbedingungen (im weiteren Sinne) konstant zu halten, um die Variationen zwischen Bewegungen und ihren »Ergebnissen« herausarbeiten zu können. Die größeren Schwierigkeiten bei der Messung soziokulturellen Wandels im Vergleich zur leichteren Operationalisierbarkeit von Veränderungen im Policybereich (z. B. Wahlrechtsausweitungen, Ausbau des Wohlfahrtsstaats, Veränderungen von Autonomierechten oder Energiepolitik aufgrund des Drucks von Regional- oder Anti-AKW-Bewegung etc.) müssen nicht notwendig zu Perspektivverzerrungen führen. Zwei für den Einfluß von Bewegungen kritische vergleichende Kontrollfragen könnten lauten: Wo entsteht ein gleiches oder ähnliches Ergebnis *ohne* Bewegungen? Und: Wo entsteht ein unterschiedliches Ergebnis bei gleichen bzw. ähnlichen Bewegungen?

Bei ihren Versuchen, auf sozialen Wandel Einfluß zu nehmen, konkurriert soziale Bewegung mit immanenten Entwicklungstendenzen (von denen sie in mancher Hinsicht – aber niemals vollständig – nur ein Ausdruck ist) und mit anderen mobilisierungsfähigen Einflußfaktoren. Vier Grenzen des Wandlungspotentials sozialer Bewegungen wurden generalisiert: hohe Thematisierungskapazität; schwache Realisierungskapazität; häufig indirekte Wirkung, d. h. Angewiesensein auf etablierte Vermittlungsträger; nicht intendierte, z. T. »kontraproduktive« Wirkungen.

Zwei Typen des (auch) durch Bewegungen zu bewirkenden Wandels können unterschieden werden. Die Beeinflussung oder Kontrolle staatlicher Regulierung, auf die machtorientierte Bewegungen zielen, und die kollektive Selbstregulierung durch Selbsthilfe und Wertwandel, die der Strategie kulturorientierter Bewegungen entspricht.

Welche Bewegungselemente treten bei der Erklärung von Wandel hervor? Zwei Ansätze wurden gewählt. Der eine besteht darin, die Faktoren des Bezugsrahmens auf ihren Beitrag zu sozialem Wandel zu befragen. Obwohl es schon auf hypothetischer Ebene häufig an Eindeutigkeit fehlt, ist doch sicher, daß Ziele, Mobilisierungs- und Aktionsformen, also die entwickelte Bewegung selbst, ebenso wie Strukturen und Strategien der Vermittlungs- und Kontrollinstanzen Einfluß auf das »Ergebnis« haben.

Nicht verwunderlich, daß die in ihren Zielen bescheideneren Bewegungen mehr Aussichten haben, ihren Zielen näher zu kommen – freilich verändert sich auch die Welt dadurch weniger. Die von den Bewegungen eingesetzten Mittel sind häufig in ihrer Wirkung ambivalent. Darüberhinaus bedarf es weiterer Differenzierung. Gewalt – um ein Beispiel herauszugreifen – verschließt sich einfacher Generalisierung: es gibt weder eine generell größere Wirksamkeit gewaltsamer noch eine gewaltfreier Aktionsformen. Die empirische Analyse von Formen und Bedingungen, unter denen Gewalt oder Gewaltlosigkeit weiter trägt, muß sich noch entwickeln. Als günstig für den Erfolg von Bewegungen wurden folgende Faktoren hervorgehoben: die eigenen Mobilisierungsleistungen; die Verwendung mindestens einiger unkonventioneller Aktionsformen; das Gewinnen von Verbündeten; die Uneinigkeit unter den Kontrollmächten; die Unterstützung durch eine Krisensituation.

Als zweiter Erklärungsansatz wurde die Unterscheidung zwischen Macht- und Kulturorientierung herangezogen. Dabei war auszugehen von der sektoralen Wirkung sozialer Bewegungen aufgrund ihrer Selbstselektivität: machtorientierte Bewegungen sind – allenfalls – innovativ im ökonomischen oder politischen, kulturorientierte Bewegungen im soziokulturellen Bereich. Ressourcenknappheit und Eigengesetzlichkeit der Teilbereiche sind die allgemeinen Erklärungsgründe dafür.

Wandel wird also dadurch begrenzt, daß Bewegungen sich einerseits für bestimmte (eben: macht- oder kulturorientierte) aus der Vielzahl möglicher bzw. gewünschter Änderungen festlegen müssen, um strategisch handlungsfähig zu sein, und andererseits auf die je spezifischen Widerstände in den Teilbereichen stoßen. Dabei wurde die These aufgestellt, daß die Wandlungsresistenz im ökonomischen und soziokulturellen Bereich besonders hoch, im politischen Bereich vergleichsweise niedriger ist. Politische Macht ist aber nur begrenzt für Veränderungen im ökonomischen oder soziokulturellen Bereich transferierbar, ökonomische und kulturelle Bewegungen wiederum stoßen auf immanente Grenzen ohne Unterstützung aus dem politischen Subsystem.

Kapitel 17

Zur Analyse der neuen sozialen Bewegungen

Im folgenden sollen einige Gesichtspunkte der neuen sozialen Bewegungen etwas eingehender analysiert werden. In den bisherigen Ausführungen wurden lediglich deren spezifische Mobilisierungs- (Kap. 9.4.3) und Aktionsformen (Kap. 10.3.3) zusammenfassend skizziert. Im Mittelpunkt dieses Kapitels stehen nun vor allem die Ursachen der neuen Bewegungen (3.–7.) und ihre Widersprüche und Wirkungsmöglichkeiten (8.).

Daß wir es mit einem neuen Bewegungstyp zu tun haben, muß im Anschluß an die historisch-vergleichenden Darlegungen dieser Arbeit nur noch einmal konstatiert werden (1.). Eine knappe methodische Vorüberlegung scheint schon allein deshalb angebracht, weil viele zu den neuen Bewegungen vorliegende Untersuchungen nicht zuletzt wegen unterschiedlicher methodischer Ansatzpunkte im Ergebnis divergieren (2.). Eine grundlegende Variable jeder Bewegungsanalyse ist die Sozialstruktur der Bewegung, vor allem die ihrer primären Trägergruppe (3.). Jede Bewegung arbeitet sich an einem allgemeiner zu bestimmenden Problemkomplex ab, der z. T. auf die Gesellschaftsentwicklung, z. T. auf die korrespondierende Interessenlage der primären Trägergruppe zurückzuführen ist (4.). Ein Problempotential manifestiert sich in einer Handlungsgruppe erst durch einen sozialpsychologischen Vermittlungsprozeß, der den Kreis denkbarerweise Aktivierbarer einschränkt (5.). Schließlich bedarf das Protestpotential der eigenen Interaktion und des Fehlens aussichtsreicher Vermittlung, um sich zur Form sozialer Bewegung zu verständigen (6.). In allen Ursachendimensionen treten Faktoren ins Blickfeld, die ihrerseits historisch neuartig sind, so daß auch von daher die neuartige Erscheinungsform der neuen sozialen Bewegungen plausibel gemacht werden kann.

Zwar gibt es keine Gesellschaftstheorie, die den Schlüssel zur Erklärung der neuen Bewegungen bereithielte, Theorien postindustrieller Gesellschaft liefern aber wichtige Elemente eines Interpretations- und Erklärungsrahmens (7.). Ohne die *Entfaltung* sozialer Bewegungen im einzelnen zu diskutieren, sollen einige wenige Überlegungen zu deren Wirkungsmöglichkeiten angesprochen werden. Leitender Gesichtspunkt ist dabei, daß die neuen sozialen Bewegungen bewegungstypologisch auf dem Schnittpunkt zwischen kultur- und machtorientierten Bewegungen liegen, mit einer Tendenz zur Schwerpunktbildung in der soziokulturellen Sphäre, die sie nicht nur charakterisiert, sondern auch in ihren Möglichkeiten begrenzt (8.).

Daß die folgenden Überlegungen überwiegend hypothetisch sind und nur auf disparatem empirischen Material und Beobachtungen basieren, kann beim jetzigen Stand der Bewegungen und ihrer Aufarbeitung nicht anders sein. Die Formulierungen sind aber nicht durchgängig so vorsichtig gewählt, wie sie es bei dieser Ausgangslage sein müßten.

1. Ein neuer Bewegungstyp

Die nachindustrielle Gesellschaft bringt einen historisch neuen Typ sozialer Bewegungen hervor. Empirisch kündigt er sich in der BRD mit Ostermarsch- und Studentenbewegung während der 60er Jahre an und entfaltet sich mit den sogenannten neuen sozialen Bewegungen der 70er und 80er Jahre.[34] Dieser neue Typ unterscheidet sich in wesentlichen Dimensionen von den sozialen Bewegungen der industriellen Gesellschaft, als deren Prototyp die Arbeiterbewegung gelten kann. Es handelt sich um einen schwach strukturierten, fluiden und offenen Typ sozialer Bewegung:

- Abwesenheit einer einheitlichen geschlossenen Ideologie.
- Thematische Vielfalt und rascher Issuewechsel.
- Geringer Grad organisatorischer Verfestigung, Bürokratisierung und Zentralisierung in Verbindung mit Führerfeindlichkeit.
- Hohe Variabilität der Aktionsformen bei Betonung direkter Aktion.
- Vielzahl autonomer, aber stark vernetzter Teilbewegungen.

Inhaltlich kreisen die neuen Bewegungen um andere Themenschwerpunkt als die Arbeiterbewegung. Weder die Überwindung kapitalistischer Produtionsverhältnisse mit dem Ziel einer Entfesselung der Produktionskräfte noch um soziale Gerechtigkeit zentrierte Verteilungsforderungen stehen im Mittelpunkt (wenngleich sie nicht obsolet geworden sind). Schließlich zeigt ein erster Blick auf die Bewegungen, daß sich ihre soziale Trägergruppen nicht aus der Industriearbeiterschaft rekrutieren.

2. *Zur Methode*

Es gibt keine auf gegenwärtige Gesellschaft bezogene Gesellschaftstheorie, die eine Systemanalyse sinnfällig verknüpfte mit einer Analyse der Sozialstruktur, geschweige denn mit einer Analyse kollektiver Akteure auf der Handlungsebene. Bei Habermas (1981) fehlt diese zweite Ebene erklärtermaßen. Bei Theoretikern, die sich selbst stärker in der marxistischen Tradition verstehen, wird von der System- auf die Handlungsebene projiziert bzw. deduziert. Dies gilt selbst für Touraine (1972 ff.), der von der Totalität des technokratisch programmierten Gesamtprozesses auf die Totalalternative einer »Volksklasse« schließt.

Bei dieser Ausgangslage muß die Bewegungsanalyse entscheiden, ob sie von einer an Systemmerkmalen orientierten Gesellschaftstheorie ausgeht oder eine Anlehnung an theoretische Ansätze bevorzugt, die mindestens auf der Ebene einer Sozialstrukturanalyse gegenwärtiger Gesellschaft explizit bzw. plausibel sind und Interpretationen des Konfliktpotentials unterschiedlicher Großgruppen enthalten oder doch eröffnen. Da soziale Bewegungen jeweils nur einen relativ kleinen Ausschnitt des gesamtgesellschaftlichen Handlungsfeldes darstellen, ist von einer stärker selektiven Erklärungsstrategie mehr Gegenstands- und Realitätsnähe zu erwarten. Dabei sind Rückbezüge auf gesamtgesellschaftliche Kontexte sowohl möglich als auch notwendig.

Die Basisvariable sozialer Bewegung ist die Sozialstruktur ihrer primären Trägergruppe. Ohne sie gibt es keine hinreichende Erklärung sozialer Bewegung in ihren verschiedenen Dimensionen. Eine theoretische Aufschließung sozialer Bewegung macht es erforderlich, über die bloße Deskription sozialstruktureller Merkmale hinauszugehen und nach Veränderungen konflikthafter Beziehungen zwischen Großgruppen zu fragen, die mit Entwicklungstendenzen von Gesamtgesellschaft verknüpft sind. Dies bezeichnet allerdings nur einen Ausgangspunkt und wäre – auch für die Bewegungsanalyse – zu erweitern um gesellschaftstheoretische Aussagen, die sich auf die Rolle des Staates, die Widersprüche zwischen Teilsystemen, die Triebfelder sozialen Wandels etc. beziehen.

Im Rahmen der Postindustrialismus-Theorie liegen Ansätze vor, die den sozialstrukturellen Ansatzpunkt akzentuieren und mit gegenwärtigem Systemwandel in Beziehung setzen. Eine Durchsicht zeigt allerdings, daß es nicht möglich ist, auf einer geschlossenen Theorie aufzubauen.[35]

Die Bewegungsanalyse setzt primär auf der Gruppenebene an. Auch die sozialpsychologische Dimension von Identitätskrise bzw. Wertwandel ist gruppenvermittelt, aber als psychischer Prozeß auf der Individualebene feststellbar. An drei angebbaren Punkten sind spezifische Faktoren der Systemebene für den Ursachenkomplex neuer sozialer Bewegungen relevant (im sozialpsychologischen Bereich wirkt Gesamtgesellschaft als Hintergrundfaktor). Alle drei Faktoren und der Wandel der Sozialisationsbedingungen sind in engeren Zusammenhang zu bringen mit Elementen, wie sie im Rahmen von Theorien nachindustrieller Gesellschaftsentwicklung diskutiert werden.

Individualebene	*Gruppenebene*	*Systemebene*
	Sozialstruktur	Industrielle Dienstleistungsgesellschaft mit immanenten Marginalisierungstendenzen
Identitätskrise/ Wertwandel	Problemstruktur	Prosperität *und* Zunahme sozialer bzw. ökologischer Folgen
	Interaktion	Integrationskrise des politischen Systems

3. Sozialstruktur

Zwar ist es richtig, die soziale Basis der neuen sozialen Bewegungen[36] als heterogen zu bezeichnen. Sie ist aber nicht in zufälliger Weise heterogen und hat – entgegen verbreiteter Ansicht – eine spezifische soziale Basis. Wie bei der Analyse anderer sozialer Bewegungen ist zunächst der Unterschied zwischen primärer Trägergruppe und Resonanzgruppe einzuführen. Die primäre Trägergruppe umfaßt die Aktiven der Konstituierungsphase, die die Grundorientierung der Bewegung festlegen. Sie kann mit den Aktiven in den verschiedenen Teilen der neuen sozialen Bewegungen bzw. der Grünen Partei gleichgesetzt werden. Die Resonanzgruppe besteht aus den Sympathisanten der Bewegung. Sie können annäherungsweise (Sympathie mit geringeren Handlungsfolgen ist auch darüber hinaus vorhanden) durch die Wähler der Grünen Partei (bzw. jener, die im Interview die Absicht bekunden, sie zu wählen) operationalisiert werden. Die Sozialstruktur der primären Trägergruppe und der Resonanzgruppe überschneiden sich im Falle der neuen sozialen Bewegungen, sind aber nicht identisch.

Die soziale Basis der primären Trägergruppe kann durch Segmente der Berufs-, Qualifikations- und Marginalisierungsstruktur eingegrenzt werden.

Aus der Überschneidung dieser drei Segmente schält sich ihr Kernbereich heraus.

Die Berufsstruktur der in den neuen sozialen Bewegungen Aktiven verweist zunächst auf die Großgruppe der abhängig Beschäftigten und innerhalb derer auf den Bereich der Dienstleistungsarbeit. Unter den Dienstleistungsarbeitern ragt die Gruppe der mit Humandienstleistungen Beschäftigten heraus (Bildungs-, Sozial-, Gesundheits-, Kommunikationswesen). Die Teilgruppen der im weitesten Sinne auf den Produktionsprozeß bezogenen, die Güterherstellung ermöglichenden bzw. vermittelnden und die staatlich-administrativen Dienstleistungen haben im Vergleich dazu geringe Bedeutung. Das Segment der Humandienstleistung umfaßte in seiner Gesamtheit 1980 knapp 10 % der in der BRD Beschäftigten, es wies aber die höchste Zuwachsrate seit den 60er Jahren auf.

Eine zweite Eingrenzung ergibt sich aus der Qualifikationsstruktur. Der Anteil der im weiterführenden Bildungssystem Stehenden und der Hochschulabsolventen (Intelligenz) unter den Aktiven ist sehr hoch. Dabei ist Hochschulstudium bzw. -abschluß nicht nur ein dominantes Merkmal einer kleinen Gruppe politischer Führer, sondern der Aktiven insgesamt. Damit ist ein wesentlicher Unterschied zur Rolle der Intelligenz in historischen Sozialbewegungen gegeben. Erstmals ist Intelligenz nicht nur ein Teil der Führungsgruppe oder Grundlage einer marginalen Bewegung (z. B. Lebensreform- oder Jugendbewegung). Die massenhafte Ausweitung des tertiären Bildungsbereichs vor allem in den 70er und 80er Jahren schuf die Basis für eine Selbstbewegung der Intelligenz, die mehr ist als Elite oder marginalisierte Gruppenaktivität.

Allerdings werden die neuen Bewegungen (bisher) nicht von der Gruppe der Gesamtintelligenz getragen. Im Mittelpunkt steht die sogenannte »humanistische Intelligenz« (Gouldner) der Geistes- und Sozialwissenschaften. Die technisch-ökonomische und die staatlich-administrative Intelligenz ist dagegen in den Bewegungen nur sehr begrenzt aktiv geworden.

Unter den aktiven Trägern der Bewegungen ist drittens ein Segment der Marginalisierten vertreten. Marginalisierung meint eine gesellschaftliche Randstellung. Der Bezug kann dabei die Gesamtgesellschaft oder eine spezifische Bezugsgruppe sein (z. B. marginalisierte Intelligenz). Diese beiden Kategorien sind auseinanderzuhalten, da die Marginalisierung im Rahmen einer Teilgruppe einhergehen kann mit Ausprägungen, die gesamtgesellschaftlich ein Privilegierungselement enthalten (wie im Beispiel der marginalisierten Intelligenz). Dennoch können sich Lebensverhältnisse (z. B. Einkommen) annähern und kann es zur Ausbildung übergreifender

Bewußtseinsinhalte kommen (als »Ausgestoßene« oder »Vernachlässigte«), wie es sich ansatzweise innerhalb der neuen sozialen Bewegungen zeigt.

Längerfristige bzw. dauerhafte Arbeitslosigkeit ist in aller Regel mit Marginalisierungsprozessen verbunden. Sie kann als ein grober Indikator für Marginalisierung verwendet werden, zumal sie bei den Jüngeren, die in den neuen Bewegungen besonders aktiv sind, die wichtigste Ursache für Marginalisierung darstellt. Darüber hinaus sind als Marginalisierte (im gesamtgesellschaftlichen Sinne) Personen zu verstehen, die ohne »hinreichende«, relativ kontinuierliche und gesicherte eigene materielle Reproduktionsbasis leben. Dazu gehören neben den formell Arbeitslosen u. a. Gelegenheitsbeschäftigte; unfreiwillige bzw. unzureichend bezahlte Teilzeitbeschäftigte; Sozialhilfeempfänger; Teile der Rentner.

Der Anteil Marginalisierter an den Aktiven ist schwierig abzuschätzen. Mit Sicherheit gehören Marginalisierte aus dem Bereich der Intelligenz, speziell der Humandienstleistungsintelligenz, dazu (arbeitslose Lehrer, Sozialarbeiter etc.). Darüber hinaus läßt sich nur sagen, daß Jugend (d. h. hier vor allem: Generationseinfluß) im Zusammenhang mit Marginalisierung relevant ist, wohingegen Ältere – die ebenfalls überproportional von Marginalisierung betroffen sind – kaum in Erscheinung treten. Daß Marginalisierung per se nicht die Hauptstütze der Bewegungen ausmacht, ist schon aufgrund der historisch bekannten geringeren Mobilisierbarkeit Ressourcenschwacher zu erwarten. Sie drückt sich auch im geringen Umfang der Arbeitslosen(selbsthilfe)bewegung aus, die übrigens – teilnehmenden Beobachtern zufolge – einen überproportionalen Anteil von Intelligenzangehörigen umfaßt. Möglicherweise sind Marginalisierte vor allem in jenen Bereichen der Bewegungen zu erwarten, die materielle Ressourcen erarbeiten oder verteilen (z. B. alternative Ökonomie oder Grüne Partei).

Ein überproportionaler Anteil der Aktiven in den neuen Bewegungen erwächst aus der Überschneidung der drei Segmente Humandienstleistungsarbeit, Intelligenz und sozusagen qualifizierter Marginalisierung.

M = Marginalisierte

H = Humandienstleistung

I = Intelligenz

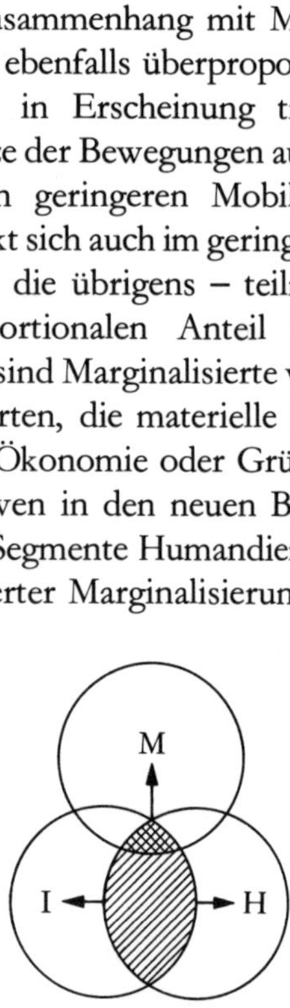

Weder die Anteile der drei Segmente noch die Erweiterung in die nicht überschneidenden Bereiche sind beim gegenwärtigen Kenntnisstand genauer zu bestimmen.

Die Resonanzgruppe der neuen sozialen Bewegungen ist auf zwei Pfeiler gebaut. Zum einen besteht sie aus den Segmenten, die auch ihre primäre Trägergruppe charakterisieren. Intelligenz bzw. jene mit einem höheren Bildungsgrad sind weit überproportional in der Wählerschaft der Grünen vertreten. Ein Hinweis darauf, daß unter den Dienstleistungsberufen ein besonders hoher Anteil des Humandienstleistungssektors steckt, könnte darin gesehen werden, daß der Grünenanteil in Universitätsstädten besonders hoch und bei den inneruniversitären studentischen Wahlen der Anteil der grünen bzw. alternativen Listen in den geistes- und sozialwissenschaftlichen Fachbereichen besonders ausgeprägt ist. Wie relevant insgesamt bei den Jüngeren der Anteil dienstleistender Arbeit geworden ist, zeigt sich daran, daß 1978 fast 70 % der 20–25jährigen in solchen Berufen tätig waren (Müller 1983: 153). Marginalisierung scheint auf der Ebene der Sympathisanten ausgeprägter als auf jener der Aktiven. Der Arbeitslosenanteil der Grünen ist überproportional; das gilt vor allem für den jugendlichen Bereich von Arbeitslosigkeit. Darüber hinaus gibt es offenbar auch aus »gegnerischen« Bereichen Proteststimmen von solchen Teilgruppen, die aktuell oder erwartbar von Marginalisierung betroffen sind (wie z. B. Teilen von Kleinbauern und Arbeitern in »strukturschwachen« Regionen bzw. Branchen).

Zum zweiten gehören punktuell Betroffene zu den Sympathisanten. Entsprechend der Disparitätenthese gibt es Auswirkungen moderner Gesellschaftsentwicklung, die keine spezifische sozialstrukturelle Selektivität in sich tragen, also prinzipiell jeden, ungeachtet seiner sozialen Position, treffen können. Umweltschäden sind dafür das prägnanteste Beispiel. An Brennpunkten ökologischer Konflikte steigt gewöhnlich der Stimmenanteil der Grünen deutlich an. Ein Teil solcher, von negativen Folgen Betroffener organisiert sich natürlich auch ad hoc in Bürgerinitiativen, die aber, soweit sie auf ihren unmittelbaren Anlaß begrenzt bleiben bzw. ihn nicht mit Systemkritik vermitteln, am Rande der neuen sozialen Bewegungen stehen.

Die neuen Bewegungen vereinigen auf der Sympathisantenebene also Teile der Dienstleistungsberufe, der Intelligenz und der Marginalisierten mit punktuell Betroffenen. Damit umfassen sie sowohl ein sozialstrukturell erzeugtes wie ein kontingentes Potential, das sich in beiden Fällen allerdings über Gruppenzusammenhänge aktualisiert. Darüber hinaus ziehen die Grünen – wie jede Bewegungspartei – Anhänger aus den unterschiedlichsten

Protestmotiven an, die aber unter dem Gesichtspunkt sozialer Bewegung weniger relevant sind, da sie über die Wahl hinaus kein Handlungspotential darstellen. Dagegen ist der Übergang von den Sympathisanten zu den Aktiven fließend.

Der politische Gegner der neuen sozialen Bewegungen besteht – sozialstrukturell gesehen – aus einer neuen Koalition wachstumsorientierter Gruppen. Sie vereint Gruppen, die während der industriellen Phase und im Zeichen der Arbeiterbewegung Gegner waren: Produktionsarbeiter, Unternehmer, Landwirte, statusorientierte Selbständige und dazu die produktionsbezogenen bzw. die Güterherstellung vermittelnden und die administrativen Dienstleistungsberufe. Die nachindustrielle Gesellschaft bringt also nicht nur die soziale Basis für die neuen Sozialbewegungen hervor, sondern auch Dienstleistungsgruppen, die den älteren wachstumsorientierten, funktional um die Güterproduktion gruppierten Kern verstärken. Darin drückt sich der Doppelcharakter dieser Gesellschaft aus, die auch deshalb hier als industrielle Dienstleistungsgesellschaft charakterisiert wird. Die nachindustrielle Gesellschaft fragmentiert und polarisiert die abhängige Klasse. Sie trägt so zwar zur Radikalisierung von Teilen der abhängigen Klasse bei, erschwert aber gleichzeitig die Möglichkeit übergreifender Klassenpolitik und fundamentalen Gesellschaftswandels.

Eine solche Skizze der sozialstrukturellen Basis der neuen Bewegungen relativiert Interpretationen, die zwar ein dichotomes Modell antagonistischer Großgruppen fortführen, die oppositionellen Bewegungen aber auf die Basis einer »Volksklasse« (Touraine) oder »aller Menschen, die guten Willens sind« (Bahro), also des gutwilligen Volkes stellen. Hier wird dagegen die Begrenztheit der sozialen Basis betont, die bei der primären Trägergruppe noch enger ist als bei der Resonanzgruppe.

Wie sehen die Entwicklungsmöglichkeiten für die strukturell erzeugten, »geborenen« Träger der neuen Bewegungen aus? Die Wachstumschancen des Humandienstleistungsbereichs sind skeptisch einzuschätzen. Ihr Ausbau stößt auf Grenzen staatlicher Finanzmittel, die sich u. a. ergeben aus Belastungsgrenzen bzw. -bereitschaft der Bürger und Umpolung öffentlicher Ressourcen in Erwartung neuer Wachstumsbranchen (oder auch nur damit bemäntelter schlichter Umverteilung). Übrigens steht die radikale Form der von den neuen Bewegungen betriebenen Sozialstaatskritik Forderungen im Wege, die auf den Ausbau ihrer eigenen Infrastruktur hinausliefen.

Eine offene Frage ist, wie weit zusätzliche Rekrutierung aus bislang schwach mobilisierten Bereichen des Humandienstleistungssektors (z. B. Gesundheitswesen) gelingen kann, die ja nicht zufällig, sondern wegen eingebauter Barrieren schwach war (z. B. standespolitische Traditionen und Kommerzialisierung im Bereich der Medizin). Aber auch bei optimistischer Einschätzung der Rekrutierungsmöglichkeiten bleibt das Potential des Humandienstleistungssektors angesichts der gegenwärtigen Größenordnung zu schwach, um die Basis einer machtvollen Bewegung zu stellen. Bedenkt man die überwiegend spontane Mobilisierung der organisationsfeindlichen neuen Bewegungen, gibt es Gründe, die Entwicklungsmöglichkeiten in den anderen Bereichen des Dienstleistungssektors, die hinsichtlich des Wachstumsthemas relativ homogen sind, nicht zu überschätzen.

Zwar ist die Ausweitung der Hochschulbildung eine rein politische Entscheidung und liegt der Anteil tertiärer Bildung in der Bundesrepublik immer noch weit hinter den USA beispielsweise zurück, dennoch ist bei der vorherrschenden sozioökonomischen und politischen Konstellation mit einer zweiten Bildungsexpansion auf längere Zeit kaum zu rechnen. Realistischer erscheint eine Ausweitung hochschulinterner Mobilisierung auch in Fächer hinein, die den Themen der neuen Bewegungen bisher mit Abwehr oder Distanz gegenüberstanden. Wie weit Intelligenz in technisch-ökonomischen und staatlich-administrativen Bereichen für die Bewegungen aktivierbar sind, hängt nicht zuletzt auch vom Nutzen des eingeschlagenen technokratischen Entwicklungsweges für diese Gruppen ab. Alternativen müßten beachtliche Kompensationen für ihr relativ hohes materielles Niveau und ihre relevanten Anteile an Steuerungstätigkeit bieten können.

Das Mobilisierungspotential der Marginalisierten ist eine völlig unbekannte Größe. Interessant für eine dauerhafte Aktivität in den Bewegungen sind vor allem Marginalisierte mit höherem Qualifikationsgrad. Als Sympathisanten kommen Marginalisierte der verschiedensten Bereiche in Betracht. Die weitreichendsten Projektionen kommen für diese Gruppe insgesamt auf ein Drittel der erwerbsfähigen Bevölkerung – genug, um Bewegungen wenigstens auf der Ebene von Wahlen und Demonstrationen stark zu machen.

Nimmt man die Gruppe punktuell Betroffener hinzu, so erscheint eine noch viel weitreichendere Ausdehnung möglich, zumal es hier nicht notwendig einer Zunahme objektiver Gefährdungen bedarf, sondern der subjektive Zuwachs an Sensibilität und Kritik zu einem ähnlichen Resultat führen kann.

Allerdings – und dies ist der letzte Gesichtspunkt zu diesen spekulativen Zukunftsüberlegungen – bedeutet ein Anwachsen der Bewegung in den Bereichen von Marginalisierung und disparitärer Betroffenheit etwas anderes als in den strukturell besser verankerten und dadurch leichter bzw.

kontinuierlicher zu mobilisierenden Bereichen von Humandienstleistung und Intelligenz. Was Marginalisierte an Wut und Radikalität einbringen können, fehlt ihnen an dauerhaften Ressourcen. Disparitär Betroffene stehen häufig unter cross pressure, der die Intensität ihres Engagements schwächt. Die durch sozialstrukturelle Heterogenität möglicherweise verursachte bewegungsinterne politische Spaltung wäre als schwächender Faktor noch hinzuzurechnen – falls es nicht Führungsgruppen gelänge, eine solche Heterogenität positiv zu funktionalisieren.

4. Problemstruktur

Das Großthema der neuen sozialen Bewegungen ist das Problem der soziokulturellen Identität.[37] Das unterscheidet sie von den wirtschafts- und staatsbezogenen Problemkomplexen, an denen sich die Hauptbewegungen des Bürgertums und der Arbeiterklasse abgearbeitet haben. Die primären Ziele der neuen sozialen Bewegungen sind auf eine Umorientierung und Reorganisation der soziokulturellen Sphäre, nicht von Wirtschaft und Staat gerichtet.

Der soziokulturelle Bereich umfaßt die wert- und normorientierte Lebensgestaltung und Sinngebung auf einer bestimmten materiellen Reproduktionsgrundlage. Identität, verstanden als Einheit und Kontinuität psychosozialer Selbstdefinition von Individuen und Gruppen, ist als analytisches Konzept in diesem Zusammenhang wichtig, da es in besonderer Weise zwischen äußerer und innerer Realität zu vermitteln vermag.

Angesichts des hohen Grades kapitalistischer Vergesellschaftung haben sich das ökonomische und das politische System weit in den soziokulturellen Raum vorgeschoben, so daß kaum noch politikfreie Räume existieren. So fließend aber die Trennungslinien und so umfassend häufig die Thematisierungsabsichten sein mögen, so wichtig ist doch, den Sektor genauer zu bestimmen, aus dem die Motive des bewegungsbildenden Protests gespeist werden.

Angesichts der Disparatheit und scheinbaren Zufälligkeit der Themen verwundert es nicht, daß das gemeinsame Großthema von Beobachtern sehr unterschiedlich bestimmt wird. Annäherung ist auf vier Wegen möglich:

a) Issue-Synthese

Was ist der gemeinsame Nenner von Wachstums- und Technologiepolitik, von Ökologie und alternativen Lebensformen, von Frauenemanzipation und Hausbesetzung? Zur Antwort verweise ich auf die früheren Überlegungen zum Paradigma der Lebensweise. Ich möchte hinzufügen, daß der Kern dieses gesamtgesellschaftlich gedachten Konzepts für die neuen sozialen Bewegungen im soziokulturellen Bereich liegt; grundlegend ist ein humanisiertes Wertprofil, das unmittelbar auf den Menschen bezogene Werte betont gegenüber den Leistungen, die durch das ökonomische und politische Subsystem zur Verfügung gestellt werden (Einkommen, Sicherheit etc.). Das politische und ökonomische Element kommt vor allem durch die Frage hinein: Wer bzw. was blockiert eine andere, autonom bestimmte Lebensweise (von daher Anti-Etatismus und Anti-Kapitalismus)?

b) Argumentationsmuster

Wie immer das Issue im einzelnen, auch unabhängig davon, ob es aus einem älteren Problemzusammenhang stammt: das Argumentationsmuster bleibt der soziokulturellen Sphäre verhaftet. Argumentiert wird unter Bezugnahme auf Lebensformen, Werte, kulturelle Praktiken, Gefühle (z. B. Angst), Bedürfnisse, Identitätsansprüche, also lebensweltliche Argumentationen. Unmittelbare Begründungen aus dem ökonomischen oder politischen Herrschaftssystem unter Aspekten wie Gleichheit oder Gerechtigkeit treten zurück. Der Schlüsselwert ist der der Brüderlichkeit. Selbst ein guter Teil der Ökologiekritik bleibt angebunden an soziokulturelle Wertorientierungen (z. B. »Partnerschaft zur Natur«).

c) Aktivitätsschwerpunkte

Aktivitätsschwerpunkte können in diesem Zusammenhang als Indikator für primäre Motivationen dienen. Die Aktivitätsschwerpunkte liegen weder innerhalb des ökonomischen noch innerhalb des politischen Subsystems. Die Grüne Partei, obwohl politisch intervenierend, bestätigt eher noch die allgemeine Aussage – was schon am außerordentlich geringen Organisationsgrad und der geringen Mitgliederbeteiligung ablesbar ist. Teilbewegungen wie die Alternativ- oder Frauenbewegung haben ein eindeutiges Übergewicht im soziokulturellen Bereich. Die Ökologiebewegung (unter Einschluß der Wachstums-, Technologie- und Konsumkritik macht vor allem *Auswirkungen* des ökonomischen Systems zum Thema. Die Friedensbewegung als die am stärksten auf das politische System bezogene Bewegung (Reorganisation des Militärapparates bzw. seiner Strategien) führt starke kulturelle Unterströmungen mit sich (z. B. Brüderlichkeit, Feindesliebe, Partnerschaft).

d) Verhältnis zum ökonomischen und politischen Funktionsbereich

Daß die Bereiche Ökonomie (kapitalistische Industriegesellschaft) und Staat (repräsentativ- bürokratische Demokratie) in ihrer gegenwärtigen Verfaßtheit auf Ablehnung stoßen, daß Antikapitalismus und Antietatismus in den verschiedenartigsten Varianten die Bewegungen durchziehen, ist Ausdruck eines Bewußtseins über die allgemeinsten Ursachen der bewegungsauslösenden Misere. Ökonomie und Staat erscheinen wie externe Störfaktoren eines ohne ihren Einfluß befriedeten oder doch befriedbaren Lebens. Dabei bezieht sich die Ablehnung aber nicht nur auf bestimmte repressive Strukturen, sie geht tiefer. Macht und Effizienz als zwei zentrale Medien bzw. Kriterien, mit denen das politische und ökonomische System gesteuert werden, stoßen auf eine tief sitzende Abneigung, die nur durch den soziokulturellen Ansatz der Bewegung erklärbar wird.

Die vorgeschlagenen Restrukturierungen für das ökonomische und politische Subsystem laufen in ihren interessantesten Varianten auf einen *Abbau* der Subsysteme hinaus. Ökonomie in Form der Dualwirtschaft mit dem Ziel einer Minimierung des entfremdeten, formellen Sektors. Politik in Form der Basisdemokratie mit einer Minimierung politischer Herrschaft durch Repräsentanten, Führer, Bürokraten. Das Problem liegt nicht darin, daß selbstversorgende, basisdemokratisch organisierte kleine Einheiten nicht möglich wären, sondern in der Generalisierung solcher Strukturen auf die Gesamtgesellschaft. Für die dabei notwendigerweise zunehmende Bedeutung von Macht, Arbeitsteilung und identitär nicht mehr realisierbarer Vermittlung fehlt ein hinreichendes Bewußtsein, weil der motivationale Ansatzpunkt der Bewegungen auf Individuum und Kleingruppe zentriert ist.

Wie *erklärt* sich das bisher behauptete Hervortreten des sozio-kulturellen Bereichs, der seine Schlüsselfrage in der individuellen und kollektiven Identität findet, gegenüber früher dominanten Problemlagen? Meine These: Es ist Ausdruck sowohl der Interessenlage der primären Trägergruppe der neuen sozialen Bewegungen wie von Systementwicklungen mit sozialstrukturell diffusen Konsequenzen. Eine nur auf die Humandienstleistungsintelligenz (als Kerngruppe) abstellende Erklärung würde die Verankerung dieser

Thematik in gesamtgesellschaftlichen Entwicklungen übersehen; nur so sind aber Dynamik und Resonanz der Bewegungen zu verstehen. Auf der anderen Seite würde ein ausschließlich gesamtgesellschaftlicher Erklärungsansatz zu einer übertriebenen Vorstellung des aktiven Potentials der Bewegungen kommen, das in Wirklichkeit deutlich umrissene Grenzen hat. Man muß beide Ansätze zusammenfügen: das Problem soziokultureller Identität drängt sich aufgrund gesamtgesellschaftlicher Entwicklungen stärker denn je als allgemeines Gesellschaftsproblem auf und die Humandienstleistungsintelligenz kann es aufgrund ihrer besonderen Affinität zu Fragen kultureller Identität besonders gut artikulieren (wobei sie aber nicht nur Sachwalter von Gesamt-, sondern durchaus auch von Eigeninteressen ist).

Der gesamtgesellschaftliche Aspekt müßte über eine dualistische Argumentation erschlossen werden. Die den Bewegungen zugrundeliegende Unzufriedenheit verweist auf Überfluß wie auf Defizite. Die Befriedigung grundlegender materieller Bedürfnisse aufgrund dramatisch expandierender Ökonomie von den 50er bis in die 70er Jahre und die Stillegung des sozioökonomisch bestimmten Klassenkonflikts sind *allgemeine* Voraussetzungen für die angezeigte Interessenverlagerung. Wie auch immer erklärt, ist durch die Basisbefriedigung materieller Bedürfnisse ein Potential (kein bedürfnistheoretischer Automatismus à la Maslow!) immaterieller Bedürfnisse freigesetzt worden. Dessen Aktualisierung bedarf freilich zusätzlicher Bedingungen (Inglehart kann z. B. nicht erklären, warum die Postmaterialisten keineswegs die am stärksten materiell Saturierten sind).

Die Expansions- und Prosperitätsphase hat nicht nur Mittel zur Schlichtung sozioökonomischer Interessenkonflikte bereitgestellt, erfolgreiches Wachstum ist zugleich ein Faktor, der negativ in die soziokulturelle Sphäre hineinragt. Durch negative externe Wirkungen (Umweltzerstörung), durch Steigerung der psychischen und gesundheitlichen Kosten, die der Arbeitsprozeß den Arbeitenden abverlangt, durch industrielle, aber auch staatliche Durchdringung lebensweltlicher Bereiche wird das Individuum einem neuartigen Problemsyndrom ausgesetzt.

Bedrohung oder Zerstörung individueller und kollektiver Identität ist zu einem Leitmotiv neuerer sozialwissenschaftlicher Gesellschaftsanalyse geworden. Vorherrschend ist die Auffassung, dies als Folge eines forcierten Modernisierungsprozesses zu sehen. Wie weit dies durch Verselbständigung von Wirtschaft und Staat oder durch an sich mögliche, aber unzureichende normative Umorientierung verursacht ist; in welchem Maße und mit welcher Strategie dies revidierbar ist oder einfach den Preis darstellt, der an die Moderne zu entrichten ist; wie weit der soziokulturelle Bereich aus sich heraus umstrukturierbar wäre – diese und andere Fragen sind offen und kontrovers. Allerdings widerspricht die kritische Gesellschaftstheorie der Auffassung, eine bloße quantitative Steigerung der Leistungen von Wirtschaft und Sozialstaat könnten die Identitätsprobleme beseitigen oder auch nur entscheidend mildern, und sie unterstreicht die Notwendigkeit gesamtgesellschaftlicher Umstrukturierung (im Gegensatz zur konservativen Gesellschaftstheorie, die die Steuerung durch Moral und Erziehung und die Reaktivierung traditioneller Sozialbindungen – vor allem Familie – betont).

Bei der sozialstrukturellen Erörterung (3.) wurde behauptet, daß die negativen Wirkungen des ökonomisch-administrativen Komplexes thematisch punktuell und instabil Menschen sehr unterschiedlicher sozialstruktureller Position zu den neuen Bewegungen führen können. Eine stabile soziale Trägergruppe wurde im Bereich der drei überschneidenden Segmente Humandienstleistung, Intelligenz und Marginalisierung festgemacht. Von diesen drei Bezugspunkten her gibt es eine innere Affinität zum Problemkomplex soziokultureller Identität.[38] Warum?

(a) Angehörige von Humandienstleistungsberufen sind für den soziokulturellen Bereich qualifiziert und sozialisiert (und häufig wohl auch antizipatorisch rekrutiert, d. h. sie bringen die »neuen Werte« schon mit). Sie machen Probleme ihres Arbeitsfeldes zum Gegenstand ihres Engagements. Damit zusammen hängt der Gesichtspunkt, daß sie ihre Klienten (Schüler, Studenten, von Sozialarbeitern Betreute etc.) motivieren und sich zum Fürsprecher ihrer Interessen machen.
Statt technischer, ökonomischer, administrativer Effizienz stehen Aspekte immaterieller Bedürfnisse (Kommunikation, Gesundheit, Sinn, Selbstverwirklichung) im Mittelpunkt. Sowohl kooperatives Zusammenwirken bei der Befriedigung solcher Bedürfnisse wie Erfahrungen einer Blockierung solcher Bedürfnisverwirklichung aufgrund bestimmter gesellschaftlicher Entwicklungen (von Dioxin bis Kabelfernsehen), aber auch durch interne Restriktionen von Humandienstleistungsarbeit (wie Kommerzialisierung, Hierarchie, Kontrolle) tragen bei zur Kritik einer von den verselbständigten Systemen Wirtschaft und Staat überformten Lebensweise und unterstützen Versuche zur Neubegründung wert- und bedürfnisorientierter Lebensformen.

(b) Da das Selbstverständnis des (Bildungs-)Bürgertums nicht mehr tradierbar und tragfähig ist, steht die seit den 60er Jahren expandierende

Intelligenz als ganze unter dem Druck, eine eigene soziokulturelle Gruppenidentität zu definieren. Daß dabei die von einem humanistischen Menschenbild angeleitete Kritik von Widersprüchen und Defiziten der Gesellschaft in das Zentrum eigener Identitätsbildung rückt, ist kaum verwunderlich. Auf soziale Bewegungen verweisen dabei u. a. Orientierungen, die

- Werte und Sinn höher setzen als instrumentelle Vernunft und perfekten technischen Vollzug,
- zu ganzheitlichen, totalisierenden Ansätzen tendieren,
- in Gemeinschaft und durch Solidarität der mit intellektueller Tätigkeit einhergehenden Distanz und Isolierung entgegenwirken.

Wenn auch der Weg der »humanistischen Intelligenz« zu den neuen Bewegungen der kürzere ist, so bieten doch auch andere Disziplinen (Ökologie, Agrar- und Ernährungswissenschaft, Technik etc.) vielfältige Ansatzpunkte für grundlegende Systemkritik, die sich u. a. an verdrängten Begleit- und Folgeerscheinungen instrumentellen Handelns festmachen lassen. Insgesamt erscheint die Intelligenz, die erstmals in einer größeren Bewegung stark genug ist, ihre eigenen Themen zu bestimmen, als thematisch in hohem Maße offen. Es gibt für sie vielleicht nur zwei Kriterien, denen Themen entsprechen müssen: sie sollen über eine systemkritische Qualität verfügen und direkter – als es z. B. verteilungspolitischen bzw. Brot-und-Butter-Fragen eigen ist – die Identität berühren.

Über die jeweilige Disziplin hinaus verschafft das Moratorium der Postadoleszenz Gelegenheit, den Anspruch-Realitäts-Vergleich relativ entlastet von gesellschaftlichem Rollendruck und unter dem Einfluß alternativer Interpretationsinstanzen zu radikaler Kritik zu treiben.

Allerdings variiert das kritische Potential aber offenbar auch stark mit allgemeinen Eigenschaften der studierten Fächer, wie z. B. deren Grad an Problemorientiertheit (Reflexions- vs. Instruktionswissenschaft) oder Politisierbarkeit. Das begünstigt die geistes- und sozialwissenschaftlichen Fächer.

Mit ihren Forderungen nach Freiheit geistiger und politischer Arbeit (siehe z. B. das Thema der Berufsverbote) vertritt die Intelligenz nicht nur Allgemein-, sondern in spezifischer Weise auch Sonderinteressen. Ähnliches gilt für die Forderungen nach hoher Arbeitsautonomie bzw. die Ansprüche auf Selbstverwirklichung in der Arbeit.

(c) Entfremdung kann schon das Ergebnis radikalisierter Gesellschaftskritik sein. Marginalisierung ist sozusagen deren materielle Stütze. Dabei führt

> Marginalisierung ja bekanntlich nur unter bestimmten Bedingungen zu aktivem, dauerhaftem und politischem Protest. Wo auf einer relevanten Ressourcenbasis (z. B. Bildungsqualifikation) beruhende soziale Erwartungen blockiert werden, ist am ehesten mit aktiv-politischem Protest zu rechnen. Statusdiskrepanzen, die in Bewegungsprotest umgesetzt wurden, haben gerade in der Geschichte der Intelligenz ihre Rolle gespielt (Gouldner 1980: 108 ff.).

Das hier angedeutete immanente Einstellungspotential von Humandienstleistung, Intelligenz und Marginalisierung bezeichnet nur eine Möglichkeit dieser Segmente. Die Frage, warum auch aus diesen Gruppen nur ein bestimmter Ausschnitt für Bewegungen aktivierbar ist, muß durch Hinzuziehung weiterer (sozialpsychologischer und interaktionistischer) Variablen geklärt werden. Daß aber im historischen Vergleich deutliche politische Tendenzverschiebungen mindestens in der Gruppe der Humandienstleistungsintelligenz stattgefunden haben, ist hier kurz anzusprechen.

Eine Erklärung für diese Verschiebung könnte in der Kombination funktionaler, sozialstruktureller und politischer Machtkonstellationen einbeziehender Faktoren liegen. Die in den bisherigen Ausführungen im Vordergrund stehende funktionale Betrachtungsweise bezieht sich auf die Art der beruflichen Tätigkeit bzw. Ausbildung – aber die Studenten, Professoren, Lehrer, Ärzte etc. standen in Deutschland während der vergangenen 100 Jahre überwiegend rechts (vgl. Ringer 1983). Es müssen also weitere strukturelle Faktoren hinzutreten, um dieses Funktionspotential auch tatsächlich in einem gewissen Umfang freizusetzen.

Dabei wirkt der sozialstrukturelle Faktor in dreifacher Hinsicht. Erstens führt die Expansion weiterführender Bildung zu einer Mobilisierung zuvor bildungsferner Teile der Mittelschichten und auch der Arbeiterschaft, die Träger von Demokratisierungstendenzen sind (vgl. Habermas et al. 1961 und Krause et al. 1980). Zweitens werden die höheren Bildungsschichten mit dem Ausbau der Hochschulen tendenziell entprivilegiert; sie verlieren ihre feste Anbindung an status- und ausbildungsadäquate Positionen im Beschäftigungssystem, ihr Einkommen – bezogen auf Durchschnittsgrößen – wird nivelliert, ihr Prestige sinkt. Drittens werden sie in ihrer Tätigkeit mit einem breiteren Spektrum der gesamtgesellschaftlichen Sozialstruktur zusammengeführt, wobei nur eine intensivere Kooperation den Erfolg ihrer Dienstleistungsarbeit ermöglichen kann.

Schließlich spielt die politische Machtkonstellation, das Kräfteverhältnis zwischen den Großgruppen bzw. Hauptklassen, für die politische Orientierung der Intelligenz eine wesentliche Rolle, da ihr eine eigenständige Reproduktionsbasis fehlt. Je stärker die Dominanz der herrschenden Klasse, desto geringer, je ausgeglichener die Kräfteverhältnisse, desto größer die politischen Optionsmöglichkeiten. So läßt sich z. B. der Orientierungswandel der Intelligenz zwischen einer starken progressiven Tendenz während der vorindustriell-modernisierenden Phase (bis 1848) und ihrer überwiegend konservativen bis reaktionären Tendenz seit dem Kaiserreich erklären.

Seit den 1960er Jahren wirken in der BRD diese drei Faktoren zusammen und begünstigen eine progressive Orientierung der Humandienstleistungsintelligenz.

5. Identitätskrise und Wertwandel

Sozial- und Problemstruktur stellen ein Potential dar, das zu seiner Aktualisierung sozialpsychologischer und interaktionistischer Elemente bedarf. Identitätskrise ist der komplexeste Ansatz psychosozialer Vermittlung zur Ursachenklärung sozialer Bewegung. Dabei läßt sich ein Wandel im Typ der Identitätskrise beobachten, der schon angesprochen wurde (7.3.3). Historische Bewegungen lassen sich durch die Bedrohung einer bestehenden Gruppenidentität, die Bewegungen seit der Studentenbewegung der 60er Jahr eher durch Identitätskrisen aufgrund der Erosion oder des Fehlens von Gruppenidentitäten erklären.

Voraussetzung für eine Verstärkung von Identitätskrisen und Wertwandel[39] ist die Schwächung gesellschaftlicher Prägekraft auf den Ebenen Gesamtgesellschaft, Großgruppe und Familie. In den 60er Jahren setzt ein Prozeß der Erosion gesamtgesellschaftlicher Identität ein. Dabei lösen sich Gruppen aus historisch zurückreichenden, in der Bundesrepublik aber zentralen Selbstverständnissen heraus und wirken verunsichernd auf jene zurück, die in solchen gruppenübergreifenden Identitäten glauben, Halt und Sinn gefunden zu haben. Die Studentenbewegung und später die Alternativbewegung stellen die Leistungs- und Konsumgesellschaft in Frage. Die Ökologiebewegung verweist auf Tatbestände, die den Glauben an den immanenten Fortschritt der technisch-ökonomischen Entwicklung erschüttern. Die Friedensbewegung nimmt Abschied von Antikommunismus und Proamerikanismus als Integrationsmitteln. Die Frauenbewegung unterminiert das Patriarchat, das sich auch unter Bedingungen rechtlicher Gleichheit als zählebig erweist.

Immer sind reale gesellschaftliche Entwicklungen die Grundlage für diese

Anfechtungen dominanter Glaubensinhalte: bornierter Materialismus, Umweltzerstörung und Ressourcenverknappung, Stabilisierung des Status quo und Entspannungspolitik, Berufstätigkeit und höhere Bildungsqualifikation vieler Frauen. Die Bewegungen stützen sich auf Realentwicklungen und spitzen sie zu. Zwar ist die Erosion zentraler Identitäten gruppenspezifisch unterschiedlich stark fortgeschritten, eine gruppenübergreifende, gesamtgesellschaftliche Sozialisation auf der Grundlage dieser Identitäten ist aber nicht mehr möglich.

Unterhalb der gesamtgesellschaftlichen Ebene gab und gibt es Großgruppen mit gruppenspezifischer Identität. Gerade in Deutschland war die Segmentierung der Gesellschaft in »sozial-moralische Milieus« (Lepsius 1966) weit fortgeschritten. Eine veränderte Sozialisationswirkung der Großgruppen aber war und ist Voraussetzung für die Entfaltung der neuen Bewegungen.

Zum einen unterliegen die traditionellen Milieus von Großgruppen einem Erosionsprozeß, der durch Autonomiefeindschaft und Vereinheitlichungsgewalt des Nationalsozialismus in Gang gesetzt und durch die tiefgreifende industrielle Expansion seit den 50er Jahren weit vorangebracht wurde. Folgenreich wird dies vor allem für die jüngeren, unter den Bedingungen der Bundesrepublik aufwachsenden Generationen, die in zunehmendem Maße sozusagen sozialisatorisch freigesetzt werden. Die geistige Prägekraft hatte sich verflüchtigt, selbst wenn Mentalitätsprägung und Verhaltenskontrolle noch gelangen (vgl. die frühen Untersuchungen zum Arbeiterbewußtsein von Popitz et al. 1957 und zum bürgerlichen Bewußtsein von Habermas et al. 1961). Ende der 70er Jahre war die gesellschaftlich-politische Abweichung von den älteren Großgruppen z. B. im studentischen Bereich weit fortgeschritten (vgl. Krause et al. 1980, Glotz/Malanowski 1982).

Zum anderen erklärt sich die Freisetzung vieler Individuen in bezug auf Großgruppeneinflüsse durch die Nicht-Formierung einer spezifischen Gruppenidentität bei den expandierenden Mittelschichten. Wie weit dies auf gruppenspezifisch stärkere Tendenzen der Individualisierung, auf die wirtschaftlichen Rahmenbedingungen oder auf die fehlende Notwendigkeit zurückzuführen ist, sich durch eigene Gruppenidentität gegen stark integrierte, konkurrierende Großgruppen zu behaupten, mag zunächst auf sich beruhen. Verglichen mit den historisch relevanten sozialen Milieus entstand hier eine identitätsarme Großgruppe, was durch ihre interne Heterogenität (Intelligenz, sehr unterschiedliche Sektoren der Dienstleistung etc.) unterstützt wurde. Die bis in die 50er Jahre hinein überwiegend konservative (oder noch weiter rechts tendierende) Grundorientierung der

Mittelschichten wird in den 60er Jahren durch sozialliberale Orientierungen überlagert, die aber weder dauerhaft sind noch radikalere Abspaltungen verhindern. Dies weist darauf hin, daß diese Großgruppe in besonderem Maße politisch heterogen und disponibel ist und schon dadurch den jüngeren Generationen einen Zuwachs an Optionsfreiheit verschafft.

Wirtschaftsbezogene Sozialbeziehungen, die die Großgruppen während der industriellen Entwicklungsphase bestimmt haben, verlieren an Einheitlichkeit und an Determinationskraft. Das gilt auf individueller Ebene ebenso wie auf der Ebene der Großgruppen. Kleinere homogene Teilgruppen (Facharbeiter, Humandienstleistungsintelligenz etc.) enthalten wahrscheinlich noch stärkere Integrationspotentiale als übergreifende Großgruppen, da Mobilität ihre Reproduktion über Generationen hinweg verhindert, verlieren aber auch sie an Prägekraft im primären und sekundären Sozialisationsprozeß.

Dies verweist auf die veränderte Funktion der Familie. Die Familie verliert an Bedeutung als Vermittlungsinstanz arbeitsbezogener Tugenden, sie wird generell von ökonomischen Funktionserfordernissen entkoppelt und damit autonomisiert (Habermas 1981, Bd. 2: 567 ff.). Sie fungiert nur noch begrenzt als Agentur gesamtgesellschaftlicher und gruppenspezifischer Werthaltungen und Identitäten. So überrascht es nicht, daß sozialstrukturelle Merkmale der Herkunftsfamilien politische Orientierungen Jugendlicher zunehmend weniger zu bestimmen vermögen (vgl. Jugend–81 1981).

Die Folge einer solchen Erosion gesellschaftlicher Sozialisationsprozesse auf den drei Ebenen muß für den einzelnen nicht ein Mehr an realer Freiheit sein. Sie wird auch als Belastung erfahren, führt zu Identitätsdiffusion, zu Anomie und zu einem Verhalten, das zwischen Apathie und Aggression gegenüber der Gesellschaft schwankt. Die gesellschaftliche Identitätsschwäche kann aber auch zum Aufbau einer neuen Identität führen, zu einer Integration auf neuer Ebene. Dabei interessiert in unserem Zusammenhang die »Suche nach kollektiver Identität« (Klapp 1969), die aktive Beteiligung an sich selbst definierenden Identifikationsgruppen. Dies können selbstgewählte Milieus (z. B. großstädtische »Szenen«) ebenso sein wie ins Politische gewendete soziale Bewegungen.

Angesichts sozialstruktureller Fragmentierung und sozialisatorischer Erosion der Großgruppen werden für die Identitätsbildung der Individuen Faktoren besonders relevant, die unterhalb der Ebene von Großgruppen liegen. Dazu gehören familien-, alters-, arbeits- und berufs*spezifische* Sozialisationserfahrungen. Spezifische Erziehungsstile und Familienkonstellationen, Peer-group- und Generationserfahrungen, spezifische Ausbildungs- und Berufswege sind nur Beispiele für Faktoren, die Prozesse der Individualisierung stärken (vgl. Beck 1983). Die Sozialisationswirkung solcher Faktoren ist begrenzt und vielfach widersprüchlich, sie können überhaupt nur durch Integrationsleistungen des einzelnen einen Sinn erhalten. Der einzelne muß seine Lebensgeschichte selbst entwerfen – er kann sie mit den historisch-kulturellen Umbrüchen und mit kollektiven Handlungszusammenhängen verschränken (vgl. Ziehe 1981).

Mit diesen Überlegungen ist nur ein Rahmen skizziert, auf den sozialpsychologische Theorien mit unterschiedlichen Ansätzen zu beziehen wären. Auf kognitiver Entwicklungspsychologie aufbauende Annahmen über Adoleszenzkrise (Döbert/Nunner-Winkler 1975), mit psychoanalytischer Narzißmus-Theorie operierende Annahmen über einen neuen Sozialisationstyp (Ziehe 1975, Häsing et al. 1981), bedürfnistheoretisch begründete Annahmen über Wertwandel (Inglehart 1977) arbeiten mit unterschiedlichen Prämissen, interessieren sich aber auch für unterschiedliche Aspekte veränderter psychischer und gesellschaftlicher Wirklichkeit. Prima facie widersprechen sie sich nicht und enthalten plausible Anknüpfungen an Elemente gesellschaftlichen Wandels. Sie müßten auch empirisch überprüft werden, ehe begründete Aussagen darüber möglich wären, welche gewandelten psychischen Vermittlungsformen bei der Herausbildung von Trägern der neuen Bewegung von besonderer Bedeutung sind. Daß die Kollektivität sozialer Bewegung einen Ausweg aus der Begrenzung der Individualität darstellt, wäre dabei ebenso zu berücksichtigen wie Wahrung bzw. Ausdruck der erreichten Individualisierung im Rahmen der neuen Bewegungen.

6. Integrationskrise des politischen Vermittlungssystems

Unzufriedenheit wird erst durch Interaktion, durch die man sich ihrer gesellschaftlichen Relevanz vergewissern kann, relevant. Brennpunkte ökologischer Konflikte und Hochschulstädte sind wichtige Felder für die Herstellung bewegungsrelevanter Interaktionen.

Als Rahmenbedingung muß allerdings eine Integrationsschwäche des etablierten Vermittlungssystems hinzutreten. Strukturell besonders interessant ist dabei der Wandel von der Massenintegrationspartei, die in ihrem Einzugsfeld wesentlich zur Abblockung autonomer Bewegung beigetragen hat, zur Volkspartei als dominantem Parteityp.[40] Sie läßt Vertretungslücken oder auch ganze Repräsentationsfelder frei, die von Bewegungen besetzt werden können.

Genetisch ist die Durchsetzung der Volkspartei an die Entstehung eines breiten Dienstleistungssektors gebunden – auch sie steht also im Schnittpunkt widersprüchlicher Tendenzen nachindustrieller Gesellschaft.

7. *Hinter den Ursachen der neuen Bewegungen: die nachindustrielle Gesellschaft*

Eine ausgearbeitete Gesellschaftstheorie, die die verschiedenen Erklärungselemente neuer sozialer Bewegungen ihrerseits zusammenfügt und erklärbar macht, steht nicht zur Verfügung. Vergleichsweise am stärksten sind diese Elemente in Postindustrialismus-Theorien angesprochen. Allerdings nicht in Verheißungsvarianten der Dienstleistungsgesellschaft, die vor allem den Humandienstleistungsbereich als »soziale Befreiung« feiern (vgl. die Kritik von Gross 1983 an Bell u. a.). Eher schon in solchen Konzepten, die nachindustrielle Gesellschaft im Rahmen fortbestehender kapitalistischer Produktionsverhältnisse und widerspruchsvoller Gesamtentwicklung diskutieren (z. B. in Arbeiten von Touraine, Block/Hirschhorn, Melucci, Gorz). Drei gesellschaftliche Entwicklungstendenzen wurden beim hier vorgelegten Interpretationsvorschlag hervorgehoben:

a) *Sozialstrukturelle Differenzierung* der Klassengesellschaft. Der Kapitalismus nimmt die Form industrieller Dienstleistungsgesellschaft an. Neben dem beschleunigten Wachstum von Dienstleistungsarbeit treten Prozesse der Höherqualifizierung (»Massenintelligenz«) und Marginalisierung (Arbeitslosigkeit, Armut) in den Vordergrund. Die Differenzierung betrifft die Arbeitskräfte und die Lebensverhältnisse außerhalb des Bereichs der Arbeit.
b) *Prosperität* als Sammelbegriff für Wohlstandsmehrung. Materielles Lebensniveau und Ausmaß arbeitsfreier Zeit wachsen rasch als Folge eminenter Produktivitätsfortschritte.
c) Zunahme *negativer Folgen* des ökonomischen Wachstumsprozesses. Sie lassen sich u. a. in ökologischen, sozialen und psychischen Dimensionen erfassen und wurden an anderer Stelle unter den Stichworten zunehmender Selbstdestruktivität, abnehmender Gesamteffizienz sowie Lösungskompetenz diskutiert (Raschke 1980).

Der vorhergehende Analyseentwurf hat umrissen, wie diese drei Entwicklungstendenzen soziale Trägerschaft und Problemhaushalt neuer Bewegungen hervorbringen und bei Hinzutreten vermittelnder sozialpsychologischer und interaktionistischer Faktoren als Bewegungen eines neuen Typs tatsächlich konstituieren. Welche Ursachen aber liegen diesen drei Tendenzen zugrunde? Ein erster Erklärungsschritt führt auf die Ebene gewandelter Produktivkräfte. Arbeitskräfte und Technologie bedingen sich gegenseitig. Die Höherqualifizierung der Arbeitskräfte ermöglicht eine hochproduktive Technologie und wird für ihre Steuerung benötigt. Auch der in diesem fortgeschrittenen technologischen Entwicklungsstadium wachsende öffentliche Dienstleistungssektor erfordert vielfach einen hochqualifizierten Typ von Arbeitskraft.

Die höheren Qualifikationsansprüche korrespondieren mit Tendenzen der Autonomisierung im Arbeitsprozeß, die zwar durch Faktoren kapitalistischer Rentabilität, der Organisationshierarchie, der Konkurrenz etc. eingeschränkt bleiben, im Vergleich zur industriellen Phase aber für einen relativ größeren Teil der Arbeitsplätze, vor allem im Dienstleistungsbereich, ausgeprägt sind. Parallel zur Tendenz der Qualifizierung bzw. Autonomisierung der Arbeitskraft verlaufen Prozesse der Dequalifizierung und stärkerer Kontrollierung der Arbeitskräfte (vgl. Kern/Schumann 1984), die als Schattenseite der gleichen technologischen Gesamtentwicklung interpretiert werden können und sowohl Teile der Produktions- wie der Dienstleistungsarbeit umfassen.

Die drei gesellschaftlichen Entwicklungstendenzen (sozialstrukturelle Differenzierung, Prosperität, Zunahme negativer Folgen) scheinen in ihren positiven wie in ihren negativen Komponenten durch die Veränderungen auf der Ebene der Produktivkräfte erklärbar. Technologie- und Arbeitskraftentwicklung wären dabei in ihrer engen Wechselbeziehung zueinander zu analysieren (ebenso wäre auch eine Rückkoppelung auf der Ebene der drei Faktoren zu berücksichtigen; so ist z. B. Prosperität eine Rahmenbedingung für den Ausbau öffentlicher Dienstleistungsarbeit). Zumal für Prosperität und negative Folgen ist der Technologiefaktor von besonderer Bedeutung, aber auch die sozialstrukturellen Differenzierungen sind sowohl positiv wie negativ (z. B. Marginalisierung) durch die technologische Entwicklung beeinflußt. Die in linken wie liberalen Varianten des Postindustrialismus hervorgehobene gesteigerte Bedeutung des Faktors »Wissen« charakterisiert dabei sowohl einen größeren Teil der Arbeitskräfte wie auch die wissenschaftliche Umwälzung technologischer Prozesse.

Werden Wissen und Technologie hier als Elemente des Wandels betont, so ist damit nicht die Ansicht verbunden, es handle sich dabei um autonome Faktoren. Ihre Entwicklung wird durch ein relativ enges Verbundsystem von Kapital, Staat und organisierter Arbeit gesteuert. Der von den kapitalistischen Produktionsverhältnissen hervorgebrachte und gelenkte

Technisch-ökonomische Steuerung	*Produktivkräfte*	*Gesellschaftliche Veränderungen*	*Soziale Bewegungen*
von Kapital, Arbeit und Staat gesteuertes *ökonomisches Wachstum*	*Arbeitskräfte* Qualifizierung/Dequalifizierung Autonomisierung/ Kontrollierung *Technologie*	– *Sozialstrukturelle Differenzierung* – *Prosperität* – *negative Folgen*	führen über sozialpsychologische und interaktionistische Vermittlungsprozesse zu neuen sozialen Bewegungen

Handlungsimperativ heißt: ökonomisches Wachstum. Er ergibt sich schon allein aus der Konkurrenz der Einzelkapitale (national wie international), liegt aber auch im Interesse eines in die Ressourcenverteilung eingreifenden Staates und des Faktors Arbeit, vorausgesetzt, beide können sich relevante Anteile des Ressourcenzuwachses sichern. Besitz von und Verfügung über Kapital privilegieren im marktwirtschaftlichen System deutlich gegenüber den beiden anderen Einflußfaktoren, können aber allein den technisch-ökonomischen Steuerungsprozeß nicht erklären.

Eine Postindustrialismus-Theorie, die sich auf Veränderungen von Arbeitskräften bzw. Technologie beschränkte (so z. B. Bell), statt sie lediglich als Indikatoren für Gesellschaftswandel zu benutzen und ihre Entstehung und Wirkungsweise im kapitalistischen Kontext zu diskutieren, bliebe eindimensional verkürzt. Allerdings muß auch der Kapitalismusansatz in Rechnung stellen, daß der postindustrielle Vergesellschaftungsmodus zwar in kapitalistischen Produktionsverhältnissen seine fixe und dominante Struktur hat, ohne die Mitträgerschaft von Staat und organisierter Arbeit aber nicht reproduzierbar ist.

Ursachen sind nicht identisch mit Intentionen und diese nicht mit den Ergebnissen des sozioökonomischen Prozesses. Ob die Widersprüche in der nachindustriellen Gesellschaft sich verschärft haben, ist global schwer zu sagen, auf jeden Fall haben sie sich verlagert.

Der Widerspruch zwischen Produktivkräften und Produktionsverhältnissen ist nicht obsolet. Gerade die Höherqualifizierung der Arbeitskraft und das Ansteigen arbeitsfunktional notwendiger Autonomie bilden ein Potential auch des Widerspruchs gegen kapitalistische Produktionsverhältnisse. Allerdings zeigt schon die Hervorhebung dieses Gesichtspunkts eine mindestens teilweise veränderte Antriebskraft für solchen Widerspruch, da das Gleichheitsmotiv der Arbeiterbewegung sich im wohlfahrtsstaatlichen Kapitalismus abgeschwächt hat. Spricht vieles für die Annahme, die kapitalistischen Produktionsverhältnisse seien in letzter Instanz der entscheidende Hebel zur durchgreifenden Veränderung der Arbeits- und Lebensverhältnisse, so ist doch der während der industriellen Phase dominante Widerspruch zwischen Produktivkräften und Produktionsverhältnissen in der nachindustriellen Phase relativiert und durch andere Widerspruchslinien überlagert. Dazu gehören:

a) Widersprüche zwischen Arbeitskräften und Technologie. Wichtig sind z. B. die Grenzen, die der real möglichen oder auch nur als Wunsch verstärkten Autonomie im Arbeitsprozeß durch die Art der Arbeitsteilung, Kontrolle etc. gezogen werden, die technologisch ermöglicht wird.
b) Widersprüche zwischen dem Produktions- und dem Reproduktionsbereich. Dazu gehören »kulturelle Widersprüche des Kapitalismus« (Bell) aufgrund gegensätzlicher Wertorientierungen in den Subsystemen ebenso wie die Betroffenheit durch negative »externe« Folgen von Produktionsprozessen.
c) Widersprüche zwischen den an sozioökonomischer Steuerung beteiligten Einflußfaktoren Kapital, Staat und organisierte Arbeit. Sie entstehen u. a. aus gegensätzlichen Interessen über die Verteilung gesellschaftlichen Reichtums, aus über die Produktionssteuerung hinausgehenden Erwartungen, denen sich vor allem Staat und organisierte Arbeit stellen müssen, und nicht zuletzt aufgrund einer »Einmischung« der neuen Bewegungen in den Steuerungsprozeß. So kann, wenn nicht das Ziel, so doch die spezifische Richtung des Handlungsimperativs ökonomisches Wachstum als Resultat von Konflikten modifiziert werden.

Ein solcher, hier nur angerissener Interpretationsvorschlag, der die neuen Bewegungen in den Zusammenhang einer widerspruchsvollen Entwicklung zu einer postindustriellen Ausprägung kapitalistischer Industriegesellschaft stellt und sie als prägnanten Ausdruck eines derartigen Umbruchs deutet, grenzt sich in dreierlei Weise von anderen Interpretationen ab. Zum einen geht er nicht von einer Globalkrise »der Modernität« (also des Ergebnisses der vergangenen 500 Jahre) oder »der Industriegesellschaft« bzw. der industriellen Zivilisation (also des Ergebnisses der vergangenen 200 Jahre) aus, sondern begrenzt die zugrundeliegende Krise auf eine Umbruchskrise im Übergang zur nachindustriellen Entwicklungsphase, wobei – in Analogie zur industriellen Phase – vermutet wird, daß die Konflikte des Umbruchs aufgrund ihrer Struktur auch längerfristig für diese Phase kennzeichnend bleiben. Zweitens betont eine solche Interpretation sowohl Momente der Kontinuität wie des Bruchs. Das Fortbestehen kapitalistischer Produktionsverhältnisse und eines nach wie vor starken industriellen Sektors gehören zum Kontinuitätsbereich wie starker Dienstleistungssektor, stark technologisch bedingte Marginalisierung oder die Intensivierung und Verbreiterung negativer Folgen der Produktion Elemente des Bruchs darstellen. Drittens betont diese Interpretation Grenzen, die in den Bewegungen und den sie hervorbringenden Ursachen liegen. Weder wird eine Gesamtkrise des kapitalistischen Postindustrialismus behauptet noch wird in den Bewegungen das Potential zu einer Umwälzung der kapitalistischen Produktionsweise auf nachindustrieller Entwicklungsstufe vermutet. Vielmehr verweist die Interpretation auf eine stärkere Begrenzung in Trägerschaft und Thematik, die bei der Abschätzung des immanenten Veränderungspotentials bedacht werden muß. Dieser Aspekt ist nun abschließend unter dem Dualismus von Macht- und Kulturorientierung weiterzuführen.

8. *Widersprüche und Wirkungsmöglichkeiten der neuen Bewegungen*

Die neuen sozialen Bewegungen liegen auf dem Schnittpunkt zwischen kultur- und machtorientierten Bewegungen. Wesentliche Elemente ihrer Motivation beziehen sie aus dem soziokulturellen Bereich, relevante Aktivitäten sind dort placiert. Dennoch sind sie nicht »unpolitisch«, wie es die früheren rein kulturorientierten Bewegungen waren. Der objektive Grad der Durchstaatlichung der Gesellschaft erlaubt kaum noch politikferne Bewegungen: Politik wird jeder Bewegung aufgenötigt. Zum anderen vertreten mindestens Teile der neuen sozialen Bewegungen spezifisch politische Ambitionen: einerseits im Bewußtsein, daß es im soziokulturellen Bereich keine Inseln der Freiheit gibt, andererseits aus dem Versuch oder mehr doch dem Wunsch, die Gesellschaft insgesamt nach dem eigenen Bilde zu formen (in der Tradition gesamtgesellschaftlicher Ansprüche der großen europäischen Sozialbewegungen).

Welche Probleme ergeben sich aus dem Doppelcharakter dieser Bewegungen mit seiner Gravitationskraft in die soziokulturelle Sphäre?

a) Der soziokulturelle Bereich bietet eine Vielzahl von Einzelthemen und Ansatzpunkten. Die Zielorientierung kultureller Vielfalt erlaubt kaum eine Zielhierarchie und ergibt wenig Kohärenz. Lösungen aus einem Punkt kommen nicht in Betracht.
b) Mehr als in anderen Bereichen sind Möglichkeiten der Selbsthilfe gegeben. Die Gefahr besteht darin, sich über ihre Grenzen zu täuschen. Gesellschafts- und Politikflucht, subkulturelle Integration, Kompensa-

tion sind Beispiele für Reaktionen, welche die Absorptionskraft des Soziokulturellen bestätigen.

c) Ist eine Lösung soziokultureller Probleme aus sich heraus nur in begrenztem Umfang möglich, stellt sich die Frage, wie es zu einer Umstrukturierung der Gesamtgesellschaft mit den Mitteln einer von der Motivation her kulturorientierten Bewegung kommen kann. Wie kann eine auf Kommunikation und Verständigung orientierte Bewegung sich auf Strategien des Machterwerbs und der Reorganisation des ökonomischen und politischen Systems einlassen, ohne an inneren Widersprüchen zu scheitern?

Das Ziel einer von ihrem Anspruch her umfassenden Sozialbewegung scheitert schon am Aspekt der Ressourcenknappheit. Es scheitert aber auch an der je eigenen Struktur der Teilbereiche: Macht- und kulturorientierte Veränderungsziele sind nicht simultan zu verfolgen. Jede Bewegung bildet eine spezifische Zielselektivität aus.

Die neuen sozialen Bewegungen stehen, aufs Ganze gesehen, noch vor der Aufarbeitung dieser Widersprüche. Als primär kulturorientierte Bewegungen würden sie (wie die Studentenbewegung) einiges zur Umorientierung des soziokulturellen Bereichs beitragen, sie würden auch (mehr als die Studentenbewegung) punktuell erfolgreich in das ökonomische und politische System intervenieren, sie würden aber diese Teilsysteme nicht neu strukturieren können. Als primär machtorientierte Bewegung würden sie dagegen rasch »vertrocknen«, da sie ihre wesentliche Kraft aus den soziokulturellen Motiven ziehen, die mit den Eigengesetzlichkeiten des ökonomisch-administrativen Komplexes in Konflikt liegen. Noch fehlt eine Theorie und eine beispielgebende, historisch erfolgreiche Praxis zur Überwindung des Dualismus von macht- und kulturorientierter Bewegung.

Kapitel 18

Schluß

In diesem Kapitel werden abschließend drei Grundelemente der vorliegenden Arbeit diskutiert: der Bezugsrahmen (18.1), das historische Phasenmodell (18.2) und der Idealtypus macht- vs. kulturorientierter Bewegung (18.3). Dabei werden nicht noch einmal Ergebnisse resümierend referiert (dazu vergleiche die Zusammenfassungen am Ende der jeweiligen Kapitel). Vielmehr sollen der heuristische Nutzen der drei genannten Elemente bewertet und z. T. mit weiterführenden Gesichtspunkten verbunden werden.

18.1 Der analytische Bezugsrahmen

Der analytische Bezugsrahmen hat seine heuristischen Funktionen erfüllt: er war ein brauchbares Hilfsmittel zur Identifizierung, Einordnung und Erklärung aller relevanten Probleme. Er wäre unschwer weiter auszudifferenzieren (würde dabei allerdings an Übersichtlichkeit verlieren), läßt sich aber kaum sinnvoll weiter reduzieren. Vielleicht mit Ausnahme des Elements »Vermittlung«, das erst während der industriellen Phase institutionell ausdifferenziert wird und das für kulturorientierte Bewegungen geringere Bedeutung hat, ist dieser Analyserahmen in zeitlicher und sachlicher Hinsicht »allgemein« für moderne Bewegungen unterschiedlichen Typs. Überlegungen, für die neuen sozialen Bewegungen ein neues, spezifisches Analysemodell zu entwerfen (Gusfield 1981), erscheinen weder als sinnvoll (weil sie den Vergleich behindern) noch als notwendig (weil das Modell für unterschiedliche Typen offen ist).

Für die Identifizierung von Teilproblemen und -phänomenen sozialer Bewegungen auf einer mittleren Differenzierungsebene waren insbesondere hilfreich die Unterscheidung von Mobilisierung und Aktion, die Subsumption von Organisation unter Mobilisierung und die Trennung von Kontrolle und Vermittlung.

Zwar ist die Trennungslinie zwischen Mobilisierung und Aktion empirisch häufig schwer zu ziehen, sie ist aber analytisch fruchtbar, weil sie eine Zuspitzung auf die Frage erlaubt, wie die akkumulierte Bewegungsmacht in strategischen Interaktionen gegen eine überwiegend feindliche, teils aber auch verbündete Umwelt eingesetzt werden kann. Organisation ist ein Teilaspekt von Mobilisierung, weil sie ein wichtiges Mittel der Aktivierung, Koordinierung und Stabilisierung von Ressourcen darstellt. Gleichzeitig ist sie in starkem Maße zwischen Bewegungen variabel: in der Bedeutung, die ihr zugemessen wird, in der Wahl von spezifischen Organisationsformen (Verein, Räte, Parteien etc.) und im Bürokratisierungsgrad. Die unterschiedliche Ausprägung steht in dem Zusammenhang, in dem auch andere Aspekte von Mobilisierung zu erklären sind. Da Organisation den Keim der Institutionalisierung (und damit des Endes der Bewegung) in sich trägt, stellt sie auch einen Fokus dar, über den das für Bewegungen charakteristische Spannungsverhältnis von geplanter Organisationsarbeit und Spontaneität thematisiert werden kann.

Die Trennung von Kontrolle und Vermittlung ist für demokratische Systeme konstitutiv. Zwar stellt das Vermittlungssystem, an das die demokratischen Kontrollinstitutionen idealiter angebunden bleiben, das Einfallstor des Bewegungseinflusses auf die Kontrollinstanzen dar. Mehr noch wirkt es aber als Filter, dem vor allem für das Abbiegen weitreichenden Wandels eine wichtige Funktion zukommt. In jedem Fall verfügt es über eine relevante Autonomie sowohl gegenüber den Kontrollinstanzen wie gegenüber den Bewegungen.

Der Bezugsrahmen bringt die Grundvariablen, die für soziale Bewegung relevant sind, in einen Zusammenhang, der die Erklärung einzelner Merkmalsausprägungen erleichtert. Sollen z. B. Fragen der Mobilisierung auf gesamtgesellschaftlichem Hintergrund erklärt werden, bedarf es dazu vor allem der intervenierenden Variablen Ursachen (vor allem: Sozialstruktur) und Ziele (im Zusammenhang mit dem zentralen Problemkomplex). Aktionsformen beispielsweise sind bereits so weit vom gesamtgesellschaftlichen Kontext entfernt, daß eine Heranziehung der Variablen Mobilisierung und Ziele und die Einflüsse von Vermittlung und Kontrolle mehr Erklärungskraft versprechen. In den historischen Teilen des Mobilisierungs- und Aktionskapitels wurde mit einer solchen Erklärungsstrategie gearbeitet.

Der Bezugsrahmen ist für eine Dynamisierung offen. Zum einen durch die

Rückkopplungsprozesse – auch wenn diese vielfach noch nicht generalisierbar sind, bleiben sie für die historisch-konkrete Analyse bedeutsam. Zweitens durch die Einführung situativer Variablen. Drittens durch die interne Dynamisierung sozialer Bewegung, die Transformationsprozesse und strategisches Handeln zum Gegenstand der Analyse macht. Schließlich in einem längeren Zeitraum durch systematische Historisierung, die den Strukturwandel von Bewegung untersucht.

Wie ist das Verhältnis zwischen dem Bezugsrahmen und den verschiedenen Approaches der Bewegungsanalyse? Generell spiegeln diese vor allem Perspektivunterschiede bzw. unterschiedliche, im Bezugsrahmen identifizierbare Ansatzpunkte, nicht wirkliche theoretische Gegensätze wider. Die Bewegungsforschung in der Bundesrepublik kann Kontroversen, die anderswo stattfanden, für sich noch einmal durchspielen. Sie kann aber auch auf einem besser integrierten Niveau beginnen, das *diese* Kontroversen hinter sich läßt. Es bleibt genügend Entfaltungsraum, z. B. durch Anbindung an unterschiedliche komplexe Theorien, durch Entwicklung von unterschiedlichen Bereichstheorien oder durch Analysen, die mit ihrer spezifischen Blick- bzw. Thematisierungsrichtung einen arbeitsteilig-kooperativen Beitrag zu einer Gesamtanalyse sozialer Bewegungen liefern, ohne ihren Zugang zu einer methodischen Bekenntnisfrage zu stilisieren.

Zwei Beispiele für die Unfruchtbarkeit mancher Kontroversen über grundlegende Approaches seien kurz angesprochen:

a) *Kollektives Verhalten vs. Ressourcen-Mobilisierungs-Ansatz.* Der in der amerikanischen Bewegungsforschung seit den 70er Jahren favorisierte Ressourcen-Mobilisierungs-Ansatz hat unbestreitbare Verdienste für die Analyse von Entfaltungsprozessen und die strategische Orientierung sozialer Bewegungen. Seine Grenzen werden sichtbar, wenn er den Gesamtprozeß sozialer Bewegung erklären soll. Vor allem bei der Ursachen- und Zielanalyse greifen seine utilitaristisch-rationalistischen Basisannahmen nur bedingt, die sozialpsychologische Komponente ist unterbelichtet.

Der Ressourcen-Mobilisierungs-Ansatz kam auf in der Frontstellung zum Approach des kollektiven Verhaltens, der aber nie so einheitlich war, wie es die Stilisierung wahrhaben wollte. Richtig war die Kritik an dort vertretenen Annahmen über die Irrationalität kollektiven Verhaltens; an der daraus resultierenden Nähe sozialer Bewegungen zu tatsächlich irrationalen Formen des Massenverhaltens (wie Panik oder Manie) statt zu Organisationsformen wie Vereinen, Parteien etc., die im ganzen wahrscheinlich eine ähnliche Mischung von Rationalität und Irrationalität aufweisen wie soziale

Bewegungen; an den Defiziten einer Mobilisierungs- und Interventionsstrategie sozialer Bewegungen.

Daraus läßt sich aber nicht die Notwendigkeit ableiten, die im Rahmen des Kollektives Verhalten-Ansatzes entstandenen Bewegungsanalysen insgesamt zu verwerfen. In der amerikanischen Debatte selbst sind überzeugende Versuche zur Vermittlung beider Ansätze durch Eliminierung offenkundiger Schwächen gemacht worden (z. B. Oberschall 1973; Marx/Wood 1975; Turner 1981). Turner (1981: 2) beobachtete, daß die verschiedenen Approaches selten gegensätzliche Hypothesen hervorbringen. Meistens, so Turner, beziehen sich die verschiedenen Ansätze nur auf verschiedene Fragen. »Aber wenn sie sich auf die gleichen Fragen beziehen, dann sind ihre Behauptungen oft so vage, daß sie mit einander widersprechenden Hypothesen vereinbar sind.« Turner formulierte einige Bedingungen, unter denen ein grundlegender Gegensatz zwischen dem Ressourcen-Mobilisierungs-Approach und der (früheren!) Kollektives Verhalten-Tradition behauptet werden könne (S. 20):

- Die Verwendung eines optimierenden Rationalitätsmodells im Hinblick auf die Entscheidungsfindung der Bewegung,
- die Annahme einer zentralisierten Entscheidungsfindung in den meisten Bewegungen,
- die Behandlung von Zielen als relativ stabil und unproblematisch,
- die Einschätzung, daß das Niveau der Unzufriedenheit und der relativen Deprivation im allgemeinen irrelevant ist für den Auf- und Abstieg von Bewegungen,
- die Bewertung des Erfolgs allein in Begriffen greifbarer Leistungen,
- die Auffassung der Bewegungsdynamik als Mobilisierung von meßbaren und austauschbaren Ressourcen.

Derartige restriktive Annahmen würden aber im Rahmen des Ressourcen-Mobilisierungs-Ansatzes selten gemacht. So reduziert sich der Gegensatz auf einen Unterschied der Perspektiven, die sich in einer komplexen Bewegungsanalyse ergänzen.

b) *Strukturalistische vs. sozialpsychologisch-interaktionistische Ansätze.* Strukturalistisch akzentuierte Ansätze finden sich z. B. in der marxistischen Tradition und im strukturell-funktionalen Theoriezusammenhang. Marx hatte zwar in der Differenz von »Klasse an sich« und »Klasse für sich« den Raum gelassen für eine Vielzahl intervenierender Variablen. Er hat den Raum aber nicht selbst gefüllt durch ausgearbeitete Theorien über die Entstehung von Klassenbewußtsein (Ollmann 1972), über die Mobilisierung sozialer

Bewegung (eine Theoriebildung blieb gewissermaßen stecken zwischen der allgemeinen – in Deutschland in dieser Form neuartigen – Betonung von Mobilisierungs- und Aktionsnotwendigkeiten auf der einen, lediglich situationsspezifischen ad hoc-Aussagen auf der anderen Seite), über die Organisationsfrage (speziell die Parteiform) oder insgesamt über »Politik« bzw. politische Vermittlungsprozesse (Miliband 1977). Folge war eine zu einseitige Betonung klassenstruktureller und die Vernachlässigung bewußtseins- und handlungsorientierter Ansätze bei einem Teil der »marxistisch« verfahrenden Analyse.

Der Strukturfunktionalismus hat vor allem über die grundlegende Arbeit von Smelser (1972) Eingang in die Bewegungsforschung gefunden. Bewegung wird funktionalisiert als Ausdruck struktureller Systemstörungen und als Mittel zur Wiederherstellung eines Gleichgewichtszustands durch Anpassungswandel. Sozialpsychologische und interaktionistische Prozesse können in diesem Rahmen keine Eigenständigkeit und auch kein besonderes Interesse gewinnen.

Auf der anderen Seite stehen Ansätze, die sozialpsychologisch-interaktionistische Aspekte einseitig gegen einen strukturalistischen Ansatz ausspielen. Die auf dem Konzept relativer Deprivation basierende Analyse von Gurr (1972) z. B. hat keinen systematischen Stellenwert für strukturelle Widersprüche. Thompson (1980) wendet seinen radikal erfahrungszentrierten Ansatz (»subjektivistischer Reduktionismus« – Groh 1980: 24) gegen das Prinzip der Strukturanalyse. Gerdes (1984: 649) formuliert gegen strukturanalytisch dominierte Ansätze »ein interaktions- und handlungstheoretisch 'umgedrehtes' empirisches Forschungsprogramm: Das Gravitationszentrum sozialer Bewegungen ist in lebensweltlichen Handlungskontexten, in den 'Ereignissen vor Ort', zu suchen, dort also, wo 'abweichende' Meinungsbildung und 'erlebnisbestimmtes' Gruppenhandeln an konkrete Interaktionen und Betroffenheit gebunden sind.«

Soweit sich darin die normalen Pendelschläge des wissenschaftlichen Diskurses ausdrücken, können solche Kontroversen – abgesehen von den latenten Funktionen, die sie haben – der Selbstkorrektur betriebsblinder Wissenschaftler dienen. Unproduktiv werden sie, wo sie methodische Positionen generalisieren, die in ihrer Einseitigkeit offenkundig sinnlos sind.

Wie es innerhalb des Bezugsrahmens zu unterschiedlichen Schwerpunktinteressen und Perspektivbildung kommen kann, so auch zwischen sozialwissenschaftlichen Teildisziplinen. Dabei enthält der politologische Approach keine Besonderheiten, die nicht in anderen Teildisziplinen auch verfolgt werden könnten. Dennoch muß sein Zuschnitt nicht für jede

Bewegungsanalyse im psychologischen, sozialgeschichtlichen, ethnologischen oder auch soziologischen Bereich gelten.

Drei Orientierungen kennzeichnen als Minimalkriterien einen (stärker) politologischen Approach:

- Als *Makroanalyse* identifiziert sie Großgruppen mit makroskopischer Handlungskapazität und thematisiert den Zusammenhang der Bewegung mit gesamtgesellschaftlichen Strukturen, Prozessen und Widersprüchen. Die Mikroanalyse, soweit sie verfolgt wird, bedarf der Einbettung in den makroanalytischen Kontext.
- Als *Herrschafts- und Konfliktanalyse* interessiert sie sich besonders für Konflikte sozialer Bewegungen mit Instanzen gesellschaftlicher und politischer Herrschaft, durch die hindurch (politische Intervention) oder an denen vorbei (Selbsthilfe) Gesellschaft strukturell verändert werden soll.
- Als *Analyse sozialen Wandels* fragt sie nach Bedingungen, Strategien und Ergebnissen struktureller Gesellschaftsveränderung, die durch politisches Handeln herbeigeführt wird.

Anknüpfungspunkte für eine zeitgemäße Bewegungsanalyse sind in der Geschichte der deutschen Sozialwissenschaft nur begrenzt vorhanden. Für Marx war soziale Bewegung zu sehr eine praktische Frage der nahe bevorstehenden gesellschaftlichen Umwälzung, als daß sie zum Gegenstand einer Theoriebildung hätte avancieren können. Max Weber fand zwischen Sekten, Vereinen und Parteien keinen systematischen Begriff und Stellenwert für ein genuines Bewegungsphänomen und er war davon überzeugt, daß die unvermeidbaren Bürokratisierungsprozesse ausbalanciert werden müßten durch die demokratische Umdeutung des Charisma, die den Führer zum plebiszitär legitimierten »Herrn« der Massen und zum Gegengewicht der Apparate macht – die unorganisierte Masse selbst sei nur zu »irrationaler Straßenherrschaft« (1964: 1102) fähig.

In den 20er und frühen 30er Jahren war die Sozialwissenschaft gefangen von der Revolutions- und vor allem der Massenanalyse (die durch Vernachlässigung struktureller Momente von der Bewegungsanalyse wegführte) – so sehr, daß sie mit Ausnahme weniger (Geiger, Neumann, Heberle) zur sozialwissenschaftlich begründeten Analyse des Nationalsozialismus *vor* seinem Sieg nichts beitragen konnte. Der Traditionsbruch verschüttete selbst die wenigen Ansätze einer systematischen Bewegungsanalyse. Nach dem 2. Weltkrieg wurde der Gegenstand überlagert durch den

Totalitarismusansatz (der als Regime-, nicht als Bewegungsanalyse entwikkelt wurde) oder durch eine Konflikt- und Wandeltheorie ohne Explikation sozialer Bewegung als Handlungsträger (z. B. Dahrendorf) oder aber er löste sich auf in Bereichsgeschichten (der Arbeiterbewegung etc.).

Der historisch-deskriptive Zugang von Heberle (1967), die erste übergreifende Untersuchung sozialer Bewegungen im deutschen Sprachraum, begründete keine Forschungstradition. Der durch die zeitgenössischen Bewegungen angeregte sozialwissenschaftliche Neubeginn knüpfte theoretisch-konzeptionell bezeichnenderweise an die amerikanische Bewegungsforschung an. Der Reader von Heinz/Schöber (1973) machte mit jüngeren amerikanischen Forschungsarbeiten bekannt. Allerbeck (1973) griff in seinem Vergleich der amerikanischen und deutschen Studentenbewegung Aspekte systematischer Bewegungsforschung auf. Rammstedt (1978) entwickelte unter Einbeziehung amerikanischer Arbeiten ein Ablaufmodell sozialer Bewegung. Ohne das Differenzierungsniveau und die Reichhaltigkeit von Bereichstheorien, wie sie in der Social Movements-Forschung entwickelt sind, wird eine deutsche Bewegungsforschung nicht vorankommen – alleine mit ihr allerdings auch nicht.

18.2 Von den vor- zu den nachindustriellen Bewegungen

Die Phaseneinteilung erfüllt ihren heuristischen Zweck: sie stellt die Bewegungen in einen historischen Kontext, der verdeutlicht, daß die dominante Bewegung getragen wird von der in dieser Gesellschaftsphase aufsteigenden Großgruppe und daß deren zentraler Problemkomplex sowohl Interessen dieser Großgruppe wie gesamtgesellschaftlichen Möglichkeiten, vielleicht sogar Erfordernissen, auf dem gegebenen Entwicklungsniveau entspricht. Das für die jeweilige Phase charakteristische Mobilisierungsmuster steht mit Gruppeninteressen, Problemkomplex und gesellschaftlichen Rahmenbedingungen in einem engen Zusammenhang. Die Phasen sind in ihrem Profil deutlich voneinander unterschieden. Sie trennen nicht nur vorindustrielle von industrieller Phase, sondern schreiben die Entwicklung innerhalb der Industriegesellschaft fort.

Wo eine Großbewegung in Teilbewegungen zerfällt (dies gilt für frühbürgerliche, Arbeiter- und neue soziale Bewegungen), bleibt sie durch solche übergreifende Gemeinsamkeiten charakterisiert. Wo neben die

Großbewegung weitere selbständige Bewegungen treten, stehen sie unter dem Einfluß der dominanten Bewegung vor allem hinsichtlich des zentralen Problemkomplexes und des Mobilisierungsmusters, auch wenn sie durch soziale Trägerschaft und Einzelforderungen von ihnen unterschieden sind.

»Dominanz« einer Bewegung heißt nicht, sie sei im Gesellschaftssystem »herrschend« oder auch nur die »erfolgreichste« Bewegung einer Phase. Es besagt lediglich, daß sie in einem langen Zeitraum Thematik und Mobilisierungsformen nachhaltig beeinflußt. Einfluß kann auf der inhaltlichen Ebene verschiedenes bedeuten. Es ist möglich, daß die Dringlichkeit der grundlegenden Problemsicht geteilt wird (z. B. das Gleichheitspostulat – in charakteristischer bürgerlicher Verkürzung – im Rahmen der historischen Frauenbewegung); auch die primäre Zielsetzung einer Abwehr von Egalisierungsforderungen bleibt negativ auf die dominante Bewegung bezogen (wie im Fall der neokonservativen Bewegung); wie in Teilen des Nationalsozialismus kann die Gleichheitsforderung in einen anderen ideologischen Kontext gewissermaßen »eingeschmolzen« werden, was eine partielle Realisierung in verquerer Form ermöglicht. Auf der Ebene der Mobilisierungsform bedeutet Einfluß, daß der vorherrschende Mobilisierungstyp in wichtigen Elementen ausstrahlt, wenn auch sozialstrukturell spezifische Adaptionen vorgenommen werden (vgl. Kap. 9).

Die innerhalb einer Gesellschaftsphase dominante Bewegung erscheint früh in der Umbruchzeit, und sie ist im wesentlichen institutionalisiert, bevor die dominante Bewegung einer neuen Phase sich voll entfaltet hat.

Aus solcher Aufschließung heraus fallen die Friedensbewegungen, die einerseits von situationsspezifischen Rüstungs- und Bedrohungskontexten, andererseits von existentieller Kriegsfurcht und Friedenssehnsucht bestimmt sind.

Ganz außerhalb der dominanten Arbeiterbewegung müssen die kulturorientierten Bewegungen des späten 19. und frühen 20. Jahrhunderts gesehen werden. Sie sind im Zusammenhang bürgerlicher Klassenentwicklung zu charakterisieren. Sie entstehen zu einer Zeit, als das Bürgertum seine Möglichkeiten mit dem staatlich-politischen Gleichheitsthema bereits erschöpft hatte. Ausgestattet mit akzeptablen Reproduktionsmöglichkeiten konnte es sich – vor allem im Rahmen eines sich verbreiternden Bildungsbürgertums – solchen Bedürfnissen zuwenden, die außerhalb des staatlich-politischen und sozioökonomischen Systems lagen: Fragen soziokultureller Selbstverwirklichung. Genuin soziokulturelle Bewegungen treten also in einem Prozeß der Ausdifferenzierung von Klasseninteressen, nach Erreichung eines bestimmten Reproduktionsniveaus und nach Aufmerksamkeitsverlust der für eine Großgruppe zentralen und spezifischen Probleme auf.

Gesellschaftliche Entwicklungsphasen und korrespondierende Bewegungen

Gesellschaftsphase	Vorindustriell-modernisierende Gesellschaft 1789–1850	Industrielle Gesellschaft 1850/60–1960	Nachindustrielle Gesellschaft 1960/70–
Dominante Bewegungen	frühbürgerliche Bewegungen	Arbeiterbewegung	neue soziale Bewegungen
Aufsteigende Großgruppe	Bürgertum	Arbeiterklasse	Dienstleistungs-Intelligenz
Zentraler Problemkomplex	Rechtsstaat und Demokratie (rechtliche und politische Gleichheit)	Wohlfahrtsstaat (soziale Gleichheit)	Soziokulturelle Identität
Mobilisierungstyp	ideelle Mobilisierung	organisationsbestimmte Mobilisierung	projektorientierte Mobilisierung

Gibt es übergreifende Entwicklungstendenzen, die bei allen Unterschieden im einzelnen die drei Phasen durchziehen?

Was zur Zeit von Marx noch möglich schien, ist nicht eingetreten: die Zusammenfassung aller fundamentaloppositionellen Strömungen in der Arbeiterbewegung und deren Polarisierung mit der herrschenden Klasse bzw. den von dieser kontrollierten politischen Kräften. Polarisierung erwies sich als historisch variabel und an spezifische Bedingungen geknüpft. Differenzierung, nicht Vereinheitlichung im dichotomischen Konflikt prägte die weitere Entwicklung sozialer Bewegungen. Auch wenn ein Analysemodell, das auf dem Widerspruch zwischen herrschender und abhängiger Klasse aufbaut, keineswegs ad acta gelegt werden muß, so wäre es mit der Realanalyse doch nur dann zu vereinbaren, wenn man es um einige dialektische Vermittlungsglieder erweiterte.

Die Modernisierungstheorie hat es nicht leichter, übergreifende Entwicklungslinien zu fixieren und zu erklären. Berger et al. (1975) haben den Versuch unternommen, die Ideologie von Bewegungen auf den Modernisierungsprozeß zu beziehen. Sie unterscheiden Ideologien bzw. Bewegungen der Modernisierung, Gegenmodernisierung und der Entmodernisierung. Abgesehen von der Reduktion auf die Zielebene stellen sich dabei drei Probleme, die sich als Schwierigkeiten einer modernisierungstheoretischen Bewegungsanalyse verallgemeinern lassen:

– *Das Problem der Reduktion.* Modernisierung und Modernität sind multivariable Konzepte. Es ist unmöglich, mit der Gesamtheit denkbarer Variablen in einem Begriff zu arbeiten, schon deshalb, weil das normativ-emanzipatorische und das technisch-instrumentelle Programm der Modernisierung mindestens teilweise widersprüchlich sind. Die tatsächlich ausgewählten Merkmale (sofern sie überhaupt expliziert sind) beeinflussen die verallgemeinernde Aussage. Wenn z. B. – wie bei Berger et al. – die technisierte Wirtschaft und der bürokratisierte Staat zu den primären Institutionen der Modernisierung erklärt werden, dann gewinnt die Charakterisierung der neuen Bewegungen als Entmodernisierungsbewegungen eine gewisse Plausibilität. Wenn dagegen ein normatives Emanzipationsprogramm dem Modernisierungsprozeß unterlegt wird, dann sind große Teile der neuen Bewegungen »moderner« als die zeitgenössischen Technokraten.

– *Das Problem der Trennschärfe.* Die Ambivalenz zwischen modernen und antimodernen Elementen ist bei vielen Bewegungen so stark, daß diese nicht klar einem Typus zugeordnet werden können. In der frühen Entwicklungsphase transportieren »moderne« Bewegungen vielfach traditionale Elemente (z. B. die nicht marktkonformen Elemente in der Wirtschaftsprogrammatik der frühbürgerlichen Bewegungen oder die gemeinschaftlichen Elemente in der frühen Arbeiterbewegung). Die neokonservative Bewegung seit den 1890er Jahren verband ihren Konservatismus mit modernsten Organisations- und Agitationsmitteln. Die NS-Bewegung war geradezu durch die eigentümliche Verbindung pro- und antimoderner Elemente gekennzeichnet. Auch die neuen Bewegungen weisen eine Zwiespältigkeit auf, die dazu führt, daß sie bei Berger et al. als entmodernisierende (nicht antimoderne) oder – bei Rucht (1984 a) – als ambivalente Bewegungen charakterisiert werden.

– *Das Problem von Widersprüchen im Rahmen etablierter Modernität.* Der Schwerpunkt des Interesses und der Anwendungsmöglichkeit des Modernisierungsansatzes liegt in Gegenüberstellung und im Übergang von traditionaler zu moderner Gesellschaft. Seine Erkenntnismittel sind in den meisten Fällen nicht ausgearbeitet zur Analyse von Widersprüchen und Konflikten, wie sie im Rahmen etablierter Modernität in Erscheinung treten. Die Möglichkeit einer Selbstdestruktivität und Selbstnegation fortgeschrittener Gesellschaften gerade aufgrund ihres technisch-industriellen Modernitätsgrades überschreitet den Horizont von Modernisierungstheorien, soweit sie unilinear, harmonistisch und affirmativ-modernistisch sind. Auch der zeitdiagnostische Ansatz von Berger et al. kann die Kritik an zentralen

Elementen des Modernisierungsprogramms nur als »Ausstieg« thematisieren.

So schwerwiegend diese Probleme eines Modernisierungsbezugs sozialer Bewegungen sind, liegt doch das größte Problem vermutlich im linearen Interpretationsansatz. Die reale Entwicklung sozialer Bewegungen in den vergangenen 200 Jahren deutscher Geschichte erlaubt unter keinem Gesichtspunkt, so die These, eine lineare Interpretation. Dafür zwei Beispiele: Rationalisierung und Demokratisierung.

Die Rationalisierung politischer Mittel im Sinne von Max Weber müßte auch auf der Ebene sozialer Bewegung zur Ausbildung bürokratischer Organisation und zur Institutionalisierung an Regeln gebundener Aktion führen. Tatsächlich ist die Entwicklung durch Diskontinuität gekennzeichnet. Zwar verstärkt sich der Auf- und Ausbau bürokratischer Apparate im Zuge des Industrialisierungs- bzw. Modernisierungsprozesses. Mit dessen weiterem Fortschreiten kommt es aber zu Kritik und Ablehnung von bürokratischer Organisation und zur Entfaltung einer Alternative in Gestalt »projektorientierter Mobilisierung«. Auch die Aktionsmuster sind durch die Diskontinuität institutioneller, direkter und mehrdimensionaler Aktionsmuster gekennzeichnet.

Ohne relevante Unterschiede verwischen zu wollen: unter bestimmten Gesichtspunkten ähneln Mobilisierungs- und Aktionsmuster der vor- und der nachindustriellen Phase einander mehr als beide dem Muster der industriellen Phase. Lockere Organisationsformen, Spontaneität, die Hochschätzung von Ideen und Argumenten gegenüber Organisationsmacht, oder allgemeiner: die starke Ausprägung von Individualismus im Rahmen des kollektiven Ansatzes »soziale Bewegung« – dies sind nur einige der Affinitäten, deren denkbarer Verursachung durch die primäre Trägergruppe der Intelligenz unter ganz unterschiedlichen gesellschaftlichen Rahmenbedingungen weiter nachzugehen wäre.

Auch der Prozeß der Demokratisierung weist nicht linear in die Richtung zunehmender Mobilisierung und Partizipation bzw. einer zunehmenden Stärke der Gesellschaft, sich selbst zu steuern. Dazu drei Gesichtspunkte. Das Kräfteverhältnis zwischen den gesellschaftlichen Basiskräften und der etablierten Organisationsmacht hat sich nicht generell zugunsten der ersteren verschoben. Es ist zwar aufgrund der Komplexität schwierig zu unterscheiden, gibt aber plausible Gründe für die Annahme, die *Relation* zwischen den sozialen Bewegungen und der etablierten Organisations- bzw. Staatsmacht sei 1848 günstiger für die Bewegungen gewesen als z. B. 1918 (Na'aman 1979: 15). Trotz der Anfälligkeit der Apparate gegenüber gezielten

Konflikt- oder Verweigerungsstrategien kann heute doch an ihrer machtpolitischen Überlegenheit im Vergleich zu den Bewegungen wohl kaum gezweifelt werden. Im Gegenteil: die Konzentration z. B. finanzieller und bürokratischer Ressourcen bei den Apparaten ist weiter gewachsen.

Der zweite Aspekt stellt auf die Institutionalisierung politischer Partizipation in den Formen von Parteienwettbewerb und Repräsentativregierung ab. Durch diese Kanalisierungstendenzen werden fundamentaloppositionelle Impulse und damit die Freiheit zur »gesellschaftlichen Selbstproduktion« (Touraine) gezähmt. Eine dritte Restriktion ergibt sich aus der fortgeschrittenen Industriegesellschaft, welche die gesamtgesellschaftliche Reproduktion vom arbeitsteiligen Zusammenwirken lebensversorgender Apparate unter Ordnungsbedingungen abhängig macht (dazu vgl. Löwenthal 1981). Diese drei Tendenzen reichen nicht aus, um Evolution in Involution (d. h. eine lineare Abwärtsentwicklung) zu verkehren, verweisen aber auf Faktoren von Machtkämpfen wie auf das Anwachsen restriktiver Bedingungen, die durch zusätzliche Anstrengungen und Strategien zu überwinden wären.

Statt Bekräftigung für den heuristischen Nutzen eines linearen Ansatzes hat die vorliegende Arbeit vielfältige Hinweise für die Überlegenheit eines dialektischen Interpretationsansatzes gebracht. Bewegungen entstehen aus gesellschaftlichen Widersprüchen und sie entwickeln sich in Widersprüchen fort. Das dialektische Prinzip darf nicht abstrakt gehandhabt werden, sondern bedarf der Vermittlungen und des Bezugs auf konkrete historische Verhältnisse. Geschichte ist mit ihm nicht voraussagbar, allenfalls in ihrer Komplexität nachträglich zu entziffern.

Fortschreitender Kapitalismus ist (sozialstrukturell) als Klassenspaltung in der Industriegesellschaft zu analysieren. Aus der Doppelstruktur des kapitalistischen Industrialismus (oder: industriellen Kapitalismus) und der ihm eigentümlichen Klassenspaltung ergeben sich Konsequenzen. Die möglichen Konfliktpunkte sind zahlreich und sie umfassen nicht nur den Widerspruch zwischen Produktionsverhältnissen und Produktivkräften. Kapitalistischer Industrialismus löst auch u. a. eine Kritik der Technologie, des Konsums, ja von »Kapitalismus als Kultur« aus – Themen, die sich durchaus weiter von dem in der Produktion wurzelnden Klassengegensatz entfernen, deren Bearbeitung wegen unterschiedlicher Betroffenheiten und Werthaltungen zu »quer liegenden« Bündnissen führt, Themen, die eine gewisse Autonomie haben und begrenzten verändernden Eingriffen auch unterhalb der Systemgrenze offenstehen. Veränderungen können aber nicht losgelöst von den kapitalistischen Grundlagen interpretiert und – bei höheren Ansprüchen – in letzter Konsequenz nicht ohne entscheidende Eingriffe in die kapitalistische Logik vorgenommen werden.

Die historisch-konkrete Dialektik sozialer Bewegung zeigt sich auf zwei Ebenen: zum einen auf der Ebene der Gesamtgesellschaft und des Bewegungssystems (1), zum anderen auf der Ebene der einzelnen Großgruppen bzw. ihrer Bewegung (2).

(1) a) Politik läßt sich als Kampf um die Richtung der gesellschaftlichen Entwicklung verstehen, ausgetragen zwischen Großgruppen mit divergierenden Interessen und Werten. Klassenkämpfe sind der wichtigste, wenn auch nicht einzige Fall solcher Gruppenkonflikte.

Seit der Französischen Revolution am Ende des 18. Jahrhunderts stehen sich in Westeuropa Klassen als Träger einerseits eines egalitären Emanzipationsprogramm, andererseits einer Herrschaftsstabilisierung auf dem jeweils gegebenen Niveau gegenüber. Die Kräfte des »Fortschritts« repräsentieren die Offensive gegenüber der Defensivmacht, welche die auf Ungleichheit basierende Herrschaft verteidigt.

Die herrschenden Gruppen prägen, kontrollieren und verteidigen die gesamtgesellschaftlich dominanten Institutionen, solange Ressourcen und Legitimationskraft ausreichen. (Schumann (1983) expliziert einen herrschaftsfunktionalen Konservatismus-Begriff). Unter Bedingungen gefährdeter Herrschaft bzw. drohender relevanter Machtverschiebung können sie den Kampf auch in der Form einer sozialen Bewegung führen: einer – konservativen – »Gegenbewegung«.

Die herrschaftsstabilisierenden Kräfte können sich um Sozialgruppen (oder Teile aus ihnen) erweitern, die zuvor herrschaftskritisch waren. In Deutschland z. B. verbreitert der Adel seine Basis um die konservativ gewordenen Teile des Bürgertums, die zur Sicherung ihrer sozioökonomischen Vorteile Frieden mit dem alten Gegner und dem politischen Herrschaftssystem schließen. Der Faschismus erweitert im 20. Jahrhundert den Kreis der vor allem gegen die Arbeiterbewegung zu verteidigenden gesellschaftlichen Interessen um ehemals privilegierte, aber nicht mehr dominante, und um unterprivilegierte, aber durch traditionale Wertmuster (Führer, hierarchische Gemeinschaft etc.) bestimmte Gruppen, die gegen eine reale »Gefahr« (die Arbeiterbewegung) und gegen eine fiktive »Gefahr« (das Judentum) Verteidigung als Angriff praktizieren.

Der Konflikt *zwischen* Klassen bzw. Großgruppen ist das eine bestimmende Prinzip in der Entfaltung sozialer Bewegung. Daß die Arbeiterbewegung auf die Gegnerschaft zuerst von konservativer und dann faschistischer Bewegung stieß, die aktuellen Bewegungen aber ohne relevante Gegenbewegungen sind, verweist auf die Stärke der herrschenden ökonomischen und politischen Institutionen und deren funktionierende Kontrolle durch die Träger konservativer Interessenlagen (zu denen inzwischen auch größere Teile der Arbeiterschaft gestoßen sind). Es verdeutlicht auch die Notwendigkeit, die Bewegungsanalyse von vornherein im Rahmen eines gesamtgesellschaftlichen Entwicklungsrahmens anzusiedeln (um beispielsweise den Schematismus von Bewegung und Gegenbewegung zu vermeiden).

Wenn Dialektik Widerspruch *und* »Aufhebung« des Widerspruchs auf einer höheren Ebene bedeutet, dann ist gerade diese Aufhebung beim Kampf zwischen progressiven Bewegungen und Gegenbewegungen bzw. herrschenden Kräften historisch die Ausnahme und in jedem Falle vielfach gebrochen. »Siege« von Bewegungen sind selten und noch unwahrscheinlicher ist das Gelingen einer »Synthese«, die nur die positiven Eigenschaften der Widerspruchs- und Konfliktparteien aufnimmt. Kompromisse und Anpassungen, auch Halbheiten und Traditionslasten sind häufiger als theoretisch saubere Lösungen.

b) Vor allem die großen historischen Bewegungen stehen in einer dialektischen Beziehung nicht nur zu gegnerischen Kräften, sondern auch zu vorausgehenden Bewegungen. Sie sind unter bestimmten Gesichtspunkten – in Fortführung und Abgrenzung – »Nachfolgebewegungen«. Auf dem progressiven Pol folgen die Arbeiterbewegung den frühbürgerlichen Bewegungen und die neuen sozialen Bewegungen der Arbeiterbewegung, wobei jede Bewegung das egalitäre Emanzipationsprogramm mit einer anderen sozialen Basis und unter anderen Rahmenbedingungen fortführt. Damit bleibt es, so sehr es sich in Ideologie und Forderungen wandelt, ein Kampf für Freiheit, Gleichheit, Brüderlichkeit. Auf der ideologischen Ebene läßt sich eine Tendenz zur Universalisierung der Wertetrias festmachen: immer mehr Bereiche werden ihrem Geltungsanspruch unterworfen (Murphy et al. 1981). Fanden die frühbürgerlichen Bewegungen ihr Anwendungsfeld vor allem im politischen, die Arbeiterbewegung im sozioökonomischen, so sehen es die neuen Bewegungen vor allem im soziokulturellen Bereich.

Auch bei den Gegenbewegungen lassen sich dialektische Beziehungen zwischen konservativer und faschistischer Bewegung feststellen. Wesentliche Zielelemente neokonservativer Bewegung seit dem Ende des 19. Jahrhunderts werden in die NS-Bewegung eingeschmolzen, die dennoch etwas qualitativ Neues darstellt.

(2) Widersprüche sind auch wirksam auf der Ebene der einzelnen Bewegung.

a) Bewegungen sind in linke und rechte Tendenzen gespalten. Die gemeinsamen allgemeinen Grundziele, die umgebenden Rahmenbedingungen, die zu verfolgenden Strategien bedürfen weiterer Interpretationen, die bewegungsinterne Unterschiede von Interessen und Werten zur Geltung bringen. Der interne Kampf zwischen Richtungstendenzen ist meist nicht voluntaristisch vom Zaume gebrochen, sondern objektiv begründet, und er kann – wie wir sahen – notwendig sein für die Zielrealisation der Bewegung.

b) Widersprüche existieren zwischen dem Zielprogramm und den dafür eingesetzten Mitteln. Modernisierung kann auf gesamtgesellschaftlicher Ebene durch ein normatives, egalitär-emanzipatorisches Programm und durch ein instrumentelles, vor allem um Industrialisierung zentriertes Programm charakterisiert werden. Die Klassenspaltung in der kapitalistischen Gesellschaft ist die eine wesentliche Restriktion, die einer Realisierung dieses Gesamtprogramms im Wege steht. Die andere Restriktion liegt in der internen Widersprüchlichkeit von normativem und instrumentellem Programm. Nicht nur der Kapitalismus, auch der Industrialismus zeigt Grenzen der Vereinbarkeit mit dem egalitären Emanzipationsprogramm. Die rechten Gegenbewegungen blieben beeinflußt durch Widersprüche kapitalistischer Industrialisierung (die sie zwar vielfach kritisierten, aber nie ernsthaft attackierten) auf der einen, autoritär-charismatische Herrschaftssicherung und hierarchische Gemeinschaftsbildung auf der anderen Seite nicht verschont.

c) Von den Widersprüchen zwischen den Zielen einer Bewegung wird in dieser Arbeit der zwischen Macht und Kultur hervorgehoben. In objektiven Verhältnissen begründet, durchzieht er vor allem Bewegungen, die eine Änderung des Ganzen intendieren.

18.3 Zwischen Macht- und Kulturorientierung

Kultur in dem umfassenden Sinne der Lebensweise außerhalb der Sphären von Ökonomie und Politik wird erst spät zum Thema kollektiver Aktion. Zuerst, in den frühen kulturorientierten Bewegungen am Ende des 19. und zu Beginn des 20. Jahrhunderts, als Sektoralereignis, von dem keine Beunruhigung größerer Sozialgruppen und schon gar keine Bedrohung der Herrschenden ausging. Als marginale Bewegungen, die bürgerliche Teilgruppen zusammenführten, waren sie zwar vielfach vom Wunsch getragen, die selbst praktizierte Innovation der Lebensweise möge sich verallgemeinern lassen, blieben aber ohne ernsthafte politische Intervention. Im Ganzen lassen sie sich als Fluchtbewegungen charakterisieren, die eher auf Sezession und Separation zielten, als daß sie den Versuch unternahmen, der Gesellschaft ihren Willen aufzuzwingen. So haben sie zwar im Gesellschaftlich-Kulturellen manches angestoßen, aber auf die politische Agenda hatten sie keinen Einfluß.

Erst seit den 60er Jahren schiebt sich der soziokulturelle Themenbereich nach vorne, wird zu einem ernsthaften Konkurrenten des wohlfahrtsstaatlichen Issue-Komplexes. Kultur ist nicht mehr reine Privatfrage, sie wird Thema der Politik. Formen alternativer Lebensweise werden mit gesellschaftlich-politischen Verhältnissen begründet, Wirtschaft und Politik als blockierende Faktoren bekämpft; die gesellschaftliche Basis hat sich verbreitert (wenn auch die Gruppengrenzen markant bleiben); die Politik muß sich mit den Themen der an Lebensweise-Fragen orientierten Bewegungen befassen. Trotz der bürgerlichen Vorboten: der soziokulturelle Themenkomplex trifft Öffentlichkeit und Wissenschaft nicht nur unvorbereitet, sie sind vielfach auch nicht bereit, diesen Strukturwandel systematisch zur Kenntnis zu nehmen oder gar als legitim zu akzeptieren.

Bis in die jüngste Zeit (Giddens 1983:19) wird z. B. der faszinierend einfache Typologisierungsvorschlag von Marshall (1977) weitergereicht, als sei seit 1949 – als er ihn präsentierte – nichts mehr geschehen. Marshall unterscheidet – wie bekannt – drei Typen von Bürgerrechten, die zugleich bestimmten historischen Phasen zugeordnet sind (wobei er sich am britischen Beispiel orientiert). Die legalen Bürgerrechte beziehen sich auf die individuellen Freiheitsrechte und die institutionell gesicherte rechtliche Gleichheit der Bürger. Die politischen Bürgerrechte sollen die Teilhabe an der Ausübung politischer Macht sichern (Wahlrecht, parlamentarisches Regierungssystem). Die sozialen Rechte sollen die Teilhabe am sozioökonomischen Reichtum und am »sozialen Erbe« entsprechend den in der Gesellschaft vorherrschenden »Standards« gewährleisten (soziale Sicherung, Bildung).

Die Begrifflichkeit des »sozialen Erbes« und der »vorherrschenden Standards« spiegelt eine Zeit, in der die soziokulturellen Auffassungen noch nicht grundlegend kontrovers und politisiert waren. Heute ist der aufschließenden Dreiteilung Marshalls in legale, politische, soziale Bürgerrechte eine vierte Dimension hinzuzufügen: die soziokulturelle. Dabei geht es um die auch mit politischen Mitteln zu fördernde Möglichkeit von einzelnen und Gruppen, frei gewählte Lebensformen auch gegen die verselbständigten Interessen von Staat und Ökonomie zu realisieren. Das setzt – über legale, politische, soziale Mindestbedingungen hinausgehend – eine auch rechtliche Absicherung humaner soziokultureller Praxis voraus, einerseits als Gewährleistung von Vielfalt und Selbstverwirklichung, andererseits als Ausschluß lebenszerstörerischer »externer« Wirkungen der technisch-ökonomisch-militärischen Sphäre und freiheitsbeschränkender staatlicher Überwachungs- bzw. Kontrolltätigkeit.

Thematisierungstendenzen zeigen an, in welcher Richtung rechtliche Verbürgungen interessant geworden sind. Einige der in den vergangenen Jahren diskutierten, soziokulturell interpretierbaren Rechte zeigen, wieweit diese Fragen bereits in die öffentliche Sphäre eingedrungen sind: Umweltschutz durch vielfältige rechtliche Regelungen bis hin zu Verankerung als Grundrecht; Produktions- und Produktverbote; Legalisierung der Abtreibung; Liberalisierung des Scheidungsrechts; Förderung nichtstaatlicher Erziehungseinrichtungen; das Grundrecht auf informationelle Selbstbestimmung – alles Fragen, die in den drei Aspekten rechtlicher, politischer, sozialer Gleichheit (und Freiheit) nicht aufgehen, sondern den Gesichtspunkt kultureller Vielfalt und Selbstverwirklichung bei gesicherten Lebensgrundlagen hinzufügen.

Ein solches Phasenmodell der Thematisierung und Verrechtlichung zentraler Problemkomplexe (dem im Unterschied zu dem in Kap. 7.2.2 Ausgeführten nur der nationalstaatliche und internationale Komplex fehlt) wäre als Thematisierungsmodell sozialer Bewegungen weiter auszuarbeiten. Dabei müßte es in dreifacher Hinsicht gegen die Gefahr linearer Interpretation geschützt werden (die z. T. bei Marshall angelegt ist – vgl. dazu die Kritik von Giddens 1983):

- Neue Themen und Rechte setzen sich nicht als Prozeß, sondern in einem *Kampf* gegnerischer Kräfte durch. Je nach Kräfteverhältnissen und Ausgang des Kampfes werden sie früher oder später, mehr oder weniger verankert.
- Die Ergebnisse des Kampfes, soweit sie sich auf der Ebene hinzugewonnener Rechte niederschlagen, sind *prinzipiell ungesichert.* In allen vier Dimensionen können Rechte widerrufen oder mißachtet werden, bleiben auch institutionalisierte Kompromisse labil. Dem widerspricht nicht, daß die Thematisierung »voranschreitet«, d. h. ihre Schwerpunkte wechselt, es heißt nur, daß kein Fragenkomplex ein für allemal erledigt ist.
- Die gesellschaftliche Entwicklung ist ungerichtet (jedenfalls in ihrer Richtung nicht ex ante erkennbar) und *unabgeschlossen.* Jede Behauptung abgeschlossener Entwicklung und jede Teleologisierung ist bisher durch Geschichte widerlegt worden.

Welche Bedingungen lassen sich verallgemeinern, die soziokulturelle Probleme zum Thema kollektiver Aktion und – in der zweiten Phase – auch der Politik machen? Wie sind die Verbreiterung der Unterstützungsbasis für diesen Themenkomplex und die Zunahme seiner Politisierung erklärbar?

Der Schlüssel zur Erklärung liegt in einem Ansatz, der drei Elemente miteinander verbindet: (a) eine spezifische Gruppenstruktur, die für soziokulturelle Themen disponiert; (b) Systementwicklungen, die tradierte oder als möglich bzw. wünschenswert vorgestellte Lebensweise einer starken Belastungsprobe aussetzt; (c) ein Entfremdungsbewußtsein, das z. T. auf das Gruppenschicksal, z. T. auf identitätsbelastende Systementwicklungen zurückzuführen ist.

(a) Soziale Mindestausstattung der Trägergruppe ist eine notwendige, nicht hinreichende Bedingung. Nicht materieller Überfluß ist erforderlich, aber ein gewisses Maß materieller Grundausstattung, reduzierter Arbeitszeit und anspruchsvoller Arbeit (mindestens der dafür erworbenen Qualifikation). Nicht davon zu trennen, aber zu betonen ist die Bedeutung intellektueller Ressourcen, die zur Kritik des Bestehenden und für das Denken bzw. die Antizipation von Alternativen erforderlich sind. Es waren vor allem Angehörige der Intelligenz, die soziokulturelle Themen zum Gegenstand kollektiver Aktion gemacht haben. (Auch Teile der marginalisierten Intelligenz der nachindustriellen Gesellschaft sind für die Trägergruppen der aktuellen Bewegungen relevant; ungeklärt ist dagegen der Anteil »sonstiger« Marginalisierter und die Bedeutung, die soziokulturelle Fragen für sie haben.)
Die Ausweitung solcher Gruppenbedingungen seit den 60er Jahren erklärt von dieser Seite die Politisierung soziokultureller Fragen: sie schaffen die Massenbasis, die ein erfolgreiches Thema in der Demokratie braucht. Die Grenzen dieser Bedingungen im gesamtgesellschaftlichen Rahmen wiederum erklären, warum soziokulturell orientierte Bewegungen nur einen – auch nach seinem Wachstum noch – stark begrenzten Teil der Gesellschaft repräsentieren.

(b) Systementwicklungen, die stark in den lebensweltlichen Bereich eingreifen und Identität in Frage stellen, sind notwendige Bedingung für Entstehung bzw. Entfaltung soziokulturell motivierter Bewegungen. Die *Geschichte* einer Kolonialisierung der Lebenswelt ist noch nicht geschrieben. Schübe technisch-ökonomischen Strukturwandels korrespondierten auf der Systemebene den frühen Kulturbewegungen mit der Hochindustrialisierung vor und nach 1900 und den neuen sozialen Bewegungen mit dem Übergang in die nachindustrielle Gesellschaft, der ja begleitet ist von einer in Reichweite und Intensität neuen Qualität technischer Entwicklung. (Die Begrenzung soziokulturell motivierter Bewegungen auf diese beiden Abschnitte bedeutet nicht das Fehlen lebensweltlich relevanten gesamtgesellschaftlichen Strukturwandels in der übrigen Zeit, verweist vielmehr auf »Schwächen« beim Gruppen- und Entfremdungsfaktor und auch darauf, daß andere Zentralthemen noch nicht hinreichend abgearbeitet waren und deshalb ihre Anziehungskraft für die Intelligenz behielten.)

Die zunehmende Politisierung erklärt sich von dieser Seite auch durch die fortschreitende Verflechtung staatlicher und technisch-ökonomischer Steuerungsprozesse, die Ansprüche aus dem lebensweltlichen Bereich schon unabhängig vom Willen der Akteure politisiert.

(c) Der Aspekt der Entfremdung verweist auf die Dimensionen der kritischen Interpretation und des widersprüchlichen Prozesses. Gruppen- und Systementwicklung wie ihr Zusammentreffen stellen nur einen Bedingungsrahmen dar, der ohne kritische Interpretation auch zu Anpassung und Konformismus führen kann und bei vielen Individuen auch tatsächlich führt. Die Interpretation, die das Entfremdungspotential aktiviert, lebt aus dem geistigen Haushalt der Epoche, sie kann als Idealismus oder Sozialismus auftreten, immer wird sie aber bei soziokulturell motivierten Bewegungsansätzen durch ein zentrales Element von Humanismus geprägt sein.

Entfremdung als widersprüchlicher Prozeß verweist auf die Entstehung von Interessen-, vor allem aber von Wertdiskrepanzen, die in Realveränderungen wurzeln. Entfremdungsbewußtsein kann genährt werden durch Erfahrungen des Gruppenschicksals: Deprivationen als erlebter Abstieg bzw. blockierter Aufstieg der Gruppe oder kollektive Identitätskrise als Infragestellung verankerter Werte. Entfremdung kann aber auch ihren Grund in negativen Systementwicklungen haben, welche die Trägergruppen des Protests nicht, nicht in besonderer Weise oder sogar weniger als andere real betreffen, die sie sich aber durch ideelle Betroffenheit »aneignen«. Immer ist Entfremdung aus widersprüchlichen Entwicklungen im Spannungsverhältnis von Gruppenschicksal und Systementwicklung zu erklären.

Ist so abschließend in abstrakterer Form an allgemeine Bedingungen erinnert, die zur Thematisierung soziokultureller Fragen führen, und auf Faktoren verwiesen, die zugleich deren Massenbasis und Politisierung verstärken, ist in den folgenden Überlegungen das in dieser Arbeit mehrfach angeschnittene Problem noch einmal aufzugreifen, welche Widersprüche sich einer auf Generalisierung drängenden soziokulturellen Innovation in den Weg stellen. Worin bestehen Widersprüche und Grenzen für kulturorientierte Bewegungen bzw. für Bewegungen, die stark soziokulturell motiviert sind (wie die neuen sozialen Bewegungen)?

1. Soziokulturell motivierte Bewegungen sind durch eine besondere Ressourcenschwäche bei hohem Ressourcenbedarf charakterisiert. Ihre Versuche zur Mobilisierung, Stabilisierung und Generalisierung einer alternativen Lebenspraxis spiegeln diese Ressourcenschwäche.

Am weitreichendsten ist die intensive Mobilisierungsform kulturell motivierter Bewegungen, durch die wenige mit hohem Ressourceneinsatz aktiviert werden. Die wichtigsten Beispiele sind die Kommune (als integrierte Einheit) und die alternative Lebens- und Arbeitsgemeinschaft.[41] Die segmentierte Verfolgung soziokultureller Bedürfnisse, die weniger ressourcenintensiv ist, führt – wie an der Lebensreformbewegung zu sehen – bald zu bornierter Vereinsmeierei, die über der punktuellen, leicht integrierbaren Innovation (Ernährung, Freikörperkultur etc.) die lebensweltliche Totalität verfehlt. Geringe Ausstrahlung bzw. Reichweite der segmentierten Innovation und starke Absorption durch die intensive, mehr totalisierende Alternativpraxis führen zu dem Resultat, daß trotz eines häufig nicht geringen Sympathisantenkreises die Zahl der Aktiven relativ klein bleibt, die aber gerade für die kulturorientierten Bewegungen von besonderer Bedeutung sind.

Die Stabilisierungsschwäche ist z. T. Folge defizitärer Mobilisierung. Geringe Aktivenzahl, Kapitalmangel und Qualifikationsdefizite mindern die Chancen soziokulturell motivierter Alternativpraxis. Allein schon die meist kurze Lebensdauer von Kommunen belegt dies; die Gründe für ihr Scheitern sind vielfältiger als angesprochen, Faktoren, die sie langfristig stabilisierbar machen (z. B. eine objektive Schwierigkeiten teilweise überwindende religiöse Motivation), sind seltener vorhanden und nicht systematisch herstellbar. Auch der reduzierte Anspruch (»nur« Lebensgemeinschaft oder »nur« alternatives Arbeitskollektiv) erhöht offenbar kaum die Lebensdauer der Projekte.

Das Auf-Dauer-stellen, die Institutionalisierung, verstärkt den Ressourcenbedarf und führt zu verstärktem Umwelt- und Binnenstreß. Die Ebene unterhalb der Institutionalisierung umfaßt die Dimensionen Einstellungen und Verhalten. Ohne die Separierung, den Bruch mit der Umwelt, fehlt der Veränderung die institutionelle Stütze gegen die latente Integrationsgefahr. Einstellungsänderung ist labil, Verhaltensänderung aufwendig. Dauerhafte bzw. tief verankerte Einstellungen (Werte) und vor allem das entsprechende

Verhalten sind zu ihrer Stabilisierung auf Institution und Sozialisation angewiesen.

Die Ressourcen reichen auch nicht zur Generalisierung der soziokulturellen Alternative. Das mutige Beispiel mag faszinieren, es mag auch Nachfolger finden und »Beweiskraft« haben, aber es bringt nicht die Massen in Bewegung. Das schwerste ist der Bruch mit Lebensgewohnheiten, auch mit den problematischen und innerlich schon längst verworfenen. Ohne Absicherung durch das Institutionalisierungspotential von Ökonomie und Politik gibt es keine Generalisierung alternativer Lebenspraxis. Nur mit kulturellen Mitteln wird keine Kultur fundamental verändert. Die soziokulturell motivierte Bewegung weist über sich hinaus. Oder sie wählt die Separation (in den Grenzen, in denen sie – zumal in dichtbevölkerten Ländern – möglich ist). Oder sie begnügt sich mit der Konzession (der partielle und labile Wandel).

2. Neben die Ressourcenschwäche tritt die Eigengesetzlichkeit der gesellschaftlichen Teilbereiche als Erklärungsfaktor für die Grenzen soziokulturellen Wandels, wie er einerseits durch einige machtorientierte Bewegungen neben ihrem Hauptzweck angestrebt wird (vgl. dazu 16.4), andererseits der Zweck kulturell motivierter Bewegungen ist, die auf Generalisierung drängen. In der Ambivalenz zwischen Kultur- und Machtorientierung wurde ein zentraler Widerspruch der neuen sozialen Bewegungen gesehen (vgl. Kap. 17).

Da der Generalisierung durch Beispiele enge Grenzen gesetzt sind, müßten die auf Änderungen der Lebensweise zielenden Bewegungen zusätzlich zu ihren soziokulturellen Aktivitäten den Weg der Veränderung politischer und ökonomischer Strukturen gehen. Dabei machen sie die Erfahrung, daß die Gesellschaft sich nicht nach bereichsübergreifenden Werten und Normen beeinflussen läßt. Wieweit auch immer die Binnendifferenzierung der lebensweltlichen Teilbereiche (Moral, Wissenschaft, Kunst etc.) fortgeschritten ist, der Bruch zwischen diesen wertorientierten Bereichen und der Machtsphäre ist auf der Ebene der Bewegung durchschlagend. Macht ist das Steuerungsmedium der Politik; da Politik im Normalfall den Änderungsversuchen der Bewegung im ökonomischen System »vorgeschaltet« ist, sind entschieden auf Generalisierung drängende Kulturbewegungen zur politischen Macht verurteilt.

Nicht zufällig durchzieht die neuen sozialen Bewegungen aber eine tiefe Aversion gegen die Macht (ein Beispiel für viele bei Maren-Griesebach 1982: 180 ff.). Macht wird als Gegenpol zur Brüderlichkeitsethik, Selbstverwirklichung, Sinn- und Identitätssuche erlebt. Was immer politisch an Zielen verfolgt wird, ohne Macht bleibt alles frommer Wunsch. Erwerb und Sicherung von Macht unterliegen aber anderen Gesetzmäßigkeiten als die soziokulturelle Praxis.

Um nur drei Punkte herauszugreifen: Machtstrategie erfordert ein Verhalten, das instrumentell, reduktionistisch, opportunistisch ist. Macht fördert die Instrumentalisierung menschlicher und sozialer Beziehungen, die ihren Zweck dadurch erhalten, daß sie Machterwerb fördern oder hemmen. Macht forciert Reduktionismus, insofern sie Beziehungen tendenziell unter dem einzigen, mindestens vorherrschenden Gesichtspunkt einer Verwertbarkeit für Einflußkalküle wahrnehmen läßt. Macht fördert Opportunismus, da sie – angesichts der Grenzen von Zwang und Gewalt – auf Werbung und Unterstützung angewiesen ist, die nicht nur durch Überzeugung gewonnen werden können. Konsequent nicht-instrumentelles, ganzheitliches, authentisches Verhalten ist natürlich möglich, führt aber zum Scheitern in der Politik.

Die Widersprüche sind hier zugespitzt, werden von Menschen mit partiellem Engagement und geringerem lebensweltlichen Innovationsanspruch nur ansatzweise so erfahren. Wer aber nicht nur gelegentlich und partiell sich in Politik einmischt (eine der Bedingungen für Wirksamkeit), erfährt diese Zuspitzung als Widerspruch zwischen machtgesteuertem System (in dem scheitert, wer das Steuerungsmedium nicht beherrscht bzw. bereichsfremde Kriterien und Motive in den Vordergrund schiebt) und lebensweltlichen Werten, die – zumal bei Erneuerungen – den ganzen Menschen erfordern.

Können Ressourcenschwäche und bereichsspezifische Eigengesetzlichkeit in der Praxis soziokulturell motivierter Bewegungen überwunden werden? Totale und totalitäre Bewegung sind die beiden Bewegungstypen, die für eine Überwindung der Widersprüche in Frage kämen.

Totale Bewegung ist der Versuch, die gesamte Gesellschaft in einem Zugriff zu verändern, d. h. die Einheit von Macht- und Kulturorientierung herzustellen. Eine Utopie, die ein neues gesellschaftliches Ganzes entwirft, und eine Praxis, die Zielverfolgung nicht in ein Programm zeitlich gedehnter Sequenzen zerlegt, wären Elemente einer solchen Bewegung. In dieser Arbeit wurde die These vertreten, daß es eine solche Bewegung nicht gegeben hat und unter den Bedingungen stark differenzierter Gesellschaft nicht geben kann.

Die Arbeiterbewegung war die erste moderne Sozialbewegung, die als totale Bewegung in Frage gekommen wäre und in der Ansprüche eines solchen Bewegungstyps vertreten worden sind. Sie, die die materiellen

Grundlagen ändern wollte, mußte auch ein Konzept neuer, »passender« politischer und ökonomischer Institutionen entwickeln. Die Praxis zeigt, daß die umfassend intendierte Utopie abstrakt blieb und keine Handlungsrelevanz entwickelte, während die Praxis ein klares Sequenz- bzw. Prioritätenprogramm verfolgte: erst machtpolitische Veränderungen, dann – schon ohne an die Hilfe sozialer Bewegungen zu denken – die soziokulturelle Entfaltung als notwendige Folge gewandelter materieller und politischer Rahmenbedingungen. Wie gezeigt, kam gegen eine solche Praxis der in der Bewegung unternommene Versuch soziokultureller Antizipation und Innovation nicht an (vgl. 16.4).

Es ist kein Zufall, daß im Umkreis der neuen sozialen Bewegungen Interpretationen und Ansprüche totaler Bewegung wiederbelebt werden. Vor allem dort, wo ihre soziale Basis überschätzt und sie von daher als Akteur gesamtgesellschaftlicher Interessen gesehen werden und wo das gleichzeitig soziokulturelle wie politische Engagement der Bewegungen betont und zum Programm erhoben wird.[42]

Gegen eine Interpretation der neuen Bewegungen als totale Bewegung sprechen viele Gesichtspunkte. Drei seien herausgegriffen: Zum einen die Beobachtung, daß macht- und kulturorientierte Aktivitäten nicht wirklich integriert, sondern in ihren Schwerpunkten vielfach arbeitsteilig auftreten; für den einzelnen und Gruppen bedeutet dies die unveränderte Notwendigkeit, zwischen Bereichen zu wählen. Zum zweiten verdeckt die durch die Verhältnisse aufgezwungene Politisierung der Bewegungen, wie stark die soziokulturellen Motivationen in ihnen verankert sind. Drittens überfordert jede totalisierende Interpretation die Bewegung nicht nur, weil sie den Grundmotiven widerspricht, sondern weil sie in Widerspruch steht zu den Mobilisierungs- und Aktionsmitteln, die – wie gezeigt – ihrerseits in soziokulturellen Bedürfnissen eine Stütze haben (ohne dadurch allein erklärbar zu sein) und Ausdruck der begrenzten sozialen Basis sind. Der Strukturwandel von Wirtschaft und Staat kann den kulturell motivierten Bewegungen nicht beiläufig als Aufgabe mit auf die Schultern gepackt werden, er muß vielmehr seinen präzisen Ausdruck in entsprechenden Mobilisierungs- und Aktionsmitteln finden.

Totale Bewegung will die Gesellschaft als neue Einheit. Sie will nicht nur die in den Klassenverhältnissen verankerte soziale Ungleichheit beseitigen, sie will auch die Differenzierung der Gesellschaft in Sphären eigener Gesetzmäßigkeit und Rationalität wenn nicht aufheben, so doch entscheidend reduzieren. Totale Bewegung kann intendiert, aber sie kann nicht praktiziert werden. Sie scheitert daran, daß sich die gesamtgesellschaftliche

Differenzierung in der Bewegung – auch gegen den Willen der Akteure – durchsetzt. Motive divergieren, Aktivitäten entfalten sich in spontaner Arbeitsteilung, die Bereiche erfordern ihre je eigenen Organisationsmittel und bestrafen das Sichvergreifen mit Erfolglosigkeit.

Der konsequenteste Versuch, die generelle Ressourcenschwäche sozialer Bewegungen zu überwinden, war die totalitäre Bewegung. Sie wurde hier nicht durch bestimmte Ziele, sondern durch die Steigerung aller Mobilisierungs- und Aktionsmittel charakterisiert. Aber die totalitäre Bewegung ist ungeeignet zur Verfolgung totaler Ziele. Totalitäre Bewegung ist eine Ausprägung machtorientierter Bewegungen, ein Versuch äußerster Steigerung der Machtmittel, sie ist aber in einem extremen Maße der politischen Arena und den politischen Kampfmitteln verhaftet. Es läßt sich darüber streiten, wieweit soziokulturelle Ambitionen im Rahmen der totalitären Bewegungen überhaupt eine Rolle gespielt haben (nach meiner Einschätzung nur in einem geringen Maße), daß die Praxis dieser Bewegungen einen Weg gewiesen hätten zur Integration macht- und kulturorientierter Elemente, läßt sich aber nicht belegen.

Freiheit ließ sich in der totalitären Bewegung einschränken mit der Behauptung, so die politische Effizienz zu erhöhen. Für soziokulturelle Entfaltung ist Freiheit aber konstitutiv. Die von den totalitären Bewegungen errichteten Regimes zeigen gerade im soziokulturellen Bereich eine Verkürzung – unvermeidbare Folge über die Bewegungsphase hinaus aufrechterhaltener rigider Kontrolle. Die Macht- und Herrschaftsfixierung der totalitären Bewegung konnte sich einen allenfalls instrumentellen Begriff von der soziokulturellen Dimension machen. Folge waren Inauthentizität einerseits, Gewährenlassen traditioneller Lebenspraxis in einem für die politischen Hauptzwecke unschädlichen Ausmaß andererseits.[43]

Weder die totale noch die totalitäre Bewegung lösen die Probleme und Widersprüche soziokulturell motivierter Bewegungen. Es bleiben für diese zwei normativ wie analytisch zu bekräftigende Programmpunkte: Ambivalenz und Reformismus. Im Grunde sind die neuen Bewegungen nicht weit davon entfernt – nur vielfach mit schlechtem Gewissen. Das schlechte Gewissen, so die These, resultiert nicht aus Fehlern, sondern aus Unklarheiten über das real Mögliche.

Auch die soziokulturell motivierte Bewegung bedarf zur Verwirklichung ihrer Ziele in einem breiten gesellschaftlichen Rahmen der ökonomischen und politischen Absicherung. Sie muß – will sie sich nicht in Randbereiche abdrängen lassen oder nur ein letztlich irrelevanter Verstärker sowieso vor sich gehenden Wertwandels sein – zur Stabilisierung und Generalisierung ihrer Ziele auch politisch intervenieren. Dabei gerät sie unvermeidbar unter den Anpassungsdruck des gegenüber der Lebenswelt verselbständigten politischen Systems. Das Spannungsverhältnis zwischen Macht- und Kultur- bzw. Wertorientierung ist unter den gegebenen gesamtgesellschaftlichen Verhältnissen unvermeidbar. Wie können sich die Akteure kollektiver Aktion dazu verhalten?

Die zum Scheitern verurteilten Varianten bestehen in der Negierung der Widersprüche oder in dem Versuch, eine falsche Konsistenz herzustellen. Die Negierung der Widersprüche basiert auf der Leugnung ihrer Unvermeidbarkeit, sie drückt sich aus in Vorwürfen, Schuldzuweisungen, Aggressionen, mit denen die Akteure sich selbst und andere überziehen, und sie endet in Resignation oder Selbstzerstörung. Vieles davon ist gerade dort zu beobachten, wo die neuen Bewegungen am stärksten in das politische System eindringen, bei der Grünen Partei.

Falsche Konsistenz herzustellen meint den Versuch, das Spannungsverhältnis zwischen Macht- und Kulturorientierung einseitig aufzulösen. Machtorientierung, auch wenn sie erfolgreich wäre, führt nicht von selbst zu soziokulturellem Wandel und ist kein etwa nur phasenverschobener Umweg dazu. Tiefergehender soziokultureller Wandel ist auf institutionelle Stützung aus den Bereichen Ökonomie und Staat angewiesen. Ambivalenz, die oft als Schwäche gilt, ist in Wirklichkeit stärker als jede der eindeutigen Alternativen für sich genommen.

Bei bewußter Aufrechterhaltung von Ambivalenz kann praktisch getestet werden, wieweit die Grenzziehung zwischen den Sphären zu verschieben und die Eigengesetzlichkeit zu modifizieren ist. Der politische Bereich kann nicht umstands- und fugenlos den lebensweltlich geprägten Vorstellungen von Moral und Selbstverwirklichung angeschlossen, aber die Distanz zwischen beiden kann verringert werden. Ökonomie kann dadurch in ihrem Selbstlauf gebremst werden, daß sie humanen und sozialen Zwecken untergeordnet wird. Dem Versuch des Bremsens und Zurückschraubens (nicht der Aufhebung) gesamtgesellschaftlicher Differenzierung entspricht auf der Ebene der Bewegung ein Aushalten und Produktivmachen der Spannung zwischen Macht- und Kulturorientierung.

Systematisch lassen sich drei Strategien zur Entschärfung negativer Konsequenzen fortgeschrittener gesellschaftlicher Differenzierung unterscheiden:

(a) Die Ausweitung der soziokulturellen Sphäre. Dazu gehört einerseits die Verstärkung lebensweltlicher Relevanzkriterien, insofern die Bedeutung soziokultureller im Vergleich zu ökonomischen und politischen Motiven und Aktivitäten wachsen. Andererseits werden zunehmend lebensweltlich genährte Ansprüche an das ökonomische System (z. B. gestaltungsintensive Tätigkeiten) und an das politische System gerichtet (z. B. Erhöhung der Chancen instrumenteller und expressiver Partizipation, ohne Berufspolitiker zu werden). Die Ausweitung arbeitsfreier Zeit oder das sozial akzeptable Mindesteinkommen sind Beispiele für bewußt herbeizuführende Voraussetzungen soziokultureller Entfaltung.

(b) Die Reduktion der verselbständigten Subsysteme Ökonomie und Staat. Alternative Ökonomie, Schattenwirtschaft etc. entziehen dem formellen ökonomischen System Ressourcen, die dadurch mindestens partiell von den Zwängen eines durch die Maximierung von Tauschwerten geregelten Systems entbunden werden. Das staatlich-politische System kann durch Dezentralisierung und Aufgabenverminderung dort reduziert werden, wo die gesellschaftlichen Voraussetzungen für Selbstregulierung bestehen oder vom Staat durch Ressourcentransfer geschaffen werden.

(c) Annäherung der Teilbereiche. Diese Annäherung kann von unterschiedlicher Intensität sein. Integrationsmodelle (Kommune etc.) zielen auf Reintegration gegeneinander verselbständigter Bereiche. Fluktuations- bzw. Rotationsmodelle (vgl. z.B. Galtung 1971) betonen den Wechsel von Tätigkeiten mit dem Ziel, das Individuum nicht durch Einengung und Fixierung von Rollen in Teilzwecken aufgehen bzw. durch die Subsysteme instrumentalisieren zu lassen.

Alle drei Strategien bieten Möglichkeiten, die Grenzen zwischen den Teilbereichen zu verschieben und den Eigenlauf verselbständigter Subsysteme abzubauen. Wieweit auch im einzelnen ein Bremsen und Zurückschrauben gelingt: das Spannungsverhältnis zwischen den Teilbereichen bleibt bestehen und die Ambivalenz einer breit ansetzenden Veränderungsstrategie ist eine angemessene Antwort auf diese Widersprüche moderner Gesellschaft.

Reformismus kennzeichnet – aufs Ganze gesehen – die Praxis der neuen sozialen Bewegungen. Reformismus und Radikalität sind keine prinzipiellen Gegensätze. So ist Reformismus nicht notwendig auf Parlamentarismus zu reduzieren, sondern kann durchaus koerzive Aktionsformen mit umfassen. Reformismus ist auch nicht von vornherein als »Mäßigung« zu verharmlosen, er kann in seiner Reichweite von einem adaptiven bis zu einem systemtranszendierenden Reformismus variieren. Reformismus betont die Langfristigkeit des Wandels, die Zerlegung in Einzelschritte unterschiedlicher Reichweite, die experimentelle Orientierung und Revisionsbereitschaft und nicht zuletzt die intendierte Gewaltlosigkeit der Aktion.

Reformismus als vorherrschende Strategie der neuen sozialen Bewegungen steht, mindestens auf den ersten Blick, im Widerspruch zur Reichweite des gewünschten Zielwandels, der für viele auf einen grundlegenden Gesellschaftsumbau hinauslaufen soll. Aus dieser Diskrepanz resultiert die Unsicherheit, ob Reformismus ein angemessenes strategisches Konzept darstellt. Zur Klärung kommt es auf zwei Fragen an. Wie sind die Aussichten einer revolutionären Strategie unter den Bedingungen hochentwickelter kapitalistischer Industriegesellschaft? Und: Was kann heute eine reformistische Strategie bedeuten, auf die der Vorwurf der Zahnlosigkeit nicht zutrifft?

Das Revolutionsmodell, das sich aus dem Zusammenspiel zwischen Bewegungskräften und gesellschaftlich-staatlichen Rahmenbedingungen ergibt, unterlag – historisch gesehen – starken Veränderungen. Orientiert man sich an den erfolgreichen Revolutionen (und deren Ausstrahlungskraft) im Europa der letzten zwei Jahrhunderte, lassen sich vereinfachend drei Typen unterscheiden:

1. Die spontane Machtergreifung des Volksaufstands, die zuerst in der Französischen Revolution von 1789 erfolgreich und bis 1848 das heimliche oder erklärte Vorbild war.
2. Die gewaltsame Machtergreifung bzw. der Staatsstreich durch die (kleine) revolutionäre Organisation, die nur 1917 in Rußland unter den Bedingungen des Machtvakuums erfolgreich war, aber z.B. auch in der Frühzeit der Weimarer Republik in der Form von bewaffnetem Aufstand bzw. Putsch Nachahmungen fand (Kommunisten, Nationalsozialisten).
3. Die Machteroberung durch die totalitäre Massenorganisation, die sich der Legalität wie der Gewalt, des Bündnisses wie der Kompromißlosigkeit bediente. Die nationalsozialistische Machtergreifung von 1933 war das herausragende Beispiel dafür.

Die nach-totalitäre Linke hat weder in der Theorie noch in der Praxis eine revolutionäre Strategie entwickelt, die der neuen Qualität des kollektiven Akteurs und den veränderten Rahmenbedingungen entspräche. Weit vorangetriebener Ausbau staatlicher Kontrollmittel, fortgeschrittene Abhängigkeit der Lebensverhältnisse von störanfälligen Versorgungsapparaten und starke internationale Verflechtung bzw. Kontrolle – um nur drei Gründe zu nennen – erhöhen die Wahrscheinlichkeit traditionell-autoritärer Sicherheitslösungen bei der Annäherung an revolutionäre Situationen. Die neuen Bewegungen verfügen über kein funktionales Äquivalent für das Sanktionspotential der totalitären Massenbewegung, deren Gewaltsamkeit sie ablehnen. Zwar ist das Störpotential erheblich, doch die vorhandenen

Mobilisierungs- und Aktionsformen sind zu einer kontinuierlichen und konsequenten Machtstrategie ungeeignet. Auch wenn die Studentenbewegung nur die erste und die neuen sozialen Bewegungen nicht die letzte Bewegung der postindustriellen Phase sind, stellen sie doch deren signifikanten Ausdruck dar. Variationen oder Modifikationen totalitärer Massenbewegungen sind vor allem durch zwei gesellschaftliche Entwicklungstendenzen die Massenbasis entzogen: die soziale Entmilitarisierung nach 1945 als Folge des totalen Krieges und die Individualisierung seit den 60er Jahren als Folge einer Bildungs- und Wohlstandsgesellschaft.

Die auf Spontaneität setzenden Mobilisierungsmuster der neuen Bewegungen sind ungeeignet, um sie nachträglich mit einem aussichtsreichen revolutionären Konzept zu verbinden. Die in ihnen angelegten Tendenzen könnten allenfalls zu einer Strategie der Totalverweigerung führen, deren Mobilisierungsfähigkeit angesichts vielfältig investierter Interessen der Individuen gering und deren Interventionsstärke mit der offensiv operierenden totalitären Massenorganisation nicht vergleichbar wäre.

Schon dieser kurze Blick auf den Wandel der Rahmenbedingungen und des kollektiven Akteurs verdeutlicht, warum eine zeitgemäße Revolutionstheorie nicht existiert und nicht zu erwarten ist. Soll die Reichweite der Ziele nicht von vornherein reduziert werden, wäre wohl in der Richtung eines dynamischen Reformismus zu suchen.

Dabei kann man ausgehen von zwei charakteristischen Schwächen der neuen Bewegungen: ihrer Instabilität und ihrer Unterkomplexität. Beide stehen im Zusammenhang mit einem problematischen Organisationsverständnis, das in der Organisation primär die Entfremdung und weniger das Stabilisierungs- und Interventionsinstrument sieht. Dadurch wird einer stärkeren Arbeitsteilung die Legitimationsbasis entzogen. Direkte interne Demokratie und direkte Aktion vermögen aber die Ressourcen der Bewegung nicht auszuschöpfen und bleiben hinter der Komplexität der Gesellschaft zurück. Das gleiche gilt für den Versuch, den Grad der Radikalität für die ganze Bewegung verbindlich festzulegen.

Ein unbescheidener Reformismus könnte versuchen, seine Dynamik aus drei Spannungslinien zu ziehen. Dabei müßte er eine Balance zwischen folgenden Polen finden:

1. Zwischen Basis- und Institutionenbezug. Ein anspruchsvoller Reformismus mit Durchsetzungschance bleibt angewiesen auf relevante Basisaktivitäten, die durch Organisationen in einen institutionellen Zusammenhang vermittelt werden. Hyperradikalismus der Basis führt zu einem

Hinwegschwappen über den institutionellen Rahmen, das über kurz oder lang ein Zurückschlagen des etablierten Herrschaftsapparats hervorruft. Überinstitutionalisierung dagegen führt durch Zähmung und Integration des organisierten Arms der Bewegung zu deren Ermattung oder Spaltung.

Die Bereitschaft zur Tolerierung und Stützung gewaltloser, in ihrer Intensität aber gesteigerter Aktionsformen (z.B. ziviler Ungehorsam) kann ein Indikator dafür sein, ob Autonomie und Stärke der außerparlamentarischen Bewegung noch gewünscht werden. Die Bereitschaft zur Tolerierung, gegebenenfalls auch Stützung parlamentarischer Abreden und Bündnisse wäre ein Indikator dafür, wieweit Notwendigkeit und Eigenlogik der Arbeit im institutionellen Rahmen nachvollzogen werden. Für beide Pole in diesem Spannungsverhältnis müßte das Unerwünschte eine Auflösung der Spannung sein.

Dynamischer Reformismus meint hier also nicht ein besonders beherztes Zupacken von Entscheidungsträgern, sondern einerseits die Nutzbarmachung spezifischer Bewegungsmomente wie Unberechenbarkeit, Direktheit, Authentizität, andererseits die Strukturierung der Bewegung durch Partei und Interessenverband (oder: Parteien und Interessenverbände), die Instabilität und Unterkomplexität der Bewegung kompensieren. Ohne ein Bewußtsein von Sinn und Notwendigkeit institutioneller wie außer-(nicht: anti-)institutioneller Aktion kann weder eine große Bewegung noch eine Bewegung mit großen Zielen erfolgreich sein.

2. Zwischen staatlicher und gesellschaftlicher Innovation. Dynamik könnte einem Bewegungs-Reformismus (zumal mit der breiten thematischen Perspektive der postindustriellen Bewegungen) erwachsen aus dem Spannungsverhältnis gesellschaftlich-autonomer Innovation und dem durch den Staat herbeigeführten Wandel. Politik am Staat vorbei ist dabei nicht notwendig Politik gegen den Staat. Rechtlicher und materieller Schutz für alternative Ökonomie oder Kultur bedürfen staatlicher Unterstützung, aber nicht der Bestimmung durch den Staat. Etatisierung und Utopisierung gesellschaftlicher Praxis sind Auflösungen des Spannungsverhältnisses, durch die die Bewegungen geschwächt werden.
3. Zwischen System und Systemwandel. Systemgrenzen und Systembelastbarkeit sind nicht als objektive Größen vorgegeben. Insofern stellt jede dynamische Bewegung einen Systemtest dar. Systemintegration und Systemflucht sind in diesem Spannungsfeld die selbstdestruktiven Varianten der Bewegung.

Reformismus umfaßt die Freiheit zur Selbstkorrektur, zur produktiven Abweichung vom ursprünglich festgelegten Programm und zur experimentellen Konkretisierung utopischer Entwürfe. Er ist deshalb auch die spezifische Strategie soziokulturell motivierter Bewegungen, die für ihren Erfolg auf eine breite Aktivierung von Individuen angewiesen sind, von Individuen, die die Freiheit behalten müssen, sich selbsttätig und in unterschiedlichen Geschwindigkeiten bzw. Intensitäten aus den traditionellen Lebensformen zu lösen.

Ambivalenz und Reformismus sind nicht als Schwäche und Halbheit zu verstehen, sondern als realitätsadäquate Voraussetzungen eines in den Zielen nicht vorzeitig reduzierten Wandels. Die doppelte Restriktion einer Macht- und Funktionsbarriere, die der aktiven politischen Veränderung aus den gesellschaftlichen Teilbereichen entgegentritt, wiederholt sich auf der Ebene sozialer Bewegung als Widerspruch zwischen den breit angelegten Veränderungszielen und dem machtpolitischen Defizit der Mobilisierungs- und Aktionsformen einerseits, als Widerspruch zwischen Macht- und Kulturorientierung andererseits. Auch die von Ambivalenz und Reformismus geprägte Bewegung sucht die Grenzen des Wandels hinauszuschieben. Sie macht nicht Halt vor der produktiven Funktion eines überschießenden Radikalismus, die aus der Geschichte sozialer Bewegung bekannt ist, aber sie kann aus der Geschichte auch ein Bewußtsein beziehen vom hohen Zeitbedarf struktureller Veränderungen und vom langen Atem, ohne den kollektive Aktion bald endet.

Anmerkungen

1 Zum Überblick über diese Epoche unter Berücksichtigung sozialer Bewegungen vgl. Conze 1976a, Nipperdey 1983, Valjavec 1978. Orientierung bieten auch die Handbuchbeiträge Bußmann 1981 (insbesondere S. 67–127, 456–481) und Schieder, Th. 1975. Für wichtige Teilaspekte vgl. Henning 1977 und Küchenhoff 1966.
Für die liberale und die demokratische Bewegung vgl. Gall 1980a, Schieder, W. 1983, Sheehan 1983; außerdem Grab 1973, Reinalter 1981. Für die frühe Nationalbewegung vgl. Alter 1985, Mosse 1976, Schieder, Th. 1971, Zechlin 1979. Für die frühe Arbeiterbewegung vgl. Balser 1962, Büsch/Herzfeld 1975, Lehnert 1983, Schieder, W. 1963. Für die deutsche Revolution 1848/49 vgl. Langewiesche 1983 und Valentin 1977.

2 Als Überblicksdarstellungen mit stärkerer Berücksichtigung des Bewegungsaspekts vgl. Wehler 1980 und Conze 1976b. Zum Forschungsstand vgl. jetzt Gall 1984. Einige der in Anm. 1 genannten Publikationen reichen in diesen Zeitraum hinein. Vielfache Überschneidungen mit einer historischen Darstellung sozialer Bewegungen ergeben sich bei der Parteien-, Verbands- und Vereinsgeschichte. Für Parteien vgl. Lepsius 1966, Ritter 1973 und Fricke et al. 1968–70 (umfaßt auch bürgerliche Verbände und Vereine). Für Interessenverbände vgl. Varain 1973. Zur Verflechtung dieser Teilgebiete mit der Sozialgeschichte vgl. u.a. die Sammelbände Stürmer 1977 und Wehler 1981. Zur Fortführung der Geschichte der bürgerlichen Bewegungen und der Arbeiterbewegung vgl. die jüngeren Arbeiten von Sheehan 1983, Alter 1985 und Lehnert 1983.
Literatur zu den übrigen in diesem Zeitraum relevanten Bewegungen findet sich in den Anm. 3–7.

3 Die konservative Bewegung in Deutschland hat noch keine zeitlich übergreifende und den Bewegungsaspekt herausarbeitende Gesamtdarstellung gefunden. Schon die Entstehungszeit als soziale Bewegung ist strittig. Deshalb im folgenden – außerhalb des chronologisch aufgebauten Textes, aber ihn ergänzend – ein Entwurf zur Strukturierung der konservativen Bewegung.

Konservative Bewegung ist Reaktionsbildung und Gegenbewegung, deren soziale Basis, Ziele, Mobilisierungs- bzw. Aktionsformen und Gegnerschaft aufgrund der sich verändernden gesamtgesellschaftlichen Kräfteverhältnisse starkem Wandel unterworfen ist. Der Identitätskern der konservativen Bewegung besteht in der Verteidigung etablierter Herrschaftsstrukturen, soweit die eigenen Interessen damit identifiziert werden können und in dem Maße, wie alternative Strategien zur Herrschaftsstabilisierung nicht mehr ausreichen bzw.

– vielfach ergänzend – Bewegungsmobilisierung erforderlich wird. Konservative Bewegung ist stark durch Reaktion und Adaption, aber auch dadurch gekennzeichnet, daß sie – mehr als andere – Bewegung wider Willen ist, die in der Bewegung selbst eine Störung »natürlicher Gleichgewichte« sieht.

Konservative Ideenströmungen bilden sich in Auseinandersetzung mit emanzipatorischen Ideen des aufsteigenden Bürgertums. Mit der relativen Schwäche der bürgerlichen Kräfte und der relativen Stärke monarchisch-feudaler Ordnungsmacht in Deutschland hängt zusammen, daß hier von konservativer *Bewegung* (im Sinne eines kollektiven Handlungszusammenhangs) nicht vor 1848 gesprochen werden kann. Zwar behauptet Heberle (1967: 47): »Als dauernde und politische organisierte Bewegung datiert der Konservatismus in Deutschland von der 1848-Revolution.« Aber selbst danach – sieht man von der kurzen Revolutionsphase ab – ist von einem spezifischen Bewegungscharakter nur in einem sehr rudimentären Sinne auszugehen. Außer einer von oben einsetzenden Parteibildung in den 1860er Jahren (wobei die Parteien mobilisierungsschwach bleiben), kürzerfristiger Vereinsbildung (Preußischer Volksverein 1861– 1872), früher Interessenverbandstätigkeit (Vereinigung der Steuer- und Wirtschaftsreformen, seit 1876) und der Tätigkeit konservativer Presseorgane, d.h. außer rein institutionsgebundener, am bürgerlichen Organisationsmodell orientierter und auf Massenmobilisierung verzichtender politischer Aktivität gab es keine soziale Basis, die aus sich heraus ein Handlungspotential erkennen ließ.

Der geringe Mobilisierungsgrad spiegelt gesamtgesellschaftliche Machtverhältnisse, die durch eine gute institutionelle Verankerung und geringe Bedrohung großagrarischer Interessen (der primären Trägergruppe des Konservatismus) charakterisiert war. Monarchismus und Protektionismus waren Grundfesten politischer Orientierung, die vielfältige ideologische und interessenmäßige Spaltungslinien überwölbten. Die soziale Basis umfaßte vor allem Teile des ostelbischen grundbesitzenden Adels, des Offizierskorps, der höheren Beamtenschaft und der protestantischen Geistlichen. (Die konservative Bewegung in Deutschland war protestantisch. Da auch im katholischen Bereich starke konservative Tendenzen wirksam waren, kann von einer konfessionellen Spaltung des Konservatismus gesprochen werden.)

Die Ermattung der demokratischen und liberalen Bewegung als Folge ihrer Niederlage 1848/49, der Rechtsschwenk großer Teile des Bürgertums seit den 1870er Jahren, einsetzende ideologische Radikalisierung auf dem Hintergrund langfristiger ökonomischer Stagnation bereiteten eine veränderte Konstellation vor, die in den 1890er Jahren zu einer Neuformierung konservativer Bewegung führte. Dabei griffen die Intensivierung agrarischer Interessenvertretung, die Ausdehnung der Mobilisierung, die Verbreiterung der sozialen Basis und die ideologische Radikalisierung ineinander.

Intensivierung agrarischer Interessenvertretung bedeutete – auf dem Hintergrund der Agrarkrise und industriefreundlicher Regierungspolitik seit Anfang der 1890er Jahre – die Schaffung eines schlagkräftigen Interessenverbandes der ostelbischen Großgrundbesitzer, des Bunds der Landwirte (1893), der die

Pressurepolitik gegenüber dem Staatsapparat durch erweiterte Mobilisierung und Ideologisierung, d.h. durch Elemente einer Protestbewegung verstärkte. Obwohl der Kontinuitätskern konservativer Politik, die Sicherung großagrarischer Interessen, so gewahrt wird, wirkt die Veränderung der »Mittel« nachhaltig auf die konservative Gesamtbewegung zurück und verschafft ihr eine soziale und ideologische Dynamik, die später noch innerhalb der eigenen Bewegung forciert und in der NS-Bewegung zur letzten Konsequenz gesteigert wird.

Die zunehmend von Großorganisationen betriebene Massenmobilisierung trug durch Versammlungs- und Agitationsarbeit zur Politisierung politikfernerer Gruppen bei. Dabei orientierten sich die vielfältigen Verbände der Rechten am »organisatorischen und agitatorischen Vorbild« des Bundes der Landwirte, »der sich seinerseits am Vorbild der SPD ausgerichtet hatte« (Puhle 1979: 60). Die nach Aufhebung des Sozialistengesetzes (1890) stark expandierende Arbeiterbewegung wurde zum Hauptgegner der erweiterten konservativen Bewegung (z.B. Reichsverband gegen die Sozialdemokratie, 1904).

Die Verbreiterung der sozialen Basis führte dem grundbesitzenden Adel und den von ihm beeinflußten Gruppen (Beamten, Offiziere, protestantische Geistliche) im Zuge des Ausbaus agrarischer Interessenvertretung auch Mittel- und Kleinbauern zu. Über Mittelstandspolitik und ideologische Erweiterungen stoßen breite mittelständische Gruppen (Handwerk, Kleingewerbe, Kleinhandel) zur konservativen Gesamtbewegung. Gegensätzlichkeiten zwischen agrarischen und bürgerlichen Interessen einerseits, groß- und kleinagrarischen bzw. -bürgerlichen Interessen andererseits schaffen vielfältige Spannungslinien, die durch Integrationsideologien überwölbt werden sollen.

Die ideologische Radikalisierung erweitert die konservative Bewegung um Strömungen, die bisher nicht zu ihrem Ideenhaushalt gehörten und nun die Trennungslinie zu bürgerlichen Ideologien einebneten: völkischer Nationalismus, Antisemitismus, Rassismus, Sozialdarwinismus, Imperialismus und Mittelstandsideologie. »Die neuen Zentralbegriffe unterschieden sich erheblich von den überlieferten Begriffen konservativer Politik: Volk, Volksgemeinschaft, Mittelstand, nationale Arbeit in Stadt und Land, Kampf ums Dasein, Erhaltung der Art, Politik des gesunden Volksempfindens. An die Stelle der Geschichte als ideologisierter Leitwissenschaft traten Biologie, Sozialdarwinismus und Blut-und-Boden-Mythen. Der Konservatismus ging auf in einer neuen breiten völkisch-nationalen, sozialimperialistischen, militanten und militaristischen Integrationsideologie mit deutlichen organisch-harmonistischen, mittelständischen und antisemitischen Zügen, die sich mit modernen, direktdemokratischen Mitteln gegen Parlament und Parteien richtete und aufgrund ihres vor allem gegen Liberale und Sozialisten konzipierten radikal dichotomischen Gesellschaftsbildes entscheidend zur politischen Polarisierung der sozialen Kräfte und zur extremen Radikalisierung der politischen Auseinandersetzungen im Kaiserreich beitrug« (Puhle 1979: 61).

Die Grenzen der konservativen Bewegung auf erweiterte Grundlage wurden nach drei Seiten fließend: formal zu den Instrumenten der Partei(en) und vor allem der Interessenverbände, die das Handlungspotential der Bewegung organisatorisch monopolisierten (wobei die völkischen Agitationsvereine noch am meisten genuines Bewegungspotential zu enthalten scheinen); sozialstrukturell zu verschiedenen Segmenten des Bürgertums; ideologisch zu rechtsliberalen und anderen Ideologieelementen bürgerlicher Herkunft. Hat sich die konservative Bewegung so aus herrschaftsfunktionalen Erfordernissen erweitert und gewandelt, liegt ihr Gravitationszentrum nach wie vor im Bereich großagrarischer Interessen.

Die zweite Stufe der Radikalisierung konservativer Bewegung setzte gegen Ende des 1. Weltkrieges ein und endete mit dem Sieg der NS- Bewegung 1933. Sie ist u.a. gekennzeichnet durch eine weitere Steigerung der ideologischen Radikalisierung und der Mobilisierung sowie durch das erstmalige Auftauchen direkter Aktionsformen mindestens im Grenzbereich konservativer Bewegung. Aufgrund des Wandels der gesamtgesellschaftlichen bzw. politischen Rahmenbedingungen stand die konservative Bewegung vor einem strategischen Dilemma, das in der Widersprüchlichkeit des Konzepts einer »konservativen Revolution« einen charakteristischen Ausdruck fand. Bewahren und Umsturz ließen sich nicht auf einen Nenner bringen.

Der Zusammenbruch des monarchischen Herrschaftssystems beraubte die konservative Bewegung einer über mehr als 100 Jahre selbstverständlich gewordenen Stütze und Orientierungspunktes. Parlamentarisierung und Demokratisierung begrenzten ihren staatlichen Einfluß. Fortschreitende Industrialisierung führte darüberhinaus zu einem relativen Rückgang des Stellenwertes (groß)agrarischer Interessen. Macht- und Orientierungsverlust verstärkten – auf der Grundlage tradierter vorindustrieller, antidemokratischer Ideologie – das Protestelement in der konservativen Bewegung. Wie aber kann eine konservative Bewegung in einer »feindlichen« Umwelt effektiv werden?

Begrenzte Mitarbeit (aus gewohntem Gouvernementalismus und zur politischen Vertretung ökonomischer Interessen), Protest (aus Unzufriedenheit über die Gesamtrichtung der gesellschaftlich-politischen Entwicklung) oder aktive Revolutionierung (mit dem Ziel durchgreifender Umgestaltung) waren strategische Alternativen, für die es – aus konservativer Sicht – jeweils gute Gründe gab, die auch von Gruppen innerhalb der konservativen Bewegung vertreten wurden, zwischen denen sich die Gesamtbewegung aber nicht zu entscheiden vermochte, weil es letztlich keine Auflösung dieser Gegensätze geben konnte. Inhaltlich lautete der Zielkonflikt Restauration oder Revolution, Wiederherstellung der monarchischen Ordnung bzw. – ersatzweise – eines autoritären Präsidialsystems oder Fortschreiten zu einer Ordnung, die mit der Volksgemeinschaft die Massengesellschaft akzeptiert und mit dem totalen Staat die Trennung von gesellschaftlicher und staatlicher Sphäre aufhebt und Staat bzw. Nation zu imperialer Politik stark macht.

Das konservative Dilemma bestand also in dem Spannungsverhältnis zwischen alten Bindungen und neuen Notwendigkeiten, das weder auf der Ebene der Ziele noch auf derjenigen der Organisations- und Aktionsmittel auflösbar war. Erst die NS-Bewegung, die mit Antikapitalismus bzw. Volksgemeinschaftsparolen an die Massen appellierte und mit ihrer totalitären Organisationspraxis Honoratiorenstil und Soldatenspielerei der Konservativen hinter sich ließ, überwand dieses Dilemma (allerdings auf Kosten einiger konservativer Werte).

Ohne die Vorarbeit der konservativen Bewegung wäre sie allerdings nicht erfolgreich gewesen.

Die zweite Radikalisierungsphase wurde mit der Gründung der Vaterlandspartei 1917 eingeleitet. Durch Hintanstellen innenpolitischer (Parlamentarisierung und Demokratisierung) bzw. interessenpolitischer Probleme (sozioökonomische Verteilungsfragen) und durch Forcierung eines nationalen Imperialismus als Integrationsideologie wurde die potentielle Reichweite vergrößert: die Integration des Gesamtspektrums konservativer Parteien und Verbände erschien möglich, ebenso wie die Einbeziehung von Arbeitern und Angestellten. Der sich abzeichnende »neue Typus einer Massenbewegung von rechts« (Stegmann 1983b: 219) scheiterte. Der Kapp-Putsch von 1920 baute auf starker personeller Kontinuität zum Führungspersonal der Vaterlandspartei auf, hatte aber schon aufgrund unzureichender Unterstützung durch Militär und Massen keine Chance. Die Deutschnationale Volkspartei trat als *die* konservative Sammelpartei der Weimarer Republik auf, scheiterte aber langfristig an ihrer inneren Heterogenität bzw. der Nichtbewältigung des strategischen Dilemmas. Flügelkämpfe, Richtungswechsel und Abspaltungen, die diese Partei im Spannungsverhältnis von Staat, ökonomischem Interesse und sozialer Bewegung begleiteten, waren Ausdruck davon.

Ein Gesamtbild der konservativen Bewegung in ihrer zweiten Radikalisierungsphase hätte neben der DNVP agrarische und z.T. mitttelständische Interessenverbände, völkische Agitationsverbände, Wehrverbände und Ideologen bzw. Grüppchen der konservativen Revolution zu berücksichtigen. Blieb bei den Nationalrevolutionären die Revolution Theorie, so zeigte sich die Radikalisierung der Praxis – vom Verbalradikalismus Hugenbergscher Deutschnationaler abgesehen – am stärksten in Grenzbereichen des Konservatismus, in den direkten Aktionen und der basisnahen Massenagitation kleinbäuerlicher und -bürgerlicher Interessenvertretung vom Ende der 20er Jahre bis 1932/33 (Landvolkbewegung etc.). Diese »elementare Basismobilisierung, ... die bei den Bauern und beim gewerblichen Kleinbürgertum den eigentlichen Radikalisierungsprozeß gegen Ende der Weimarer Republik ausmachte« (Bergmann/Megerle 1982: 421), entfremdete sie ihren Organisationen und führte sie – über den konservativen Einzugsbereich hinausgehend – zur NS-Bewegung.

Zur konservativen Bewegung und ihrem Umfeld in Deutschland vgl. u.a. Bergmann/Megerle 1982, Eley 1980, Flemming 1983, Fricke et al. 1968–70, Heberle 1963, Puhle 1973, 1975a, 1975b, 1979, 1983, Schumann 1974, Sontheimer 1962, Stegmann 1983, Stegmann et al. 1983, Winkler 1979b.

4 Vgl. u.a. Evans 1976, Greven-Aschoff 1981, Schenk 1980, Twellmann 1976.

5 Vgl. u.a. Chickering 1975, Grünewald 1979, Scheer 1983.

6 Vgl. u.a. Frecot 1976, Krabbe 1974, Linse 1983.

7 Vgl. u.a. Aufmuth 1979, Giesecke 1981, Gillis 1980, Laqueur 1978, Neuloh/Zilius 1982, Nipperdey 1976a.

8 Zum Bewegungsaspekt vgl. u.a. Feldmann et al. 1972, Geary 1983, Kolb 1978, 1984, Mommsen, W.J. 1978, Rürup 1968, Winkler 1979a.

9 Der Idealtyp totalitärer Bewegung erfaßt einige Gemeinsamkeiten vor

allem der Mobilisierungs- und Aktionspraxis (bzw. zugrundeliegender Orientierungen) bei fortbestehender Unterschiedlichkeit der Ziele/Ideologien und der Sozialstruktur bzw. Interessen. Die in Frage kommenden Bewegungen lassen sich als »totalitär« klassifizieren, müssen aber gleichzeitig – außerhalb dieser Begrifflichkeit – als kommunistische und faschistische in ihren unterschiedlichen sozialen, ideologischen und historischen Kontexten gesehen werden. Faschistische Bewegung ist also in vielerlei (aber nicht in jeder) Hinsicht etwas ganz anderes als kommunistische Bewegung.
Die Thematisierung als »Phase totalitärer Bewegungen« bringt zum Ausdruck, daß diese das Signum einer Epoche bildeten, insofern sie die Dynamik des Bewegungssystems wesentlich bestimmten und – wie in Deutschland – Regimebildung gelang. Das schließt nicht aus, daß totalitäre Elemente historisch früher auftauchten (Moore 1966 z.B. sieht sie bereits in vorindustriellen Gesellschaften) und daß sie – in z.T. gewandelter Form – fortexistieren. Die Variabilität des Phänomens bleibt bei der historischen Feinanalyse zu beachten. Totalitäre Bewegungen entstehen durch einen allmählichen Übergang aus traditionellen Mobilisierungs- und Aktionsformen, sie umfassen auch bei ihrer stärksten Ausprägung nicht-totalitäre Elemente und sie können sich – wo sie nach 1945 fortwirkten – in gewissem Umfang »enttotalisieren«. Was als Reaktion auf spezifische Umweltverhältnisse zunächst aus rein taktischen Motiven zu »angepaßtem Faschismus« (Niethammer 1969) oder zu »angepaßtem Kommunismus« führt, kann mit längerer Lebensdauer durchaus ein Sozialgebilde eigener Art darstellen, bei dem sich totalitäre Elemente mit solchen des sozialen Protests oder der Sozialreform seltsam mischen.
Die Totalitarismus-Forschung ist nicht ergiebig für eine Analyse totalitärer Bewegung in der Kampfphase. Sie befaßt sich ganz überwiegend mit dem totalitären Regime. Im strengen Sinne wäre eine Theorie totalitärer Bewegung, die zwischen Kampf- und Regimephase zu differenzieren hätte, erst noch zu entwickeln. Zum Gesamtkomplex vgl. u.a. Arendt 1958, Seidel/Jenkner 1974, Schlangen 1976.
Zur historisch-empirisch übergreifenden Einordnung totalitärer Bewegungen vgl. jüngst Bracher 1979b. Für die NS-Bewegung vgl. u.a. Bracher 1979a, Broszat 1969, 1983, Horn 1972, Kocka 1980, Nolte 1966, Wippermann 1983. Für die kommunistische Bewegung vgl. u.a. Flechtheim 1969, Weber, H. 1969, 1983.

10 Zu bewegungsrelevanten Rahmenbedingungen und Protestbewegungen der westdeutschen Nachkriegsentwicklung vgl. Brand et al. 1983, S. 39–54. Für den Protest gegen die Wiederbewaffnung vgl. Otto 1981. Für die Anti-Atomtod-Bewegung vgl. vor allem Rupp 1970. Zur Frage des »Endes« der Arbeiterbewegung vgl. u.a. Ebbighausen/Tiemann 1984 und Niethammer 1979.

11 Zur Ostermarschbewegung vgl. Buro 1977 und Otto 1977. Aus der breiten Literatur zur Studentenbewegung seien herausgegriffen: Allerbeck 1973, Bock 1976, Fichter/Lönnendonker 1977, Habermas 1969, Krause et al. 1980. Die besten Überblicke zu den neuen sozialen Bewegungen finden sich bei Brand et al. 1983 und Roth 1985.

12 Verschiedentlich finden sich in der Literatur Unterscheidungen zwischen

sozialen und politischen Bewegungen. Durch die hier vorgeschlagene definitorische Festlegung auf Veränderung wichtiger gesamtgesellschaftlicher Strukturen ist jede soziale Bewegung zugleich »politische« Bewegung, durch ihre Verankerung in gesellschaftlichen Widersprüchen ist jede politische Bewegung immer auch soziale Bewegung. Letztlich liegt solchen Unterscheidungsversuchen ein enger Politikbegriff zugrunde, der gerade bei einer so offenen Form wie der der sozialen Bewegung Fragen verbaut.

13 Zur sozialen und politischen Modernisierung vgl. – außer den im Text genannten Titeln – u.a. Flora 1974, 1981, Flora et al. 1983, Fürstenberg 1972, Lepsius 1977, Neuloh 1972, Wehler 1975, Zapf 1971.

14 Zu sozialhistorisch übergreifender Literatur vgl. u.a. Aubin/Zorn 1976, Conze/Lepsius 1983, Henning 1977, Kern 1976b, Wehler 1979, Wiegand/Zapf 1982. Vgl. auch die Literatur zur nachindustriellen Gesellschaft in Anm. 35.

15 Die Konflikttypologie von Lipset/Rokkan (1967) reicht aus, um die wichtigsten Parteigründungen aus der Frühphase der westeuropäischen Parteiensysteme und die sozialen Bewegungen, soweit sie mit diesen verbunden sind, zu erfassen. Damit sind aber selbst für diesen Zeitraum nicht alle relevanten Bewegungen abgedeckt.
Zu problemtypologischen Systematisierungen vgl. u.a. Binder et al. 1971, Flora 1974, 1981, LaPalombara/Weiner 1966, Pye/Verba 1965, Rostow 1971, Tilly, Ch. 1975.
Der von mir in anderem Zusammenhang verwendete Paradigma-Ansatz betont die strategische Perspektive von Akteuren bei der Bearbeitung von Problemkomplexen. Er ist zudem übergreifend für verschiedene Problemkomplexe und kann sich wandeln in bezug auf einen einzelnen Problembereich (z.B. von der Herrschafts- zur Verteilungsperspektive hinsichtlich sozioökonomischer Fragen). Obwohl aufeinander bezogen, können der paradigmatische und der problemtypologische Ansatz analytisch unterschieden werden.

16 Infratest 1980 ist m.W. die erste Studie in Deutschland, die bei der Untersuchung eines (Teil-)Potentials sozialer Bewegung mit einem Ansatz relativer Deprivation und der Befragungs-Methode gearbeitet hat.

17 Eine jüngere scharfsinnige Kritik des Konzepts (Gurney/Tierney 1982) vermag keine Alternativen vorzuschlagen.

18 Die Unterscheidung zwischen Wert- und Realitätswandel ist eine sprachliche Zuspitzung. Sie impliziert nicht, daß Wertwandel nicht auf Realitätsveränderungen zurückgeführt werden kann. Damit soll verdeutlicht werden, daß ein durch Sozialisation induzierter Wertwandel (wie z.B. in den Untersuchungen von Inglehart) nicht die einzige Bedingung für eine soziale Bewegung ist.

19 Intellektuelle sind natürlich nicht die einzige Ursache für die Radikalisierung sozialer Bewegungen. Die abwägenden, hinsichtlich des Intellektuelleneinflusses eher skeptischen Darlegungen von Geary 1983: 46 ff. überbetonen m.E. die Unterscheidung zwischen allgemeiner Ideologie und spezifischer Theorie (nur diese schreibt er den Intellektuellen zu) und unterschätzen die Bedeutung von Intellektuellen für die Stabilisierung mit ideellen Mitteln.

20 Mobilisierungsfragen bilden einen Schwerpunkt der US-amerikanischen Bewegungsforschung. Zusätzlich zu den im Text genannten Arbeiten sei noch

verwiesen auf Albritton 1979, Barb et al. 1975, Curtis/Zurcher 1973–74, 1974, Ekland-Olson et al. 1980, Granovetter 1973, Harrison 1977, Jenkins 1983, McCarthy/Zald 1973, Oliver 1980, Walsh 1978, Zald/McCarthy 1980.

21 Ein positives Beispiel für die enge Anlehnung sozialpsychologischer Überlegungen an soziologisch erfaßbare Strukturen und Prozesse bieten Zurcher/Snow 1981.

22 »Assoziation« ist ein abkürzender Begriff für den dezentral-partizipativen Organisationstyp. Daß Assoziation im 19. Jahrhundert als Synonym mit »Verein«, später mit »Genossenschaft« verwendet wurde und heute noch die Vorstellung unbürokratisch- solidarischer Organisationsform nahelegt, kommt auch dem Kern der Sache nahe.

23 Zusätzlich zu der in Anm. 1 genannten Literatur sei verwiesen auf Boldt 1971, Botzenhart 1977, Dann 1976, Foerster 1982, Habermas 1965, Langewiesche 1978, Nipperdey 1976b, Schneider 1966, Wurzbacher 1972.

24 Zusätzlich zu der in Anm. 2 genannten Literatur vgl. Engelhardt 1977, Geary 1976, Groh 1973, Kohl 1982, Langewiesche/Schönhoven 1981, Limmer 1976, Mayer, E. 1973, Mayer, G. 1969, Mommsen 1974, Na'aman 1969, 1975, 1976, Nettl 1965, Nipperdey 1961, Offermann 1979, Renzsch 1980, Ritter 1963, Schorske 1981, Schröder 1978.

25 Vgl. u.a. Beywl 1982, Beywl/Brombach 1984, Brand et al. 1983, Guggenberger/Kempf 1984, Gusfield 1981, Hobsbawm 1978, Huntington 1974, Jenkins 1983, Klotzsch/Stöss 1984, Mayer-Tasch 1981, Melucci 1981, Nelles/Beywl 1983, Raschke 1983, Rucht 1984b.

26 Zur Rätediskussion vgl. u.a. Bermbach 1973, die Forschungsstandbilanz der Arbeitsgruppe »Räte als politisches Organisationsprinzip« (Anweiler, Lösche, Gottschalch, Rabehl, Bermbach, Fijalkowski), in: Probleme der Demokratie heute 1970 und Kevenhörster 1974.

27 Zum Problem der Demobilisierung vgl. vor allem Oberschall 1973.

28 Zu Aktionsformen sozialer Bewegungen in der vorindustriell- modernisierenden Phase vgl. Best 1982, Boldt 1971, Geary 1983, Husung 1983, Lüdtke 1977, Nipperdey 1983, Rudé 1979, Rupieper 1978, Schieder, W. 1982, Thielbeer 1983, Tilly, Ch. 1977, Tilly, Ch. et al. 1975, Tilly, L.A./Tilly, Ch. 1981, Tilly, R. 1980a und b.

29 Die Literatur, die – auch – auf Aktionsformen sozialer Bewegungen während der industriellen Phase eingeht, ist breit. Vgl. u.a. Bessel 1977, Bergmann/Megerle 1982, Bock 1969, 1976, Feldmann et al. 1972, Geary 1976, 1983, Groh 1973, Grunenberg 1970, Haupt et al. 1981, Kocka 1978, Laufenberg 1976, Lorwin 1931, Lucas 1976, Ludewig 1978, Ludewig/Pollmann 1983, Merkl 1982, Mommsen, H. 1966, 1974, Mommsen, W.J. 1978, Osterroth/Schuster 1975, Ritter 1980, Rohe 1966, Röpke 1926, Rosenhaft 1977, 1982, Schorske 1981, Schuster 1975, Southern 1982, Tilly, Ch. 1977, Tilly, Ch. et al. 1975, Tilly, L.A./Tilly, Ch. 1981, Tilly, R. 1980. Zur Sozialgeschichte der hier nicht behandelten Arbeitskämpfe (»wirtschaftliche Streiks«) vgl. Tenfelde/Volkmann 1981.

30 Zu den Aktionsformen nachindustrieller Bewegungen vgl. Brand et al. 1983, Carter 1973, Cobler et al. 1983, Ebert 1978, Etzioni 1970, Fuchs 1984, Glotz

1983, Guggenberger/Offe 1984, Jochheim 1984, Vester 1965. Vgl. auch die Literatur in den Anm. 25 und 34.

31 Die folgenden Überlegungen sind angelehnt an Turner/Killian 1972: 293 f. und Freeman 1979. Ausführlicher wurden einige dieser Gesichtspunkte bereits bei den Erklärungszusammenhängen des Aktions-Kapitels angesprochen.

32 Zur aktuellen Diskussion sozialen bzw. politischen Lernens vgl. u.a. Krieger 1983, Oelkers 1984, Peccei 1980. Mit einem theoretisch nicht explizierten Lernkonzept arbeiten z.B. die Bewegungsanalysen von Buro 1977 und Vester 1970.

33 Zur Arbeiterbewegungskultur vgl. u.a. Emig 1980, Guttsman 1981, Kocka 1979, Langewiesche 1981, 1982, de Man 1926, Ritter 1979, von Rüden 1981, von Rüden/Koszyk 1981, Rühle 1970–77, Vester 1976, van der Will/Burns 1982, Wunderer 1980, Zimmer 1984.

34 Vgl. – neben den Beiträgen über neue soziale Bewegungen in den Tagungsbänden Falter et al. 1984, Grottian/Nelles 1983, Hartwich 1983 – die empirischen Gesamtdarstellungen bei Brand et al. 1983 und Brand 1985. Zur Darstellung und Einschätzung von Erklärungsansätzen vgl. u.a. Brand 1982, Nelles/Beywl 1983, Roth 1983. Zu einflußreichen theoretischen Deutungen vgl. u.a. Habermas 1981, Melucci 1980, 1981, Touraine 1976a, 1976b, 1982. Vgl. jetzt auch als Synthese verschiedener Ansätze Nelles 1984.

35 Als jüngere Zwischenbilanz der Diskussion vgl. Badham 1984. Grundlegend immer noch Bell 1975, 1976. Kritik an Bell u.a. bei Gershuny 1981, Gross 1983, Kern 1976a. Linke Varianten der Postindustrialismus-Theorie bei Block/Hirschhorn 1979, Gorz 1980, 1983, Melucci 1980, 1981, Touraine 1972 (ff.). Wichtige, mit der Ausweitung des Dienstleistungssektors zusammenhängende Fragen werden erörtert u.a. bei Gartner/Riessman 1978, Gross 1983, Offe 1984.

Der Begriff nachindustrielle Gesellschaft ist wie die meisten Begriffe, die komplexe Gesellschaften zu charakterisieren versuchen, ein Verlegenheitsbegriff. Er vermag lediglich ein Merkmal hervorzuheben: den Bedeutungsverlust von Industrie bzw. industrieller Arbeit. Dabei wird vor allem gedacht an die Verschiebung zur Dienstleistungs- und Wissensgesellschaft. Der Begriff sagt nicht, was selbstverständlich ist: daß die Gesellschaft kapitalistisch bleibt und daß sie einen relevanten industriellen Sektor behält. Kapitalismus prägt sich in dieser Entwicklungsphase als industrielle Dienstleistungsgesellschaft auf hohem technologischen Niveau aus.

Vielfältige Defizite und offene Fragen bleiben.

Auch wenn man – wie hier versucht – die Sozialstruktur in den Mittelpunkt des Konzepts nachindustrieller Gesellschaft rückt, bedarf die Beschreibung größerer Komplexität. Nicht immer mehr Dienstleistungsarbeit erweist sich als das Kennzeichnende. Die Freisetzung von Arbeitskraft aus dem Bereich industrieller Arbeit aufgrund technologischer bzw. Produktivitätsfortschritte – der Kern des Wandels – führt sowohl zur Vermehrung von Dienstleistungsarbeit wie von Arbeitslosigkeit und Eigenarbeit. Gleichzeitig bringen die technologischen Veränderungen im industriellen Sektor, die in den klassischen Postindustrialismus-Theorien auffällig vernachlässigt wurden, auch neue Strukturen industrieller Arbeit hervor (vgl. Kern/Schumann 1984). Insgesamt kommt es zur Ausdifferenzierung und Segmentierung der Klassen- und Schichtenstruktur, die durch neue Spaltungslinien geprägt werden (Zweidrittelgesellschaft, segmentierter Arbeitsmarkt etc.). Industrielle Arbeit und Dienstleistungsarbeit ebenso wie die korrespondierenden, hypothetischen Konstrukte einer »Rationalität der industriellen Warenproduktion« und einer spezifischen Rationalität 'reflexiver' Dienstleistungsarbeit« (Offe 1984) bedürfen in sich weiterer Differenzierung, soll mit ihnen eine Annäherung an Interessenlagen und arbeitsinduzierte Mentalitäten erreicht werden.

Wie postindustrielle Gesellschaft nur eine Fortentwicklung kapitalistischer Industriegesellschaft darstellt, ist auch ihre Theorie verwiesen auf eine Fortschreibung der für die älteren Elemente gültigen Theorieansätze. Selbstverständlich determiniert die postindustrielle Sozialstruktur auch nicht die anderen Elemente des Gesellschaftssystems. Wie die kapitalistischen Produktionsverhältnisse, so bleiben auch die staatlichen Grundfunktionen der Sicherung und Steuerung kapitalistischer Ökonomie erhalten. Insofern muß keine grundlegend neue Staatstheorie entworfen, sondern kann an ältere Ansätze staatstheoretischer Analyse angeknüpft werden. Was sich – neben den in Abschnitt 7. genannten Momenten – ändert, betrifft, um einige Beispiele zu nennen, folgende Fragen. Wieweit kommt es zur Akzentuierung bestimmter Staatsaufgaben (z.B. Bildungs-, Wissenschafts-, Forschungs-, Technologiepolitik etc.)? Treten Verschiebungen der politischen Elite z.B. zugunsten der technisch-administrativen Intelligenz ein? In welchem Umfang findet die institutionalisierte Einbeziehung externen wissenschaftlichen Sachverstands statt und was bedeutet sie für Entscheidungsprozesse? Wie ist das Verhältnis von Fremd- und autonomer Eigensteuerung in der – sowohl durch ökonomische Funktionserfordernisse wie durch Selbsterhaltungsinteressen des Staates bedingten – engen, z.T. symbiotischen Wechselbeziehung von Staat und Ökonomie? Welche Auswirkungen hat die Verstärkung der staatlich-ökonomischen Penetration in den lebensweltlichen Bereich, die umfassender geworden ist und ein höheres Kontroll- und Manipulationspotential aufweist?

Es fehlt der Theorie postindustrieller Gesellschaft bisher sowohl an einer genügenden Herausarbeitung von Kontinuitätslinien wie an konsistenter Interpretation des inneren Zusammenhangs verschiedener Elemente (Ökonomie, Staat, Sozialstruktur, Wertsystem etc.). Darüberhinaus weist das Postindustrialismuskonzept bisher deutliche Defizite hinsichtlich einer Erklärung der beschriebenen Wandlungsvorgänge auf. Das gilt schon für den sozialstrukturellen Wandel, der nicht einfach aus ökonomischen Prozessen abgeleitet werden kann (z.B. ist hinsichtlich der Bildungsexpansion ein mindestens teilautonomer staatlicher Ursachenanteil zu berücksichtigen), und noch mehr für die Triebkräfte postindustriellen Gesellschaftswandels im Ganzen. Da schon die empirisch kontrollierte Erklärung sektoralen Wandels außerordentliche Probleme bereitet (vgl. die vorzüglichen Arbeiten von Lutz 1979 zur Bildungsexpansion und von Offe 1984 zur Expansion von Dienstleistungsarbeit), ist die Aufgabe einer differenzierenden Erklärung des Gesamtprozesses wohl nur schwer zu lösen.

36 Zur Sozialstruktur der neuen sozialen Bewegungen bzw. der Grünen Partei vgl. Brand et al. 1983, Bürklin 1984a, 1984b, Feist et al. 1984, Fogt 1983,

Fogt/Uttitz 1984, Hallensleben 1984, Küchler 1983, 1984, Schmidt, M.G. 1984, Veen 1984.

37 Es gibt in der Literatur zahlreiche Hinweise, die auf soziokulturelle Identität als Großthema der neuen sozialen Bewegungen hinauslaufen. Vgl. u.a. Berger et al. 1975, Dreitzel 1976, Habermas 1981, Melucci 1980, 1981, Touraine 1972 ff.

38 Zur Affinität der primären Trägergruppen der neuen Bewegungen zu Fragen soziokultureller Identität vgl. u.a. Gartner/Riessman 1978, Gouldner 1980.

39 Vgl. zusätzlich zu der in diesem Abschnitt und in Anm. 37 genannten Literatur zu Fragen der Identitätskrise, soweit sie für die neuen Bewegungen von unmittelbarer Bedeutung ist, Beck 1983 und Schülein 1983. Vgl. auch Kap. 7.3.3.

40 Zur strukturellen Schwäche des politischen Vermittlungssystems vgl. u.a. Moody 1983, Offe 1980, Raschke 1983.

41 Zu Stellenwert, Problemen und Grenzen alternativer Ökonomie und kommunitärer Lebensformen vgl.
a)für die aktuelle Diskussion u.a.: Beywl/Brombach 1984, de Gijsel/Seifert-Vogt 1984, Gretschmann 1983, Huber 1980, Müschen 1982, Personn/Tiefenthal 1984,
b)zu Siedlungsgemeinschaften von Lebensreform- und Jugendbewegung u.a. Linse 1983, Schmidt, R. 1984.
Zu Beschreibung und Begründung »gelebter Utopien« vgl. von Gizycki 1983, von Gizycki/Habicht 1978.

42 Auf der politischen Ebene in der BRD am ausgeprägtesten bei Bahro 1984a und b. Touraine reserviert schon den Begriff »soziale Bewegungen« für solche Bewegungen, die die Einheit macht- und kulturorientierter Ziele anstreben und betont »die Schwäche nur kulturell definierter Gegenbewegungen« (Touraine 1983: 96). Eine explizite Auseinandersetzung mit diesen Positionen muß einer anderen Gelegenheit vorbehalten werden.

43 Zur Kennzeichnung der Realität des NS- Regimes unter Einbeziehung der soziokulturellen Dimension vgl. u.a. Matzerath/Volkmann 1977, Peukert 1982, Schäfer 1981.

44 Zur jüngeren sozialwissenschaftlichen Diskussion über die Alternative Revolution oder Reformismus unter Bedingungen fortgeschrittener kapitalistischer Industriegesellschaft vgl. u.a. Bussiek 1971, Gorz 1970, Kumar 1976, Löwenthal 1981, von Oertzen 1984.

Literaturverzeichnis

Aberle, D.F. 1966: The Peyote Religion Among the Navaho, Chicago
Agnoli, J. 1967: Die Transformation der Demokratie, Berlin
Albritton, R.B. 1979: Social Amelioration through Mass Insurgency? A Reexamination of the Piven and Cloward Thesis, in: American Political Science Review, Vol. 73, S. 1003–1011
Allerbeck, K.R. 1973: Soziologie radikaler Studentenbewegungen, München/Wien
Alter, P. 1985: Nationalismus, Frankfurt
Arendt, H. 1958: Elemente totaler Herrschaft, Frankfurt
Ash, R. 1972: Social Movements in America, Chicago
Aubin, H./Zorn, W. (Hg.) 1976: Handbuch der deutschen Wirtschafts- und Sozialgeschichte, Bd. 2, Stuttgart
Aufmuth, U. 1979: Die deutsche Wandervogelbewegung unter soziologischem Aspekt, Göttingen
Aveni, A.F. 1978: Organizational Linkages and Resource Mobilization: The Significance of Linkage Strength and Breadth, in: The Sociological Quarterly, Vol. 19, S. 185–202
Badham, R. 1984: The Sociology of Industrial and Post-Industrial Societies, in: Current Sociology, Vol. 32, S. 1–141
Bahro, R. 1984a: Hinein oder hinaus? Wozu steigen wir auf?, Rede auf der Bundesdelegiertenkonferenz der Grünen in Hamburg, 7.–9.12.1984, Man.
– 1984b: Pfeiler am anderen Ufer, Berlin
Balser, F. 1962: Sozial-Demokratie 1848/49–1863, 2 Bde., Stuttgart
Banks, J.A. 1972: The Sociology of Social Movements, London/Basingstoke
Barb, K.H. et al. 1975: Voluntary Association Membership and Political Participation: An Exploration of the Mobilization Hypothesis, in: The Sociological Quarterly, Vol. 16, S. 305–318
Barkan, S.E. 1979: Strategic, Tactical and Organizational Dilemmas of the Protest Movement Against Nuclear Power, in: Social Problems, Vol. 27, S. 19–37
Barnes, S.H./Kaase, M. et al. 1979: Political Action: Mass Participation in Five Western Democracies, Beverly Hills
Beck, U. 1983: Jenseits von Klasse und Stand?, in: R. Kreckel (Hg.): Soziale Ungleichheiten (Soziale Welt, Sonderband 2), Göttingen, S. 35–74
Bell, D. 1975: Die nachindustrielle Gesellschaft, Frankfurt/New York
– 1976: Die Zukunft der westlichen Welt, Frankfurt

Berger, P.L. et al. 1975: Das Unbehagen in der Modernität, Frankfurt/New York
Bergmann, J./Megerle, K. 1982: Gesellschaftliche Mobilisierung und negative Partizipation, in: P. Steinbach (Hg.): Probleme politischer Partizipation im Modernisierungsprozeß, Stuttgart, S. 376–437
Bermbach, U. 1973: Theorie und Praxis der direkten Demokratie, Opladen
Bessel, R. 1977: Militarismus im innenpolitischen Leben der Weimarer Republik: Von den Freikorps zur SA, in: K.-J. Müller/E. Opitz (Hg.): Militär und Militarismus in der Weimarer Republik, Düsseldorf, S. 193–222
Best, H. 1982: Organisationsbedingungen und Kommunikationsstrukturen politischer Partizipation im frühindustriellen Deutschland, in: P. Steinbach (Hg.): Probleme politischer Partizipation im Modernisierungsprozeß, Stuttgart 1982
Beyme, K. von 1973: Empirische Revolutionsforschung, Opladen
Beywl, W. 1982: Die Alternativpresse – ein Modell für Gegenöffentlichkeit und seine Grenzen, in: Aus Politik und Zeitgeschichte, B 45/82, S. 18–31
Beywl, W./Brombach, H. 1984: Neue Selbstorganisationen, in: Aus Politik und Zeitgeschichte, B 11/84, S. 15–19
Binder, L. et al. 1971: Crises and Sequences in Political Development, Princeton
Blaschke, J. (Hg.) 1980: Handbuch der westeuropäischen Regionalbewegungen, Frankfurt
Bloch, E. 1959: Das Prinzip Hoffnung, 3 Bde., Frankfurt
– 1962: Erbschaft dieser Zeit, Frankfurt
Block, F./Hirschhorn, L. 1979: New Productive Forces and the Contradictions of Contemporary Capitalism: A Post-Industrial Perspective, in: Theory and Society, Vol. 7, S. 363–395
Blumer, H. 1973: Soziale Probleme als kollektives Verhalten, in: Heinz/Schöber 1973, Bd. 2, S. 149–165
Bock, H.M. 1969: Syndikalismus und Linkskommunismus von 1918–1923, Meisenheim am Glan
– 1976: Geschichte des ‚linken Radikalismus' in Deutschland, Frankfurt
Boldt, W. 1971: Die Anfänge des deutschen Parteiwesens, Paderborn
Botzenhart, M. 1977: Deutscher Parlamentarismus in der Revolutionszeit 1848–1850, Düsseldorf
Bracher, K.D. 1979a: Die deutsche Diktatur, Frankfurt/Berlin/Wien, 6. erw. Aufl.
– 1979b: Europa in der Krise, Frankfurt/Berlin/Wien
Brand, K.-W. 1982: Neue soziale Bewegungen, Opladen
– (Hg.) 1985: Neue soziale Bewegungen in Westeuropa und USA, Frankfurt/New York
– et al. 1983: Aufbruch in eine andere Gesellschaft, Frankfurt/New York
Broszat, M. 1969: Der Staat Hitlers, München
Brym, R.J. 1980: Intellectuals and Politics, London
Bühl, W.L. 1983: Die »postindustrielle Gesellschaft«: Eine verfrühte Utopie?, in: Kölner Zeitschrift für Soziologie und Sozialpsychologie, 35. Jg., S. 771–780
Bürklin, W.P. 1984a: Ansatzpunkte einer sozialstrukturellen Verankerung der neuen sozialen Bewegungen, in: Falter et al. 1984, S. 566–579
– 1984b: Grüne Politik, Opladen
Buro, A. 1977: Die Entstehung der Ostermarsch-Bewegung als Beispiel für die Entfaltung von Massenlernprozessen, in: Friedensanalysen 4, S. 50–78

Büsch, O./Herzfeld, H. 1975: Die frühsozialistischen Bünde in der Geschichte der deutschen Arbeiterbewegung, Berlin
Bussiek, H. (Hg.) 1971: Wege zur veränderten Gesellschaft, Frankfurt
Bußmann, W. (Hg.) 1981: Europa von der Französischen Revolution zu den nationalstaatlichen Bewegungen des 19. Jahrhunderts, in: Handbuch der Europäischen Geschichte, Stuttgart, Bd. 5 (insbesondere S. 67–127, 456–482)
Carter, A. 1973: Direct Action and Liberal Democracy, London
Case, C.M. 1933: Leadership and Conjuncture, in: Sociology and Social Research, Vol. 17, S. 510–513
Chickering, R. 1975: Imperial Germany and a World without war, Princeton
Cobler, S. et al. (Hg.) 1983: Das Demonstrationsrecht, Reinbek
Cohn, N.R.C. 1972: The Pursuit of the Millennium: Revolutionary Millennarians and Mystical Anarchists of the Middle Ages, London
Cohn-Bendit, D. 1975: Der große Basar, München
Conze, W. 1976 a: Sozialgeschichte 1800–1850, in: Aubin/Zorn 1976, S. 426–494
– 1976 b: Sozialgeschichte 1850–1918, in: Aubin/Zorn 1976, S. 602–684
– /Lepsius, M.R. (Hg.) 1983: Sozialgeschichte der Bundesrepublik Deutschland, Stuttgart
Coser, L.A. 1970: Men of Ideas, New York
Curtis, Jr., R.L./Zurcher Jr., L.A. 1973–74: Stable Resources of Protest Movements: The Multi-Organizational Field, in: Social Forces, Vol. 52, S. 53–61
– 1974: Social Movements: An Analytical Exploration of Organizational Forms, in: Social Problems, Vol. 21, S. 356–370
Dann, O. 1976: Die Anfänge politischer Vereinsbildung in Deutschland, in: U. Engelhardt u.a. (Hg.): Soziale Bewegung und politische Verfassung, Stuttgart, S. 197–232
Davies, J.C. 1973: Eine Theorie der Revolution, in: von Beyme 1973, S. 185–204
Demandt, A. 1978: Metaphern für Geschichte, München
Deutsch, K.W. 1969: Politische Kybernetik, Freiburg
– 1971: Soziale Mobilisierung und politische Entwicklung, in: Zapf 1971, S. 329–350
Döbert, R./Nunner-Winkler, G. 1975: Adoleszenzkrise und Identitätsbildung, Frankfurt
Downs, A. 1972: Up and Down with Ecology – The „Issue-Attention Cycle", in: The Public Interest, No. 28, S. 38–50
Dreitzel, H.P. 1976: Der politische Inhalt der Kultur, in: A. Touraine et al.: Jenseits der Krise, Frankfurt S. 50–93
Duverger, M. 1959: Die politischen Parteien, Tübingen
Ebbighausen, R./Tiemann, F. 1984: Das Ende der Arbeiterbewegung in Deutschland?, Opladen
Ebert, Th. 1978: Gewaltfreier Aufstand, Waldkirchen, erg. Neuaufl.
Eichberg, H. 1975: Alternative Verhaltensnormen im Arbeitersport?, in: Sportwissenschaft, 5. Jg., S. 69–80
Eichler, M. 1977: Leadership in Social Movements, in: Sociological Inquiry, Vol. 47, S. 99–107

Ekland-Olson, S. et al. 1980: Social Networks and Social Movements: A Microstructural Approach to Differential Recruitment, in: The American Sociological Review, Vol. 45, S. 787–801
Eley, G. 1980: Reshaping the German Right, New Haven/London
Emig, B. 1980: Die Veredelung des Arbeiters, Frankfurt/New York
Engelhardt, U. 1977: »Nur vereinigt sind wir stark«: die Anfänge der deutschen Gewerkschaftsbewegung 1982/63–1869/70, 2 Bde., Stuttgart
Etzioni, A. 1970: Demonstration Democracy, New York/London/Paris
– 1975: Die aktive Gesellschaft, Opladen
Evans, R. 1976: The Feminist Movement in Germany 1894–1933, London
Falter, J. et al. (Hg.) 1984: Politische Willensbildung und Interessenvermittlung Opladen
Feist, U. et al. 1984: Die politischen Einstellungen von Arbeitslosen, in: Aus Politik und Zeitgeschichte, B 45/84, S. 3–17
Feldmann, G.D. et al. 1972: Die Massenbewegungen der Arbeiterschaft in Deutschland am Ende des Ersten Weltkrieges (1917–1920), in: PVS, 13. Jg., S. 84–105
Fichter, T./Lönnendonker, S. 1977: Kleine Geschichte des SDS, Berlin
Fischer, W. et al. 1982: Sozialgeschichtliches Arbeitsbuch Band I. Materialien zur Statistik des Deutschen Bundes 1815–1870, München
Flechtheim, O.K. 1969: Die KPD in der Weimarer Republik, Frankfurt (1948)
Flemming, J. 1983: Konservatismus als »nationalrevolutionäre Bewegung«, in: Stegmann et al., S. 295–331
Flora, P. 1974: Modernisierungsforschung, Opladen
– 1981: Stein Rokkans Makro-Modell der politischen Entwicklung Europas: Ein Rekonstruktionsversuch, in: Kölner Zeitschrift für Soziologie und Sozialpsychologie, 33. Jg., S. 397–436
– et al. 1983: State, Economy, and Society in Western Europe 1815–1975, Vol. I, Frankfurt/London/Chicago
Foerster, C. 1982: Der Preß- und Vaterlandsverein von 1832/33, Trier
Fogt, H. 1983: Die Grünen in den Parlamenten der Bundesrepublik, in: ZParl, 14. Jg., S. 500–517
– /Uttitz, P. 1984: Die Wähler der Grünen 1980–1983: Systemkritischer neuer Mittelstand, in: ZParl, 15. Jg., S. 210–226
Frecot, J. 1976: Die Lebensreformbewegung, in: K. Vondung (Hg.): Das wilhelminische Bildungsbürgertum, Göttingen, S. 138–152
Freeman, J. 1979: Resource Mobilization and Strategy: A Model for Analyzing Social Movement Organization Actions, in: J.D. McCarthy/M.N. Zald (eds.): The Dynamics of Social Movements, Cambridge, S. 167–189
Fricke et al. (Hg.) 1968–70: Die bürgerlichen Parteien in Deutschland, 2 Bde., Berlin
Fuchs, D. 1984: Die Aktionsformen der neuen sozialen Bewegungen, in: Falter et al. 1984: S. 621–634
Fuchs, W. 1973: Politische Stabilität, in: ders. et al. (Hg.): Lexikon zur Soziologie, Opladen, S. 647
Fürstenberg, F. 1972: Ein analytisches Modell zur soziologischen Theorie des 19. Jahrhunderts, in: W. Rüegg/O. Neuloh (Hg.): Zur soziologischen Theorie und

Analyse des 19. Jahrhunderts, Göttingen
Gall, L. (Hg.) 1980a: Liberalismus, Königstein, 2. erw. Aufl.
– 1980b: Liberalismus und »bürgerliche Gesellschaft«, in: ders. 1980a, S. 162–168
– 1984: Europa auf dem Weg in die Moderne 1850–1890, München/Wien
Galtung, J. 1971: Pluralismus und die Zukunft der menschlichen Gesellschaft, in: D. Senghaas (Hg.): Kritische Friedensforschung, Frankfurt
Gamson, W.A. 1968: Power and Discontent, Homewood
– 1975: The Strategy of Social Protest, Homewood
– 1980: Understanding the Career of Challenging Groups: A Commentary on Goldstone, in: American Journal of Sociology, Vol. 85, S. 1043–1060
Gartner, A./Riessmann, F. 1978: Der aktive Konsument in der Dienstleistungsgesellschaft, Frankfurt
Geary, D. 1976: The German Labour Movement 1848–1919, in: European Studies Review, Vol. 6., S. 297–330
– 1983: Arbeiterprotest und Arbeiterbewegung in Europa 1848–1939, München
Gerdes, D. (Hg.) 1980: Aufstand der Provinz, Frankfurt/New York
– 1984: »Verhalten« oder »Handeln«? Thesen zur sozialwissenschaftlichen Analyse sozialer Bewegungen, in: Falter et al. 1984, S. 645–654
Gerlach, L.P. 1970: Movements of Revolutionary Change, in: American Behavioral Scientist, Vol. 14, S. 812–836
– /Hine, V.H. 1970: People, Power, Change: Movements of Social Transformation, Indianapolis/New York
Gershuny, J. 1981: Die Ökonomie der nachindustriellen Gesellschaft, Frankfurt/New York
Giddens, A. 1979: Die Klassenstruktur fortgeschrittener Gesellschaften, Frankfurt
– 1983: Klassenspaltung, Klassenkonflikt und Bürgerrechte – Gesellschaft im Europa der achtziger Jahre, in: R. Kreckel (Hg.): Soziale Ungleichheiten (Soziale Welt, Sonderband 2), Göttingen, S. 15–33
Giesecke, H. 1981: Vom Wandervogel bis zur Hitlerjugend, München
Gijsel, P. de/Seifert-Vogt, H.-G. (Hg.) 1984: Schattenwirtschaft und alternative Ökonomie, Regensburg
Gillis, J.R. 1980: Geschicht der Jugend, Weinheim/Basel
Gizycki, H. von 1979: Fraternität: Notizen zur Sozialpsychologie alternativer Lebensformen, in: H. Klages/P. Kmieciak (Hg): Wertwandel und gesellschaftlicher Wandel, Frankfurt/New York, S. 639–651
– 1983: Arche Noah '84, Frankfurt
– /Habicht, H. 1978: Oasen der Freiheit, Frankfurt
Glotz, P. (Hg.) 1983: Ziviler Ungehorsam im Rechtsstaat, Frankfurt
– /Malanowski, W. 1982: Student heute, Reinbek
Goldstone, J.A. 1980: The Weakness of Organization: A New Look at Gamson's »The Strategy of Social Protest«, in: American Journal of Sociology, Vol. 85, S. 1017–1042
Gorz, A. 1970: Die Aktualität der Revolution, Frankfurt
– 1980: Abschied vom Proletariat, Frankfurt
– 1983: Wege ins Paradies, Berlin
Gouldner, A.W. 1980: Die Intelligenz als neue Klasse, Frankfurt/New York
Grab, W. 1973: Von Mainz nach Hambach, in: I. Geiss/B.J. Wendt (Hg):

Deutschland in der Weltpolitik des 19. und 20. Jahrhunderts, Düsseldorf, S. 50–69
Granovetter, M.S. 1973: The Strength of Weak Ties, in: American Journal of Sociology, Vol. 78, S. 1360–1380
Greene, Th.H. 1974: Comparative Revolutionary Movements, Englewood Cliffs
Gretschmann, K. 1983: Wirtschaft im Schatten von Markt und Staat, Frankfurt
Greven-Aschoff, B. 1981: Die bürgerliche Frauenbewegung in Deutschland 1894–1933, Göttingen
Groh, D. 1973: Negative Integration und revolutionärer Attentismus, Frankfurt/Berlin/Wien
– 1980: Zur Einführung, in: E.P. Thompson: Plebeische Kultur und moralische Ökonomie, Frankfurt/Berlin/Wien, S. 5–28
Gross, P. 1983: Die Verheißungen der Dienstleistungsgesellschaft, Opladen
Grossarth-Maticek, R. 1975: Revolution der Gestörten?, Heidelberg
Grottian, P./Nelles, W. (Hg.) 1983: Großstadt und neue soziale Bewegungen, Basel/Boston/Stuttgart
Grunenberg, A. (Hg.) 1970: Die Massenstreikdebatte, Frankfurt
Grünewald, G. 1979: Stimme der Völkerverständigung und der Humanität: Die Deutsche Friedensgesellschaft 1892–1933, in: Friedensanalysen 10, Frankfurt, S. 179–200
Guggenberger, B./Kempf, U. (Hg.): Bürgerinitiativen und repräsentatives System, 2. neubearb. und erw. Aufl., Opladen
Guggenberger, B./Offe, C. (Hg.) 1984: An den Grenzen der Mehrheitsdemokratie, Opladen
Gurney, J.N./Tierney, K.J. 1982: Relative Deprivation and Social Movements: A Critical Look at Twenty Years of Theory and Research, in: Sociological Quarterly, Vol. 23, S. 33–47
Gurr, T. 1972: Rebellion, Düsseldorf/Wien
Gusfield, J.R. 1981: Social Movements and Social Change: Perspectives of Linearity and Fluidity, in: Research in Social Movements, Conflict and Change, Vol. 4, S. 317–339
Guttsman, W.L. 1981: The German Social Democratic Party, 1875–1933, London
Habermas, J. 1965: Strukturwandel der Öffentlichkeit, Neuwied
– 1969: Protestbewegung und Hochschulreform, Frankfurt
– 1981: Theorie des kommunikativen Handelns, 2 Bde., Frankfurt
– 1983: Ziviler Ungehorsam – Testfall für den demokratischen Rechtsstaat, in: Glotz 1983, S. 29–53
– et al. 1961: Student und Politik, Neuwied/Berlin
Hallensleben, A. 1984: Von der Grünen Liste zur Grünen Partei?, Göttingen/Zürich
Harrison, M.I. 1977: Dimensions of Involvement in Social Movements, in: Sociological Focus, Vol. 10, S. 353–366
Hartwich, H.-H. (Hg.) 1983: Gesellschaftliche Probleme als Anstoß und Folge von Politik, Opladen
Häsing, H. et al. (Hg.) 1981: Narziß, ein neuer Sozialisationstypus?, Bensheim
Haupt, H.-G. et al. 1981: Der Politische Streik – Geschichte und Theorie, in: H.-G. Haupt et al. (Hg.): Politischer Streik, Frankfurt, S. 13–53

Heberle, R. 1963: Landbevölkerung und Nationalsozialismus, Stuttgart
– 1967: Hauptproblem der Politischen Soziologie, Stuttgart
Heinz, W.R./Schöber, P. (Hg.) 1973: Theorien kollektiven Verhaltens, 2 Bde., Darmstadt/Neuwied
Henning, H. 1977: Sozialgeschichtliche Entwicklungen in Deutschland von 1815 bis 1860, Paderborn
Hobsbawm, E.J. 1977: Revolution und Revolte, Frankfurt
– 1978: The Left and the Crisis of Organisation, in: New Society, Vol. 44, S. 63–66
– 1979: Sozialrebellen, Gießen
Hoffer, E. 1965: Der Fanatiker, Reinbek
Hohorst, G. et al. 1978: Sozialgeschichtliches Arbeitsbuch Band II. Materialien zur Statistik des Kaiserreichs 1870–1914, München, 2. Aufl.
Horn, W. 1972: Der Marsch zur Machtergreifung, Düsseldorf
Huber, J. 1980: Wer soll das alles ändern, Berlin
Huntington, S.P. 1974: Postindustrial Politics: How Benign will it be?, in: Comparative Politics, Vol. 6, S. 163–191
Husung, H.-G. 1983: Protest und Repression im Vormärz, Göttingen
Infratest 1978: Politischer Protest in der sozialwissenschaftlichen Literatur, Stuttgart/Berlin/Köln/Mainz
Infratest 1980: Politischer Protest in der Bundesrepublik Deutschland, Stuttgart/ Berlin/Köln/Mainz
Inglehart, R. 1977: The Silent Revolution, Princeton
Jäckel, E. 1981: Hitlers Weltanschauung, Stuttgart, erw. und überarb. Neuausg.
Jenkins, J.C. 1979: What is to be done: Movement or Organization?, in: Contemporary Sociology, Vol. 8, S. 222–228
– 1981: Sociopolitical Movements, in: S.L. Long (ed.): The Handbook of Political Behavior, Vol. 4, S. 81–153
– 1983: Resource Mobilization Theory and the Study of Social Movements, in: Annual Review of Sociology, Vol. 9, S. 527–553
– /Perrow, Ch. 1977: Insurgency of the Powerless: Farm Worker Movements (1946–1972), in: American Sociological Review, Vol. 42, S. 249–268
Jochheim, G. 1984: Die gewaltfreie Aktion, Hamburg
Jugend-81 1981, Bd. 1, Hamburg (Jugendwerk d. Dt. Shell)
Kaase, M. 1976: Bedingungen unkonventionellen politischen Verhaltens in der Bundesrepublik Deutschland, in: PVS, Sonderheft 7, hg. von P. Graf Kielmansegg: Legitimationsprobleme politischer Systeme, S. 179–216
Kern, H./Schumann, M. 1984: Das Ende der Arbeitsteilung?, München
Kern, L. 1976a: Einleitung, in: ders. 1976b, S. 9–76
– (Hg.) 1976b: Probleme der postindustriellen Gesellschaft, Köln
Kevenhörster, P. 1974: Das Rätesystem als Instrument zur Kontrolle politischer und wirtschaftlicher Macht, Opladen
Killian, L.M. 1964: Social Movements, in: R.E.L. Faris (ed.): Handbook of Modern Sociology, Chicago, S. 426–455
Klapp, O.E. 1969: Collective Search for Identity, New York

Klotzsch, L./Stöss, R. 1984: Die Grünen, in: R. Stöss (Hg.): Parteien-Handbuch, Bd. II, S. 1509–1598

Kmieciak, P. 1976: Wertstrukturen und Wertwandel in der Bundesrepublik Deutschland, Göttingen

Kocka, J. 1978: Klassengesellschaft im Krieg, Göttingen

– (Hg.) 1979: Arbeiterkultur im 19. Jahrhundert, in: GG, 5. Jg., H. 1

– 1980: Ursachen des Nationalsozialismus, in: Aus Politik und Zeitgeschichte, B 25/80, S. 3–15

Kohl, J. 1982: Zur langfristigen Entwicklung der politischen Partizipation in Westeuropa, in: P. Steinbach (Hg.): Probleme politischer Partizipation im Modernisierungsprozeß, Stuttgart, S. 473–503

Kolb, E. 1978: Die Arbeiterräte in der deutschen Innenpolitik 1918 bis 1919, Frankfurt/Berlin/Wien, 2. Aufl.

– 1984: Die Weimarer Republik, München/Wien

Kornhauser, W. 1959: The Politics of Mass Society, New York

Krabbe, W. 1974: Gesellschaftveränderung durch Lebensreform, Göttingen

Krause, C. et al. 1980: Zwischen Revolution und Resignation?, Bonn

Krieger, R. 1983: Politisches Lernen, in: E. Lippert/R. Wakenhut (Hg.): Handwörterbuch der Politischen Psychologie, Opladen, S. 255–267

Küchenhoff, K. 1966: Die geistesgeschichtliche Entwicklung der Vereins- und Versammlungsfreiheit, in: Vereinigungs- und Versammlungsfreiheit, hg. von der Niedersächsischen Landeszentrale für Politische Bildung, S. 9–46

Küchler, M. 1983: Die Anhänger der Friedensbewegung in der BRD – Einstellungsmuster, Wertorientierungen und sozialdemographische Verankerung, Man.

– 1984: Die Friedensbewegung in der BRD – Alter Pazifismus oder neue soziale Bewegung, in: Falter et al. 1984, S. 328–337

Kumar, K. 1976: Revolution and Industrial Society: An Historical Perspective, in: Sociology, Vol. 10, S. 245–269

Langewiesche, D. 1978: Die Anfänge der deutschen Parteien, in: GG, 4. Jg., S. 324–361

– 1981: Politik – Gesellschaft – Kultur. Zur Problematik von Arbeiterkultur und kulturellen Arbeiterorganisationen in Deutschland nach dem 1. Weltkrieg, in: Archiv für Sozialgeschichte, Bonn-Bad Godesberg, S. 359–402

– 1982: Die Gewerkschaften und die kulturellen Bemühungen der Arbeiterbewegung in Deutschland und Österreich (1890er bis 1920er Jahre), in: Internationale wissenschaftliche Korrespondenz zur Geschichte der deutschen Arbeiterbewegung, 18. Jg., S. 1–15

– 1983: Die deutsche Revolution 1848/49, Darmstadt

– /Schönhoven, K. (Hg.) 1981: Arbeiter in Deutschland, Paderborn

LaPalombara, J./Weiner, M. (eds.) 1966: Political Parties and Political Development, Princeton

Laqueur, W. 1978: Die deutsche Jugendbewegung, Köln

Lassalle, F. 1964: Offenes Antwortschreiben vom 1. März 1863, in: W. Mommsen (Hg.): Deutsche Parteiprogramme, München, 2. Aufl., S. 294–307

Lauer, R.H. (ed.) 1976: Social Movements and Social Change, Carbondale/ Edwardsville
Laufenberg, H. 1976: Der politische Streik, Berlin/Bonn-Bad Godesberg
Lehnert, D. 1983: Sozialdemokratie zwischen Protestbewegung und Regierungspartei 1818–1983, Frankfurt
Lepsius, M.R. 1966: Parteiensystem und Sozialstruktur: zum Problem der Demokratisierung der deutschen Gesellschaft, in: W. Abel et al. (Hg.): Wirtschaft, Geschichte und Wirtschaftsgeschichte, Stuttgart, S. 371–393
– 1977: Soziologische Theoreme über die Sozialstruktur der »Moderne« und die »Modernisierung«, in: R. Koselleck (Hg.): Studien zum Beginn der modernen Welt, Stuttgart, S. 10–29
Lerner, D. 1964: The Passing of Traditional Society, New York
– 1968: Modernization (I. Social Aspects), in: International Encyclopedia of the Social Sciences, Vol. 10, S. 386–395
Limmer, H. 1976: Die deutsche Gewerkschaftsbewegung, München/Wien
Linse, U. (Hg.) 1983: Zurück o Mensch zur Mutter Erde, München
Lipset, S.M. et al. 1962: Union Democracy, New York
Lipset, S.M./Rokkan, S. 1967: Cleavage Structures, Party Systems, and Voter Alignments: An Introduction, in: dies. (eds.): Party Systems and Voter Alignments: Cross-National Perspectives, New York/London, S. 1–64
Lipsky, M. 1968: Protest as a Political Resource, in: The American Political Science Review, Vol. 62, S. 1144–1158
Loreck, J. 1977: Wie man früher Sozialdemokrat wurde, Bonn-Bad Godesberg
Lorwin, L. 1931: Direct Action, in: Encyclopedia of the Social Sciences, New York, Vol. 5, S. 155–158
Löwenthal, R. 1981: Vom Ausbleiben der Revolution in den Industriegesellschaften, in: Historische Zeitschrift, Bd. 232, S. 1–24
Lucas, E. 1976: Zwei Formen von Radikalismus in der deutschen Arbeiterbewegung, Frankfurt
Ludewig, H.-U. 1978: Arbeiterbewegung und Aufstand, Husum
– /Pollmann, K.E. 1983: Zuviel Gewalt? – oder zu wenig? Gründe für das Scheitern der Weimarer Republik, in: J. Calließ (Hg.): Gewalt in der Geschichte, Düsseldorf, S. 131–157
Lüdtke, A. 1977: Praxis und Funktion staatlicher Repression: Preußen 1815–50, in: GG, 3. Jg., S. 190–211
Lutz, B. 1979: Die Interdependenz von Bildung und Beschäftigung und das Problem der Erklärung der Bildungsexpansion, in: J. Matthes (Hg.): Sozialer Wandel in Westeuropa, Frankfurt/New York, S. 634–670
Macpherson, C.B. 1967: Drei Formen der Demokratie, Frankfurt
Man, H. de 1926: Der Sozialismus als Kulturbewegung, Berlin
Marcuse, H. 1966: Repressive Toleranz, in: R.P. Wolff et al.: Kritik der reinen Toleranz, Frankfurt
Maren-Grisebach, M. 1982: Philosophie der Grünen, München/Wien
Marshall, T.H. 1977: Citizenship and Social Class, in: ders.: Class, Citizenship, and Social Development, Chicago/London, S. 71–134
Marx, G.T./Wood, J.L. 1975: Strands of Theory and Research in Collective Behavior, in: Annual Review of Sociology, Vol. 1, S. 363–428

Matzerath, H./Volkmann, H. 1977: Modernisierungstheorie und Nationalsozialismus, in: J. Kocka (Hg.): Theorien in der Praxis des Historikers, Göttingen, S. 86–102
Mayer, E. 1973: Theorien zum Funktionswandel der Gewerkschaften, Frankfurt
Mayer, G. 1969: Radikalismus, Sozialismus und bürgerliche Demokratie, Frankfurt
Mayer-Tasch, P.C. 1981: Die Bürgerinitiativbewegung, Reinbek, 4. Aufl.
Mayreder, R. 1925: Der typische Verlauf sozialer Bewegungen, Wien/Leipzig, 2. Aufl.
McCarthy, J.D./Zald, M.N. 1973: The Trend of Social Movements in America: Professionalization and Resource Mobilization, Morristown
– 1977: Resource Mobilization and Social Movements. A Partial Theory, in: American Journal of Sociology, Vol. 82, S. 1212–1241
Melucci, A. 1980: The New Social Movements: A Theoretical Approach, in: Social Science Information, Vol. 19, S. 199–226
– 1981: Ten Hypotheses for the Analysis of New Movements, in: D. Pinto (ed.): Contemporary Italian Sociology, Cambridge, S. 173–194
Merkl, P.H. 1982: Formen der nationalsozialistischen Gewaltanwendung: Die SA der Jahre 1925–1933, in: W.J. Mommsen/Hirschfeld 1982, S. 422–440
Miliband, R. 1972: Der Staat in der kapitalistischen Gesellschaft, Frankfurt
– 1977: Marxism and Politics, Oxford
Molotch, H. 1979: Media and Movements, in: M.N. Zald/J.D. McCarthy (eds.): The Dynamics of Social Movements, Cambridge, S. 71–93
Mommsen, H. 1966: Arbeiterbewegung, in: Sowjetsystem und Demokratische Gesellschaft, Bd. 1, Freiburg/Basel/Wien, Sp. 273–313
– (Hg.) 1974: Sozialdemokratie zwischen Klassenbewegung und Volkspartei, Frankfurt
Mommsen, W.J. 1978: Die deutsche Revolution 1918–1920, in: GG, 4. Jg., S. 362–391
– /Hirschfeld, G. (Hg.) 1982: Sozialprotest, Gewalt, Terror, Stuttgart
Moody, P.R. 1983: The Erosion of the Function of Political Parties in the Post-Liberal State, in: Review of Politics, Vol. 45, S. 254–279
Moore, B. 1966: Totalitäre Elemente in vorindustriellen Gesellschaften, in: ders.: Zur Geschichte der politischen Gewalt, Frankfurt, S. 30–84
– 1982: Ungerechtigkeit, Frankfurt
Morrison, D.E. 1971: Some Notes Toward Theory on Relative Deprivation, Social Movements, and Social Change, in: American Behavioral Scientist, Vol. 14, S. 675–690
Mosse, G.L. 1976: Die Nationalisierung der Massen, Frankfurt/Berlin
Müller, W. 1983: Wege und Grenzen der Tertiarisierung: Wandel der Berufsstruktur in der Bundesrepublik Deutschland 1950–1980, in: J. Matthes (Hg.): Krise der Arbeitsgesellschaft?, Frankfurt/New York, S. 142–160
Murphy, D. et al. 1981: Haben »links« und »rechts« noch Zukunft?, in: PVS, 22. Jg., S. 398–414
Müschen, K. 1982: »Lieber lebendig als normal!«, Bensheim
Na'aman, S. 1969: Demokratische und soziale Impulse in der Frühgeschichte der deutschen Arbeiterbewegung der Jahre 1862/63, Wiesbaden

– 1975: Die Konstituierung der deutschen Arbeiterbewegung 1862/63, Assen
– 1976: Von der Arbeiterbewegung zur Arbeiterpartei, Berlin
– 1979: Gibt es einen ‚Wissenschaftlichen Sozialismus‘?, Hannover
Naschold, F. 1969: Organisation und Demokratie, Stuttgart/Berlin/Köln/Mainz
Nelles, W. 1984: Gesellschaftliche Hintergründe für das Entstehen neuer Problemlagen und Organisationsprozesse im Reproduktionsbereich, in: W. Nelles/W. Beywl: Selbstorganisation: Alternativen für Verbraucher, Frankfurt/New York, S. 33–64
– /Beywl, W. 1983: Bürgerinitiativen und Selbsthilfegruppen, in: M. Irle (Hg.): Methoden und Anwendungen in der Marktpsychologie, Göttingen/Toronto/Zürich, S. 769–834
Nettl, J.P. 1965: The German Social Democratic Party 1890–1914 as a Political Model, in: Past and Present, No. 30, S. 65–95
– 1967: Political Mobilization: A Sociological Analysis of Methods and Concepts, London
Neuloh, O. 1972: Sozialer Wandel und Industrialisierung im 19. Jahrhundert, in: W. Rüegg/O. Neuloh (Hg.): Zur soziologischen Theorie und Analyse des 19. Jahrhunderts, Göttingen, S. 65–80
– /Zilius, W. 1982: Die Wandervögel, Göttingen
Neumann, S. 1965: Die Parteien der Weimarer Republik, Stuttgart (1932)
Neusüss, A. 1972: Einführung. Schwierigkeiten einer Soziologie des utopischen Denkens, in: ders. (Hg.): Utopie, Neuwied/Berlin, 2. Aufl., S. 13-112
Niethammer, L. 1969: Angepaßter Faschismus, Frankfurt
– 1979: Rekonstruktion und Desintegration: Zum Verständnis der deutschen Arbeiterbewegung zwischen Krieg und Kaltem Krieg, in: H.A. Winkler (Hg.): Politische Weichenstellungen im Nachkriegsdeutschland 1945–1953, Göttingen (GG: Sonderheft 5), S. 26–43
Nipperdey, Th. 1961: Die Organisation der deutschen Parteien vor 1918, Düsseldorf
– 1976a: Jugend und Politik um 1900, in: ders.: Gesellschaft, Kultur, Theorie, Göttingen, S. 338–359
– 1976b: Verein als soziale Struktur in Deutschland im späten 18. und frühen 19. Jahrhundert, in: ders.: Gesellschaft, Kultur, Theorie, Göttingen, S. 174–205
– 1983: Deutsche Geschichte 1800–1866, München
Nolte, E. 1966: Die faschistischen Bewegungen, München
Oberschall, A. 1973: Social Conflict and Social Movements, Englewood Cliffs
Oelkers, J. 1984: Neue Welt und altes Denken?, in: Aus Politik und Zeitgeschichte, B 34/84, S. 20-33
Oertzen, P. von 1984: Für einen neuen Reformismus, Hamburg
Offe, C. 1972: Strukturprobleme des kapitalistischen Staates, Frankfurt
– 1980: Konkurrenzpartei und kollektive politische Identität, in: R. Roth (Hg.): Parlamentarisches Ritual und politische Alternativen, Frankfurt/New York, S. 26–42
– 1984: »Arbeitsgesellschaft«: Strukturprobleme und Zukunftsperspektiven, Frankfurt/New York
Offermann, T. 1979: Arbeiterbewegung und liberales Bürgertum in Deutschland 1850–1863, Bonn

Oliver, P. 1980: Demands and Punishments as Selective Incentives for Collective Action: Theoretical Investigations, in: American Journal of Sociology, Vol. 85, S. 1356–1375
Ollmann, B. 1972: Toward Class Consciousness Next Time: Marx and the Working Class, in: Politics and Society, Vol. 1, S. 1–24
Olson, M. 1968: Die Logik des kollektiven Handelns, Tübingen
– 1973: Rapides Wachstum als Destabilisierungsfaktor, in: von Beyme 1973, S. 205–222
Orum, A.M. 1974: On Participation in Political Protest Movements, in: The Journal of Applied Behavioral Science, Vol. 10, S. 181–207
Osterroth, F./Schuster, D. 1975: Chronik der deutschen Sozialdemokratie, Bde. I u. II, Berlin/Bonn-Bad Godesberg
Otto, K.A. 1977: Vom Ostermarsch zur APO, Frankfurt/New York
– 1981: Der Widerstand gegen die Wiederbewaffnung der Bundesrepublik, in: Friedensanalysen 14, Frankfurt, S. 52–105
Pankoke, E. 1970: Social Bewegung – Sociale Frage – Sociale Politik, Stuttgart
Peccei, A. (Hg.) 1980: Zukunftschancen Lernen, München
Personn, Ch./Tiefenthal, O. 1984: Bedingungen und Strukturen alternativer Ökonomie – empirische Analyse Hamburger Alternativprojekte, Diplomarbeit (Politische Wissenschaft), Hamburg
Peukert, D. 1982: Volksgenossen und Gemeinschaftsfremde, Köln
Pinard, M. 1971: The Rise of a Third Party: A Study in Crisis Politics, Englewood Cliffs
– 1973: Massengesellschaft und politische Bewegungen, in: Heinz/Schöber 1973 (Bd. 2), S. 129–148
Piven, F.F./Cloward, R.A. 1977: Poor People's Movements, New York
Popitz, H. et al. 1957: Das Gesellschaftsbild des Arbeiters, Tübingen
Probleme der Demokratie heute 1970, in: PVS, 11. Jg., Sonderheft 2
Puhle, H.-J. 1973: Radikalisierung und Wandel des deutschen Konservatismus vor dem Ersten Weltkrieg, in: Ritter 1973, S. 165–186
– 1975a: Agrarische Interessenpolitik und preußischer Konservatismus im wilhelminischen Reich 1893–1914, BonnBad- Godesberg, 2. verb. Aufl.
– 1975b: Politische Agrarbewegungen in kapitalistischen Industriegesellschaften, Göttingen
– 1979: »Konservatismus« und »Konservative Parteien«, in: W. Schlangen (Hg.): Die deutschen Parteien im Überblick, Königstein, S. 32–37, 55–63
– 1983: Vom Programm zum Versatzstück. Zehn Thesen zum deutschen Konservatismus, in: Kursbuch 73, S. 45–60
Pye, L.W./Verba, S. (eds.) 1965: Political Culture and Political Development, Princeton
Rammstedt, O. 1973: Soziale Bewegung, in: W. Fuchs et al. (Hg.): Lexikon zur Soziologie, Opladen, S. 96
– 1978: Soziale Bewegung, Frankfurt
Raschke, J. 1975: Demokratisierung durch innerparteilichen Gruppenwettbewerb?, in: Aus Politik und Zeitgeschichte, B 14/75, S. 11–31
– 1977: Organisierter Konflikt in westeuropäischen Parteien, Opladen
– 1980: Politik und Wertwandel in den westlichen Demokratien, in: Aus Politik und Zeitgeschichte, B 36/80, S. 23–45

– 1983: Jenseits der Volkspartei, in: Das Argument, H. 137, S. 54–65
Rawls, J. 1979: Eine Theorie der Gerechtigkeit, Frankfurt
Reinalter, H. 1981: Der Jakobinismus in Mitteleuropa, Stuttgart
Renzsch, W. 1980: Handwerker und Lohnarbeiter in der frühen Arbeiterbewegung, Göttingen
Ringer, F.K. 1983: Die Gelehrten, Stuttgart
Ritter, G.A. 1963: Die Arbeiterbewegung im Wilhelminischen Reich, Berlin
– (Hg.) 1973: Deutsche Parteien vor 1918, Köln
– (Hg.) 1979: Arbeiterkultur, Königstein
– 1980: Staat, Arbeiterschaft und Arbeiterbewegung in Deutschland, Berlin
Rohe, K. 1966: Das Reichsbanner Schwarz Rot Gold, Düsseldorf
Röpke, W. 1926: Boykott, in: Handwörterbuch der Staatswissenschaften, III. Bd., Jena, 4. Aufl., S. 2–6
Rosenhaft, E. 1977: Gewalt in der Politik: Zum Problem des »Sozialen Militarismus«, in: K.-J. Müller/E. Opitz (Hg.): Militär und Militarismus in der Weimarer Republik, Düsseldorf, S. 237–259
– 1982: Die KPD der Weimarer Republik und das Problem des Terrors in der »Dritten Periode«, 1929–1933, in: W.J. Mommsen/Hirschfeld 1982, S. 394–421
Rostow, W.W. 1966: The Stages of Economic Growth, Cambridge
– 1971: Politics and the Stages of Growth, Cambridge
Roth, R. 1983: Gesellschaftstheoretische Konzepte zur Analyse neuer sozialer Bewegungen, in: PVS, 24. Jg., S. 311-328
– 1985: Neue soziale Bewegungen in der politischen Kultur der Bundesrepublik – eine vorläufige Skizze, in: Brand 1985, S. 20–82
Rucht, D. 1984a: Neue soziale Bewegungen – Anwälte oder Irrläufer des Projektes der Moderne?, in: Frankfurter Hefte, Jg. 39, H. 11/12 (FH-extra), S. 144–149
– 1984b: Zur Organisation der neuen sozalen Bewegungen, in: Falter et al. 1984, S. 609–620
Rudé, G. 1979: Die Volksmassen in der Geschichte, Frankfurt/New York, 2. Aufl.
Rüden, P. von (Hg.) 1981: Beiträge zur Kulturgeschichte der deutschen Arbeiterbewegung 1848–1918, Frankfurt/Wien/Zürich
– /Koszyk, K. 1981: Dokumente und Materialien zur Kulturgeschichte der deutschen Arbeiterbewegung 1818–1918, Frankfurt/Wien/Zürich
Rühle, O. 1970–77: Illustrierte Kultur- und Sittengeschichte des Proletariats, Bd. 1, Frankfurt 1970 (1930), Bd. 2 Gießen 1977
Runciman, W.G. 1972: Relative Deprivation and Social Justice, Harmondsworth
Rupieper, H.-J. 1978: Die Sozialstruktur der Trägerschichten der Revolution von 1848/49 am Beispiel Sachsen, in: H. Kaelble et al.: Probleme der Modernisierung in Deutschland, Opladen, S. 80–109
Rupp, H.K. 1970: Außerparlamentarische Opposition in der Ära Adenauer: Der Kampf gegen die Atombewaffnung in den fünfziger Jahren, Köln
Rürup, R. 1968: Probleme der Revolution in Deutschland 1918/19, Wiesbaden
Schäfer, H.D. 1981: Das gespaltene Bewußtsein, München/Wien
Scheer, F.-K. 1983: Die Deutsche Friedensgesellschaft (1892–1933) – Organisation, Ideologie, politische Ziele, Frankfurt, 2. Aufl.
Schenk, H. 1980: Die feministische Herausforderung, München

Schenk, M. 1981: Bürgerinitiativen: Interpersonelle Kommunikation und politischer Einfluß, in: Kölner Zeitschrift für Soziologie und Sozialpsychologie, 33. Jg., S. 623–641
– 1982: Kommunikationsstrukturen in Bürgerinitiativen, Tübingen
Schieder, Th. 1971: Sozialstruktur und Organisation europäischer Nationalbewegungen, München/Wien
– 1975: Vom deutschen Bund zum Deutschen Reich, in: H. Grundmann (Hg.): Gebhardt Handbuch der deutschen Geschichte, Bd. 15, 9. Aufl.
Schieder, W. 1963: Anfänge der deutschen Arbeiterbewegung, Stuttgart
– 1966: Bund der Kommunisten, in: Sowjetsystem und Demokratische Gesellschaft, Bd. 1, Freiburg/Basel/Wien, Sp. 900–909
– 1982: Das Hambacher Fest von 1832 als liberaler Protest, in: Aus Politik und Zeitgeschichte, B 20/82, S. 3–21
– 1983: Liberalismus in der Gesellschaft des deutschen Vormärz, Göttingen
Schiller, Th. 1984: Interaktionsmuster zwischen Parteien, Verbänden und Bewegungen, in: Falter et al. 1984, S. 496–504
Schlangen, W. 1976: Die Totalitarismus-Theorie, Stuttgart/Berlin/Köln/Mainz
Schmidt, M.G. 1980: CDU und SPD an der Regierung, Frankfurt/New York
– 1982: Wohlfahrtsstaatliche Politik unter bürgerlichen und sozialdemokratischen Regierungen, Frankfurt/New York
– 1984: Demokratie, Wohlfahrtsstaat und neue soziale Bewegungen, in: Aus Politik und Zeitgeschichte, B 11/84, S. 3–14
Schmidt, R. 1984: »Abstecher ins Traumland der Anarchie«, in: H.-J. Goertz (Hg.): Alles gehört allen, München, S. 188–207
Schneider, F. 1966: Pressefreiheit und politische Öffentlichkeit, Neuwied
Schorske, C.E. 1981: Die große Spaltung, Berlin
Schröder, W.H. 1978: Arbeitergeschichte und Arbeiterbewegung, Frankfurt/New York
Schülein, J.A. 1983: Normalität und Opposition, in: Leviathan, 11. Jg., S. 253–274
Schumann, H.G. (Hg.) 1974: Konservativismus, Köln
– 1983: »Konservatismus« als analytischer Strukturbegriff, in: E. Hennig/R. Saage (Hg.): Konservatismus – eine Gefahr für die Freiheit?, München/Zürich, S. 13–25
Schuster, K.G.P. 1975: Der Rote Frontkämpferbund 1924–1929, Düsseldorf
Seidel, B./Jenkner, S. (Hg.) 1974: Wege der Totalitarismus-Forschung, Darmstadt, 3. Aufl.
Sheehan, J. 1983: Der deutsche Liberalismus, München
Smelser, N.J. 1972: Theorie des kollektiven Verhaltens, Köln
Snow et al. 1980: Social Networks and Social Movements: A Microstructural Approach to Differential Recruitment, in: American Sociological Review, Vol. 45, S. 787–801
Sontheimer, K. 1962: Antidemokratisches Denken in der Weimarer Republik, München
Southern, D.B. 1982: Anti-demokratischer Terror in der Weimarer Republik: »Fememorde« und »Schwarze Reichswehr«, in: W.J. Mommsen/Hirschfeld 1982, S. 381–393
Stammer, O./Weingart, P. 1972: Politische Soziologie, München

Statistisches Bundesamt (Hg.) 1972: Bevölkerung und Wirtschaft 1872–1972, Stuttgart/Mainz

Steedly, H.J. Jr./Foley, J. 1979: The Success of Protest Groups: Multivariate Analyses, in: Social Science Research, Vol. 8, S. 1–15

Stegmann, D. 1983: Vom Neokonservatismus zum Proto-Faschismus, in: ders. et al. 1983, S. 199–230

– et al. (Hg.) 1983: Deutscher Konservatismus im 19. und 20. Jahrhundert, Bonn

Steinberg, H.-J. 1969: Sozialismus und deutsche Sozialdemokratie, Hannover

Steinmetz, S.R. 1931: Selbsthilfe, in: Handwörterbuch der Soziologie, S. 518–522

Stürmer, M. (Hg.) 1977: Das kaiserliche Deutschland, Kronberg

Tarrow, S. 1982: Social Movements, Resource Mobilization and Reform During Cycles of Protest, Cornell (Occasional Papers No. 15)

Tenfelde, K./Volkmann, H. (Hg.) 1981: Streik, München

Thielbeer, H. 1983: Universität und Politik in der Deutschen Revolution von 1848, Bonn

Thompson, E.P. 1980: Das Elend der Theorie, Frankfurt/New York

Tilly, Ch. (ed.) 1975: The Formation of National States in Western Europe, Princeton

– 1977: Hauptformen kollektiver Aktion in Westeuropa 1500–1975, in: GG, 3. Jg., S. 153–163

– 1978: From Mobilization to Revolution, Reading

– 1981: Introduction, in: L.A. Tilly/Ch. Tilly 1981, S. 13–25

– et al. 1975: The Rebellious Century, 1830–1930, Cambridge

Tilly, L.A./Tilly, CH. (eds.) 1981: Class Conflict and Collective Action, Beverly Hills/London

Tilly, R. 1980a: Kapital, Staat und sozialer Protest in der deutschen Industrialisierung, Göttingen

– 1980b: Unruhen und Proteste in Deutschland im 19. Jahrhundert, in: R. Tilly 1980a, S. 143–174

– 1980c: Sozialer Protest als Gegenstand historischer Forschung, in: R. Tilly 1980a, S. 175–196

Touraine, A. 1972: Die postindustrielle Gesellschaft, Frankfurt

– 1976a: Krise oder Mutation?, in: ders. et al.: Jenseits der Krise, Frankfurt, S. 19–49

– 1976b: Was nützt die Soziologie? Frankfurt

– 1982: Die antinukleare Prophetie, Frankfurt/New York

– 1983: Soziale Bewegungen: Spezialgebiet oder zentrales Problem soziologischer Analyse?, in: J. Matthes (Hg.): Krise der Arbeitsgesellschaft?, Frankfurt/New York, S. 94–105

Tucker, R.C. 1974: Auf dem Weg zu einer vergleichenden politikwissenschaftlichen Betrachtung der »Massenbewegungsregime«, in: Seidel/Jenkner 1974, S. 382–404

– 1981: Politics as Leadership, Columbia/London

Turner, R.H. 1970: Determinants of Social Movement Strategies, in: Shibutani, T. (ed.): Human Nature and Collective Behavior, Englewood Cliffs, S. 145–164

– 1973a: Die Wahrnehmung von Protest durch die Öffentlichkeit, in: Heinz/Schöber 1973 (Bd. 1), S. 167–209

– 1973b: Das Thema zeitgenössischer sozialer Bewegungen, in: Heinz/Schöber 1973 (Bd. 2), S. 102–127
– 1981: Collective Behavior and Resource Mobilization as Approaches to Social Movements: Issues and Continuities, in: Research in Social Movements, Conflict and Change, Vol. 4, S. 1–24
– /Killian, L.M. 1972: Collective Behavior, Englewood Cliffs, 2. Aufl.
Twellmann, M. 1976: Die deutsche Frauenbewegung, Kronberg
Valentin, V. 1977: Geschichte der deutschen Revolution von 1848–1849, 2 Bde., Köln/Berlin (1930–31)
Valjavec, F. 1978: Die Entstehung der politischen Strömungen in Deutschland 1770–1815, Kronberg/Düsseldorf (1951)
Varain, H.J. 1973: Interessenverbände in Deutschland, Köln
Veen, H.-J. 1984: Wer wählt grün?, in: Aus Politik und Zeitgeschichte, B 35–36/84, S. 3–17
Vester, M. 1965: Die Strategie der direkten Aktion, in: Neue Kritik, Nr. 30, S. 12–20
– 1970: Die Entstehung des Proletariats als Lernprozeß, Frankfurt
– 1976: Was dem Bürger sein Goethe, ist dem Arbeiter seine Solidarität, in: Ästhetik und Kommunikation, H. 24, S. 62–72
Volkmann, H. 1977: Kategorien des sozialen Protests im Vormärz, in: GG, 3. Jg., S. 164–189
Walsh, E.J. 1978: Mobilization Theory Vis-à-vis a Mobilization Process: The Case of the United Farm Workers' Movement, in: L. Kriesberg (ed.): Research in Social Movements, Conflicts and Change, Vol. 1, S. 155–177
Weber, H. 1969: Die Wandlung des deutschen Kommunismus, 2 Bde. Frankfurt
– 1983: Kommunismus in Deutschland 1918–1945, Darmstadt
Weber, M. 1920: Gesammelte Aufsätze zur Religionssoziologie, Tübingen
– 1964: Wirtschaft und Gesellschaft, 2 Bde., Köln/Berlin
– 1967: Wissenschaft als Beruf, Berlin
Weede, E. 1975: Unzufriedenheit, Protest und Gewalt: Kritik an einem makropolitischen Forschungsprogramm, in: PVS, 16. Jg., S. 409–428
Wehler, H.-U. 1975: Modernisierungstheorie und Geschichte, Göttingen
– (Hg.) 1979: Klassen in der europäischen Sozialgeschichte, Göttingen
– 1980: Das deutsche Kaiserreich 1871–1918, 4. Aufl.
– (Hg.) 1981: Moderne deutsche Sozialgeschichte, Königstein/Düsseldorf
Wiegand, E./Zapf, W. (Hg.) 1982: Wandel der Lebensbedingungen in Deutschland, Frankfurt/New York
Will, W. van der/Burns, R. 1982: Arbeiterkulturbewegung in der Weimarer Republik, 2 Bde., Frankfurt/Berlin/Wien
Wilson, J. 1973: Introduction to Social Movements, New York
– 1977: Social Protest and Social Control, in: Social Problems, Vol. 24, S. 469–481
Wilson, K.L./Orum, A.M. 1976: Mobilizing People for Collective Political Action, in: Journal of Politics and Military Sociology, Vol. 4, S. 187–202
Winkler, H.A. 1979a: Die Sozialdemokratie und die Revolution von 1918/19, Berlin/Bonn
– 1979b: Liberalismus und Antiliberalismus, Göttingen

Wippermann, W. 1983: Europäischer Faschismus im Vergleich (1922–1982), Frankfurt

Wunderer, H. 1980: Arbeitervereine und Arbeiterparteien, Frankfurt/New York

Wurzbacher, G. 1972: Die öffentliche freie Vereinigung als Faktor soziokulturellen, insbesondere emanzipatorischen Wandels im 19. Jahrhundert, in: W. Rüegg/O. Neuloh (Hg.): Zur soziologischen Theorie und Analyse des 19. Jahrhunderts, Göttingen, S. 103–122

Zald, M.N./Ash, R. 1973: Organisationsformen sozialer Bewegungen: Wachstum, Zerfall und Wandel, in: Heinz/Schöber 1973 (Bd. 2), S. 7–44

Zald, M.N./McCarthy, J.D. 1980: Social Movement Industries: Competition and Cooperation among Movement Organizations, in: L. Kriesberg (ed.): Research in Social Movements, Conflicts and Change, Vol. 3, S. 1–20

Zapf, W. 1971: Theorien des sozialen Wandels, Köln/Berlin, 3. Aufl.

Zechlin, E. 1979: Die deutsche Einheitsbewegung, Frankfurt

Ziehe, Th. 1975: Pubertät und Narzißmus, Frankfurt/Köln

– 1981: Lebensgeschichte und politisches Bewußtsein, in: F. Maurer (Hg.): Lebensgeschichte und Identität, Frankfurt, S. 133–149

Zimmer, J. (Hg.) 1984: Mit uns zieht die neue Zeit, Köln

Zimmermann, E. 1981: Krisen, Staatsstreiche und Revolutionen, Opladen

Zurcher, L.A./Snow, D.A. 1981: Collective Behavior: Social Movements, in: M. Rosenberg/R.H. Turner (eds.): Social Psychology, New York, S. 447–482

Sachregister

Stichworte, auf die zuviele Nennungen entfallen, wurden nicht aufgenommen (z.B. Arbeiter und Bürgertum, Arbeiter- und NS-Bewegung, Partei, Gewerkschaft und Verein). Das Gleiche gilt für Grundbegriffe des Inhaltsverzeichnisses (Ursachen, Ziele etc.).